# 客家方言调查研究
## ——第十二届客家方言学术研讨会论文集

庄初升　温昌衍　主编

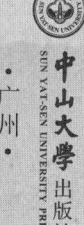

中山大学出版社
·广州·

版权所有 翻印必究

**图书在版编目（CIP）数据**

客家方言调查研究：第十二届客家方言学术研讨会论文集/庄初升，温昌衍主编．—广州：中山大学出版社，2018.10
ISBN 978-7-306-06448-6

Ⅰ.①客… Ⅱ.①庄…②温… Ⅲ.①客家话—方言研究—国际学术会议—文集 Ⅳ.①H176-53

中国版本图书馆 CIP 数据核字（2018）第 216848 号

| | |
|---|---|
| 出 版 人： | 王天琪 |
| 策划编辑： | 嵇春霞 |
| 责任编辑： | 高　洵 |
| 封面设计： | 曾　斌 |
| 责任校对： | 罗梓鸿 |
| 责任技编： | 何雅涛 |
| 出版发行： | 中山大学出版社 |
| 电　　话： | 编辑部 020-84113349，84111996，84111997，84110771 |
| | 发行部 020-84111998，84111981，84111160 |
| 地　　址： | 广州市新港西路 135 号 |
| 邮　　编： | 510275　　　　传　真：020-84036565 |
| 网　　址： | http://www.zsup.com.cn　　E-mail:zdcbs@mail.sysu.edu.cn |
| 印 刷 者： | 佛山市浩文彩色印刷有限公司 |
| 规　　格： | 787mm×1092mm　1/16　32 印张　759 千字 |
| 版次印次： | 2018 年 10 月第 1 版　2018 年 10 月第 1 次印刷 |
| 定　　价： | 78.00 元 |

如发现本书因印装质量影响阅读，请与出版社发行部联系调换

# 目　录

关于编写客家地区语文补充教材的建议 …………………………… 李如龙 （1）
汉语方言地理类型：客家篇 …………………………… 张光宇　杨家真 （11）
《石窟一征》方言卷的学术价值 …………………………… 温昌衍　王秋珺 （24）
论清末杨恭桓《客话本字》的文献价值 …………………………… 张健雅 （31）
闽客混合方言调查与分析——以闽浙边境姑田方言点为例 …………………………… 吴中杰 （41）
浙西南武平腔方言记略 …………………………… 林清书 （51）
论四川客家方言传承的规律 …………………………… 兰玉英 （62）
70多年来华阳凉水井客家话的演变 …………………………… 曾为志 （74）
论原始客语中的 *ai 与 *iai …………………………… 吴瑞文 （86）
客家方言舌尖元音的来源及相关问题 …………………………… 庄初升 （105）
信丰县正平镇球狮客家话的音韵特点 …………………………… 大岛广美 （117）
南雄方言的小称与变音 …………………………… 阳蓉 （132）
再论客家话的文白异读 …………………………… 刘镇发 （146）
日占据时期台湾客家话辞书编纂的音系及其相关问题 ………… 张屏生　张以文 （154）
广东陆河东坑客话到台湾海陆客话的语音变化 …………………………… 彭盛星 （168）
《客法词典》所记梅县客话音系及其百年演变 …………………………… 田志军 （180）
台东的四海话研究 …………………………… 邓盛有 （192）
福建客家话、畲话声调比较分析 …………………………… 胡伶忆 （222）
诏安客特征词、特征音浅析 …………………………… 廖俊龙 （238）
同源异境视野下闽台诏安客家方言的音韵比较 …………………………… 陆露 （248）
深圳客家话止摄开口三等齿音字研究 …………………………… 丘学强 （266）
赖源客家话的音系及其语音特点——以下村、黄地村为例 …………………………… 李珊伶 （278）
河源客家方言地区闽南方言岛的语音特点 …………………………… 刘立恒 （295）
抚州广昌客语音系概述 …………………………… 彭心怡 （304）
江西宁都洛口镇客话音系 …………………………… 廖丽红　肖九根 （314）

| | | |
|---|---|---|
| 湖南新田（鸡公嘴）客家话音系及特点 | 谢奇勇 | （332） |
| 简析客家方言特殊词 | 罗美珍 | （348） |
| "厨房"在连城县及邻县乡镇的说法与地理分布 | 严修鸿 | （356） |
| 从方言比较看"垫""簟""填（去声）"之间的词源关系 | 钱奠香 | （368） |
| 略论赣南客家话"上"义类方位词 | 肖九根 卢小芳 | （376） |
| 梅县客家话四字格与韵律构词法 | 郑秋晨 | （388） |
| 曼谷的梅县客家话"在地化"词汇 | 梁荻香 | （397） |
| 客家谚语的修辞特点 | 钟舟海 陈 芳 | （408） |
| 台湾客语语法差异举隅 | 江敏华 | （420） |
| 台湾海陆客家话差比句的类型分析 | 谢职全 郑 縈 | （433） |
| 客家话"摎"的句型及教学排序研究 | 黄雯君 郑 縈 | （445） |
| 客语叠字词语调与语义关系研究 | | |
| ——以台湾四县、海陆腔客语 AA、AAA、AAAA 为例 | 徐贵荣 | （459） |
| 宁化客家方言动词的体貌 | 张 桃 | （467） |
| 龙川客家话的"F-(neg)-VP"型问句 | 黄年丰 | （479） |
| 五华华城客家方言的几个范围副词 | 温 冰 | （495） |
| 后　记 | | （504） |

# 关于编写客家地区语文补充教材的建议

李如龙

(厦门大学人文学院中文系)

**【提 要】** 要正确认识和处理普通话与方言的关系,既要推广好普通话,也要挽救和善待日渐萎缩的方言。因此,方言地区非常有必要编写两种语文补充教材:一种是把本地方言和普通话之间的各种对应编成语文补充教材,另一种是有关谚语、童谣、山歌、民间故事等方言语料的语文补充教材。就客家地区来说,编写这两种语文补充教材既是必要的,也有较好的可操作性。本文列举一些具体的编写原则、方法和例子。

**【关键词】** 普通话　方言　语文补充教材　客家地区

## 一、正确认识和处理普通话与方言的关系

这些年来,怎么认识、怎么处理普通话与方言的关系出现了一些分歧。强调普通话的就强调"国家推广普通话",因为普通话是"国家通用语言",学校里,普通话不但是"教学语言",还应该成为唯一的"校园语言";强调方言的则鉴于方言普遍走向萎缩而提出"保护方言",有的还在试行方言进课堂,甚至喊出"保卫方言"的口号。这是关系到国家语言规划、语言政策的大问题,也是关系到学校语言教学和社会语言运用的大问题,必须统一认识,采取正确的处理方案。

21世纪开始施行的《中华人民共和国国家通用语言文字法》明文规定,"国家推广普通话,推行规范汉字"(第3条),"学校及其他教育机构以普通话和规范汉字为基本的教育教学用语用字"(第10条)。要求将普通话作为"校园语言"是后来学校里的发挥。这部语言文字法还规定了一些"可以使用方言"的场合——"国家机关的工作人员执行公务时确需使用的","出版、教学、研究中确需使用的"(第16条)。就现实的社会生活来说,干部下乡和不懂普通话的人交谈,医生向不懂普通话的病人询问病情,老师为了给不懂普通话的学生解释词语,能不用方言吗?十几年的实践证明,"通用语言文字法"的表述还是经得起推敲的。

针对20世纪50年代普通话尚未普及的情况,1955年11月,教育部发出了"在中小学和各级师范学校大力推广普通话的指示"。1956年2月,国务院发布了《关于推广普通话的指示》。不久,1958年周恩来总理在《当前文字改革的任务》报告中还进一步指出:"我们推广普通话,是为的消除方言之间的隔阂,而不是禁止和消灭方言。……方言是会长期存在的。方言不能用行政命令来禁止,也不能用人为的办法来消灭。"针对当时普通话还不是很普及的情况,他还指出:"推广普通话,要区别老年和青年,要区别全国性活

动和地方性活动，要区别今天和明天，不能一概而论。相反地，只会说普通话的人，也要学点各地方言，才能深入各个方言区的劳动群众。"从那时到现在，60年过去了，普通话的推广获得了很大的成绩，但仍没有完全普及，这些话并没有过时。

世纪之交，国家语委组织了全国语言文字使用情况调查，2001年年底完成，2003年整理结果，2006年出版了《中国语言文字使用情况调查资料》（下文简称《调查资料》）。据统计，全国"能用普通话与人交谈"的人只有53%，能用方言的则有86.38%；"在家最常说方言的"在沪、苏、浙、皖、闽、赣、湘、粤等省（市）还有89%～93%。可见，《国家中长期语言文字事业改革和发展规划纲要（2012—2020年）》还强调了要继续"普及国家通用语言文字""大力提升农村地区普通话水平""深化学校语言文字教育""加强语言文字规范化建设"，是完全必要的。

另外，由于有些幼儿园和小学的老师图省事，一入学就要求幼童专心学习普通话，孩子们还没有来得及学好方言就上学了。爱新鲜、善模仿是孩子们的天性，他们又处于学话的最佳年龄，没多久就学会普通话。据《调查资料》表61所示，"学说普通话最主要途径"，在闽、粤、客、赣等南方方言区，有78%以上的人都是从学校学的；官话区从学校学的比例普遍较低，也有"看电视、听广播"或"社会交往"学来的。另据《调查资料》表5，"能用普通话和方言与人交谈的"双语者，东南诸方言都在75%以上，官话区普遍为50%～60%。另据《调查资料》表60，"会说普通话的人群的普通话程度"达到能熟练使用的，北京和东北官话区都在85%以上，闽、粤、客、赣、吴、晋各区为46%～64%（其中，海南为46%，福建为64%），西南官话区和湖南、湖北则不到40%。可见，东南方言区的普通话教学比有些官话区还要好。看来，在东南方言区，用普通话统一校园语言比一些官话区还彻底。因此，不少南方方言区都出现了小学生不会说本地方言，无法和爷爷奶奶交谈的情况。放弃方言是他们为了学好普通话而付出的沉重代价。

半个世纪以来，汉语方言是明显走上了萎缩之路。萎缩的表现，一是"功能"上的：从人员来说，如上文所述，方言先退出少年儿童，他们长大了也就退出青年、壮年，最后退出老年人；从交际场合来说，先退出学校，再退出机关、厂矿和市场，最后退出家庭。不同的家庭中，先退出异方言组织的，再退出迁居外地的，最后是本地本方言组成的家庭，因几代人之间无法沟通，也不用了。除了功能的萎缩，还有结构成分的萎缩：由于普通话的推广和书面语的普及，方言的特殊语音、特有词语和特殊句式逐渐被普通话所代替，变得越来越像"地方普通话"了。正是由于这两方面的萎缩，情有独钟地固守着方言最后阵地的老一辈就担忧着方言将要失传。于是他们提倡"方言进课堂"，呼喊"保卫方言"。

其实，由于户口流动加大、社会生活节奏加快，在现代化、网络化、国际化的发展过程中，语言生活不可能不随之发生深刻的变化。随着普通话的推广、书面语的普及和外国语教学的发展，方言的萎缩是难以避免的。这是不可逆转的世界潮流。在欧洲，德国原有53种方言，如今也有许多处于萎缩之中，正在抢救。如果说200年前方言韵书和"四言杂字""歌仔册"等还可以帮助方言的传承，100年前的教会罗马字的读物和词典也还能在教徒之中传播，那么，时至今日，在现代社会里，方言的读物和课本已经无力与普通话和外语抗衡了。这是时序更替、社会变迁之后的"无可奈何花落去"。我们能做的只是承

认现实，甘当配角，让方言给普通话"打下手"，采取一些可行的措施，为它争取一些存在和活动的空间，延缓它的萎缩。这样做，也许还有"似曾相识燕归来"的一天。

为什么推广普通话并不是非得要压制和消灭方言？为什么在方言处于萎缩的现在，我们还应该挽救方言、善待方言？这要从历史和现实两个方面来寻求解释。

从历史方面来说，方言是人类与生俱来的。一个个人类小群体，最初只能在小范围里形成简单的方言。经过数万年的分歧，才在部落联盟的时代出现了通语。后来，文字又使它成为书面语，突破了时空的限制，创造了伟大的古代文明。几千年间，方言中涌现了通语，通语又分化出方言，方言也充实了通语。方言和通语都是人类认知世界、改造世界的武器，是精神劳动的成果，是传承民族历史文化的宝贵遗产。作为不可再生的语言资源，我们应该珍惜它、爱护它，为它提供存活的条件，不要嫌弃它、挤压它。

从现实方面来说，丰富多彩的汉语方言至今还是汉语表达的重要补充手段，现代汉语的许多同义词、同义句式都来自方言；方言的丰富材料记录了汉语、汉藏语发展过程的诸多事实，是探讨汉藏系语言结构和发展规律的宝库，是建设中国语言学并走向国际的主要凭借；方言全方位地记录了地方的历史，包括地理的变迁、民族的迁徙、文化的传承以及种种人物事件、风俗习惯；方言和通语的对应规律还是帮助方言地区人们学习普通话的有效途径；方言成语、谚语、惯用语同样是认识世界、体验社会的思想结晶，是教育后人的宝贵教材；方言戏曲和曲艺则是不可多得的艺术宝库。把这笔丰厚的历史文化遗产视为残渣，不仅是暴殄天物，而且是愚蠢无知！

## 二、方言地区需要两种语文补充教材

语文课是教习普通话的普及义务教育中的主课。据《调查资料》所示，"小时候最先学会说的"，方言平均占84.23%，南方方言、晋语和西南、西北、江淮官话乃至山东河南的中原官话，都在90%以上。汉语方言和普通话之间又是差别巨大的，先入为主，方言母语的发音和用词习惯对于学习普通话来说是一种先天的阻力。让孩子们逐字逐句死记硬背去掌握普通话，不但造成儿童时间和精力的严重浪费，也导致开发儿童智商的最佳时机的损失。汉语方言和普通话之间，不论是语音、词汇还是语法，都存在着一定的对应关系。从小学高年级开始，就可以把本地方言和普通话之间的各种对应编成语文补充教材。按照对应规律类推，不但节省了时间，还使儿童的智力得到开发，让他们知道，语言是有规律的，普通话和方言之间有对应，汉语和外语之间的异同也有相似的规律蕴含其中。

20世纪50年代，教育部和高等教育部在组织全国汉语方言普查时，曾经发文指示："调查所得材料，必须结合实际，应用于本地各级学校的普通话教学，并且要把方音和北京语音的对应规律及学习方法编写成书，如'某地人学习普通话手册'之类。"（1956年3月20日）后来，在"补充通知"中还说："无论采取调查报告或学习普通话手册的格式，都要包括'汉语方言调查简表'39～59面页的词汇语法部分（排列法可以依照原来次序，普通话与方言逐条对照）。"（1957年3月6日）当年的语言学大家都十分热情地指导方言调查，带头编写"学话手册"。1956年就有王力的《广东人怎样学习普通话》《江浙人怎样学习普通话》，高名凯、林焘的《福州人怎样学习普通话》，张拱贵的《江苏人怎

样学习普通话》；1957—1959年间，广东先后出版了《客家人怎样学习普通话》（饶秉才）和《客家人学习普通话手册》《潮州人学习普通话手册》（广东省方言调查指导组）；上海教育出版社于1959年出版了上海、嘉定、川沙、海门、松江等地的《学习普通话手册》（江苏省上海市方言调查指导组）；河南也出版了南阳、洛阳、郑州等地的学话手册；《福建省汉语方言概况》编写组则编成教材，拿到地方上给小学老师办培训班，在扫盲班试教。

应该说，当年编的教材还来不及仔细推敲，质量未必是上乘，出版后用于教学实践也不够，编者没有和学校老师联手实验，因而未能总结出一套教学经验。后来，方言学工作者的兴趣又转移到别的方面，如做音韵分析，编方言词典、方言志，研究方言语法或透过方言看地方文化等，因而这件事没有收到应有的效果。不久前，我再到尤溪县调查方言时，见到1960年参加培训班的一名小学老师。他已经退休多年了，还提起当年我们办的培训班教的对应规律很管用，所学的普通话标准音至今不忘。可见，这件没有做好的事还是值得重新做起来的。半个世纪过去了，今天青少年的普通话水平提高了不少，但是南腔北调还是到处都有，电视上听到的一些地方普通话有的还很难懂。如果各个方言区都有一套补充教材，不论南方还是北方，都可以使标准语的教学更加高效、快速和规范。

另一种语文课的补充教材是方言语料。各地方言都有不少成语、谚语、谜语、儿歌、童谣、山歌、说唱、快板、鼓词、戏曲唱段、民间故事、神话传说、历史人物传奇。这些语料是方言地区长期锤炼出来的，不但有地理、历史知识，还有许多人生哲理、处世规约和道德训条，也充满各种艺术美感。在文盲充斥的旧时代，这就是世代相承的口传教科书，是民族文化和乡土文明得以延续的基本保证。不论是一段"月光光，照池塘"，还是一曲信天游、一首四季歌，都会勾起人们儿时的童趣和深沉的乡情。可以把这些方言语料分类印成小册子，发给中小学生课外阅读，老师在课前课后给予指导，周末的文娱活动还可以拿来作为表演的节目。方言萎缩了，地方戏曲和曲艺也在逐渐告别青少年，这是精神文明资源的浪费，是本土文化传承的悲哀。在我们的义务教育和母语教育中，如果能补充这一项内容，不但可以充实文化素质的培养，还可以使方言得到一个存活的空间，岂不是一箭双雕的事？

就客家地区来说，编写这两种语文补充教材既是必要的，也有较好的可操作性。从必要性说，客家话多数分布在山区的农村，虽然还不是弱势的方言，但也不算太强势。从总体上看，学龄儿童还能说些方言母语。教他们对应的规律能激活他们所掌握的母语，也能使他们把普通话学得更好。边界客话和其他方言包围的客家方言岛也正在萎缩，更需要这些补充教材。在各地客家话之间，虽然也有一些内部差异，但是梅州口音是最有代表性的，各地客家人都容易听懂，所以，用梅州话与普通话的对应规律和梅州话语料编的补充教材可有较大的流通面，在差异较大的地区（如赣南和闽西），适当加以调整，也可以使用。更重要的是，客家人历来热爱自己的母语（阿㜷话），到处都有"宁卖祖宗田，不卖祖宗言"的家教，而且素有强烈的"崇正"精神，对于传统文化和共同语也存敬畏之心，加上历来有崇文、重教、好学的传统，在客家地区的中小学，若有这两套补充教材，一定能使客家子弟把普通话和方言都学好。

## 三、关于客家话和普通话的对应规律的编制方案

编制对应规律是一件科学普及的工作，需要利用方言调查的成果，却又不能直接运用现成的调查材料。这里先谈谈编写方言和普通话的对应规律的几条原则和具体方法。

（1）尽量少用专门的语言学术语，多使用通俗易懂的普通话表述。

（2）内容覆盖语音、词汇、语法各个方面，语义、语用也可适当兼顾。

（3）选取方言和普通话的主要差异提出问题，并指明解决问题的方法。

（4）罗列举例材料时，字、词、句都应该选取常用的例子，生僻难懂的要尽量回避。

（5）可以利用汉字的声旁和普通话或方言的声韵调组合规律来帮助理解对应规律。

（6）可列表对照普通话和方言的字音、词汇和句式的不同，能把字、词、句组成生动的短文更好。

（7）采用汉语拼音标注方言语音，必要时增加少量附加符号，并列表说明。

（8）方言词语和普通话虽有别但不会说错的可以不收，会混淆的或普通话说不来的要收。

（9）方言词语的用字可选用本地流行的俗字或方言同音字，各种用字也要分别列表说明。

（10）方言词语、例句如果字面上难以理解，就用小字做语义的注解。

（11）各种对应分成若干专题，或编成课文形式，由浅入深、由易及难，每课可附一些练习题。

以下试举一些例子作为编写参考。

### （一）客家话和普通话主要语音差异对应字表举例（括号中注明条件）

1. 送气、不送气的对应（客家话送气音比普通话多）

方言 p、普通话 b：拔薄鼻白别（客家话为入声调，普通话为阳平调），避步部簿败被倍抱办伴便辨并病（方言和普通话都是去声）

方言 t、普通话 d：达笛敌读独毒碟蝶叠夺（客家话为入声，普通话为阳平），大弟第地度渡代待袋道稻盗舵惰蛋但丹荡洞动电佃定断段（方言和普通话都是去声）

2. f—h 的对应（客家话 f 比普通话多）

方言 f、普通话 h：花话化画华活或火货获坏怀淮回会辉毁汇灰悔惠慧徽（普通话为合口呼），胡糊湖蝴葫∣狐孤∣沪户护（同声旁的"古∣孤瓜∣雁枯苦"读为 g、k），红洪鸿轰欢换患缓魂昏荤混浑晃皇慌荒恍簧（普通话为合口呼）

3. z—zh 的对应（多数客家话无翘舌音）

方言 z、普通话 zh：者猪招周真镇占站摘（同声旁的读为 d、t：都苕调填店滴）

4. –m、–n 的对应（普通话无 –m 韵尾，方言的 –m 归入 –n）

方言 am、iam，普通话 an、ian：南担胆参蚕甘敢含｜尖谦嫌欠店点检验

5. 齐齿呼和撮口呼的对应（多数客家话无撮口呼）

方言 ian、普通话 yuan：捐圈全权元原园选宣旋（可用相同部件类推，如元——玩皖完阮莞）

方言 ie、普通话 yue：绝决缺穴雪月越（方言为入声字）

6. 辨别入声字（普通话无入声，混入阴、阳、上、去四声）

方言阴入调、普通话读为阴平：八剥泼拍发督贴托刮搁哭忽黑七切出杀叔说一（同音：一＝衣医）
普通话读为阳平：德福各格国壳决媳折竹擦则足卒责（同音：福服＝扶）
普通话读为上声：必笔百北匹朴法塔铁骨渴给甲脚血尺乙（同音：必笔＝比）
普通话读为去声：不腹客克阔扩觉确畜质撒设式室塞肃握（同音：客克＝课）
方言阳入调、普通话读为阳平：白别佛毒独夺合滑活及捷席狭协学舌十熟俗（同音：十食＝时）
普通话读为去声：踏特辣乐鹤划穴术涉肉翼物月（同音：术束＝树）

## （二）客家话和普通话常用词语的对应举例（括号中是普通话的说法）

1. 名词

田塍（田埂）／磡（坎儿）／圳（水渠）／陂（堤坝）／秆（稻草）／楔（楔子）／头牲（牲畜）／牛牯（公牛）／猪嫲（母猪）／鸟窦（鸟窝）／衫裤（衣裳）／袋子（衣兜）／裤脚（裤腿）／颈（脖子）／牙黄（牙垢）／手睁（胳膊肘子）／子嫂（妯娌）／家婆（婆婆）／后爷（继父）／烟筒（烟袋、烟囱）／烟屎（烟灰）／鼻屎（鼻精）／洋火（火柴）／碑石（墓碑）／尘灰（灰尘）／洋灰（水泥）／沙坝（沙滩）／树尾巴（树梢）／天光（天亮、明天）／年尾（年底）／水鞋（雨鞋）／烧水（热水）／滚水（开水）／面帕（毛巾）

有些方言词不能直译，要提醒，如"'烧水'是没烧开的温水"。

2. 动词

浸死（溺水）/火烧屋（失火）/耕田（种地）/割禾（割稻子）/掌牛（放牛）/癫（疯）/生春（下蛋）/做屋（盖房子）/打灶头（砌灶）/起火（生火）/傍饭（下饭）/发子（害喜）/损身（流产）/兜尿（把尿）/过身（去世、过世）/发痧（中暑）/打脉（号脉）/嫽（玩儿）/着棋（下棋）/淋（浇）/扛（抬）/转来（回来）/整（修理）/着衫（穿衣）/发梦（做梦）/炙火（烤火）/洗身（洗澡）/抹身（擦澡）/行运（走运）/饥（饿）/衰（倒霉）/无面（丢脸）

容易混淆的方言词也要提醒，如"'起火'是生火，不是火烧屋"。

3. 形容词及其他

后生（年轻）/伶俐（干净）/很利（快）/很光（亮）/路狭（窄）/山崎（陡）/阔（宽）/精（漂亮）/细（小）/乌（黑）/勤力（勤快）/鲜甜（甜津津）/喷香（香喷喷）/自家（自己）/几多（多少）/几久（多久）/一下去（一块儿去）/赴墟（赶集）/一番被（一床被子）/一皮叶（一片叶子）/一行线（一根线、一条线）/行一转（走一趟）/骗我唔到（骗不了我）/分渠猜到了（被他猜到了）/着唔着（对不对）/坐倒来（坐着）/跌撇咧（丢失了）/赢唔赢得到（赢不赢得了）/来唔来得（来不来得了）/晓唔晓得（知道不知道）/你走前（你前面走）/食一碗添（再吃一碗）/分一本书我（给我一本书）/去哪里（上哪儿去）

不同句式暂时不举例，可参考下文所举谚语等整句的例子。

## 四、关于客家方言读物的编写方案

方言读物的编写也不能照搬方言调查的语料，必须经过精挑细选，以内容好、语言简练为上。编写原则和方法如下。

（1）内容符合历史和现实的实际，并具有思想教育意义，也适合儿童年龄特征。
（2）语言有明显的本地方言色彩，通俗浅显，简短精练，朗朗上口，便于背诵。
（3）品种齐全，形式多样，生动有趣，按题分类，装订为便于随手翻阅的小册子。
（4）兼有科学认知、逻辑推理的启发，以及艺术欣赏、发挥想象两方面的效果。
（5）难懂的方言词语加注拼音和语义注解，不易理解的复杂句式可附有整句的普通话解释。

方言读物样品举例（只注释、未注音）：

1. 童谣（可要求找出押韵的字）

　　排排坐，唱山歌，爷打鼓，𠊎打锣。新妇灶下炒田螺。田螺壳，刺到家官脚，家官叫呀呀，新妇笑哈哈。（𠊎：我。新妇：媳妇。灶下：厨房。家官：公公）

　　月光光，秀才郎，骑白马，过莲塘。莲塘背，种韭菜。韭菜黄，跳上床，床上一条鲤鱼八尺长。（背：下面）

　　禾必子，嘴吖吖，上桃树，啄桃花。桃花李花畀你啄，莫来啄𠊎龙眼荔枝花。龙眼留来骗细子，荔枝留来转外家。（禾必子：麻雀。畀：给。细子：小孩儿。转外家：回娘家）

　　火萤虫，唧唧红，请你下来点灯笼。灯笼借𠊎照鱼塘，照到草鱼三尺长。鱼嘴巴，敬亲家；鱼目珠，敬姑姑；鱼鳞甲，敬老伯；鱼大肠，敬婿郎。（火萤虫：萤火虫。目珠：眼睛。老伯：哥哥。婿郎：女婿）

　　懒尸嫲，日日睡到热头斜。懒尸牯，日日睡到打呼噜。懒尸婆，睡到热头炙床脚。懒尸鬼，日日睡到热头起。（懒尸：懒人。嫲、牯：雌、雄性词尾。热头：太阳。炙：晒）

2. 儿歌（只录一首长篇的赞颂客家妇女的四字格长歌）

　　勤俭妇娘，鸡啼起床。梳头洗面，荷水满缸。先扫净地，后煮茶汤。（荷：读作kai，挑）
　　锅头灶尾，光光昶昶。做饭食朝，洗净衣裳。上山砍樵，急急忙忙。（砍樵：砍柴）
　　供猪种菜，蒸酒熬浆。针头线尾，绩在笼箱。田头地尾，耕作打粮。（供猪：喂猪）
　　有鱼有肉，自家唔尝。好饭好菜，奉敬爷娘。爱惜子女，胜过肝肠。（自家：自己）
　　家头教尾，顺理成章。人客来到，细声商量。鸭蛋炒粉，酸菜煮汤。（人客：客人）
　　热情款待，全家有光。老公出外，家事担当。唔怕辛苦，唔怨风霜。（老公：丈夫）
　　能粗能细，有柔有刚。客家妇娘，真真贤良。远近赞美，美名传扬。（妇娘：女人）

3. 歇后语

　　木偶上戏台——后背有人。（后背：背后）
　　月光下点灯笼——挂空明（名）。
　　社公打屁——神气。（社公：土地爷）
　　水牛过溪——出嘴。（只说不干）
　　染缸里个白布——洗唔清。（个：的）
　　屋檐滴水——点滴唔差。（唔：不）
　　跑嚟和尚——妙哉（庙在）。

### 4. 谚语

人唔辞路，虎唔辞岭。（辞：不接受。岭：山）
命长唔怕路远。（反映了客家人长途迁徙的奋斗精神。唔：不。）
岭高自有客行路，水深自有渡船人。（客：过客，也指客家）
若要好，问三老。（三老：老前辈、老先生、老师傅）
滚酒伤身，恶语伤人。（滚：滚烫的）
省食得食，省着得着。（省：省俭。食：吃。着：穿）
食唔穷，着唔穷，唔会划算一世穷。（一世：一辈子）
家有千金，唔值教子一艺。（唔值：不如。艺：手艺）
雷公先唱歌，有雨也唔多。（先打雷后下雨，不会下得久）
芒种前好种棉，芒种后好种豆。（句中押韵）
有便宜货，无便宜钱。（便宜钱：不劳而获，来历不明的钱财）
六十六，学唔足。（活到老学到老。句间押韵）
欠字压人头，债字受人责。（拆字解释字义，小农经济时代怕借债）
宁同精明人讲口，唔同糊涂人话事。（讲口：吵嘴。话事：说话）
人怕出名猪怕壮。（出名遭非议，肥猪遭杀。壮：肥。）
话你长唔要笑，话你短唔要跳。（听人奉承勿喜，揭你短的别急。话：说）
待人宽三分系福，处世让一步为高。（谦和忍让为本。系：是）

### 5. 山歌

放下担子坐茶亭，爱唱山歌怕么人，阿哥好比诸葛亮，唔怕曹操百万兵。（么人：谁）
山歌唔唱添放多，大路唔行草成窝，快刀唔磨会生锈，胸膛唔挺背会驼。（添放：忘了）
山歌紧唱紧有来，唱起山歌妹心开，老妹山歌唱唔尽，爱比山歌哪个来？（紧：越）
山歌唱来心开花，热头出来唱到斜，唱到水落石头出，唱到河鱼摆尾巴。（热头：太阳）
你有山歌就唱来，随口一句偓跟来，天南地北尽管问，老妹一人对得开。（老妹：妹妹）
山里对歌堆打堆，有情有意唔来归，唱到山花笑开口，唱到鸟雀也停飞。（来归：回家）
月光弯弯在半天，有心相好莫讲钱，乌云遮月无几久，真情实意万万年。（月光：月亮）
三步行来两步徛，步步都为等待你，谁知到来无话讲，灯草织布枉心机。（徛：站立）
哥有心来妹有心，铁杵磨成绣花针，百年松树生嫩蕊，等妹几年情更深。（嫩蕊：新叶）
急水滩头洗湖鳅，走的走来溜的溜，谁人劝得偓哥转，门前柑子变石榴。（转：回家）

以上两种编写方案只是初步设想和随机举例。建议有关高等院校设立专门研究课题，搜集已有的方言调查资料，设计详细的方案，与教学第一线的语文老师配合，开展编写和试教，经过实践，编成可实施的精品。

## 参考文献

[1] 黄顺炘,黄马金,邹子彬.客家风情[M].北京:中国社会科学出版社,1993.
[2] 李荣.汉语方言调查手册[M].北京:科学出版社,1957.
[3] 李如龙,张双庆.客赣方言调查报告[M].厦门:厦门大学出版社,1992.
[4] 现代汉语规范问题学术会议秘书处.现代汉语规范问题学术会议文件汇编[M].北京:科学出版社,1956.
[5] 中国语言文字使用情况调查领导小组办公室.中国语言文字使用情况调查资料[M].北京:语文出版社,2006.

# 汉语方言地理类型：客家篇

张光宇[1]  杨家真[2]

(1. 台湾清华大学语言研究所；2. 台湾中山大学中文研究所)

**【提　要】** 客家人缅怀故土，祖述中原，其方言到底可以追溯到什么年代？这是移民史学者和汉语史学者同感好奇的课题。结论说在前头：客家方言源自两汉时期的秦晋方言。这个结论来自新的思维模式：现代方言和切韵都来自前切韵时期的雅言和通语，前切韵收录在韵书的是一种音读传统，未收在切韵的是另一种音读传统。只有从前切韵时期出发，我们才有望一石二鸟地解决切韵和方言之间的种种差异。前切韵时期最重要的汉语方言是西汉时期的通语——秦晋方言。经过两汉推广，秦晋方言遍布帝国辖境，河南也在其内。这样就解释了以下问题：①为什么永嘉之乱来自中原偏西的移民都有共同的语言特色——浊音清化送气类型？②为什么"踏"字、"桶"字切韵读透母，而不是方言所见的定母？为什么"特"字定母多数方言今读送气，只有沿海方言，如山东、江苏、福建、广东读不送气？

切韵三等韵的庄组字韵母在汉语方言里常常与同韵他组（章、知）字不同。为什么会这样？汉语语音史学者向来并无解释。例如，为什么遇摄合口三等庄组读同遇摄合口一等？在这个问题上，没有其他方言比客家话更具启发性，因为它较为一致、毫不含糊。例如，尤韵庄组（愁、瘦）读同侯韵（头）。如依看图说故事的办法，人们可能会得到一个简单的答案：那是受庄组声母的影响而发展的结果。其实，从音系学的角度看，庄组三等有特别值得注意之处。只有假设在前切韵时期，庄组三等汉语方言有两派读法，一派较洪，一派较细，切韵所收的是细音一派，但是方言流传的是洪音一派。

作为演变类型的代表，客家话深、臻、曾三摄庄组字"涩""虱""色"的读法（-ep、-et、-ek）是所有汉语方言最保守的前切韵的反映，绝大多数现代汉语方言的读法都可从客家话的形式，包括河南方言的形式导出。切韵的根据较好地反映在闽南方言的文读上，如厦门话中的-ip、-it、-ik，其后续发展（舌尖元音一读）较好地反映在河北话和山东话中。

**【关键词】** 秦晋方言　客家方言　《切韵》　地理类型

客家人是汉族与畲族共同孕育的民族，这个事实反映在两个地方：其一是门楣出示堂号，以中原郡望自矜；其二是勤修族谱，除了祖述中原，也不忘提及宁化石壁客家摇篮。前者宣示汉家渊源，后者缅怀畲族血统。所以，客家话是以族群为标志的名称，而不是以行政地理命名的。

如同华南所有的汉人一样，客家人的祖先出自华北，随着永嘉时期"北人避胡皆在南"的移民运动来到江西。江西人在唐末黄巢之乱时纷纷走避，其中逃到闽、粤、赣山区

的与畲族通婚，所孕育的子孙就是后来所谓的客家人。了解这个历史人文背景，就不难知道客赣方言的关系，以及要把客家话立为一个独立方言的原因。

浊上归阴平是客家方言的共同倾向，这个声调发展特点也见于江西东部的抚州片。比较江西黎川和广东梅县下列例字：

| | 浊上 | 暖 | 坐 | 在 |
|---|---|---|---|---|
| 黎川 | | $_⊂$non | $_⊂t^ho$ | $_⊂t^hɛi$ |
| 梅县 | | $_⊂$non | $_⊂ts^ho$ | $_⊂ts^hoi$ |

如果墨守以声调演变特点来定义客家话，那么，黎川方言为什么不是客家话而是赣语？如果把民族因素纳入，问题就明朗了：深入上述山区的江西人后来成为客家人，他们说的话因此被叫作"客家话"；留在江西不具有那个民族因素的仍是江西人，所说的话叫"赣语"。

除了民族因素之外，还可用地理因素去了解客赣方言的异同。客家话是远江方言，赣语是近江方言。我们以距离长江远近作为分野，主要着眼于后起北方话对华南方言的影响程度，近江方言由于地理近便首当其冲。例如，"踏"字在华南读全浊入，达合切，梅县和南昌都有全浊入的读法（$t^hap_⊇、t^haʔ_⊇$），但南昌又有后起北方话的读法（依清入他合切而来的读法 $t^haʔ_⊇$）。这后起北方话的读法在北方见于山西寿阳（$t^haʔ_⊇$）、河南洛阳（$_⊂t^ha$），而梅县没有。

总而言之，客赣方言人民的祖先在华北是大同乡（同时也同在一个汉字音读模式文化圈底下），遭逢世乱，走避江西，其中一支再因世乱遁入山区，取得新的民族因素而成为客家人。不只移民史说明北人向南挺进，北方标准语也由中心向南方推广、扩散。南昌在历史上有"撇官腔"的语言形式，说明近江方言受到后起北方标准语的影响较大，但在客家方言区没有这样的说法。换言之，客赣方言原来共同的语言质素在客家话中保存较多。

## 一、成音节鼻音

我们在闽南方言所见由鼻化元音转读为成音节鼻音的现象，在汉语方言是比较特殊的。汉语方言比较常见的成音节鼻音多由鼻音声母和高元音合音（fusion）而来。下面我们看客家方言起于合音的成音节鼻音：

| *ŋu | 新竹 | 苗栗 | 清溪 | 秀篆 |
|---|---|---|---|---|
| 吴 | $_⊂ŋ̍$ | $_⊂ŋ̍$ | $_⊂n̩$ | $_⊂m̩$ |
| 午 | $⊂ŋ̍$ | $⊂ŋ̍$ | $⊂n̩$ | $⊂m̩$ |

所谓合音，即两个相近的音融为一体，也就是台湾客家所见的舌根鼻音：ŋu > ŋ̍。清

溪所见舌尖鼻音和秀篆所见双唇鼻音应该视为舌根成音节鼻音的变体。这一点可分两方面来说。从方言比较来说，*ŋu > ŋ 广见于其他方言，如苏州话、温州话、南昌话、广州话；从语音上来说，成音节鼻音在听觉上容易混淆。从珠江三角洲的粤方言看，ŋ̍ > m̩ ～ n̩ 的变体俯拾即是。（詹伯慧、张日昇，1987）

闽南方言显示，成音节鼻音的语音行为如同一个鼻化元音。如果后者能够使鼻音声母变喉擦音，可以预期前者也会出现同样的变化。下面，我们看闽南方言周围客家话的例子。

1. m̩ > hm̩

这条规律见于福建诏安秀篆。比较梅县、长汀和秀篆的下列形式：

| 例字 | 梅县 | 长汀 | 秀篆 |
| --- | --- | --- | --- |
| 母 | ₋mu | ₋mu | ₋hm̩ |
| 墓 | mu² | mu² | hm̩² |
| 木 | muk₂ | mu₂ | hm̩₂ |
| 目 | muk₂ | mu₂ | hm̩₂ |

从长汀看秀篆，演变路径是：mu > m̩ > hm̩。秀篆有"毛"₋hm̩、"帽"hm̩²，也循同一演变过程而来。这种推测的依据是下列平行发展：

| 例字 | 梅县 | 长汀 | 秀篆 |
| --- | --- | --- | --- |
| 买 | ₋mai | ₋me | ₋mi |
| 卖 | mai² | me² | mi² |
| 毛 | ₋mau | ₋mɔ | ₋hm̩ |
| 帽 | mau² | mɔ² | hm̩² |

就秀篆而言，平行于左两字 mi 的发展，右两字的早期形式应是 mu。山西大面积的共同形式mu，沁县读为成音节鼻音 m̩，例见"母""谋"等字。

2. n̩ > hn̩

这条规律见于广东大埔。第二人称代词"你"在大埔县内的客家话读法分为两派，北部读成音节鼻音（如湖寮读₋n̩），南部读音近"痕"（如百侯读₋hɛn）。（吉川雅之，1996）这两音之间原来有个过渡环节，只要把它还原，就环环相扣：n̩ > hn̩ > hɛn。后面两个阶段的变化平行于印欧语"百"最早的两个阶段：*km̩tom > kemtom，从 m̩ 到 em 是一种拆解现象（unpacking），平行的拆解就是 n̩ > ɛn。

3. ŋ̍ > hŋ

这条规律见于福建上杭、永定。例如：

| 例字 | 上杭 | 永定 |
|---|---|---|
| 你 n - | ͨhŋ̍ | ͨhŋ |
| 女 n - | ͨhŋ̍ | ͨhŋ |
| 疑 ŋ - | ₌hŋ̍ | ₌hŋ |
| 义 ŋ - | ͨhŋ̍ | ͨhŋ |
| 耳 n̠ - | ͨhŋ̍ | ͨhŋ |

这些语音形式在客家方言极为特殊，比较富于启发的读法是梅县："你"₌ŋ̍、"女"ͨŋ̍（王福堂，2003）。由这个成音节鼻音出发，就得出 ŋ̍ > hŋ 的结果，其他字的 hŋ 也应循此途径而来。安徽泾县吴语的下列形式也可供参考："泥"₌ŋ̍、"艺"ŋ̍²、"鱼"₌ŋ̍、"女"ͨŋ̍。换言之，上杭、永定今音的前一阶段是成音节的舌根鼻音，如同梅县、泾县所见。

## 二、侯尤两韵

客赣方言侯尤两韵的读法相当一致，其共同形式是：侯＊ɛu，尤＊iu。下面是江西黎川和广东梅县的反映（颜森，1993；谢永昌，1994）：

| 流摄 | 例字 | 黎川 | 梅县 |
|---|---|---|---|
| 侯韵 | 楼 | ₌lɛu | ₌leu |
| | 走 | ͨtsɛu | ͨtseu |
| | 猴 | ₌hɛu | ₌heu |
| | 狗 | ͨkɛu | ͨkiɛu |
| 尤韵 | 刘 | ₌liəu | ₌liu |
| | 酒 | ͨtɕiəu | ͨtsiu |
| | 九 | ͨkiəu | ͨkiu |

说明：黎川方言的边音在前高元音前变舌尖塞音。梅县的 eu 在舌根塞音后变 ieu，在喉擦音后不变。梅县的这种语音行为令人想起河北窦妪和元氏，其共同之处在擦音有别于同部位的塞音、塞擦音：

| 梅县 ʮeu | 狗 ˬkiɛu | 扣 kʰiɛuˀ | 猴 ˬhuɛu |
|---|---|---|---|
| 窦妪 uei | 追 ˬtʂuei | 吹 ˬtʂuei | 水 ˬʂei |

这样的差异说明，语音系统上放在同一系列的辅音实际上可能是微殊的，擦音可能偏前如窦妪，也可能偏后如梅县。

上述侯尤两韵的对比状态不大见于华北，但在华南却是许多演变的共同起点。下面我们看湖南（湘语辰溆片）、安徽（徽语）、江苏（吴语太湖片）和福建泉州文读的演变状况：

| 例字 | 武溪 | 绩溪 | 屯溪 | 苏州 | 常州 |
|---|---|---|---|---|---|
| 狗 | ˬkɛi | ˬkɪi | ˬtɕiu | ˬkʏ | ˬkei |
| 酒 | ˬtɕɯi | kɪi | ˬtɕiu | ˬtsʏ | ˬtsiɯi |

这 5 种方言可分为两类，一类是一、三等有别的，另一类是一、三等合流的。一等韵母形式变化比较剧烈，概括如下：

$$* \varepsilon u > \varepsilon ɯ > \varepsilon i > ei > ɪi$$
$$* \varepsilon u > eu > iu > ʏ$$

绩溪可能原来与屯溪一样先进行合流-iu，然后变 ɪi。

泉州方言侯韵的文读在汉语方言中异常特别，例如："母" ˬbio、"兜" ˬtio、"头" ˬtʰio、"扣" kʰioˀ、"沟" ˬkio、"厚" ˬhio。这种韵母形式出现在各类声母之后，按一般的说法，那就是无条件地演变，但是如从上列一等韵母形式出发，其变化不是无中生有，而是从旧元素中经由重新的排列组合而来的：eu > io。原来的两个元音一前一后，这个格局并没有变动，原来的前中后高重新调整为前高后中。相似的情况我们在上文已见过，对比如下：

eu > io　　沟　　梅县 ˬkeu　>　泉州（文）ˬkio

oi > ue　　解　　潮州 ˬkoi　>　泉州（白）ˬkue

就地理类型学来说，侯韵在华北的共同形式是 *əu，在华南的共同形式是 *eu。华北的侯尤之别（əu：uei）是流摄的音系基础，其差别在介音有无，但两韵可以相押；华南的侯尤之别（eu：iu）是等的对立，其差别在主要元音。吴方言尤韵如果读 ei 韵，那多半是发生在庄章知组声母之后，因为经历过卷舌化丢失 i 介音，然后元音前化：iəu > uei > əu > ei。泉州方言文读（侯 io，尤 iu）是从较早的 eu：iu 对比状态而来，其中所见旧元素的重新组合（eu > io）在汉语方言中相对突出。

## 三、庄组三等

我们在上文讨论侯尤之别，暂时把尤韵当作一个内部一致的韵母，实际上，尤韵的庄组字在客家话与侯韵无别。下面我们看江西黎川和广东五华的侯尤两分。

|  | 尤韵例字 | 黎川 | 五华 |
|---|---|---|---|
| 庄组 | 愁 | $_{\subset}$sɛu | $_{\subset}$seu |
|  | 搜 | $_{\subset}$sɛu | $_{\subset}$seu |
| 其他 | 抽 | $_{\subset}$tɕʰiəu | $_{\subset}$tsʰiu |
|  | 收 | $_{\subset}$ɕiəu | $_{\subset}$ʃiu |
|  | 刘 | $_{\subset}$liəu | $_{\subset}$liu |
|  | 袖 | tʰiəu$^{\supset}$ | tsʰiu$^{\supset}$ |
|  | 舅 | kʰiəu$^{\supset}$ | $_{\subset}$kʰiu |

尤韵庄组字读同侯韵在汉语方言之间相当突出，这一点可从下列比较看得很清楚：

|  | 尤韵例字 | 泉州（文读） | 广东五华 | 河南开封 | 浙江富阳 |
|---|---|---|---|---|---|
| 庄组 | 愁 | $_{\subset}$tsʰiu | $_{\subset}$seu | $_{\subset}$tʂʰou | $_{\subset}$dzei |
| 章组 | 周 | $_{\subset}$tsʰiu | $_{\subset}$ʃiu | $_{\subset}$tʂou | $_{\subset}$tsei |
| 知组 | 绸 | $_{\subset}$tiu | $_{\subset}$ʧʰiu | $_{\subset}$tʂʰou | $_{\subset}$dzei |
| 精组 | 酒 | $^{\subset}$tsʰiu | $^{\subset}$tsiu | $^{\subset}$tɕiou | $^{\subset}$tɕiʉ |
| 见晓组 | 九 | $^{\subset}$kiu | $^{\subset}$kiu | $^{\subset}$tɕiou | $^{\subset}$tɕiʉ |

从分合关系看，这 4 个方言可分为 3 类。泉州文读是一类，不论在什么声母条件下，尤韵读法都一致。河南开封、浙江富阳是一类，尤韵在庄、章、知 3 组声母后读洪音，在其他声母后读细音。代表客家话类型的广东五华方言，只有庄组读洪音，其他声母读细音。

这 3 类读法在汉语语音史的发展中各具意义。泉州文读近乎《切韵》尤韵立韵的基础 iu～iəu；河南开封与浙江富阳的起点是一样的，都因庄章知声母卷舌化的关系失去了 i 介音（iəu > əu/retroflex），然后一个进行元音后化（əu > ou），一个进行元音前化（əu > ei）。是什么原因使客家话的尤韵庄组从 iu～iəu 变 eu？

如果我们只看尤韵本身，一个明显的答案是，在庄组声母的特定环境下，iu 变 eu。这种概括达到音系学要求的初步任务，也就是描写正确（adequate description），但就逻辑来说，那是套套逻辑（tautology），说了等于没说。如果我们扩大比较范围，很快就可以看到几乎所有三等韵里的庄组字都很特殊，下面我们集中看与尤韵平行的现象，语音形式据梅县（谢永昌，1994）：

| 三等 | 深摄 | 臻摄 | 曾摄 | 流摄 |
|---|---|---|---|---|
| 庄组 | em | en | eŋ | eu |
| 其他 | im | in | iŋ | iu |

| 三等 | 深摄 | 臻摄 | 曾摄 | 流摄 |
|---|---|---|---|---|
| 庄组 | 涩 sep₂ | 虱 set₂ | 色 set₂ | 搜 ₁seu |
| 其他 | 立 lip₂ | 一 it₂ | 力 lit₂ | 旧 kʰiu² |

如同尤韵所见，只有闽南方言文读没有庄组与其他之别，以厦门文读为例（据《普通话闽南方言词典》）：

| 庄组 | 涩 sip₂ | 虱 sit₂ | 色 sik₂ |
|---|---|---|---|
| 其他 | 立 lip₂ | 一 it₂ | 力 lik₂ |

换言之，在上列这些三等韵里，只有闽南方言的文读与《切韵》立韵的根据是一致的。

客家话深、臻、曾摄三等庄组字的韵母形式应该来自前切韵。我们在河南方言所见"涩""虱""色"的 -ε 也应出自前切韵。华北有许多方言像北京一样把"虱"读为 ʂʅ，那是从切韵的 *ʃit 演变而来的读法。换言之，这些庄组字在《切韵》以前就有新旧两派，旧派元音较低，新派元音较高。《切韵》取新舍旧，但旧派广泛流行于民间，无法直接从《切韵》获得理解。下面我们看 3 种重建方式与 3 种方言反映：

| 例字 | 涩 | 虱 | 色 | 庄组 | 深 | 臻 | 曾 |
|---|---|---|---|---|---|---|---|
| 梅县 | sep₂ | set₂ | sek₂ | 前切韵 | ep | et | ek |
| 厦门文读 | sip₂ | sit₂ | sik₂ | 切韵 | ip | it | ik |
| 北京 | sɤ² | ʂʅ² | sɤ² | 高本汉 | jəp | jɛt | jək |

从这样的比较不难看出，北京"涩""虱""色"三字的韵母形式是两派音读发展的结果：ep、ek > eʔ > e > ɤ，it > iʔ > i ~ ʅ，河南所见 -ε 相当于北京今音前身 -e。简单地说，河南的 ε 与北京的 ɤ 近乎梅县，出自前切韵；北京的 -ʅ 近乎厦门文读，与切韵一脉相承。

江摄二等庄组字"窗""双"，客家话读同通摄，赣语包括黎川方言读同宕摄。比较梅县、增城与黎川的下列形式：

| 摄目 | 例字 | 梅县 | 增城 | 黎川 |
|---|---|---|---|---|
| 宕摄 | 苍 | $\text{ts}^h\text{ɔŋ}_c$ | $_c\text{ts}^h\text{ɔŋ}$ | $_c\text{t}^h\text{ɔŋ}$ |
|  | 桑 | $_c\text{sɔŋ}$ | $_c\text{sɔŋ}$ | $_c\text{sɔŋ}$ |
| 江摄 | 窗 | $_c\text{ts}^h\text{uŋ}$ | $_c\text{ts}^h\text{uŋ}$ | $_c\text{t}^h\text{ɔŋ}$ |
|  | 双 | $_c\text{suŋ}$ | $_c\text{suŋ}$ | $_c\text{sɔŋ}$ |
| 通摄 | 匆 | $_c\text{ts}^h\text{uŋ}$ | $_c\text{ts}^h\text{uŋ}$ | — |
|  | 松 | $_c\text{suŋ}$ | $_c\text{suŋ}$ | $_c\text{suŋ}$ |

黎川方言反映的是汉语方言宕江合流的大趋势，客家话除了上列庄组字也与那个大趋势行动一致。从文献比较看，江摄庄组字的韵母 -uŋ 是保守的，反映前切韵（或上古汉语）时期的音读模式。客家话在这方面独树一帜，最为保守。

上文所说 ep、et、ek 反映前切韵时期的旧派，语音理由有二：其一是入声原则，其二是舌叶声母的关系。舌叶发音由于接触面积大，与各种元音都容易共存，也就是洪细皆宜，因此，e 元音可以长期不变。绝大多数汉语方言的"涩""虱""色"都分别来自 ep、et、ek，在这方面客家话与全民共享，允为"共同来源"。下面分南方和北方来看全民共享的缩影：

| 南方 | 涩 | 虱 | 色 | 北方 | 涩 | 虱 | 色 |
|---|---|---|---|---|---|---|---|
| 广东梅县 | $\text{sep}_⊃$ | $\text{set}_⊃$ | $\text{set}_⊃$ | 河南开封 | $_c\text{ʂɤ}$ | $_c\text{ʂɤ}$ | $_c\text{ʂɤ}$ |
| 江西黎川 | $\text{sɛp}_⊃$ | $\text{sɛ}_⊃$ | $\text{sɛ}_⊃$ | 陕西平利 | $_c\text{ʂɛ}$ | $_c\text{ʂɛ}$ | $_c\text{ʂɛ}$ |
| 安徽歙县 | $\text{se}_⊃$ | $\text{se}_⊃$ | $\text{sɛ}_⊃$ | 山西运城 | $_c\text{sE}$ | $_c\text{sE}$ | $_c\text{sE}$ |
| 湖南娄底 | $_⊆\text{se}$ | $_⊆\text{se}$ | $_⊆\text{se}$ | 山东济宁 | $_c\text{sei}$ | $_c\text{sei}$ | $_c\text{sei}$ |
| 福建厦门 | $\text{siap}^⊃$ | $\text{sat}_⊃$ | $\text{sat}_⊃$ | 河北魏县 | $_c\text{ʂɤ}$ | $(_c\text{ʂɿ})$ | $_c\text{ʂɤ}$ |

说明：厦门的"涩"来自 *ʃep > siap。

这类字的另一个音读传统是从爱欧塔元音出发，其结果就是河北、山东所见的舌尖元音：

| 例字 | 厦门（文读） | 河北晋州 | 河北冀州 | 山东潍坊 | 山东寿光 | 山东利津 |
|---|---|---|---|---|---|---|
| 涩 | $\text{sip}_⊃$ | $_c\text{ʂɿ}$ | $_c\text{ʂɿ}$ | $_c\text{ʂɿ}$ | $_c\text{ʂɿ}$ | $\text{ʂɿ}_⊃$ |
| 虱 | $\text{ʂit}_⊃$ | $_c\text{ʂɿ}$ | $_c\text{ʂɿ}$ | $_c\text{ʂɿ}$ | $_c\text{ʂɿ}$ | $\text{ʂɿ}_⊃$ |
| 色 | $\text{ʂik}_⊃$ | $\text{ʂɤ}^⊃/_c\text{ʂai}$ | $\text{ʂɤ}^⊃/_c\text{ʂai}$ | $_c\text{ʂei}$ | $_c\text{ʂei}$ | $\text{ʂei}_⊃$ |

这一类音读模式在汉语方言中密集见于河北、山东。在《中原音韵》里，这3个字分归支思与皆来，也就是"涩""虱"读舌尖元音，"色"读复元音，近乎河北所见。从演变规律来看，"涩""虱"的元音变化是 ʃi > ʂɿ，"色"的变化是 ʃɛ > ʂai。

在河北方言里，这3个字的韵母形式各有不同，"虱"只有一读，"涩"与"色"常有两读，但是不平行。其差异是由3个元音高度决定的，下面是对应关系（刘淑学，2000）：

| 河北方言 | 涩 | 虱 | 色 |
|---|---|---|---|
| *i | ʅ | ʅ | — |
| *e | ɤ | — | ɤ |
| *ɛ | ɛ～ai | — | ɛ～ai |

这样的差异说明："色"字符音最保守，前切韵的 *ek 在华北通语从未变成真正的三等（ik），这是入声原则和舌根尾原则起作用的结果；厦门文读的 ik 是隋唐到宋代的雅言形式，也许因为流通有限，河北"色"字没有与"虱""涩"一起变为舌尖元音。

总而言之，"虱""涩"两字的舌尖元音读法比较密集见于河北，其次是山东，河南和山西只见零星分布。就中原核心区来说，这是河南与河北较明显的区别。

## 四、合口三等

真、殷两韵都是所谓开口三等，从闽、客方言来看，真韵部分字和殷韵全韵字在前切韵时期应属合口三等。下面是3个客家话和一个闽南方言所见。

| 开口三等 | 例字 | 梅县 | 五华 | 增城 | 厦门 |
|---|---|---|---|---|---|
| 真韵 | 忍 | ⸂ȵiun | ⸂ȵiun | ⸂ȵiun | ⸂lun |
|  | 银 | ⸤ŋiun | ⸤ŋiun | ⸤ŋiun | ⸤gun |
|  | 仅 | ⸂kiun | ⸂kiun | ⸂kiun | — |
| 殷韵 | 芹 | ⸤kʰiun | ⸤kʰiun | — | ⸤kʰun |
|  | 近 | ⸂kʰiun | ⸂kʰiun | ⸂kʰiun | kun⸣ |
|  | 欣 | ⸤hiun | ⸤ʃiun | — | ⸤him |
|  | 隐 | ⸂iun | ⸂iun | — | ⸂un |

《切韵》分归两韵，但闽南方言与客家话显示合为一章。从文献材料看，这些字在前切韵时期同属一类（上古汉语文部），历经两汉仍然未变（读 *iun），西晋末年随着移民被带到南方。在魏晋南北朝时期，*iun > in 已经出现在诗文押韵当中，这种由合口三等变为开口三等的例子文献上多见于南北朝的殷韵，真韵里的同类变化可能早已成为事实但未有记录。就韵母形式而言，客家话的 *iun 比闽南方言的 un 还要保守。闽南方言的变化（iun > un）是遵循音变原则的"三高限制"而来，"欣"则经由合音（hiun > im）过程。

侵韵也有合口三等的来源，反映在北方，客家话与切韵一致读为开口三等。下面我们

来看北京、开封与客家话地区梅县、五华方言的差异。

| 侵韵 | 北京 | 开封 | 梅县 | 五华 |
|---|---|---|---|---|
| 淋 | ₋lyn | ₋luən | ₋lim | ₋lim |
| 寻 | ₋ɕyn | ₋ɕyn | ₋tsʰim | ₋tsʰim |
| 入 | ʐu² | ₋ʐu | ŋip₂ | ŋip₂ |

北京与开封上列形式的共同来源是前切韵时期的 -ium/p，客家话的形式共同来源是 -im/p，近乎切韵。

如果我们比较北京和梅县，一个有趣的现象就浮现出来：梅县读合口三等的地方北京为开口三等，梅县读开口三等的地方北京为合口三等，如下所示：

| 共同来源 | 梅县 | 北京 | 例字 |
|---|---|---|---|
| *ium | 开三 | 合三 | 淋、寻、入 |
| *iun | 合三 | 开三 | 银、近、隐 |

换言之，梅县和北京都有的不能从《切韵》获得解释的语音现象应该都来自前切韵。由于语言发展的不平衡性，保守的方言未必处处保守，创新的方言也未必处处创新。

江苏通泰方言"寻"字都有文白两读，十县之内相当一致，白读都是开口三等一派，文读都是合口三等一派。下面是5个方言的例子：

| "寻"字读音 | 南通 | 海安 | 东台 | 大丰 | 泰州 |
|---|---|---|---|---|---|
| 文读 | ₋ɕyəŋ | ₋ɕyəŋ | ₋ɕyəŋ | ₋ɕyəŋ | ₋ɕyəŋ |
| 白读 | ₋tsʰeŋ | ₋tɕʰiĩ | ₋tɕʰiŋ | ₋tɕʰiŋ | ₋tɕʰiŋ |

白读形式与客家同出一源（dzim > tsʰim），不但在开口三等上一致，在邪母读同从母上也一致。其实，通泰的移民史也与客赣方言移民史相似，时代背景都是西晋末年，地理背景都是汉代的并司豫诸州。文读形式近乎北京，引进时代虽晚，但其合口三等的韵母形式渊源比白读更早。换言之，前切韵时期"寻""淋""入"就有开口三等与合口三等两派，开口三等一派随移民带进通泰方言和客家方言，韵书作者据南北朝所见开口三等一派收在侵缉韵中。

宕摄合口三等客家方言读同开口三等，但中原核心地区多读同合口一等。下面是客家话的白读形式。

| 宕合三 | 梅县 | 五华 |
|---|---|---|
| 放 | pioŋ³ | pioŋ³ |
| 纺 | ₋pʰioŋ | ₋pʰioŋ |
| 房 | ₋pʰioŋ | — |
| 网 | ₋mioŋ | ₋mioŋ |
| 匡 | ₋kʰioŋ | ₋kʰioŋ |
| 钁 | kiok₋ | — |

客家话舒入平行，北京话舒入不平行。从客家看北京，其演变途径是：

舒　ioŋ ＞ yoŋ ＞ uoŋ ＞ uaŋ

入　iok ＞ yo ＞ yɛ

塞音韵尾大约在宋元之际消失。舒声的第一阶段反映在陕西合阳（"王"₋io）；第二阶段反映在山西南部的官话方言，如永济、运城："王"₋yɛ，这种读法只用于地名，如"王村""王马村"。换言之，这个保存于地名的古老形式是在鼻尾消失后发生了 io ＞ yo ＞ yɛ 的变化。韵图所说合口三等指的应是撮口阶段的发音（yoŋ—yok），客家话反映的是早于这个阶段的形式，北京话晚于这个阶段。北方所发生的重唇变轻唇可能是在 yoŋ ＞ uoŋ 的阶段出现的。客家话的读法可能保存了先民离开北方故土时的样貌，从开三变合三，从重唇变轻唇是后来中原核心地区的创新。

## 五、梅县方言

上文讨论的主轴是客家话的保守态势及其在汉语语音发展史的意义。在这方面，梅县和其他客家话甚至赣语往往是一致的。但是，作为客家方言的代表点，梅县在客家话的地位如同西安在关中方言或太原在晋语的地位一样。城市代表时髦中心，其早期形貌往往寄存在四邻乡下。下面我们看舌尖元音的分布。

| 止摄 | 例字 | 五华 | 增城 | 梅县 |
|---|---|---|---|---|
| 精 | 资 | ₋tsɿ | ₋tsɿ | ₋tsɿ |
| 庄 | 师 | ₋sɿ | ₋sɿ | ₋sɿ |
| 章 | 纸 | ᶜtʃi | ᶜtʃi | ᶜtsɿ |
| 知 | 池 | ₋tʃʰi | ₋tʃʰi | ₋tsʰɿ |

在止摄开口三等字里，五华和增城的舌尖元音只见于精、庄两组，梅县的舌尖元音遍见于4组声母之后。就舌尖元音化（i ＞ ɿ）的进程来说，乡下只是到半途，城市已走完

全程。

另外，我们看尤韵章、知组字的 i 介音发展。尤韵庄组的韵母特殊，上文已讨论过，下面只列章、知组字。

| 尤韵 | 例字 | 五华 | 增城 | 梅县 |
| --- | --- | --- | --- | --- |
| 章组 | 周 | ₋tʃiu | ₋tʃu | ₋tsu |
| | 臭 | tʃʰiuˀ | tʃʰuˀ | tsʰuˀ |
| | 收 | ₋ʃiu | ₋ʃu | ₋su |
| 知组 | 昼 | tʃiuˀ | tʃuˀ | tsuˀ |
| | 抽 | ₋tʃʰiu | ₋tʃʰu | ₋tsʰu |
| | 绸 | ˬtʃʰiu | ˬtʃʰu | ˬtsʰu |

上列两种比较中，梅县形式都是创新，但意义不同。①就舌尖元音化运动来说，五华和增城的音读模式遍见于华南，那是宋代资师韵的反映。梅县舌尖元音的如上分布近乎北京，应是明清以来文教推广的结果。②尤韵章、知组的创新形式是梅县方言自身的演变：从五华到增城，再到梅县，先经 i 介音消失，然后声母平舌化，合乎演变规律，看不出外来影响。

梅县方言是否经历过卷舌化？从大华北的演变途径看，梅县所见"纸""池"的读法应该是从 tʂʅ、tʂʰʅ > tsʅ、tsʰʅ 来的，而"昼"的正常途径应是 tʃiu > tʃu > tʂu > tsu。但是汉语方言的卷舌发音有偏前、偏后两种变体，偏前的卷舌近乎舌叶；梅县在历史上曾以偏前的卷舌发北京的偏后的卷舌，因此很快就变成平舌。这是上述比较所透露的信息。

客家人祖述中原，如从西晋末年（316）算起，他们远离故土已有 1700 多年。上文所说前切韵时期，就比较法而言指的是比切韵更早的时期，只有加上移民史的衡量，那个模糊的指涉年代才有明确的年代断限。在继续追索这个年代问题之前，我们从另一个面向联结南北。比较山西洪洞（含 1954 年以前的洪洞和赵城两县）与广东梅县的下列词语：

| 词例 | 洪洞 | 梅县 |
| --- | --- | --- |
| 姐 | ₋tɕia | ₋tɕia |
| 婆 | ₋mɛ | ₋me |
| 馋 | ˬsai | ˬsai |

材料来源：洪洞材料来自乔全生（1984），梅县材料来自谢永昌（1994）。

如同洪洞一样，梅县也以"姐""婆"称母亲。洪洞的"后姐"是继母，梅县的"姐婆"是外婆。嘴馋的"馋"（语音上可能经由 an > ai 而来，语义上可能是以"豺"字譬况），洪洞与梅县说法一致。这些共同点不足以证明梅县方言出自洪洞，但足以显示两音都承自早期中原。

回到年代问题。西晋以前的统一承平局面是汉代（前 202—220），那个时期的普通话

是秦晋方言。在雄才大略的汉武帝主政下，军事上声威远播，文教上大力推广，秦晋方言被当作通语，日益普及。现代的秦晋方言区就是西汉时期秦晋方言区的核心区域，包括关中平原和山西的汾河流域。作为通语的汉代秦晋方言在中央政府的努力推广下所向披靡，奄有国境泰半，现代的河南在当时也应在秦晋方言的笼罩下。有了这样的了解，我们才能解释为什么凡从并司豫（今山西、河南）出发的永嘉移民都具有共同的特色，也就是浊音清化送气类型，江苏通泰方言如此，客赣方言亦如此。湖北就更不用说了，北与陕西相邻，东与河南西南相通，从湖北到湖南可以凭借水利之便把秦晋方言向南撒播。

总而言之，前切韵是历史比较法所用的相对年代的观念，历史人文故事帮助我们进行年代断限。在上文的讨论中，我们只做一个单纯的假设：秦晋方言，古代一如现代，是一个浊音清化送气的演变类型。这个假设有助于解释移民史带出来的问题，同时也解决了文献（包括《切韵》"踏"字）上的问题，以及"特"字之类的问题。同时，我们应该看到，雅言不同于通语，历史上，雅言在全浊声母的维护上至少进行到宋代。我的结论是，客家话的时代深度可以溯及两汉。

**参考文献**

[1] 刘淑学. 中古入声字在河北方言中的读音研究 [M]. 保定：河北大学出版社，2000.
[2] 乔全生. 洪洞方言志 [M]. 临汾：洪洞县志委员会办公室，1984.
[3] 谢永昌. 梅县客家方言志 [M]. 广州：暨南大学出版社，1994.
[4] 颜森. 黎川方言研究 [M]. 北京：社会科学文献出版社，1993.
[5] 詹伯慧，张日昇. 珠江三角洲方言字音对照 [M]. 广州：新世纪出版社，1987.

# 《石窟一征》方言卷的学术价值

温昌衍[1]　王秋珺[2]

(1.《嘉应学院学报》编辑部；2. 中国客家博物馆)

**【提　要】**《石窟一征》为蕉岭最早的地方志，其方言卷辑录了当时的方言词450个，是后出的方言文献的基础，具有较高的学术价值。

**【关键词】**《石窟一征》　客家方言　学术价值

《石窟一征》("石窟"为镇平，即今蕉岭县代称，"征"为有所征取之意。因此，《石窟一征》又名《镇平县志》)，嘉庆初年镇平(今蕉岭)人黄钊著，成书于嘉庆道光年间。该书是研究清代梅州客家地区风土人情的重要著作，为蕉岭最早的地方志。全书分为方域·征抚、教养(一、二)、礼俗、天时·日用、地志、方言(两卷)、人物·艺文·杂记，共9卷9万余字。它完稿于清咸丰三年(1853)，最早于光绪八年(1882)出版。①

全书9卷中用了两卷的篇幅来叙录客家方言词汇，主要从考证词语的历史渊源角度出发，辑录了当时的方言词语450个。②后来，《嘉应州志·方言志》[光绪二十四年(1898)，温仲和著]收录方言词近300个，实际上是在黄钊《石窟一征》两卷"方言"的基础上增补而成。《客话本字》[光绪三十三年(1907)，杨恭桓著]收录客家方言词1100多个；《客方言》(民国初期兴宁人罗翙云著。成书当在1922年或之前，因为章炳麟作序于1922年6月)收录的词语更多[是当时集大成的客家方言著作(词典)]，但两者的基础都是《石窟一征》方言卷。

作者黄钊(1787—1853)，晚清诗人、方志学家。字谷生，号香铁，今蕉岭县(镇平)蕉城镇陂角霞黄村人，乾隆六十年(1795)17岁中秀才，后任大挑知县，嘉庆二十四年(1819)己卯科举人，授官内阁中书。他结交文人学士甚多，在京师与广东阳春县(今阳春市)谭敬昭、吴川县(今吴川市)林辛山、顺德县(今顺德区)吴秋舫及黄小舟、番禺县张维屏、香山县黄香石等人，有"粤东七才子"之称。在嘉应州(今梅州市)与宋湘、李甫平齐名，被誉为"梅诗三家"。道光十八年(1838)任韩山书院山长。晚年在潮州城购买"雁来红馆"，从事教育。一生著作甚丰，有《读白华草堂诗集》《石窟一征》《梅水诗传》10卷、《诗纫》8卷、《赋钞》1卷、《经后》4卷、《铁盒随笔》以及《落叶诗》等大量诗文著作。③

本文就《石窟一征》方言卷内容谈几点认识(原书词条的解释性文字附在词条后，

---

① 参见《石窟一征》阅读提示。
② 参见《石窟一征》阅读提示。
③ 参见https://dict.youdao.com/search? q=bk：黄钊。

两者之间空两格），从此可以看出其学术研究价值。

（1）该书记录了早期的客家方言词，留下了宝贵的历史资料。如：

正室谓之厅厦，广厦大室也。房谓之间，以间数得名也。阔而高者谓之楼，狭而矮者谓之棚。四面有庑可通者曰走马楼。椽谓之木桁，榱谓之桷。屋顶谓之紫。（第 217 页）

这些词语是客家方言房舍建筑类词语，大部分仍在使用。但个别词语已经少用，如"厅厦"（笔者注：实际上应为"厅下"），因为现在多住套房，其中的正厅一般称"厅"或"客厅"。"走马楼"现在较少使用。

有些词语现在已经不用，更显得珍贵。如：

画状曰画蛇。行赇曰行龙。亦曰进水。……蛇能吐物以蔽天日者也；亦能啮人，且毒甚，故名。画者，画于纸上也。龙，神物，能屈伸变化，人莫能测其所用者也。讼师曰蛇师，操是业者曰食蛇饭。按：《蛇谱》："滇南有王蛇，常隐不见，不害人物，以蛇为饭。"今之蛇师，能若是乎？（第 232 页）

今按："画蛇""蛇师""蛇饭"等说法现在已经很难听到（现在写状子说"做状欸"）。

妻曰辅娘。言相辅以成家也，或疑婆娘之转音。今土语统称妇人为辅娘子，当亦婆娘子之谓也。辅，读平。（第 237 页）

今按：现在称妻子为"老婆"，不过，台湾地区客家话还保留了此词。如四县话，音 $pu^1 \eta ion^2$。①

黄牛曰岭牛。（第 245 页）

今按：现在称"黄牛"。

跳虱曰跳蚤。《山堂肆考》：蚤，黑色，善跳。俗呼为疙蚤，土语谓之跳蚤，以其善跳名之也。（第 252 页）

今按：现在一般称为"狗虱"，较少说"跳蚤"。

袄曰袄婆、袄子。（第 274 页）

---

① 材料由徐贵荣博士提供，谨此致谢。

今按：现在一般称"棉袄""褛欿""大褛"（长的大衣）。

除了通常意义上的词语，《石窟一征》还收录了一些词的重叠形式。如：

岩岩井井曰深也。离离奇奇曰怪也。（第265页）
比比帮帮，言取则也。狼狼戾戾（读同"赖"）戾无检点也。（第265页）
彳彳亍亍，游过日。定定宕宕，荡过日也。（第265页）
多多支支，谈不休也。（第265页）
阿阿则则，叹息声也。（第265页）

此外，还收录了不少熟语。如：

猪牝绵桃，绵桃猪牝。按：俗有此语，言绵桃，即母猪牝。母猪牝，即绵桃也。绵桃二字，不知何取。（第238页）
射山怕老虎，老虎怕射山。谚语，言两相撄两相畏也。（第238页）
鳙鱼头，鲢鱼肚。谚语，言鳙鱼当食其头，鲢鱼当食其腹也。（第239页）

(2) 不少词语考证了本字，分析了语源，或分析了理据。如：

以绳系物曰绚。《尔雅·释言》："绚，绞也。"《诗·豳风·七月》"宵尔索绚"，《笺》：夜作绞索，以待时用。则绚字义，固当活用也。（第219页）
掘发土中物曰改。按：《五经文》：改，从戊己之己，戊己土也。从攴，攴《唐韵》音扑；《说文》小击也。则击土而出，固改字之本义也。（第219页）

今按：改，《说文系传》称，"从攴，己声"。据此看来，原文所说"改，从戊己之己，戊己土也"不准确。不过，"掘发土中物曰改"应不误。也就是说，本字还是"改"，其理据应与"敲击土"有关。

牛纲、鸭纲，人结队行亦曰纲。按：周去非《岭外代答》：纲，马一纲五十四。此纲字所本。（第238页）
耳曰耳公。鼻曰鼻公。舌曰舌嫲。乳曰乳姑。按：一体之中，强分男女，殊不可解。疑现于外者为阳，故属男子之称；隐于内者为阴，故属妇人之称。耳鼻两物，当阳者也。舌虽在首，然藏于华池之内，且有津液，自应属妇人之称，又以其偶尔露，故称为嫲。嫲，中年以上之妇人也。乳虽有突起之势，然深藏腹室，乳小姑之处幽闺，人莫能窃见。此其所为姑也。（第227页）
鸭卵曰鸭春，鸡卵曰鸡春。按：《公羊传》："隐元年。春者何？岁之始也。"注：春者，天地开辟之端，养生之首。卵之名春，取此义也。（第238页）
蜥蜴曰檐蛇。按：吴人呼为壁虎，竟绝对蜥蜴。有蛇医、蛇舅、蛇师等名，故谓之蛇。其栖宿常在屋檐，故谓之檐蛇。（第250页）

蝙蝠曰蝠婆。蝠读转弼。按:《唐韵》古音蝠,方墨切。曹子建《蝙蝠赋》:"呼何奸气,生滋蝙蝠。形殊性诡,每变常式。行不由足,飞不假翼。"是蝠,本读为弼也。(第250页)

今按:"方墨切"是阴入,而梅县蕉岭今读阳入,符合阴入读阳入的变例(温昌衍、温美姬,2008)。今丰顺话仍读阴入。①

当然,有些分析不一定准确。如:

鳅曰胡鳅。泥鳅,俗谓之胡鳅,当以其口有须,而以胡系之欤。(第248页)

今按:"胡鳅"应该为"湖鳅",客家方言把小水坑、小泥坑叫"湖",泥鳅生活在其中,所以叫"湖鳅"。

虾曰虾公。俗呼虾曰虾公。按:《侯鲭录》:苗虾状蜈蚣,而拥盾者曰虾公,今并称之为虾公。以其须而公之也。(第249页)

今按:客家方言中,一部分"公"已经虚化为词缀(可用于指小动物,不表动物的性别,有"可爱"义)。

(3)有的词语反映了粤语对客家方言的渗透。如:

臂钏曰手厄。按:《诗》:"韩奕修革金厄。"注:金厄,以金为环也。《说文》"钏臂环",则钏亦环也,以厄为钏,以钏为厄,无不可也。今俗婚礼书钏,而不书厄者,以厄字义不佳故也。(第272页)

今按:"手厄"是粤语词,又写作"手鈪",实际上应为"手扼"。赣南、闽西的客家方言说"手镯",这是客家方言本来的说法。蕉岭(及粤东)客家方言的"手厄"来自粤方言。

往来忽悠曰马骝精。能迷人妇女亦曰马骝精。(第231页)

今按:"马骝"是粤语词,"猴子"的意思,"马骝精"即猴精。

今邑中结盟拜会,为首者曰大伯。大伯者大哥之谓也。最细者曰"阿尾、哥尾",一作魃,亦曰"阿满"。……俗以子女最小者为"满",亦谓之"满子"。结盟拜会自是相约如兄弟然。故亦以大哥阿满等名目相排次。(第24页)

---

① 材料由黄婷婷博士提供,谨此致谢。

今按：今蕉岭（及粤东）客家方言哥哥说"阿哥"，这是受了粤语的影响。从词条看，蕉岭旧时称哥哥为"大伯"，与赣南、闽西客家方言称哥哥为"老伯"一致。

（4）有的地方记录了当时的一些客家方言字。如：

奀，瘦也。冇，肤也。……今镇邑亦有独创之字，奀，音则，平声，言人瘦小也。冇，音甏，谷不实也。人之虚浮者亦曰冇麸，炭曰冇炭，盖麸之谓也。（第268页）

今按：从此条可看出当时蕉岭已经有方言字"奀""冇"。

官府以银铛系人曰墩。……又俗字，物之脱者：甩，伦粒切。（第224页）

今按：从此条可以看出，当时蕉岭借用"甩"来记录读"伦粒切"的意为"物之脱者"的那个词。

（5）有的词条反映了当时的语音特点。如：

高与歌皆曰歌。土音高歌不分。按：陈鹄《耆旧续闻》："闽人以高为歌，文士作歌，亦多不晤。"……邑故与闽汀接壤，故以高为歌。至嘉应则不然。（第268页）

今按：此条反映了当时蕉岭话"歌豪不分"，而嘉应话（嘉应州治所在地的方言，即今梅县话）则歌豪可分。

富曰发。土音读作襃字入声。（第235页）

今按：此条反映了蕉岭话残存了"古无轻唇音"的特点。

细事作状曰鸭母状。鸭母状者，乡里细事，动烦执笔，以一鸭酬之而已。母，土音读如嫲。（第232页）

今按："母"读如"嫲"反映了蕉岭话残存了鱼部古读（ɑ）（温昌衍，2007）。

蕹曰蕹子。（第258页）
萍曰漂子。（第258页）
橡曰员子。（第258页）
番石榴曰那拔子。（第258页）

今按：以上诸条反映了当时蕉岭话名词后缀就是读"子"（今平远话仍读"子"），今蕉岭话读如"呃"ə，失落了声母（与梅县话读"欸"$e^3$同类）。

此外，《石窟一征》方言卷记录了不少民俗事项，如上述"鸭母状"条，曾昭聪《清

末民国岭南方言辞书叙录（上）》（2016）已有论及，此不赘述。

从上面例子看来，《石窟一征》方言卷对梅州客家方言特别是蕉岭的客家方言研究来说，有很大的价值。遗憾的是，目前对它的研究还很缺乏。

最后附带一提，《石窟一征》方言卷的语料，在对台湾地区四县客家话进行研究时，很值得参考，以上"妻曰辅娘"（还保留在台湾地区四县话中）条可以作为旁证。这是有历史原因的。

以蕉岭为主要地区的石窟河流域（干流区除了蕉岭地区外，还包括梅县的石扇、白渡、城东、松口等地方；支流区包括源于平远县中部的柚树河流域，以及平远的河头、坝头、热柘①），明后期开始有居民迁居台湾地区，清康熙时开始增多，乾隆与嘉庆时期达到高峰。这里是今台湾地区客家人的主要祖籍地之一。现台湾地区蕉岭籍的客家人有40多万，将近其现在全县人口的两倍，是整个梅州地区数量最多的。甚至今天台湾地区的很多地名，如"新铺村""龙潭乡""神冈"等也是今蕉岭县的村镇名。（夏水平，2006：1、7~8、80~81）

蕉岭县当时的入台情况，《石窟一征》提及颇多。如：

本地产米，仅敷三五月之粮。……民之寄台湾为立锥之地者，梁以本处无田可种故也。（第68页）

邑地狭民稠，故赴台湾耕佃者十之二三；赴吕宋咖喇吧者十之一。（第70页）

台湾，故有粤籍学额八名，廪额八名。（第72页）

（台湾）地土沃饶，畜产蕃孳。置庄者谓之庄家。佃种者谓之场工。邑中，贫民往台湾，为人作场工，往往至三四十年始归。归至家，尚以青布裹头，望而知台湾客也。往台湾者，例由本籍县官给照，至泉州、厦门海防同知验收，方准渡海。然盘费过多，贫不能措者，往往在潮州樟林径渡。台湾常有乱民煽动。往年，朱一桂（引者注：又作朱一贵）、林爽文等皆闽之漳、泉人也。探丸揭竿，辄劳大师。而粤民率皆团练义勇，为官民先导。诸罗之改名嘉义，盖为粤民等撄城固守，大功告蒇而嘉之也。高宗以粤人深知大义，特诏颁"褒忠"二字，额于广东义民之里门。（第72页）

邑志《名宦志》："镇人以地窄人稠，多食于台湾，而海防例严，苦无以渡。邑令魏公燕超请于上官，并移咨闽省，准镇人给照赴台湾耕作。没岁资人无数。……（魏）去后，邑人塑像祀于北门外之观音堂。"（第73页）

从方言特征看，台湾地区四县客家话乃是以"蕉岭话为主"（罗肇锦先生研究结论），四县客家话音韵与蕉岭客家话无多差异（徐贵荣，2005：9），这可以从以上史料中找到答案。

---

① 柚树河在平远县中部，发源于平远县中部八尺乡梅龙寨，流经河头、坝头、热柘和蕉岭县的徐溪，于新铺镇新芳里注入石窟河。因流经的热柘原名柚树，故名。[参见平远县政府网"平远概况"（http://www.pingyuan.gov.cn/html/pygk/）及360百科（http://baike.so.com/doc/666001-705001.html）]

**参考文献**

[1] 黄香铁.石窟一征:点注本[Z].广东省蕉岭县地方志编纂委员会,点注.2007.
[2] 温昌衍,温美姬.梅县方言入声韵本字考辨[J].方言,2008(3).
[3] 温昌衍.论客家方言"嫲"的语源[J].南昌大学学报(人文社会科学版),2007(3).
[4] 夏水平.明清粤东石窟河流域的社会变迁与对台湾的移民垦殖[D].南昌:南昌大学,2006.
[5] 徐贵荣.台湾饶平客话[M].台北:五南图书出版股份有限公司,2005.
[6] 曾昭聪.清末民国岭南方言辞书叙录(上)[C].//甘于恩.南方语言学:第10辑.广州:暨南大学出版社,2016.

# 论清末杨恭桓《客话本字》的文献价值

张健雅

(华南师范大学文学院)

【提　要】清末嘉应州人杨恭桓是国内较早对客方言进行研究的学者,其所著《客话本字》记录了当时客家话的日常用词,考释了本字,归纳了语音特点,探讨了客家历史文化。其本字考释主要遵循传统训诂原理和考证方法,引经据典,提供了不少古书文献的出处用例。其语音分析主要是充分利用古人的音韵理论,总结客方言语音特点,进而说明客方言与中古音乃至上古音存在一定的联系。所论及的客家源流和分布问题反映了当时客家文人对土客械斗问题的强烈关注。其文献价值至少体现在客家方言词汇、客家方言语音、客家历史文化3个方面。

【关键词】杨恭桓　《客话本字》　文献价值

## 一、引　言

杨恭桓,字穆吾,嘉应州城东小溪唇人[①],生于清末。光绪十八年(1892)被录取入学为庠生。杨氏生平有志于音韵,曾著《韵学汇要》,因故未刊。代表著作有《客话本字》[②],成书于光绪三十一年(1905),刊印于光绪三十三年(1907),石刻本藏于广州中山图书馆和梅州图书馆。《客话本字》是一本客家方言小词典,内容分为两部分。第一部分主要收录清嘉应州土谈字词1102条,字词条分客话双字、客话叠字、客话单字和客话补遗4类。其中,单音节词有782条,占词条总数的一半。杨氏(1907/1997:4)在《自叙》中所说的"都凡得一千四百余字",实则指双字、叠字、单字及补遗4类1102条目按字计数得1400余字。另外还有一篇《客话源流多本中原音韵考》,也收在第一部分,以此构成全书的正文。第二部分是附录,共7篇,介绍一些声韵、反切知识,并指出客家话中常见的误读字、误用字及字画辨正等。误读字、误用字及字画辨正收单字近千条。

作为国内客方言的早期研究成果,杨氏的《客话本字》略晚于清中晚期镇平(今蕉岭)人黄钊的《石窟一征》(1882)和清末温仲和的《嘉应州志》(1901)。后两者均为县志类书籍,所收词条数量相当有限,《石窟一征》辑录客家方言词450条,《嘉应州志》则在《石窟一征》的基础上择录约300词条。而《客话本字》不仅在收词条目数上有明显增加,并且还对词条进行分类编排。虽然类别相当简单,且编排也不尽完善,但辞书体

---

① 嘉应州城东小溪唇,今广东省梅州市梅江区金山街道小溪唇居委,位于梅州城区东北部,社区辖3个居民小组,在册户数1344户,人口4887人。

② 本文所用版本为杨恭桓著、谭赤子点校《客话本字》,爱华出版社1997年版。

例模式已然可见,此后有民国初期兴宁人罗翙云著客家话词典《客方言》。因此,杨氏的《客话本字》在早期的客方言研究中可以说起到了承前启后的重要作用。这本具有资料性质的早期客方言小词典距今已有100余年之久,当时的嘉应州治所就是今天的客方言代表点梅县,书中所收集的土谈字词既可以作为我们了解早期客方言的语音和词汇特点的窗口,也可以作为今天客方言研究的重要参照标准,因此,杨氏《客话本字》具有重要的研究价值至少体现在3个方面。

## 二、客家方言词汇研究上的文献价值

杨恭桓的《客话本字》可以说是第一部客家方言简易词典。其收词原则主要针对土谈中有音无字、与当时官话差异较大的语词,作者在《例言》中就提到,"多向疑土谈有音而无其字者"。杨氏的著述目的,在《自叙》和《例言》中多处可见,大致可归结为两点。第一,考证本字,方便书写,不必用近音字替代。杨氏(1907/1997:3)认为,"嘉应所属之土谈,外境人皆称为客话,其语音之清正,与官话较近,比各处土音多不同,昔人谓为中原之音韵,可以想见。特间有有音而字不便写者,州人只以土谈括之,承讹踵谬,一若实无其字者;凡一落笔,往往欲达其音而苦无其字,必易相近之字以代之,遂使许多口音不能吻合"。第二,杨氏著书为方便乡人识字之用,"初意留为儿孙辈查考,以多识一字,即多获一字之益……特欲凡讲客话者,多识许多方便之字而已"(1907/1997:4),因此,杨氏尤其注重土谈字词本字的考证,并着力查证字典韵书以求其所本。总的来说,《客话本字》记录的是20世纪初客方言语词,为后人保留了弥足珍贵的方言材料,其词汇文献价值主要体现在3个方面。

### (一)考证了不少词语的语源

杨恭桓在记录当时的土谈字词时,对用字比较考究,为分析语源,基本遵循音、义、文献出处相结合的标准进行考证。语音上,从今音出发,查证《广韵》《集韵》《指掌图》《切韵表》等多种韵书典籍,若与反切不合,则采用声训方法寻求古今音之间的关系,辅以州语同音字来注音;音、义皆合者,再查文献用例,据谭赤子(1999),《客话本字》词条注释中引用的经、史、韵书就有《诗经》《说文》《尔雅》《方言》《庄子》《论语》《史记》《战国策》《广雅》等近50种。以下举例论述。

①下晡  晡,博孤切,音逋。《吕氏春秋》:"旦至食,食至日昳,昳至晡,晡至下晡,下晡至日夕。"今俗有下晡、夜晡、今晡日之说,正合。亦作餔。(《客话本字》点校本,第9页)

今按:晡,《广韵·模韵》:"博孤切,申时。"《汉语大字典》"晡"字条下说:"申时,即午后三时至五时……《汉书·武五子传》:'贺发,晡时至定陶。'元纪君祥《赵氏孤儿》第四折:'为乘春令劝耕初,巡偏郊原日未晡。'"(徐中舒,2010:1620)"下晡"在今梅县话中也指下午,具体时间为午后3点至5点。"晡"还可指夜晚,梅县话叫"夜

晡""暗晡"。此外，梅县话还可称"今天"为"今晡日"；称"昨天"为"秋晡日"，兴宁、五华客话叫"昨晡日"。杨氏释"晡"为"亦作餔"，来自《说文·食部》："餔，日加申时食也。"段注："日至于悲谷是谓餔时。餔一作晡。引伸之义凡食皆曰餔。"不过，今梅县话里已经没有"食餔"一说，一般叫"食夜"。通过音义论证及古文献的例证，杨氏所考"晡"为本字是可信的。

②健　《尔雅·释畜》："未成鸡，健。"注："今江东呼鸡少者曰健。健，音练。"州俗呼鸡雌而少者曰鸡乱子，以音近而讹，实即健字也。（《客话本字》点校本，第66页）

今按：健，《广韵·霰韵》："郎甸切，鸡未成也。"《尔雅·释畜》释义与《广韵》同，未长成的鸡即为"健"，音练。《新方言·释动物》："《尔雅》：'未成鸡，健。'今登莱呼小者为小健，绍兴亦尔。或云大健头鸡。"今梅县话称未下蛋的小母鸡为"鸡健欸"，据温美姬（2009：50）所考，"健"读如"乱"，是四等读为一等。杨氏考"健"为本字，可信。

当然，书中有些词语的语源分析未必准确。如：

③喙　许秽切，口也。土音读入载，载与秽俱入十一队韵，音本相近，展转讹读，遂至以喙呼为载。（《客话本字》点校本，第71页）

今按：此词本字是读"陟卫切"的"啜"（温昌衍，2012：32），不是由"喙"展转讹读而来。

④孵　音付，孵卵也，为伏之去声……俗呼鸡子孵卵，呼若步，即此字。（《客话本字》点校本，第81页）

今按：准确地说，此词本字是"孚"（庄初升，1998：359），"孵"应是后起字。这种错误和同时期的其他学者在词语语源考证上的错误是相同的，主要是时代局限性造成的。

### （二）收入了不少客方言词的重叠式

《客话本字》除了记录当时的客方言字词的读音、用法外，还注意到了客方言词的重叠式。在客话叠字一章及书中所记词条的注释中，就出现过许多重叠式，这些重叠式反映了当时客方言词的构词方式。重叠式不仅是客方言中相当有特色的词，也是方言词法研究中很有价值的部分。书中出现的重叠式按结构方式可分为4种。

1. "ABB"式

①蹬蹬　音登。蹬蹬，立貌。俗谓小孩初学行曰打蹬，又蹬跻，尾蹬蹬，呼若顶平声，俱此字。（《客话本字》点校本，第59页）

今按：蹬蹬，《集韵》："都腾切，音登。蹬蹬，立貌。"梅县话称幼儿初学走路为"打蹬"，"蹬"音同"登"，为文读音；另有"ABB"式结构，即"尾蹬蹬"，此处"蹬"音同梅县话的"钉"，为白读音。"蹬"表竖立，"尾蹬蹬"指尾巴翘起来的样子，形容人接受别人赞美之后骄傲自满的样子。如"一表扬佢就尾蹬蹬欸，无滴谦虚一下（他一受表扬就骄傲自满，一点都不谦虚）"。

②蹜蹜　音缩，足迫也。《论语·乡党》："足蹜蹜如有循。"今人嫌人不肯行走曰脚蹜蹜，正合。(《客话本字》点校本，第61页)

今按：蹜，《广韵·屋韵》："所六切。《文字音义》云：'鸟雀类其飞掌蹜在腹下。'"有"收缩、卷曲"义。《集韵·屋韵》："蹜，足迫也。"意为举足急促貌。前者"收缩"义与梅县话接近。梅县话常写作"脚缩缩"，用来形容人不喜欢出门、不肯行走或不敢大胆尝试新事物等。如"想开店做生理，脚缩缩欸样般做欸成事（想开店做生意，缩手缩脚地怎能成事）"。

2. "AAB"式

③喋　音业，口动貌。今人谓喙喋喋动，即此字。(《客话本字》点校本，第72页)

今按：喋，《广韵·业韵》："喋，动貌。"《集韵》："口动貌。""喋喋动"在梅县话中形容嘴巴微微地抖动，常用来比喻人将有口福。如"今上昼嘴唇喋喋动，惊怕有人会请食饭（今天上午嘴巴颤动了一下，可能有人要请吃饭）"。

④慵　音鹿，心转也。俗云慵慵转，即此字。(《客话本字》点校本，第84页)

今按：慵，《集韵》："心闲，一曰心转。""慵"，音同"鹿"或"辘"，梅县话常写作"辘辘转"。有两种含义：一是指人的眼睛的转动貌，形容人很机灵，如"个只细人欸眼珠晓辘辘转，十分得人惜（那个小孩的眼睛很水灵，十分讨人喜欢）"；另一是指肚子空空的，饥肠辘辘，如"当昼食倒一碗饭，几只点钟一过，肚屎就辘辘转（中午吃了一碗饭，几个小时一过，肚子就饿了）"。

3. "AA滚"式

⑤褯褯　音索。新衣声也。又音析。今人谓人著新衣曰褯褯滚，正合。(《客话本字》点校本，第59页)

今按：褯，《集韵·铎韵》："衣声。"又《集韵·陌韵》："褯，褯褯，衣声也。"在梅县话中指衣服质地好、手感好，一般单用"褯"，如"个件衫洗净欸就晓褯手（这件衣服

洗干净后手感会很舒服）"。"襟襟滚"则用于指食物硬脆爽口，如"正摘啊欷西芹梗正晓襟襟滚（刚摘的西芹吃起来才爽口）"。

⑥喈　一音借，鸟鸣声；又音则。今人多呼喈喈滚，又小儿叫声。（《客话本字》点校本，第180页）

今按：喈，《广韵·祃韵》："叹声，子夜切。"《尔雅·释鸟》："行鳸喈喈。"《疏》："喈喈，鸟声貌。"《广雅·释训》："喈喈，鸣也。"表"鸟声貌"与梅县话合。梅县话常用"喈喈滚"形容清脆的鸟叫声不断。如"外背阿鹊喈喈滚叫，有好事怕（外面喜鹊声不断，可能有好事要发生）"。另外还可指幼儿的声音，梅县人哄逗幼儿喜好用"喈"。

4. "AABB" 式

⑦唏唏歌歌　笑也。音唏呵。歌与呵同，又有去声一音。今人谓人大笑不止曰何必唏唏歌歌，正合。（《客话本字》点校本，第62页）

今按：歌，《广韵·歌韵》："大笑，虚我切。"《广雅》："唏唏歌歌，笑也。"今梅县话表示笑声不断、好玩闹、不正经等义时，常写作"唏唏呵呵"或"嘻嘻哈哈"，为固定的 AABB 结构，如"无滴正经，老系同细人欷样唏唏呵呵（没点正经，总是和小孩一样嘻嘻哈哈的）"。

⑧胶胶扰扰　胶，音绞。动扰貌。四字连用出自《庄子·天道》篇。俗呼正合。（《客话本字》点校本，第62页）

今按：胶胶扰扰，出自《庄子·天道》（郭庆藩辑，1961：476）："尧曰：'胶胶扰扰乎！子，天之合也，我，人之合也。'"成玄英疏："胶胶扰扰，皆扰乱之貌也。"《朱子语类》卷一百一十三（黎靖德编，1986：2740）："问：当官事多胶胶扰扰，奈何？曰：他自胶扰，我何与焉！"梅县话一般多写作"搅搅扰扰"，形容纷乱不宁的样子，也可作动词"搅扰"。

（三）通过比较可看出客方言词的演变情况

《客话本字》以记录清末嘉应州客方言常用土谈字词为宗旨，将杨氏所记录的1100余条字词的读音、用法甚至构词方式与今天的梅县客话相对比，可以发现嘉应州客话历经100多年的时间之后，杨氏所记的大部分日常用词得以保留沿用。如：

①岋　咢合切，严入声，动貌。今人墙屋欲倾必出声曰岋下、岋落，呼严上声，亦有呼入声。（《客话本字》点校本，第80页）

今按：岋，《集韵·合韵》："岋，动貌。《汉书》：'天地动曰岋。'"梅县话称物体下陷、墙体倾斜欲倒为"岋下""岋落"，"岋"做动词，为阴入调，与杨氏注"亦有呼入声"音义皆合。今梅县话亦有读"严上声"一字，同样表动貌，但读音与"岋"不符，应是另有其字。

②弶　强去声，施罟于道也，又张取兽也。俗于网物张开曰弶开，有匡、强二音，即此字。(《客话本字》点校本，第82页)

今按：弶，《广韵·漾韵》："张取兽也，其亮切。"《集韵》："其亮切。《字林》：'施罟于道。'一曰以弓罥鸟兽，或作摾。"《汉语大字典》释"弶"一指"捕捉鸟兽的一种工具"，另一指"用弶捕捉"。据杨氏注释，将网物张开曰"弶开"，与今梅县话同，指张开、撑开的动作，但今只读阳平，音同"强"，无"匡"音，也无"强"去声读音。这个词在梅县话中为日常用语，使用普遍。

③摝　音禄，振也。俗谓摝水、摝浆，即此字。(《客话本字》点校本，第89页)

今按：摝，《集韵》："卢谷切，音禄，振也。""摝"表振动、摇动，在梅县话中指搅拌，如"摝水""摝汤"；还可由搅拌义引申指冲泡，如"摝奶粉""摝糖水""摝咖啡"等。

书中大部分字词皆保留使用至今，此处不一一列举。此外，有少数词因社会文化、礼教制度、生活方式的改变或受其他因素的影响而不再使用或已改变了叫法。如：

④帵子　乌桓切，音湾，裁余也。《正字通》云今采帛铺谓剪裁之余曰帵子。州作衣店亦云裁剩之丝绸曰帵子。(《客话本字》点校本，第17页)

今按：帵子，布帛裁剪剩下的零头，梅县话可称之为"布穗"，穗读阴平；也可称之为"布碎欸"。无"帵子"一说。

⑤奕　《方言》："自关而西，凡美容谓之奕，或谓之僷。"州人称人貌美者曰奕，又曰奕致，与《方言》同。(《客话本字》点校本，第76页)

今按：梅县话称人貌美口语多用"靓"，较书面化的则用"标致"，未见"奕致"一说。

⑥笔　屯去声。盛谷竹器今呼笔子。亦作囤。(《客话本字》点校本，第121页)

今按：笔，《广韵·混韵》："簋也。"《说文》："篅也。从竹屯声，徒损切。"段注："按今俗谓盛谷高大之器也。"《汉语大词典》："储存谷物的器具，多以竹篾编成。后作囤。"今梅县地区用来盛稻谷的器具分大小两种，大的叫"谷仓"，是用铝皮做成的圆柱

形的高大器具。客家人以种植水稻为主，旧时几乎每家每户都会配备"谷仓"，待稻子脱粒晒干后进仓，可保存数年。小的叫"插欶"，用竹篾织成，装粮食用。杨氏所记的"笼子"已不见使用。

⑦覡　形狄切，男巫曰覡，女巫曰巫。俗云覡公、覡婆，若声之去声，以入呼去矣。（《客话本字》点校本，第134页）

今按：覡，旧时指以装神弄鬼替人祈祷为职业的男巫师。梅县客家地区以信奉佛教为主，可统称巫师为"有神欶人"，古时叫"覡公""覡婆"，"覡"读若声之去声，本字为"圣"（温美姬，2009：125），今偶有老人会说，中青年一般叫"神公""神婆"。随着社会的进步，封建迷信有所化解，此类称谓词的使用逐渐减少。

## 三、客家方言语音研究上的文献价值

《客话本字》中词条的注释顺序，一般先引以《广韵》为代表的各类韵书典籍的音、义解释，为简省篇幅不出现韵书名，常见的格式是"某某切，音某，某义"，之后再加注州语读音，多采用同音字或读音相近字，格式为"音同某""俗呼若某""读若某"等。杨氏所注的土俗音释对后人了解清末嘉应州客方言的语音面貌具有重要作用，在语音研究上也具有重要文献参考价值。此外，附在《客话本字》字词部分后面的《客话源流多本中原音韵考》一文，结合当时的客方言语音现象，杨氏提出了客方言与古音相通的证据，并引明清音韵学家有关古音研究的结论，欲证明"客话本中原之音"。杨氏注意到客方言在一定程度上保存了中古甚至少数上古语音特征，并且能通过活的语言现象去证明，这对后来的客方言研究具有启发意义。此后近20年的兴宁人氏罗翙云著《客方言》，在《自叙》中所提及的客话古音特点有不少是与杨氏相同的。（2009：2～7）下面我们对杨氏所提及的嘉应州客方言语音特点，将其规律归纳为3点。

（1）舌上归舌头、轻唇归重唇。清人钱大昕在宋人交互类隔说的基础上提出古无舌上音、古无轻唇音的观点，杨恭桓用客家话的许多例字做进一步的证实，如《附记》（1907/1997：181）中提到："飞呼作卑，知呼作低，扶呼作蒲，方呼作帮，房呼作旁，问呼作门去声，望呼作亡去声，分呼作奔，又呼作宾，攀呼作班，中呼作冻，舞呼作姥，纺呼作匹奖切。"这里提及的例字读音与今梅县话基本一致，需要说明的是，"方"字今有两读，"呼作帮"时专指在某些食物上加热糖浆制成的块状的糖，如"豆～"（花生糖）、"米～"（也叫"米橙"）；"方"的另一读为轻唇音，如"～法""药～""～形"。"房呼作旁"中的"房"只在用作为姓氏的时候读重唇音，表示"房子"时读轻唇音。除杨氏所提及的上述例字外，今梅县话中还有许多舌上归舌头、轻唇归重唇的字，如"斧"读如"补"，"粪"读如"笨"，"肥"读如"皮"，"冯"读如"蓬"，"微"读如"眉"，"尾"读如"眯"等。

（2）江韵与东、冬韵不分。杨氏（1907/1997：189）认为，诗韵"三江"，古音通"东""冬"，且举古谚"五经无双许叔重"中"双"与"重"同韵，"天下无双，江夏黄

童"中"双"与"童"同韵,并认为客话"慃""艭"等字与"松"韵同。"双""慃""艭"等字为《广韵》江韵字,今于客话读如"童""松轻~"等东、冬等韵。在梅县话中,江、东、冬韵不分的现象仍然存在,常见的有读"窗"如"聪"、读"幢"如"栋"、读"椿"如"葱"等。

(3) 古今声母对照。《客话本字》附录部分的《三十六字母分清浊位》一文将嘉应州客话常用字按古音地位一一罗列在宋三十六字母下,以便观察客话与古音声母的对应情况。杨氏(1907/1997:211)认为,有些字虽古音属不同字母,但客话声母相同,可将三十六字母适当归并或删减:"泥与娘混,娘当删;知与照混,照当删;明与微混,微当删;彻澄与穿床混,穿床当删;非与敷混,非当删;敷奉与晓匣混,则敷奉又当删;喻与日混,日当删。是三十六字母,删去娘微非敷奉照穿床日九母,止存二十七字母,较然易辨。"杨氏的结论虽存在不尽合理之处,但也反映了嘉应州客话声母方面的几个特点,总结为5点。①古知、照组合流。杨氏将"知与照混"与"彻澄与穿床混"分开阐释,已然是注意到送气与不送气的区别,并且从此处可以看出,客话古浊塞擦音清化,读送气清音。今梅县话知照二组,一律读 ts-、tsʰ-、s-,如"珍"="真"、"耻"="齿"。②古微母、明母合流。③泥、娘不分。上古泥母拼一、四等,娘母拼二、三等,两者互补可合而为一,而宋始分泥、娘。杨氏认为当时的客话泥、娘不分。今梅县客话娘母拼细韵时,声母一般用舌面前鼻音,不同于拼洪韵的泥母,如"黏"≠"男"。④喻、日部分字合流,读零声母,如"柔"="邮"。此外,有部分日母与娘母字合流,此时与喻母分而不混,如"弱"≠"药"。⑤晓母合口一、三等及匣母合口一、二、四等字声母读 f-,与敷奉二母混,如"妃""敷"="辉""晓"、"芳""敷"="荒""晓"、"芬""敷"="婚""晓"、"肺""敷"="惠""匣"、"份""奉"="混""匣"等。

《客话本字》在语音注释上大部分均能准确地展现清末嘉应州客话的面貌,并且能够运用明清音韵学家在古音研究方面的成果,用当时的嘉应州客话去证实古音理论,进而分析客话与古音之间的对应规律,揭示客话语音存古的语言事实。不可否认,杨氏在词语训释过程中,存在个别因固守"音必有字"的理念而在考证语源时滥用声转的现象,从而使得一些词语的注释出现错误或显得穿凿附会,如"客话单字"部分:"姝,音谜。吴俗呼母曰姝,州俗呼母亦曰阿姝,音若母鸡切,乃一声之转。"(1907/1997:77)姝,《集韵》:"弥计切,音谜,吴俗呼母曰谜。"杨氏释"音若母鸡切","母鸡切"应是按客话读音所做反切,被切字本字是"孷"(温昌衍,2012:33)。可见,杨氏的注释存在为掩盖"本字"与实际读音的差别而用"一声之转"来附会的嫌疑。诸如此类的训释虽有不足,但《客话本字》对当时当地土俗词语的语音记录,如用乡语同音字,用乡语同声、韵字做反切上、下字等,于今天的客方言研究来说是相当重要的语音材料。通过这些地道州语的字词读音,可以更加全面地归纳出一个世纪以前的晚清嘉应州客方言语音面貌,《客话本字》无疑是客方言语音发展演变研究的重要参考文献之一。

## 四、客家历史与文化研究上的文献价值

### 1. 探讨客家民系的历史形成

《客话本字》书后所附《客话源流多本中原音韵考》一文对嘉应州客家人的来源地和迁徙情况进行了探讨。杨氏（1907/1997：184）认为，客民祖先是自北南下迁徙而来的，"考客之族类，多中州光黄间土著，为黄帝之苗裔，其南迁则始于东晋之南渡，继于王潮之入闽，盛于南宋后之播迁，其由江、浙而入粤，或由闽而入梅……"。杨氏通过查考各姓宗谱，认为客家人迁徙入梅的时间大概在宋末元初时期，移民有80%来自福建，有20%来自江西。关于客人流寓的研究，杨氏并非第一人。由于19世纪中晚期的土客械斗造成的种族歧视，20世纪初逐渐出现客籍士绅作文著述以证明客家人是中原移民，杨氏的客家迁徙探讨也正是这一浪潮下的产物。诚然，早期仅凭谱牒史料而忽略汉越民族融合的现实和其他民系的族谱记载的史料论证，实际并不科学。然而，关于客家民系形成的相关研究，从20世纪30年代开始逐步受到客方言研究人士的关注。客家学奠基人罗香林的《客家研究导论》（1933/1992：37）和《客家源流考》（1950/1989：13），书中就客家形成问题的讨论，在客家学研究、人类史研究等方面都产生了广泛的影响。早期关于客家民系源流问题的判断虽不成熟，但对后来客家民系历史形成的研究仍具有一定的指导和参考意义，它启发后来的研究者寻找其他的角度去补充原本单一孤立的论证方式，如将客家民系中极具标志性的客家方言纳入追寻客家源流的研究对象之中，通过语言这一载体来考察包括客家历史形成在内的各种客家文化。

### 2. 论及客家人的地域分布

杨恭桓在附录部分《客话源流多本中原音韵考》一文中对当时省内外的客家人大致分布情况有所论及，其中，作者尤其强调了省内嘉应府及邻府各县客家人存在语言上的明显差异，现将原文摘录如下："今之所谓客家者，嘉应（即古梅州）及所属兴宁、长乐、平远、镇平各县，潮府属之大埔、丰顺二县，饶平各县亦有之，惠府属之永安、龙川、连平、河源、长宁、和平、归善、博罗，一州七县，其语音大致相同，或因水土之异，声音高下，不免间有差池……大江以南之地，如楚南江右、蜀、闽、越、滇、黔诸省，客人皆占籍焉。"（1907/1997：184）杨氏认为，省外也有不少客家人，"楚南江右"大致指江西省，古人惯以左为东，以右为西。此外，杨氏还提及四川、福建、广西、云南、贵州等省均有客家人居住。所举省内二府一直隶州的客话分布地区主要指粤东、粤中地带，据《中国语言地图集》（2012：117），这些客家方言点于今被归为粤台片。该片的语音特点大致是：调类方面，均是6个调类，平声入声分阴阳，上去声不分阴阳；调值方面，阴平基本是高平调，阳平有低平和升调两类，上声是低降，去声是高降，入声是阴低阳高。杨恭桓所说的"语音大致相同"基本可信。而这一片区阳平调的调值差异，其实就是杨恭桓所说的"或因水土，声音高下"。

《客话本字》一书的核心内容为记录清末嘉应州客话的日常用词及考释本字，兼论客家方言的语音特点、分布和客家民系的历史形成。作为嘉应州本地人的杨恭桓，其所记录

的字词说法，结合今天梅县客方言来看，普遍比较地道，这是《客话本字》作为早期客方言研究性辞书最具研究价值和文献价值的地方。本字的考释主要遵循传统训诂原理和考证方法，引经据典，提供了不少古书文献的出处用例，供后人查证。作者还充分利用古人的音韵理论，通过活的方言现象去反证古音理论，梳理了一些客方言语音特点，进而说明客方言与中古音乃至上古音存在一定的联系。而客家源流的探讨，一般认为是在土客械斗这一时代背景下才开始受到当时客家文人的关注，随着客方言研究的蓬勃进行，这一问题得到了更加广泛的讨论，因为它不仅仅关系到客家民系的形成问题，还为客家方言分区及人类学研究提供了参考材料。不可否认，该书存在诸如编排词条未能分部以致不便查阅、部分本字考释不合理、滥用音转等问题，但瑕不掩瑜，《客话本字》留下的大量有价值的客方言材料是客方言乃至客家历史文化研究史上的重要资料。

**参考文献**

［1］黎靖德．朱子语类：第7册［M］．北京：中华书局，1986.
［2］罗翙云．客方言［M］．广州：华南理工大学出版社，2009.
［3］罗香林．客家研究导论：影印本［M］．上海：上海文艺出版社，1992.
［4］罗香林．客家源流考［M］．北京：中国华侨出版社，1989.
［5］章太炎．章太炎全集［M］．潘文奎，等，点校．上海：上海人民出版社，2014.
［6］谭赤子．从《客话本字》看客家话的古汉语遗迹．［J］．古汉语研究，1999（3）．
［7］温昌衍．客家方言特征词研究［M］．北京：商务印书馆，2012.
［8］温美姬．梅县方言古语词研究［M］．广州：华南理工大学出版社，2009.
［9］徐中舒．汉语大字典：影印版［M］．武汉：湖北长江出版集团，2010.
［10］杨恭桓．客话本字［M］．谭赤子，点校．高雄：爱华出版社，1997.
［11］中国社会科学院语言研究所，中国社会科学院民族学与人类学研究所，香港城市大学语言资讯科学研究中心．中国语言地图集：第2版．汉语方言卷［M］．北京：商务印书馆，2012.
［12］庄初升．闽南话和客家话共同的方言词补正［C］//李如龙，周日健．客家方言研究．广州：暨南大学出版社，1998.
［13］郭庆藩．庄子集释［M］．北京：中华书局，1961.

# 闽客混合方言调查与分析
## ——以闽浙边境姑田方言点为例

吴中杰

（台湾高雄师范大学客家文化研究所）

**【提　要】** 本文主要以福鼎市点头镇、泰顺县洪口镇的方言点为例，考察分布在闽、浙边境的连城县姑田方言飞地，分别从声母、韵母、声调、词汇等方面进行比较，分析闽客混合方言的语言特点。

**【关键词】** 客家方言　闽东方言　姑田话　混合方言

## 一、引　言

台湾的客家话研究，从探讨台湾既有的客语种类出发，到跟台湾移民关系密切的粤东客语，渐及于粤东客语的飞地，如广西、赣西北、湘东北、四川等地，亦即清初客家移民潮的西线；近年来学者进而关注方言最为复杂的闽西，包含闽语成分深浅不一的汀州客家话、带有客语质素的西片闽南语，乃至地理上和语言上都介于两者之间的闽客混合方言。本研究旨趣在于过去乏人探讨的明末清初客家移民潮的东线。有别于西线以粤东类型为主，东线（闽北、浙南、浙西、皖南）大半为闽西客语和闽客混合方言的延伸，明末清初迄今近450年来，这些飞地究竟保留了何种古老的闽西征性？又有哪些和当地语言接触产生的变化？要如何从闽客混合方言中离析出客语成分？这些工作固然不易，却是亟待开拓的领域，值得未来持续投注心力。

本文以闽浙边境的连城县姑田镇溪口村余、林、谢、黄姓，下堡村邓姓，中堡村江、杨、华姓，洋地村巫姓移民为例，他们自明朝万历年间，巫姓移居浙江温州平阳县桥墩门（今苍南县桥墩镇）启其端绪，尤其在三藩之乱后，分迁到泰顺县洪口镇碗窑村、大安镇花坪头、小洪镇墩头，苍南县桥墩镇碗窑村，玉环县楚门镇，福鼎市管阳镇后溪村、点头镇观洋村、棋盘丘等地建立聚落，总人数在4000之谱。彼等的语言至少有两个层次：其一是连城原乡姑田话的闽语、客语质素；其二是移居地的优势方言，即泰顺北部的处衢片吴语、南部的蛮讲（闽江话），苍南的灵溪闽南语，玉环的台州片吴语，福鼎的闽东话。我们主要讨论福鼎市点头镇、泰顺县洪口镇这两处方言点，俱为作者2016—2017年4次实地调查之结果。

## 二、调查点简介

### 1. 福鼎市点头镇姑田话

以福鼎而言,在连读变声的方面,姑田移民受到闽东话相当的影响。在单字音的念法上,连城话成分得到相对完整的保留。与 Branner (1995)、邱宜轩 (2016) 姑田镇中堡村语料相比,变化在于轻唇 f-、v-、舌叶声母消失,舌尖擦音 s- 往往读为齿间擦音 θ- 但彼此不对立,撮口 -y- 介音及 -y 元音改读齐齿 -i-、阴平和上声不读上升调。

在移居后的闽东话和移居前的原乡闽语双重覆盖下,我们通过以下方式搜罗和判定福鼎姑田移民存有的客语成分:①"个大我 -uo"有别于果摄多数字的 -eu 读音;②假开三"爹"读如二等 -uo;③次浊平"拿""聋"读阴平;④全浊澄母送气,或读塞擦音;⑤词汇上如称妻子为"夫娘"等;⑥来母逢细音读塞音,如"里"$ti^1$;⑦泥、日、疑母逢细音读龈腭鼻音 ȵi-;⑧支韵"骑""徛" -i 不读低元音 -ia;⑨"鸟"读塞音 $tiau^2$;⑩通摄部分辖字的主要元音为 -u;⑪匣母"滑""还"读 w-,对应粤东客语的 v-;⑫假、咸、梗开二共同经历 -a→-o→-uo 的变化,今皆为 -uo 韵母,符合闽西上杭古田、蛟洋客语的类型;⑬"挖""冤""县""乙""顺""闰"读 pi-,对应闽西客语的 vi-。上述性质来自客家话。

### 2. 泰顺县洪口镇姑田话

纵使泰顺和福鼎接壤,语言环境却大不相同。福鼎全境及泰顺县南部属于闽东话区;而泰顺县北部为吴语笼罩,县城话跟景宁、云和比较近似,乃处衢片吴语。姑田移民聚落位于吴语区的洪口镇,隔邻即百丈口镇,为瓯江片(温州话)方言岛。洪口保留轻唇 f-、v-、撮口 -y- 介音及 -y 元音;变化在于舌叶声母消失,改读龈腭音,并产生了姑田原乡没有的圆唇元音 -ø,如梗开三"饼"姑田说 $pio^{35}$,点头念 $pie^{31}$,洪口念 $pyø^{31}$。洪口阳平读高平不下降,反而阳去和阴入不读高平,却念上升调。以合口三等为条件的声母后化音变,于澄母只剩一个"橱"字念 $k^hy^{55}$,连福鼎市点头镇所残留的"传"字也读 $tie^{35}$,章组 k- 类读音保存较多。洪口程度副词后置,如"热紧(很热)";平行于景宁吴语的"热险(很热)"。点头、姑田原乡程度副词前置,如"还热(很热)"。

## 三、声母的比较

### 1. 澄母

澄母字客家话一般是送气塞擦音,而闽语是不送气塞音;以"茶"为例,不仅闽南读 $te^{24}$,闽东系统的福鼎话也读 $ta^{53}$。在长汀、连城城关等处客家话,"茶"都是 $ts^h$-,但闽客混合方言的赖源话却读 ts- (何纯惠,2014:228),其不送气一如闽语,塞擦音却像客家话。毗邻赖源的姑田亦属闽客混合方言,"茶"也是 ts-,福鼎市点头镇的姑田移民仍念 ts-,异乎当地闽东话的 t-。这表示明末清初移民离开故土时,折中闽客的不送气塞擦音读法已然确立了。同时也反映出语言接触产生的混合形式,非唯在词汇、音节层次,

连音段之内也可能发生。现将福鼎点头澄母读法分列如下：

t-："苎""箸""住""赵""沉""陈""长~短""肠""丈""直""重轻~"，符合闽语多数读不送气塞音。

tsʰ-："治""槌""站"，符合客家话送气塞擦音。

ts-："茶""朝~代""郑"，折中闽客的不送气塞擦音；不送气如闽语，塞擦音却像客家话。

tʰ-："柱""虫"，符合闽语少数读送气塞音。tʰ-："橱""雉""绸""杖""着"，异乎闽语多数读不送气塞音，而是中衷闽客的送气塞音；送气如客家话，塞音却像闽语。

kʰ-："传~话"，以合口三等为条件的声母后化音变；姑田辖字众多，福鼎点头于澄母只剩一个"传"字，章组k-类读音保存较多。

个别地点的澄母表现不一。例如，同属闽客混合方言的闽中尤溪县汤川镇，表然诺的"着"读不送气塞音 tiauʔ⁵³，福鼎点头读送气塞音 tʰiauʔ⁵³。

2. 滋丝音

姑田知、章组三等，乃至一般客语读舌尖音的庄组部分字都念舌叶音。洪口转读为龈腭音，同于浙南吴语、浙江畲语。根据我们2014—2017年的调查，于浙南吴语精、知、庄、章组细音皆同读龈腭音的强势笼罩下，处、衢、婺各县市的汀州客家话知、章组三等绝大多数地点只读龈腭声母。点头在闽东话包围中，只有一套滋丝音的表现，也与闽语一致。

3. 腭化

见组逢细音基本上不腭化，但少数常用字已经开始演变，如溪母"去"姑田说 kʰy¹¹，点头却说 tɕʰi¹¹。甚且进一步舌尖化，如见母"几"姑田话 ky³⁵，点头说 tsɿ³¹，我们比较"去"的读音，认为"几"当经历过 *ky→ki→tɕi→tsɿ 的变化阶段。精组"醉"读 tsɿ¹¹、"疾"在"残疾"时读 tsiʔ⁵³，表"痛"时读 tsɿʔ⁵³。这些都说明了元音随声母改变的事实。

4. 连读变声

点头和姑田、泰顺洪口差异显著的是连读变声现象，尤其常见于两字组前字有鼻音韵尾时，后字的声母也会带上鼻音征性，甚或调整成前字韵尾跟后字声母同部位。如：

"今朝"姑田说 kiŋ³³ tiau²⁴，点头念 kin³³ niau³³。
"伤寒"姑田说 tʃʰoŋ³³ ha⁵³，点头念 tsʰoŋ³³ ŋa⁵³。
"香菇"姑田说 ʃoŋ³³ ku²⁴，点头念 ɕiaŋ³³ ŋu²⁴。
"媳妇"姑田说"新妇"siŋ²⁴ pu⁵³，点头念 θin³³ mu⁵³。

也有少数例子经历了音节重划（re-syllabification），前字鼻音韵尾脱落，反而使后字声母带上鼻音，如"台风"姑田说 tʰa³³ foŋ²⁴，点头单念"风"为 huaŋ³³，"台风"说"风搓"huo³³ nai²⁴。演变过程如下：

*huoŋ tsʰai→huon tsʰai［αplace］→huon nai［nasal spreading］→huo nai（re-syllab-

ification）

而"烟筒"ie³³ naŋ⁵³演变过程如下：

\* ien tʰaŋ→ien naŋ ［nasal spreading］→ie naŋ（re – syllabification）

# 四、韵母的比较

## 1. 果一和效一的 – eu 韵

果一和效一洪口、点头均为 – eu，对照项梦冰（2004）记录姑田的 – əu、邱宜轩（2016）的 – əɯ，我们认为，果一当是 \* – o→ – ou（复元音化）→ – eu（唇音异化）→ – əu（动程缩短）→ – əɯ（去唇音化）；而效一以 \* – ou 为出发点，之后的演变同于果一。这样看来，洪口、点头飞地的 – eu 乃较早形式，姑田原乡的 – əu、– əɯ 倒是清初以降的后续变化。

邱宜轩（2016）记录"茄"读 kɯəɯ³³。按照上述演变推论，此形式当来自 \* kueu 的去唇音化。洪口"茄"读 kue⁵⁵，而"烛"读 kueu³⁵。这种 – ueu 韵母，或是零声母时韵头摩擦化的 veu 常见于闽客混合方言，却罕见于一般闽、客语，如尤溪县汤川镇的"完"读 veu⁵³。洪口宕开三入"约""药"、通合三入"浴"读 vəɯ（？）。演变过程如下：

\* iok→yok→uok→uouk→ueuk→uəuk→uəɯk→vəɯʔ（阳入）/vəɯ（阴入）

## 2. 撮口韵

邱宜轩（2016）采集之姑田镇中堡村江氏语料，撮口 – y – 介音及 – y 元音都有众多的辖字。而福鼎点头系统上没有撮口音，读的是齐齿 – i –。当地的福鼎话撮口韵丰富，符合闽东话的通例。为何迁到福鼎以后，姑田移民丢失 – y 音？2017 年，我们采访了连城姑田上堡村的邓氏①，发现其语音上也缺乏撮口韵，如遇三"去""鱼""区"、止三"嬉游玩②"都念舌尖前元音。这些字，堡村江氏读 – y，福鼎点头念 – i。点头移民来自姑田镇溪口村的余、黄、邓 3 个家族，鉴于连城乃闽西语言现象最为复杂的县，其方言依照村落和家族的分别，无限地细碎化；既然福鼎话有撮口韵，点头移民的齐齿读法并非在地化的影响。虽说现有的姑田中堡语料有 – y，但在实查中，我们仍能找到讲姑田话的范围内也有缺乏撮口韵的次方言，那么就不能排除齐齿读法是由姑田原乡带入福鼎点头的可能性。

## 3. 蟹开一读细音

蟹开一"来 li⁵³"③"菜 tsʰie¹¹"姑田、洪口、点头均为细音，从粤东客语 – oi 出发，我们推导演变过程如下：

路径一：– oi（梅县）→ – ue（顺昌将军）→ – uə（上杭秀坑）

路径二：– oi（梅县）→ – ue（顺昌将军）→ – ye（松阳石仓源）→ – ie（姑田

---

① 邓氏于宋末自用安县到姑田下堡开基，嗣后分支上堡村。
② "嬉"为止开三之韵，闽语之微韵见系常有合口读法，使其行为和鱼虞韵一致。
③ "来"另有文读音 lai⁵³，用于"招来人（长工）"中。

"菜")→ -i（姑田"来"）→ -ɿ（姑田"嘴"）

路径三：-oi（梅县）→ -ue（顺昌将军）→ -ye（松阳石仓源）→ -ie（姑田"菜"）→ -e（诏安）

相同路径可以解释蟹合三"税"，梅县为 -oi，将军为 -ue，秀坑读 -uə，连城姑田读 -ie，石仓源读 -i，上杭古田读 -i，诏安读 -e。至于"嘴"（非本字），梅县为 -oi，将军为 -ue，秀坑读 -uə，石仓源念 -ye，上杭蛟洋读 -ie，诏安客语读 -e，上杭古田念 -i；而连城姑田受声母 ts- 影响，又进一步变成 -ɿ，变化模式一如"几""醉""疾"。

4. 圆唇韵母 -yø 的增生

洪口产生了姑田原乡没有的圆唇韵母 -yø，如梗开三"饼"，姑田说 pio³⁵，点头念 pie³¹，洪口念 pyø³¹。

表1　圆唇韵母 -yø 的分布

| 例字 | 洪口 | 姑田 | 点头 |
|---|---|---|---|
| 去 | kʰyø | kʰy | tɕʰi |
| 睡 | kyø | fie/kye | kie |
| 吹 | kʰyø | kʰye | kʰie |
| 炊 | kʰyø | kʰye | kʰie |
| 砖 | kyø | kye | kie |
| 串 | kʰyø | kʰye | kʰie |
| 冤 | yø | vie | pie |
| 圆 | yø | vie | ie |
| 丙 | pyø | pio | pin |
| 姓 | ɕyø | sio | θie |

资料来源：作者逐字整理。

此圆唇韵母 -yø 有4种中古来源：

（1）鱼韵"去"在许多闽西方言都还有 -e 元音，是鱼虞有别的残存形式。若以 *-jo→ -yo→ -ye 出发，-y- 使 -e 圆唇化为洪口 -yø，而后鱼虞合流为高元音形式，中元音消失，就成为姑田 -y，点头展唇化 -i。

（2）止合三若以 *-juei→ -yei→ -ye 出发，-y- 使 -e 圆唇化为洪口 -yø，姑田维持 -ye，点头展唇化 -ie。

（3）山合三若以 *-juan→ -yan→ -yen 出发，韵尾 -n 脱落后，-y- 使 -e 圆唇化为洪口 -yø，姑田维持 -ye，点头展唇化 -ie。

（4）梗开三若以 *-jaŋ 出发，韵尾脱落后，-ia 高化为姑田的 -io，如同二等的 -a 变 -o；-o 使 -i 圆唇化为 -y，前元音 -y 使 -o 挪前为洪口的 -yø，点头的 -ia 走另一方向，因为前元音 -i 牵引，-a 前化为 -e。

5. 圆唇韵母 -yɒ 的增生

洪口还有另一个姑田原乡没有的圆唇韵母 -yɒ，和 -yø 来历不同：

表2　圆唇韵母 -yɒ 的分布

| 例字 | 洪口 | 姑田 | 点头 |
|---|---|---|---|
| 茶 | tɕyɒ | tʃuo | tsuo |
| 车 | tɕʰyɒ | tʃʰuo | tɕʰie |
| 蛇 | ɕyɒ | ʃuo | ɕie |
| 崽 | tɕyɒ | tsuo | tsuo |
| 衫 | ɕyɒ | suo | suo |
| 站 | tɕʰyɒ | tʃʰuo | tsʰuo |
| 生 | ɕyɒ | suo | suo |
| 城 | ɕyɒ | ʃuo | θie |
| 石 | ɕyɒʔ | ʃuoʔ | suoʔ |

资料来源：作者逐字整理。

三者之中，点头已无舌叶音，亦无撮口 -y 元音。端视齐齿 -i- 介音是否存在。若有，假开三 * -ja → -ie，梗开三 * -jaŋ 韵尾脱落后，相同读 -ie。若否，则假开二 * -a → -o → -uo，蟹开二 * -ai → -a → -o → -uo，咸开二 * -am → -a → -o → -uo，梗开二 * -aŋ → -a → -o → -uo，都走向同样的形式。梗开三"石" -i- 介音消失，说明先前经过卷舌—舌叶声母阶段，排斥了 -i- 介音。当其细介音吞没，演变就如同二等：* -jak → -ak → -ok → -uok → -uoʔ。

姑田韵母一致为 -uo，表示二、三等无分，较早之前 -i- 介音已然丢失。大抵精、庄组读舌尖，知、章组读舌叶，这两套滋丝音区别清楚。

洪口韵母一致为 -yɒ，表示二、三等无分，-y 的来源不是 -i- 介音。何况表2俱属开口字，原先应无圆唇成分。于浙南吴语精、知、庄、章组细音皆同读龈腭音的强势笼罩下，以姑田的舌叶音搭配 -uo 韵的形式出发，当声母消变为在地化的龈腭音时，跟 -u- 搭配产生矛盾，于是 ʃuo → ɕuo → ɕyo → ɕyɒ 造成新的韵母。

6. 宕合三白读

何纯惠（2014：45~46）提出客语有别于其他汉语方言的重要韵母特征之一，就是宕合三白读有细介音。姑田及其飞地却如闽语宕合三读 -aŋ，没有客语细介音的性质。（见表3）

表3  宕合三白读细介音的表现

| 例字 | 梅县 | 厦门 | 姑田 | 点头 |
|---|---|---|---|---|
| 放 | -ioŋ | -aŋ | -aŋ | -aŋ |
| 网 | -ioŋ | -aŋ | -oŋ | -aŋ |

资料来源：作者逐字整理。

### 7. 入声韵读 -ui

姑田 -ui 韵母辖字甚少，只有止合三见系"规""亏""窥""危""伪"。然而，点头除了止合三，入声韵也有许多读 -ui（阴入）/-uiʔ（阳入）的例子，如深开三"涩"、臻开三"虱"、臻合一"骨""窟"、臻合三"律""佛"、曾开一"北""墨""德""贼""力""色"、曾合一"国"、梗开二"脉"、梗开四"踢""锡"及本字不详的"tui⁵⁵蒸"和"tʰui⁵⁵窗"。这些字姑田开口读 -e、合口读 -ue；洪口则开口读 -ei、合口读 -uei；点头合口字 -ue 变为 -ui 能够理解，然而何以各摄的开口字不念 -e/-i，反倒并入合口字为 -ui 呢？汉语方言常见合口韵的 -u 介音，依发音部位不同，而逐步消变为开口韵的现象，但如同点头这样，开口字反向读为合口，确实十分特殊。

### 8. 双唇及舌根韵尾共变

连城乃至上杭古田、蛟洋一带，中古收双唇及舌根韵尾的各摄，经常行为一致；反之，舌尖韵尾的山、臻摄往往表现迥然。声母上也是，舌尖音自行演变，异乎双唇及舌根声母。以我们调查的浙江武义县蛟洋话为例，遇、通摄一等端系原先如梅县读 -u，-uŋ 的，增生细介音。如遇一"徒""兔""鏷" -iu，通一舒声"同""窿""聋""棕"都念 -ioŋ；但从通一入声"毒" -iuʔ 的念法推断，前个阶段通一舒声当念 -iuŋ。

-u→ -iu/_____ [Dental]
-uk→ -uʔ→ -iuʔ/_____ [Dental]
-uŋ→ -iuŋ→ -ioŋ/_____ [Dental]

此种变化仅限于舌尖音，未及于双唇及舌根声母。连城城关遇一的来母字零声母化也是因为舌尖声母之后增生了细介音，才触发来母边音走向消失。

与此相反，上杭古田则是假开二、咸开二入声、梗开二入声一概读 uo，表示入声韵尾 -p、-k 彻底消失，才会跟假开二混同。

古田：a→ɒ→ uo
ap, ak→aʔ→a→ɒ→ uo

易言之，双唇及舌根韵尾的各摄行为一致。又如闽北浦城县"福建腔"（主要是连城文亨移民）于咸（双唇韵尾）、宕、江、梗摄（舌根韵尾）舒声和（或）入声字，都有一起变为 -u 韵尾的例子。（见表4）

表4  浦城县"福建腔"收 –u 韵尾的例字

|  | 咸 | 宕 | 江 | 梗 |
|---|---|---|---|---|
| 舒 | 淡、三 – ɑu | 郎 – ɑu，两、象、娘、洋、痒 – iɑu | 窗 – ɑu | 生 – ɑu |
| 入 | — | 脚 – iɣu | 角 – ɒu | — |

资料来源：作者逐字整理自李如龙（2001：525～527）的语料。

双唇韵尾 ∗ – m 以其唇音性质，演变为圆唇 – u 滑音；而舌根韵尾 ∗ – ŋ／– k 以其后部性质，也演变成后部的 – u 滑音。表2俱为开口字，这个 – u 不会是合口来源的介音或主要元音。

回头审视连城姑田话，咸、宕、江、梗摄入声字，都不乏一起变为 – u 韵尾的情况。而假开二，咸开一二舒、入声，梗开二舒、入声大都读 uo，符合连城方言双唇及舌根韵尾共变的原则；洪口、点头亦然。邱宜轩（2016：158）提出，姑田话特征是假、咸摄元音高化，却忽略了梗摄也是一同演变的。同时，我们也能解释为何姑田话山摄一、二等仍读 – a，没有参与 – a→ – o→ – uo 的高化演变。邱宜轩（2016：123）认为是山摄韵尾脱落较慢，因此来不及进入高化过程。我们从连城乃至上杭东部的地理语言学广泛考察着眼，认为双唇［labial］及舌根［Dorsal］韵尾共变，舌尖［Dental］韵尾自行演变，包含声母上也如此，是本区域明显特点；姑田话处于连城县东北隅，自不能例外。

## 五、声调的比较

三地声调的比较见表5。

表5  声调的比较

| 调类\地点 | 阴平 | 阳平 | 阴上 | 阴去 | 阳去及阴入 | 阳入 |
|---|---|---|---|---|---|---|
| 洪口 | 213 | 55 | 31 | 11 | 35 | 55 |
| 点头 | 33（少数24） | 53 | 31 | 11 | 55 | 53 |
| 姑田 | 24（小称33） | 53 | 35 | 11 | 55 | 53 |

资料来源：姑田为邱宜轩（2016），洪口及点头为作者调查。

从表5可见，尽管三地调值不同，调类分合是一致的：阳平跟阳入调值相侔，只有舒促之别；阳去跟舒化后的阴入合并；浊上部分字并到阳入。点头相较于姑田，阴平和上声不读上升调。洪口阳平跟阳入读高平55不下降，反而阳去和阴入不读高平，却念上升调35，相当于姑田的阴上调值。

## 六、词汇的比较

在词汇上，洪口跟点头有些差异。（见表6）

表6 洪口与点头词汇差异

| 词项 地点 | 姑田 | 感谢 | 茶几 | 四季豆 | 抽烟 | 蜘蛛 | 男人 | 媳妇 | 妻子 |
|---|---|---|---|---|---|---|---|---|---|
| 洪口 | 姑田 ku³³ tie⁵⁵ | 谢谢 ɕio³⁵ ɕio³⁵ | 茶几 tsuo⁵⁵ tɕi²¹³ | 豇豆 koŋ³³ tau³⁵ | 抽烟 tɕʰiu³³ ie²¹³ | 飞丝 fi³³ si²¹³ | 男子畲 nuo⁵⁵ tsɿ¹¹ suo⁵⁵ | 新妇仔 sin³³ pu³³ tɕie³¹ | 夫娘仔 pu³³ noŋ³³ tɕie³¹ |
| 点头 | 姑塍 ku³³ tsʰaŋ⁵³ | hi¹¹ tan⁵³ | 桌头 tɕiu⁵⁵ tʰau⁵³ | 长豆 toŋ³³ tau⁵³ | 食烟 sɿ³¹ ie³³ | 飞丝 pai³³ θi²⁴ | 男子 nuo⁵⁵ tsɿ³¹ | 新妇 θin³³ mu⁵³ | 夫娘 pu³³ noŋ⁵³ |

资料来源：作者调查。

总的来说，洪口用词常较为接近书面语，点头比较口语化。称谓上洪口常见后缀，点头则省略不用。以"蜘蛛"为例，词形"飞丝"虽然一致，但"飞"洪口读轻唇 f-，点头读重唇 p-，且韵母为 -ai，读如果合一"螺"，严修鸿（2002：188）指出戈灰同读（亦包含"飞"字所属的微韵）乃连城方言与闽语相同的层次特征。

## 七、闽客混合方言自身的特点

闽客混合方言除了来自闽语和客家话的成分以外，也有若干自身的特点，不是闽、客两者简单相加的结果。如：

（1）何纯惠（2014：75）、邱宜轩（2016：43）都注意到了奉母的"腐"字在赖源、姑田读重唇 p-，而闽语读 hu，客语念 f-；洪口、点头均为 p-。

（2）詹伯慧（2001：188～189）曾提出，一般章组塞擦音辖字，闽、客比官话多，如书母"鼠""深"，北方话读擦音，闽、客都是塞擦音。我们发现闽客混合方言章组塞擦音辖字又比闽、客更多，如船母"赎"、书母"烧""湿""伤"、禅母"勺"等，姑田、洪口、点头往往为送气塞擦音，异乎闽、客擦音念法。

（3）完成体标记姑田说"等"taŋ³⁵，亦罕见于闽、客语。① 具体运用如"食等"（吃掉、干杯）、"死等"（死掉）、"没等"（mai⁵⁵，朽掉）。一般客语以"等"ten³¹为进行体标记，何以在姑田演变为完成体标记？这个问题尚待探讨。

---

① 进行体标记"在"tsaʔ⁵³、经验体标记"曾"tsaŋ⁵³等较不特殊。

（4）违反唇音共存限制的 -ueu 韵母，或是零声母时韵头摩擦化的 veu 常见于闽客混合方言，却罕见于一般闽、客语，详见第四部分第 1 点。

# 八、结 论

相较于粤东客语，闽西客语和闽客混合方言是亟待开拓的领域。我们主要讨论福鼎市点头镇、泰顺县洪口镇这二处姑田方言的飞地。与姑田镇中堡村语料相比，点头的变化在于轻唇 f-、v-、舌叶声母消失，舌尖擦音 s- 往往读为齿间擦音 θ-。点头和姑田、泰顺洪口差异显著的是连读变声现象，尤其常见于两字组前字有鼻音韵尾时，这些都是受了闽东话的影响。洪口保留轻唇 f-、v-、撮口 -y- 介音及 -y 元音；变化在于舌叶声母消失，改读龈腭音，程度副词后置，乃习染吴语特征，并产生了姑田原乡没有的两种圆唇元音韵母，当声母消变为在地化的龈腭音时，跟 -u- 搭配产生矛盾，才使新的韵母产生。

澄母反映出语言接触造成的混合形式，非唯在词汇、音节层次，连音段之内也可能发生。见组逢细音基本上不腭化，但少数常用字已经开始演变，甚至进一步舌尖化。果一和效一洪口、点头均为 -eu，较姑田现有形式为早。而 -ueu 韵母及其变体 veu 常见于闽客混合方言。既然连城讲姑田话的范围内也有缺乏撮口韵的次方言，那么就不能排除齐齿读法是由姑田原乡带入福鼎点头的可能性。姑田及其飞地如闽语宕合三白读没有客语的细介音。点头许多开口来源的入声字反倒并入合口字为 -ui 韵。双唇（labial）及舌根（dorsal）韵尾共变，舌尖（dental）韵尾自行演变，包含声母上也如此，是连城区域性的明显特点。尽管三地调值不同，调类分合是一致的。洪口用词常较为接近书面语，点头比较口语化。称谓上洪口常见后缀，点头则省略不用。闽客混合方言除了来自闽语和客家话的成分以外，也有若干自身的特点，不是闽、客两者简单相加的结果，值得未来持续探究。

**参考文献**

[1] Branner D. P. A Gutyan Jongbao dialect notebook [J]. Yuen Ren society treasury of Chinese dialect data, 1995（1）.

[2] 何纯惠. 连城县莲峰镇客家话 -aĩ、-uaĩ的新生与音韵演变 [J]. 台湾客家语文研究辑刊, 2013（2）.

[3] 何纯惠. 闽西中片客家话与混合方言音韵研究 [D]. 台北：台湾师范大学, 2014.

[4] 江敏华. 客赣方言关系研究 [D]. 台北：台湾大学, 2003.

[5] 李如龙. 福建县市方言志12种 [M]. 福州：福建教育出版社, 2001.

[6] 彭淑铃. 上杭古田客家话研究 [D]. 桃园：台湾"中央"大学, 2013.

[7] 邱宜轩. 闽西连城中堡话研究 [D]. 桃园：台湾"中央"大学, 2016.

[8] 项梦冰. 闽西方言调查研究：第1辑 [M]. 首尔：新星出版社, 2004.

[9] 严修鸿. 连城方言与闽语相同的层次特征 [C] //闽语研究及其周边方言的关系. 香港：中文大学出版社, 2002.

[10] 詹伯慧. 现代汉语方言 [M]. 台北：新学识文教出版中心, 2001.

# 浙西南武平腔方言记略

林清书

(龙岩学院中文系)

**【提　要】** 浙西南武平人在乾隆和雍正年间，跟上杭、长汀、连城等汀州府的人同时迁移到浙江西南部特别是丽水一带开基创业。他们仍然自称为"武平人"。由于人数众多，迁移时间不到300年，他们很好地保留了祖籍地的方言和民俗。为了融入当地社会，他们也学会使用当地的吴方言。随着时间的推移，他们的语言受到了当地吴方言和其他方言的影响。

**【关键词】** 浙西南　武平人　武平腔　方言　客家

## 一、浙西南武平腔的来源和分布以及发音人基本情况

最早系统和公开介绍浙西南客家人的，应该是复旦大学的曹树基教授。关于客家人的分布情况，他认为，在《浙江省龙泉县地名志》中，共查得28种有迁入时间和地点的族谱资料，其中7种为闽汀客家人族谱，如叶山头周氏迁自福建古田，李车坑村巫氏迁自福建长汀，道太源村廖氏、锦祥村廖氏迁自福建上杭，另有墙头巫氏、碧龙杨氏、杉皮寮黄氏等族皆是，迁入时间都在康熙、雍正间。福建汀州的客家移民迁入"沿溪一带"，直至今天，他们的后裔仍居住在龙泉溪两岸的赤石、桑岭之间。青田县的客家移民主要集中在青田县北瓯江两岸的沿江丘陵地带以及西南小溪江的两岸。

关于迁移的原因，他认为，客家人移民的入迁可能与地方政府的招徕有关。时人谓："括自甲寅兵燹，田芜人亡，复遭丙寅洪水，民居荡折，公……又招集流亡，开垦田地，不数年土皆成熟，麻靛遍满谷。"（雍正《处州府志》卷9）此指的是康熙二十七年（1688）刘廷玑任处州知府时对流亡人口的招集。假若招集的仅仅是当地逃亡的人口，就不会出现"麻靛遍满谷"的情景。清代前期迁入浙江山区的移民主要来自福建和江西，并以麻靛种植为主业。据此可判断清代前期迁入的闽、赣两省移民是浙江地方政府招徕的。

根据遂昌县清朝大事记，因饥荒、自然灾害［康熙二十五年（1686）水灾；康熙二十八年（1689）大旱］之后引起战乱［特别是康熙十三年（1674）闽耿精忠叛朝廷，历时两年多；康熙四十八年（1709）廖云山、温显灵等聚饥民起事，闽彭子英起事等］，造成人口稀少，田园荒废，因此从汀州府引进人口，开荒种地，发展农业生产。[①]

综合各种调研资料，浙西南武平林氏，主要是原居住在武东和中堡的八郎公和九郎公

---

① 参考《遂昌县志》（1996年版）"大事记"。

的后裔，在乾隆和雍正年间，来到浙江丽水市遂昌县开基创业。后来也有陆续从祖籍地迁移的，也有从遂昌第二次迁移到其他县开基的。主要分布情况如下。

九郎公后裔鸦鹊塘开基始祖千七郎公下第十四世永利公，于清雍正六年（1728）由福建丰田下堡鸦鹊塘（今武平县武东镇五坊村鸦鹊塘自然村）徙高坪石门塘（现有200多人）。后代分居回龙寨（现有400多人）、遂昌县城（少量，多因工作而到县城落户）、岩上、古楼，以及衢县（今衢江区）、龙游、兰溪、青田等地。①

唐夏村（武平县武东镇丰田村唐夏自然村）九郎公后裔，迁移到遂昌县妙高镇金岸村，云和县石塘镇大岗山村（据族谱，婚姻范围基本上都在云和县石塘镇内）。一部分迁移到桐庐县分水镇百岁坊村。② 根据林家根医师③的初步了解，现在大岗山村大约120人，外迁约40人。留在村里的基本上是十四世汉奎公的后代。上奎公后代迁到杭州桐庐去了，人口不多，只有一二十个人。

武东镇袁上村九郎公后裔迁移到遂昌县黄沙腰镇大洞源村。还有的居住在松阳县石源仓、小巷和清源岔等地，这里与云和县境内的客家人聚居区连成一片。

清雍正、乾隆年间迁来青田县的一支，据林柏桓先生④说，是九郎公的哥哥七郎公的后裔。林柏桓先生说："据谱书说是从武平县越洋庄（今中堡镇悦洋村）迁往浙江青田，从正公起已经是第十六世，到青田后延续至第廿六世。我是第廿四世，章字行。"现在青田县的居住地主要是在高湖镇小源村（下村）、东坑，大路乡章庆村，芝溪乡下水龟，海口镇麻埠坑、东江村卓山。

武平人在浙西南地区分布的大致情况参见图1，武东镇、中堡镇原籍地参见图2，地图中用圈标志的，是目前初步了解的原籍地或迁移到浙西南的分布地点。武东镇主要是五坊村鸦鹊塘、丰田村唐夏、袁畲（袁上村）、袁田村，中堡镇主要是悦洋村等，中堡镇远富村是林氏八郎公、九郎公宗祠所在地。

---

① 参见《遂昌县志》（1996年版）"第二节 源流及分布"。
② 据武平县武东镇丰田村《唐夏族谱》。
③ 林家根，松阳县医院退休医生，遂昌县金竹寨回龙湾人。
④ 林柏桓，青田县海口镇人。

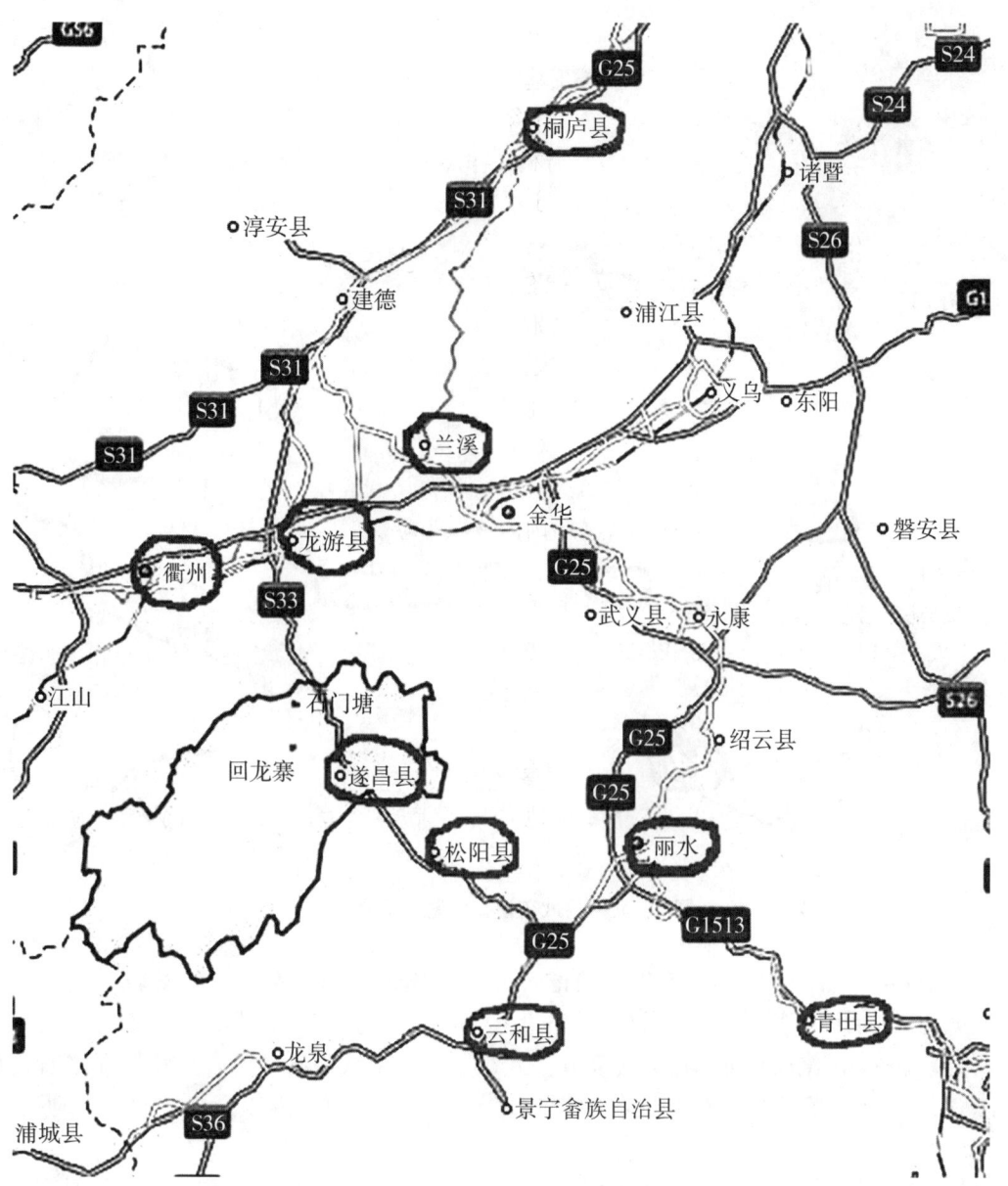

图1 武平人在浙西南地区分布的大致情况

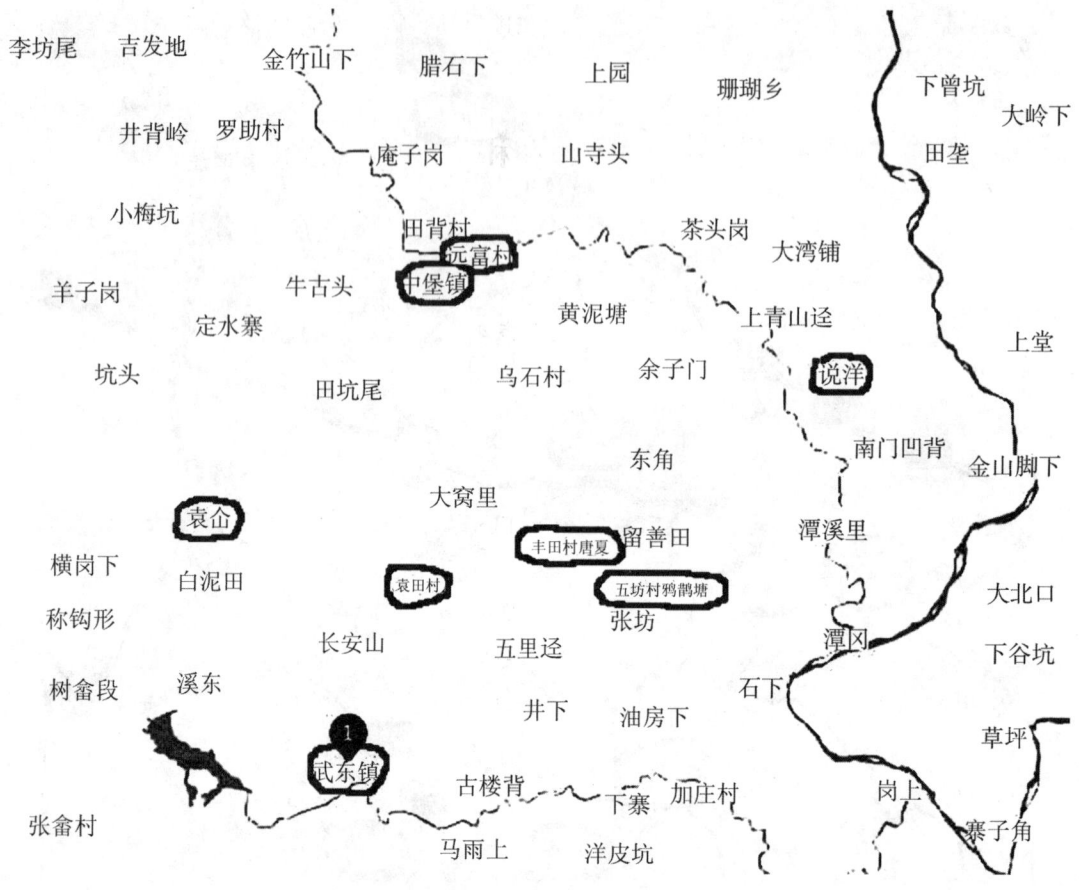

图 2 武平县武东镇、中堡镇部分村庄

武平县武东话已经在 1985 年开始记音并整理成声韵调音系，后来发表了《武东话记略》，武东话词条被复旦大学许宝华先生收进《汉语方言大词典》，后又在《武平方言研究》一书中增加了词汇和语法部分。武东、中堡从武平县的方言分片情况来看，属于东片，与上杭交界，受到上杭话的影响，与武平北、西、南以及中心区都有明显的区别。

从福建省武平县武东镇迁移到浙西南遂昌、云和、青田等地，不到 300 年的时间，历史源流清楚，非常有利于我们观察方言的源流和变化。

那么，300 年前的武东话是不是在浙江得到很好的保存？是否发生变化？发生了哪些变化？能够给语言演变提供怎样的启示？带着许多疑问，2016 年 7 月，我们前往松阳县拜访热心的林家根医师。

按照族谱上的排序，林家根医师是鸦鹊塘开基始祖千七郎公算下来第 22 世。他 1951 年生于遂昌，19 岁参军，退伍后考上绍兴卫校，毕业后一直在松阳县医院工作到退休。他会说武平话（当地客家话主要分为长汀话、上杭话、武平话）、遂昌话和松阳话。这次记音，他是主要发音人。此外，还有他的弟弟林家宜，生于 1957 年，遂昌一中生物老师，会说武平话和遂昌话；还有他们的侄儿林延良，1965 年出生，初中毕业，原生活在回龙

湾，1997年到遂昌县城里居住，会说武平话和遂昌话。遂昌等地的上杭话、长汀话的情况也是他们提供的。

## 二、遂昌武平话音系和主要的语音特点

1. 声调

阴平 24　　阳平 212　　上声 42　　去声 44　　阴入 32　　阳入 45

2. 声母

| | | | | |
|---|---|---|---|---|
| p 布飞<sub>白读</sub> | pʰ 步别怕盘冯符 | m 门 | f 红胡税费 | v 武润闰运远缘旋 |
| t 到刀笠岭轮 | tʰ 道夺太同 | n 难怒 | | l 兰吕连 |
| k 贵癸 | kʰ 跪开 | ŋ 女硬 | | h 灰去岸 |
| tɕ 精经结焦主煮举 | tɕʰ 秋天丘全权趣 | ȵ 年严认若日言元 | | ɕ 休线然 |
| ts 糟招祖增争 | tsʰ 仓曹巢醋处从虫锄 | | | s 散苏僧丝师诗 |
| ∅ 延而案围危微 | | | | |

3. 韵母

| | | | |
|---|---|---|---|
| ɿ 资支知柿齿组几汽 | i 耳第地以雨水味匪 | y 猪徐除苎鼠举柱区树 | u 补铺姑赌母祖武 |
| ɛ 个艾埋背拜卖随睡齐 | | yɛ 在菜嘴吹乱 | ɜɛ 台开来爱跪危季 |
| a 爹车灾太阶械债花蛇 | ia 夜谢挓姐<sub>奶奶</sub> | | ua 瓜筷怪 |
| əu 刀讨倒遭曹青燥（平声） | iəu 轿刁鸟尿晓浇鞘刘流 | | |
| o 哥鹅河多婆锅禾火做 | io 茄瘸流周昼抽臭 | | |
| ẽ 含衔根魂温船星笋 | iẽ 圆远检廉间染严嫌 | yẽ 权酸短琼 | uẽ 官管杆 |
| ã 简减胆斩柑敢咸岩 | | | uã 关冠 |
| ŋ 二五想 | iŋ 紧新心林灵云群 | | |
| əŋ 翁红东彭笼 | iəŋ 弓穷雄用 | | |

| | | | |
|---|---|---|---|
| ɔŋ 光党讲桑床 | iɔŋ 良香供养龙浓松（松树） | | |
| aŋ 庚郑正（正月）成城 | iaŋ 名病饼晴井姓轻赢醒 | | |
| | iʔ 直日习袭湿十滴 | | |
| ɛʔ 踢色北涩舌撮 | iɛʔ 急接铁出月猎业笠蛰笛 | yɛʔ 脱捋刷 | uɛʔ 割国发（发病） |
| aʔ 颊夹辣合活甲鸭百灸石 | iaʔ 聂迹籍惜壁锡 | | uaʔ 刮 |
| ɔʔ 落郭各确 | ɔi 药脚雀 | | |
| ʂɛ 鹿木雹族秃谷竹 | iəʔ 绿六肉浴 | | |

韵母说明：u 的读音更接近 ʊ；a 在鼻辅音和塞音前，读音更接近 ɑ，如庚 aŋ、名 iaŋ、锡 iaʔ 等。

### 4. 遂昌武平话主要的语音特点

（1）遂昌武平话在语音方面继承了大部分原籍地武东话的原貌。如：

"你"，发音人念成 hẽ[212]；老家同样来自武平县武东镇袁上村的石仓源念成 həŋ，也有念成 n、ni 的；老家的武东话念成 hẽ[11]，与发音人相似。遂昌话念 ȵiɛ[13]。

"林"，发音人念成 tiŋ[212]，遂昌大洞源（祖籍袁上村），念成 liŋ。老家的武东话与发音人同。遂昌话念 liŋ[221]。

发音人认为，在遂昌，"佳"韵部分字念 a 的是武平人，念 ɛ 的是上杭、长汀人。如：

"鞋"，遂昌武平人念成 ha[212]，上杭、长汀人念成 hɛ；老家的武东话念成 ha[11]，与发音人同。遂昌话念 ɑ[221]。

"来"念成 luɛ[212]，发音人认为，梭溪源村的人这样念，石门塘（祖籍鸦鹊塘）一般念成 lɛ[212]，回龙寨（祖籍鸦鹊塘）一般念成 la[212]。今天，武东话中 3 种念法都存在。类似这种在一个小的地域范围内一字多种读法的现象，可能很久以前就已经存在了。遂昌话念"来"lei[221]。石门塘"来"念成 lɛ[212]，会不会受到遂昌话的影响，很难确定。

（2）遂昌武平话语音方面受到当地客家话的影响。如：

"矮"，遂昌武平人念成 a，上杭、长汀人念成 ɛ；老家的武东话念成 ɛ。遂昌话不说"矮"，而说"短" tẽ[533]。

"街"，遂昌武平人念成 ka[24]，上杭、长汀人念成 kɛ；包括遂昌、松阳等诸村镇客家人都念 kɛ。发音人认为，只有石门塘和回龙寨（祖籍鸦鹊塘）念 ka[24]。"街"念 ka[24]，反而成为石门塘和回龙寨的特色。今天武东话大都是念成 ke[24]，遂昌话念 ka[45]。至于石门塘和回龙寨会不会受到遂昌话的影响，也不能排除这种可能性。

"口"，发音人念成 kʰəu[42]，遂昌石仓源（祖籍袁上村）念成 kʰiəu[42]；今天的武东话一

般念成 $k^h æ^{31}$（"口头"等文读）或者 $hæ^{31}$（"一口饭"等白读）。遂昌话"口罩" $k^hu^{55}$ $tsɯ^{334}$，应该跟遂昌话没有关系。

"蜻蜓"，发音人（回龙寨，祖籍鸦鹊塘）念成"哝飞子" $nəŋ^{212}$ $pɛ^{24}$ $tsɿ^{42}$，遂昌大洞源念成"哝哝飞" $nəŋ^{212}$ $nəŋ^{212}$ $pɛ^{24}$。今天的武东话恰恰是："隆隆飞" $ləŋ^{11}$ $ləŋ^{11}$ $pɛ^{24}$，反而与大洞源（祖籍袁上村）更接近。遂昌话说"□鸟" $xɔ^{55}$ $tiɯ^{334}$，差别很明显。

鸦鹊塘"督目睡［$sua^{31}$］"，石门塘、回龙寨为"督目睡［$fei^{42}$］"，与鸦鹊塘村相邻的川坊村（与上杭交界）相同，可能当时就念 $fei^{42}$，也可能是受到遂昌上杭话的影响。从现在的情况来看，把"睡"的声母念成 f，恰恰是上杭话的一个标志，进入武平界内，就很少有这种念法了，声母都是 s。遂昌话说"睡觉"为"睏"，根本不说"睡"，差别很明显。

tɕ、$tɕ^h$、ɕ 遇到 y 韵母，类似舌叶音 tʃ、$tʃ^h$、ʃ，可能受到长汀话的影响，也可能受到遂昌话的直接影响，遂昌话说"朱" $tɕyɛ^{45}$、"嘴" $tɕ^hyɛʔ^5$、"书" $ɕyɛ^{45}$。

鸦鹊塘"笋"念成 $ɕiŋ^{31}$，石门塘、回龙寨为 $sɛ̃^{42}$，疑似受到上杭话、长汀话或遂昌话的影响。曹培基《客家方言字典》中，长汀话为 $seŋ^{42}$。① 邱锡凤《上杭客家话研究》中，蓝溪话为 $seiŋ^{31}$，遂昌话为 $sɒŋ^{533}$。

（3）受到当地方言的影响，当地方言中包括吴方言、赣方言、闽方言和畲族山客话，互相交叉影响。如：

"保""宝""袍""毛"等念成 ɔ，是遂昌的上杭、长汀人；念成 əu 的，如"刀""讨""倒""遭""曹""膏""燥（平声）"，是遂昌的武平人。发音人认为，像"宝""刀""好""袍""老""考"等应该是传承了永利公从武平带过来的话，因念 əu 的也只有遂昌石门塘和回龙寨人，周边的村人都念 ɔ 韵，他们没有受到邻村话的影响。老家的武东话念成 ɔ，反而与遂昌的上杭、长汀人一致。究竟是遂昌石门塘和回龙寨人保留了雍正年间武东话的面貌，还是受到其他方言的影响？遂昌话为"毛" $mɐɯ^{221}$、"倒" $tɐɯ^{533}$、"糕" $kɐɯ^{45}$、"笊" $tsɯ^{53}$、"膏" $kɐɯ^{45}$，所以，遂昌石门塘和回龙寨人应该是受到遂昌话的影响，而上杭、长汀人保留了祖籍地的原貌。

发音人有圆唇音，如"猪""徐""除""苎""鼠""举""柱""区""树"念成 y，"在""菜""嘴""吹""乱"念成 yɛ。鸦鹊塘"杉树" $tsã^{354}$ $fu^{31}$，石门塘、回龙寨为 $tsã^{452}$ $ɕy^{42}$，疑似受到上杭、长汀客家话"杉树"（u 韵母受到 ʃ 声母的影响变成类似圆唇的 y）和遂昌话圆唇的影响。遂昌话"猪" $tʊ^{45}$、"鼠" $tɕ^hɜɛ$、"树" $tzɯ^{213}$、"菜" $ts^hei^{334}$、"杉树" $saŋ^{55}$ $tzɯ^{213}$ 这些都不算圆唇，下面这些字是圆唇："朱" $tɕyɛ^{45}$、"嘴" $tɕyɛʔ^5$、"处"（家） $tɕ^hyɛ^{334}$、"书" $ɕyɛ^{45}$、"芋" $yɛ^{213}$、"乱" $lyɛ̃^{213}$。

（4）因特殊原因发生了语音上的改变。如：

"夹菜"的"夹"本来是念 $tɕiaʔ^{32}$，石门塘、回龙寨"家"字辈以上的人都念 $tɕiaʔ^{32}$，下一代"日"字辈的人认为与"籍"（借）同音，"夹菜"变成"籍（借）菜"，遂昌话"夹"念 $dzɣɛʔ^{23}$、"借"念 $tɕiɒ^{334}$，遂昌人也会笑话石门塘、回龙寨人话难听，就改成 $tɕiɛʔ^{32}$。现在鸦鹊塘"夹"依然念成 $tɕiæʔ^{32}$，是因为"籍"（借）念成 $tɕiaʔ^{32}$，在语

---

① 参见曹培基《客家方言字典》（1997 年版），第 202 页。

感上有明显的区别,并不存在混淆的情况。

## 三、词汇概略

(1) 石门塘、回龙寨在词汇方面继承了大部分鸦鹊塘的原貌。如:

阿阿 a$^{24}$ a$^{24}$(姐姐)
排篮 p$^h$a$^{212}$ lã$^{212}$(一种晒粮食的竹篾编的农具,圆形,大如饭桌)
治猪 ts$^h$ɿ$^{212}$ ʧy$^{24}$(杀猪)
炙 tsaʔ$^{32}$(晒)
□□lia$^{212}$ tɕ$^h$ia$^{212}$(蜘蛛)
蚁公子 ŋe$^{44}$ kəŋ$^{24}$ tsɿ$^{42}$(蚂蚁)
管扫 kuẽ$^{42}$ səu$^{44}$(扫把)
笊箩 tsəu$^{44}$ lo$^{212}$(从锅里捞米饭的竹篾制成的大漏勺)
呐命 naʔ$^{32}$ miaŋ$^{42}$(歇斯底里)
督湿 tuʔ$^{32}$ siʔ$^{32}$(淋湿)
笠嫲 tiɛʔ$^{32}$ ma$^{212}$(斗笠)
岭崇顶上 tiaŋ$^{24}$ təŋ$^{44}$ tẽ$^{42}$ hoŋ$^{42}$(山顶上)
勒蓬 lɛʔ$^{32}$ p$^h$əŋ$^{212}$(荆棘丛中)
曼人 mã$^{42}$ ȵiŋ$^{212}$(谁)
猪汁 ʧy$^{24}$ tɕiɛʔ$^{32}$(猪食)
抡 lẽ$^{212}$(把木柴等砍断)
萦线 iaŋ$^{24}$ ɕiɛ$^{44}$(绕线)
手踭骨 ɕio$^{42}$ tsaŋ$^{24}$ kuɛʔ$^{32}$(手肘)
跌别 tiɛʔ$^{32}$ p$^h$iɛʔ$^{32}$(丢掉)
河沿上 ho$^{212}$ ɕiɛ$^{212}$ hoŋ$^{42}$(河边、河岸)
纽襻 nəu$^{42}$ p$^h$aŋ$^{44}$(纽扣)
雁鹅 ŋã$^{42}$ ŋo$^{212}$(大雁)
热痱子 ȵiɛʔ$^{32}$ pɛ$^{44}$ tsɿ$^{42}$(痱子)
还各*①灿* ha$^{212}$ kɔʔ$^{45}$ ts$^h$ã$^{44}$(更糟糕)
掰嘴掰鼻 paʔ$^{32}$ tɕyɛ$^{24}$ paʔ$^{32}$ p$^h$i$^{42}$(打哈欠)
一挃米 iʔ$^{32}$ ia$^{42}$ mi$^{42}$(一撮米)
炙火笼 tsaʔ$^{32}$ ho$^{42}$ ləŋ$^{42}$(用火笼烤火)
天弓 t$^h$iẽ$^{24}$ tɕioŋ$^{24}$(彩虹)
供养 tɕiəŋ$^{44}$ ȵioŋ$^{42}$(供奉神祇的食物等)

---

① 右上角有星号"*"的表示是同音字。

还有如"番蒲""斫樵""锯樵""芦萁""卵缀""鸡卵子""宇卵""脚头""铁匠""犁耙""牛轭""泥团""田塍"等。

煮饭:"煮饭""熻饭""焖饭""甂饭""暖饭""炒饭""烌饭""蒸饭""捞饭"等。

抱:"扝"(扝人,指抱小孩)、"揽"(抱人、摔跤,抱树、抱木头等)、"摁"(抱住)等。

(2) 部分不同有几种可能,一是受到当地客家话的影响。如:

武东话"偓们人"(我们),石门塘、回龙寨为"偓兜人",疑似受当地长汀、上杭话的影响。遂昌话为"□些农",差别很大。

武东话"长浸"(咸菜),石门塘、回龙寨为"潲菜"。遂昌话为"盐菜",差别很大。

武东话"各邓*人"(别人),石门塘、回龙寨为"别另人",疑似受当地长汀、上杭话的影响。

武东话"蝉子"saŋ$^{11}$ tsȵ$^{31}$(蝉、知了),石门塘、回龙寨为"盐*盐*飞"iɛ̃$^{212}$ iɛ̃$^{212}$ pɛ$^{24}$,遂昌话为"亮亮咿"liaŋ$^{21}$ liaŋ$^{53}$ i$^{45}$。

武东话"□[lɔʔ$^{32}$]食"(寻找食物;寻找养活自己的渠道),石门塘、回龙寨为"□[iəʔ$^{32}$]食"。

骂人的话。如:

"狗嫲膣""花膣乱舌"和"剥屐捏",都是指说话不诚实、不负责任地乱说一气。"狗嫲膣""花膣乱舌"分量重,骂的话本身就是脏话,难听。在很气恼的时候和开玩笑时都会说。"剥屐捏"分量轻,没有脏字。武平话都没有这种说法。

"呐命抽筋""喊老命",指的是对方说话分贝过高,有时是歇斯底里,使得听者不耐烦,如:"恒*(你)呐命抽筋、喊老命啊,偓耳朵又唔前*(不曾、没有)聋,消得(值得、有必要)咁大声喊嘎?"武平话都没有这种说法,只有"呐命"(歇斯底里)、"呐命棍"(歇斯底里的人)的说法。

"讨饭(乞丐)骨""讨饭相"也有犯贱的意思在内。武平话都没有这种说法,只有"叫化命"。

"叫化子(讨饭人、乞丐)等唔得饭镬(锅)好",形容那种迫不及待要吃东西的人。如:"桃子都唔前*(不曾、没有)熟恒*(你)就搞来食哩,真哥系叫化子等唔得饭镬好个人。"武平话没有这种说法,只有"火燆(烫)腚般哩""做事件忒辘轴"的说法。

称呼父母为"大""姐",也有极少数称"伯""叔""娓"的。那些长汀、上杭过来的人叫"大""娓",梭溪乡和松阳石仓源、南坑源以及云和那片人绝大部分人叫"阿伯""阿娓"。

有的本来就有几种说法的,如"改"(锄地)叫"挖","一番被"叫"一床被"等。也可能是受到普通话的影响。

二是受到遂昌话的影响,或者受到其他方言影响,或者是受到普通话的影响。如称呼"爸爸"为ta$^{44}$ ta$^{44}$,在武平话中很少见。遂昌话"爸爸"(面称)ta$^{45}$,背称为"老爷"。可见,是受到遂昌话的影响。

武东话"屠官师傅""木匠师傅""篾匠师傅",石门塘、回龙寨为"治猪老师""木

匠老师""做篾老师"。把师傅叫作老师，客家话中很少见。

武东话"赴墟"（赶集），石门塘、回龙寨为"赶巷"kuɛ̃⁴² hɔŋ⁴²，客家话中很少见。

武东话"门串"（门闩），石门塘、回龙寨为"门销"，客家话中很少见。"门销"，门闩，西南官话。贵州清镇，云南昭通₅mən₅ciaɔ，玉溪mẽn³¹ ciaɔ⁴⁴。

武东话"塘告"（蚌），石门塘、回龙寨为"屏屏［piæŋ⁴⁴ piæŋ⁴⁴]壳"，客家话中很少见。遂昌话为"蚌蚌壳"piaŋ¹³ piaŋ³³ kʰɔʔ⁵。

武东话"跌""跌倒"，石门塘、回龙寨为"跌翻"，客家话中很少见。遂昌话为"□倒"pɒ⁵³ tɤɯ⁴⁵。浙江嵊州吴语"跌翻"是"打翻"的意思，如"跌翻一碗酒"。

武东话"炮"（油炸），石门塘、回龙寨为fi²⁴，客家话中很少见。发音人说是跟遂昌话一样。遂昌话为"□"fi⁴⁵。

武东话"夹痧"，石门塘、回龙寨为"钳痧"，客家话中很少见。

武东话"镬头"（锅），石门塘、回龙寨为"锅头"。遂昌话为"大壳镬"。

下面一些词语是比较认可的客家方言的特殊词语（特征词），在石门塘、回龙寨中也改变了，可见受到遂昌话或其他吴方言、闽方言、赣方言和普通话的冲击、影响已经相当厉害了。

"粄"，石门塘、回龙寨叫"粿"，上杭、长汀来的叫"粄"。遂昌话为"黄米粿""饭粿"（白米粿）、"油桶粿"（灯盏糕）、"清明粿"等，也有叫"糍"的，如"麻糍"等。

"饭喇"，石门塘、回龙寨叫"饭巴"，也有极少人叫"饭喇"的。"饭巴"是建宁赣语，上犹客家话，永泰闽语。

"镬头""大镬头"，石门塘、回龙寨叫"方锄"。遂昌话就叫"锄头"zɒ²² du²¹。

"开山镬头"，石门塘、回龙寨为"条锄"。"镬头"包括"条锄""方锄（四方脚头）""两指（齿）耙"等。

"狗虱"，石门塘、回龙寨为"跳蚤"。

"须姑"叫"胡丝"，与吴方言、闽方言和粤方言相同。

"塌"（捆绑），石门塘、回龙寨为"缥"pʰiɔʔ⁴⁵，如"帮介个贼牯，缥起来"。遂昌话却是"缚"bɔʔ²³。

"迣"（传染），石门塘、回龙寨为"过人"。闽方言和赣方言都说"过"。

"打走"（被水冲走），石门塘、回龙寨为"吹走"。"打走""涨去"表明厉害些，如："偃菜地砌的堪被大水打别，菜被大水涨别。""昨晡日落了好大咯雨，涨大水帮木桥也打别咧！"河里的水不一定很大而被冲走，叫"吹走"，如："偃唔小心河里洗衫时等水吹走了一只袜。"

三是保留了鸦鹊塘村古老的词汇，现在的鸦鹊塘村反而在变化了。这种情况判断难度大，还不能轻易下结论。如：

鸦鹊塘"肩胛"，石门塘、回龙寨为"肩乓*骨"tɕiɛ̃²⁴ pʰæŋ²⁴ kuɛʔ³²。鸦鹊塘话的"肩胛"跟普通话一样，究竟原来怎么说，有待于进一步核实。

"妇娘人"叫"妇娘蛇"，上杭来的叫"妇娘子"。鸦鹊塘话中原来有骂人的话"蛇嫲"，可能是指当地蛇崇拜的土著妇女，其他地方还保留了"老大蛇"等称呼男性长辈的

语素,"妇娘蛇"是 300 年前的鸦鹊塘话,就有可能。周边的客家话中也有"妇娘蛇"的说法,所以延续下来了。

总的来说,遂昌武平人说的客家话与祖居地武东话有极大的相似度,基本框架保存完好;300 年来,受到当地客家话的影响,也受到吴语遂昌话的影响,还有其他方言的影响,发生了一些变化,是语言接触的结果,符合移民方言演变的一般规律,具体的表现必须具体分析。

## 参考文献

[1] 曹树基. 清代前期浙江山区的客家移民 [M]//客家学研究:第 4 辑.《历史教学问题》杂志社,1997.
[2] 林清书. 武平方言研究 [M]. 福州:海峡文艺出版社,2004.
[3] 邱锡凤. 上杭客家话研究 [M]. 福州:福建人民出版社,2012.
[4] 王文胜. 吴语处州方言的地理比较 [M]. 杭州:浙江大学出版社,2012.
[5] 许宝华,宫田一郎. 汉语方言大词典 [M]. 北京:中华书局,1999.

# 论四川客家方言传承的规律

兰玉英

(成都信息工程大学文化艺术学院)

**【提　要】** 四川客家方言是客家方言的一个地域分支。它离开客家方言母体独立生长300年后，还保存着客家方言的很多重要特点，这些特点是判断四川客家方言是客家方言而不是别的方言的根本依据。文章论述四川客家方言的传承规律，旨在揭示四川各客家方言点共同具有的客家方言的重要特点及其传承性。经过比较研究和统计分析发现，客家方言的显著特点、常用性强的内容、词法特点具有很强的传承性。

**【关键词】** 四川客家方言　传承性　显著特点　常用性强　词法特点

四川客家方言是在明末清初"湖广填四川"的历史背景下由闽、粤、赣客家移民入川而形成的。在300年来的发展过程中，它顽强地保留了客家方言在语音、词汇和语法上的基本特点，同时，在与相邻的四川官话的接触中又发生了诸多的变异。传承了哪些内容，这些内容为什么能够被传承下来，发生了哪些变异及如何变异等问题，都应该是值得研究的学术问题。本文论述四川客家方言的传承规律，拟初步回答四川各客家方言点共同具有的客家方言的重要特点及其传承性问题。

## 一、显著特点具有很强的传承性

"显著"是"非常明显"的意思。客家方言的显著特点，顾名思义，就是非常明显的客家方言特点，这些特点还应该是具有明显的区别性。经过诸多时贤的研究，客家方言的特点和显著特点已经很清楚，无须赘述，怎么样去寻找四川客家方言所传承的客家方言的显著特点当是需要解决的首要问题。基于对四川客家方言和与其相接触的四川境内的西南官话（四川官话）的现有研究，笔者选择两个视角来观察：一是从整个四川客家方言的大范围来正面观察，以提取四川客家方言的共有特点，这些特点需存在于批量而不是零星的现象中；二是从四川官话来反观，这些特点必不见于四川官话，以验证其源自传承而非来自渗透。四川各地点的客家方言具有相同的移入背景，但由于各方言岛在使用人口、地理、经济、文化等条件的差异，在发展变化速度方面具有不平衡性，对客家方言特点的保留情况也并非整齐划一，然而，那些显著特点却都比较整齐地传承下来了。

综观四川成都、隆昌、西昌、仪陇各客方言点，由批量现象所决定的共同特点有：①古全浊声母字不论平仄，逢今塞音、塞擦音多读为送气清音；②古次浊平声字与古次浊、全浊上声部分字今读阴平；③古入声分阴入和阳入；④存有一定量的客家方言特征词；⑤人称代词的词形和单数有格变化；⑥有相当于"的"的结构助词"个"；⑦动词体

标记用"等""哩""嘿""撒"等；⑧用"唔"表示否定。

下面就前4个特点进行详细论述。

## （一）古全浊声母字不论平仄，逢今塞音、塞擦音多读为送气清音

古全浊声母字平声逢今塞音、塞擦音多读为送气清音，因为这是很多方言都有的特点。撇此不论，只论全浊声母仄声字逢今塞音、塞擦音多读为送气清音的特点，这也是经过检验了的客家方言的显著特点。

四川客家方言也有这一特点，但是已有所磨损。就各地的情况看，一致的特点是古全浊阳平字逢今塞音、塞擦音读为送气音的比例很高，而古全浊上、全浊去、全浊入逢今塞音、塞擦音读为送气音的比例则要低得多。古全浊阳平字逢今塞音、塞擦音读为送气音的特点非四川客家方言独有，四川官话也有，故须把此项内容撇开。下面重点选择古全浊仄声字中并、定、从、澄、船、群6个声母字进行比较，有的古邪母字在客家方言中也读送气音，适当加以兼顾。一共159个字，包括全浊上声字49个，全浊去声字69个，全浊入声字41个。

全浊上声字49个，即"舵、惰、坐、部、杜、肚~腹、苎~麻、巨、距、拒、聚、柱、罪、被~子、婢、技、妓、跪、道、皂、造、赵、兆、舅、臼、淡、渐、俭、诞、践、件、键、伴、断~绝、撰、篆、尽、近、笨、盾、荡、丈、仗、杖、强~勉、蚌、静、艇、挺"。

这49个全浊上声字，四川客家方言读为送气与不送气音的情况也很统一，有29或30个字读为不送气音。如：

成都洛带有29个读不送气音，即"舵、惰、部、杜、肚~腹、巨、距、拒、聚、被~子、婢、技、妓、皂、赵、兆、渐、诞、件、键、伴、撰、篆、笨、盾、仗、杖、蚌、静"。

成都凉水井有30个读为不送音，即"舵、惰、部、杜、肚~腹、巨、距、拒、聚、被~子、婢、技、妓、皂、赵、兆、渐、诞、践、件、键、伴、撰、篆、笨、盾、仗、杖、蚌、静"。

隆昌有30个读为不送气音，即"舵、惰、部、杜、肚~腹、巨、距、拒、聚、被~子、婢、技、妓、皂、赵、兆、诞、践、件、键、伴、撰、篆、笨、盾、荡、仗、杖、蚌、静"。

西昌有29个读为不送气音，即"舵、惰、部、杜、肚~腹、巨、距、拒、聚、被~子、婢、技、妓、皂、赵、渐、诞、践、件、键、伴、撰、笨、盾、荡、仗、杖、蚌、静"。

仪陇有30个读为不送气音，即"舵、惰、部、杜、肚~腹、巨、距、拒、聚、被~子、婢、技、妓、皂、赵、兆、诞、践、件、键、伴、撰、篆、尽、笨、盾、仗、杖、蚌、静"。

全浊去声字69个，即"大、座、谢、步、度、渡、镀、具、惧、贷、代、袋、稗、败、寨、币、毙、第、递、背~诵、佩、队、兑、被~迫、避、备、鼻、地、自、寺、治、柜、导、盗、召、轿、豆、逗、就、袖、宙、售、旧、办、贱、健、电、殿、佃、奠、垫、叛、段、缎、传~记、倦、钝、傍、藏~西~、脏~心~、状、撞、邓、赠、病、净、郑、定、洞"。

这 69 个古全浊去声字，四川客家方言读为送气与不送气音的情况也很统一，有约 35 个字读为不送气音。如：

成都洛带、凉水井都有 34 个字读不送气音，即"度、渡、镀、具、惧、贷、寨、递、队、兑、被、备、寺、治、盗、逗、宙、售、健、电、殿、佃、奠、垫、段、缎、传、倦、藏西~、脏心~、状、赠、洞、共"。

隆昌有 36 个字读不送气音，即"度、渡、镀、具、惧、贷、寨、递、队、兑、被、备、寺、治、盗、逗、宙、售、健、电、殿、佃、奠、垫、段、缎、传、倦、钝、藏西~、脏心~、状、邓、赠、洞、共"。

西昌有 35 个字读不送气音，即"度、渡、镀、具、惧、贷、寨、递、队、兑、被、备、寺、治、盗、逗、袖、宙、售、贱、健、电、殿、佃、奠、垫、段、缎、倦、藏西~、脏心~、邓、赠、洞、共"。

仪陇有 33 个字读不送气音，即"度、渡、镀、具、惧、贷、寨、递、队、兑、被、备、寺、治、盗、宙、售、贱、健、电、殿、佃、奠、垫、段、缎、传、倦、钝、藏西~、脏心~、状、洞"。

全浊入声字 41 个，即"叠、碟、牒、及、吸、达、杰、截、夺、绝、疾、侄、突、掘、薄、凿、昨、着睡~、雹、浊、特、贼、殖、植、白、泽、择、橙、剧戏~、屐、劈、敌、笛、瀑、独、读、族、毒、轴、逐、局"。

这 41 个古全浊入声字，四川客家方言读为送气与不送气音的情况比较统一，有半数以上的字读为送气音，读为不送气音的字在半数以下。如：

成都洛带有 19 个字读不送气音，即"叠、碟、牒、及、吸、达、杰、夺、疾、雹、殖、植、剧戏~、屐、敌、笛、轴、逐、局"。

成都凉水井有 18 个字读不送气音，即"碟、牒、及、吸、达、杰、夺、疾、雹、殖、植、剧戏~、屐、敌、笛、轴、逐、局"。

隆昌有 18 个字读不送气音，即"叠、碟、牒、及、吸、达、杰、疾、雹、殖、植、剧戏~、屐、敌、笛、轴、逐、局"。

西昌有 19 个字读不送气音，即"叠、碟、牒、及、吸、达、杰、夺、疾、雹、殖、植、剧戏~、屐、敌、笛、轴、逐、局"。

仪陇有 18 个字读不送气音，即"叠、碟、牒、及、吸、达、杰、疾、雹、殖、植、剧戏~、屐、敌、笛、轴、逐、局"。

古全浊仄声字逢今塞音、塞擦音不读送气音及所占比例见表1。

表1 古全浊仄声字今读统计比较

| 地点 | | 全浊上49个 | | | | 全浊去69个 | | | | 全浊入41个 | | | | 送气字合计 | |
|---|---|---|---|---|---|---|---|---|---|---|---|---|---|---|---|
| | 送气与否 | 不送气 | | 送气 | | 不送气 | | 送气 | | 不送气 | | 送气 | | | |
| | | 个 | 比例（%） | 个 | 比例（%） | 个 | 比例（%） | 个 | 比例（%） | 个 | 比例（%） | 个 | 比例（%） | 个 | 比例（%） |
| 成都 | 洛带 | 29 | 59.18 | 20 | 40.82 | 34 | 49.28 | 35 | 50.72 | 19 | 46.34 | 22 | 53.66 | 77 | 48.43 |
| | 凉水井 | 30 | 61.22 | 19 | 38.78 | 34 | 49.28 | 35 | 50.72 | 18 | 43.90 | 23 | 56.10 | 77 | 48.43 |
| 隆昌 | | 30 | 61.22 | 19 | 38.78 | 36 | 52.17 | 33 | 47.83 | 18 | 43.90 | 23 | 56.10 | 75 | 47.17 |
| 西昌① | | 29 | 60.42 | 19 | 39.58 | 35 | 50.72 | 34 | 49.28 | 19 | 46.34 | 22 | 53.66 | 75 | 47.17 |
| 仪陇 | | 30 | 61.22 | 19 | 38.78 | 33 | 47.83 | 36 | 52.17 | 18 | 43.90 | 23 | 56.10 | 78 | 49.06 |

表1显示，全浊仄声字在各点读为送气音的比例在47.17%～49.06%之间。这个比例虽未过半，却透露出3个重要的信息：一是批量的字音而不是个别的字音，二是各个地点比例高度统一，三是读为送气音的字常用性都很强。

## （二）古次浊平声字与古次浊、全浊上声部分字今读阴平

古次浊平声字，古次浊、全浊上声部分字今读阴平的特点，也是得到了充分验证的客家方言的显著特点。四川客家方言也具有这一特点。下面通过67个古次浊平声与古次浊、全浊上声字在四川各客方言点的读音情况来说明。

67个古次浊平声与古次浊、全浊上声字，即"礼、美、里、理、毛、某、亩、牡、母、鳞、重轻~、坐、马、拿、下~山、社、惹、野、努、鲁、吕、旅、买、奶、苎~麻、巨、距、拒、柱、羽、弟、鲤、技、妓、委、尾、有、友、淡、暖、懒、碾、演、旱、研、免、满、断~绝、研、辫、软、很、忍、近、稻、蚊、菌、允、养、两二~、往、冷、领、岭、动、聋、拢"。

成都洛带有15个字不读阴平，即"社、奶、努、巨、距、拒、羽、技、妓、委、稻、演、旱、很、允"。

成都凉水井也有15个字不读阴平，即"社、鲁、奶、努、巨、距、拒、羽、技、妓、稻、演、旱、很、允"。

隆昌有18个字不读阴平，即"社、鲁、奶、美、鳞、努、巨、距、拒、羽、技、妓、委、稻、演、旱、很、允"。

西昌有19个字不读阴平，即"社、奶、某、亩、鳞、巨、距、拒、羽、技、妓、委、稻、演、旱、很、近、往、研"。

仪陇有27个字不读阴平，即"鲁、旅、奶、美、牡、鳞、努、巨、距、拒、羽、鲤、技、妓、委、稻、藕、友、碾、演、旱、辫、很、忍、菌、允、往"。

---

① 西昌全浊上无"苎~麻"字，以总数48个计算。

表2 古次浊平与古次浊、全浊上声字今读统计比较

| 地点 | 阴平与否 | 古次浊平与古上声全浊、次浊声母字67个 | | |
|---|---|---|---|---|
| | | 非阴平 | 阴平 | |
| | | 个 | 个 | 百分比（%）|
| 成都 | 洛带 | 15 | 52 | 77.61 |
| 成都 | 凉水井 | 15 | 52 | 77.61 |
| 隆昌 | | 18 | 49 | 73.13 |
| 西昌① | | 19 | 47 | 71.20 |
| 仪陇 | | 27 | 40 | 59.70 |

表2显示，上列古次浊平与古次浊、全浊上声字在各点读为阴平的比例在59.70%～77.61%之间，仪陇读平声的字最少，但比例也已过半，这个量也能够比较鲜明地体现客家方言古次浊平声与古次浊、全浊上声部分字今读阴平的显著特点。

（三）古入声分阴入和阳入

古入声分阴入和阳入的特点，如果放到入声分阴阳的吴方言、闽方言等中去看，似乎并不是客家方言的显著特点，但如果放到四川官话中去看，尤其是放到与四川客家方言相邻的官话方言去看，这个特点就非常显著了。因为跟四川客家方言相接触的四川官话，只有成都客家方言北面的新都官话有入声，但新都官话的入声不分阴入和阳入；成都官话、隆昌官话、西昌的四外话连入声调类都没有，遑论分阴阳。我们在调查过程中发现，四川客家人对阴入和阳入字一般都有很强的敏感性，如"约"与"药"字的读音、"脉"与"麦"的读音是不可以混淆的。其敏感性的逻辑基础是这些字音的明显差异，其差异与他们使用的第二方言四川官话是很不相同的。有比较才有鉴别，在四川客家方言的新的生长环境中，把客家方言与四川官话加以比较，其分阴入和阳入的特点显得十分显豁。

（四）存有一定量的客家方言特征词

方言特征词是李如龙先生提出来的理论。他认为，"表现方言词汇特征的词就是方言特征词"，"方言特征词必须是有一定批量的，在本区方言中普遍存在，在外区方言中比较少见的方言词"。温昌衍先生进一步对客家方言特征词做了相应的界定，认为客家方言特征词是"一定批量的区内方言多见、区外方言少见的客家方言词"。他同时还对客家方言特征词的外延进行了划分。

"侪""唇""背""脚""掌""无""公""牯""婆""嫲""哥""妹"等是客家方言的口语用字，体现出鲜明的客家方言特点，由于它们表示的构词语素所构成的词语多属于客家方言特征词，此处把它们合并到特征词中。根据《汉语方言词汇》（第2版）的词条稍加整理，我们就1227条词语（包括部分短语）对洛带、凉水井、隆昌、西昌、仪

---

① 西昌全浊上无"苎~麻"字，以总数66个计算。

陇5个客方言点进行调查,发现四川客家方言词汇保存的客家方言特征词的总量有201条,其中5个地点说法一致的一级特征词109条,4个地点一致的二级特征词92条。

一级特征词109条：

1. 日头（太阳）
2. 月光（月亮）
3. 昨晡日
4. 昼边（中午）
5. 上昼（上午）
6. 鸡入厩（了）（傍晚时分）
7. 三十晡（夜）（年三十晚）
8. 牛嫲（母牛）
9. 猪嫲（母猪）
10. 狗嫲（母狗）
11. 猫公（猫、公猫）
12. 猫嫲（母猫）
13. 鹞婆（老鹰）
14. 阿鹊（喜鹊）
15. 鸡嫲（母鸡）
16. 蚜（蛙，"麻蚜""奶蚜子"）
17. 乌蝇（苍蝇）
18. 虱嫲（虱子）
19. □$na^{13}$ 蠗（蜘蛛）
20. 番薯（红薯）
21. 洋芋（子）（马铃薯）
22. 萝苜（萝卜）
23. 姜嫲（姜）
24. 梗梗（杆儿）
25. 衫（衣服）
26. 衫袖（衣袖）
27. 屋下（家、家里）
28. 灶下（厨房）
29. 镬头（锅）
30. 镬铲（锅铲）
31. 勺嫲（瓢）
32. 罂（头）（坛子）
33. 攫锄（锄头）
34. 担竿（担）

35. 学堂（学校）
36. 头那＝（头）
37. 面（脸）
38. 鼻公（鼻子）
39. 奶（乳房、乳汁）
40. 膣子（男阴）
41. 手指公（大拇指）
42. 脚梗（腿）
43. 鼻（鼻涕、闻）
44. 家娘（丈夫的母亲）
45. 老公（丈夫）
46. 老婆（妻子）
47. 阿哥（哥哥）
48. 老弟（弟弟）
49. 老妹（妹妹）
50. 倈子（儿子）
51. 两公婆（两口子）
52. 子嫂（妯娌）
53. 后背（后面）
54. 外背（外面）
55. 地头（地方）
56. 跌（掉、丢）
57. 食（吃、喝）
58. 啮（咬）
59. 荷（担）
60. 揞（抱、搂）
61. 徛（站）
62. 食饭（吃饭）
63. 食朝（吃早饭）
64. 食昼（吃午饭）
65. 食夜（吃晚饭）
66. 食酒（喝酒）
67. 食茶（喝茶）
68. 食烟（抽烟）

69. 洗面（洗脸）
70. 洗身（洗澡）
71. 剃头那（剃头）
72. 刣（杀）
73. 拗（掰）
74. 偋（躲、藏）
75. 讲（说）
76. 讲话（说话）
77. 擤……讲……（告诉，给说……）
78. □（叫，喊）
79. 噭（哭）
80. 打交（打架）
81. 鸟 tiau³¹（性交）
82. 挂纸（上坟）
83. 嫽（玩儿）
84. 吭（咳嗽）
85. 头那晕（头晕）
86. 发呕（呕吐）
87. 爱（要）
88. 唔爱（不要）

89. 系（是）
90. 唔系（不是）
91. 无 mau¹³（没有）
92. 细（小）
93. 乌（黑）
94. 燥（干）
95. □niəu¹³（稠）
96. 鲜（汤、粥稀）
97. 偓（我）
98. 自家（自己）
99. 偓个（我的）
100. 你个（你的）
101. 佢个（他的）
102. 底边（这边）
103. 咁（那么、这么）
104. 脉个（什么）
105. 为脉个（为什么）
106. 做脉个（做什么）
107. 一餐饭（一顿饭）
108. 吂连（没有、未曾）
109. 唔曾（没有）

4个地点一致的二级特征词92条：

1. 正（刚才）
2. 日子辰（白天）
3. 暗晡（夜晚）
4. 下昼（下午）
5. 鑪（锈）
6. 羊嫲（母羊）
7. 狗虱（跳蚤）
8. 翼拍（翅膀）
9. 细米（小米）
10. 角菜（菠菜）
11. 口水柯（围嘴儿）
12. 间（房间）
13. 光窗（子）（窗户）
14. 粪缸（粪坑、厕所）

15. 钵头（罐子）
16. 啜唇皮（嘴皮）
17. 舌嫲（舌头）
18. 颈茎（脖子）
19. 喉嗹（喉咙）
20. 肚白（肚子）
21. 背笼（背部）
22. 鸟子（鸟，男阴）
23. □□naʔ⁵tɕʰieʔ²（胳肢窝）
24. 妇娘嫲（妇女）
25. 老阿公（老者、老头儿）
26. 老阿婆（老太婆）
27. 妹子（姑娘、女儿）
28. 新娘

29. 老妹子（老姑娘）
30. 大肚白（孕妇）
31. 阿公（爷爷）
32. 阿婆（婆婆）
33. 阿爸（爸爸）
34. 阿婆（妈妈，多用于背称）
35. 阿爷（伯父）
36. 阿娘（妈妈、伯母）
37. 阿叔（父亲的弟弟）
38. 馳公（外公）
39. 馳婆（外婆）
40. 舅爷（舅舅）
41. 舅娘（舅妈）
42. 丈（人）老（岳父）
43. 丈（人）婆（岳母）
44. 家官（公公，丈夫的父亲）
45. 老弟心舅（弟弟的妻子）
46. 阿姐（姐姐）
47. 老妹婿（妹夫）
48. 大娘姊（大姑子）
49. 细娘姑（小姑子）
50. 心舅（媳妇儿）
51. 婿郎（女婿）
52. 爷娭（爹妈，多用于引称）
53. 人客（客人）
54. 先行（前面）
55. 里背（里面）
56. 顶高（上面）
57. 上背（上面）
58. 城里背（城里）
59. 天光（天亮）
60. 淋（浇）
61. 叼（骂）
62. 㧡（跑）
63. 逃㧡（逃跑）
64. 分 pən$^{45}$（给）
65. 生（活的）
66. 发梦（做梦）
67. 打摶（发抖）
68. 打阿锤（打喷嚏）
69. 抠□xoi$^{13}$（挠痒）
70. 发病（生病）
71. 知（知道）
72. 狭（窄）
73. 笨 p$^h$ən$^{45}$（厚）
74. □□nai$^{45}$tai$^{45}$（肮脏）
75. 瘸 ko$^{45}$（钝）
76. 鄙（差，不够好）
77. 沸（烫）
78. 暖（暖和）
79. 瘰（累、困）
80. □xoi$^{13}$（痒）
81. 底 ti$^{31}$（这）
82. 個 kai$^{53}$（那）
83. 哪侪 sa$^{13}$（谁）
84. 哪只（哪个）
85. 哪兜（哪些）
86. 哪子 nai$^{31}$tsʅ$^{31}$（哪里）
87. 马跣（马上）
88. 唔爱（不要、别）
89. 分 pən$^{45}$（被，表被动）
90. 拿分（被，表被动）
91. 摎 nau$^{45}$（同、给、跟、和）
92. 爱系（如果）

如果调查样本扩大，相信特征词的数量还会增加。这些词也是四川客家人区别说客方言说得是否地道的标准之一，"蟑螂"的说法是"黄蚜"，如果说成"偷油婆"，会被笑话为"倒湖不广"的。

前文所列四川客家方言的共有特点中，第5条人称代词的词形和单数有格变化、第6条有相当于"的"的结构助词"個"、第7条动词体标记用"等""哩""嘿""撒"等、

第 8 条用"唔"表示否定都是客家方言的显著特点，四川各客家方言点都较好地传承了这些特点。由于这些特点跟后文多有交叉，此处不做论述。

## 二、常用的内容具有很强的传承性

常用是从使用频率来讲的，跟"显著特点"有联系也有区别。"显著特点"是"质"的概括，常用与否是对某一特点所概括对象的使用频率的区分。某一个特点往往概括了若干对象，哪些对象保持了其特点，哪些对象未能保有其特点，就我们的观察，发现与其常用性有很大的关系，那些常用性高的字、词（包括虚词）往往比较好地传承下来了。

### （一）以全浊上声字在四川各客方言点读送气音的字为例

前面比较了 49 个全浊声母字在各点读不送气音的情况，下面再对各点读送气音的情况加以比较。49 个全浊声母字是"舵、惰、坐、部、杜、肚~腹、苎~麻、巨、距、拒、聚、柱、罪、被~子、婢、技、妓、跪、道、皂、造、赵、兆、舅、臼、淡、渐、俭、诞、践、件、键、伴、断~绝、撰、篆、尽、近、笨、盾、荡、丈、仗、杖、强~勉~、蚌、静、艇、挺"。

各点读为送气音的字是：

洛带 20 字，即"坐、苎~麻、柱、罪、跪、道、造、舅、臼、淡、俭、践、断~绝、尽、近、荡、丈~老、强、艇、挺"。

凉水井 19 字，即"坐、苎~麻、柱、罪、跪、道、造、舅、臼、淡、俭、断~绝、尽、近、荡、丈~老、强、艇、挺"。

隆昌 19 字，即"坐、苎~麻、柱、罪、跪、道、造、舅、臼、淡、俭、断~绝、尽、近、荡、丈~老、强、艇、挺"。

西昌 18 字①，即"坐、柱、罪、跪、道、造、舅、臼、淡、俭、断~绝、尽、近、荡、丈~老、强、艇、挺"。

仪陇 19 字，即"坐、苎~麻、柱、罪、跪、道、造、舅、臼、淡、俭、断~绝、尽、近、荡、丈~老、强、艇、挺"。

从这里可以看出，在几个点中读为送气音的字数很接近，读为送气音的字也比较一致。这些字都是口语里很常用的字。有的字看起来在其他方言可能不是常用字，如"荡"和"俭"，但在客家方言里却是很常用的字："荡"读 $t^h$ɒŋ 阴平，是"洗、涮"的意思，把碗涮一下即说"荡碗"，漱口则说"荡啜巴"；"俭"是节俭的意思，还可单独使用，"爱勤爱俭"就是说既要勤劳又要节俭。"艇""挺"二字常用性比较差，其读为送气音是受四川官话或普通话的影响所致。反观那些读为不送气音的古全浊声母字，如"舵""惰""部""杜""巨""距""拒""聚""婢"等，其常用性都要差得多。②

---

① 西昌全浊上无"苎~麻"字，总数为 48 个字。

② "肚"字是个例外。"肚"也是一个常用字，此字分属端母和定母，定母的"肚"，梅县、五华都读不送气 t，四川客家方言也读 t。

## (二) 以 "个$_{的}$""涯$_{我}$""唔$_{不}$""等$_{着}$""爱$_{要}$"的频序为例

字频是指汉字使用的频度。汉字的字频统计有多种版本，由于所选取的语料总量的差异、风格的差异、语料产生时代的差异，以及分类标准的差异等，各种版本的字频频序都不尽相同。比如说"坐"字，在国家语委语料库中的频序为628①，在北京大学汉语语料库中的频序为738②，在清华大学《6763字频表》中的频序是405③。由于这些差异，同时由于语料库中的语料多来自书面语，因此不少字的字频差异与现有统计会有较大出入，但是上列各词都是高频词。

四川客家方言用"个"表示结构助词，相当于普通话的"的"；用"涯"表示第一人称代词单数，相当于普通话的"我"；用"唔"表示否定，相当于普通话的"不"；用"等"表示动作持续，相当于普通话的"着"；用"爱"表示意愿，相当于普通话的"要"。这几个词都十分常用，跟普通话的"的""我""不""着""要"能够分别准确对应，各种词频统计结果见表3。

表3 四川客家方言部分字词频序

| 对应词 | 例词 | 语料库字频 | 语料库词频 | 6763字频 | CCL语料库 |
|---|---|---|---|---|---|
| 的 | 个 | 1 | 1 | 1 | 1 |
| 我 | 涯 | 14 | 10 | 6 | 7 |
| 不 | 唔 | 4 | 12 | 5 | 13 |
| 着 | 等 | 35 | 15 | 20 | 51 |
| 要 | 爱 | 21 | 26 | 33 | 26 |

表3中很有意思的是，"的"出现的频率都是第一，其他的词有些出入，但全都是高频字词。高频字词意味着常用，常用性强对于保持其固有特性十分有利，在日复一日的复现中，客家方言的这些内容就被传承下来了。

## 三、词法特点具有很强的传承性

跟句法特点比较，客家方言的词法特点在四川客家方言中得到了更好的传承。就整个四川范围来看，四川客家方言传承了客家方言的很多词法特点。如：①有一定量的正偏式构词方式，如"牛嫲""猪嫲"；②有"阿""老""公""嫲""满"等名词词缀，如

---

① 国家语委语料库在线查询网址：http://www.cncorpus.org。
② 北京大学汉语语料库在线查询网址：http://ccl.pku.edu.cn:8080/ccl_corpus/CCL_CC_Sta_Xiandai.pdf。
③ 在线查询网址：http://ishare.iask.sina.com.cn/f/15649647.html？。

"阿爷""老妹""鼻公""虱嫲""满姨";③量词"只"广泛与名词搭配①,如"一只人""一只鸡""一只间（一间屋）";④"个"作为结构助词,如"俚个书""红个";⑤人称代词单数有格变化,如"你"与"你阿姐"中的读音不一样;⑥动词体标记用"等""哩""嘿""撇"② 等。

下面以关于凉水井的一段语料③为例来加以分析。

今晡上街碰倒一只造孽人,着个稀火巴烂。俚问佢有好多岁了。佢讲:"今年子八十四。"俚问佢屋下还有兜么个人。佢讲还有老婆子女。佢袋子里还有六百元,一下拿分佢。佢对俚作揖,俚心里背很过唔得。俚转去对幺爸讲:"大路里有只老汉,七八十岁了,路上爱钱,你看造唔造孽?"幺爸问俚:"你分佢钱唔曾?""俚当时就拿分佢了。"底个就系无钱个下落。有钱个嚷,看把老阿公跌倒,坐倒屋下享福了。子孙满堂,你怕佢还无食无着?有钱个人家又唔同了,日日跷来讲食讲着,今晡上街看电影,霎到上街进餐馆,食唔完用唔尽个钱。家物咁子败还系很快就穷。看起来底个钱啊,还很爱紧。生离唔得佢,死离唔得佢,还系钱正贵重。

上面这段文字在一定程度上反映了四川客家方言以下语法特点。

(1)"只"用作量词跟名词搭配,相当于普通话的"个"。如"一只造孽人""有只老汉"。

(2)"个"用作结构助词。如"无钱个下落"(定语标记)、"有钱个人家"(定语标记)、"食唔完唔尽个钱"(定语标记)、"有钱个嚷"(构成名词性短语,其性质相当于普通话的"的"字短语)。

(3)第一人称代词单数用"俚",第三人称代词单数用"佢"。如"俚问佢有好多岁了"。

(4)"唔"表否定。如"有钱个人家又唔同了"。

(5)有副词"正","正"相当于普通话的"才",表示时间、语气等。如"还系钱正贵重"。

(6)有前缀"阿""老""幺"。如"老阿公""老婆""幺爸"。

(7)有后缀"子"。如"今年子""咁子"。

(8)双宾语句中指人的宾语在前,指物的宾语在后。如:"俚问佢有好多岁了。""俚问佢屋下还有兜么个人。""你分佢钱。"

(9)正反问的格式用"A 唔 AB"或者"A+唔曾"。如:"你看造唔造孽?""你分佢钱唔曾?"

以上特点,(1)~(7)为词法特点,(8)~(9)为句法特点。(1)~(6)中的

---

① 仪陇客话里"只"的搭配范围较窄。

② 这些体标记是从各个点抽象出来的,具体到某一个地点,可能只具有两个或者3个。成都有"等""哩""嘿"3个,西昌有"等""嘿"两个,仪陇有"哩""撇"两个。

③《华阳凉水井客家话记音》原文未注出汉字的予以补注。

"阿""老"都是客家方言显著的词法特点，是四川客家方言对客家方言特点的传承。（6）中的"幺"和（7）是不同来源方言的特点，是四川客家方言对客家方言特点的变异。（8）中"你分佢钱"之类的双宾句，"分"带双宾语，在用词上体现了客家方言特色，在格式上，"V＋间接宾语＋直接宾语"的格式却不能体现客家方言的句式特点。梅县等客家方言有"你分钱佢"这样的双宾句，其格式是"V＋直接宾语＋间接宾语"，这种格式在 70 多年前的凉水井客家话语料中未见其踪影，70 多年后我们调查成都、隆昌、西昌、仪陇各客家方言，也没有发现一例，或许早已绝迹。（9）中的正反问格式在句法上并不属于客家方言的显著特点，"A 唔 AB"和句末用"唔曾"表示否定，也是在用词上而不是在句法上体现出客家方言特色。

另外，表示重复或加量的状语，在广东梅县、五华以及江西客家方言中均后置，四川客家方言也没有传承这种句法特点。

梅县客家方言："（再）食一碗添。""食一杯茶添。"
五华客家方言："再食多一碗。"①
江西客家方言："喊渠食碗饭添。"

从语序看，"添"和"多"都是状语后置，四川客家方言中已无这种用法，以上例句分别说成"再食一碗""再食一杯茶""再多食一碗""喊佢②再食碗饭"。

综上，客家方言的词法特点在四川客家方言中得到了较好的传承；在句法方面，传承客家方言固有的句法特点则比较有限，其原因值得探讨。

## 参考文献

[1] 董同龢. 华阳凉水井客家话记音 [M]. 北京：科学出版社, 1956.
[2] 李如龙, 张双庆. 客赣方言调查报告 [M]. 厦门：厦门大学出版社, 1992.
[3] 李如龙. 汉语方言的比较研究 [M]. 北京：商务印书馆, 2001.
[4] 谢留文. 客家方言语音研究 [M]. 北京：中国社会科学出版社, 2003.
[5] 温昌衍. 客家方言特征词研究 [D]. 广州：暨南大学, 2001.
[6] 温昌衍. 客家方言 [M]. 广州：华南理工大学出版社, 2006.

---

① 五华客家方言的例句由嘉应学院魏宇文教授提供。
② 第三人称代词单数有"渠""佢"等不同的写法。

# 70多年来华阳凉水井客家话的演变

## 曾为志
（成都信息工程大学文化艺术学院）

**【提　要】** 自董同龢1946年调查凉水井客家话，迄今已70余载。其间，凉水井社会结构不断变化，人口构成不断更改，加之受到成都官话的影响，70多年来，凉水井客家话发生了较为明显的变化。这些变化在语音、词汇、语法上均有体现。语音上受到官话的影响日益增多，新派变化涉及韵类的变化；词汇的变化最快，表现为吸收了相当一批数量的官话词语，一些客家固有的特征词汇消失；语法的变化最小，主要体现在词法上。

**【关键词】** 华阳凉水井　客家话　语言演变

凉水井位于今成都市龙泉驿区十陵镇千弓村，因路边一口水井得名，民国时隶属华阳县西河乡。1946年，董同龢先生到凉水井调查客家方言，1948年正式发表《华阳凉水井客家话记音》（下文简称《记音》）一文，全文记录了20段语料，收录了3500余条词汇。该文成为我们了解20世纪40年代成都东山客家话面貌最为翔实可靠的材料。

自1946年董同龢调查凉水井客家话算来，迄今已70余载。其间，凉水井的行政区划、区域地位、人口结构、产业构成、交通条件等不断更改。70多年来，凉水井客家话也发生了较为明显的变化。

2005年和2016年，笔者先后与兰玉英、史德英等对凉水井的客家话做过详细的调查记录。本文将通过调查所得材料，对比研究凉水井客家话70多年来的变化情况。

## 一、《华阳凉水井客家话记音》反映的音系

### 1. 声母

声母21个，包括零声母在内，分别是：

p pʰ m f v t tʰ n ts tsʰ s z tɕ tɕʰ ɲ ɕ k kʰ ŋ x ø

说明：声母中，tɕ、tɕʰ实际上与tɕ、tɕʰ是一样的，只是音系处理上的不同。

### 2. 韵母

韵母51个，不包括儿化音，分别是：

ɿ i u y a ia ua o io e ie

▶ 70 多年来华阳凉水井客家话的演变

ai  uai  oi  ioi  ei  uei  au  iau  əu  iəu  an  uan  on  en  ien  ən  in  un  yn
aŋ  iaŋ  oŋ  ioŋ  uŋ  iuŋ
ɿʔ  iʔ  uʔ  iuʔ  aʔ  uaʔ  eʔ  ieʔ  ueʔ  yeʔ  oʔ  ioʔ
m̩  n̩  ŋ̍

说明：①韵母表中列出了 45 个韵母，未列出入声韵母。语料中是记录了带喉塞音韵尾［ʔ］的入声韵母的，加上这一类韵母，实际数量为 51 个。②韵母表中有 uər 韵，出现在"老官儿"一词中，是"官"的儿化音，来自官话借词。③oŋ、ioŋ 对应的韵母实际应为 ɔŋ、iɔŋ。④m̩ 不、n̩ 表惊异的语词、ŋ̍ 五鱼 3 个自成音节的鼻音韵母在实际发音中不形成音位对立，不区别意义，而多发为 n，今统一记为 n̩。

3. 声调

声调 6 个，分别是：

阴平 55　阳平 13　上声 31　去声 53　阴入 32　阳入 5

《记音》中说明：阴平调的"尾略升，很像一般四川话的阴平调"；阳平调值"很像四川的去声调或南京话的阳平调"，记为 13；上声为低降调，调值"像一般四川话的阳平调"，记为 31；去声为高降调，故记为 53；阴入为短中降调，记为 32；阳入为短高平调，故记为 5。

## 二、70 年多来凉水井客家话的语音变化

从声韵调数量上看，70 年前后凉水井客家话的声母数量并无增减；韵母个别有变化，声调无变化。下面具体分析 70 多年来凉水井客家话的语音变化。

### （一）声母

声母的演变主要表现在 3 个方面。

#### 1. 古全浊声母的分化

全浊声母逢今塞音、塞擦音读为送气音是客家方言的一大语音特点，《记音》中记录的部分典型的具有客家方言特征的字已出现定型的送气和不送气两读的情况，如"道"有 $t^hau^{31}$ 和 $tau^{53}$、"丈"有 $ts^hoŋ^{31}$ 和 $tsoŋ^{53}$ 两读。受到外界的影响，部分全浊声母字读为不送气音。经过 70 多年的演变，这种情况越来越多，尤其发生在后起书面语中，为文读音，且这些字的读音往往和官话一致。这是凉水井客家话语音层次中的新一层次。（见表 1）

· 75 ·

表1 古全浊声母字读音例字

| 例字 | 声母 | 凉水井1946年 | 凉水井2016年 音1 | 音2 | 音3 |
|---|---|---|---|---|---|
| 败 | 并 | pʰai³¹/pai⁵³ | pʰai³¹～家子 | pai⁵³失～ | |
| 碟 | 定 | tʰieʔ⁵ | tieʔ³² | | |
| 奠 | 定 | tʰien³¹ | tien⁵³ | | |
| 弹子～ | 定 | tʰan⁵³ | tʰan⁵³雪～子 | tan⁵³ | |
| 动 | 定 | tʰuŋ⁵⁵/tʰuŋ³¹ | tʰuŋ⁵⁵不准～ | tʰuŋ³¹～手 | tuŋ⁵³劳～ |
| 在 | 从 | tsai⁵³/tsʰai³¹/tsʰoi⁵⁵ | tsʰoi⁵⁵～不～ | tsʰai³¹～生 | tsa⁵³～哪里 |
| 造 | 从 | tsʰau³¹ | tsʰau⁵³ | | |
| 杂 | 从 | tsʰaʔ⁵ | tsʰaʔ⁵复～ | tsʰaʔ⁵～种 | |
| 贱 | 从 | ȵien⁵³ | tɕʰiɛn³¹～皮子 | tɕiɛn⁵³～货 | |
| 掉 | 从 | tʰiau³¹ | tʰiau³¹ | tiau⁵³～队 | |
| 阵 | 澄 | tsən⁵³/tsʰən³¹ | tsʰən⁵³一～ | tsən⁵³雷～水 | |
| 丈 | 澄 | tsʰoŋ³¹/tsoŋ⁵³ | tsʰoŋ³¹一～ | tsoŋ⁵³～量 | |
| 重 | 澄 | tsuŋ⁵³/tsʰuŋ⁵⁵ | tsʰuŋ⁵⁵很～ | tsuŋ⁵³～要 | |
| 赵 | 澄 | tsau⁵³ | tsʰau³¹ | tsau⁵³ | |
| 袖 | 邪 | tʰiəu³¹ | tɕʰiəu³¹衫～ | ɕiəu³¹领～ | |
| 像 | 邪 | tʰioŋ⁵³/ɕioŋ⁵³ | tɕʰioŋ⁵³ | ɕioŋ⁵³ | |

表1中,"败""在""贱""阵""丈""重""赵"在70多年前已经出现了稳固的分化,可读为不送气音,今天这种读法更加稳固,尤其在新派读法和文读音中。特别是"碟""奠""弹"3个字,单独发音时都读为不送气音,仅在"雪弹子"(冰雹)一词中,弹读为tʰan⁵³。"赵"字包括卢光泉堂弟卢光松在内的部分老人坚持说读tsau⁵³,但在"赵家渡"(地名)一词中仍读tsʰau³¹。

此外,全浊声母塞音、塞擦音清化后,梅县客家话一般不论平仄,多读为送气音,凉水井客家话则一般在平声中读为送气音,在仄声中多读为不送气音,即所谓"平送仄不送"。

在全浊声母的分化这一问题上,四川客家话受到西南官话很大的影响,兰玉英、曾为志等统计了303个全浊声母字在凉水井客家话中的读音,发现在凉水井客家方言中,全浊声母字逢今塞音、塞擦音读为送气音的特点在阳平字中体现很突出,在全浊入声中因为还有220字读送气音,这一特点可以说还比较明显。但在全浊上和全浊去共119字中,64字今不读送气音,占比53.8%,表明古全浊声母字逢塞音、塞擦音的特点在这两个声调中已经不太突出了。

2. 日母

闽、粤、赣地区的客家话大本营区,日母可以读为n、ȵ、ŋ、Ø等声母。凉水井客家话中,日母读为ȵ、z、Ø等声母。与原乡客家话相比,凉水井客家话最明显的特点就是多

出一个z声母。

《记音》记录了"瓤""壬""任""绒""人""仁""让""润""认""弱""热""肉""日""染""耳""忍""桡"等日母字。其中多数字声母为ȵ，仅"绒""桡"二字声母为z、"润"字声母为Ø。但在上述的17个字中，今天的新派凉水井客家话中出现了9个字读为声母z的，比《记音》中多出7个，占比53%。（见表2）

表2 古日母字读音例字

| 例字 | 凉客家话 1946年 | 凉客家话2016年 老派 | 凉客家话2016年 新派 | 成都官话老派 | 成都官话新派 |
|---|---|---|---|---|---|
| 桡 | zau$^{13}$ | zau$^{13}$ | zau$^{13}$ | zau$^{13}$ | zau$^{13}$ |
| 绒 | zuŋ$^{13}$ | zuŋ$^{13}$ | zuŋ$^{13}$ | zuŋ$^{13}$ | zuŋ$^{13}$ |
| 容 | iuŋ$^{13}$ | ioŋ$^{13}$ | zoŋ$^{13}$ | ioŋ$^{21}$ | zoŋ$^{21}$ |
| 瓤 | naŋ$^{13}$ | nɔŋ$^{13}$ | zɔŋ$^{13}$ | zaŋ$^{21}$ | zaŋ$^{21}$ |
| 润 | yn$^{31}$ | yn$^{31}$ | zuen$^{31}$ | zuen$^{213}$ | zuen$^{213}$ |
| 闰 | yn$^{31}$ | yn$^{31}$ | zuen$^{31}$ | zuen$^{213}$ | zuen$^{213}$ |
| 弱 | ȵioʔ$^{5}$ | ȵioʔ$^{5}$ | zoʔ$^{5}$ | zo$^{21}$ | zo$^{21}$ |
| 染 | ȵien$^{31}$ | ȵien$^{31}$ | zan$^{53}$ | zan$^{53}$ | zan$^{53}$ |
| 日 | ȵiʔ$^{32}$ | ȵiʔ$^{32}$～本 | zʅʔ$^{32}$～本 | zʅ$^{21}$ | zʅ$^{21}$ |

可以看出，除了"弱""日"二字的声调外，新派凉水井客家话的这种读音变化和成都官话高度一致，很明显是受到官话的影响。

**3. 声母脱落**

近年来，新派凉水井客家话声母最大的演变特点表现在鼻音声母ȵ和ŋ的脱落，多为古疑、影母字。脱落情况跟官话高度一致。如"蛾""俄""饿""仪""外""疑""毅""研""验""业""宜""谊""义""议""爱""仰""按""挨"等，新派读音声母脱落的情况和官话一致。

实际上，记音中，"按"an$^{53}$、"挨"ai$^{55}$、"仰"ɔŋ$^{55}$"三字已然脱落了声母，只是今天这种情况更加普遍。"挨""按"两字属于影母字，"仰"为疑母字。凉水井客家话中，影母白读为零声母，文读为ŋ声母。成都官话中，影母白读为ŋ声母，文读为零声母。"挨""按""仰"三字应是受到官话影响，声母发生了变化。那么，我们或许可以这样推断，ȵ、ŋ声母的脱落当始于20世纪上半叶，至今尚在变化之中。

此外，还有部分常用高频词发生了声母脱落现象，如"莴"vo$^{55}$读为o$^{55}$，"窝"vo$^{55}$读为o$^{55}$，"和~尚"vo$^{13}$读为o$^{13}$，"镬"voʔ$^{5}$读为oʔ$^{5}$，"生意"ɕien$^{55}$ni$^{55}$读为ɕien$^{55}$i$^{55}$等。指示代词表示这里的ti$^{31}$也脱落了声母，变读为i$^{31}$。

方言语音的历史演变常常会出现一些不符合语音发展规律的例外现象。《记音》中记录了3个特殊的读音，分别是"走"ʨieu$^{31}$、"瘦"ɕieu$^{53}$、"邹"ʨieu$^{55}$"。"走""瘦"

"邹"分别读为 tiəu³¹、ɕiəu⁵³、ʈiəu⁵⁵，这三例应该不是卢光泉的误读和记音的笔误，虽然我们在东山乃至整个四川客家方言中均暂时未调查到，虽然卢光泉的原籍五华这三字也读为 ts 组字。实际上，江西赣县客家话就有类似的演变情况，如"皱"tɕio⁵³、"愁"tɕʰio²¹¹、"搜"ɕio³³、"瘦"ɕio⁵³等。凉水井客家话流开一侯韵端的泥、见、晓、影组字，流开三尤韵的泥、精、见、晓、影组字的韵母均读为－i 介音，也符合音变规律。可能是这三字受精、见组字从 ts 腭化为 tɕ 的过程中类推产生的，但是这种类推也许是少数年轻人的发音习惯，非主流演变，故而很快就消失了。

## （二）韵母

相较于声母而言，70 多年来成都客家话韵母的变化比较明显。韵母变化主要体现在两个方面。

### 1. 撮口呼韵母

《记音》中记录了"居""吕""徐""许""序""砌""玉""遂""女""晕""云""匀""忍""闰""润""运""银""近""菌""训""永""营""锦""裙""群""军""血""薛""雪""决"30 个撮口呼韵母字；2016 年，笔者调查的凉水井客家话 3880 字中则有 200 个撮口呼字。我们对比了《记音》中所载的部分今读为撮口呼的单字。（见表3）

**表3　凉水井客家话撮口呼例字**

| 例字 | 韵母 | 凉水井 1946 年 | 凉水井 2016 年 | 例字 | 韵母 | 凉水井 1946 年 | 凉水井 2016 年 |
|---|---|---|---|---|---|---|---|
| 居 | 遇合三鱼韵 | ʈy⁵⁵ | tɕi⁵⁵/tɕy⁵⁵ | 雪 | 山合三薛韵 | ɕyeʔ³² | ɕieʔ³²/ɕyeʔ³² |
| 徐 | 遇合三鱼韵 | ɕy¹³ | ɕi¹³/ɕy¹³ | 血 | 山合四屑韵 | ɕieʔ³² | ɕyeʔ³² |
| 蛆 | 遇合三鱼韵 | ʈʰi⁵⁵ | tɕʰi⁵⁵/tɕʰy⁵⁵ | 决 | 山合四屑韵 | ʈyeʔ³² | tɕyeʔ³² |
| 吕 | 遇合三语韵 | ny⁵⁵ | ni⁵⁵/ny⁵⁵ | 缺 | 山合四屑韵 | tɕʰieʔ³² | tɕʰyeʔ³² |
| 许 | 遇合三鱼韵 | ɕy³¹ | ɕi³¹/ɕy³¹ | 群 | 臻合三文韵 | ʈʰyn¹³ | tɕʰin¹³ 人名/tɕʰyn¹³ |
| 序 | 遇合三语韵 | ɕy⁵³ | ɕi⁵³/ɕy⁵³ | 军 | 臻合三文韵 | ʈyn⁵⁵ | tɕyn⁵⁵ |
| 女 | 遇合三语韵 | ŋ̍y³¹ | ŋ̍y³¹ | 训 | 臻合三问韵 | ɕyn⁵³ | ɕyn⁵³ |
| 句 | 遇合三遇韵 | ʈi⁵³ | tɕi⁵³/tɕy⁵³ | 晕 | 臻合三问韵 | yn⁵⁵ | in⁵³～车/yn⁵⁵ |
| 砌 | 蟹开四霁韵 | ʈʰy⁵³ | tɕʰi⁵³/tɕʰy⁵³ | 运 | 臻合三问韵 | yn³¹ | in³¹～气/yn³¹ |
| 遂 | 止合三至韵 | ɕy³¹ | ɕi⁵³顺～/ɕy¹³～宁 地名 | 橘 | 臻合三术韵 | ʈiʔ⁴³ | tɕiʔ²/tɕy ʔ² |
| 掀 | 山开三元韵 | ɕien⁵⁵ | ɕyɛn⁵⁵ | 忍 | 臻开三轸韵 | ŋ̍yn⁵⁵ | ŋ̍in⁵⁵/ŋ̍yn⁵⁵ |
| 薛 | 山合三薛韵 | ɕyeʔ³² | ɕyeʔ³² | 银 | 臻开三真韵 | ŋ̍yn³¹ | ŋ̍in³¹/in¹³ |
| 员 | 山合三仙韵 | ien¹³ | iɛn¹³/yɛn¹³ | 近 | 臻开三隐韵 | ʈʰyn⁵⁵ | tɕʰin⁵⁵/tɕʰyn⁵⁵ |
| 圈 圆～ | 山合三仙韵 | ʈʰien⁵⁵ | kʰiɛn⁵⁵/tɕʰiɛn⁵⁵/tɕʰyɛn⁵⁵ | 闰 | 臻合三稕韵 | yn³¹ | ŋ̍in³¹/yn³¹/zuən³¹ |
| 圈 猪～ | 山合三狝韵 | ʈien⁵³ | tɕiɛn⁵³/tɕyɛn⁵³ | 润 | 臻合三稕韵 | yn³¹ | yn³¹/zuən⁵³ |

（续表3）

| 例字 | 韵母 | 凉水井1946年 | 凉水井2016年 | 例字 | 韵母 | 凉水井1946年 | 凉水井2016年 |
|---|---|---|---|---|---|---|---|
| 冤 | 山合三元韵 | iɛn$^{55}$ | iɛn$^{55}$/yɛn$^{55}$ | 菌 | 臻合三准韵 | tɕʰyn$^{55}$ | tɕʰin$^{55}$ |
| 元 | 山合三元韵 | iɛn$^{13}$ | iɛn$^{13}$/yɛn$^{13}$ | 匀 | 臻合三谆韵 | yn$^{13}$ | yn$^{13}$ |
| 园 | 山合三元韵 | iɛn$^{13}$ | iɛn$^{13}$/yɛn$^{13}$ | 云 | 臻合三文韵 | yn$^{13}$ | in$^{13}$/yn$^{13}$ |
| 远 | 山合三阮韵 | iɛn$^{31}$ | iɛn$^{31}$/yɛn$^{31}$ | 裙 | 臻合三文韵 | tɕʰyn$^{13}$ | tɕʰyn$^{13}$ |
| 愿 | 山合三愿韵 | iɛn$^{53}$ | ȵiɛn$^{31}$/yɛn$^{53}$ | 永 | 梗合三梗韵 | yn$^{53}$ | in$^{55}$～宁$_{地名}$ yn$^{53}$/ioŋ$^{31}$ |
| 院 | 山合三线韵 | iɛn$^{53}$ | iɛn$^{53}$/yɛn$^{53}$ | 玉 | 通合三烛韵 | y$^{53}$ | i$^{53}$/y$^{53}$ |

表3中，《记音》除了"蛆""句"两字和山摄合口三、四等字多读齐齿呼外，其他字多读为撮口呼。实际上，我们调查发现，至今老派除"女""掀""薛""军""训"等少数几个字外，其他字都有齐齿、撮口两读并存的现象。我们认为这是长期受官话影响的结果。

王力先生认为："客家方言里也没有撮口呼，所以鱼虞韵非知照系字一般念入 i 韵。"① 凉水井客家人的来源地五华、兴宁、龙川一带至今无 y 韵，也就是说，最早来到凉水井的客家人是没有撮口呼的。

今西昌的官话仍然没有 y 韵（受普通话和成都官话的影响，新派渐渐萌生 y 韵），故同样祖籍兴宁、龙川、五华一带的西昌客家人口中仍无 y 韵（实际上新派已出现 ye、yɛn 二韵，辖字非常少）。

今川东隆昌官话的老派读音，表3中单字仍多读齐齿呼。成都官话今已完成齐齿呼的分化。据王力先生的研究，鱼、虞、模三韵分为 u、y 的音变最晚在16世纪已经完成了。②

从西昌、隆昌、成都的地理位置看来，四川官话齐齿呼的分化时间顺序和空间分布似乎是川西成都＞川东隆昌＞川南西昌，且官话撮口呼的出现稍早于客家话。受到官话的影响，客家话也跟着演变。今天凉水井的新派客家话的齐齿呼分化为撮口呼已经完全完成。

《记音》（董同龢，1956：87）中指出，"用［y］作韵母的字极少，而且多是姓，如吕［ny$^{31}$］、许［çy$^{31}$］等。我觉得它们都是借字。用［y］作介音的［ye］、［yen］两韵同"，但是，"［yn］韵字不跟［y］［ye］［yen］三韵似的都有借字的可能"。也就是说，yn 韵字是凉水井客家话自身演变的结果。郏远春也赞同他的观点，认为凉水井客家话中每一个 yn 韵都有其独立的历史。有的是方言自身演变发展的结果，有的有可能是方言接触的结果。③ 我们认为，yn 韵的产生主要是受到官话影响，是方言接触的产物。原因在于表3中几乎所有的字在老派中几乎都可以读为齐齿呼，只是有些读音隐藏很深，有的保留在地名中，有的保留在人名中，有的保留在俗语中，有的说法保留在东山其他乡镇中，难以觉察。如"永"读为 in$^{55}$，见于地名"永宁"，在今新都木兰镇；"军"读为 tɕin$^{55}$ 保留

---

① 王力：《汉语史稿》，中华书局1980年版，第202页。
② 参见王力《汉语史稿》，中华书局1980年版，第173页。
③ 参见郏远春《成都客家话研究》，中国社会科学出版社2012年版，第167页。

在人名中;"云"读为 in 保留在俗语"天上云[in¹³]花花都无得形容万里无云"中。再如表4"闰""忍""银""近"四字的读音。

表 4 各地客家话"闰""忍""银""近"读音举例

| 例字 | 古音 | 梅县 | 五华 | 翁源 | 乳源 | 武平 | 赣县 | 凉水井 | 隆昌 | 西昌 |
|---|---|---|---|---|---|---|---|---|---|---|
| 闰 | 臻合三去稕日 | iun⁵³ | iun³¹ | iun³¹ | iun³¹ | viŋ³¹ | viŋ³¹ | ŋ̍in³¹/yn³¹/zuən³¹ | ŋ̍yn⁵³ | z̩uən⁵³ |
| 忍 | 臻开三上轸日 | ŋin⁵³ | ŋiun³¹ | ŋ̍in³¹ | giŋ⁴⁴ | ŋiŋ³¹ | niŋ³¹ | ŋ̍in⁵⁵ | ŋ̍yn⁴⁵ | nin⁴⁵ |
| 银 | 臻开三平真疑 | in¹¹ | ŋiun¹³ | ŋen²¹⁴ | giun²⁴ | ŋɛŋ²² | niŋ²¹¹ | ŋ̍in¹³/in¹³ | in¹³ | in¹² |
| 近 | 臻开三上隐群 | kʰiun⁵³ | kʰiun⁵³ | kʰin³¹ | kʰiun⁴⁴ | tɕʰiŋ³¹ | tɕʰiŋ³³ | tɕʰin⁴⁵ | tɕʰin⁴⁵ | tɕʰin⁵³ |

表4中四字,凉水井老派的读音与闽、粤、赣多数地区一致,都读为齐齿呼,yn 是到四川后起的。就目前所保留齐齿呼的情况看,我们推测,客家话在扎根成都东山约300年时间里,大约100年后开始发生演变,撮口呼出现,又经过100年撮口呼逐渐稳固,再过100年,即在今天的新派发音中,基本完成对齐齿呼的全面占领。

2. 韵类的分化发生在 oi 的变化

凉水井客家话中的韵母 oi 主要存在于古蟹摄开口一、合口一、合口三等字与止合三的个别字中。《记音》中所载部分字已发生的变化。(见表5)

表 5 蟹摄字读音例字

| 例字 | 韵母 | 凉水井 1946 年 | 凉水井 2016 年 | 例字 | 韵母 | 凉水井 1946 年 | 凉水井 2016 年 |
|---|---|---|---|---|---|---|---|
| 才 | 蟹开一哈韵 | tsʰai¹³ | tsʰoi¹³/tsʰai¹³ | 背~东西 | 蟹合一队韵 | poi⁵³/pei⁵³ | pi⁵³ |
| 裁 | 蟹开一哈韵 | tsʰai¹³ | tsʰai¹³ | 背~诵 | 蟹合一队韵 | pʰei³¹ | pʰoi³¹/pʰei⁵³ |
| 在 | 蟹开一海韵 | tsʰoi⁵⁵/tsʰai³¹ | tsʰoi⁵⁵/tsʰai³¹/tsai⁵³ | 退 | 蟹合一队韵 | tʰoi⁵³ | tʰuei⁵³ |
| 亥 | 蟹开一海韵 | xoi³¹ | xoi³¹ | 赔 | 蟹合一灰韵 | pʰei¹³ | pʰoi¹³/pʰei¹³ |
| 蔡 | 蟹开一泰韵 | tsʰoi⁵³ | tsʰoi⁵³ | 会 | 蟹合一泰韵 | voi³¹ | voi³¹/fei³ |

表5中,"退"今凉水井已不读为 tʰoi⁵³,"背"不读 poi⁵³,记音中的"才""背~诵""赔"估计是囿于调查时间和调查项目所限,未能在记音中展示其白读音 oi。今 oi 所辖字有减少的趋势,如"代""陪""赔""帅"等,新派很少读为 oi。

在凉水井乃至整个东山客家话新派读音中,韵母 oi 最大的变化是 oi 变成合口韵 uai,如:"妹"="卖","盖"="怪"。这一韵类的分化大概是凉水井客家话韵母最大的

变化。

此外,梗摄中的文白异读,新派多读文读音,少说白读音。梗摄中的文白异读集中在开口二、三、四等韵,从韵母看,舒声字的白读音多为 aŋ、iaŋ,文读音多为 ən、in。总的趋势是向官话靠拢。

## (三) 声调

凉水井客家话 70 多年来声调变化较小,调类没有发生变化。

# 三、70 多年来凉水井客家话的词汇变化

词汇是一个开放的系统,最能直接反映社会生活的变迁。70 多年来凉水井客家话的词汇变化主要表现。一是随着社会的发展、生产力的发展、科技的进步、生活方式的改变等原因,原有的反映旧事物、旧观念的词汇逐渐消失,这些词多为名词。如《记音》中所记:"洋笔"(铅笔)、"药婆子"(接生婆)、"□□" $\varepsilon$ioŋ$^{31}$ t'oŋ$^{13}$(空竹)、"假哥" ka$^{31}$ ko$^{55}$(苤蓝)、"□□□" pau$^{53}$ fu$^{31}$ ko$^{55}$(蝇虎)、"手棍子"(手杖)、"兵衫"(军装)、"□□□□" sa$^{55}$ t'iəu$^{13}$ vo$^{13}$ soŋ$^{53}$(假面具)。二是由此产生了大量的新词,这些新词最初多从成都官话中传播来,20 世纪末到 21 世纪初,随着广播、电视,特别是网络的兴起,更多的新词直接从普通话中传播而来。当然,这是所有地区方言词汇共同的演变规律。

就凉水井客家话词汇的演变而言,70 多年来最显著的特点一是具有客家方言特征的词汇逐步消失。(见表 6)

表 6 凉水井客家话特征词举例

| 序号 | 普通话释义 | 凉水井 1946 年 | 凉水井 2016 年 | 成都官话 |
|---|---|---|---|---|
| 1 | 苤蓝 | ka$^{31}$ ko$^{55}$ 苤蓝 | 苤蓝 | 苤蓝 |
| 2 | 麻雀 | ŋo$^{13}$ piʔ$^{53}$ tsʅ$^{31}$ 禾必子、ma$^{13}$ tɕʰioʔ$^{5}$ tsʅ$^{31}$ 麻雀子 | 麻雀子、麻鸟子 | 麻雀儿 |
| 3 | 蝇虎 | pau$^{53}$ fu$^{31}$ ko$^{5}$ | 未调查到 | 未调查到 |
| 4 | 估计 | ta$^{31}$ ŋan$^{31}$ 预备,如:我~明天栽秧 | 估计、估谙 | 估计、估谙 |
| 5 | 拉 | no 拉 | 挪 no | 拉 |
| 6 | 吸 | soʔ$^{53}$ 吸 | □tɕio$^{45}$ | □tɕy$^{21}$ |
| 7 | 挽(草把) | ɕio$^{55}$ tsau$^{31}$ ti$^{31}$ 挽草把 | 挽草结 | 挽草把儿 |
| 8 | 蜷着身子 | ɕio$^{55}$ tau$^{31}$ 蜷着身子 | 蜷 tɕyɛn$^{45}$ | 蜷 tɕyan$^{45}$ |
| 9 | 挤 | tʰiuŋ$^{31}$ 挤 | 挤 | 挤 |
| 10 | 用筷子在碗内翻检菜 | ɕia$^{53}$ tsʰoi$^{53}$ 用筷子在碗内翻检菜 | □tsʰau$^{53}$ | □tsʰau$^{213}$ |
| 11 | 乌鸦 | nau$^{31}$ a$^{55}$ 老鸦 | 老鸦、乌鸦 | 老鸦、乌鸦 |

(续表6)

| 序号 | 普通话释义 | 凉水井1946年 | 凉水井2016年 | 成都官话 |
|---|---|---|---|---|
| 12 | 猫头鹰 | miau$^{53}$ t$^h$iəu$^{13}$ tiau$^{55}$ 猫头鸟 | 猫头鸟、猫头鹰 | 鬼灯官儿 |
| 13 | 鹦鹉 | ŋien$^{55}$ ko$^{55}$ 鹦哥 | ŋən$^{55}$ ŋɚ$^{55}$ 鹦哥、鹦鹦儿 | 鹦鹦儿 |
| 14 | 空竹 | ɕioŋ$^{31}$ t$^h$oŋ$^{13}$ 玩具 | ɕioŋ$^{31}$ t$^h$oŋ$^{13}$ 响筒、响簧 | 响簧 |
| 15 | 疮 | ts$^h$oi$^{13}$ 疮 | □ts$^h$oi$^{13}$子、疮 | 疮 |
| 16 | 眼睛 | ŋan$^{31}$ tsu$^{55}$ 眼珠 | 眼珠、眼睛 | 眼睛 |
| 17 | 办法 | foŋ$^{55}$ ts$^{31}$ 方子 | 办法、法 | 办法、法 |
| 18 | 现在 | ti$^{31}$ tɕin$^{55}$ 现在 | ti$^{31}$ tɕin$^{55}$ □□、现在 | 现在 |
| 19 | 给 | pən$^{55}$ 给 | pən$^{45}$ 分、给 | 给 |
| 20 | 很多 | tɕi$^{31}$ to$^{55}$ 几多 | 几多、好多 | 好多 |

表6中，1～10条的词汇今一般已不见于凉水井客家人的口头（"麻雀"一词，"禾必子"的说法已消失，只有少数老人对这种说法有印象），11～20条，除了有客家话的说法外，都借用了官话的说法，且部分词语的使用频率以官话词汇为主，分别是"鹦鹦儿""疮""响簧""眼睛""现在""给""好多"。当然，此处仅从《记音》词汇表中摘录部分作为证据，未做穷尽性的统计。

二是受官话影响，儿化词明显增多。《记音》整本材料只有"老官儿"一个儿化词，没有儿尾词。如今的儿化词又新增了"摸哥儿<sub>小偷</sub>""僻猫儿猫儿<sub>捉迷藏</sub>""野物儿<sub>野兽</sub>""叮叮猫儿<sub>蜻蜓</sub>""鹦鹦儿<sub>鹦鹉</sub>""打伴儿<sub>作伴</sub>"等，且这些词基本上是不可替代的。儿尾词如"佛儿[ɚ$^{31}$]瓜<sub>佛手瓜</sub>""屁儿[ɚ$^{31}$]黑<sub>心太黑</sub>""络耳[ɚ$^{13}$]胡<sub>络腮胡</sub>"等。而在年轻人的日常交流中，儿化词和儿尾词更多，往往直接借用官话的发音。

## 四、70多年来凉水井客家话的语法变化

相对于语音和词汇而言，语法具有较强的稳定性。董同龢也说："这个方言在语法方面跟国语差别极小。"70多年来，凉水井客家话的语法基本上没有发生大的变化。一些较为显著的语法变化主要表现在构词法上，如"子"尾和重叠式。

《记音》中记录了201条带"子"尾的词语，可以用来指称人、器官、部件、动物、植物、时间、物品等，也可用在代词或者形容词等。15个今已基本不说，其中，"药婆子<sub>收生婆</sub>""桶折子<sub>打谷桶上的篾席</sub>""簿子<sub>账簿</sub>""烟嘴子""手棍子""酒笼子"6个词大概因为其背后的旧事物已经消失了。"鬐子""壁虎子<sub>壁虎</sub>""禾必子<sub>麻雀</sub>""橘柑子"被"鬐饼子""壁蛇子""麻雀子""柑子"代替，但仍是"子"尾；"竿子"一般说成重叠式"竿竿"，"秃子""厅子""疹子""村子"4个说法不是地道的客家话，客家话一般说成"光头""厅下""□□p$^h$u$^{55}$ p$^h$u$^{55}$""屋场"。"秃子""厅子""疹子"也非官话说法，大概是受共同语的影响。

《记音》中记录了53个叠音词，即"爸爸<sub>爸爸</sub>""姐姐<sub>姐姐</sub>""末末<sub>碎末儿、玄孙</sub>""妹妹<sub>妹妹</sub>"

"道道 不念经打醮的道士""娃娃 小孩儿""疤疤 疤、补丁""把把 把子""包包 包""杯杯 杯子""棒棒 棒""边边 边沿""叉叉 叉儿""洞洞 洞、眼儿""篼篼 竹筐、竹篮之类""墩墩 劈柴时垫在下面的树墩""蛾蛾 蝴蝶、飞蛾""缝缝 缝儿""盖盖 盖子""褂褂 坎肩儿""竿竿 竿子""盒盒 盒子""豁豁 豁子""角角 角落""坑坑 坑""缕缕 细条子""泡泡 泡儿""蓬蓬 蓬子""瓶瓶 瓶子""坡坡 坡""圈圈 圈儿""缺缺 缺口""仁仁 果核""塞塞 塞子""筛筛 筛蚕豆的筛子""索索 绳子""藤藤 藤""芽芽 芽""秧秧 菜等之苗""衣衣 薄膜""渣渣 渣子""皱皱 皱纹""鼻洞洞 鼻孔""光胴胴 赤裸上身""花瓣瓣 花瓣""酒窝窝 酒窝儿""莲白白 包菜""老太太 称呼对方的母亲""毛毛水 毛毛雨""锯锯镰 割稻、麦的镰刀""胡豆筛筛 筛蚕豆的筛子""鸡毛扫扫 鸡毛掸子""手指甲盖盖 指甲盖儿"。

这些词中的绝大多数今天都在使用，唯有"姐姐 姐姐""妹妹 妹妹""道道 不念经打醮的道士""娃娃 小孩儿""篼篼 竹筐、竹篮之类""坑坑 坑""仁仁 果核""塞塞 塞子""老太太 称呼对方的母亲"9个词实际上是官话的说法，非地道的客家话。

上述"子"尾和重叠式的变化说明，在20世纪初，凉水井乃至东山一带的客家话已形成了稳固的"子"尾和重叠构词的用法。其中受到官话方言的冲击，"子"尾和重叠式的词语用法呈现出扩大的趋势，这些如今一般不用的说法均见于官话，应该是受到成都官话和书面语的影响而产生的。

此外，《记音》中记录了10个"公""嫲""婆""哥"作为词缀语素构成的词语，这些词语具有明显的客家话特征，不见于官话：

婆：袄婆 棉袄、鹞婆 老鹰
嫲：勺嫲 水瓢、姜嫲 姜、虱嫲 虱子、牛皮嫲 牛皮菜
公：鼻公 鼻子
哥：豹虎哥 蝇虎、鹦哥 鹦鹉、假哥 茖蓝

其中，"牛皮嫲"的"嫲"字应发为入声 maʔ³², 恐非此"嫲"字。其余9个词语，"豹虎哥""假哥"均已消失，"鹦哥"的说法也仅存于少数老人的记忆，常用的说法是"鹦鹦儿"，发音与官话相同。"公""嫲""婆""哥"的能产性与五华相比，越来越小。

再如，"晡"的能产性问题。"晡"在《记音》中作为语素构成了以下词语："今晡""昨晡""大前日晡""前日晡""夜晡""一晡下昼""第二晡""三十夜晡""□[kai⁵³]晡夜""一晡夜""下晡 下次"；以日作为构词语素的有每日""日子辰 白天""□□[sa⁵⁵ tau³¹]日 明天""后日""大后日""大前日晡""前日晡"。（见表7）

表7 凉水井客家话"晡"字词语举例

| 凉水井1946年 | 凉水井2016年 | 凉水井1946年 | 凉水井2016年 |
| --- | --- | --- | --- |
| 今晡 | 今晡日、今日、今晡 | 每日 | 每日、每晡日 |
| 昨晡 | 昨晡日、昨晡 | 日子辰<sub>白天</sub> | 日子辰<sub>白天</sub> |
| 大前日晡 | 大前日、大前晡日 | □□［sa⁵⁵tau³¹］日<sub>明天</sub> | □□［sa⁵⁵tau³¹］日<sub>明天</sub> |
| 前日晡 | 前日、前日晡 | 后日 | 后日、后日晡 |
| 夜晡 | 夜晡、夜晡辰 | 大后日 | 大后日、大后日晡 |
| 第二晡 | 第二日、第二晡 | 大前日晡 | 大前日、大前日晡 |
| 三十夜晡 | 三十夜晡 | 前日晡 | 前日、前日晡 |
| 下晡<sub>下次</sub> | 下晡 | | |
| 一晡下昼 | 一晡下昼 | | |
| □［kai⁵³］晡夜<sub>那天晚上</sub> | □［kai⁵³］晡夜 | | |
| 一晡夜 | 一晡夜 | | |

《记音》中,以"晡"构成的表示时间的词语比"日"多了4条,如今,"今晡""昨晡""大前日晡""前日晡""第二晡"5条以"晡"作为词根语素构成的词语的"晡"可完全由"日"代替,且年轻人的使用频率超过了前者。但以"晡"为量词的词语无法由"日"替换,"一晡夜"不能说成"一日夜"。以"日"构成的词语除"日子辰<sub>白天</sub>""□□［sa⁵⁵tau³¹］日<sub>明天</sub>"外,也可以加入"晡",意思不变。

从中可以看出,实际上,"晡"作为词根的能产性正在减弱,也说明凉水井客家话的特征在逐渐削弱。

句法方面,《记音》中记录了一种"V+都+唔A"的句式结构,例句:坐都唔稳 tsʰo⁵⁵tiəu⁵⁵m¹³vən³¹（董同龢,1956:149）。该句表示否定,是对VA的否定。此用法不见于官话方言,官话表达同样的意思,一般说成"坐都坐不稳"。今相同结构的例句还有"搞都唔赢""食都唔饱"等,轻微含有一种诸如惊讶、不满的负面情绪,多见于老派,年轻人极少使用,这种句式结构有逐渐消失的倾向。

## 五、余 论

凉水井地处交通要道,距离九眼桥直线6000米,今处成都市三环路外侧不足500米,已完全融入成都市区。东山以前有"挑不完的五凤溪、运不空的镇子场（即洛带）、填不满的成都府"的谚语。意思是,进去成都府的货物从沱江逆流而上,在今金堂县五凤镇码头上岸,由挑夫花一天时间翻山挑到洛带中转,再花一天时间经洛带运往成都府,途中必经之地即为凉水井。交通的便捷使得凉水井客家话变化较快。

《记音》的发音合作人是卢光泉先生,据十陵镇谢惠祥先生介绍,凉水井只有卢光全,一字之差,年纪和卢光泉大致相当,已于前些年过世,享年80多岁。因卢姓为客家小姓,祖籍嘉应州长乐县,当无同名之人,故两者极有可能是同一人。卢光全高小毕业,后来颇

受诸般打击,不喜多言。谢惠祥曾采访过他,他说已经记不清以前的事情,对于接受方言调查一事已无印象。

今据凉水井卢家卢光松先生回忆,卢光全年轻时候常到成都市区。《记音》中的亲属称谓词"爸爸""姐姐""妹妹"等词显示其客家话的变化已比较大,应代表当时的地处官话和客家话接壤处的新派方言,也说明 70 多年前的客家话正处于一个激烈变化的状态中。

今天十陵镇人口变化很大。以前十陵全镇 90% 以上的人口为客家人。2001 年,十陵镇下辖 11 个行政村,4 个居委会,总人口 63200 人,其中农业人口 26477 人。① 而 2011 年 2 月,《龙泉驿区十陵街道建设发展情况》显示,十陵镇下辖 7 个社区,5 个行政村,总人口 13 万余人,② 10 年人口增加 200%。2009 年,整个龙泉驿区从境外迁入 15983 人,境内迁出 11573 人,净增 7542 人,人口增长率为 12.91‰。③ 2014 年,龙泉驿区总人口 631990 人,境外迁入 19177 人,境内迁出 6346 人④。

人口结构的变化、语言态度的转变、官话普通话的影响等因素,致使新派的客家话变化更大。除了上述变化,更让人担心的恐怕还有客家话的传承问题。

## 参考文献

[1] 董同龢. 华阳凉水井客家话记音[M]. 北京:科学出版社,1956.
[2] 兰玉英,蓝鹰,曾为志,等. 汉语方言接触视角下的四川客家方言研究[M]. 北京:中国社会科学出版社,2015.
[3] 兰玉英,曾为志,闵卫东. 四川客家方言的语音特点及其分区[J]. 西南民族大学学报(人文社会科学版),2013(5).
[4] 兰玉英,曾为志. 成都客家方言基本词汇的演变方式初探[J]. 西南民族大学学报(人文社会科学版),2011(2).
[5] 郄远春. 成都客家话研究[M]. 北京:中国社会科学出版社,2012.
[6] 庄初升,曾为志. 成都泰兴客家方言古浊去字的今读及相关问题[J]. 汉语学报,2015(3).

---

① 参见刘义章、陈世松《四川客家历史与现状调查》,四川人民出版社 2001 年版,第 21 页。
② 参见十陵镇街道办政府网:http://www.cdsl.gov.cn/htm/zoujinshiling/shilinggaikuang/565.htm。
③ 参见《龙泉驿年鉴·社会民生》,龙泉驿区公众信息网:http://www.longquanyi.gov.cn/detail.asp?ID=31846&ClassID=020112,2015 年 8 月查询。
④ 参见中共成都市龙泉驿区委党史研究室《龙泉驿年鉴(2015)》,四川师范大学电子出版社 2015 年版,第 6 页。

# 论原始客语中的 *ai 与 *iai[①]

吴瑞文

("中研院"语言学研究所)

**【提 要】** 本文探讨原始客语中 *ai 与 *iai 这两个韵母，主要着眼于它们在原始客语韵母系统中的分合关系，我们的问题是：原始客语中是否存在 *ai 与 *iai 的对立？本文对这个问题的探讨并非仅采用单一或特定的客语方言，而是在原始客语这个早期的音韵系统上来进行。关于原始客语的拟测，本文以 O'Conner(1976) 提出的架构为基础并扩充比较的材料，对 O'Conner 的原始客语韵母系统提出检讨与修正。此外，本文进一步透过《切韵》的框架，对照原始客语的 *ai 与 *iai 在古代韵类上的分布。我们发现，原始客语 *ai 对应中古蟹摄开口二等字，*iai 基本上对应中古蟹摄开口四等字。这个结论显示，六朝时期北方邺下方言的四等韵应当带有介音 i。

**【关键词】** 原始客语 《切韵》 邺下方言 蟹摄开口四等 历史语言学

## 一、引 言

客语是个分布范围相当广泛的汉语方言。在中国境内，客语分布于广东、广西、福建、江西、海南、湖南、四川、台湾地区等。在海外则有马来西亚、新加坡、菲律宾、泰国、婆罗洲、大溪地等。(侯精一主编，2002：155～157)客语的研究是汉语方言学的重要课题，也已经累积了相当可观的研究成果，这些成果包括客语方言资料的累积、客赣方言关系、闽客方言关系及客语与汉语音韵史的关系等。

本文关注客语的历史演变问题。一般而言，论及现代语方言的历史演变，学界最通行且最简捷的方式，就是利用《切韵》提供的中古音框架来作为参照。由于《切韵》架构有相对准确的时间定位，且已经有充分的研究及完整的语音拟测，对于探讨现代方言音韵演变无疑是方便法门。不过，把现代方言直接与《切韵》框架进行对比并说明演变，也不免存在若干方法论的问题。罗杰瑞与柯蔚南（Norman & Coblin, 1995）已经指出，上述方式的问题在于预设《切韵》音系作为现代方言的祖语或起点，这个预设并非不证自明的。

---

[①] 本文原拟于第十二届客家方言学术研讨会（2016年12月3～4日，广州中山大学）宣读，文稿当时已经草就，可惜因事务繁忙未能成行。尽管如此，本文于2016年12月12日在台湾"中央"大学客家语文暨社会科学学系硕士班课堂上公开讲述，感谢陈秀琪教授及黄菊芳教授的邀请，让我有这个机会向他们请益，并与课上同学交流切磋。2017年9月底，第十二届客家方言学术研讨会筹备组来函，略谓本次会议论文将结集出版。在此感谢筹备组召集人庄初升教授和温昌衍教授的邀请，让本文正式付梓，得以向更多从事客语研究的前辈同行请益。

同时，《切韵》音系以载录字音为主，固然词汇系由字音构成，但与历史语言学揭橥的比较方法，建立在同源词规则对应上仍然有差距。① 基于以上的认识，本文将换个角度，从既有的原始客语音韵体系着手探讨客语内部的音韵变化，再将之与《切韵》框架进行对照。

学界关于原始客语的拟测，目前可以看到的有美国学者 O'Conner（1976）的拟测，以及中国李玉（1985、1986）及严学宭、李玉（1986）等相关研究。其中，李玉（1985、1986）主要探讨客家话声调及声母上的演变与发展，严学宭、李玉（1986）则为原始客家话拟测出一套完整的声母系统。整体而言，中国学者的3篇文章还没有进展到原始客语的韵母拟测，看不出整体的面貌。因此，本文将以 O'Conner 的原始客语拟测作为讨论的基础。下文将会简要介绍这篇重要的论文。

在议题方面，本文将焦点放在原始客语中 *ai 与 *iai 两个韵母的关系。本文探讨原始客语中 *ai 与 *iai 这两个韵母，主要着眼于它们在原始客语韵母系统中的分合关系，我们的问题是：原始客语中是否存在 *ai 与 *iai 的对立？对这个问题的探讨并非仅采用单一或特定的客语方言，而是在原始客语这个早期的音韵系统上来进行。关于原始客语的拟测，本文采用 O'Conner 提出的架构，在第二部分我们会介绍这个系统。O'Conner 用来拟测原始客语的材料是6种客语方言，由于时空限制，当时可见而堪用的资料不多。随着研究的逐渐深入，同时，在中国改革开放后，语言调查的增多，迄今已经累积相当多内容丰富且描写细腻的各处客语方言材料。本文将充分利用这些语料，对 O'Conner 的原始客语韵母系统提出检讨与修正。

关于现代方言与《切韵》音系的关系，已有学者提出相当重要的看法。以《切韵》性质而言，丁邦新（2008：66）曾针对《切韵序》"南北是非"的意义有深入而缜密的讨论。丁文详细考察了《切韵序》《经典释文序录》《颜氏家训音辞篇》，讨论《切韵》的南北音韵学者之语言背景以及《切韵序》提到的其他5种韵书等共5项文献材料，所得的结论是：

我们知道当时的方言确实有南北的差异。南指江南，也就是江东，其代表方言是金陵；北指河北，其代表方言是邺下，其实就等于洛阳。

简言之，通览六朝时期各种重要文献，可以发现一组常常用来对照的方言——江东和邺下。

基于以上的前提，针对现代汉语方言形成过程及其历史分群，梅祖麟（2014：297）进一步提出一个汉语方言分类上更具宏观性的假设：

现代汉语方言可以分为两组。官话方言、粤语、客家话等导源于南北朝的北方通语的后身，吴语、北部赣语、闽语各有一个导源于南朝通语的层次。北方通语、南朝通语丁邦

---

① 对此，丁邦新（2003：7）提出评述，认为传统字音和方言词汇的研究可以并行不悖，也不可能完全脱离字的比较。

新（1995）称为"邺下切韵""金陵切韵"，我（梅祖麟，1993）称为"河北方言""江东方言"。用的名词虽然不同，我们都认为：（1）汉语在南北朝已经分裂为南北两大方言，《切韵》是南北通语的叠合音系；（2）现代汉语六大方言可以按照中古来源分为两组。①

梅祖麟（2014）用来区分六朝时期南北两大方言的音韵标准是"鱼虞有别"，这个标准乃是承袭《切韵序》所说的"支脂鱼虞，共为不韵"。六朝时期北方人鱼和虞没有分别，南方人鱼和虞有别。就词汇而言，中古鱼韵有两个重要的口语常用词，即第二人称代词"汝"及第三人称代词"渠"（佢）。其中，第三人称代词"渠"在北部赣语及客家话中的来历不同。北部赣语来自开口鱼韵，也就是"鱼虞有别"的鱼韵；客家话来自合口鱼韵，也就是"鱼虞无别"的鱼韵。梅文（2014）主张的演变如下：

北部赣语：渠第三人称单数　　　*$gje^2$ > $kie^2$ > $tɕie^2$

客家话：渠第三人称单数　　　*$gju^2$ > $kiu^2$ > $ky^2$ > $ki^2$

根据客家话内部证据，客家话的 $ki^2$ 是 $ky^2$ 进一步丢失合口征性（[+round]）的结果，并非直接从开口韵（*$gje^2$）演变而来。上述研究结合了文献与方言、字音与词汇，是相当成功的尝试。

本文在研究方法上，主要采取西方历史语言学的比较方法（comparative method）。西方历史语言学的经验及研究成果指出，借由同源词的寻找与比较，我们可以建立语言间的系谱关系（genetic relation）。建立系谱关系后，我们可以由现在存在的子代语言（daughter languages）去建构已经消失的早期祖语。祖语构拟的主要目的，是要解释语音的历时演变。因此，在进行构拟时，对于所构拟的音韵形式的每一个组成部件都必须有所交代，尤其重要的是，要能从子代语言中看出构拟某个成分的必要性。另外，基于《切韵》与现代方言彼此关系的宏观假设，我们将以原始客语韵母的研究成果，进一步探讨六朝时期邺下方言的若干重要特征。

本文共分 5 个部分：第一部分是引言；第二部分介绍原始客语的拟测；第三部分从中古音系观察原始客语 *ai 与 *iai 的拟测；第四部分从现代客语来看 *ai 与 *iai 的分合关系；第五部分是结论，同时简要说明原始客语 *iai 的历史意义及后续研究方向。

---

① 丁邦新（2008：70）也已经提出类似的分类。以现代汉语方言来看，官话、客家话、南部赣语、新湘语、粤语、闽语读书音都与邺下音系有关，吴语、北部赣语、老湘语则与金陵音系有关。

## 二、原始客语的音韵系统

O'Conner 于1976 年在东京外国语大学语言文化研究所的期刊《アジア・アフリカ言语文化研究》第11 卷上发表"Proto Hakka"一文,以64 页的篇幅构拟了原始客语的声母、韵母及声调系统,整体而言较为完整而且全面,能够一窥原始客语的样貌。"Proto Hakka"这篇文章共分7 节,分别是:

1. Introduction（导论）；
2. Hakka Phonological System（客语音韵系统）；
3. Proto Hakka Tone Categories（原始客语调类）；
4. Proto Hakka Initials（原始客语声母）；
5. Proto Hakka Finals（原始客语韵母）；
6. Proto Hakka Tone Categories and Initial Distribution（原始客语调类与声母分布）；
7. Proto Hakka Initial and Final Distribution（原始客语声母与韵母分布）。①

根据第1 节导论及第2 节客语音韵系统的说明,O'Conner 用来构拟原始客家话的材料是6种客语方言,分别是海陆客语（杨时逢,1957）、四县客语（杨时逢,1957）、华阳凉水井客语（董同龢,1948）、梅县客语（桥本万太郎,1972、1973）、沙头角客语（Henne,1964、1966）,以及陆丰客语（Schaank,1897）。②

以方法论而言,O'Conner 的构拟是采取一般历史语言学的基本方式,也就是透过寻找可靠的同源词来进行语音比较,观察各种成分的对比,之后依照声调、声母及韵母来构拟出原始形式（proto forms）。从历史语言学的观点来看,O'Conner 原始客语是纯粹利用客语内部材料来建构的早期系统,是现代客家话的共同来源（common source）,可以作为讨论原始客语的重要基础。

下面列出 O'Conner 的原始客语系统,呈现的次序依照原文声调、声母及韵母。请留意,原文将送气符号标写为" ' ",下表一律改成上标的"h";舌根鼻音韵尾写作ng,下表一律改为ŋ,成音节鼻音也一并更动。

表1　原始客语的声调系统

| 1 | 3 | 5 | 7 |
| 2 | 6 | | 8 |

根据表1,原始客语的声调系统有7 个声调,相应于中古调类分别是阴平、阳平、阴上、阴去、阳去、阴入及阳入。

---

① 括号内的中译是我们加上去的。
② 这些书目是 O'Conner 拟测原始客语的材料,相关信息请见原文书目,引用文献兹不列入。

表2　原始客语的声母系统

| p | pʰ | m | | f | v | |
|---|---|---|---|---|---|---|
| t | tʰ | | n | | | l |
| ts | tsʰ | | | s | | |
| tš | tšʰ | | | š | | |
| | | ȵ₁、ȵ₂ | | | | |
| k | kʰ | | ŋ | | | |
| ∅ | | | | h | | |

根据表2，原始客语共有22个声母（包括零声母），其中包括唇齿擦音（f、v）及硬腭齿龈音（palato-alveolars，tš－、tšʰ－、š－）。此外，原始客语还有两个舌面鼻音ȵ₁与ȵ₂，与m、n、ŋ构成对立。

表3　原始客语的韵母系统

| ɨ | i | u | iu | io | ia | iai | uai |
|---|---|---|---|---|---|---|---|
| e | | o | ui | uo | ua | eu | ou | au |
| ɛ | a | | ai | oi | | iau | | |
| in | un | en | on | an | iun | ion | ian | uon |
| uan | uŋ | | oŋ | aŋ | iuŋ | ioŋ | iaŋ | uoŋ |
| im | | em | | am | | | iam | |
| it | ut | et | ɛt | ot | at | iut | iat | uet |
| uat | yat | uk | ok | ak | iuk | iok | iak | |
| ip | | ep | ɛp | ap | iap | ŋ | m | |

由表3可知，原始客语共有66个韵母，其中包括7个单元音（monophthong）、11个双合元音（diphthong）、3个三合元音（triphthong）。同时，原始客语还有带－m、－n、－ŋ、－p、－t、－k等辅音韵尾的韵母，以及两个成音节鼻音韵母＊－ŋ、＊－m。

## 三、从《切韵》音类看原始客语的＊ai与＊iai

从第二部分内容我们看到，O'Conner为原始客语拟测了＊ai与＊iai两个韵母，主要根据现代客语的规则对应得出。关于汉语方言早期音系的拟测方法论，罗杰瑞（Jerry Norman著，史皓元、张艳红译，2011：97）曾提出相当重要的看法：

一般汉语方言共同音系的制定主要通过两种途径：一为使用语言学的比较方法，立足于现代方言进行归纳与构建，二为借用《切韵》的音类，系统地去除现代汉语方言中所没

有的音类与特征。第二种方法相对更益于操作也更有效。……我确信这两种方法（比较的方法和对《切韵》音类的消减和重新分类法）会得到基本相同的结果。

这个观察相当有启发。如果运用比较方法所得出的拟测和对《切韵》音类的消减和重新分类法会获致共同的结果，那么在既有的拟测成果（如原始客语）上，透过《切韵》来观察这个音系的音类与特征，必然能更深入而全面掌握每一个音韵成分的实质，检讨与观察。以下我们透过《切韵》提供的音韵框架，来观察原始客语 *ai、*iai 及相关韵母的表现。

根据《切韵》音类提供的信息，原始客语 *ai 和 *iai 两韵的同源词主要来自蟹摄开口二等及四等，若干来自其他韵摄（如 *ai 有果摄的来源）。此外，拿《切韵》音类蟹摄开口韵的观点来看原始客语，则蟹摄开口韵在原始客语中的对应也相当复杂。下面我们就以蟹摄开口韵进行初步的观察。原始客语中与蟹摄开口韵有关的构拟包括：

蟹摄开口一等咍韵：
　　*oi，同源词：袋海。
蟹摄开口二等皆佳韵：
　　*ai，同源词：埋［械］鞋。
　　*iai，同源词：街解芥界。
蟹摄开口三等祭韵：
　　*e，同源词：世。
蟹摄开口四等齐韵：
　　*i，同源词：米妻。
　　*e，同源词：洗计［系］齐。
　　*ɛ，同源词：细婿。
　　*ai，同源词：弟。
　　*iai，同源词：鸡。

利用《切韵》音类来观察学者既有的原始方言拟测，可以先观察语源认定是否正确。简单地说，就是用来拟测的形式是否是正确的汉语同源词。这个程序主要是为了确保《切韵》音类与原始方言拟测在同源词上的可比性。在 O'Conner 的拟测中，或多或少存在语源认定问题，我们以"［　］"标注，说明如次。

(1) O'Conner(1976：33) 将客语中意为 carry（肩挑、背负）的汉语同源词写作"械"（胡介切，器械），各方言的对应为：海陆 $k^hai^1$、华阳 $k^hai^1$、沙头角 $k^hai^1$、四县 $k^hai^1$、梅县 $k^hai^1$、陆丰 $k^hai^1$。这个写法显然不是正确的语源（etymology）。根据蓝小玲（1999：171～176）的研究，客语中表示肩挑、背负的 $k^hai^1$，正确的汉字语源是胡可切的"荷"，释义为负荷，音韵地位是果摄一等匣母上声字。就声母而言，客语匣母读为 $k^h-$，乃是来自带音塞音 *g-，这是匣母在客语中最早音韵层次的读法，今读送气清音 $k^h-$ 符合客语浊音清化的规则。在韵母上，果摄一等字源自上古歌部字，上古歌部字在客语中读

为 -ai 也属于早期层次，相同音韵层次的语词还有第一人称代词"我"ŋai³。就声调而言，全浊上读阴平是客家话有别于其他方言的重要声调演变。换句话说，原始客语 carry 这个语位来自果摄一等"荷"，不能作为蟹摄开口二等的同源词例。

（2）O'Conner(1976：29) 将客语中意为 is（系词或判断动词）的汉语同源词写作"系"（古诣切，连系；胡计切，绪也），另又有"系"（古诣切，缚系；胡计切，易之系辞）。客语中用为判断动词的成分，其语源不易确认。根据刘纶鑫主编（1999：278）的意见，客家方言判断动词的读音为 he（声调不论），本字应当为止摄开口三等的"是"。刘纶鑫主编（1999：278）提到，"是，《广韵》而止切，止摄三等禅母字。（下略）"，依照"而止切"，"是"为日母上声之韵上声字。然而，翻检《广韵》，"是"之切语为"承纸切"，非"而止切"。另外，翻查宋陈彭年等重修之《大广益会玉篇》，"是"为"时纸切"。由此可知，"是"之声母或为船母（承），或为禅母（时），并非日母，韵母为止摄开口三等支韵上声，并非之韵上声。项梦冰（2004）对刘纶鑫的相关证据有详细的探讨，结论也不支持客家方言的判断动词来自"是"。

现在回头考察一下 O'Conner(1976：29) 中罗列的客语判断动词读音。（见表4）

表4　O'Conner 文中6种客语的判断动词读音

| | 海陆 | 华阳 | 沙头角 | 四县 | 梅县 | 陆丰 |
|---|---|---|---|---|---|---|
| 判断动词"is"（是） | he⁶ | xie⁵ | he⁵ | he⁵ | he⁵ | he⁵ |

海陆和陆丰这两类客语可以区分阴去（5）与阳去（6），但判断动词在海陆读阳去（6），在陆丰却读阴去（5）。华阳凉水井客语阴上（3）则有来自早期阳去（*6）的同源词，然而华阳凉水井客语判断动词读为 xie⁵，显示应当来自阴去。其他3个客语不区分阴去与阳去，不易判断早期归属。整体而言，由以上客家方言的表现来看，原始客语判断动词应当拟为 *he⁵。这个词形与"胡计切"的"系"或"系"声母及韵母相合。然而，方言之间又有分歧的声调走向，显示这个词可能需要进一步探索，在本字未明的情况下，暂时不纳入讨论。

现在我们进一步把原始客语蟹摄开口韵诸字的各种读法列表如下。（见表5）

表5　蟹摄开口字在原始客语中的对应

| 蟹摄开口 | 一等 | 二等 | 三等 | 四等 |
|---|---|---|---|---|
| 对应1 | *oi 袋、海 | | | *i 米、妻 |
| 对应2 | | | *e 世 | *e 计、洗、齐 |
| 对应3 | | *ai 埋、鞋 | | *ai 弟 |
| 对应4 | | *iai 街、解、界、芥. | | *iai 鸡 |
| 对应5 | | | | *ɛ 细、婿 |

从《切韵》的观点来看，蟹摄开口一等及三等都只有一类对应，蟹摄开口二等则有两

类对应，蟹摄开口四等则有5类对应。比较《切韵》音系以及原始客语，可见原始客语内部已经存在层次问题。

就原始客语声韵母结合关系而言，*i、*e、*ɛ、*ai、*iai 的情况见表6：（参见 O'Conner,1976：57～58）

表6 *i、*e、*ɛ、*ai、*iai 与声母的结合关系

| 韵母 | P 唇音 | T 舌尖音 | S 滋丝音 | C 卷舌音 | K 舌根音 |
|---|---|---|---|---|---|
| *i | X | X | X | X | X |
| *e |  |  | X | X | X |
| *ɛ |  |  | X |  |  |
| *ai | X | X | X |  | X |
| *iai |  |  |  |  | X |

有关原始客语 *ai、*iai 的拟测，作者用了相当的篇幅说明。O'Conner(1976：54～55) 指出，*iai 的构拟只是"暂时性的拟测"（tentative reconstruction），理由是若干客家话方言有明确的 iai 与 ai 的文白异读对比（如海陆）；然而，另有若干方言则有以 iai 为口语用法，不存在显著文白异读的现象。因此推测这可能是文读音通过某些管道进入了日常口语词汇中。以分布而言，*ai 与 *iai 两个韵母呈现出条件分布：*ai 不出现于舌根塞音声母 k- 之后，而 *iai 只出现在舌根塞音声母 k- 之后。由分布环境而言，似乎可以主张 *iai 的介音 -i- 是增生的。O'Conner 也已经留意到指示代词"那"（that）及表示领格（genitive）的成分，在语音上似乎可以归入 *iai 这一韵母，但在四县、梅县及华阳仍呈现若干不规则的对应，这可能因为这两个词属于语法功能词，致使读音有不符合既有规律的情况。就结论而言，O'Conner 认为在原始客语韵母系统中，*ai 与 *iai 仍然应当分为两类。

本文将进一步在 O'Conner 既有的拟测基础上，利用既有的《切韵》框架，探讨 *ai 与 *iai 的分合问题，同时检讨其他相关的同源词拟音，并进一步尝试用历史的观点说明从原始客语到现代客语方言的音韵变迁。

## 四、现代客语中 *ai 与 *iai 的分合

从上面表5可知，《切韵》中的蟹摄开口二等读为 *ai 和 *iai，蟹摄开口四等除了 *ai 及 *iai 之外，还可以有 *i、*e、*ɛ 等各种表现。首先需要说明各个音读在现代客语中的性质，进一步则是厘清这些韵母在客语音韵史中的分合关系。本部分将分别探讨这些问题。

1. 现代客语中不区别 *ai 与 *iai 的方言

首先，根据上面观察到的规则对应，现代客语中是否存在蟹摄开口二等与蟹摄开口四等都读为 ai 的情况？从既有的材料上来看，确实有不少现代客语方言把蟹摄开口二等与蟹

摄开口四等混读为 ai。尤其值得注意的是，蟹摄开口二、四等同读为 ai，并不只限于舌根音声母，在非舌根音的环境也是如此。请看以下同源词例（见表7）：

表7 海陆等6种客语的蟹摄开口二、四等同源词

| | 海陆 | 华阳 | 沙头角 | 四县 | 梅县 | 五华 |
|---|---|---|---|---|---|---|
| 埋蟹开二 | mai² | mai² | mai² | mai² | mai² | mai² |
| 牌蟹开二 | pʰai⁶ | pʰai⁵ 败 | pʰai⁵ | pʰai⁵ | pʰai⁵ | pʰai³ |
| 买蟹开二 | mai¹ | mai¹ | mai³ | mai¹ | mai¹ | mai¹ |
| 奶蟹开二 | nai¹ | nai⁵ 调! | lai¹ | nai¹ | nai¹ | nai¹ |
| 斋蟹开二 | tsai¹ | tsai¹ | tsai¹ | tsai¹ | tsai¹ | tsai¹ |
| 柴蟹开二 | tsʰai² | tsʰai² | tsʰai² | tsʰai² | tsʰai² | tsʰai² |
| 债蟹开二 | tsai⁵ | tsai⁵ | tsai⁵ | tsai⁵ | tsai⁵ | tsai⁵ |
| 街蟹开二 | kai¹ | kai¹ | kai¹ | kiai¹ 韵! | ke¹ 韵! | kai¹ |
| 鞋蟹开二 | hai² | xai² | hai² | hai² | hai² | hai² |
| 矮蟹开二 | ai³ | ai³ | ai³ | ai³ | ai³ | ai³ |
| 米蟹开四 | mi³ | mi³ | mi³ | mi³ | mi³ | mi³ |
| 泥蟹开四 | nai² | nai² | lai² | nai² | nai² | nai² |
| 犁蟹开四 | lai² | nai² | lai² | lai² | lai² | lai² |
| 弟蟹开四 | tʰai¹ | tʰai¹ | tʰai³ | tʰai¹ | tʰai¹ | tʰai¹ |
| 齐蟹开四 | tsʰe² | tsʰie² 韵! | tsʰe² | tsʰe² | tsʰe² | tsʰe² |
| 洗蟹开四 | se³ | ɕie³ 韵! | se³ | se³ | se³ | se³ |
| 细蟹开四 | se⁵ | sei⁵ 韵! | se⁵ | se⁵ | se⁵ | se⁵ |
| 婿蟹开四 | se³ 声!/se⁵ | sei⁵ 韵! | se⁵ | se⁵ | se⁵ | se⁵ |
| 鸡蟹开四 | kai¹ | kai¹ | kai¹ | ke¹ | ke¹ | kai¹ |
| 溪蟹开四 | hai¹ | | kʰai¹ | hai¹ | hai¹ | hai¹ |

资料来源：海陆和四县都根据杨时逢（1957）、华阳根据董同龢（丁邦新编，1974：153～274）、沙头角根据詹伯慧和张日昇主编（1987）、梅县根据黄雪贞（1995）、五华根据魏宇文（1997）。

根据表7，可以获得6点认识。

（1）在以上6种客语方言中，蟹摄开口二等字绝大多数都读为 ai，蟹摄开口四等则有两类读音，依照声母条件不同，可以分为：在舌尖塞擦音声母后读为 e、ie、ei，在双唇鼻音声母之后读为 i，在舌尖塞音、舌尖鼻音、舌根塞音及喉音等声母之后读为 ai。从 O'Conner 的原始客语拟音来看，"齐""洗"拟为 *e，"细""婿"拟为 *ɛ。根据 O'Conner（1976：59～60）的说明，将"齐""洗""细""婿"分别拟测为 *e、*ɛ 的原因在于对应上的不一致，主要是华阳凉水井客家话的表现。至于原始客语是否需要将"齐""洗""细""婿"分别拟测两个韵母？我们认为不需要，具体须由其他客语方言的表现来

论述，这里暂时搁置，后文将予细论。

（2）整体而言，从《切韵》音系的立场来衡量以上6种客语方言中蟹摄开口二、四等字的音韵表现，它们基本都呈现为"局部合流"的类型。简言之，蟹摄开口二、四等在舌尖塞擦音的环境后可以区别（如海陆"柴"$tsʰai^2$："齐"$tsʰe^2$），在其他部位的声母环境后则没有区别（如海陆"奶"$nai^1$："泥"$nai^2$、"鞋"$hai^2$："溪"$hai^1$）。

（3）台湾四县的现象比较复杂，蟹摄开口二等读为iai韵母的同源词，都是不送气舌根音k-，包括"街""皆""偕""阶"（以上阴平）、"解""戒"（以上上声）、"介""界"（以上去声）。根据杨时逢（1957：12）的说明，台湾地区海陆话"街""解""介"有文白两读，文读iai韵，白读ai韵。四县只有iai一读。由以上层次异读的线索，我们认为，四县"街"的iai是受其他方言影响从而借入的读音，不属于客家话固有的音韵层次。

（4）梅县的对应是舌根音韵母读为e，非舌根音韵母读为ai。从中古音的架构来看，蟹摄开口二、四等ai韵母是互补的，我们不妨主张早期的韵母*ai在舌根音声母之后变读为e，在其他语音环境之后则不变，维持为ai。另外，梅县也存在iai韵母，同源词相当有局限，包括"皆""解""介""届""戒""挨（推）"等。就音韵分布而言，iai只出现在不送气舌根塞音跟零声母之后，同时，梅县的ai韵母并没有蟹摄开口二等的同源词。这很可能显示，以梅县方言中的"皆""解""介""届""戒"等词来说，iai这类外来韵母已经取代了原先的ai韵母。至于口语常用词"街"，由于发生了ai>e的演变，因此没有被取代。另一个没被取代且仍保留异读的蟹摄开口二等舌根音字是"解"。根据黄雪贞（1995：63）的说明，"解"在$ke^3\ sok^7$"解索"（把绳子解开）这个词汇中不读$kiai^3$，而在$kiai^1\ tsu^1\ pʰi^2$"解猪皮"（把猪皮和猪肉分开）这类语词中不读$ke^3$。整体而言，蟹摄开口二、四等读为ai的见母字在梅县中有两种情况：第一种情况是若干词汇发生了*ai>e的单元音化演变，如"街""解""鸡"。第二种则是在个别词汇上发生了音读的置换，如"皆""解""介""届""戒"原先的*ai被iai所取代。这两种情形具体体现为某些语词两种读音并存，如"解"有$ke^3$、$kiai^3$两读及"挨"有$ai^1$、$iai^1$两读。从合流后读为*ai的观点来看，这些方言中蟹摄开口二、四等"街""鸡"或读e或读ai，只是表面语音形式的差异，实质上都是*ai后续演变的结果。

（5）现在重新检视O'Conner系统中的*iai韵母，它在原始客语音系中只分布在舌根塞音声母k-之前，实在过于局限。而其语词又跟四县、梅县的文读音相当。因此我们认为，O'Conner将"街""解""界""芥"等拟测为*iai，其实是相当晚近的文读音，并非原始客语固有的韵母形式。

（6）O'Conner系统中有两个蟹摄开口四等字拟测为*i韵母，分别是"米""妻"。不少学者已经指出，客语中蟹摄开口四等有高元音i及非高元音ai、ɛi、e等读法，高元音*i属于文读层。① 以"妻"这个词为例，它在客语中并非常用口语词，而是与书面结合相当紧密的形式。客语指称妻子一般称"老婆"，夫妻俩则称"两公婆"。② 由此可知，原始客语中"米""妻"的*i是晚近文读音的渗透，其性质与"街""解""界""芥"的

---

① 参见罗美珍、邓晓华（1995），蓝小玲（1999），熊燕（2015）。
② 参见张双庆、李如龙主编（1992：340）的词条。

*iai相同，亦非原始客语固有的韵母。

根据以上的同源词例，我们可以确定现代客语中存在一种类型的方言是把蟹摄开口二等与蟹摄开口四等局部地读为相同形式的韵母，这个韵母形式为 *ai，在舌尖塞擦音的环境下，蟹摄开口二等与蟹摄开口四等有区别：前者为 *ai，后者为 *ɛ。① 至于 O'Conner 拟测 *iai 的同源词"街""解""界""芥"以及"米""妻"的 *i 等都属于后起的文读音，不应列入原始客语韵母的体系中。不过下文将会看到，*iai 这一韵母在原始客语中仍有其必要性，下文将进一步讨论。

2. 现代客语中区分 *ai 与 *iai 的方言

进一步的问题是：从中古音的框架来看，是否有客家话不曾发生"蟹摄开口二、四等局部合流"这个演变？换句话说，是否有客家话在各种声母环境都保留蟹摄开口二、四等的区别？答案是肯定的。我们翻检《珠江三角洲方言字音对照》（詹伯慧、张日昇主编，1987）以及《客赣方言调查报告》（李如龙、张双庆主编，1992）中的客家话相关资料，发现事实上不少客语方言可以区分蟹摄开口二等及四等，尤其重要的是，这类方言并不因为声母条件而有局部合并的情况。也就是说，这类方言提供原始客语区分蟹摄开口二等与四等的重要线索。下面我们根据检索所得，列出连南、河源、惠州片的惠州、汀州片的宁化方言、宁龙片的宁都方言以及铜鼓片的三都（即铜鼓）方言都还能找到蟹摄开口二、四等读为不同韵母的表现。由于这类方言在客家话中较为少见，下面我们就深入而仔细地观察这 6 种客语的蟹摄开口二等及蟹摄开口四等的同源词。首先看蟹摄开口二等字。（见表8）

表8　连南等6种客语的蟹摄开口二、四等同源词

| 例字 | 连南 | 河源 | 惠州 | 宁化 | 宁都 | 三都 |
|---|---|---|---|---|---|---|
| 埋蟹开二 | mai² | mai² | mai² | ma² | mai² | mai² |
| 稗蟹开二 | pʰai⁵ | pʰai⁶ | pʰe⁶韵！ | pʰa⁶ | pʰa⁶韵！ | pʰa⁶韵！ |
| 买蟹开二 | mai¹ | mai⁵ | mai⁵ | ma¹ | mai¹ | mai¹ |
| 奶蟹开二 | nai³ | nai⁵ | nai⁵ | na³ | nai³ | nai³ |
| 斋蟹开二 |  |  | tsai¹ |  | tsai¹② |  |
| 柴蟹开二 | tsʰai² | tsʰai² | tsʰai² | tsʰiau²③ | sai²声！ | tsʰai² |
| 债蟹开二 | tsai⁵ | tsai⁵ | tsai⁵ | tsa⁵ | tsai⁵ | tsai⁵ |
| 街蟹开二 | kai¹ | kai¹ | kai¹ | ka¹ | kai¹ | kai¹ |
| 鞋蟹开二 | hai² | hai² | hai² | ha² | hai² | hai² |
| 矮蟹开二 | ɛi³韵！ | ai³ | ai³ | ŋa³ | ŋai³ | ai³ |

---

① 前面提到 O'Conner 的原始客语区分 *e 与 *ɛ，我们的看法则是 *ɛ（"细""婿"）这个韵母在原始客语中应拟测为别的形式，"齐""洗"这两个同源词也不会是 *e。这里暂时以 *ɛ 代表"齐""洗""细""婿"这 4 个同源词。

② 这个词根据谢留文（2003：151）的宁都方言资料补入。

③ 宁都用的词是效摄开口三等的"樵"而不是蟹摄开口二等的"柴"。

(续表8)

| 例字 | 连南 | 河源 | 惠州 | 宁化 | 宁都 | 三都 |
|---|---|---|---|---|---|---|
| 米蟹开四 | mɛi³ | miɛ³ | mie³ | mi³韵! | mi³韵! | mi³韵! |
| 低蟹开四 | tɛi¹ | tiɛ³ | tie¹ | tie¹ | tiai¹ | tɛ¹ |
| 弟蟹开四 | tʰɛi¹ | tʰiɛ⁶ | tʰie⁶ | tʰie¹ | tʰiai¹ | tʰɛ¹ |
| 泥蟹开四 | nɛi² | niɛ² | nie² | ŋie² | nai²韵! | nɛ² |
| 犁蟹开四 | lɛi² | liɛ² | lie² | lie² | liai² | lɛ² |
| 齐蟹开四 | tsʰɛi² | tsʰiɛ² | tsʰie² | tsʰie² | tsʰi²韵! | tsʰɛ² |
| 洗蟹开四 | sɛi³ | siɛ³ | se³韵! | sie³ | siai³ | sɛ³ |
| 细蟹开四 | sɛi⁵ | siɛ⁵ | sie⁵ | sie⁵ | siai⁵ | sɛ⁵ |
| 鸡蟹开四 | kɛi¹ | kiɛ¹ | kie¹ | kie¹ | tsai¹声! | kɛ¹ |
| 溪蟹开四 | kʰɛi¹ | kʰiɛ¹① | kʰie¹ | kʰie¹ | sai¹声! | |

根据以上6种客家方言所显示的音韵规则对应，蟹摄开口二等与蟹摄开口四等的同源词应当构拟为两种早期形式：蟹摄开口二等"埋""稗""买""奶""债""街""鞋""挨"等字的韵母可以拟测为 *ai，蟹摄开口四等"米""低""弟""泥""犁""齐""洗""细""鸡""溪"等字的韵母则可以拟测为 *iai。特别值得说明的是，蟹摄开口四等的三合元音韵母 *iai 乃是建立相当稳固的客家方言同源词比较上。从以上同源词表可知，蟹摄开口四等在连南呈现为 ɛi 下降复合元音（"主要元音+韵尾"，VE）的韵母结构；在河源、惠州呈现为 iɛ、ie 这类上升复合元音（"介音+主要元音"，MV）的韵母结构；在宁都则呈现为 iai 这个三合元音（"介音+主要元音+韵尾"，MVE）的韵母结构。将蟹摄开口四等上述同源词的原始客语韵母拟测为 *iai，可以相当合理而简单地解释各客语次方言的种种演变。*iai 韵母在连南方言由于介音与韵尾同为 i，因此发生"异化"（dissimilation），导致作为介音的 i 消失，主要元音也进一步高化。*iai 在河源、惠州、宁化也发生了"异化"，只是消失作为韵尾的 i，主要元音也进行高化。三都今读为 ɛ，从 *iai 的观点来看，发生了最为剧烈的变化，从三合元音简化为单元音，可能的演变过程至少有两种：*iai > ɛi > ɛ 或 *iai > iɛ > ɛ。从原始客语的角度看来，宁都方言"低""弟""泥""犁""齐""洗""细"今读为 iai 保存了原始客语 *iai 的音韵结构及语音形式，对于祖语拟测可起检证之效，尤其值得重视。

拟测祖语的目的是为了解释同源词的历史演变。基于上述 *ai（蟹摄开口二等）及 *iai（蟹摄开口四等）的语音形式，我们可以进一步说明上表中的若干例外音读。

（1）蟹摄开口二等"稗"在上述各客语方言中不少读为不带韵尾的单元音韵母，就宁化而言蟹开二读 a 是规则对应，但在惠州、宁都及三都方言中则属于例外。以原始客语

---

① 河源方言中"小溪"这个词条在词汇对照表中标为 kʰie¹（李如龙、张双庆主编，1992：214），与语音对照表蟹摄开口四等 iɛ 韵母不同。考察河源音系内部 ie、iɛ 两韵母并不构成对立，兹径标为 kʰiɛ¹。

而言，"稗"可以构拟为 $*p^hai^6$，宁化、宁都及三都这些客语中单元音的读法显示"稗" $*p^hai^6$在这些方言中很早就已失落了韵尾-i（$*p^hai^6 > p^ha^6$），但属于零星的演变。另外，惠州的 $p^he^6$ 也个别地失落了韵尾-i，只是韵尾-i使元音高化才消失，也就是 $*p^hai^6 > p^hei^6 > p^he^6$。

（2）连南"矮"今读为 $\varepsilon i^3$，韵母与蟹摄开口四等"米""低""弟""泥""犁""洗""细""鸡""溪"相同。从跨方言比较看来，我们认为，连南的"矮"仍然来自原始客语的 $*ai^3$，之所以读为 $\varepsilon i^3$，是因为韵尾i造成主要元音高化（$*ai^3 > \varepsilon i^3$）使然，这是个别零星的演变。换言之，连南的"矮"并不来自原始客语的 $*iai^3$。

（3）蟹摄开口四等"米"在宁化、宁都及三都都读为前高元音韵母i，与其他同等第同源词表现不同，但在连南 $m\varepsilon i^3$、河源 $mie^3$ 及惠州 $mie^3$ 属于规则对应。O'Conner 的拟测也将原始客语的"米"拟测为 $*mi^3$，不过，连南、河源及惠州现在的反映并不来自 $*mi^3$。对此，我们的看法是，"米"这个词在原始客语已经存在两种早期形式：一类是由文读音借来的 $*mi^3$（如O'Conner的拟测），它在现代客语方言中反映为 $mi^3$；另一类则是本文的 $*miai^3$，在现代客语方言中演变为连南 $m\varepsilon i^3$、河源 $mie^3$、宁化 $mie^3$ 等形式。总而言之，"米"在原始客语中存在 $*mi^3$、$*miai^3$ 两种形式，在各方言中彼此竞争，各方言保留不同来源的同源词，这是造成现代客语"米"字对应不一致的基本原因。

（4）"泥"在宁都读为 $nai^2$ 而非 $niai^2$，这是个别语词发生"异化"的结果，在"泥"这个词汇中介音成分的i消失。"洗"在惠州读为 $se^3$ 而非 $sie^3$，则是韵母结构的简化。这些现象都属于偶发，在目前还不能视为早期 $*iai$ 韵母在各自方言内部的规律演变。

（5）宁都方言的"鸡"（古奚切）读为 $tsai^1$，"溪"（苦溪切）读为 $sai^1$，不论从《切韵》反切的观点，还是客语内部方言比较两方面看，都是非常特殊的现象，其成因值得探究。从宁都方言内部看来，"街"读为 $kai^1$，与"鸡"$tsai^1$韵母相同，但声母不同，这一对比相当有启发性。依照本文的拟测，我们认为，"鸡""溪"在原始客语的音韵形式分别是 $*kiai^1$、$*k^hiai^1$，而"街"则是 $*kai^1$。就"鸡"这个同源词而言，我们推测从原始客语到现代宁都方言发生了以下的变化：

鸡　$*kiai^1 > t\varrho iai^1 > tsai^1$

早先的舌根塞音声母受到介音i的影响造成发音部位上的腭化（palatalization），从而演变为 $t\varrho iai^1$，之后介音i与韵尾i发生"异化"，介音i消失，声母转变为一般的舌尖不送气塞擦音 ts-。至于"溪"，从原始客语到现代宁都方言的演变如下：

溪 $*k^hiai^1 > xiai^1 > \varrho iai^1 > sai^1$

整体看来，宁都方言"溪"的韵母演变与"鸡"相同，只是"溪"在声母上发生 $*k^h > x$ 的"通音化"变化。① 由于声母从舌根送气不带音塞音 $k^h$- 演变为舌根擦音 x-，

---

① 从《切韵》架构的观点来看，这个变化是溪母读为晓母。

因此 x - 受韵母介音 i 影响发生腭化之后的声母是读为 ɕ - 而不是预期的 tɕʰ - ，最终变为舌尖擦音 s - 。换句话说，"鸡""溪"之所以改读为舌尖音，可以追溯到原始客语的三合元音 *iai 中的介音 i。相形之下，"街" *kai¹ 在原始客语中并非来自三合元音 *iai，没有产生腭化的语音条件，因此在宁都仍然读为 kai¹（< *kai¹）。归纳而言，原始客语"街" *kai¹ 与"鸡" *kiai¹ 的对立，在宁都方言中被"重新诠释"（reinterpretation）为声母 k 与 ts 的区别。即使目前宁都方言的"鸡""溪"韵母读 ai 并不存在介音成分，声母读为舌尖塞擦音声母，但只要严谨地运用比较方法，借由其他方言的同源词表现以及方言内部共时的音韵分布，我们仍然可以推敲出这两个语词经历的演变过程，从而掌握音韵变迁的重大关键。①

3. 原始客语 *ai 与 *iai 在现代客语中的分合类型

在以上两部分的讨论中，我们在 O'Conner 的基础上，进一步探讨原始客语中 *ai 与 *iai 两个韵母的关系，我们获得的结论是，原始客语明确地区别 *ai 与 *iai 这两个韵母，证据来自连南、河源、惠州、宁化、宁都和三都等客家方言的同源词例。换言之，O'Conner 原本的暂定方案获得证实。同时，由于扩充了客语方言比较的数量与范围，关于原始客语中 *ai 与 *iai 这两个韵母与声母的结合关系应当重新改写，见表9（同时列出同源词例）。

表9 修订后原始客语 *ai 与 *iai 的分布

| 韵母 | P 唇音 | T 舌尖音 | S 滋丝音 | C 卷舌音 | K 舌根音 |
| --- | --- | --- | --- | --- | --- |
| *ai | X 埋 *mai² | | X 奶 *nai³ | X 债 *tsai⁵ | | X 街 *kai¹ |
| *iai | X 米 *miai³ | X 弟 *tʰiai⁴ | X 泥 *niai² | X 细 *siai⁵ | | X 鸡 *kiai¹ |

另外，我们同时也参考了《切韵》这个中古时期的语音框架，对 *ai 与 *iai 这两个韵母进行观察。我们认为，在原始客家话的韵母体系中，中古蟹摄开口二等和蟹摄开口四等是有区别的，其音韵对立为 *ai：*iai。

建立了 *ai 与 *iai 的关系之后，可以进一步探讨原始客语中 *ɛ、*e 这两个韵母的拟测。上文已经看到，*ɛ 韵母的同源词例是"细""婿"，*e 韵母的同源词例则有"洗""齐"等。② 从分布来看，我们推测原始客语的 *ɛ（"细""婿"）或 *e（"洗""齐"）都是原始客语 *iai 在甲型客语方言中舌尖塞擦音声母后条件变体。在甲型客语方言中，我们可以为 *iai 建立 R1 这项演变：

---

① 张光宇（1996：250）在探讨宁都方言时，认为宁都的 iai 是在特定声母条件下产生的结果。本文看法与之不同。

② O'Conner 拟测 *e 的同源词例还包括"计"，这个词在甲型客语方言的读音为：海陆 ke⁵、沙头角 kie⁵、四县 ke⁵、梅县 ki⁵、陆丰 ke⁵、华阳缺。"计"在乙型的方言读音为：惠州 kie⁵、宁都（根据谢留文 2003：149）tɕi⁵，连南、河源、宁化、三都皆缺。我们认为，"计"只有沙头角及惠州来自原始客语的 *kiai⁵，其他多数客语中则只能拟为 *ke⁵，可能跟"鸡""街"一样是原先 *kai 的单元音化。至于 ki⁵ 则是最晚近的书面语读法。

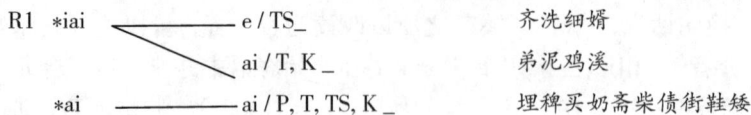

从《切韵》提供的音类来看，甲型客语中演变为 e 的蟹摄开口四等字集中于"齐""洗""细""婿"，它们都是中古的精系字。R1 这条音韵规则说明，精系字之所以发生条件分化，是因为舌尖塞擦音及擦音声母的发音部位偏前，与 *iai 中的介音及韵尾部位过于接近，率先发生了异化作用。至于具体的演变过程，华阳凉水井客家话的读音为我们提供了若干线索。华阳的蟹摄开口四等精系字读音相当分歧，包括"齐"tɕʰie², "洗"ɕie³ 和"细"sei⁵、"婿"sei⁵。从演变的观点来看，华阳的 ie 和 ei 恰好揭示了 *iai 发生异化的两种可能的演变方向：前者是韵尾 i 失落（*iai>ie/TS_），后者是介音 i 失落（*iai>ei/TS_）。这说明异化作用具体落实于词汇时也会存在个体差异。从演变的结果来看，这个演变有两个方面的效应：一是造成原先的三合元音韵母最终简化为单元音 e，二是局部而迂回地保存了祖语系统中 *iai 与 *ai 的韵母区别。

归纳言之，原始客语的 *ai 与 *iai 在现代客语方言中至少有两种类型：

第一类我们称为"甲型"，这一类型是将 *ai 与 *iai 局部地合并（merge）为同一个韵母，这里的局部是指"非舌尖塞擦音声母"（也就是中古精系以外的声母），其演变历程为：

R1　　*iai>e/TS_
R2　　*ai>ai/ {P, T, TS, K}_
　　　*iai>ai/ {T, K}_

就演变次序而言，甲型首先发生 R1，也就是 *iai 在舌尖塞擦音声母后丢失介音，之后进一步简化为单元音韵母 e。从现代方言来看，甲型客语方言蟹摄开口四等精系字的元音往往偏高，这个语音事实显示"齐""洗""细""婿"元音产生变化的时间较早。在 R1 之后才发生 R2，也就是 *iai 在舌尖塞音、舌尖鼻音、舌尖边音、舌根塞音及喉音等声母环境下介音 i 与韵尾 i 进行异化作用，异化之后的结果乃是介音 i 被淘汰，三合元音韵母 *iai 变成复合元音韵母 ai，最终与 *ai 合并。附带一提，就合并而言，逻辑上的演变方向也可以是 *iai>iai 而 *ai> *iai，但这种情况在现代客语中并没有发生。个中缘由相当简单，那就是音节成分的增生（音节繁化）往往仰赖特殊语音条件；反之，原先繁复的音节失落某个成分（音节简化）通常不需要条件也更容易发生。

第二类我们称为"乙型"，这一类型保留原始客语 *ai 与 *iai 的对比，属于韵母格局上的存古（retention）。从现代方言的表现来看，原始客语的 *iai 比较容易发生变化，有简化为复合元音的（连南、河源、惠州、宁化），也有简化为单元音的（三都）。就音值而言，保留得相对完整的是宁都方言，即使如此，*iai 在见影系声母后也引发了声母腭化及韵母简化（"鸡"tsai¹、"溪"sai¹），这显示 *iai 这类韵母往往朝简化的方向演变。

原始客语 *ai 与 *iai 在现代客语中的分合类型，可以"债""街""齐""鸡"4 个同

源词图示如下：

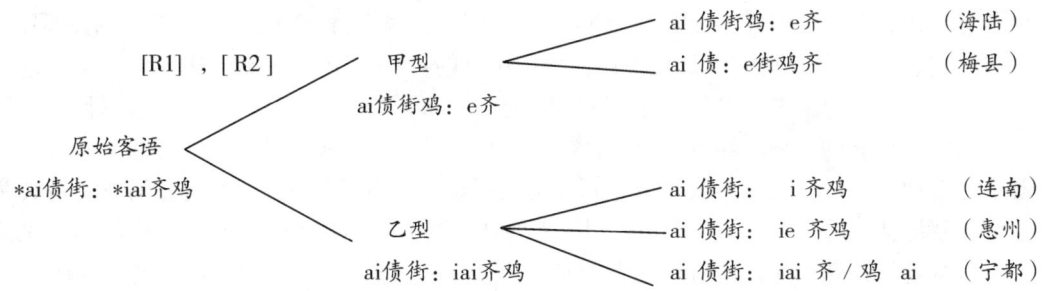

最后，从方言比较的观点来看，原始客语韵母系统拟为 *ɛ、*e 的同源词在乙型方言显然全部或部分来自 *iai；同时，这类单元音韵母在甲型方言中是后起的，分布又受到一定的限制。基于以上各方面的考虑，我们把"齐""洗""细""婿"一律改拟为 *iai，这样原始客语系统中的 *ɛ 韵母可以取消，*e 则没有来自蟹摄开口四等精系的同源词。

有关客语蟹摄开口四等同源词的拟测，就我们所见至少有两位学者提出看法，分别是较早的张光宇（1996）以及最近的熊燕（2015）。张光宇（1996：248～249）利用闽语方言及日语吴音的材料，将客语蟹摄开口四等字的早期形式拟测为 *ai。对此，熊燕（2015：127～128）曾就闽语及日语吴音的音读性质加以辨析，认为这两条理由都禁不起推敲，并将蟹摄开口四等改拟为 *ɛi。

以我们的观点而言，不论拟测为 *ai 或 *ɛi，就解释现代客语方言内部演变而言都存在若干难以证明或不甚必要的假设。例如张光宇（1996：248～249）认为，ai 是比较古老的形式，i 是比较后起的形式，e（～ei）是中古时期最普遍的形式，并将之归于所谓中原西部，就来源及发展上较少说明。熊燕（2015：128）拟测为 *ɛi，并认为 *ɛi 在客语中的演变包括介音增生（进而导致韵尾 i 脱落）及元音低化，需要假定相当繁复的音变过程。相对地，从本文列举的乙型各方言来看，蟹摄开口四等字拟测为三合元音 *iai 在方言对应上最为周全，同时在音变上最为合理简单。

## 五、结论：原始客语 *iai 的历史意义

本文以 O'Conner(1975) 提出的原始客语（Proto Hakka）为出发点，探讨原始客语中 *ai 与 *iai 两个韵母彼此间的关系，同时检讨相关韵母 *ɛ、*e 的同源词形式。本文的结论是：

（1）根据现代客语方言的同源词比较，在原始客语中，*ai 与 *iai 是具有音位对立的两个韵母，关键性证据来自乙型方言。

（2）同时，我们发现，原始客语中的同源词"细""婿"（原始客语拟作 *ɛ）及"齐""洗"（原始客语拟作 *e），根据本文乙型方言的同源词表现，都可以改拟为 *iai。

（3）若进一步利用中古《切韵》架构来考察原始客语中的同源词表现，可以发现《切韵》蟹摄开口二等字在原始客语中的表现为 *ai，蟹摄开口四等字在原始客语中的表

现为 * iai。

（4） * iai 在现代客语方言中可以区分为两种类型，一类是局部合并的甲型（包括海陆、华阳、沙头角、四县、梅县、五华），另一类是保留早期对立格局的乙型（包括连南、河源、惠州、宁化、宁都、三都）。就历史发展而言，甲型的特点在于 * iai 韵母在舌尖塞擦音这个环境下先发生了介音丢失，主要元音高化的演变（ * iai > e / TS _ ）；处于其他声母环境时，* iai 发生了 i 元音的异化，导致介音 i 消失，成为不带介音的 ai 韵母，与原有的 * ai 合并为一类。相对地，乙型的特点在于 * iai 韵母不因声母部位而有条件变化，因此在唇音、舌尖塞音、舌尖塞擦音、舌尖鼻音、舌尖边音、舌根塞音及喉音等多数都能区别。其中特别值得留意的是，尽管宁都方言现在共时平面上"街"读为 kai¹ 而"鸡"读为 tsai¹，韵母相同而声母不同，这是音韵对立的"重新诠释"，即原先的对比由韵母转移到声母。造成这一"重新诠释"的机制正是由于"鸡"的 * iai 韵母促使舌根塞音 k - 进行腭化使然；反之，"街"早先的韵母是 * ai，没有发生腭化的条件，至今声母仍保持为 k -。

有了原始客语的拟测，对于我们从事汉语音韵史的研究有重大的启发。下面以本文论证的原始客语 * iai 为例，对其历史意义略加申述。

中古《切韵》四等韵是否存在介音成分？关于这个问题，学界众说纷纭。主张《切韵》四等韵有 i 介音成分的学者包括高本汉、董同龢、周法高、郑张尚芳等，反对四等韵有 i 介音的则有李荣、陆志韦、邵荣芬。① 对于这个问题，丁邦新（2008）重新加以检讨，并从四等韵合口音的演变、汉越语重纽四等字的读音、梵文对音中四等字的表现、魏晋南北朝四等字押韵的趋势 4 个方面分别阐述，结论是，《切韵》四等韵具有介音 -i-。

丁邦新（2008）的研究主要关注四等韵合口音在官话中的演变，引用其他汉语方言的论证较少。在第一部分中我们已经提到，丁邦新（2008）、梅祖麟（2013）都主张中古音系应当拟测为南北两个大方言，具体操作是根据现代汉语方言进行甄别。我们认为，利用原始汉语方言的架构，正可以通过比较的方法来过滤掉后起的音韵变化，从而利用可靠的同源词来向上建构六朝时期的江东方言或邺下方言。客家话属于邺下方言的一种，现在我们从原始客语来对蟹摄开口四等韵是否存在 i 介音进行考察。下面列出中古音与原始客语的拟测，并放入海陆、宁都两个现代客语方言的读音来对照。②（见表10）

表10 中古音与原始客语蟹摄开口四等同源词的比较

|  | 米 | 弟 | 犁 | 洗 | 鸡 | 溪 |
|---|---|---|---|---|---|---|
| 中古音 | * miei | * diei | * liei | * siei | * kiei | * k$^h$iei |
| 原始客语 | * miai³ | * t$^h$iai⁴ | * liai² | * siai³ | * kiai¹ | * k$^h$iai¹ |
| 海陆方言 | (mi³) | t$^h$ai¹ | lai² | se³ | kai¹ | hai¹ |
| 宁都方言 | miai³ | t$^h$iai¹ | liai² | siai³ | tsai¹ | sai¹ |

---

① 这些讨论可以参看潘悟云（2000：62～66）或丁邦新（2008）。潘悟云（2000：83～88）有不同学者《切韵》拟音的详细对照，兹不一一具论。

② 中古音系根据李方桂（1980）中修订后的高本汉《切韵》系统。

基于以上客语同源词的拟测，蟹摄开口四等字显然应当构拟出一个 i 介音。这意味着，至少有一种邺下方言的后裔，其蟹摄开口四等字带有介音成分 i，如原始客语的 * iai（"米""底""弟""齐""洗""细""婿""鸡""溪"）。至于其他可能源出邺下方言的粤语、南部赣语或闽语文读音的蟹摄开口四等是否带有介音 i，还有待进一步研究。

另外，与北方邺下方言时代约略相当的南方江东方言，其蟹摄开口四等字也带有介音成分 i，同源词例包括"批" * pʰiəi¹、"底" * tiəi³、"犁" * liəi²、"洗" * siəi³、"鸡" * kiəi¹、"溪" * kʰiəi¹。① 以上的比较显示，六朝时期不论是北方邺下方言或南方江东方言，蟹摄开口四等都带有介音 i，换言之，四等韵有 i 介音可能是六朝时期南北方言的共性。最近，罗杰瑞（Norman Jerry 著，史皓元、张艳红译，2011）为除了闽语以外的其他汉语方言拟测出一套共同音系——"汉语方言通音"（common dialectal Chinese）。在这个共通音系中，也将蟹摄开口四等字拟测为 * iai，相信绝非偶然。

本文写作之初，是想知道原始客语 * ai 与 * iai 两个韵母彼此间的关系。对于这个议题，我们不采取直接对比《切韵》的方式，而是从原始客语的拟测来观察。必须承认，O'Conner(1976) 原始客语中罗列的同源词对应及其拟测的结果，迄今仍是探讨客语历时演变最重要而值得重视的音韵框架，值得深入探索。可惜的是，两岸学界对这个系统的认识相当有限。因此，本文另一个目的便是希望介绍并推广这个系统，作为《切韵》之外讨论客语演变的共同基础。我们后续的工作则是妥善运用这个框架，一方面扩充方言材料检验这个系统，另一方面将之与《切韵》提供的中古音架构以及其他原始汉语方言构拟（汉语方言通音、原始闽语、原始赣语、原始吴语等）进行比较，以深化学界对客语历时音韵及汉语音韵史两方面的认识。

## 参考文献

[1] 丁邦新. 董同龢先生语言学论文选集 [M]. 台北：食货出版社，1974.
[2] 丁邦新. 重建汉语中古音系的一些想法 [C] //中国语言学论文集. 北京：中华书局，2008.
[3] 丁邦新. 论《切韵》四等韵介音有无的问题 [C] //中国语言学论文集. 北京：中华书局，2008.
[4] 侯精一. 现代汉语方言概论 [M]. 上海：上海教育出版社，2002.
[5] 黄雪贞. 梅县方言词典 [M]. 南京：江苏教育出版社，1995.
[6] 蓝小玲. 闽西客家方言 [M]. 厦门：厦门大学出版社，1999.
[7] 李方桂. 上古音研究 [M]. 北京：商务印书馆，1980.
[8] 李如龙，张双庆. 客赣方言调查报告 [M]. 厦门：厦门大学出版社，1992.
[9] 李玉. 原始客家话的声调发展史 [J]. 广西师范学院学报，1985（4）.
[10] 李玉. 原始客家话的声母系统 [J]. 语言研究，1986（1）.
[11] 刘纶鑫. 客赣方言比较研究 [M]. 北京：中国社会科学出版社，1999.
[12] 罗美珍，邓晓华. 客家方言 [M]. 福州：福建教育出版社，1995.
[13] 梅祖麟. 汉语方言里的三个指代词：汝、渠他(佢)、许那——再论鱼虞有别与现代方言 [C] //汉藏比较暨历史方言论集. 上海：中西书局，2014.

---

① 以上六朝江东方言蟹摄开口四等字"批""底""洗""细""鸡""溪"都根据我们（吴瑞文，2014）的拟测。

[14] 潘悟云. 汉语历史音韵学[M]. 上海：上海教育出版社, 2000.
[15] 魏宇文. 五华方言同音字汇[J]. 方言, 1997 (3).
[16] 吴瑞文. 从比较闽语的观点论南朝江东方言齐韵的拟测[C]//东方语言学：第14辑. 上海：上海教育出版社, 2014.
[17] 项梦冰. 闽西方言调查研究：第1辑[M]. 北京：新星出版社, 2004.
[18] 谢留文. 客家方言语音研究[M]. 北京：中国社会科学出版社, 2003.
[19] 熊燕. 客赣方言语音系统的历史层次[M]. 广州：世界图书出版广东有限公司, 2015.
[20] 严学宭, 李玉. 客家话的原始形式论述[J]. 广西民族学院学报（哲学社会科学版）, 1986 (2).
[21] 杨时逢. 台湾桃园客家方言[M]. 台北："中研院"历史语言研究所, 1957.
[22] 詹伯慧, 张日昇. 珠江三角洲方言字音对照[M]. 广州：广东人民出版社, 1987.
[23] 张光宇. 闽客方言史稿[M]. 台北：南天书局, 1996.
[24] 罗杰瑞. 汉语方言通音[J]. 方言, 2011 (2).
[25] NORMAN J L, COBLIN W S. A new approach to Chinese historical linguistics[J]. Journal of American Oriental Society, 1995, 115 (4).
[26] O'CONNER K A. Proto Hakka[J]. アジア・アフリカ言語文化研究, 1976 (11).

# 客家方言舌尖元音的来源及相关问题[①]

庄初升

(中山大学中文系)

【提　要】作为南方汉语，客家方言的绝大部分方言点都有舌尖元音韵母，这与闽、粤很不相同。客家方言的舌尖元音韵母主要有ɿ，少数方言点还有ʅ。从古今语音对应关系而言，客家方言的舌尖元音韵母的来源比较复杂，主要有5种类型。本文根据各方面的材料，构拟早期客家方言中有关韵类的读音，并推测各韵类演变为舌尖元音的错综复杂的过程。另外，客家方言的分布范围很广，目前也发现少数方言点没有舌尖元音韵母，我们推测有的是维持早期客家方言的特点，有的与语言接触有关，有的则是循环演变的结果。

【关键词】客家方言　舌尖元音　舌尖化　循环演变

## 一、引　言

目前尚没有证据表明上古汉语和中古《切韵》音系有舌尖元音韵母。学界一般认为北宋邵雍的《皇极经世声音唱和图》把精组之韵和脂韵的"思""寺""自"等字列在开类，表明它们的韵母已经不再是 i，而有可能是舌尖元音ɿ。《中原音韵》的支思韵和齐微韵对立，支思韵包含中古的支、脂、之三韵的开口精、庄、章组和日母字，一般认为其韵母为舌尖元音ɿ和ʅ。可是我们知道，全世界其他语言中鲜有舌尖元音，甚至连修订至2015年的国际音标表（IPA）都还没有收录这类元音。彼得·赖福吉、伊恩·麦迪森（1996/2015）认为"擦化元音"（fricative vowels）这个术语的概括性更强，比起"舌尖元音"来说更合适。我们知道，早年瑞典汉学家高本汉根据汉语的实际，增订了舌尖元音符号，一直使用到今天，可谓功莫大焉。

《汉语方言字汇》（第2版）所收的20个汉语方言点中，官话都有舌尖元音韵母，非官话除了粤方言区的广州、阳江和闽方言区的厦门、福州、建瓯，均有舌尖元音韵母。（见表1）

---

[①] 本文是国家社会科学基金重大项目"海内外客家方言的语料库建设和综合比较研究"（项目编号：14ZDB103）的成果。

表1 20个方言点的单元音韵母

| 方言点 | | 单元音韵母 | 数量 |
|---|---|---|---|
| 官话 | 北京 | ɿ、ʅ、i、u、y、ɚ、a、ɤ、o | 9 |
| | 济南 | ɿ、ʅ、i、u、y、ɚ、a、ɛ、ɤ、ɔ | 10 |
| | 西安 | ɿ、ʅ、i、u、y、a、æ、ɤ、ɯ、o | 11 |
| | 太原 | ɿ、i、u、y、ɚ、a、ɤ | 7 |
| | 武汉 | ɿ、i、u、y、a、ɤ、ɯ、o | 8 |
| | 成都 | ɿ、i、u、y、ɚ、a、e、o | 8 |
| | 合肥 | ɿ、ʅ、i、u、y、a、ɛ、e、ɯ、ɔ、ʊ | 11 |
| | 扬州 | ɿ、i、u、y、a、ɛ、ɔ | 8 |
| 非官话 | 苏州 | ɿ、ʮ、i、u、y、ɒ、æ、ɛ、o、ø、ɤ | 11 |
| | 温州 | ɿ、i、u、y、a、ɛ、e、ɜ、ø、o | 10 |
| | 长沙 | ɿ、i、u、y、a、ɤ、o | 7 |
| | 双峰 | ɿ、ʅ、i、u、y、a、e、ɤ、o、ʊ | 10 |
| | 南昌 | ɿ、i、u、y、a、ɛ、ə、ɔ | 8 |
| | 梅县 | ɿ、i、u、a、ɛ、ɔ | 6 |
| | 广州 | i、u、y、a、ɛ、œ、ɔ | 7 |
| | 阳江 | i、u、a、ɛ、ɔ | 5 |
| | 厦门 | i、u、a、e、ɔ、o | 6 |
| | 潮州 | ɿ、i、u、a、e、o、ɯ | 7 |
| | 福州 | i、u、y、a、ɛ、œ、ɔ | 7 |
| | 建瓯 | i、u、y、a、ɛ、e、œ、ɔ、o | 9 |

在《汉语方音字汇》（第2版）中，潮州方言的舌尖元音 ɿ 与舌面元音 ɯ 互补分布，前者只与 ts 组声母相拼。实际上，潮州方言并没有 ɿ 韵，这类韵母可以统一归纳为 ɯ。早在19世纪，来潮汕地区传教的美北浸信会、英国长老会传教士所编写的潮州方言文献中都只有 ɯ 一韵，如同样是浸信会的传教士，璘为仁（William Dean）的《潮州话》（*First Lessons in the Tie-Chiw Dialect*，1841）用 ur 或 ŭr 来拼写，高德（Josiah Goddard）的《汉英潮州方言字典》（*A Chinese and English Vocabulary in the Tie-Chiu Dialect*，1883年第2版）用 ú 来拼写，耶士摩（William Ashmore）的《汕头话口语语法基础教程》（*Primary Lessons in Swatow Grammar [colloquial]*，1884）用 ú 来拼写①。当代的汕头口音与潮州口音大同小异，《汕头话音档》记录的汕头话是汕头老市区话，也只有 i、u、a、e、o、ɯ 6个单元音韵母，并没有舌尖元音韵母 ɿ。

时秀娟（2010）根据侯精一主编的《现代汉语方言音库》的40个方言点的音档，分别绘制了各个方言点的一级元音声位图。结合时秀娟（2010）的附录一"40处方言点声学元音图共振峰数据"来看，除了闽方言区的厦门、福州、建瓯、汕头、海口、台北和粤

---

① 该书名为"汕头"，实际上记录的是潮州府城的口音。林伦伦《从〈汕头话口语语法基础教程〉看120年前的潮州方言音系》（2005）曾利用这本书正文之前的"简介"和"潮州方言音节表"归纳其音系，并与当代潮州方言的音系进行比较，考察120年来潮州方言语音的变化。

方言区的广州、香港，其他方言点都有舌尖元音。

根据邓享璋（2010：224），闽中地区的永安、三元、沙县（城关）、沙县（盖竹）等多个方言点有舌尖元音ɿ韵，"这是受共同语或强势方言影响而形成的"。另据调查，闽方言区的尤溪、龙岩、泰顺也有舌尖元音ɿ韵。粤方言区中，以前见诸报道有舌尖元音的是南宁。根据我们最近的实地调查，东莞市常平、大朗的粤方言也有舌尖元音ɿ韵，主要来自遇摄合口三等的知、章组字和止摄开口的知、庄、章组字，这个现象非常引人注目。平话方面，根据李连进（2000），只有桂北的少数方言点有舌尖元音ɿ韵。粤北土话方面，根据庄初升（2004），24个方言点中只有乳源县桂头土话和连州市连州土话没有舌尖元音韵母。

按照罗杰瑞（1995）的观点，客家方言与闽方言、粤方言一并属于南方方言，它们之间的关系较为密切。但是，从目前已有的材料来看，客家方言的绝大部分方言点都有舌尖元音韵母，就此而言与闽、粤很不相同。客家方言的分布范围很广，也有少数方言点没有舌尖元音韵母，我们推测有的是维持早期客家方言的特点，有的与语言接触有关，有的则是循环演变的结果。

## 二、客家方言舌尖元音的来源

到目前为止，我们重点调查过的客家方言点约有40个。这些客家方言点分布在广东、江西、福建三省接合部的客家大本营，以及香港、湖南、广西和四川等省区。表2列出这些方言点的单元音韵母（方言点一栏没有用小号字注明地点的，都是以城区为调查点，下同）。

表2 客家方言的单元音韵母

| 省区 | 方言点 | 单元音韵母 | 数量 |
|---|---|---|---|
| 广东 | 梅县 | ɿ、i、u、a、ɛ、ɔ | 6 |
| | 兴宁 | ɿ、i、u、a、o、ʌ、o、e | 8 |
| | 五华 | ɿ、i、u、a、ɛ、ɔ | 6 |
| | 揭西 | ɿ、i、u、a | 4 |
| | 饶平 | ɿ、i、u、a、ɛ、ɔ | 6 |
| | 丰顺 | ɿ、i、u、a、ɛ、ə、ɔ | 7 |
| | 陆河 | ɿ、i、u、a、ɛ、ɔ、o | 7 |
| | 龙川龙母 | ɿ、i、u、a、ɔ | 5 |
| | 连平隆街 | i、u、a、ɔ | 4 |
| | 惠州 | i、u、y、a、ɛ、ɔ | 6 |
| | 东莞樟木头 | i、u、a、ɛ、ɔ | 5 |
| | 清新鱼坝 | i、u、y、a、ɛ、ɔ、ø | 7 |
| | 翁源新江 | ɿ、i、u、y、a | 5 |
| | 仁化长江 | ɿ、i、u、a、ɛ、ʌ | 6 |
| | 南雄 | ɿ、i、u、a、y、e、ɔ、ʌ、ɤ、ɚ | 10 |

（续表2）

| 省区 | 方言点 | 单元音韵母 | 数量 |
|---|---|---|---|
| 江西 | 宁都田头 | i、u、a、o、ɯ | 5 |
| 江西 | 石城高田 | ɿ、i、u、a、ə、ɔ | 6 |
| 江西 | 瑞金泽覃 | ɿ、i、u、a、ɛ、e、ɔ、o、ɤ | 9 |
| 江西 | 会昌麻州 | ɿ、i、u、a、ɛ、e、ɑ、ɔ | 8 |
| 江西 | 兴国 | ɿ、ʅ、i、u、a、æ、e、ɨ、ɚ、ɑ、o | 11 |
| 江西 | 安远鹤子 | ɿ、i、u、y、a、æ、ə、o | 8 |
| 江西 | 龙南汶龙 | ɿ、i、u、a、ə、o | 6 |
| 江西 | 信丰铁石口 | ɿ、i、u、a、æ、e、ə、ɐ、ʉ、ɔ、o | 11 |
| 江西 | 大余 | ɿ、i、u、y、a、æ、e、θ、ə、ɔ、o | 11 |
| 江西 | 崇义 | ɿ、i、u、y、a、æ、e、ɔ、o | 9 |
| 江西 | 上犹 | ɿ、i、u、a、æ、e、ɔ、o | 8 |
| 福建 | 长汀 | ɿ、ɨ、i、u、a、æ、e、ɔ、o、ə | 10 |
| 福建 | 宁化 | ɿ、i、u、ɒ、o、ɤ | 7 |
| 福建 | 连城 | i、a、ɒ、e、o、ɯ | 6 |
| 福建 | 上杭蓝溪 | ɿ、i、u、a、ɛ、ʌ、ə、ʉ | 8 |
| 福建 | 武平民主 | ɿ、i、u、a、e、o | 6 |
| 福建 | 永定湖坑 | i、a、ə | 3 |
| 福建 | 诏安太平 | ɿ、i、u、a、ɔ、e、ɯ | 7 |
| 台湾 | 新竹 | ɿ、i、u、a、ɛ、ɔ、ə | 7 |
| 台湾 | 苗栗 | ɿ、i、u、a、ɛ、ɔ | 6 |
| 湖南 | 汝城 | ɿ、i、u、y、a、æ、o | 7 |
| 湖南 | 炎陵沔渡 | ɿ、i、u、a、æ、e、o | 7 |
| 广西 | 来宾小平阳 | ɿ、i、u、a、e、o | 6 |
| 四川 | 成都泰兴 | ɿ、i、u、y、a、e、o、ɚ | 8 |
| 香港 | 新界荔枝庄 | i、u、a、ɛ、ɔ | 5 |

表2所列40个客家方言点中，没有舌尖单元音韵母的只有连平（隆街）、惠州、东莞（樟木头）、清新（鱼坝）、宁都（田头）、连城、永定（湖坑）、新界（荔枝庄）8个，其中连城有舌尖、舌面复合元音韵母ɿə、ʅə，详见下文。下面先分析客家方言舌尖元音韵母的来源，再分门别类地探讨7个客家方言点没有舌尖元音韵母的原因。

客家方言的舌尖元音韵母主要有ɿ，少数方言点还有ʅ。从古今语音对应关系而言，客家方言的舌尖元音韵母的来源比较复杂，主要有5种类型。

## 1. 类型 Ⅰ

遇摄合口一等精组、三等庄组，蟹摄开口三等章组，以及止摄开口三等精、庄、知、章组今读舌尖韵母ɿ，梅县、上杭（蓝溪）、武平（民主）、苗栗、安远（鹤子）属于这种类型。如：

|  | 祖 | 锄 | 世 | 紫 | 池 | 是 | 资 | 师 | 子 | 诗 |
|---|---|---|---|---|---|---|---|---|---|---|
| 梅县 | ₌tsɿ | ₅tsʰɿ | sɿʾ | ₌tsɿ | ₅tsʰɿ | sɿʾ | ₌tsɿ | ₌sɿ | ₌tsɿ | ₌sɿ |
| 上杭<sub>蓝溪</sub> | ₌tsɿ / ₌tsʉ | ₅tsʰɿ / ₅tsʰʉ | sɿʾ | ₌tsɿ | ₅tsʰɿ | sɿʾ | ₌tsɿ | ₌sɿ | ₌tsɿ | ₌sɿ |
| 武平<sub>民主</sub> | ₌tsɿ / ₌tsu | ₅tsʰɿ | seʾ / sɿʾ | ₌tsɿ | ₅tsʰɿ | sɿʾ | ₌tsɿ | ₌sɿ | ₌tsɿ | ₌sɿ |
| 苗栗 | ₌tsɿ / ₌tsu | ₅tsʰɿ | sɛʾ / sɿʾ | ₌tsɿ | ₅tsʰɿ | sɿʾ | ₌tsɿ | ₌sɿ | ₌tsɿ | ₌sɿ |
| 安远<sub>鹤子</sub> | ₌tsu | ₅tsʰɿ | sɿʾ | ₌tsɿ | ₅tsʰɿ | sɿʾ | ₌tsɿ | ₌sɿ | ₌tsɿ | ₌sɿ |

遇摄合口一等精组在安远（鹤子）方言中除了"酥"读₌sɿ，没有发现其他今读舌尖韵母ɿ者，合口三等庄组除了上面的"锄"，还有"梳"读₌sɿ。

## 2. 类型 Ⅱ

遇摄合口一等精组、三等庄组，以及止摄开口三等精、庄组今读舌尖韵母ɿ，兴宁、五华、揭西、陆河①、翁源（新江）属于这种类型。如：

|  | 租 | 助 | 紫 | 资 | 师 | 子 | 事 |
|---|---|---|---|---|---|---|---|
| 兴宁 | ₌tsɿ | tsʰɿʾ | ₌tsɿ | ₌tsɿ | ₌sɿ | ₌tsɿ | sɿʾ |
| 五华 | ₌tsɿ | ₌tsʰɿ | ₌tsɿ | ₌tsɿ | ₌sɿ | ₌tsɿ | ₌sɿ |
| 揭西 | ₌tsɿ | ₌tsʰɿ | ₌tsɿ | ₌tsɿ | ₌sɿ | ₌tsɿ | ₌sɿ |
| 陆河 | ₌tsɿ | tsʰɿʾ | ₌tsɿ | ₌tsɿ | ₌sɿ | ₌tsɿ | sɿʾ |
| 翁源<sub>新江</sub> | ₌tsɿ | ₌tsʰɿ | ₌tsɿ | ₌tsɿ | ₌sɿ | ₌tsɿ | ₌sɿ |

## 3. 类型 Ⅲ

遇摄合口三等知、章组，蟹摄开口三等章组，以及止摄开口三等精、庄、知、章组今

---

① 陆河遇摄三等庄组尚未发现读ɿ的字，不过另据调查，与陆河邻近的普宁（船埔）也属于海陆客，"阻"读₌tsɿ，"梳"读₌sɿ，表明陆河早期也应该有读ɿ的表现。另外，饶平"梳"读₌sɿ；丰顺"锄~头"读₌tsʰɿ，"梳"读₌sɿ；新竹"醋"有tsʰɿʾ 吃~、sɿʾ 酸两读，表明这三个方言点尽管整体上属于类型Ⅴ，但是与类型Ⅰ具有"藕断丝连"的关系。

读舌尖韵母ʅ，会昌（麻州）、安远（欣山）① 属于这种类型。如：

|  | 除 | 处~所 | 朱 | 制 | 紫 | 池 | 资 | 师 | 事 | 诗 |
|---|---|---|---|---|---|---|---|---|---|---|
| 会昌(麻州) | ₌tsʰʅ | ₌tsʰʅ | tsʅ | tsʅ² | ₌tsʅ | ₌tsʰʅ | ₌tsʅ | ₌sʅ | sʅ² | ₌sʅ |
| 安远(欣山) | ₌tsʰʅ | tsʰʅ² | ₌tsʅ | tsʅ² | ₌tsʅ | ₌tsʰʅ | ₌tsʅ | ₌sʅ | sʅ² | ₌sʅ |

遇摄合口庄组的个别字安远（欣山）也读ʅ，如"梳"₌sʅ（兴国也读₌sʅ）。另外，通摄合口三等的知、章组入声字也有读ʅ，如"竹"tsʅ²、"粥"tsʅ²、"熟"sʅ²。

### 4. 类型Ⅳ

蟹摄开口三等章组，以及止摄开口三等知、章组今读舌尖后元音韵母ʅ，止摄开口三等精、庄今读舌尖元音韵母ʅ，兴国属于这种类型；蟹摄开口三等章组，以及止摄开口三等知、章组今读舌叶元音韵母ɨ②，止摄开口三等精、庄今读舌尖元音韵母ʅ，长汀属于这种类型；蟹摄开口三等章组，以及止摄开口三等知、章组今读舌尖后元音韵母ʅ，止摄开口三等精、庄今读舌面元音韵母ə，石城（高田）属于这种类型。如：

|  | 制 | 紫 | 池 | 是 | 资 | 师 | 子 | 持 | 事 | 诗 |
|---|---|---|---|---|---|---|---|---|---|---|
| 兴国 | tʂʅ² | ₌tsʅ | ₌tʂʰʅ | ʂʅ² | ₌tsʅ | ₌ʂʅ | ₌tsʅ / ₃sɛ | ₌tʂʰʅ | sʅ² | ₌ʂʅ |
| 长汀 | tʃɨ² | ₌tsʅ | ₌tʃʰɨ | ʃʅ² | ₌tsʅ | ₌ʂʅ / ₌sɛ | ₌tsʅ | ₌tʃʰɨ | sʅ² | ₌tʃɨ |
| 石城(高田) | ₌tsʅ | ₌tsə | ₌tsʰʅ | ₌sʅ | ₌tsə | ₌sə | ₌tsə | ₌tsʰʅ | sə² | ₌sʅ |

与上述3个方言点密切相关的是，蟹摄开口三等章组，以及止摄开口三等精、庄、知、章组都今读舌尖前元音韵母ʅ，仁化（长江）、南雄、成都（泰兴）、宁化、瑞金（泽覃）、龙南（汶龙）、信丰（铁石口）、大余、崇义、上犹、炎陵（沔渡）属于这种类型[瑞金（泽覃）根据刘泽民（2006）]。如：

|  | 制 | 紫 | 池 | 是 | 资 | 师 | 子 | 持 | 事 | 诗 |
|---|---|---|---|---|---|---|---|---|---|---|
| 仁化(长江) | tsʅ² | ₌tsʅ | ₌tsʰʅ | sʅ² | ₌tsʅ | ₌sʅ | ₌tsʅ | ₌tsʰʅ | sʅ² | ₌sʅ |
| 南雄 | tsʅ² | ₌tsʅ | ₌tsʰʅ | sʅ² | ₌tsʅ | ₌sʅ | ₌tsʅ | ₌tsʰʅ | sʅ² | ₌sʅ |
| 成都(泰兴) | tsʅ² | ₌tsʅ | ₌tsʰʅ | sʅ² | ₌tsʅ | ₌sʅ | ₌tsʅ | ₌tsʰʅ | sʅ² | ₌sʅ |

---

① 安远（欣山）的材料根据张倩的调查。
② 麦耘（2016：134）在调查6个长汀中年发音人的基础上，指出，"[tʃ]组声母都是舌叶—龈辅音，可标作[tʂ]等，而与之相配的同部位元音是舌叶—龈元音"。另据我们的调查，这部分字在长汀青派口音中已经卷舌化为tʂʅ组，与兴国相同。

| | | | | | | | | | |
|---|---|---|---|---|---|---|---|---|---|
| 宁化 | ₅tsɿ | ⁼tsɿ | ₅tsʰɿ | sɿ² | ₅tsɿ | sɤ | ⁼tsəi / ⁼tsɤ | ₅tsʰɿ | səi² / sɤ² | sɿ² |
| 瑞金泽覃 | ₅tsɿ | ⁼tsɿ▲ | ₅tsʰɿ | sɿ² | ₅tsɿ | ₅sɿ | ⁼tsɿ | ₅tsʰɿ | ɕie² / sɿ² | sɿ² |
| 龙南汶龙 | ₅tsɿ | ⁼tsɿ | ₅tsʰɿ | sɿ² | ₅tsɿ | ₅sɿ | ⁼tsɿ | ₅tsʰɿ | sɿ² | sɿ² |
| 信丰铁石口 | ₅tsɿ | ⁼tsɿ | ₅tsʰɿ | sɿ² | ₅tsɿ | ₅sɿ | ⁼tsɿ | ₅tsʰɿ | sɿ² | sɿ² |
| 大余 | ₅tsɿ | ⁼tsɿ | ₅tsʰɿ | ⁼sɿ | ₅tsɿ | ₅sɿ | ⁼tsɿ | ₅tsʰɿ | ₅sɿ | ₅sɿ |
| 崇义 | ₅tsɿ | ₅tsɿ | ₅tsʰɿ | ₅sɿ | ₅tsɿ | ₅sɿ | ⁼tsɿ | ₅tsʰɿ | ₅sɿ | ₅sɿ |
| 上犹 | ₅tsɿ | ⁼tsɿ | ₅tsʰɿ | ⁼sɿ | ₅tsɿ | se | ⁼tse | ₅tsʰɿ | ₅se | sɿ² |
| 炎陵沔渡 | ₅tsɿ | ⁼tsɿ | ₅tsʰɿ | ⁼sɿ | ₅tsɿ | ₅sɿ | ⁼tsɿ | ₅tsʰɿ | ₅sɿ | ₅sɿ |

另外，仁化（长江）、宁化、长汀的一些三等的入声字因为舒化，也读为舌尖元音。如：

| | 执 | 十 | 实 | 术 | 直 | 织 | 释 |
|---|---|---|---|---|---|---|---|
| 仁化长江 | tʃieɔ | ʃiɛɔ | ʃiɛɔ | ʃouɔ | tsʰɿ² | tsɿɔ | ʃiɛɔ |
| 宁化 | tsʰɿʔɔ | sɤɔ | sɿ² | sɿ² | tsʰɿ² | tsɿʔɔ | sɿʔɔ |
| 长汀 | ₅tʃɿ | ₅tʃɿ | ʃɿ² | ʃu² | ⁼tʃʰɿ | ₅tʃɿ | ʃɿ |

## 5. 类型Ⅴ

只有止摄开口三等精、庄组今读舌尖韵母 ɿ，饶平（上饶）、丰顺、龙川（龙母）、来宾（小平阳）、诏安（太平）、新竹属于这种类型。如：

| | 紫 | 资 | 师 | 子 | 事 |
|---|---|---|---|---|---|
| 饶平上饶 | ₅tsʰɿ▲ | ₅tsɿ | ₅sɿ | ⁼tsɿ | sɿ² |
| 丰顺 | ⁼tsɿ | ₅tsɿ | ₅sɿ | ⁼tsɿ | sɿ² |
| 龙川龙母 | ₅tsɿ | ₅tsɿ | ₅sɿ | ⁼tsi | |
| 来宾小平阳 | ₅tsɿ | ₅tsɿ | ₅sɿ | ⁼tɿ | ₅tɿ |
| 诏安太平 | ⁼tsɿ / ₅tsʰɿ▲ | ₅tsɿ | ₅sɿ | ⁼tsɿ | sɿ² |
| 新竹 | ₅tsɿ | ₅tsɿ | ₅sɿ | ⁼tsɿ | sɿ² |

需要特别指出的是，新竹"醋"字有 tsʰɿ⁼吃~、sɿ²酸~两读，韵母都是舌尖元音，表明其作为台湾的海陆客与大陆原乡陆河客家方言的联系，参阅上述第二种类型的陆河。

连城方言没有纯粹的舌尖元音韵母，而是舌尖、舌面复合元音韵母 ɿə、ɿə，这是因为

早期的 ɿ、ʅ 韵母增生了元音 ə，ɿ、ʅ 则成了介音①。ɿə 来自遇摄合口一等精组、三等庄组，蟹开四精组少数字，止摄开口三等精、庄组，以及部分入声字；ʅə 来自蟹摄开口三等章组，止摄开口三等知、章组，以及部分入声字。如：

|  | 祖 | 锄 | 脐 | 紫 | 师 | 子 | 事 | 习 | 七 | 积 |
|---|---|---|---|---|---|---|---|---|---|---|
| 连城 | ctsɿə | tshɿə˧ | ctsɿə | ctsɿə | ctsɿə | csɿə | sɿə˧ | sɿə˧ | tshɿə˧ | tsɿə˧ |

|  | 制 | 世 | 池 | 迟 | 豉 | 指 | 治 | 十 | 实 | 直 |
|---|---|---|---|---|---|---|---|---|---|---|
| 连城 | tʃʅə˧ | ʃi˧ 出~ / ʃʅə˧ ~界 | tʃhʅə | tʃhʅə˧ | ʃʅə˧ | ctʃʅə | tʃʅə˧ | ʃʅə˧ | ʃʅə˧ | tʃhʅə˧ |

从以上 5 种类型中可以看出，首先，止摄开口三等精、庄组今读舌尖韵母 ɿ 是共同的特点；其次，遇合一精组与遇合三庄组总是协同演变，或者一起今读 ɿ（如类型Ⅰ、类型Ⅱ，不读为 ɿ 的字可能是受官话影响的另一个读音层次），或者都不变；再次，蟹摄开口三等章组和止摄开口三等知、章组今读相同，或者一起今读 ɿ，或者一起今读 ʅ，类型Ⅱ、类型Ⅴ则一起今读舌面元音韵母 i②。

我们根据各方面的材料，构拟早期的客家方言中遇合一精组、遇合三庄组读 *tsu（ts 代表 ts 组，下同），遇合三知、章组读 *tɕiu，止开三精、庄组读 *tsi，止开三知、章组读 *tɕi，蟹开三章组读 *tɕiɛi。至于这些读音早到什么年代，目前条件下尚无法断定。以上 5 种类型之间的关系可用图 1 来表示（少数点有来自古入声的 ɿ、ʅ，显然是入声消失后的产物，这里暂不讨论）：

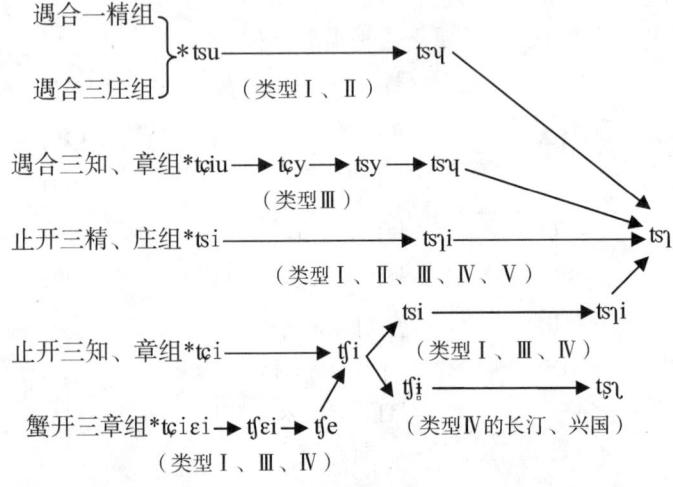

图 1　5 种类型的关系

---

① 关于 ɿə、ʅə 的音值、性质和来源，笔者曾与项梦冰教授多次讨论，受益很多，谨此致谢。
② 兴宁实际上读舌叶元音韵母 ɨ，详见万波、庄初升（2014）的有关讨论。

对照图1，我们先来看止开三精庄组 *tsi 的演变，遍及上述5种类型，是最重要的一项音变。朱晓农（2004：440）认为，舌面高元音的高顶出位，"擦化最早（如 i > i̯ᶻ），舌尖化可能在擦化之后（如 i > i̯ᶻ > ɿ），也可能直接从高元音出位而来"。我们认为还有一种可能，就是 *tsi 的韵母因为舌尖声母的类化，通过增生 ɿ 而演变成 ɿ。① 止开三知、章组 *tɕi 的演变，我们推测先经过 ʧi 的阶段（如19世纪香港新界的客家方言，以及今天的五华、揭西、饶平、丰顺、陆河、龙川、翁源、诏安、新竹等），然后有的是经过 ʧɿ 的阶段（如今天的兴宁、长汀）再分别演变成兴国的类型（属于类型Ⅳ）；有的是经过 tsi 的阶段（如今天的来宾）再演变成 tsɿ。我们特别注意到，蟹开三章组 *tɕiɛi 的演变与上述止开三知、章组 *tɕi 的演变是完全平行的，或者都演变成 ʧi（类型Ⅴ），或者都演变成 ʧɿ、tsʅ（类型Ⅳ的长汀、兴国），或者都演变成 tsɿ（类型Ⅰ、Ⅲ、Ⅳ，长汀、兴国除外）。从"世"等字在一些方言点中有文白异读来看，如兴宁 ʃi~界、ʃe出~，新竹 ʃɿ~纪、ʃe出~，与止开三知、章组 *tɕi 一起参与演变的是蟹开三章组的文读层而不是白读层。

再来看遇合一精组和遇合三庄组的演变。结合以往相关研究成果来看，客家方言与南方许多方言一样，精组与庄组（包括知组二等）的声母较早就已经合并为 *ts 组，遇合一精组和遇合三庄组的韵母也较早就已经合并为 *tsu。*tsu 是遇合一精组和遇合三庄组经过合并之后共同的音变起点。只有这样，我们才能理解为什么客家方言中这两部分的字或者一起舌尖化为 tsɿ（类型Ⅰ、Ⅱ），或者一起保持读 u 或演变为 o、ə 等。当然，遇合一精组和遇合三庄组读 tsu 也有可能是早期的 tsɿ 受到官话覆盖的结果，这从一些方言点残存的白读音是舌尖元音 ɿ 可以看出来。

最后来看遇合三知、章组 *tɕiu 的演变，目前的调查表明这类演变只见于上述类型Ⅲ，即赣南的会昌（麻州）、安远（欣山）等少数方言点。*tɕiu 演变为 tɕy，可以在与赣南毗邻的南雄（乌迳）方言中找到证据，如：除₅tɕʰy、处~所tɕʰyˀ、朱₅tɕy。tɕy 因为元音出位变成 tsʮ，最后再变成 tsɿ。

## 三、几种没有舌尖元音的客家方言

综上所述，客家方言中有舌尖前元音 ɿ 的方言点占大部分，有少数方言点如兴国还有舌尖后元音 ʅ，整体上与闽、粤方言颇为不同。但是，从表2"客家方言的单元音韵母"也可以看出，连平（隆街）、惠州、东莞（樟木头）、清新（鱼坝）、宁都（田头）、连城、永定（湖坑）、香港（新界）8个方言点没有舌尖元音韵母。连城只是没有纯粹的舌尖元音韵母，两个舌尖、舌面复合元音韵母 ɿə、ʅə 是早期的 ɿ、ʅ 韵母增生了元音 ə 的结果，下面不再讨论。其他7个方言点1个分布在粤东，4个分布在珠江三角洲及香港，1个分布在赣南，1个分布在闽西。它们到底是从未产生舌尖元音，还是得而复失呢？具体问题要具体分析，我们认为有的是维持早期客家方言的特点，有的与语言接触有关，有的则是循环演变的结果。下面分别加以探讨。

---

① 麦耘（2016：139）认为："从音理上可以推测，当汉语通语的历史上 [ɿ] 韵母从 [i] 韵母里分化出来之前，应该会先变成像广州老派西关话这样的 [iᶻ]，变异的原因自是协同发音作用。"

1. 连平（隆街）、惠州

这两个方言点都位于东江流域，学界有的称之为"老客"。遇摄合口一等精组如"祖"读 u 韵，止摄开口三等如"刺""池""纸""四""辞"等精、知、章组字读 i，应该是保留了早期客家方言的读法。至于遇摄合口三等庄组读如歌韵 ɔ，蟹摄开口三等章组读如齐韵 ɛi 或 iɛ，则与粤方言相同；止摄开口三等庄组，连平（隆街）读 ɛi，惠州读 iɛ，也是与齐韵相同，其性质目前尚不清楚。参见下面的例字：

|  | 祖 | 锄 | 世 | 刺 | 池 | 纸 | 四 | 师 | 辞 | 事 |
|---|---|---|---|---|---|---|---|---|---|---|
| 连平隆街 | ₋tsu | ₋tsʰɔ | sɛi³ | tsʰi³ | ₋tsʰi | ₋tsi | si³ | ₋sɛi | ₋tsʰi | ₋sɛi |
| 惠州 | ₋tsu | ₋tsʰɔ | ɕiɛ³ | tɕʰi³ | ₋tɕʰi | ₋tɕi | si³ | ₋ɕiɛ | ₋tɕʰi | ɕiɛ³ |

惠州有 tɕ 组声母，这在粤东客家方言中非常罕见。就止摄开口字来看，知、章组与精组表现有所不同，前者读 tɕ 类，后者读 ts 类，如"私"₋si ≠ "尸"₋ɕi、"四" si³ ≠ "试" ɕi³。但是，精组字已经出现不少读 tɕ 类的现象，特别是塞擦音声母字，如"赐" tɕʰi³、"资"₋tɕi、"字" tɕʰi²、"词"₋tɕʰi。特别需要指出的是，惠州话中止摄开口字只存在精组今读 tɕ 类，不存在知、章组今读 ts 类的现象，前者应该是后期演变的结果。止摄开口字知、章组今读 tɕ 类可能比较古老，上文我们正是把早期客家方言中的这组音构拟为 *tɕi。

2. 清新（鱼坝）

清新（鱼坝）地处广东省清远市，是客、粤双方言区。清新（鱼坝）的客家方言没有舌尖元音，应该是受到当地或周边粤方言影响的结果。清新当地的粤方言目前没有可资比较的材料，我们又未及调查，只能以周边清远、阳山的粤方言作为参照（引自詹伯慧、张日昇主编，1994，声调改为调类）。如：

|  | 祖 | 锄 | 世 | 刺 | 池 | 纸 | 四 | 师 | 辞 | 事 |
|---|---|---|---|---|---|---|---|---|---|---|
| 清新鱼坝 | ₋tsɐu | ₋tsʰɔ | sɛ³ | tsʰi³ | ₋tsʰi | ₋tsi | si³ | ₋sy | ₋tsʰy | sy³ |
| 清远 | ₋tsou | ₋tsʰɔ | sɐi³ | tsʰi³ | ₋tsʰi | ₋tsi | sei³ | ₋sy | ₋tsʰy | sy² |
| 阳山 | ₋tsɐu | ₋tsɔ | sai³ | tsʰi³ | ₋tsi | ₋tsi | sɐi³ | ₋si | ₋tsi | si² |

尽管是周边粤方言的材料，还是可以看出清新（鱼坝）客家方言所受粤方言影响的事实。该客家方言点与粤北翁源、乳源、英德、曲江的客家方言都属于"韶五型"（庄初升，2008），早期应该也有舌尖元音韵母，只是因为与粤方言紧密接触，导致舌尖元音韵母消失。

3. 香港（新界）、东莞（樟木头）

香港（新界）、东莞（樟木头）的客家方言都与粤方言有着紧密的接触，遇摄合口三等庄组如"锄"等读 ɔ［东莞（樟木头）"阻"₋tsu"助"tsʰu³则表明其早期的读音应该是 u］，可能与粤方言的影响有关。遇摄合口一等精组读 u、蟹摄开口三等章组读 ɛ［香港

（新界）"世"有文读音 si²］，以及止摄开口三等知、章组读 i，是保留了客家方言的读音形式。先看下面的例字：

| | 祖 | 锄 | 世 | 刺 | 池 | 纸 | 四 | 师 | 辞 | 事 |
|---|---|---|---|---|---|---|---|---|---|---|
| 香港<sub>新界</sub> | ᶜtsu | ₅cʰɔ | ᶾɛ/si² | tsʰi⁻ | ₅tsʰi | ᶜtsi | si⁻ | ᶜsu | ₅tsʰu | su⁻ |
| 东莞<sub>樟木头</sub> | ᶜtsu | ₅cʰɔ | ᶾɛ⁻ | tsʰi⁻ | ₅tsʰi | ᶜtsi | si⁻ | ᶜsu | ₅tsʰu | su⁻ |

至于止摄开口三等精、庄组读 u，有证据表明是 100 多年来发展演变的结果。19 世纪下半叶基督教新教巴色会的传教士编写和出版了大量香港新界一带客家方言的文献，包括罗马字记音文献，弥足珍贵。庄初升、黄婷婷（2014：63）指出："罗马字圣经和《启蒙浅学》中的止摄开口及个别遇摄的 ts、tsʰ、s 声母字（都是精、庄组的字）只标出声母和调类，没有标出韵母，这是为什么呢？这是因为这类字在那个时候读的是 ɿ 韵母，而罗马字里正好没有 ɿ 这个符号，因此只好阙如。为了以示区别，《客家俗话马太传福音书》的编者对这类字的声母做了一些改造，也就是把 tsɿ、tsʰɿ、sɿ 这 3 类音节分别标为 tz、thz、sz，如：祖 tz³、自 thz⁴、鲊 sz¹，很显然，tz、thz、sz 乃是从 ts、tsʰ、s 改造过来的。《圣经书节择要》则直接标为 ts、tsh、s，或者改造为 tʂ、tʂh、ʂ，不是很一致，如'子'，有时标为 ts³，有时标为 tʂ³；又如'慈'，有时标为 tsh²，有时标为 tʂh²；再如'事'，有时标为 s⁴，有时标为 ʂ⁴。……今天新界客家方言则读 u 韵母……其演变可能经历了这样一个过程：ɿ→ʮ→u。"

4. 永定（湖坑）、宁都（田头）

永定（湖坑）属于闽西客家方言，与闽南方言区相去不远，但不是客、闽双方言区。宁都（田头）属于赣南客家方言，受其他方言影响的机会很少。下面是例字：

| | 祖 | 初 | 世 | 此 | 池 | 纸 | 四 | 师 | 辞 | 事 |
|---|---|---|---|---|---|---|---|---|---|---|
| 永定<sub>湖坑</sub> | ᶜtsə | ₅tsʰə | ᶜsə | ᶜtsʰə | ₅tsə | ᶜtsə | ᶜsi | ᶜsə | ₅tsʰə | sə⁻ |
| 宁都<sub>田头</sub> | ᶜtsu | ₅tsʰu | ʃai⁻ | ᶜtsʰɯ | ₅tʃʰi | ᶜtʃi | si⁻ | ᶜsɯ | ₅tsʰɯ | sɯ² |

上面永定（湖坑）读 ə 韵的例字，在上述类型 I 的梅县等方言点中都读 ɿ。我们推测这类字在早期永定（湖坑）方言中也读 ɿ，经过 ɿ>ʮ>u>o>ə 的过程或 ɿ>ʮ>u>ʉ>ɨ>ə 的过程演变成 ə。永定（湖坑）方言也没有 u 韵母，一般客家方言中读 u 韵母的均已演变成 ə。另外，上面宁都（田头）与上述类型 V 具有对应关系，类型 V 读为 ɿ 韵母的在宁都（田头）读为 ɯ 韵母。我们推测早期宁都（田头）方言也有 ɿ 韵母，只不过经过 ɿ>ɨ>ɯ 的过程演变成 ɯ。

## 四、余 论

在汉语语音史中，一般认为北方官话的舌尖元音韵母是比较晚才出现的，我们推测南方闽、粤、客方言可能更晚。如上所述，闽方言除了闽中区以及尤溪、龙岩、泰顺等少数方言点，一般没有舌尖元音韵母。粤方言方面，彭小川（1992：157）根据 18 世纪的韵书《分韵撮要》，推测"止摄开口三等 i 韵字在精、庄组后受舌尖声母的类化而变为 ɿ，进而在《分韵》时期已圆唇化为 ʮ"；万波、甄沃奇（2009）根据 1828 年英国传教士马礼逊《广东省土话字汇》把止摄开口三等精、庄组字标为 ze（如"自"tsze、"四"sze、"此"tsze、"事"sze、"师"sze），构拟其音值为舌尖元音 ɿ，但是今天包括广州话在内，粤方言中鲜有今读舌尖元音韵母的方言点，可见舌尖元音可以得而复失。

上文列举了客家方言具有舌尖元音韵母的 5 种类型，并推测各种类型舌尖元音韵母的产生过程。通过比较，我们认为客家方言中多种韵类最后经过 tsi（＞tsɿi）或 tsɿ 的阶段而演变成 tsɿ 组。少数方言点中，止开三知、章组和蟹开三章组最后共同经历 tʃi 的阶段而演变成 tʂʅ 组。有的方言点，像连平（隆街）、惠州可能保留了早期客家方言没有舌尖元音韵母的状态，而清新（鱼坝）、香港（新界）、东莞（樟木头）、永定（湖坑）、宁都（田头）没有舌尖元音韵母则是"得而复失"的结果，有的方言点与客、粤语言接触有关。总之，早期客家方言中舌面前高元音因为声母的类化而舌尖化，舌尖元音韵母才得以产生；晚近以来有些方言点的舌尖元音韵母则进一步逆向变为舌面元音，至于这种循环演变的机制如何，还需要进一步研究。

**参考文献**

[1] 彼得·赖福吉，伊恩·麦迪森. 世界语音［M］. 张维佳，田飞洋，译. 北京：商务印书馆，2015.
[2] 邓享璋. 闽中方言的 ɿ 韵［J］. 方言，2010（3）.
[3] 李连进. 平话音韵研究［M］. 南宁：广西人民出版社，2000.
[4] 刘泽民. 瑞金方言研究［M］. 北京：文化艺术出版社，2006.
[5] 罗杰瑞. 汉语概说［M］. 张惠英，译，北京：语文出版社，1995.
[6] 麦耘. 汉语方言中的舌叶元音和兼舌叶元音［J］. 方言，2016（2）.
[7] 彭小川. 粤语韵书《分韵撮要》及其韵母系统［J］. 暨南学报（哲学社会科学版），1992（4）.
[8] 时秀娟. 汉语方言的元音格局［M］. 北京：中国社会科学出版社，2010.
[9] 万波，甄沃奇. 从《广东省土话字汇》看二百年前粤语古知庄章精组声母的分合类型［M］//甘于恩. 南方语言学：第 1 辑. 广州：暨南大学出版社，2009.
[10] 万波，庄初升. 粤东某些客家方言中古知三章组声母今读的音值问题［J］. 方言，2014（4）.
[11] 詹伯慧，张日昇. 粤北十县市粤方言调查报告［M］. 广州：暨南大学出版社，1994.
[12] 朱晓农. 汉语元音的高顶出位［J］. 中国语文，2004（5）.
[13] 庄初升. 粤北土话音韵研究［M］. 北京：中国社会科学出版社，2004.
[14] 庄初升. 广东省客家方言的界定、划分及相关问题［M］//潘悟六，陆炳甫. 东方语言学：第 4 辑. 上海：上海教育出版社，2004.
[15] 庄初升，黄婷婷. 19 世纪香港新界的客家方言［M］. 广州：广东人民出版社，2014.

# 信丰县正平镇球狮客家话的音韵特点①

大岛广美

(日本广岛大学综合科学研究科)

**【提　要】** 江西省信丰县正平镇球狮畲族村是畲族自然村之一，又是赣南畲族的祖籍地。虽然现在该村畲族人口很多，但是其使用的语言不是畲话而是典型的客家方言。有一些古次浊上声字和古全浊上声字今读为阴平调，其字数比其他信丰县客家话多一些。除了这个特点以外，各个声调的调值特征与离球狮村较远的广东省南雄市珠玑镇客家话的音韵特点很类似。还有其他少数音韵特点与畲话一致，如古咸摄开口一等覃韵和谈韵韵母都不同，以及各个调值的幅度不大。这些特点在信丰县的其他客家话和南雄市各地客家话里还未见诸报告。

**【关键词】** 信丰县　客家方言　畲话　语音　音韵特点

## 一、引　言

江西省信丰县正平镇位于信丰县西南部，球狮畲族村（背村）在正平镇西南部（见图1），离县城23千米，是江西省畲族人口比率最高的行政村之一，也是赣南南部和广东南雄等地畲族居民的祖籍地。该村畲族蓝氏于明朝洪武年间（1368—1398）从福建永定县古木督迁至赣南正平球狮、安西田垅等地，开始定居下来，迄今已有640多年的历史。该村2014年总人口有2210人，其中畲族人口有1563人，② 占该村总人口的三分之二以上。

---

① 本文是中国国家社会科学基金重大项目"海内外客家方言的语料库建设和综合比较研究"（项目编号：14ZDB103）的阶段性成果。承蒙江西省民族与宗教事务局宋先生及正平镇球狮畲族村村主任、书记和发音合作人热情协助，支持笔者对球狮话进行调查，在此表示衷心感谢。笔者在当地调查过3位本地的发音合作人：兰师全老师（64岁，退休小学教员）、兰师龙先生（80岁）和蓝善荣先生（68岁）。本文主要根据兰师全老师的发音。他们虽然都是球狮人，但发音上有些差异，明显的区别为：入声字的韵尾，兰师全老师完全消失入声韵尾（除连读变调），而其他两位今读喉塞音韵尾 -ʔ；兰师全老师和蓝善荣先生将一部分古次浊和全浊上声字今读阴平调，而师龙先生读上声调或去声调。在韵母上，兰师全老师和蓝先生的区别较大。

② 江西省民族宗教事务局（2014：1、3）。

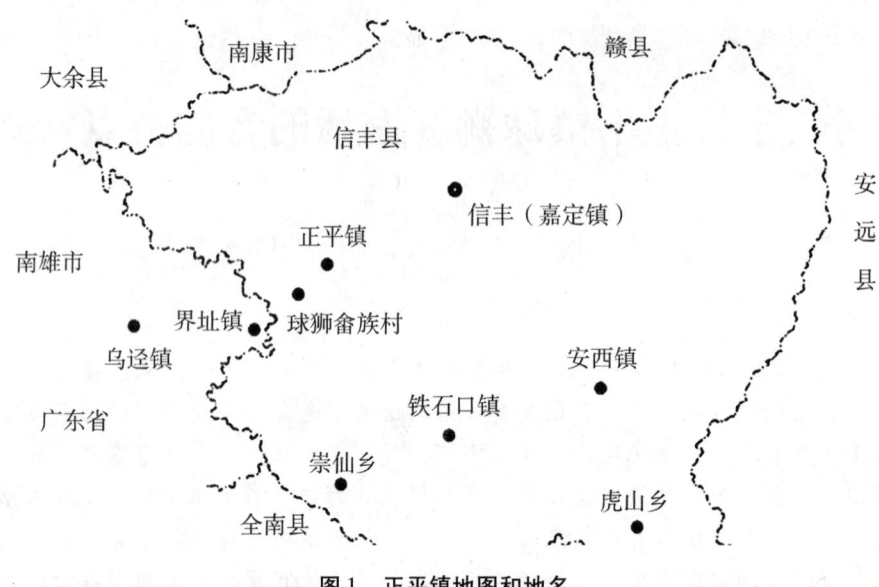

图 1　正平镇地图和地名

按照谢留文（2013）、黄雪贞（2007）的看法，江西省信丰县正平镇的方言属于客家话于信片。虽然球狮村畲族人口很多，但是从笔者调查结果来看，其用语不是畲话而是典型的客家方言，而且其音韵特点与其他信丰客家话不同。

## 二、正平球狮客家话的声韵调

### （一）声母

**1. 声母的语音特点**

正平球狮客家话的声母一共有 21 个（包括零声母）。

| | | | | |
|---|---|---|---|---|
| p 波八 | pʰ 吠电 | m 买问 | f 夫粉 | ʋ 武袜 |
| t 担六 | tʰ 台堂 | n 闹娘 | | l 老兰 |
| ts 祖粽 | tsʰ 在唱 | | s 蛇舌 | |
| tɕ 周尖 | tɕʰ 菌情 | | ɕ 线香 | |
| k 改江~西 | kʰ 靠肯 | ŋ 牙硬 | x 合横 | |
| ʔ 鸦呕 | | | | |
| ∅ 烟融 | | | | |

（1）v 音不是明显的，实际上接近于 ʋ，而且有时出现得不明显，如"话事说话" ʋa⁴⁴²⁻⁴⁴ sɿ⁴⁴²～ ua⁴⁴²⁻⁴⁴ sɿ⁴⁴²。

（2）在笔者的听感上，发音合作人发几个去声字的声母时，喉咙上轻微地压着发音，

好像在声母的前面出现喉塞音，而该音并不明显。

2. 声母的音韵特点

（1）大部分的古全浊声母字逢塞音、塞擦音今读送气音，如"大"tʰa⁴⁴²、"茄"tɕʰiɯ²¹、"苎"tsʰɯ²¹²、"吠"pʰe⁴⁴²、"头"tʰiɯ²¹、"别"pʰie⁵³、"断"tʰoŋ²¹²、"邓"tʰæ⁴⁴²~tʰæ̃⁴⁴²、"定"tʰiaŋ⁴⁴²、"族"tsʰɯ⁵³等。有少数古全浊声母字不读送气音，如"肚"tɯ⁴⁴²、"代"tæ⁴⁴²、"队"te⁴⁴²、"垫"tĩ⁴⁴²、"段"toŋ⁴⁴²、"菊"tɕiɯ⁵³。

（2）有几个古清声字读为送气音，如"簸~~"pʰɒ²¹²、"关"kʰaŋ²¹²。

（3）有少数古非组字读为双唇塞音和鼻音，如"吠"pʰe⁴⁴²、"尾"me²¹²、"蚊"meŋ²¹²、"问"meŋ⁴⁴²、"网"moŋ³¹。

（4）大部分古来母字的声母都是舌尖前边音l，古来母的韵母是细音时，有几个字的声母为舌尖前塞音t，如"滤"ti⁴⁴²、"两几~几钱"tioŋ³¹、"岭"tiã²¹²、"六"、"绿"tiɯ⁵³。这个特点在江西省赣方言和客家方言以及一部分闽西客家话里也有。

（5）没有尖团音的区别，都读为舌面前塞擦音或塞音，如"秋""丘"tɕʰiɯ²¹²、"千""牵"tɕʰie²¹²、"箱""香"ɕioŋ²¹²等。但是古流摄开口一等字古精母字"走"tɕiɯ³¹读为舌面前塞擦音，而古见组字和古晓组字声母都不腭化，读为舌根塞擦音或擦音，如"勾"kiɯ²¹²、"狗"kiɯ³¹、"扣"kʰiɯ⁴⁴²、"喉"xiɯ²¹、"后"xiɯ⁴⁴²等，与古流摄开口三等字声母（如"九"tɕiɯ³¹、"求"tɕʰiɯ²¹、"嗅"ɕiɯ⁴⁴²等）不同。

（6）一部分古心、邪母字声母今读塞擦音，如"撕心"tsɿ²¹²、"斜邪"tɕʰia²¹、"词"tsʰɿ²¹、"袖邪"tɕiɯ²¹²、"寻邪"tɕʰieŋ²¹、"详邪"tɕʰioŋ²¹、"像邪"tɕioŋ⁴⁴²、"松~树邪"tsʰeŋ²¹。

（7）古疑母字大部分读为舌根鼻音或零声母，如"我"ŋie²¹、"芽"ŋa²¹、"蚁"ŋie³¹、"疑"ŋi²¹、"硬"ŋã⁴⁴²等和"五"ɵŋ³¹、"鱼"ɵŋ²¹、"遇"i⁴⁴²、"元"ie²¹、"玉"i⁵³等，有几个字读为齿唇擦音v或舌尖前鼻音n，如"吴"vu²¹、"外"væ⁴⁴²和"牛"niɯ²¹、"月"nie⁵³等。

（8）古溪母字的韵母逢洪音时其声母为舌根塞音kʰ，逢细音时为舌面前擦音tɕʰ。有几个古溪母字读为舌根擦音x或舌面前擦音ɕ，如"康"xɒŋ²¹²、"去"ɕi⁴⁴²、"起"ɕi³¹。

（9）大部分古匣母字读为3种声母：逢洪音韵母或几个细音韵母时读为x，逢细音韵母时读为ɕ，韵母为中古音合口时读为f，如"河"xe²¹、"下"xa⁴⁴²、"害"xæ⁴⁴²、"厚"xiɯ²¹²、"后"xiɯ⁴⁴²、"闲"xã²¹；"馅"ɕĩ⁴⁴²、"县"ɕie⁴⁴²、"学"ɕiɯ⁵³；"花"fa²¹²、"华"fa²¹、"胡"fɯ²¹、"会开~"fæ⁴⁴²、"魂"feŋ²¹等。有一个字读为舌根塞音kʰ，即"蟹"kʰuae³¹，还有几个字读为齿唇擦音v或零声母，如"会不~"ve⁴⁴²、"话说"va⁴⁴²（~ua⁴⁴²）、"换"voŋ⁴⁴²、"滑"va⁵³、"核果子里的"vɯ⁵³、"黄"voŋ²¹、"镬"vɯ⁵³、"丸"iẽ²¹等。

（10）大部分古影组字读为零声母，如"袄"ɒ³¹、"要"iɒu⁴⁴²、"有"iɯ²¹²、"音"ieŋ²¹²、"云"ieŋ²¹、"亿"i⁵³等，有一些中古音合口字（古影母和古云母）读为齿唇擦音v，如"乌黑"vɯ²¹²、"卫位"ve⁴⁴²、"威"ve²¹²、"围"ve²¹、"伟"ve³¹、"碗"voŋ³¹、"弯"vaŋ²¹²、"温"veŋ²¹²、"稳"veŋ³¹、"王"voŋ²¹、"屋"vɯ⁵³。有几个古影母字带喉

塞音ʔ，如"鸦"ʔa³¹、"以"ʔi³¹、"呕"ʔɯ⁵³等。

## （二）韵母

### 1. 韵母的语音特点

正平球狮客家话的韵母一共有43个（含自成音节）：①

ɿ 纸师　　　　　　　i 皮意
a 蛇瓦　　　　　　　ia 斜夜　　　　　　ua 瓜卦
　　　　　　　　　　　　　　　　　　　　uae 怪快
æ 买等　　　　　　　iæ 改介
e 对吠　　　　　　　ie 铁格　　　　　　ue 桂规
ɐ 辣舌
ɜ 湿　　　　　　　　　　　　　　　　　　uɜ 骨
ə 多歌
ɒ 桃烧　　　　　　　iɒ 饶桥
　　　　　　　　　　　iɒu 要鸟
ɔ □cnɔ²¹²⁻²²kɔ⁰：上面，kɔ³¹玩儿
ɤ 各国
ɑ 眼颜
ɯ 书鹿　　　　　　　iɯ 昼绿
　　　　　　　　　　　ĩ 变软
ã 南感
æ̃ 本等
ẽ 参洋~；人参　　　　iẽ 钱更
ɑ̃ 敢冷　　　　　　　iɑ̃ 青星　　　　　　uã□梗子
ɐŋ 深中　　　　　　　iɐi 穷用
əŋ 鱼横　　　　　　　ei 润菌　　　　　　uəŋ 滚棍
ɑŋ 反关　　　　　　　ɑi 平颈　　　　　　uɐŋ 春
ɔŋ 暖康　　　　　　　ɔi 娘养　　　　　　uɑŋ 矿
ŋ̍ 唔

（1）ə 音的调音部位实际上稍微靠后。
（2）iɒ 音的 ɒ 音的调音部位实际上稍微靠前。

---

① 兰师全老师只有"会~汁"和"拐"两个字韵母读为 uai，可能是受了普通话的影响的发音，这表里不含。

（3）iɑu 音的 ɑ 音的调音部位实际上稍微偏高。
（4）ã 的 ɑ 音的调音部位实际上稍微靠前。
（5）iɐŋ 的 ɐ 音的调音部位实际上稍微靠前。
（6）iɑŋ 的 ɑ 音的调音部位实际上稍微靠前。
（7）单元音很丰富，一共有 13 个。

2. 韵母的音韵特点

（1）有几个古果摄开口一等字有 i 介音，如"个"kie$^{442}$、"我"ŋie$^{21}$。

（2）古遇摄合口三等（鱼韵和虞韵）字里，古非组、古知组、古庄组、古章组的韵母读为 ɯ，其他声母的韵母为 i，如"夫"fɯ$^{212}$、"腐"fɯ$^{442}$、"雾"vɯ$^{442}$、"猪"tsɯ$^{212}$、"除""厨"tsʰɯ$^{21}$、"书""输"sɯ$^{212}$；"吕"li$^{31}$、"蛆"tɕʰi$^{212}$、"序"ɕi$^{442}$、"锯""句"tɕi$^{442}$、"遇"i$^{442}$、"芋"i$^{442}$等。有一个字"鱼"读为ŋ$^{21}$，ŋ 韵母与古遇摄合口一等字"五"ŋ$^{31}$相同。

（3）古蟹摄开口一等（哈韵和泰韵）字有两种韵母 æ 和 ɐ，如"戴""带"tæ$^{442}$、"台"tʰæ$^{21}$、"来"læ$^{21}$、"海"hæ$^{31}$、"爱"æ$^{442}$、"害"hæ$^{442}$、"袋"tɐ$^{442}$、"菜"tsʰɐ$^{442}$、"鳃"sɐ$^{212}$、"开$_{门}$"xɐ$^{212}$、"盖"kɐ$^{442}$等。有几个字的韵母读为 iæ 和 e，如"改"kiæ$^{31}$、"咳"kʰiæ$^{442}$、"艾"ŋiæ$^{442}$、"贝"pe$^{442}$。

（4）一部分古蟹摄开口四等字的韵母读为洪音，如"底"te$^{31}$、"弟"tʰe$^{212}$、"齐"tsʰe$^{21}$、"洗"se$^{31}$、"细"se$^{442}$等。

（5）古流摄开口一等字韵母与三等字韵母一样，有 i 介音，如"头"tʰiɯ$^{21}$、"楼"liɯ$^{21}$、"狗"kiɯ$^{31}$、"后"xiɯ$^{442}$等。

（6）古咸摄开口一等字覃韵和谈韵的韵母有区别，如"南$_{覃}$"nã$^{21}$、"感$_{覃}$"kã$^{31}$、"蓝$_{谈}$"lã$^{21}$、"敢$_{谈}$"kã$^{31}$，入声韵母也如此，如"踏$_{覃}$"tʰɜ$^{53}$、"杂$_{覃}$"tsʰɜ$^{53}$、"合"xɜ$^{53}$，"塔$_{谈}$"tʰɐ$^{53}$、"蜡$_{谈}$"lɐ$^{53}$等。

（7）古咸摄、山摄（除合口一等和二等字）和大部分古梗摄开口二等庚韵字的元音都带鼻化而消失鼻音韵尾 -ŋ，如"三$_{咸摄}$"sã$^{212}$、"险$_{咸摄}$"ɕiẽ$^{31}$、"凡$_{咸摄}$"fã$^{21}$、"散$_{山摄}$"sã$^{442}$、"线$_{山摄}$"ɕiẽ$^{442}$、"边$_{山摄}$"pĩ$^{212}$、"冷$_{梗摄}$"lã$^{212}$、"庚$_{梗摄}$"kiẽ$^{212}$等。

（8）古山摄合口一等字（桓韵）和二等字（删韵）古见组、晓组和影组韵母有区别，如"官$_{桓}$"kɔŋ$^{212}$、"欢$_{桓}$"xɔŋ$^{212}$、"换$_{桓}$"vɔŋ$^{442}$、"碗$_{桓}$"vɔŋ$^{31}$，"关$_{删}$"kʰɑŋ$^{212}$、"弯$_{删}$"vɑŋ$^{212}$等。

（9）在阳韵字之中，没有鼻音韵尾或元音鼻化，只有元音的韵母，如"咸"hɑ$^{21}$、"眼"ŋɑ$^{21}$、"等"tæ$^{31}$等。

（10）没有入声韵尾，如"杂"tsʰɜ$^{53}$、"鸭"a$^{53}$、"密"mie$^{53}$、"刻"kʰie$^{53}$、"族"tsʰɯ$^{53}$等。

## (三) 声调

### 1. 声调的语音性质

正平球狮话有5个声调：

阴平　212　　多心动
阳平　21　　　茶姨黄
上声　31　　　饱忍顶
去声　442　　介建宋
入声　53　　　答活六

（1）阴平212调的曲折调不明显，在曲折点（212调的1）上不存在喉咙压着发音，与北京话不同。发音合作人慢念时曲折调明显比其他调值长一些，但用一般或者较快的速度念时，较短而曲折调不明显，有时甚至好似平调22调。

（2）阳平调的降调不明显，有时其调值接近于22调，因此阴平调和阳平调有时难以区别。

（3）上声和去声调是清晰的降调。笔者调查时往往感到区别这两个声调差异的困难，在听感上，上声的31调的调头在3度和4度之间。

（4）去声442调的实际上的调值为342调。从稍微低升而后下降，但调值开头的3度不明显，不像福州话阳去调（242调）的曲折调那么明显。发音合作人念得很快时，该调值接近于42调。

（5）入声单字调不带喉塞音，但双音节词语的第一个音节都读得很短。

（6）各个调值的幅度不是很大。

### 2. 声调的音韵特点

（1）有几个古次浊平声字读为阴平调，如"拿"na$^{212}$、"毛"mɒ$^{212}$、"蚊"mɯŋ$^{212}$、"聋"lɐŋ$^{212}$。

（2）有一些古次浊上声字和古全浊上声字读为阴平调，如"野"ia$^{212}$、"尾"me$^{212}$、"有"iɯ$^{212}$、"懒"la$^{212}$、"暖"nɔŋ$^{212}$、"养"iɔŋ$^{212}$、"冷"lã$^{212}$、"岭"tia$^{212}$等，以及"坐"tsʰɘ$^{212}$、"苎"tsʰɯ$^{212}$、"弟"tʰe$^{212}$、"市"sʅ$^{212}$、"厚"xiɯ$^{212}$、"近"tɕʰiɐŋ$^{212}$、"重$_{~轻}$"tsʰɐŋ$^{212}$等。

（3）古上声字读为上声调，如"蟹"kʰuae$^{31}$。

（4）有几个字的声调与中古音的声调的规则不合。①古阴平字读为上声调，如"鸦"ʔa$^{31}$、"龟"kue$^{31}$；②古阳平字读为阴平调，如"婆"pʰɘ$^{212}$；③古去声字读为阴平调，如"助"tsʰɯ$^{212}$读为阳平调，"薯"sɯ$^{21}$读为上声调，"共"读为kʰɐŋ$^{31}$。

## 三、与其他周围汉语方言的关系

### 1. 与畲话的比较

球狮畲族村的畲族人口占该村总人口的大部分，他们的语言与畲话是否有关系呢？根

据过去的畲话资料以及笔者亲自调查的畲话资料，我们将球狮话与各地畲话的音韵特点进行比较并讨论之。

畲族虽然散居在广东、福建、江西、浙江、安徽省的东南地区，但各地畲话的几个音韵特点大都相当一致，这也是畲话的显著特点。各地畲话中古非组的一部分字读为双唇音，而且哪个字读双唇音大部分都一致。除了球狮话读为双唇音的5个字"吠"$p^he^{442}$、"尾"$me^{212}$、"蚊"$mɐŋ^{212}$、"问"$mɐŋ^{442}$、"网"$mɔŋ^{31}$以外，各地畲话古非组其他的字都还读双唇音。也就是说，畲话古非组字读双唇音的非常丰富，是畲话的音韵特点之一（大岛广美，2016：254）。客家方言比起其他地区的畲话来，古非组字读为双唇音的字要显得少一些（见表1，表中的"—"表示该字音不存在）：

表1　各地畲话古非组字音

| 例字 | 潮安 | 罗源 | 苍南 | 铅山 | 吉安 | 梅县 | 崇仙 | 珠玑 |
|---|---|---|---|---|---|---|---|---|
| 夫丈~,非 | $pu^{33}$ | $pu^{42}$ | $pu^{44}$ | $pu^{44}$ | $pu^{44}$ | $fu^{44}$ | $fu^{213}$ | $fu^{23}$ |
| 飞非 | $poi^{33}$ | $pui^{42}$ | $pui^{44}$ | $pui^{44}$ | $pui^{44}$ | $fi^{44}/pi^{44}$ | $fei^{213}$ | $fi^{23}$ |
| 分非 | $pun^{33}$ | $puŋ^{42}$ | $pun^{44}$ | $puən^{44}$ | $puin^{44}$ | $fun^{44}/pun^{44}$ | $fəŋ^{213}$ | $fun^{23}$ |
| 风非 | $poŋ^{33}$ | $piŋ^{42}$ | $pəŋ^{44}$ | $pəŋ^{44}$ | $poŋ^{44}$ | $fuŋ^{44}$ | $fəŋ^{213}$ | $fəŋ^{23}$ |
| 蜂敷 | $p^hoŋ^{53}$ | $p^huŋ^{324}$ | $p^həŋ^{214}$ | $p^həŋ^{44}$ | $foŋ^{44}$ | $fuŋ^{44}$ | $fəŋ^{213}$ | $fəŋ^{23}$ |
| 肥奉 | $p^hoi^{22}$ | — | $pui^{33}$ | $fui^{213}$ | $fei^{33}$ | $p^hi^{11}$ | $fei^{213}$ | $fi^{23}$ |
| 饭奉 | $p^han^{21}$ | $p^huaŋ^{21}$ | $p^huan^{31}$ | $p^han^{31}$ | $p^huaiŋ^{31}$ | $fan^{52}$ | $fã^{412}$ | $fãi^{42}$ |
| 坟奉 | — | $p^huŋ^{332}$ | $p^hun^{33}$ | $p^huen^{213}$ | $feŋ^{33}$ | $fun^{11}$ | $fəŋ^{213}$ | $fuŋ^{21}$ |
| 蚊奉 | $mun^{53}$ | $^mbuŋ^{332}$ | $mun^{31}$ | $mən^{21}$ | $miŋ^{323}$ | $mun^{44}$ | $məŋ^{213}$ | $vuŋ^{23}$ |

梅县客家话读双唇音的字也比较多，但"夫""风""坟"3个字大部分客家方言都不读双唇音。除了畲话以外，闽语古非组字读为双唇音的较多，大部分口语常用的古非组字读为双唇音。"夫""风""坟"3个字中，"夫"字闽语都读为双唇音，"坟"字潮州话读为双唇音，但只有一个"风"字闽语都不读双唇音。据笔者所知，汉语方言中只有邵武赣语读为双唇音。（见表2）

表2　客家方言、闽语和赣语的3个字音"夫""风""坟"

| 方言 | 夫~妻,非 | 风非 | 坟奉 |
|---|---|---|---|
| 球狮话 | $fɯ^{212}$ | $fɐŋ^{212}$ | — |
| 宁化客家话 | $fu^{33}$ | $fɤŋ^{33}$ | $fɛi^{35}$ |
| 大余客家话 | $fu^{33}$ | $fəŋ^{33}$ | $huɛ̃^{11}$ |
| 潮州话 | $hu^{33}/pou^{33}$ | $hoŋ^{33}/huaŋ^{33}$ | $p^huŋ^{55}$ |
| 厦门闽南话 | $hu^{55}/pɔ^{55}$ | $hoŋ^{55}$ | $hun^{24}$ |
| 福州闽东话 | $xu^{44}/puŋ^{44}$ | $xuŋ^{44}$ | $xuŋ^{52}$ |
| 邵武赣语 | $fu^{21}$ | $fuŋ^{21}/piuŋ^{21}$ | $fən^{33}$ |

据笔者的畲话调查，除了广东丰顺畲话以外，其他畲话将"风"字读为双唇音。笔者认为，"风"字读为双唇音是畲话的特点（大岛广美，2016：254）。球狮话不读双唇音，与各个地区的客家方言相同。

各地畲话古云母字读为零声母，与大部分汉语方言一致。但是，各地畲话都将两个古云母字"芋"和"有"读为齿唇擦音 f 和喉擦音 h，或者都念喉擦音 h，客家方言和其他汉语方言则没有这种现象（大岛广美，2016：254），而且"有"字的韵母都没有 i 介音，都读为后低元音。（见表3）

表3　球狮话、畲话、客家方言和闽语的"芋"和"有"

| 方言 | 芋 | 有 |
|---|---|---|
| 球狮话 | i̠$^{442}$ | iɯ$^{212}$ |
| 丰顺话 | fu$^{21}$ | hɒ$^{33}$ |
| 潮安话 | ho$^{53}$ | hɒ$^{33}$ |
| 罗源话 | hu$^{21}$ | hɒ$^{42}$ |
| 苍南话 | hu$^{31}$ | ho$^{44}$ |
| 铅山话 | fu$^{21}$ | hɔ$^{44}$ |
| 吉安话 | fu$^{33}$ | hɒ$^{44}$ |
| 梅县客家话① | vu$^{52}$ | iu$^{44}$ |
| 崇仙客家话 | i$^{51}$ | iu$^{51}$ |
| 珠玑客家话 | i$^{42}$ | iu$^{23}$ |
| 厦门闽南话 | u̠$^{11}$/ɔ̠$^{11}$ | iu̠$^{53}$/u̠$^{11}$ |
| 福清闽东话 | uo$^{21}$ | u$^{21}$ |

闽语中有几个古云母字读为喉擦音 h，比如，厦门闽南话"雨"u̠$^{51}$/hɔ̠$^{33}$、"园"uan$^{24}$/hŋ$^{24}$、"远"uan$^{51}$/hŋ$^{33}$、"域"hɪk$^{5}$、"熊"hioŋ$^{24}$/him$^{24}$、"雄"hioŋ$^{24}$/hɪŋ$^{24}$；福清闽东话"雨"y$^{33}$/huo$^{41}$、"园"uoŋ$^{55}$/huoŋ$^{55}$、"云"yŋ$^{55}$/huŋ$^{55}$、"远"uoŋ$^{33}$/huoŋ$^{41}$、"熊""雄"hyŋ$^{55}$。但闽语将"芋"和"有"两个字的声母都读为零声母，韵母读为圆唇音。从表3看来，球狮话这两个字不读齿唇擦音 f 和喉擦音 h，而且韵母都带高元音 i 音，与客家方言相同。

各地畲话将有几个古果摄合口一等字读为单元音的后高元音 u，这也是畲话音韵特点之一。（大岛广美，2016）球狮话将古果摄合口一等字韵母一律都读为 ɞ 音，不读 u 音。（见表4）

---

① 梅县客家话的这两个字音根据李如龙、张双庆（1992）。

表4　球狮话、畲话和客家话古果摄合口一等字韵母

| 方言 | 婆 | 糯 | 过 | 火 |
|---|---|---|---|---|
| 球狮话 | $p^h ɘ^{212}$ | $nɘ^{442}$ | $kɘ^{442}$ | $xɘ^{31}$ |
| 丰顺话 | $p^h ɒ^{21}$ | $nɒ^{52}$ | $ku^{33}$ | $fu^{313}$ |
| 苍南话 | $p^h o^{21}$ | $no^{31}$ | $ku^{44}$ | $hu^{214}$ |
| 铅山话 | $p^h ɔ^{213}$ | $nu^{31}$ | $ku^{44}$ | $fu^{325}$ |
| 梅县话 | $p^h ɔ^{11}$ | $nɔ^{52}$ | $kuɔ^{52}$ | $fɔ^{31}$ |
| 崇仙话 | $p^h o^{213}$ | $no^{412}$ | $ko^{212}$ | $xo^{51}$ |
| 珠玑话 | $p^h o^{21}$ | $no^{42}$ | $ko^{42}$ | $ho^{31}$ |

将"过"和"火"字读为高元音 u 的汉语方言是吴方言和粤北土话（庄初升，2004），而离粤北地区不太远的南雄珠玑客家话以及其他地区的客家话都不将古果摄合口一等字的韵母读高元音，与球狮话一样。

各地畲话将蟹摄、咸摄、山摄、梗摄开口四等字读为二等字韵母，没有 i 介音，而与球狮话不同。（见表5）

表5　球狮话、畲话和客家方言的蟹摄、咸摄、山摄、梗摄开口四等字韵母

| 方言 | 细 | 甜 | 千 | 听 |
|---|---|---|---|---|
| 球狮话 | $se^{442}$ | $t^h iɛ^{21}$ | $tɕ^h iɛ^{212}$ | $t^h iaŋ^{212}$ |
| 丰顺话 | $sai^{33}$ | $t^h am^{22}$ | $ts^h an^{33}$ | $t^h aŋ^{33}$ |
| 苍南话 | $sai^{44}$ | $t^h am^{33}$ | $ts^h an^{44}$ | $t^h aŋ^{44}$ |
| 铅山话 | $sai^{44}$ | $t^h an^{213}$ | $ts^h an^{44}$ | $t^h aŋ^{44}$ |
| 梅县客家话 | $sɛ^{52}$ | $t^h iam^{11}$ | $ts^h iɛn^{44}$ | $t^h in^{52}/t^h aŋ^{44}$ |
| 崇仙客家话 | $sei^{41}$ | $t^h ɛ̃^{213}$ | $tɕ^h iɛ̃^{213}$ | $t^h iaŋ^{213}$ |
| 珠玑客家话 | $se^{42}$ | $t^h iɛ^{21}$ | $tɕ^h iɛ^{23}$ | $t^h iaŋ^{23}$ |

表5例字中，除了"细"字以外，客家方言四等字韵母大都带 i 介音，与球狮话相同。这一音韵特点，球狮话与畲话也不相同。

各地畲话各摄韵母之中最显著的特点是"打"字韵母，都带鼻音韵尾 ŋ。（见表6）

表6　球狮话、畲话和客家方言的古梗摄开口二等字"打"字音

| 方言 | 打 |
|---|---|
| 球狮话 | tɑ³¹ |
| 潮安话 | taŋ²¹³ |
| 罗源话 | taŋ³²⁴ |
| 苍南话 | taŋ²¹⁴ |
| 铅山话 | taŋ³²⁵ |
| 梅县客家话 | ta³¹ |
| 崇仙客家话 | ta⁵¹ |
| 珠玑客家话 | tɑ³¹ |

现今大部分汉语方言古梗摄开口二等字"打"的韵母很少有鼻音韵尾，这个特点与球狮话和客家方言不同。球狮话"打"字也没有鼻音韵尾，与畲话不同。

关于声调，各地畲话大部分古阴去字今读阴平调，是畲话声调的特点之一，比如，潮安畲话"个" kai³³、"菜" tsʰai³³、"店" tiam³³、"见" kien³³、"镜" kiaŋ³³、"送" soŋ³³等，苍南畲话"个" kuei⁴⁴、"过" ku⁴⁴、"兔" tʰu⁴⁴、"记" ki⁴⁴、"炭" tʰɔm⁴⁴、"线" san⁴⁴、"送" suŋ⁴⁴等，资溪畲话"过" ku³³²、"细" sai³³²、"寄""记" tɕi³³²、"见" tɕian³³²、"向" ɕiaŋ³³²等。球狮话这些古阴去字都读去声调，与畲话不同。其中"伞"字读为阴平调，显示畲话与球狮话和客家方言不同。"伞"字是古山摄开口一等上声心母字，还有另读为古山摄开口一等去声心母字的。大部分汉语方言将"伞"字读为上声调，客家方言和赣方言也是如此，但苏州吴语、广州粤语、厦门闽南话和潮州话都读去声调，而各地畲话都将"伞"字读为阴平调，如丰顺畲话读 san³³、罗源畲话读 sʊŋ⁴²、铅山畲话读 sɑn⁴⁴。可见畲话原来与吴语、粤语和闽南话一样，将"伞"字看作古阴去字，今读阴平调（大岛广美，2016：266）。

上述可以说明，球狮话的音韵特点与畲话的音韵共同点不一致，而与客家方言相同，因此，可以说球狮话属于客家方言，而不是畲话。但是，球狮话里有3个音韵特点与畲话类似。

第一个特点是古咸摄开口一等字覃韵和谈韵韵母不同。这个音韵特点据笔者所知，在信丰县客家话（如崇仙、铁石口）、南雄客家话（如珠玑）以及赣南地区的客家话（如上犹社溪）都不存在。在江西省的方言里有覃韵和谈韵韵母的区别是赣北地区的几个赣方言，而在客家方言里存在覃韵和谈韵韵母的差异则是一部分闽西客家方言。但这些方言的覃韵和谈韵韵母的区别并不在这两个小韵里的所有声母上出现，也就是赣北赣语的高安老屋周家话在舌根音声母以外的声母的韵母里有区别，闽西客家话的长汀话只在舌根音声母上出现这两个小韵韵母的区别。（见表7）

表7 球狮话、赣方言和客家方言的古咸摄开口一等字覃韵和谈韵

| 方言 | 南 | 参 | 感 | 淡 | 蓝 | 三 | 敢 |
|---|---|---|---|---|---|---|---|
| 球狮话 | nã²¹ | tsʰã²¹² | kã³¹ | tʰã⁴⁴² | lã²¹ | sã²¹² | kã³¹ |
| 高安老屋周家话 | lom³⁵ | tsʰom⁵⁵ | kom⁴¹ | ham¹¹ | lam³⁵ | sam⁵⁵ | kom⁴¹ |
| 崇仙话 | nã³¹² | tsʰã³¹² | kã⁵¹ | tʰã⁴¹² | lã³¹² | sã³¹² | kã⁵¹ |
| 铁石口话 | nã³²⁵ | tsʰã³³⁴ | kã³²⁵ | tʰã³¹ | lã³²⁵ | sã³³⁴ | kã³²⁵ |
| 上犹社溪话 | nã¹¹ | tsã²⁴ | kã⁴² | tʰã²⁴ | lã¹¹ | sã²⁴ | kã⁴² |
| 珠玑话 | nãi²¹ | tsʰãi²³ | kãi³¹ | tʰãi²³ | lãi²¹ | sãi²³ | kãi³¹ |
| 长汀话 | naŋ²⁴ | tsʰaŋ³³ | kaŋ⁴² | tʰaŋ³³ | laŋ²⁴ | saŋ³³ | kɔŋ⁴² |

有几个畲话也有古咸摄开口一等字覃韵和谈韵的韵母不同,但与赣方言和客家方言不同的是,在覃韵和谈韵字的大部分声母上出现差异,覃韵元音是前元音,谈韵元音是后元音,这个特点也与球狮话一致。(见表8)

表8 畲话的古咸摄开口一等字覃韵和谈韵的韵母

| 方言 | 覃韵 | 谈韵 |
|---|---|---|
| 铅山话 | 耽 tan⁴⁴、南 nan²¹³、感 kan³²⁵ | 担~任 tan⁴⁴、篮 lan²¹、敢 kan³²⁵ |
| 武宁话 | 参 tsʰaŋ⁴⁴、感 kaŋ³²⁵、答 tauʔ⁴、盒 hauʔ³ | 三 sɑŋ⁴⁴、敢 kɑŋ³²⁵、塔 tʰɑuʔ⁴、磕 kʰɑuʔ⁴ |
| 罗源话 | 探 taŋ³²⁴、南 naŋ³³²、参 tsʰaŋ⁴² | 担~任 tɒŋ⁴²、淡 tʰɒŋ⁴²、蓝 lɑŋ³³²、三 sɒŋ⁴²~sɒ⁴² |

第二个特点是球狮话里时时观察得到"短调"。畲话有短调,是畲话非常明显的语音特点。(大岛广美,2011、2016)据笔者所知,赣南地区的客家话和其他汉语方言里都没有报告过。球狮话的重音方式与畲话一样,第一个音节读得短,第二个音节读得不短。如球狮话的"树□树枝" sɯ⁴⁴²⁻⁴kʰua⁴⁴²:第一个音节"树"sɯ 的元音时间大约为0.06秒,而第二个音节"□"kʰua 的元音时间大约为0.146秒,在音强上第二个音节的音强(72.1dB)比第一个音节(65.4dB)的稍微强些,其差异不大。球狮话与畲话不同的特点是,畲话在大部分的词汇上出现短调,而畲话出现短调的词汇不多。第一个音节是古入声字时读得短,仿佛出现原来的入声调和喉塞音似的,与第一个音节是古舒声字时的情况不同。(见图2、图3)

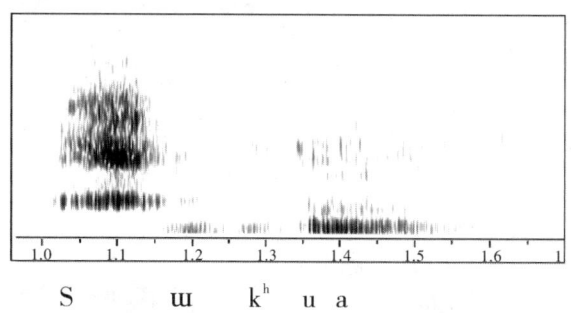

图2 球狮话"树□树枝"的宽带图

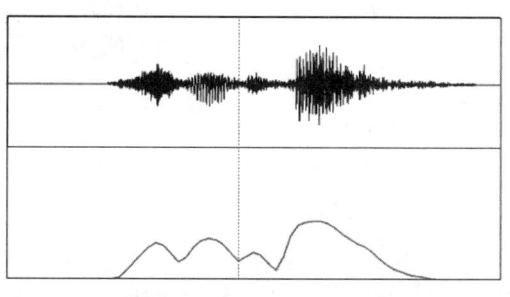

图3 球狮话"树□树枝"的声波图和音强图

第三个特点是调值，球狮话整个调类的调值幅度不大。球狮话阴平调和阳平调虽然调值的曲线不同，但调值的幅度不大，发音合作人有时将几个古阳平字读为阳平调，有时读为阴平调。① 球狮话阳平调、上声调、去声调、入声调都是降调，而且阳平调和上声调，上声调和去声调，去声调和入声调的区别有时难以判断，特别是上声调和去声调的差异，因为调值的幅度不大，只有细微差异。这一调值的特点与畲话很类似。丰顺畲话和潮安畲话去声调和阴入调的调头为高变音以外，其他各地畲话各调类的调值都一样或接近。各地畲话的阴平调和阳平调，阴入调和阳入调的调值很接近，虽然五度标调法的调值标为"4""3"或"2"，但实际上调值的差异很小。笔者调查时，有时就感到较难区别阴平调和阳平调、阴入调和阳入调。从调值总体来看，畲话的调值幅度不大，好像除上声调之外的所有的调值都是"中间"似的，与幅度大、区别清晰的梅县客家话完全不同。畲话以往古汉语没有阴阳调分化，笔者认为畲话的这种调值格局暗含以前的古汉语调值（大岛广美，2016：262～263）。因此，球狮话的调值特点也与畲话一样，有可能与古汉语调值有关系。

2. 与周围的客家话比较

客家方言很明显的音韵特点之一是一部分古次浊、全浊上声字今读阴平调，球狮话也有这个特点，一部分古次浊上声字读为阴平调，如"野""尾""有""懒""暖""软""忍""养""冷""岭"；古全浊上声字读为阴平调，如"坐""苎""柱""弟""被""厚""妇""舅""断""近""动""重轻~"。比广东客家话和闽西客家话古次浊、全浊上声字读阴平调的字少一些。关于赣南地区的客家话将一部分古次浊、全浊上声字读为阴平调，刘纶鑫（1999：296）说，赣南中部地区的方言大都有浊上归阴平的现象，但次浊上声字读阴平的字在数目上大约要少三分之二，有一部分地区的客家话古浊上字不读或只有极少数字读阴平调。他提到的有赣南地区的上犹县、安远县、赣县、信丰县等地。信丰县各地客家话的古次浊、全浊上声字读阴平调的字数不同，如铁石口客家话读阴平调的字是"忍""矣""尾""有""在""舐""柿""荷动词，担"（张倩，2013：121），虎山乡客家话古上声浊声母字基本上不读阴平（刘纶鑫，2001：53），安西客家话和崇仙客家话（蓝淑华，2015）不存在古次浊、全浊上声字归阴平调的特点，大都读上声调。因此，球狮话的一部分古次浊、全浊上声字读阴平调的字比信丰县客家话多一些。以前关于广东省内的客家方言的划分问题，庄初升（2008：49）以古浊上的白读层今读阴平与否为标准，"老客家话"今读非阴平，"新客家话"今读阴平。以他的看法来观察信丰客家话的情况，崇仙、安西、虎山客家话可能属于老客家话，而球狮话也许是"新客家话"。

正平镇西边的广东省南雄市的方言也有一部分古次浊、全浊上声字今读什么声调的特点。阳蓉（2014：165～167）认为，南雄方言古浊上白读层今读阴去和阴平的两大类：古市、乌迳、油山、坪田、南亩、界址的方言古浊上白读层（如"坐""社""被~子""厚""舅""淡""断""近""重轻~""懒""养""痒""冷""岭"）今读阴去（阳蓉称之为"乌迳型"），珠玑、黄坑、主田、江头、帽子峰、澜河、百顺的方言今读阴平

---

① 笔者在县城时调查过简单的安西镇客家话，它的古阴平调和古阳平调合在一起，有一个平声调。崇仙客家话也有一个平声调。笔者估计，除了球狮话以外，各个信丰客家话的阴平调和阳平调的调值幅度其实很接近。

（阳蓉称之为"珠玑型"）。（见图4）从古浊上声字读为阴平调多的情况来看，球狮村虽然离乌迳镇不太远，但它和乌迳话的音韵特点与珠玑话很接近。

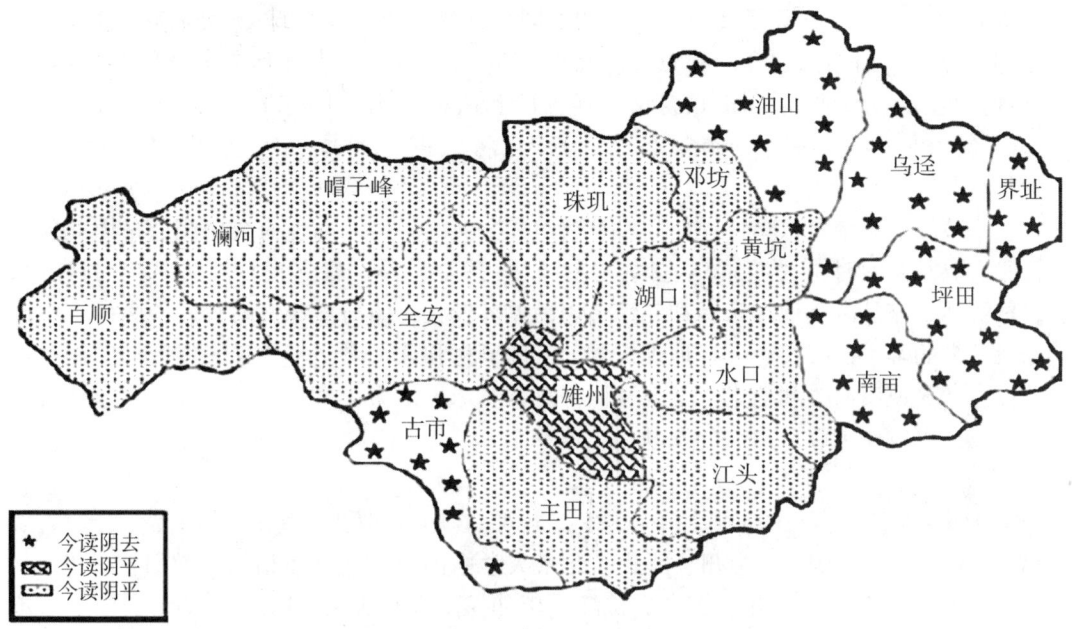

**图4 南雄方言古浊上白读层的演变类型和地域分布（阳蓉，2014：167）**

还有一个与珠玑话相似的情况是声调的调值。如表9，古浊上字读阴平调的球狮和珠玑型方言的调类型一致，而且各个调类的调值也非常接近。关于珠玑的调值，林立芳、庄初升（1995：11）说："阳平、上声、去声和入声都是降调。在听感上，阳平与上声，上声与去声，有时不容易听辨。"珠玑话的调值性质与球狮话非常相似。

表9 信丰和南雄方言的调值

| 方言 | 阴平 | 阳平 | 上声 | 去声 | | 入声 | |
|---|---|---|---|---|---|---|---|
| | | | | 阴去 | 阳去 | 阴入 | 阳入 |
| 信丰球狮话 | 212 | 21 | 31 | 443 | | 53 | |
| 信丰铁石口话 | 334 | 325 | 31 | 51 | 55 | | |
| 信丰崇仙话 | 213 | 51 | 41 | 412 | 32 | | |
| 信丰虎山话 | 24 | 323 | 21 | 53 | 44 | 3 | 5 |
| 南雄乌迳话 | 43 | 21 | 24 | 12 | 5 | | |
| 南雄界址话 | 55 | 43 | 51 | 212 | | | |
| 南雄珠玑话 | 23 | 21 | 31 | 42 | | 54 | |
| 南雄江头话 | 23 | 31 | 41 | 443 | | 54 | |

## 四、结　语

　　球狮话在音韵上有着很多与客家话的共同点，我们可以说，球狮话为信丰客家话之一，但也有与畲话相似的音韵特点。除了音韵问题以外，笔者在调查儿语（baby talk）过程中发现有一个球狮话词汇跟畲话一样：球狮话将"肉"叫作 niɯ$^{53}$，而用儿语叫作 pi$^{31}$pi$^{31}$（儿语一般将一个音节重叠而念），与将"肉"叫作 pi（上声）的畲话完全一致。

　　正平镇和邻镇南雄市乌迳镇之间没有高山和大河的阻碍，两地有公路相通，因此球狮村村民需要买东西时也去邻镇乌迳镇，一些村民甚至会操一些乌迳话。从声调的特点来看，球狮话与该县的其他客家话和邻镇乌迳话差异较大，而与离球狮村较远的南雄市中部的珠玑一带的客家话很接近。在地理位置上，球狮村和珠玑之间不相连，但音韵共同点分散地存在，这说明南雄和信丰一带客家话很复杂。球狮话为什么和珠玑一带的客家话有共同点，或许可以作为以后研究的课题。

　　本文参考的语言资料的来源如下：球狮、丰顺、潮安、罗源、苍南、铅山、武宁、吉安（笔者调查）、梅县、潮州、福州、邵武（北京大学中国语言文学系语言学教研室，1995）、福清（冯爱珍，1993）、宁化、大余、长汀（李如龙、张双庆，1992）、崇仙、安西（蓝淑华，2015）、铁石口（张倩，2013）、上犹社溪、信丰虎山（刘纶鑫，2001）、珠玑（林立芳、庄初升，1995）、乌迳、界址、江头（阳蓉，2014）、高安老屋周家（颜森，1981）。

**参考文献**

［1］北京大学中国语言文学系语言学教研室．汉语方言词汇：第2版［M］．北京：语文出版社，1995．
［2］大岛广美．罗源畲话二字连读变调以及其演变［C］//第二届濒危方言研讨会论文集．吉首大学，2011．
［3］大岛广美．畲话音韵研究［D］．广州：中山大学，2016．
［4］冯爱珍．福清方言研究［M］．北京：社会科学文献出版社，1993．
［5］广东省地图出版社．广东及周边公路交通旅行地图册［M］．广州：广东省地图出版社，2010．
［6］江西省信丰县民族与宗教事务局．信丰县民族村、民族村民小组简介［Z］．
［7］蓝淑华．江西信丰客家方言的语音研究［D］．北京：中央民族大学，2015．
［8］李如龙，张双庆．客赣方言调查报告［M］．厦门：厦门大学出版社，1992．
［9］林立芳，庄初升．南雄珠玑方言志［M］．广州：暨南大学出版社，1995．
［10］刘纶鑫．客赣方言比较研究［M］．北京：中国社会科学出版社，1999．
［11］刘纶鑫．江西客家方言概况［M］．南昌：江西人民出版社，2001．
［12］颜森．高安（老屋周家）方言的语音系统［J］．方言，1981（2）．
［13］阳蓉．南雄方言音韵比较研究［D］．广州：中山大学，2014．
［14］谢留文，黄雪贞．客家方言的分区（稿）［J］．方言，2007（3）．
［15］谢留文．B1-17客家话［M］//中国社会科学院语言研究所，中国社会科学院民族与人类学研究所，香港城市大学语言资讯科学研究中心．中国语言地图集：第2版．汉语方言卷．北京：商务印书馆，2012．

[16] 张倩. 江西信丰（铁石口）客家方言的音韵特点[J]. 长江学术, 2013 (1).
[17] 张倩. 江西信丰（铁石口）客家方言同音字汇[J]. 开篇, 2013 (32).
[18] 庄初升. 粤北土话音韵研究[M]. 北京：中国社会科学出版社, 2004.
[19] 庄初升. 广东省客家方言的界定、划分及相关问题[J]. 东方语言学, 2008 (2).

# 南雄方言的小称与变音

阳 蓉
(西南科技大学文学与艺术学院)

**【提 要】** 南雄方言的小称有3种类型,即后缀型、混合型、变调型。后两种类型是一种超出语音层面的特殊音变现象(即变音),与特定的语义相关。南雄方言的变音有变调型和促化型两种,两者的演变具有时间上的承继关系。

**【关键词】** 南雄方言　小称　变音　历史演变

## 一、引 言

关于小称,曹志耘(2001:33~44)说:"汉语方言中存在许多跟北京话的儿化相类似的语言现象,例如'变韵''变音''小称变调'、韵母'鼻尾化'或'韵母'鼻化等……我们认为可以从功能的角度,把汉语方言中的这类现象统称为'小称'。"南雄方言中,也存在这种小称现象,有时用小称的形式来"指小",表达喜爱、亲昵、戏谑等功能,有时"指小"的功能已经不太明显,而是指常用事物,有时特指某种事物。下面具体介绍南雄方言中的小称现象。

## 二、南雄方言的小称

提到小称,郭必之(2004:769~786)曾说:"南部吴语小称的类型非常多样化,从儿缀、鼻音韵尾、鼻化韵、变调到几种形式重合的例子都有。"借此我们知道,小称可以通过词缀实现,也可以通过变调实现。这两种手段南雄方言中都有,而且还有词缀和变调重合的例子。曹志耘(2001:33~44)提到:"在南部吴语的许多方言里,变调是小称的重要手段之一。小称变调是'语义变调'的一种,它不同于语音变调和语法变调。小称变调的读法可以叫作'小称调'。小称变调常常跟儿缀、鼻尾或鼻化手段共存并用,有时甚至是唯一的手段。前者属于混合型小称,后者就是本小节所要讨论的纯粹的变调型小称。"从曹志耘(2001:33~44)的观点出发,我们可以将南雄方言中的小称分为3种类型,即后缀型、混合型、变调型。

下面我们来看看3种类型的小称在南雄方言中的具体表现。

---

① 本文是国家社会科学基金重大项目"海内外客家方言的语料库建设和综合比较研究"(项目编号:14ZDB103)的阶段性成果。

## （一）后缀型

南雄方言名词性的后缀有"崽""牯""婆""佬""哩""子"等，但"哩"更为普遍，而且用来"指小"的一般是"哩"le⁰，这个"哩"相当于普通话里的"儿"。坪田名词性后缀多用"□"tsɛ⁰，界址多用"子"，主田多用"哩"le⁰，有时也用"嘚"tɛ⁰。（见表1）

表1 南雄方言的后缀型小称

| 地点 | 鸡 | 猪仔 | 猴 | 辫子 | 镜子 |
|---|---|---|---|---|---|
| 雄州 | 鸡哩 ki⁴⁴ le⁰ | 猪崽哩 tɕy⁴⁴ tsɤ²⁴ le⁰ | 猴哥哩 he¹¹⁻⁴² kɔ⁴⁴ le⁰ | 辫哩 pien⁴² le⁰ | 镜哩 tɕiaŋ³³ le⁰ |
| 古市 | 鸡哩 ki³³ le⁰ | 猪崽哩 tsu³³ tsai¹² le⁰ | 猴哥哩 hou³¹ kɔ³³ le⁰ | 辫哩 piɛ̃⁵² le⁰ | 镜哩 tɕiaŋ³²² le⁰ |
| 乌迳 | 鸡哩 ki⁴³ le⁰ | 猪崽哩 tɕy⁴³ tsoɤ²⁴ le⁰ | 猴哩 hɛ²¹ le⁰ | 辫哩 pʰɛ̃⁵ le⁰ | 镜哩 tɕiã¹² le⁰ |
| 油山 | 鸡哩 ki⁵³ le⁰ | 猪崽哩 tɕy⁵³ tso³¹ le⁰ | 猴哩 hɛ²¹ le⁰ | 辫哩 pʰɛ̃⁵ le⁰ | 镜哩 tɕiã²² le⁰ |
| 坪田 | 鸡□ ki⁵⁵⁴ tsɛ⁰ | 猪□ tɕi⁵⁵⁴ tsa²¹² tsɛ⁰ | 猴角□ hɔ⁴¹ ko²⁴ tsɛ⁰ | 辫□ pʰiɛ²⁴ tsɛ⁰ | 镜□ tʃã⁴¹ tsɛ⁰ |
| 南亩 | 鸡哩 ki⁵⁴ le⁰ | 猪崽哩 tɕy⁵⁴ tso²¹² le⁰ | 猴牯哩 hœ³¹ ku²¹² le⁰ | 辫哩 pʰiɛ̃³⁴ le⁰ | 镜哩 tʃã⁴¹⁻³¹ le⁰ |
| 界址 | 鸡崽 tɕi⁵⁵ tsæ⁵¹ | 猪崽哩 tɕy⁵⁵ tsæ⁵¹ le⁰ | 猴哥子 hɛ⁴³ ko⁵⁵ tsɿ⁵¹ | 辫子 pʰiɛ²¹² tsɿ⁵¹ | 镜子 tɕia⁴³ tsɿ⁵¹ |
| 主田 | 鸡哩 ki ²³ le⁰ | 猪崽哩 tsu²³ tsai³¹ le⁰ | 猴嘚 həɯ²¹ tɛ⁰ | 辫哩 pʰiɛn⁴² le⁰ | 镜哩 tɕiaŋ⁴² le⁰ |
| 江头 | 鸡哩 ki ²³ le⁰ | 猪崽哩 tsu²³ tsai⁴¹ le⁰ | 猴哩 hiə ³¹ le⁰ | 辫哩 pʰiã⁴⁴³ le⁰ | 镜哩 tɕiaŋ⁴⁴³ le⁰ |
| 黄坑 | 鸡哩 ki²³ le⁰ | 猪崽哩 tsu²³ tsæ⁴¹ le⁰ | 猴哩 hœ³¹ le⁰ | 辫哩 pʰiɛ̃⁴⁴² le⁰ | 镜哩 tɕiã⁴⁴² le⁰ |
| 珠玑 | 鸡哩 ki²³ le⁰ | 猪崽哩 tsu²³ tsɛ³¹ le⁰ | 猴哩 həɯ²¹ le⁰ | 辫哩 pʰiɛ̃⁴² le⁰ | 镜哩 tɕiaŋ⁴² le⁰ |
| 帽子峰 | 鸡哩 ki²³ le⁰ | 猪崽哩 tsu²³ tsai⁴² le⁰ | 猴哩 həɯ⁵¹ le⁰ | 辫哩 pʰiɛi⁴⁴² | 镜哩 tɕiã⁴⁴² le⁰ |
| 澜河 | 鸡哩 ki ²³ le⁰ | 猪崽哩 tsu²³ tsai⁴² le⁰ | 猴哩 hə²¹ le⁰ | 辫哩 pʰiɛi⁴⁴² | 镜哩 tɕiã⁴⁴² le⁰ |
| 百顺 | 鸡哩 ke³³ le⁰ | 猪崽哩 tsu³³ tsɛ³¹ le⁰ | 猴哩 həɯ⁵² le⁰ | 辫哩 pʰien³³ le⁰ | 镜哩 tɕiaŋ³⁴ le⁰ |

说明：雄州的"猴哥哩"he¹¹⁻⁴² kɔ⁴⁴ le⁰、南亩的"镜哩"tʃã⁴¹⁻³¹ le⁰出现了后缀与变调并存的小称形式。

## （二）混合型

南雄方言中混合型小称包括后缀与变调共存型、变韵与变调共存型。

**1. 后缀与变调共存型**

雄州：猴哥哩_猴子_ he¹¹⁻⁴² kɔ⁴⁴ le⁰。

古市：茄子 tɕiɔ³¹⁻⁵² tsɿ¹²。

乌迳：雀哩_雀_ tso⁵⁻²¹ liɛ⁵、屎帖哩_尿布_ sɿ²⁴ tʰiɛ⁴³⁻²¹ liɛ⁵、农尾哩_蜻蜓_ nəŋ²¹ mi¹²⁻²¹ liɛ⁵、茄哩 tɕʰio²¹⁻⁴³ liɛ²、菌哩_菌_ tɕʰĩ¹²⁻²¹ liɛ⁵、矮凳哩_小凳子_ a²⁴ tɛ̃¹²⁻²¹ liɛ⁵、棍管哩_棍儿_ kõɤ¹²⁻²¹ kuã²⁴ liɛ⁵、帽哩_帽子_ mau⁵⁻⁴³ liɛ⁵。

油山：茄哩 tɕʰiə²¹⁻⁵³ lɛ⁰。

坪田：桃子 tʰɑ⁴¹⁻⁵⁵⁴ tsɿ²¹²、鲫鱼□_鲫鱼_ tsɛ⁴² n̩⁴¹⁻⁵⁵ tsɿ²¹²、油李子 iu⁴¹ lɛ²¹²⁻⁴¹ tsɿ²¹²、鸽子

kɛ⁴²⁻⁴¹ tsɿ²¹²。

南亩：镜哩_镜子 tʃã⁴¹⁻³¹ le⁰。

界址：茄子 tʃʰo⁵³⁻⁵⁵ tsɿ⁵¹、桃子 tʰɑ⁵³⁻⁵⁵ tsɿ⁵¹、梅子 mɤ⁵³⁻⁵⁵ tsɿ⁵¹、豹子 pɑ⁵³⁻⁵⁵ tsɿ⁵¹、蚊子 mĩ⁵³⁻⁵⁵ tsɿ⁵¹、瓠子 pʰu⁵³⁻⁵⁵ tsɿ⁵¹。

说明：由于所调查的词语有限，举例时各地呈现出不均衡状态，应该说，以上各方言点都还有好些类似的词语。

2. 变韵与变调共存型

之前有学者指出雄州话里有一种"促变音"类型的小称，即表小称时"由原来的舒声调变为促声调，韵母也随之促化"（谢自立，2006：31～40）。

庄初升（2004：241）提到粤北土话中南部的多数方言点有种伴随喉塞音出现的变韵现象，可用来表示小称等一些语义色彩。Søren Egerod（易家乐，1983：123～142）指出，雄州方言里的舒声字读喉塞音的现象常常出现在名词里。谢自立（2006：31～40）也提到这种现象。但是，庄初升（2004）及笔者的调查里，没有发现南雄方言里有成规模的促变音来表示小称，只见零零星星的一些，想来语言已经发生了变化，过去很多的促变音小称今天已演变为普通变音的小称了。虽然零星，但非常珍贵，因为它们就是语言演变的活化石。我们将其记录如下：

古市的"妻" tɕʰiɛ³³⁻⁵，主田的"荔" liʔ⁵¹⁻⁴³，珠玑的"荔" lieʔ⁴²⁻⁵⁴，黄坑的"个" kiɛʔ⁴⁴²⁻⁵、"肤" foʔ²³⁻⁵，江头的"个" kɛʔ⁴⁴³⁻⁵⁴、"荔" liɛʔ⁴⁴³⁻⁵⁴、"垫" tʰiɛʔ⁴⁴³⁻⁵⁴，帽子峰的"胡_姓" fəʔ⁵¹⁻⁵、"囟" suiʔ²³⁻⁵，澜河的"妻" tɕʰiʔ²³⁻⁵、"脐" tɕʰieʔ²¹⁻⁵、"例" liʔ⁴⁴²⁻⁵、"际" tɕiɛʔ⁴⁴²⁻⁵、"萤" iaʔ²¹⁻⁵。

需要说明的是，古市、珠玑、黄坑上述词语中的韵母我们处理为阴声韵尾，但实际上有轻微的紧喉色彩，与古入声字的今读情况相似。

这一类型除了粤北部分土话（庄初升，2004；伍巍，2003）之外，吴语、闽语（郭必之，2004）、赣语（郑丹，2012）中都存在。张双庆、万波（1996）认为邵武城关话中的舒声读入声是小称变调导致的结果。郑丹（2012：183～185）提出，赣语隆回司门前话"非入声字读作入声的现象与江西中部地区方言的小称变调的性质都是一致的，它的实质就是一种小称变调"。不过，对于邵武方言中的此类现象，龙安隆（2011：302～309）认为，邵武方言舒声字读入声与黎川方言中的此类现象不同，邵武方言"浊平字读入声反映的是闽语特征，其他舒声字读入声则来源于周边方言和普通话"。

（三）变调型

变调型小称就是只发生变调不发生变韵，也没有词缀的小称形式。

变调型，目前已知的点有雄州、古市、乌迳、油山、坪田、南亩、界址、澜河、帽子峰有少许的变调型小称。图1是变调型小称分布。

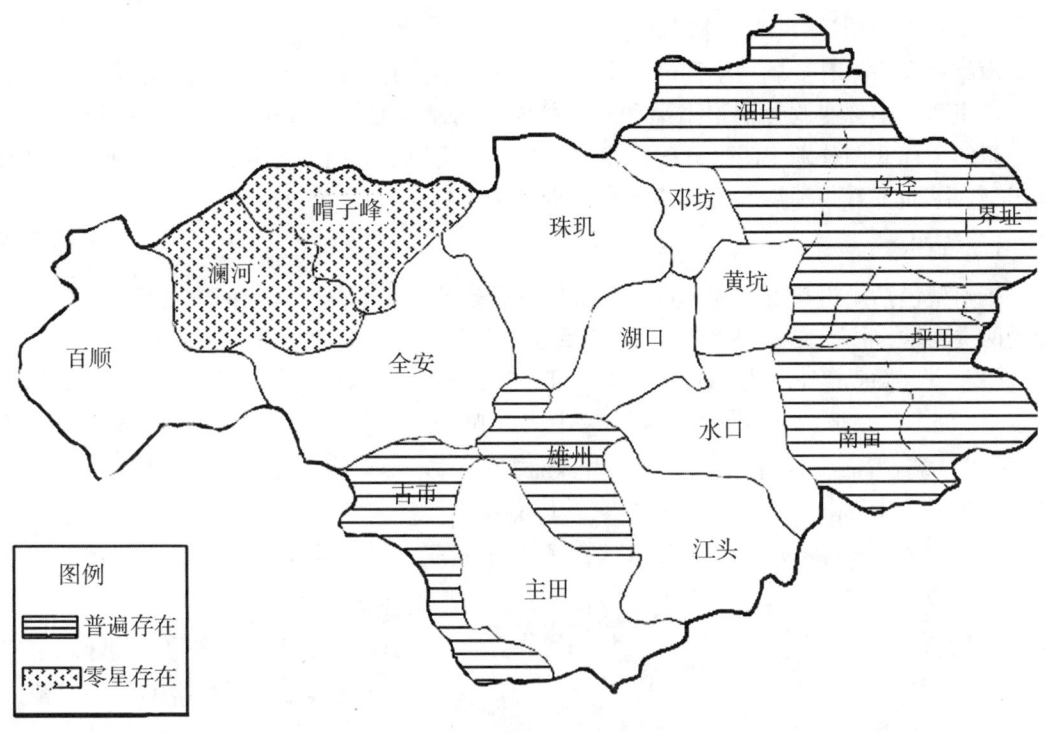

**图 1　南雄方言变调型小称的分布**

现代汉语中具有变调型小称的方言很多，赣语、客家话、粤语、吴语、畲话、闽语中都有此类现象。颜森（1989）把黎川方言中一些口语常用字声母为不送气的塞音、塞擦音时读作阳调的现象（有悖于赣方言的音系特征）归因于变调型小称。张双庆、万波（1996）指出邵武、将乐、南城、光泽、泰宁、顺昌方言也具有变调型小称现象。陈立中（2005）也提到攸县（新市）的辖字中也存在大量不合音系规则的现象，体现这些现象的字在意义上和小称有关。余颂辉（2009）指出樟坪畲话、铅山太源畲话、浙江泰顺畲话、景宁畲话、南昌等地情形也如此，并且指出这些地点都在武夷山脉周边，因此这些现象不是孤立存在，而是具有语言地理类型学意义。①

上面提到南雄方言具有变调型小称的9种方言中，前7个方言点小称变调非常丰富，后两个点有少许存在，估计是受相邻方言影响的结果。在这9个方言点里，变调是小称的重要手段之一，有时甚至是唯一的手段。这9个方言点的小称变调有个特点，即"本音发生小称变调时因单字调的不同而不同，单字调是小称变调的条件，单字调跟小称调之间存在对应关系"（曹志耘，2001：33～44）。曹先生将这种类型的小称变调称为"分变式"变调，并且指出，"'分变式'可能是一个单字调对应于一个小称调，也可能是具有某种共性的单字调（如阴调类、仄声）读作同一个小称调"。"分变式"变调是相对于"合变式"变调而言，"'合变式'的特点是不管本音（包括儿缀）的单字调是什么调类，小称是都合读成一个相同的小称调，单字调跟小称调之间不存在对应关系，这种小称调几乎成为本方

---

① 很多学者讨论过小称变调的现象，这里不一一列举。

言中一个特别的调类"（曹志耘2001：33～44）。

南雄方言中具有变调型小称的9个点都有两个小称变调，都表现为与单字调相混，雄州、古市两个小称变调分别跟阳平和阳去相混，乌迳、油山、坪田、界址、南亩、澜河、帽子峰的小称变调分别跟阴平、阳平相混。因此，我们把它们分为两个类型，即雄州型和坪田型。下面来看两种类型的具体情况。

1. 雄州型

雄州型包括雄州和古市两个点。下面我们把雄州具有小称变调的词按照变音后的调值分为两类列举，一类变为11调（与阳平重合），另一类变为42调（跟阳去同调）。

（1）叉_名词_ tshɑ⁴⁴⁻¹¹、沙 sa⁴⁴⁻¹¹、瓜_黄_ kva⁴⁴⁻¹¹、兔 thu³³⁻¹¹、箍_名词_ ku⁴⁴⁻¹¹、裤 fu³³⁻¹¹、晡_夜~:晚上_ pu⁴⁴⁻¹¹、带_名词_ tɑ³³⁻¹¹、筛_名词_ sɔ⁴⁴⁻¹¹、肺 fi³³⁻¹¹、妹 mɤ⁴²⁻¹¹、豹 pau³³⁻¹¹、泡 phau³³⁻¹¹、票 phiau³³⁻¹¹、钩_名词_ ke⁴⁴⁻¹¹、柑 kɔã⁴⁴⁻¹¹、衫 sɔã⁴⁴⁻¹¹、森 ɕin⁴⁴⁻¹¹、肝_猪~_ kɔŋ⁴⁴⁻¹¹、线 san³³⁻¹¹、扇 san³³⁻¹¹、半_一~_ pɔã³³⁻¹¹、罐 kvɑ³³⁻¹¹、面_脸_ mien⁴²⁻¹¹、信_名词_ sin³³⁻¹¹、棍 kvɤŋ³³⁻¹¹、箱_推~:抽屉_ ɕiɔŋ⁴⁴⁻¹¹、窗_~子_ tshɔŋ⁴⁴⁻¹¹、凳 tin³³⁻¹¹、秤 tɕhin³³⁻¹¹、生_后~_ saŋ⁴⁴⁻¹¹、甥 saŋ⁴⁴⁻¹¹、更_五~_ kaŋ⁴⁴⁻¹¹、钉_铁~_ tiaŋ⁴⁴⁻¹¹、星_~~_ ɕiaŋ⁴⁴⁻¹¹、粽 tsʌŋ⁴⁴⁻¹¹、葱 tshʌŋ⁴⁴⁻¹¹。

（2）茄 tɕiɔ¹¹⁻⁴²、婆_猪~_ pɔ¹¹⁻⁴²、蔗 tsa³³⁻⁴²、爷_~佬:父亲_ ia¹¹⁻⁴²、下_山~_ ha⁴⁴⁻⁴²、簿 pu⁴²、苎 tɕy⁴²、鱼 n¹¹⁻⁴²、台_桌子_ tɤ¹¹⁻⁴²、鞋 hɔa¹¹⁻⁴²、牌_打~_ pai¹¹⁻⁴²、弟_~佬:弟弟_ te⁴²、脐 tsi¹¹⁻⁴²、梨_沙~_ li¹¹⁻⁴²、锤 tɕy¹¹⁻⁴²、头_日~_ te¹¹⁻⁴²、猴_~哥_ he¹¹⁻⁴²、后_前~_ he⁴²、桃 tɔ¹¹⁻⁴¹、瓢 piɔ¹¹⁻⁴¹、藻 piɔ¹¹⁻⁴²、蚕 tsaŋ¹¹⁻⁴²、鸽 ke⁵⁻⁴²、塔 thai⁵⁻⁴²、夹 ke⁵⁻⁴²、鸭 ai⁵⁻⁴²、帖 thai⁵⁻⁴²、钱 tsan¹¹⁻⁴²、截 tsai⁴²、盘 pɔã¹¹⁻⁴²、船_茅~_ ɕiɔŋ¹¹⁻⁴²、痕 hin¹¹⁻⁴²、卒 tsɤ⁵⁻⁴²、蚊 mɤŋ¹¹⁻⁴²、裙 kvɤŋ¹¹⁻⁴²、娘_妇~:妻子_ ȵiɔŋ¹¹⁻⁴²、雀 tɕiɔ⁵⁻⁴²、丈 tsɔŋ⁴²、绳 ɕin¹¹⁻⁴²、式 ɕie⁵⁻⁴²、蝇 ȵin⁴⁴⁻⁴²、国 kɤ⁵⁻⁴²、柏 pa⁵⁻⁴²、伯_~~:父_ pa⁵⁻⁴²、棚_草~_ pɤŋ¹¹⁻⁴²、格 ka⁵⁻⁴²、策 tshai⁵⁻⁴²、册 tsha⁵⁻⁴²、坪 piaŋ¹¹⁻⁴²、领_衣~_ liaŋ⁴²、筒 tʌŋ²⁴⁻⁴²、谷_稻~_ kʌ⁵⁻⁴²、叔 sʌ⁵⁻⁴²、菊 tɕhiʌ⁵⁻⁴²、粟 ɕiʌ⁵⁻⁴²。

说明："簿" pu⁴² "苎" tɕy⁴² "弟_~佬:弟弟_" te⁴² "后_前~_" he⁴² "截" tsai⁴² "丈" tsɔŋ⁴² "领_衣~_" liaŋ⁴²可能变调与本调重合，故读本调还是读变调无从观察。

通过观察上面所列举的词语，我们把单字调与小称调之间更加明确的对应关系总结如下（这类型以雄州为代表）。（见表2）

表2 南雄雄州小称变调的规律

| 本调 | 主要来源 | 变调 | | 举例 |
|---|---|---|---|---|
| | | 21 | 42 | |
| 阴平44 | 清平 | + | | 箍 ku²¹、柑 kɔã²¹、钉 tiaŋ²¹、甥 saŋ²¹、睛 tɕiaŋ²¹、葱 tshʌŋ²¹ |
| | 次浊平 | | | |
| 阳平11 | 次浊平 | | + | 爷 ia⁴²、鱼 n⁴²、梨 li⁴² |
| | 全浊平 | | + | 婆 pɔ⁴²、鞋 hɔa⁴²、锤 tɕy⁴²、桃 tɔ⁴²、瓢 piɔ⁴²、盘 pɔã⁴²、钱 tsan⁴² |

(续表2)

| 本调 | 主要来源 | 变调 | | 举例 |
|---|---|---|---|---|
| | | 21 | 42 | |
| 上声24 | 清上 | | | |
| | 次浊上 | | | |
| 阴去33 | 次浊上 | | | |
| | 清去 | + | + | 个 ke$^{42}$、蔗 tsa$^{42}$、肺 fi$^{21}$、豹 pɑ$^{21}$、兔 tʰu$^{21}$、票 pʰiau$^{21}$、半 pɔã$^{21}$ |
| 阳去42 | 全浊上 | + | + | 簿 pu$^{42}$、肚~猪~tu$^{42}$、柱 tɕʰy$^{21}$、弟 tʰɛ$^{42}$、艇 tʰiaŋ$^{21}$ |
| | 次浊去 | + | | 妹 mɤ$^{21}$ |
| | 全浊去 | | | |
| | 次浊入 | | | |
| | 全浊入 | | | |
| 入声5 | 清入 | | + | 鸭 ai$^{42}$、鸽 ke$^{42}$、夹 ke$^{42}$、帖 tʰai$^{42}$、卒 tsɤ$^{42}$、雀 tɕiɔ$^{42}$、格 ka$^{42}$ |
| | 次浊入 | | | |

从表2可知，雄州小称变调的规律是：本调为阴平、阴去的字变21（个别字变42，跟阳去同调），跟阳平同调；本调为阳平、入声的字变42，跟阳去同调。本调为上声的字变调表小称的例字在笔者调查的材料里没有发现。本调为阳去的字读阳平、阳去都有，变调可能已与本调重合，区分不出来了。

2. 坪田型

坪田型包括乌迳、油山、坪田、南亩、界址5个方言点，这一类型以坪田为代表。

现在来看坪田的变调型小称。我们按照变音后的调值把下面这些小称词语分为两类列举，一类为变为41调（与阳平重合），另一类变为554调（跟阴平同调）。

（1）巴~烂泥~pa$^{554-41}$、疤 pa$^{554-41}$、沙 sa$^{554-41}$、架~哩:架子 ka$^{554-41}$、下~山~ha$^{42-41}$、码~尺~ma$^{212-41}$、箍 名词 ku$^{554-41}$、数 名词 su$^{42-41}$、苎 tɕʰi$^{42-41}$、里~水~li$^{212-41}$、带 名词 ta$^{42-41}$、盖 名词 kuɛ$^{42-41}$、筛 名词 si$^{554-41}$、弟~老~:弟弟 tʰɛ$^{42-41}$、妹~老~muɛ$^{42-41}$、泡 pʰɑ$^{42-41}$、票 pʰiɑ$^{42-41}$、轿 tʃɑ$^{42-41}$、钩 名词 kiɛ$^{554-41}$、昼上~tɕiu$^{42-41}$、舅 大~子 tɕʰiu$^{42-41}$、妇~媳~fu$^{24-41}$、篓 油~子 lɛ$^{212-41}$、鸽 kɛ$^{42-41}$、担~挑~tã$^{42-41}$、柑~哩~kã$^{554-41}$、屑~纸~si$^{42-41}$、燕 iɛ̃$^{42-41}$、钻 名词 tsuã$^{554-41}$、钵~头~pa$^{42-41}$、信 名词 sĩ$^{42-41}$、棍 kõɤ$^{212-41}$、菌~哩:蘑菇 tɕʰĩ$^{24-41}$、日~今~ŋiɛ$^{42-41}$、箱 ʃɔ̃$^{554-41}$、雀 禾~子 tsɔ$^{24-41}$、窗 tsʰɔ̃$^{554-41}$、桌~二~tsɔ$^{24-41}$、生 后~:小伙子 sã$^{554-41}$、甥 sã$^{554-41}$、领~衫~:衣领 liã$^{24-41}$、钉~铁~tiã$^{554-41}$、星~~ʃã$^{554-41}$、镜 tʃã$^{42-41}$、粽 tsɤŋ$^{42-41}$、葱 tsʰɤŋ$^{554-41}$。

（2）茄 tɕʰio$^{41-554}$、婆~猪~pʰo$^{41-554}$、磨石~mo$^{41-554}$、鱼 n̩$^{41-554}$、台~桌子~tʰuɛ$^{41-554}$、梅~哩:梅 muɛ$^{41-554}$、梨~沙~li$^{41-554}$、桃 tʰa$^{41-554}$、藻 pʰiɑ$^{41-554}$、榴 liu$^{212-554}$、鳞 li$^{41-554}$、盆~面~pʰuɛ$^{41-554}$、

娘$_{妇\sim:妻子}$ ȵĩɔ$^{41-554}$、镬 o$^{24-554}$、鹤$_{白\sim}$ o$^{24-554}$、蝇 n̩$^{554}$、筒$_{竹\sim}$ tʰəŋ$^{212-554}$、笼$_{鸡\sim}$ ləŋ$^{41-554}$、雹$_{冰\sim}$pʰo$^{24-554}$。

需要说明的是,"蝇"n̩$^{554}$可能变调与本调重合了,故读本调还是读变调无从观察。

通过观察上面所列举的词语,我们把单字调与小称调之间更加明确的对应关系总结如下(这类型以坪田为代表)。(见表3)

表3 南雄坪田小称变调的规律

| 本调 | 主要来源 | 变调 554 | 变调 41 | 举例 |
| --- | --- | --- | --- | --- |
| 阴平 554 | 清平 | | + | 沙 sa$^{41}$、柑 ka$^{41}$、钉 tia$^{41}$、箱 sia$^{41}$、星 sia$^{41}$、葱 tsʰɤŋ$^{41}$ |
| | 次浊平 | | | |
| 阳平 41 | 次浊平 | + | | 鱼 n̩$^{554}$、鳞 li$^{554}$、梨 li$^{554}$、梅 muɛ$^{554}$、铃 lia$^{554}$、笼 lɤŋ$^{554}$ |
| | 全浊平 | + | | 茄$_{\sim子}$ tʃʰo$^{554}$、脐 tsi$^{554}$、台$_{桌子}$ tʰuɛ$^{554}$、桃 tʰa$^{554}$ |
| 上声 212 | 清上 | | + | 孔 kʰɤŋ$^{41}$、姊 tsi$^{41}$ |
| | 次浊上 | | | |
| 阴去 42 | 次浊上 | | | |
| | 清去 | | + | 架 ka$^{41}$、扫 sa$^{41}$、豹 pa$^{41}$、兔 tʰu$^{41}$、盖 kuɛ$^{41}$、粽 tsɤŋ$^{41}$ |
| | 全浊上 | | + | 下 ha$^{41}$、柱 tɕʰy$^{41}$、弟 tʰɛ$^{41}$ |
| | 咸类入声 | + | + | 鸭 ɤ$^{554}$、栗 liɛ$^{41}$、鸽 ka$^{41}$、帖 tʰiɛ$^{41}$、碟 tʰiɛ$^{41}$、刷 sɤ$^{41}$ |
| 阳去 24 | 全浊上 | | | |
| | 次浊去 | + | + | 磨$_{石\sim}$mo$^{554}$、妹 muɛ$^{554}$、妹$_{老\sim}$muɛ$^{41}$ |
| | 全浊去 | | | |
| | 宕类入声 | + | + | 雹 pʰo$^{554}$、索 so$^{554}$、拍 pʰa$^{554}$、脊 tɕi$^{554}$、镬 o$^{554}$、雀 tso$^{41}$ |

表3中咸类入声指古咸、深、山、臻四摄的入声,宕类入声指古宕、江、曾、梗、通五摄的入声,南雄坪田的今读规律是咸类归阴去、宕类归阳去。次浊上今读上声、全浊上今读阳去都属于文读层,不出现小称变调是正常的。全浊去声字变调表小称的例字在笔者调查的材料里没有发现。有一些字出现变调,但跟小称没关系,这里略加说明。"表"piɑ$^{554}$,广东的方言大多把"手表"的"表"读为阴平,跟小称没有关系;"柿"sɻ$^{554}$,坪田不说"柿子",说"椑"pi$^{554}$,"柿"sɻ$^{554}$应该是外来的成分,这里把它剔除;"墓"mo$^{41}$,坪田不说"墓",说"地"tʰi$^{24}$,"墓"为什么读阳平还需再考察。宕类入声字"册"tsʰa$^{41}$、"幕"mo$^{41}$、"桌"tso$^{41}$(坪田方言口语用"台"tʰuɛ$^{554}$)、"幅"fu$^{41}$不是口语用字,今读调类大概是受邻近西南官话影响所致,不是小称变调。因此,南雄坪田小称变调的规律是:本调为阴平、上声、阴去的字变41,跟阳平同调;本调为阳平、阳去的字大多变554,跟阴平同调。我们通过语图(见图2)来佐证上述变调情况(语图上的6个字是"沙""葱""鳞""梨""架""豹")。

沙 sa⁵⁵⁴⁻⁴¹　葱 tsʰɤŋ⁵⁵⁴⁻⁴¹　鳞 li⁴¹⁻⁵⁵⁴　梨 li⁴¹⁻⁵⁵⁴　架 ka⁴²⁻⁴¹　豹 pɑ⁴²⁻⁴¹

图2　坪田话的小称变调

### （四）几种类型的内在联系

南雄方言中的小称类型虽然多样，但相互之间体现出一定的内在联系，代表了发展阶段的不同类型。后缀型的小称应该是最早的形式，其次是混合型小称，最后是变调型小称。原因见下文。

## 三、南雄方言的变音

什么是变音呢？变音是相对于本音而言的。李荣（1978：96～103）指出："变音不但是语音单位，也是语义单位（morpheme）……温岭话变音，舒声字是声调的替换……入声字是韵母、声调同时替换……北京话儿化是韵母的替换……广州话变音是声调的替换……"依此来看，变音包括韵母、声调两个方面的变化。谢自立（2006：31～40）说过："'变音'指有一些字在进入语词以后，读音发生某种变异。这种变异往往因词而异，找不到有规律的语音条件；分析这些变异，能够发现它们与本音之间在语用和语义方面有一定差别。"南雄方言中的"变韵＋变调型"小称、变调型小称就是这种超出语音层面的特殊音变现象。

### （一）南雄方言变音的类型

从"变音"的角度来讲，南雄方言里有两种类型，即变调型和促化型。谢自立（2006：31～40）提到："雄州话里的变音大致可以分为两类，一类由原来的舒声调变为促声调，韵母也随之促化；另一类是舒声调由原来的本调变读舒声调的其他调类（绝大多数变读为阳平调）。我们把前一类叫促变音，后一类叫普通变音。"本文沿用谢先生的定义，只是稍做改变，即结合南雄方言的实际把"普通变音"称为"变调型"。下面分别介绍这两种类型。

1. 变调型

变调型就是只发生变调不发生变韵的变音，前文描述的南雄方言中的变调型小称就是通过变调的方式来"指小"，这种变音形式就是变调型变音。

2. 促化型

庄初升（2004：241）指出："粤北土话的变音主要体现为一种变调现象，当然，中南部的多数方言点伴随喉塞音的出现也体现为一种变韵现象。"Søren Egerod（易家乐，1983：123～142）也提到雄州方言里的舒声字读喉塞音的现象，他说："As will be shown words in the nasal phonation type which take the colloquial yang ping in -ʔ, e.g. 绳, phoneti-

cally combine the features nasal and glottal, a combination also known from the colloquial layer of Amoy. This may be counted as an extra'mixed'phonation type,albeit rather limited in number of entries."[ "下面将出现的在鼻音发音类型的词又是在 -ʔ 里,这些词在口语中读阳平调,如'绳（22）',从语音角度上看,这些字结合了鼻音和喉音,这种组合语音也可以在厦门的口语里找到,这些可认为是临时混合的发音形式,尽管它们的数目非常有限。"]谢自立（2006：31～40）指出,"雄州话促变音的基本形式是在本音的韵母后面加入一个喉塞音,从而造成短调和促韵,其音高跟原来的阳入调结合,都是一个较高略降的 [ʔ⁴³] 短调……这样一来,一些本音本来不同音的字,促变后就变得相同了,如'雀'本音读 [tɕioʔ⁴³],'茄'本音读 [tɕio¹¹],'蕉'本音读 [tɕiau⁴²],在'雀俚、茄俚、蕉俚'里都变成 [tɕioʔ⁴³],完全同音了……（鼻韵尾收前鼻音 [-n] 的字）由于韵尾后移非常微弱,它与曲江大村土话里中塞性质变音的发音也不相同,感觉不到有两个音节（林立芳、庄初升,2000）……以后鼻尾 [-ŋ] 收尾的 [iaŋ, ɔŋ, iɔŋ, ʌŋ] 四个韵母以鼻化状态前移,跟主元音同现,喉塞音在后,它们分别变成了 [iãʔ, ɔ̃ʔ, iɔ̃ʔ, ʌ̃ʔ]。阳声韵中所有这些促变形式都不见于本音的韵母系统",跟 Søren Egerod（易家乐,1983：123～142）描述的现象相似。但庄初升（2004）及笔者的调查里,没有发现南雄方言里有成规模的促变音,过去很多的促变音今天已演变为普通变音了。但这类变音在粤北其他土话里存在,雄州方言里的这种现象应该与它们具有同样性质,详情可见庄初升（2004：240～256）。

## （二）南雄方言变音的演变

讲变音的演变得回溯到小称的演变上来,因为南雄方言中的变音主要是为实现"指小"的功能而存在（当然还有其他的功能）。南雄方言中的小称类型复杂多样,可以通过丰富的词缀来实现,也可以通过"词缀+变韵+变调"来实现,还可以通过"词缀+变调"以及纯粹的"变调"等形式来实现。在这里,我们不涉及词缀的丰富多样,只讲讲"哩"和"嘚"缀的演变及小称中的变音现象（包括变韵和变调）。

我们认为,南雄方言中的"哩"和"嘚"后缀来源于"儿"缀,"哩"le 和"嘚"te 是"儿"缀的不同变体,与李冬香（2009）的观点一致。

关于小称的源头,有3种观点:一是来源于"儿"缀;一是来源于紧喉音 -ʔ;一是有两个来源,即促化"儿"缀（即带喉塞音韵尾的"儿"缀）,以及其他小称丢失以后的补偿形式。

（1）"儿"缀。曹志耘（2001：33～44）认为,"儿缀是小称的源头"。就南部吴语而言,曹认为"儿"缀演变为小称形式后,意义虚化,一步一步由独立音节的"儿"缀演变为"鼻尾+小称调""鼻化+小称调""小称调",最后到"紧喉小称调"。郑张尚芳（1981：40～50）将"儿"音的历史演变分为5个阶段,即儿 ȵje→ȵi→ŋ̍→n→ŋ。两位先生都认为吴语的小称变调源自"儿"缀。蒋冀骋（2004）提出湖南沅陵乡话词缀"立"li 来源于"儿",是"儿"的音变。陈小燕（2006：72～76）赞同郑张尚芳的观点,认为"'儿'尾是粤语小称形式的源头,广西容县、广东信宜方言的小称变音以及广州话的高升变调,都是由'儿'尾弱化发展演变而来的"。李冬香（2009）认为,韶关土话中的"哩"和"嘚"是同一个词缀的不同变体,认为韶关土话中的"哩"和"嘚"也来源于"儿"。

（2）紧喉音 -ʔ。陈忠敏（1992：227～231）认为，吴语的小称源自"囝"尾，他主要着眼于变调中的紧喉成分。平田昌司（1983）把韶关方言的小称原形拟为 -ʔ，1985年5月17日在回看他1983年发表在《中国语文》上的《小称与变调》时说："韶关方言的有些阴阳声字后带 -ʔ，同时它的声调也变成入声。从《中国语文》1983年2期所举的例字来看，这些字似乎都是名词的末字，可能跟'小称'有关。把变音原形拟为紧喉，这又是一证。"① 庄初升（2004：254）认为，把变音的原形构拟为紧喉音 -ʔ，可以比较好地解释粤北土话两种变音类型之间的历史层次关系（促化式、舒化式）。

（3）两个来源：促化"儿"缀（即带喉塞音韵尾的"儿"缀），以及其他小称丢失以后的补偿形式。郭必之（2004：769～786）认为，"小称变调则有两个来源：一个是促化儿缀（即带喉塞音韵尾的儿缀），这解释了为什么部分小称变调带紧喉色彩；另一个是其他小称丢失以后的补偿形式。过往不少学者都想用单一方式来解释吴、粤、客家等几种汉语方言小称变调的由来。我们认为每种方言的变调可能是各自形成的，不见得必定有同一个源头"。我们认为实际情况也可能如此。

我们结合谢自立（2006：31～40）的材料，认为雄州紧喉音 -ʔ 的小称形式早于今天雄州话单纯的声调变音，但不一定是南雄方言小称的最早源头。南雄方言小称的源头应该与大多数汉语方言一样，源自"儿"尾，今天南雄方言中的"哩"和"喏"te尾应该是"儿"尾的一种变体，后来"哩"和"喏"te尾慢慢虚化、脱落，小称的功能便转由小称调来承担。同吴语一样，南雄方言也经历过"儿"尾到"纯粹的小称调"再到"紧喉小称调"的过程。"紧喉小称调"，可能是用高调表示小称时的一种伴随现象。朱晓农（2004：346～354）认为小称变调和高调有关，而高调常常伴随或强或弱的紧喉特征。不过，汉语方言中也有低频的小称变调，南雄方言中就是如此，可以用高调来表示小称，也可以用低调来表示小称。那么，情况是否这样，即之前的雄州方言中有紧喉特征的只是在用高调来表示小称的那部分里，而用低调来表示小称的那部分里则没有？谢自立（2006：31～40）提到："雄州话促变音的基本形式是在本音的韵母后面加入一个喉塞音，从而造成短调和促韵，其音高跟原来的阳入调结合，都是一个较高略降的 [ʔ⁴³] 短调。"谢先生的描述证实了我们的猜测。不过，由于今天南雄方言里古入声字的喉塞特征已呈萎缩态势，中古带塞音韵尾的字已大部分舒化读成阴声韵，"紧喉小称调"也受大势所趋，慢慢消失"喉塞"成分，绝大多数都已演变为单纯的小称变调了。在这个演变过程中，"纯粹的小称调"在演变链条上出现了两次，一次是早期层次，一次是晚近的音变。之所以这样设想，是因为南雄方言的舒化型变音基本上是以本调的阴、阳作为分化的条件，庄初升（2004：257）认为，"既然'分变式'变音基本上是以本调的阴、阳类作为分化的条件，那么，其历史层次起码可以追溯到浊音清化时代和阴阳分调时代，所以，我们不认为分变式变音是一种晚近的语言现象"。结合庄先生的分析，南雄方言中小称变音的历程可能是：

---

① 这是平田昌司先生1985年5月17日写在他发表的《小称与变调》一文页面上的原话。

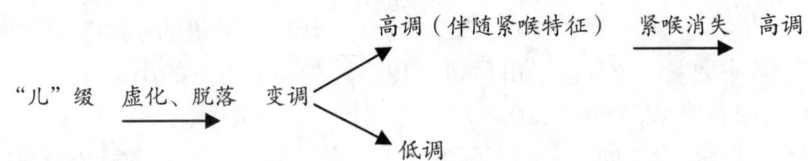

### (三) 南雄方言变音的功能

"变音是本音带有某种意义的派生形式"(李荣，1983：1～15)，它"不但是语音单位，也是语义单位(morpheme)"(李荣，1978：96～103)。南雄方言的变音同样具有这种性质。谢自立(2006：31～40)曾说："跟其他同样具有变音现象方言里的变音情况相比较，雄州话里的变音有两点和它们是很相像的，这就是：(一)变音只在口语中使用；(二)除了少数例外，发生变音的词语都是名词或带有名词性的词组。"他还提到："我们觉得在雄州话里，变音跟本音在语义上的差异类型是多元的，并不只限于某一两个方面。仅根据上面列举的材料来分析，至少可以指出以下这些方面：(一)区别所指的不同……(二)区别本义和引申义或比喻义……(三)区别泛指和专指……(四)区别实义和虚义……(五)动植物的子实常读变音……对于本音来说，变音具有更强的口语性、名词化和意义上的某种差别。"这种分析与麦耘(1995：245)的分析一样都具有高度的概括性，本文即用两位先生的总结来分析南雄方言中变音的功能。

麦耘(1995：245)把语素变调的语义类型分为：

A. 区分词性的变调
 Ⅰ 类型——以变调表示名词
B. 区分词义的变调
 Ⅱ 类型——以变调表示具体、常用的概念
 Ⅲ 类型——以变调表示特指义，尤其是方言特指义
 Ⅳ 类型——以变调表示小称

南雄方言的语素变音也具有这样的语法功能和语义功能。

#### 1. 区别词性

南雄方言的变音常常作为名词的标记。如果一个字有本音、变音两读，其本音就作为动词或动词性语素，变音则作为名词或名词性语素。(见表4)

表4 南雄方言变音名词化的语法功能

| 地点 | 词性 | 叉 | 箍 | 盖 | 带 | 筛 | 钩 | 信 | 笼 |
|---|---|---|---|---|---|---|---|---|---|
| 雄州 | 动词 | tsʰa⁴⁴ | ku⁴⁴ | kvɤ³³ | tɔa³³ | sɔ⁴⁴ | | sin³³ | |
| | 名词 | tsʰa¹¹ | ku¹¹ | | tɔa¹¹ | sɔ¹¹ | ke¹¹ | sin¹¹ | lʌŋ¹¹ |

（续表4）

| 地点 | 词性 | 叉 | 箍 | 盖 | 带 | 筛 | 钩 | 信 | 笼 |
|---|---|---|---|---|---|---|---|---|---|
| 古市 | 动词 | tsʰa³³ | ku³³ | koi˙³²² | tai˙³²² | | | çĩ³²² | |
| | 名词 | | | | | | kəu³¹ | | ləŋ³¹ |
| 乌迳 | 动词 | tsʰœ⁴³ | ku⁴³ | koɤ¹² | ta¹² | si˙⁴³ | kɛ⁴³ | sĩ¹² | |
| | 名词 | | ku²¹ | koɤ²¹ | ta²¹ | si˙²¹ | kɛ²¹ | sĩ²¹ | ləŋ⁴³ |
| 油山 | 动词 | tsʰœ⁵³ | ku⁵³ | kʰɛ³¹ | ta²² | si˙⁵³ | | sin²² | ləŋ²¹ |
| | 名词 | | ku²¹ | ko²¹ | ta²¹ | si˙²¹ | kɛ²¹ | sin²¹ | ləŋ⁵³ |
| 坪田 | 动词 | tsʰa⁵⁵⁴ | ku⁵⁵⁴ | kuɛ⁴² | ta⁴² | | kiɛ⁵⁵⁴ | sĩ⁴² | lɤŋ⁴¹ |
| | 名词 | | ku⁴¹ | kuɛ⁴¹ | | | kiɛ⁴¹ | sĩ⁴¹ | lɤŋ⁵⁵⁴ |
| 南亩 | 动词 | tsʰa⁵⁴ | ku⁵⁴ | kuɛ⁴¹ | tæ⁴¹ | si˙⁵⁴ | kœ⁵⁴ | sĩ⁴¹ | |
| | 名词 | | ku³¹ | | | si˙³¹ | | | ləŋ⁵⁴ |
| 界址 | 动词 | tsʰa⁵⁵ | | | | | kɛ⁵⁵ | | |
| | 名词 | | | | | | | sĩ⁵³ | ləŋ⁵⁵ |
| 帽子峰 | 动词 | tsʰa²³ | ku²³ | | tai˙⁴⁴² | so²³ | kiɯ²³ | çĩ⁴⁴² | ləŋ⁵¹ |
| | 名词 | | | kui⁵¹ | | | | | |
| 澜河 | 动词 | tsʰa²³ | ku²³ | kui⁴⁴² | tai˙⁴⁴² | sɛ²³ | kiə²³ | çĩ⁴⁴² | ləŋ²¹ |
| | 名词 | | | | | | | | |

## 2. 区别词义

区别词义主要指在同一名词词性范畴内，小称形式与非小称形式的词义有别（伍巍，2003：54～60），有时也表方言特指义。下面是雄州几个词本音与变音之间的区别，它们的所指不同，读本音时指一般的事物，读变音时特指某种事物。如：

|  | 本音 | 变音 |
|---|---|---|
| 鸡 | ki⁴⁴ ～哩 | ki˙¹¹ 田～哩 |
| 肚 | tu²⁴ ～脐 | tu⁴² 猪～ |
| 瓜 | kva⁴⁴ 西～ | kva¹¹ 黄～ |

## 3. 表具体、常用概念

麦耘（1995：244）认为："语素变调用于表示较具体的概念或较常见的物品的词，本调用于表示较抽象的概念或较罕见的物品的词。"南雄方言中的小称变调也具有这样的功能，如（也以雄州为例）：

|   | 本音 | 变音 |
|---|---|---|
| 借 | tɕia$^{33}$ | tɕia$^{42}$ ~村 |
| 船 | ɕioŋ$^{11}$ 轮~ | ɕioŋ$^{42}$ 茅~ |
| 棚 | paŋ$^{11}$ 搭~ | pɤŋ$^{42}$ 草~ |

### 4. 表示微小、可爱、亲近或戏谑的感情意味

以雄州为例，如：

|   | 本音 | 变音 |
|---|---|---|
| 婆 | pɔ$^{11}$ 老~ | pɔ$^{42}$ 猪~ |
| 茄 | tɕiɔ$^{11}$ 番~ | tɕiɔ$^{42}$ ~子 |
| 梨 | li$^{11}$ ~花 | li$^{42}$ 沙~ |
| 台 | tɤ$^{11}$ 烛~ | tɤ$^{42}$ ~俚 |
| 桃 | tʰau$^{11}$ 姓~ | tɔ$^{42}$ ~儿 |
| 豆 | te$^{11}$ 绿~ | te$^{42}$ ~腐 |
| 半 | pɔã$^{33}$ | pɔã$^{11}$ ~一 |
| 肠 | tsɔŋ$^{11}$ 小~ | tsɔŋ$^{42}$ 凤~ |
| 星 | sin$^{11}$ ~期 | ɕiaŋ$^{11}$ ~~ |
| 螺 | lɔ$^{11}$ 田~ | lɔ$^{42}$ 石~哩 |
| 爷 | ia$^{11}$ 老~ | ia$^{42}$ ~佬 |
| 鼻 | pi$^{42}$ ~孔 | pi$^{11}$ 针~哩 |
| 鱼 | ȵy$^{11}$ | n$^{42}$ |
| 猴 | he$^{11}$ | he$^{42}$ ~哥 |
| 盘 | pɔã$^{11}$ | pɔã$^{42}$ ~哩 |
| 钱 | tsan$^{11}$ 姓~ | tsan$^{42}$ 钞票 |
| 领 | liaŋ$^{24}$ ~导 | liaŋ$^{42}$ 衣~ |

## 参考文献

[1] 曹志耘．南部吴语的小称 [J]．语言研究，2001（3）．
[2] 陈立中．湖南攸县（新市）方言同音字汇 [J]．株洲师范高等专科学校学报，2005，10（6）．
[3] 陈小燕．广西贺州本地话的"-儿"尾 [J]．广西师范大学学报（哲学社会科学版），2006（1）．
[4] 陈忠敏．论吴语闽语两种表小称的语音形式及其来源 [J]．大陆杂志，1992（5）．
[5] 郭必之．南部吴语几种小称形式的内在关系及其来源 [C] //汉藏语研究：龚煌城先生七秩寿庆论文集．台北："中研院"语言学研究所，2004．
[6] 蒋冀骋．湖南沅陵乡话词缀"立"[li] 的来源 [J]．湖南师范大学社会科学学报，2004（5）．
[7] 李荣．关于方言研究的几点意见 [J]．方言，1983（1）．
[8] 李荣．温岭方言的变音 [J]．中国语文，1978（2）．

[9] 李冬香. 曲江区大村土话小称变音的变异研究 [J]. 文化遗产, 2009 (3).
[10] 庄初升, 林立芳. 曲江县白沙镇大村土话的小称变音 [J]. 方言, 2000 (3).
[11] 龙安隆. 邵武方言小称变调质疑 [J]. 语言科学, 2011, (3).
[12] 麦耘. 广州话的语素变调及其来源与嬗变 [M]//音韵与方言研究. 广州: 广东人民出版社, 1995.
[13] 平田昌司. "小称" 与变调 [J]. Computational Analyses of Asian & African Languages, 1983 (21).
[14] Søren Egerod (易家乐). The Nan–Xiong Dialect (南雄方言记略) [J]. 方言, 1983 (2).
[15] 伍巍. 广东曲江县龙归土话的小称 [J]. 方言, 2003 (1).
[16] 谢自立. 南雄雄州镇方言里的促变音 [J]. 中国方言学报, 2006 (1).
[17] 颜森. 黎川方言的仔尾和儿尾 [J]. 方言, 1989 (1).
[18] 余颂辉. 汉语方言中低频的小称变调 [J]. 语言科学, 2009 (3).
[19] 张双庆, 万波. 从邵武方言几个语言特点的性质看其归属 [J]. 语言研究, 1996 (1).
[20] 郑丹. 赣语隆回司门前话的入声小称调 [J]. 中国语文, 2012 (2).
[21] 郑张尚芳. 温州方言儿尾词的语音变化: 二 [J]. 方言, 1981 (4).
[22] 朱晓农. 亲密与高调: 对小称调、女国音、美眉等语言现象的生物学解释 [J]. 当代语言学, 2004 (2).
[23] 庄初升. 粤北土话音韵研究 [M]. 北京: 中国社会科学出版社, 2004.

# 再论客家话的文白异读

刘镇发

(厦门大学人文学院中文系)

**【提 要】** 文白异读是南方方言的一个重要特征，客家话也不例外。过去对客家话文白异读的认识不够全面、深入。客家话的文白异读主要表现为：①白读主要出现在口语中，声母、韵母和声调都有发生；②一个字用文读还是白读一般跟构词有关，但有时候也跟地区有关；③各地客家话的一致性很高，但也有个别词汇上的差别，这些轻微的差别有时候很值得研究；④虽然大多是白读音保留古音，但也有少部分是创新；⑤许多有音无字的现象其实是白读音，但是有时候发音太特别而没有人认出本字。本文拟对以上的现象做一个详尽的研究，以增强对客家话的认识。

**【关键词】** 客家话 文读音 白读音 文白异读

## 一、什么是文白异读

文白异读是汉语方言中一种特殊的一字多音现象。在很多汉语方言尤其是南方方言中，有些字的口语和读书音不同，意义却相近或相同。例如，客家话、广州话用单音节的"近"来表示不远，分别读为阴平调和上声调，但在"近来""近况""接近""附近"等词语中均读为去声调或阳去调。文白异读甚至可以用来别义。例如，"最近"作为最接近的意义时读白读音（如客家话："最近歆邮政局在奈？"），但作为表时间的副词则读文读音（如客家话、广州话："最近你有冇去过香港？"）。因此，陈忠敏（2003）认为，文白异读是"一个方言里相同来源的语素读音，由于文言和口语的区别，而造成的系统的层次又音现象"。但他同时补充了两点：第一，同一方言里，文白异读层的有无和界定并不是着眼于某个字是否有文白两读，而是根据系统的音类来判断；第二，一个方言里某些字读音的文白异读界定，不是只凭这些字是否有文言、土白读音的差异，而是从本方言或邻近方言异读的系统性出发来界定某个音属于文读层还是白读层。

客家话大部分字仅有一个读音，有两个读音的字有 300 个左右（刘镇发，2003）。但事实上，仍有些属于白读层的单音字，过去没有被统计在内，如"妹""睡""系""窗"，因此牵涉在文白异读现象内的字就倍增了。尽管如此，客家话中的文读音仍然比白读音多出很多，即使是白读音比较集中的非组声母，读重唇的白读音（如"粪""肥""吠"）与读轻唇音的文读音（如"非""份""福""佛"）相比，大概是 1 : 2。梗摄字的文白异读一直被认为是客家话的语音特征之一，但日常口语字如"名""请""醒""颈"，若与书面语字"并""评""鸣""鼎""凌"等比起来，也是寡不敌众。究其原因，乃是日常生活中使用的口语字，其实仅是汉字汪洋中的一小部分而已。

我们也会发现，客家话，尤其是广东省的客家话中有些日常口语中的基本词汇由于文教的推广已经跟随了北方话的说法，替换掉原来的古词语表达。如日常词"东西"，在绝大多数客家话是跟北方话相同的"东西"，这使我们难以了解过去是否存在一个特别的词汇。①

在确定声、韵、调的文白读音以后，我们便可以推论出整个中古声、韵、调的文白读音。例如，微母字中只存在一个有文白异读的字"舞"，它的白读声母是 m，较生僻的文读声母是 v，我们可据此判断出整个微母字的文白异读及其层次。同样道理，蟹开一的字中仅有两三个字存在 ai/ɔi 的文白异读，我们依然能据此把文白读断定为两个发音层次。

客家话的文白异读可以简单用表1～3来表示。

表1　声母

| 中古音 | 文读 | 白读 | 例字 | 白读性质 |
| --- | --- | --- | --- | --- |
| 非组 | f | p、pʰ | 飞、斧、纺、扶 | 存古 |
| 微母 | v | m | 文、物、蚊、尾 | 存古 |
| 知组 | ts、tsʰ | t、tʰ | 知、啄、涿 | 存古 |
| 溪母 | kʰ | h、f | 开、肯、苦、窟 | 创新（擦化） |
| 溪母 | kʰ | v | 困、屈 | 创新（声母脱落） |
| 匣母 | f | v | 还、换 | 创新（声母脱落） |

表2　韵母

| 中古音 | 文读 | 白读 | 例字 | 白读性质 |
| --- | --- | --- | --- | --- |
| 果摄 | ɔ | ai | 跛、我 | 存古 |
| 蟹开一 | ai | ɔi | 彩、在 | 存古 |
| 蟹开三四 | i | ɛ | 细、世 | 存古 |
| 蟹开三四 | i | ai | 弟、系 | 存古 |
| 蟹合一三 止合三 | ui | ɔi | 对、推、罪、吠、睡、衰 | 存古 |
| 咸开二 | am/ap | ɛm/ɛp | 喊、搞 | 创新 |
| 咸开三 | iam/iap | ɛm/ɛp | 蟾 | 创新 |
| 山开三 | iɛn/iɛt | in/it | 眠、先、结 | 创新 |
| 深开三 | im/ip | ɛm/ɛp | 森、汲 | 存古 |
| 臻开三 | in | iun、un | 近、伸 | 存古？ |
| 江开二 | ɔŋ/ɔk | uŋ/uk | 窗、双、浊 | 创新 |

---

① 顺带一提，东江"本地话"说"闲喏"，应该和粤语"嘢"同源。

(续表2)

| 中古音 | 文读 | 白读 | 例字 | 白读性质 |
|---|---|---|---|---|
| 梗开二 | ɛn/ɛt | aŋ/ak | 生、争、更 | 存古 |
| 梗开三四 | in/it | iaŋ/iak、aŋ/ak | 净、正、径 | 存古 |
| 通合三 | uŋ/uk | ɔŋ/ɔk | 筑、捉 | 存古 |

**表3 声调**

| 中古音 | 文读 | 白读 | 例字 | 白读性质 |
|---|---|---|---|---|
| 清平 | 阴平 | 阳平 | 虾、湾 | 创新 |
| 次浊平 | 阳平 | 阴平 | 毛、拿 | 创新 |
| 次浊上 | 上声 | 阴平 | 野、恼 | 存古 |
| 全浊上 | 去声 | 阴平 | 近、断、户 | 存古 |
| 次浊入 | 阳入 | 阴入 | 日、木 | 存古 |

## 二、客家话文白异读的特点

### （一）白读主要是口语

客家话在声母、韵母和声调都有文白异读现象（徐贵荣，2004）。一般认为，口语的词汇中白读占优势，文雅的表达使用文读音。但正如上面所说，有些词汇已被北方话的说法替代，因此，并非日常词语中就无文读音。此外，某些字（如"吠""梯""请"）的白读音已根深蒂固，若用来读书，也不会使用它们的文读音。

我们可以先看客家话声母的文白异读。"飞"作为动词声母是 p，但作为现代名词的"飞机""飞行员"，以及文雅的表达如"飞翔""飞跃""飞禽走兽"等，声母都是 f。"苦"作为单音节形容词，以及苦瓜、苦脉菜、苦楝树等常见植物，声母是 f，但在"辛苦""苦学成才"等词中声母是 $k^h$。前面是一个具体的、表现在味蕾上的形容词，而后者是较为抽象的，可能是较晚近从官话中引进的比较抽象的概念。

韵母的文白异读也是同样道理。"彩"作为"运气"义的"彩数""好彩"，是每天挂在嘴边的口语词，韵母是 ɔi，但在"彩色""五彩缤纷"等词汇中，其韵母则为 ai。究其原因，乃是朴实的客家人生活中没有"彩色"这个词汇，只有"花里碧［pit⁶］绿""花里斗灿"等带有贬义的形容词，这可以说明客家人对彩色的厌恶。客家话的彩虹叫"天弓"，"彩"作为多种颜色的意义不存在于日常口语，发音自然要从书面语借过来。蟹开一中同时存在文白异读的字不多，另一个常见的词是"在"。"在"作为单音节词（自由词素）时，表示位置读为 ɔi 韵，如"在香港""在哪里""唔在"；作为非自由词素的"自在""存在""在情在理"时则读为 ai 韵。不同地方的客家话把孩子叫作"细人""人仔""僬仔""小朋友"等，"孩"不是常用字，"孩子"也不是日常词汇，而且也是不自

由词素，因此也只有一个发音 hai²。①

类似的情况是蟹开三的"细"和"世"字。"细"作为自由词素有"小"的意思，在口语的白读音中韵母读为 ɛ，但在"细菌""仔细"等书面语引进的词中，"细"只能读文读音 i。"世"字在"一世人""三世书""出世"等表示人间、一辈子意思的词语中，读为白读音 ɛ，但在"世界"等词中，须读成文读音 i。梗摄字的 in/iaŋ 文白读音也类似，在此不再赘述。

在中国古代，绝大多数的人民过着农村生活，且文盲居多，文读只能经由读书人通过新概念引进，把官话词汇带到客家话当中，与此同时，也把文读音一同带进来。在这个过程中，一般人很难觉察出这是同一个字的两种读音。如，"顶"字在"屋顶""山顶""顶高"等词中读为 taŋ³，属于白读音，但在"顶级""顶撞""顶天立地""顶替"等词则需读成 tin³。后者均是从官话中引进、较晚在客家话中流传起来的词汇。这种现象与日语、韩语的固有词汇和汉字词关系类似。②

### （二）文白异读的例外与辨认

尽管大部分的白读音保留古音，但仍有少量白读音为创新读音。客家话的读音是否为古音可以参考中古的拟音，或与闽南话文读，广州话、普通话发音，日语和韩语的汉字词比较，或从历史语言学的规律加以推断。

在声母的白读中，唇音保留重唇、微母保留鼻音声母和知组保持塞音，按照一般对中古音的知识，这些特征均接近中古初期的发音。但是，溪母或进一步擦化读 h 或 f，溪母、匣母合口字读 v 声母，这些现象都牵涉到声母的脱落，是中古音的进一步演化。

韵母的文白异读方面，绝大部分的白读音都是存古，但也有个别例外。

声调的文白异读与韵母类似。但值得我们注意的是全浊上、次浊上归阴平调，这其实是个合并到阴平的阳上调，性质与广州话的阳上调一样。客家话声调的文读则完全按照了官话的规律。次浊入归阴入调也是客家话的一个特点，但只限于常用字。不常用字归入阳入调同样也是跟随了官话的规律。

## 三、各地客家话文白异读的差别

### （一）管字与词汇的差别

一个字使用文读音或白读音一般与构词有关，但有时候也与地区有关。如：

---

① 例如，"一孩政策""大男孩""红孩儿"。日常生活中，hai² 一般会被理解为同音的、蟹开二的常用字"鞋"。

② 英文中也存在类似现象，例如，口语是 water 的水，在 hydroelectricity（水力发电，直译是水电）一词中就使用了 hydro，不过英文不用汉字，如果都写成"水"，这也是一个文白异读的现象。

①修理说"整",香港使用文读音 tsin³,梅县使用白读音 tsaŋ³。
②数字"万",香港使用白读音 man⁴,梅县使用文读音 van⁴。
③"舞",香港任何时候都只说 mu³,但粤东在表达"弄"的意义时说 mu³,其他如"跳舞""芭蕾舞""舞龙""舞狮"的时候说 vu³。
④"沸",香港使用白读音 pui⁴,梅县使用文读音 fi⁴。
⑤"肺",如"猪肺""肺炎",香港使用白读音 pʰui⁴,梅县使用文读音 fi⁴。
⑥蜜蜂的"蜂",香港使用文读音 fuŋ¹,福建上杭使用文读音的 pʰ 声母。
⑦头发的"发",香港使用文读音 fat⁵,福建上杭使用文读音的 p 声母。

以上几个常见的例子,还可以带来一些有趣的信息。

大概在迁界事件后不久(18世纪初),惠阳腔的客家话从粤东迁往珠江口一带,当时"整""万""舞"等字的发音应与梅县相同。但经过长期与粤语接触,"整""万"两字的发音与粤语相似,这估计是语言接触的结果。①

"沸"是每天都使用到的词语,客家话中只有惠阳腔称开水为"沸水",水开了称"水沸",该词使用白读音 pui⁴;而粤东、闽西上杭则称开水为"滚水",在这些地方"沸"并不是日常用词,因此"沸"字使用了文读音。

相对而言,"肺"也是常用字。但为何香港使用白读音,梅县使用文读音呢?我们猜想,香港说 pʰui⁴ 的音节,同音字只有"配""吥""佩""沛"等蟹摄和止摄合口音节,基本上没有歧义。但梅县话唇音字没有 ui 韵,这些字全部合并到齐齿呼的 i 韵,导致连"屁""鼻"都是同音字了。若去菜市场,买"猪鼻"还是"猪肺"呢?问题是,连"狗肺""狗鼻""狗屁"这些词都是同音词了。所以在生活中,有必要把"肺"读成 fi⁴,以此来消除歧义。

至于"蜂""发"两字在香港使用文读音,也是因为在这些地方称蜜蜂为"蜜仔",称头发为"头那毛","蜂""发"都不是日常口语中的常用字导致的。

从上面的例子中我们可以看到,凡日常不会产生歧义的口语词,在各地的客家话中都会保留中古以来的白读音。但即使统计所有客家话中的中古发音,白读音也并非百分之百保留,甚至占一半不到。究其原因,是日常用字跟非日常用字比,后者的数量庞大的。而且在很多时候经过一段时间,日常用字由于语言接触、避讳或减少歧义等原因,词汇便会发生替换。替换的结果又往往是文读音战胜白读音,一个个白读音因此而消失。

白读音通常隐匿在某些日常口语词之中,需要我们花时间去考它们的本字。笔者最近才考证出客家话表快、急义的 kiak⁵,其本字是"激"字。"激"为梗开四入声字,《集韵》为吉历切,《正韵》为讫逆切;《说文解字》称"硋衺疾波也",与客家话的表示急剧意义相同。

另外一个是表示闲聊、耍乐的 liau⁴,其本字是"乐"字。"乐"在《集韵》为力照切,音辽,喜乐义。虽然声调是平声,但意义相同,客家话读成了去声。我们知道,入声

---

① "舞"的文读音多数从广州话传来,而非官话。另外一个可能是,"整"当时存在一个有别于梅县腔的方言词,后来放弃而借用了广州话。

读为去声是上古后期一个常见的音变（如"切""觉"），读成平声反而少见。因此，"乐"就是一个阴入对转的白读音。

## （二）地区性的白读

有些白读音只出现在某些地区，一般方言调查者很难在几天之内就调查出。如香港惠阳等地的"沸"，读单字时，很多人会跟随广州话或普通话读成 fui$^4$，无法联系到开水的 pui$^4$。另外，表示惊慌的 k$^h$ɔŋ$^2$，本字是"惶"。"惶"为匣母字，读 k$^h$一般被认为是存古。类似的例子有挑担义的 k$^h$ai$^1$，一般认为是"荷"字。但前者只流行于惠阳腔客家话和珠江口一带的土粤语，地域性比较强。

客家话的臻合三韵母存在 un/in 文白异读，但各地区不一样。香港的例子有"分""奋""蚊""轮""橘""晕"。除了"奋""橘"二字以外，其余 4 个字只在惠阳腔出现。这几个字的地区性很强，但不见于邻近的方言，很难推断是否语言接触的结果。笔者判断是 y 的去圆唇化，可能还是语音史的一个启示。

有些文白异读是由于丢失韵尾，或者韵尾改变而造成的，这都属于地区性的创新。如做梦在梅县话叫作"pɔt$^5$mu$^4$"，"梦"字的韵尾丢失变成"雾"，但在"好梦成空""梦境成真"等词中，"梦"依然读为 muŋ$^4$。香港、台湾客家话中，打伞叫作"k$^h$ia$^2$ 遮"，"k$^h$ia$^2$"一时本字成谜。幸好梅县还是叫作"k$^h$iaŋ$^2$ 遮"，按照音韵地位和意义，我们可以推断"k$^h$iaŋ$^2$"就是"擎"字。而在"一柱擎天"这个词中，各个地区都读为 k$^h$in$^2$。所以 k$^h$ia$^2$ 是"擎"在惠阳腔和台湾腔的一个特别的白读音。

还有一个有趣的现象是大部分客家话指头部的"头那="。"那="在粤东、台湾读为 na$^2$，在香港由于泥来不分而读为 la$^2$，这明显是一个泥母字。在闽西上杭，头部叫作"头囊"。由此推断，读 na$^2$ 是丢掉了 ŋ 韵尾，是地区性创新的结果。类似的还有惠阳腔客家话中表示手指、脚趾冻僵了叫作"kia$^1$"，这其实还是"僵"字脱落韵尾的结果。

梅县称屁股、肛门为"屎 p$^h$ut$^5$"，本字不详。我们认为是"窟"字。这个词在惠阳腔客家话中的发音是"屎 fut$^5$"，与广州话的"屎 fet$^1$"对应。"窟"的中古声母是溪母合口，溪母字很多在广州话和客家话都读 f 声母（k$^h$w > hw > f），如"阔""裤""窟"。这是一个创新音变。但梅县把 k$^h$w 读成 p$^h$，发展方向不同，是 kw > p（严修鸿，2008）。相反的是，惠阳腔客家话中"树"的量词是 p$^h$ɔ$^1$（与广州话发音相同），这其实是"棵"字，但梅县腔客家话中没有这个量词，"棵"字也读成 k$^h$ɔ$^1$。客家话把"瓠瓜"的"瓠"读为 p$^h$u$^2$ 也是同一道理。瓠，胡误切，但《说文解字》是从瓜夸声，上古的声母应该是 k$^h$w。客家话保留了这个声母以后，直接变成 p$^h$，成为匣母字发音的例外（客家话一般文读是 f，白读是 v）；跟官话、广州话的匣母字变 f/w 的发展方向完全不同。

另外一个创新是嘶音塞化为 k/k$^h$。第一个例子是"枝"，读 ki 是个避讳。以前有人认为 k/k$^h$ 是古音，ts/ts$^h$ 是创新，k/k$^h$ 在 i 韵或者介音前变 ts/ts$^h$。客家话中表示空气不好或者令人窒息是"k$^h$uk$^5$"，在广州话中写作"焗"，并且引申为烤，本字是"浊"。浊，直角切，澄母，跟 k/k$^h$ 和 i 韵拉不上关系。类似的演变有鸟类胃部叫作"k$^h$in$^1$"，严修鸿（2000）认为是"肾"字。肾，时忍切或者是忍切，禅母上声，客家话可以读为 ts$^h$ 平声，如果声母塞化，就是 k$^h$ 了。

惠阳腔客家话中将蟋蟀说成"草 kit⁵",但在其他客家话地区说"草织",蟾蜍叫作"kʰɛm²su²",在梅县腔客家话中叫作"tsʰam²tsʰu²"。柿子在海陆腔客家话叫作"kʰi²子","kʰi²"是"tsʰi²"的塞化。①

## 四、有音无字的白读音

在客家话中,很多有音无字的词语其实是保留了白读音。如"发病"的"发"为 pɔt³(香港)/put³(大埔),本字也是"发",但很多人联想不起来。

除了上面提到的"激""乐""惶""擎"等字以外,我们还可以辨认出以下音节的本字:

tuŋ¹  顶或放在头上。如老年的客家妇女头上戴的"中头仔"(一种用来放在头上的布头饰)。名词作动词用,本字是"中"。"中"为知母字,读如舌头为古音。另外,惠阳腔把扁桃腺称为"顶中仔"tin¹ tuŋ¹ tsai³,"中"也是读成 tuŋ¹。

kʰiaŋ⁴  台湾客家话称赞人能干说 kʰiaŋ⁴,本字是"劲"。"劲",《唐韵》为居正切,《集韵》《韵会》为坚正切,《正韵》为居庆切,去声。《说文解字》:强也。从力,巠声。《广韵》:健也。《增韵》:坚也,遒也。广州话也这样说,但是用文读音。台湾俗写作"庆"。

nau¹  生气,惠阳腔客家话说 lau¹,本字是"恼"。但香港广州话俗写作"嬲"。"嬲",声韵不合,意义也不同。

kʰwa³  树枝、葡萄的量词,惠阳腔作 kʰa³(一、二等合口字惠阳腔丢失介音),如"一 kʰa³ 树""一 kʰa³ 葡萄子"。应该是"把"的上古音进行了送气化的结果。kwa³ > kʰwa³,但在北方话则是重唇化:kw > p,类似梅县话"窟"的白读。

hɔŋ⁴  起床、起来的动作。台湾学者考证为"亢"是正确的。

hɔk⁵  惠阳腔说鱼用小火在锅里烤熟,本字是"炕",阳入对转。

kʰu⁴  用拐杖支撑身体叫作"kʰu⁴ 拐棍",各地客家话都有这个说法,本字应该是"拄",这是嘶音转为塞音 k/kʰ 的结果,但声调转为去声和声母送气。②

## 五、文白异读与方言归类

方言的分类问题在学界时常有争议。如在东江流域,有一些自称"本地话",在《中国语言地图集》中被称为"粤中片客家话"的方言。本文讨论的文白异读差异性问题可以解答一些历史语言学的问题。

例如,在客家话中普遍存在的非组字轻唇与重唇的文白异读,在惠州话中基本不存

---

① 顺带一提,"荔枝"的"枝"在新会很多地方读 k 声母,也是同一道理。

② 除了大埔、揭西等地方以外,广东客家话的溪母字读 h 是白读。这不是广州话的影响,是整个音类的变化。

在。惠州话与广州话的情况相同：非组读 f，微母读 m。文读音为 f 不足为奇，但 m 又是白读吗？假设惠州话与客家话同源，为何它在非组全部引进了官话文读，又在微母全力抗拒官话呢？在这个现象上，广州话与惠州话是相同的。也就是说，在现代广州话里面，f 和 m 两个声母都是文读音。两者的祖语（可能是宋代的官话）就是这个特征，在此之后一直抗拒官话的渗透，因此不形成文白异读。而客家话的祖语是较早的唐代官话，非组读重唇，微母读为 m，但明代以来一直受官话的影响，造成今天的文白异读现象。

或许有读者会说，单是唇音声母的特点说明不了什么问题。那我们再看其他的。广东客家话都广泛存在蟹摄三、四等 i/ɛ 和 i/ai 的文白异读，但读 i 韵的字比后者多很多，同时有些字也有两读。惠州话绝大部分的字读为 iɛ 韵（相当于客家话的 ɛ），只有几个非日常用字读成 i 韵，估计是从客家话引进的。另外，惠州外围客家话都有臻摄开口三等的 in/iun 文白层次，但惠州话一个字也没有。

再看声调的文白异读。客家话在次浊上都有一个阴平/上声的文白异读。惠州话的浊上白读归阴去，相对应的次浊上应该也有一个阴去/上声的文白异读，但这个文白异读并不存在；几乎所有次浊上字都读阴去，按规律是个白读，跟广州话对应相当整齐。也就是说，上声分化的时候，官话和客家话都没介入。

另外，客家话有一大批常用的次浊入字，最少在白话层次读阴入，如"目""木""六""笏""肭""日""额""啮""肉"等，但惠州话能读阴入的常用字就只有"日"字。因此，惠州话的源流与广东的客家话有一定的差别。所以说，文白异读也可以用来证明方言的距离，为方言分类提供一定的帮助。

# 六、结　语

以往学界对于文白异读的研究只限于描述文白异读的现象、形成、经过，以及比较方言间的文白异读等，均没有对以上现象做过深入的探讨。通过这篇文章，我们对客家话的文白异读有了进一步的认识，同时可以对客家话的形成、演进和分化做更深入的分析，进而了解一些本字的来源，以及方言之间的关系。

**参考文献**

[1] 陈忠敏. 重论文白异读与语音层次［J］. 语言研究, 2003（3）.
[2] 何耿镛. 客家方言词典［M］. 新加坡：新加坡文艺协会, 2012.
[3] 黄雪贞. 梅县方言词典［M］. 南昌：江西教育出版社, 1997.
[4] 李如龙, 张双庆. 客赣方言调查报告［M］. 厦门：厦门大学出版社, 1992.
[5] 刘镇发. 粤语和客语在文白异读上的比较［C］//邓景滨. 第六届国际粤方言研讨会论文集. 澳门：澳门中国语文学会, 2003.
[6] 刘纶鑫. 客赣方言比较研究［M］. 北京：中国社会科学出版社, 1999.
[7] 刘若云. 惠州方言志［M］. 广州：广东科技出版社, 1990.
[8] 徐贵荣. 台湾客语的文白异读研究［J］. 台湾语文研究, 2004（2）.
[9] 严修鸿. 从南方方言里"肾、跂、睡"白读音看禅母古读［J］. 语文研究, 2000（4）.
[10] 严修鸿. KW→P 音变与方言本字考证［J］. 中国语文研究, 2008（26）.

# 日占据时期台湾客家话辞书编纂的音系及其相关问题

张屏生[1]　张以文[2]

（1. 台湾中山大学中文系；2. 北京大学中文系）

**【提　要】** 台湾地区在日占据时期曾编纂了一些客家话辞书，其中比较重要的有刘克明（1919）《广东语集成》（以下简称《集成》）、台湾总督府（1932）《广东语辞典》（以下简称《广东》）、菅向荣（1933）《标准广东语典：附台湾俚谚集，重要单语集》（以下简称《标准》）（"广东语"在当时是用来指称台湾的客家话）是3本重要的文献。这3本辞书都是用日语假名系统来标音，本文先整理出这3本辞书假名符号和国际音标的对照，然后将3本书所出现的词素做成同音字表以归纳出3本辞书的音系，再和其他辞书以及笔者调查的台湾客家话语料进行比较，并讨论这3本辞书编纂上的相关问题。以当时的背景能够体认到"台湾的汉语方言中除了闽南话之外，还有客家话存在的事实，而客家话也应当提升到和闽南话相同地位的思考"是很大的进步。目前，台湾所编的客家话辞书为人诟病的问题还是集中在"地域"和"次方言"的语音和词汇差异要如何呈现出来，以便扩大辞书的适用范围。《集成》《标准》和《广东》在这一方面早有警觉，所以在词条选收上能够注意南北和不同的次方言，另外也顾虑到双方言现象，虽然缺漏不少，仍不失为一种创举。当然要落实这样的编纂意图，得要有优质的田野调查来配合，没有大量精心搜罗的资料就无法保证辞书的质量，这也是未来客家话辞书编纂有待突破的地方。

**【关键词】** 客家话　广东语　辞书　音系比较

## 一、引　言

在日本侵占台湾时期，台湾地区当时的政府或个人曾利用假名符号编纂了一些客家话辞书。其中，刘克明（1919）《广东语集成》（以下简称《集成》）、台湾总督府（1932）《广东语辞典》（以下简称《广东》）、菅向荣（1933）《标准广东语典：附台湾俚谚集，重要单语集》（以下简称《标准》）是3本比较重要的文献（"广东语"在当时是用来指称台湾的客家话）。

这3本辞书都是用日语假名系统来标音，本文先整理出这3本辞书假名符号和国际音标的对照，然后将3本书中所出现的词汇里头的词素做成同音字表，归纳出3本辞书的音系，再和其他辞书以及笔者调查的台湾客家话的语料做比较，最后讨论这3本辞书编纂的相关问题。为了方便讨论，先将本文所参考的客家话辞书罗列于下：

（1）国语会（2010）《台湾客家语常用词辞典》（以下简称《教育》）。

（2）S. H. Schaank（商克）（1897）《客语陆丰方言》（荷兰文，以下简称《陆丰》）。

（3）Peter Adriaan Van De Staat（范德斯达特）（1912）*Hakka Woordenboe*（《客家词

典》，荷兰文，以下简称《词典》）。

（4）D. MacIver（麦爱华）（1926）*Chinese–English Dictionary Hakka-dialect*（《客英大辞典》，以下简称《客英》）。

（5）Charles Rey（赖嘉禄）（1926）*Dictionnaice Chinois–Francais*，*Dialect HAC-KA*（《客法大辞典》，以下简称《客法》）。

（6）刘克明（1919）《广东语集成》（以下简称《集成》）。

（7）台湾总督府（1932）《广东语辞典》（以下简称《广东》）。

（8）菅向荣（1933）《标准广东语典附台湾俚谚集、重要单语集》（以下简称《标准》）。

（9）黄雪贞（1995）《梅县方言词典》（以下简称《梅县》）。

（10）徐兆泉（2009）《台湾四县腔·海陆腔客家话辞典》（以下简称《台湾》）。

## 二、日占据时期台湾客家话辞书的音系比较

### （一）声母方面

表1　客家话相关辞书声母对照①

| 序号 | IPA | 1 国语会《教育》 | 2 Schaank《陆丰》 | 3 Stadt《词典》 | 4 MacIver《客英》 | 5 Rey《客法》 | 6 刘克明《集成》 | 7 总督府《广东》 | 8 菅向荣《标准》 | 9 黄雪贞《梅县》 | 10 徐兆泉《台湾》 |
|---|---|---|---|---|---|---|---|---|---|---|---|
| 1 | p | b | P | p | p | p | p | p | p | p | b |
| 2 | pʰ | p | P' | ph | ph | p' | pʰ | pʰ | pʰ | p' | p |
| 3 | m | m | M | m | m | m | m | m | m | m | m |
| 4 | f | f | F | f | f | f | f | f | f | f | f |
| 5 | v | v | W | w | v | v | v | v | v | v | v |
| 6 | t | d | T | t | t | t | t | t | t | t | d |
| 7 | tʰ | t | T' | th | th | t' | tʰ | tʰ | tʰ | t' | t |
| 8 | n | n | N | n | n | n | n | n | n | n | n |
| 9 | l | l | l | l | l | l | l | l | l | l | l |
| 10 | ts② | z | Ts | ts | ts | ts / tz | ts | ts | ts | ts | z |
| 11 | tsʰ | c | Ts' | tsh | tsh | ts' / ts | tsʰ | tsʰ | tsʰ | ts' | c |

---

① 《集成》《广东》《标准》是用平假名来拼写客家话。为了方便比较，笔者将它转写成国际音标。

② 《客英》和《客法》中的 ts- 原来是表示 ts-，但是和 e 韵相拼的时候表示 tsʰ-，而用 tz- 来表示 ts-。tch- 原来是表示 tʃ-，但是和 e 韵相拼的时候，表示 tʃʰ-，而用 tj- 来表示 tʃ-。

(续表1)

| 序号 | IPA | 1 国语会《教育》 | 2 Schaank《陆丰》 | 3 Stadt《词典》 | 4 MacIver《客英》 | 5 Rey《客法》 | 6 刘克明《集成》 | 7 总督府《广东》 | 8 菅向荣《标准》 | 9 黄雪贞《梅县》 | 10 徐兆泉《台湾》 |
|---|---|---|---|---|---|---|---|---|---|---|---|
| 12 | s | s | s | s | s | s | s | s | s | s | s |
| 13 | tɕ | z (i) | | | | | | | | | |
| 14 | tɕʰ | c (i) | | | | | | | | | |
| 15 | ɕ | s (i) | | | | | | | | | |
| 16 | ʑ | | | | | | | | | | |
| 17 | tʃ | zh | Tj | tsj | ch | tch / tj | | tʃ | | | zh |
| 18 | tʃʰ | ch | Tj' | tsjh | chh | tch' / tch | | tʃʰ | | | ch |
| 19 | ʃ | sh | Sj | sj | sh | ch | | ʃ | | | sh |
| 20 | ʒ | r | J | y | y | y | | | | | rh |
| 21 | k | g | K | k | k | k | k | k | k | k | g |
| 22 | kʰ | k | K' | kh | kh | k' | kʰ | kʰ | kʰ | k' | k |
| 23 | kʷ | | | kw | kʷ | | | | | | |
| 24 | kʰʷ | | | khw | khʷ | | | | | | |
| 25 | ŋ | ng | Ng | ng | ng | ng | ng | ng | ŋ | ŋ | ng |
| 26 | ɲ | ng (i) | Nj (i) | ny | ny (i) | gn (i) | × | × | × | × | × |
| 27 | h | h | H | h | h | h | h | h | h | h | h |
| 28 | ɸ | | | | | | | | | | |

**1. 关于 tʃ-、tʃʰ-、ʃ-、ʒ- 声母**

日本侵占台湾时期，除客家话辞书《广东》有这一套声母之外，《集成》《标准》没有这一套声母。其中，ʒ- 声母是因为展唇高元音的强化作用所产生摩擦，这种现象在台湾的海陆腔、大埔腔、饶平腔、诏安腔等客家话是很明显的，在记音处理上，为了和 tʃ-、tʃʰ-、ʃ- 这一套声母搭配的关系，所以在文献上大都记成 ʒ-。

**2. 关于 ɲ- 声母**

从声韵拼合的情况来看，ɲ- 只和以 i 为开头的韵母相拼，和 ŋ- 在音节分布上形成互补的搭配，如果从音位的考虑，取消 ɲ- 这个声母，并不会造成音位系统的混乱。但是《陆丰》《词典》《客英》《客法》《台湾》这些客家话辞书都有这个声母，这是辞书编纂的因袭效应。

## （二）韵母方面

客家话辞书在韵母方面的差异主要是从音类不同的对应关系显现出来，这些差异的形成主要还是由于不同的次方言所影响。（见表2～15）

表2　客家话相关辞书声母对照：a类

| 序号 | IPA | a | ai | au | am | an | aŋ | ap | at | ak |
|---|---|---|---|---|---|---|---|---|---|---|
| 1 | 《教育》 | a | ai | au | am | an | ang | ab | ad | ag |
| 2 | 《陆丰》 | a | ai | au | am | an | ang | ap | at | ak |
| 3 | 《词典》 | a | ai | au | am | an | ang | ap | at | ak |
| 4 | 《客英》 | a | ai | au | am | an | ang | ap | at | ak |
| 5 | 《客法》 | a | ai | ao | am | an | ang | ap | at | ac |
| 6 | 《集成》 | a | ai | au | am | an | aŋ | ap | at | ak |
| 7 | 《广东》 | a | ai | au | am | an | aŋ | ap | at | ak |
| 8 | 《标准》 | a | ai | au | am | an | aŋ | ap | at | ak |
| 9 | 《梅县》 | a | ai | au | am | an | aŋ | ap | at | ak |
| 10 | 《台湾》 | a | ai | au | am | an | ang | ap | at | ak |

表3　客家话相关辞书声母对照：o类

| 序号 | IPA | o | oi | | | on | oŋ | ot | ok |
|---|---|---|---|---|---|---|---|---|---|
| 1 | 《教育》 | o | oi | | | on | ong | od | og |
| 2 | 《陆丰》 | o | oi | | | on | ong | ot | ok |
| 3 | 《词典》 | o | oi | | | on | ong | ot | ok |
| 4 | 《客英》 | o | oi | | | on | ong | ot | ok |
| 5 | 《客法》 | o | oi/oe· | | | on | ong | ot | oc |
| 6 | 《集成》 | o | oi | | | on | oŋ | ot | ok |
| 7 | 《广东》 | o | oi | | | on | oŋ | ot | ok |
| 8 | 《标准》 | o | oi | | | on | oŋ | ot | ok |
| 9 | 《梅县》 | o | oi | | | on | oŋ | ot | ok |
| 10 | 《台湾》 | o | oi | | | on | ong | ot | ok |

表4 客家话相关辞书声母对照：e 类

| 序号 | IPA | e | | eu | em | en | | ep | et | |
|---|---|---|---|---|---|---|---|---|---|---|
| 1 | 《教育》 | e | | eu | em | en | | eb | ed | |
| 2 | 《陆丰》 | e | | eu | em | en | | ep | et | |
| 3 | 《词典》 | e | | eu | em | en | | ep | et | |
| 4 | 《客英》 | e | | eu | em | en | | ep | et | |
| 5 | 《客法》 | e· | | eou | em | en | | ep | et | |
| 6 | 《集成》 | e | × | eu | em | en | | ep | et | |
| 7 | 《广东》 | e | ei | eu | em | en | | ep | et | |
| 8 | 《标准》 | e | ei | eu | em | en | | ep | et | |
| 9 | 《梅县》 | ɛ | | ɛu | ɛm | ɛn | | ɛp | ɛt | |
| 10 | 《台湾》 | e | | eu | em | en | | ep | et | |

表5 客家话相关辞书声母对照：ɿ 类

| 序号 | IPA | ɿ | | im | in | | ip | it | |
|---|---|---|---|---|---|---|---|---|---|
| 1 | 《教育》 | ii | | iim | iin | | iib | iid | |
| 2 | 《陆丰》 | ɛ | | × | × | | × | × | |
| 3 | 《词典》 | ( ) | | × | × | | × | × | |
| 4 | 《客英》 | ṳ | | ṳm | ṳn | | ṳp | ṳt | |
| 5 | 《客法》 | e | | × | × | | × | × | |
| 6 | 《集成》 | ɿ | | ɿm | ɿn | | ɿp | ɿt | |
| 7 | 《广东》 | ɿ | | ɿm | ɿn | | ɿp | ɿt | |
| 8 | 《标准》 | ɿ | | ɿm | ɿn | | ɿp | ɿt | |
| 9 | 《梅县》 | ɹ | | əm | ən | | əp | ət | |
| 10 | 《台湾》 | ii | | iim | iin | | iip | iit | |

表6 客家话相关辞书声母对照：i 类

| 序号 | IPA | i | | im | in | | ip | it | |
|---|---|---|---|---|---|---|---|---|---|
| 1 | 《教育》 | i | | im | in | | ib | id | |
| 2 | 《陆丰》 | i | | im | in | | ip | it | |
| 3 | 《词典》 | i | | im | in | | ip | it | |
| 4 | 《客英》 | i | | im | in | | ip | it | |
| 5 | 《客法》 | i | | im | in | | ip | it | |
| 6 | 《集成》 | i | | im | in | | ip | it | |
| 7 | 《广东》 | i | | im | in | | ip | it | |
| 8 | 《标准》 | i | | im | in | | ip | it | |
| 9 | 《梅县》 | i | | im | in | | ip | it | |
| 10 | 《台湾》 | i | | im | in | | ip | it | |

表7　客家话相关辞书声母对照：ia 类

| 序号 | IPA | ia | iai | iau | iam | ian | iaŋ | iap | iat | iak |
|---|---|---|---|---|---|---|---|---|---|---|
| 1 | 《教育》 | ia | iai | iau | iam | × | iang | iab | × | iag |
| 2 | 《陆丰》 | ia | iai | iau | iam | ian | iang | iap | iat | iak |
| 3 | 《词典》 | ia | iai | iau | iam | × | iang | iap | iat | iak |
| 4 | 《客英》 | ia | iai | iau | iam | × | iang | iap | × | iak |
| 5 | 《客法》 | ia | iai | iao | iam | ian | iang eang | iap | iat | iac |
| 6 | 《集成》 | ia | × | iau | iam | × | iaŋ | iap | × | iak |
| 7 | 《广东》 | ia | × | iau | iam | × | iaŋ | iap | × | iak |
| 8 | 《标准》 | ia | × | iau | iam | × | iaŋ | iap | × | iak |
| 9 | 《梅县》 | ia | iai | iau | iam | ian | iaŋ | iap | iat | iak |
| 10 | 《台湾》 | ia | iai | iau | iam | × | iang | iap | × | iak |

表8　客家话相关辞书声母对照：io 类

| 序号 | IPA | io | ioi | | | ion | ioŋ | | iot | iok |
|---|---|---|---|---|---|---|---|---|---|---|
| 1 | 《教育》 | io | × | | | ion | iong | | iod | iog |
| 2 | 《陆丰》 | io | × | | | ion | iong | | × | iok |
| 3 | 《词典》 | io | × | | | ion | iong | | × | iok |
| 4 | 《客英》 | io | ioi | | | ion | iong | | × | iok |
| 5 | 《客法》 | io | ioi | | | ion | eong iong | | iot | ioc |
| 6 | 《集成》 | io | × | | | ion | ioŋ | | × | iok |
| 7 | 《广东》 | io | ioi | | | ion | ioŋ | | × | iok |
| 8 | 《标准》 | io | ioi | | | ion | ioŋ | | × | iok |
| 9 | 《梅县》 | io | × | | | ion | ioŋ | | × | iok |
| 10 | 《台湾》 | io | × | | | ion | iong | | iot | iok |

表9　客家话相关辞书声母对照：ie 类

| 序号 | IPA | ie | | ieu | iem | ien | | iep | iet |
|---|---|---|---|---|---|---|---|---|---|
| 1 | 《教育》 | ie | | ieu | iem | × | | iep | ied |
| 2 | 《陆丰》 | × | | × | × | × | | × | × |
| 3 | 《词典》 | × | | × | × | ien | | × | × |
| 4 | 《客英》 | ie | | ieu | iem | ien | | × | iet |
| 5 | 《客法》 | ie | | × | × | ien | | × | iet |

(续表9)

| 序号 | IPA | ie | | ieu | iem | ien | | iep | iet | |
|---|---|---|---|---|---|---|---|---|---|---|
| 6 | 《集成》 | × | | × | × | × | | × | × | |
| 7 | 《广东》 | ie | | ieu | × | ien | | iep | iet | |
| 8 | 《标准》 | ie | | ieu | × | ien | | iep | iet | |
| 9 | 《梅县》 | ie | | ieu | × | ien | | × | iet | |
| 10 | 《台湾》 | ie | | ieu | iem | ien | | iep | iet | |

表10　客家话相关辞书声母对照：iu 类

| 序号 | IPA | iu | iui | | iun | iuŋ | | iut | iuk |
|---|---|---|---|---|---|---|---|---|---|
| 1 | 《教育》 | iu | iui | | iun | iung | | iud | iug |
| 2 | 《陆丰》 | iu | × | | iun | iuug | | iut | iuk |
| 3 | 《词典》 | iu | × | | iun | iuug | | iut | iuk |
| 4 | 《客英》 | iu | × | | iun | iung | | iut | iuk |
| 5 | 《客法》 | iou | ioui | | ioun | ioung | | iout | iouc |
| 6 | 《集成》 | iu | × | | iun | iuŋ | | × | iuk |
| 7 | 《广东》 | iu | × | | iun | iuŋ | | iut | iuk |
| 8 | 《标准》 | iu | × | | iun | iuŋ | | iut | iuk |
| 9 | 《梅县》 | iu | iui | | iun | iuŋ | | iut | iuk |
| 10 | 《台湾》 | iu | iui | | iun | iung | | iut | iuk |

表11　客家话相关辞书声母对照：u 类

| 序号 | IPA | u | ui | | un | uŋ | | ut | uk |
|---|---|---|---|---|---|---|---|---|---|
| 1 | 《教育》 | u | ui | | un | ung | | ud | ug |
| 2 | 《陆丰》 | u | ui | | un | ung | | ut | uk |
| 3 | 《词典》 | u | ui | | un | ung | | ut | uk |
| 4 | 《客英》 | u | ui | | un | ung | | ut | ok |
| 5 | 《客法》 | ou | oui | | oun | oung | | out | ouc |
| 6 | 《集成》 | u | ui | | un | uŋ | | ut | uk |
| 7 | 《广东》 | u | ui | um① | un | uŋ | | ut | uk |
| 8 | 《标准》 | u | ui | | un | uŋ | | ut | uk |
| 9 | 《梅县》 | u | ui | | un | uŋ | | ut | uk |
| 10 | 《台湾》 | u | ui | | un | ung | | ut | uk |

---

① □□（ツム<ツム´）雨 tsum¹ tsum³ i²（第1525 页）。

表 12　客家话相关辞书声母对照：ua 类

| 序号 | IPA | ua | uai | | uan | uaŋ | | uat | uak |
|---|---|---|---|---|---|---|---|---|---|
| 1 | 《教育》 | ua | uai | | uan | uang | | uad | uag |
| 2 | 《陆丰》 | ua | uai | | uan | uang | | uat | uak |
| 3 | 《词典》 | × | × | | × | × | | × | × |
| 4 | 《客英》 | × | × | | × | × | | × | × |
| 5 | 《客法》 | oua | ouai | | ouan | ouang | | ouat | ouac |
| 6 | 《集成》 | ua | uai | uam | uan | uaŋ | uap | uat | × |
| 7 | 《广东》 | ua | uai | | uan | uaŋ | | uat | × |
| 8 | 《标准》 | ua | uai | | uan | uaŋ | | uat | × |
| 9 | 《梅县》 | ua | uai | | uan | uaŋ | | uat | uak |
| 10 | 《台湾》 | ua | uai | | uan | uang | | uat | uak |

表 13　客家话相关辞书声母对照：uo 类

| 序号 | IPA | uo | uoi | | uon | uoŋ | | uot | uok |
|---|---|---|---|---|---|---|---|---|---|
| 1 | 《教育》 | × | × | | × | × | | × | × |
| 2 | 《陆丰》 | × | × | | × | × | | × | × |
| 3 | 《词典》 | × | × | | × | × | | × | × |
| 4 | 《客英》 | × | × | | × | × | | × | × |
| 5 | 《客法》 | ouo | × | | ouon | ouong | | × | ouoc |
| 6 | 《集成》 | uo | | | uon | uoŋ | | | × |
| 7 | 《广东》 | uo | | | uon | uoŋ | | | uok |
| 8 | 《标准》 | uo | | | uon | uoŋ | | | uok |
| 9 | 《梅县》 | uo | × | | uon | uoŋ | | × | uok |
| 10 | 《台湾》 | × | × | | × | × | | × | × |

表 14　客家话相关辞书声母对照：ue 类

| 序号 | IPA | ue | | | uen | | | uet | |
|---|---|---|---|---|---|---|---|---|---|
| 1 | 《教育》 | ue | | | uen | | | ued | |
| 2 | 《陆丰》 | ue | | | × | | | uet | |
| 3 | 《词典》 | × | | | × | | | × | |
| 4 | 《客英》 | × | | | × | | | × | |
| 5 | 《客法》 | × | | | ouen | | | ouet | |
| 6 | 《集成》 | ue | | ueu | × | | | uet | |
| 7 | 《广东》 | ue | | | × | | | uet | |

(续表14)

| 序号 | IPA | ue | | | uen | | uet |
|---|---|---|---|---|---|---|---|
| 8 | 《标准》 | ue | | | × | | uet |
| 9 | 《梅县》 | × | | | uen | | uet |
| 10 | 《台湾》 | × | | | uen | | uet |

表15 客家话相关辞书声母对照：m̩、ŋ̍ 类

| 序号 | IPA | | | m̩ | | ŋ̍ | |
|---|---|---|---|---|---|---|---|
| 1 | 《教育》 | | | m | | ng | |
| 2 | 《陆丰》 | | | m | | ng | |
| 3 | 《词典》 | | | m | | ng | |
| 4 | 《客英》 | | | m | | ng | |
| 5 | 《客法》 | | | m | | ng | |
| 6 | 《集成》 | | | m̩ | | ŋ̍ | |
| 7 | 《广东》 | | | m̩ | | ŋ̍ | |
| 8 | 《标准》 | | | m̩ | | ŋ̍ | |
| 9 | 《梅县》 | | | m̩ | | ŋ̍ | |
| 10 | 《台湾》 | | | m | | ng | |

1. 关于 ɨ、ɨn、ɨt、ɨm、ɨp 韵母

四县腔客家话同时会具有 ɨ、ɨm、ɨp、ɨn、ɨt 这几个韵母，所以如果是以四县腔作为主体音系的辞书就会有上述韵母，像《梅县》。而海陆腔客家话只有 ɨ 韵，没有 ɨm、ɨp、ɨn、ɨt 等韵母，像《陆丰》《客英》《客法》。

2. 关于 iai 韵母

中古蟹开二部分例字如"街""解"等《陆丰》《客英》记 kai，《梅县》记 kɛ，《客法》记 kiai 或 kai，《台湾》记 kie 或 kai。《客英》的 kai² 音节收录了"解"这个例字，也注明有 kiai² 的音读；但是《客英》的音序却没有 kiai² 这个音节，显然"解"这个字是以 kai² 作为主音读。而《客法》是在 kiai² 这个音节收录了"解"这个例字，注明有 ke² 的音读；同时在 ke² 这个音节也收录了"解"这个例字，也注明有 kiai² 的音读。① 而《标准》记 kei 韵的例字有"解""计""介""戒""届""界""契"，《广东》记 ei 韵的例字只有"司"sei¹、"公"kuŋ¹、"礼"li¹（第174页下）、"齐"tsʰei⁵（第31页下）。②

3. 关于 ie、ieu、iem 韵母

《教育》《台湾》的 ie、ieu、iem 韵，只存在于和舌根声母 k-、kʰ-、ŋ- 相拼的音

---

① 《台湾》在海陆腔的音节是没有注释的，要看注释还得参看对应的四县腔音节。
② 第1364页上记"□螺"为 ei⁵ lo⁵，可能是 ie⁵ lo⁵ 之误。

节当中，如"鸡"kie¹、"契"kʰie³、"蚁"ȵie³、"狗"kieu²、"弇"kiem⁵、"恹"ȵiem³等少数例字，如果没有出现明显的对立，在处理上是可以分别归并到 e、eu 或 em 韵。

### 4. 关于 ioi 韵母

"瘵"kʰioi³，表示"困累"的意思，ioi 韵只有这个词。海陆腔客家话没有这个词汇，海陆腔客家话"困累"是说"悿"tʰiam²，梅县客家话念 kʰoi³（黄雪贞，1995：99）。海陆腔有另外一个词"脆"tsʰioi³，这个词在《客英》有收录（第 966 页），表示"食物松脆的口感"，另外还表示"食物软有弹性的口感"①。这两个词是都是客家话的常用词，如果没有收录这两个词，整个音韵体系就会少一个韵。

### 5. 关于 ian、iat 韵母

ian、iat 在一般客家话中大都念成 ien、iet，在笔者所调查过的南部四县腔客家话中，除了和 k-、kʰ-、h-、ȵ-、ø- 相拼的音节会念成 ian、iat 之外，和其他声母相拼的音节还是念 ien、iet，所以 ian/iat 和 ien/iet 实际上是互补的，可以合并为一个韵母。至于合并以后要选择 ian/iat 还是 ien/iet 来作为音位化的符号，目前学界并没有一致性的看法。

（1）《陆丰》《词典》《客英》只有 ian/iat，没有 ien/iet。

（2）《客法》的 ian/iat 只出现在和 k-、kʰ-、ȵ-、ø- 相拼的音节，而 ien/iet 则是出现在其他声母相拼的音节，所以也是互补的。②

（3）《梅县》的 ian/iat 和 ien/iet 是互补的。

（4）《教育》《台湾》都只有 ien/iet。

（5）《集成》《广东》和《标准》记成 ien/iet。

从声韵拼合的角度来看，ian/iat 和 ien/iet 是互补的，所以可以合并，而且要以 ian/iat 作为音位化的符号。有两个理由：①ɛien/iat 这两个韵母的深层结构还是 ian/iat；③ ②ɔ 从韵母格局的系统性来看，应该选择 ian/iat 作为音位化的符号④，但是现在的客家话辞书都选用 ien/iet，而不用 ian/iat，这是不妥当的。

### 6. 关于 en/et 和 ien/iet 韵母

《标准》的 en/et 这两个韵母中有部分的例字应该是要被归到 ien/iet 的，如"间""艰""肩""奸""简""拣"、"见"、"硬"、"结""决""格""洁"、"蕨"、"圈"

---

① 这个说法是新竹教育大学的范文芳教授所提供。

② 《客法》的 ian/iat 和 ien/iet 虽然可以合并，但是其中有些音节是比较矛盾的。ian/iat 和 ien/iet 主要是反映在声母发音部位的前后，所以，发音部位靠前的韵母就记成 ien/iet，而发音部位靠后的韵母就记成 ian/iat。但是和 h-（部位靠后）拼的却也记成 ien/iet。比较奇怪的是，k- 和这套韵母拼合却是 kian/kiet。这个地方如果照《客法》的系统，应该拼成 kian/kiat。

③ 根据胡希张、余耀南（1993：374）所载《客家山歌韵书》中的"先天"韵里头的韵字有"先""天"……"丹""瘫""闲"……"湾""完"，可见在客家话中 an、ian、uan 是可以押韵的。

④ 所谓"韵母格局的系统性"是说，在韵母表上有 iam/iap、ian/iat、iaŋ/iak 这样的搭配。可是没有 iem/iep、ien/iet、ieŋ/iek 这样的搭配，如果把 ian/iat 改成 ien/iet，这样的韵母格局就比较没有系统性。因为一般客家话没有 ieŋ/iek 韵母，iem 韵只有"挜"kiem³¹（盖）、"恹恹"ȵiem⁵⁵ȵiem⁵⁵（形容病恹恹的样子）。

"牵"、"谴""怒""件""健""建""劝""券"、"乞"、"拳""权"、"杰"、"研"、"眼"、"愿"、"啮"、"年""元""原""源""言"、"月""热"。其中,"艰""劝""乞"在 ien/iet 里也有,显然这些例字在当时就存在两读。这种情形在《客英》也有发现,在其他辞书的 ian/iat 或 ien/iet 韵母的例字,在《客英》全都并入了 en/et 韵母。但是在 en/et 韵母的音节,有些音节是可以有 en、ien 或 et、iet 两读的,如 men(mien)、tsen (tsien)、tset (tsiet)、tsʰen (tsʰien)、sen (sien)、ken (kien)、ket (kiet)、kʰen (kʰien)、kʰet (kʰiet),其他的音节还是念 en/et 韵。《客法》en/et 韵大部分是梗摄的例字,而 ien/iet 则大部分是山摄的例字,并没有混乱的情形。其实 en/et 韵母的例字大部分是梗摄的字,而 ien/iet 韵母的例字大部分是山摄的例字,像《台湾》都分得很清楚。根据笔者实际调查的经验,有些发音人确实存在两读,如"肩""间"有时念 ken,有时念 kian。

7. 关于 uen、uet 韵母

uet 韵只有"国"一个例字,相对的舒声韵 uen,收录的不是常用字(如"耿")。在调查的时候,发音人多半不会念。所以列表的时候经常只有 uet 韵,而没有 uen 韵。

(三)声调方面

《集成》《广典》和《标准》对声调的描述见表 16、表 17(原书是日语,中文翻译引自吴守礼,1997:181、185):

表16 《集成》《标准》和《广东》的声调描写对照

| 刘克明《集成》 | 菅向荣《标准》 | 台湾总督府《广东》 |
| --- | --- | --- |
| 上平调:起于中调,渐高。与福建语之由低调开始而渐高之下平调微异 | 上平:起首平易,音尾渐强上扬,拖长 | 上平:近似厦门音之下平而音头稍高 |
| 下平调:始终保持中调,无曲折。与福建语之下去调相似,但起首较强 | 下平:音响平坦无高低,始终不变,拉长 | 下平:与厦门音下去相同 |
| 上声:急低,似福建语之上去调 | 上声:音尾急低,发音强而拉长 | 上声:始中调、缓低、尾微弱,近似厦门音之下平而音头稍高 |
| 去声:陡高,而音尾稍降 | 去声:音尾急高,发音强而拉长 | 去声:始高调、急低、下音尾微弱,与厦门音之上声同 |
| 上入:音尾急促,如去声之缩短者 | 上入:音短,起首发音平易,音尾高扬而强 | 上入:与厦门音之下入同 |
| 下入:音尾急高促 | 下入:音短,起首发音平易,音尾加强,急低而止 | 下入:与厦门音之上入同 |

表17　客家话相关辞书声调对照

| 序号 | | 阴平 | 上声 | 去声 | 阴入 | 阳平 | | 阳去 | 阳入 |
|---|---|---|---|---|---|---|---|---|---|
| | IPA① 四县腔 | 13 | 31 | 55 | 3 | 11 | | × | 5 |
| | IPA 海陆腔 | 53 | 13 | 11 | 5 | 55 | | 33 | 3 |
| 1 | 《教育》四县腔 | 24 | 31 | 55 | 2 | 11 | | × | 5 |
| | 《教育》海陆腔 | 53 | 24 | 11 | 5 | 55 | | 33 | 2 |
| 2 | 《陆丰》 | 1<br>上平<br>ˊ | 2<br>上上<br>ˆ | 3<br>上去<br>ˋ | 4<br>上入 | 5<br>下平<br>— | | 7<br>下去 | 8<br>下入 |
| 3 | 《词典》 | 1<br>无标记 | 3<br>ˊ | 4<br>ˋ | 6②<br>无标记 | 2<br>ˆ | | | 5<br>ˊ |
| 4 | 《客英》 | 无标记 | ˊ | ˋ | | ˆ | | | ˈ |
| 5 | 《客法》 | — | ˋ | ˊ | ⌒ | | | | ⌣ |
| 6 | 《集成》构拟调值 | 24 | 11 | 53 | 5 | 33 | | | 3 |
| | 口音韵 | < | ˋ | ˊ | ˎ | ǀ | | | ˏ |
| | 鼻化韵 | ⋉ | ⋈ | ⋰ | ⋱ | ⊳ | | | ⊲ |
| 7 | 《广东》构拟调值 | 13 | 31 | 53 | 5 | 11 | | | 3 |
| | 口音韵 | < | ˋ | ˊ | ˎ | ǀ | | | ˏ |
| | 鼻化韵 | ⋉ | ⋈ | ⋰ | ⋱ | ⊳ | | | ⊲ |
| 8 | 《标准》构拟调值 | 13 | 31 | 53 | 5 | 11 | | | 3 |
| | 口音韵 | < | ˋ | ˊ | ˎ | ǀ | | | ˏ |
| | 鼻化韵 | ⋉ | ⋈ | ⋰ | ⋱ | ⊳ | | | ⊲ |
| 9 | 《梅县》 | ˧ | ˩ | ˥ | ˩ | ˧ | | | ˥ |
| 10 | 《台湾》四县腔 | ˊ | ˋ | — | — | | | | |
| | 《台湾》海陆腔 | ˋ | ˊ | — | | | | — | |

## 1. 表示法

上列客家话辞书除了《梅县》是标调值（调型）之外，大部分都是用调类表示法，有的是用图形符号，如《陆丰》《词典》《客英》《客法》《台湾》；《集成》《广东》和《标准》也是采用调类表示法，只不过是把位置从音标上面换成在音标的右边。鼻化符号

---

① "IPA"的调值根据笔者调查台湾客家话四县腔和海陆腔的实际调值。

② 《客法》《客英》的上入收的相关客家话辞书阳入调的例字，如"复"，下入收的相关客家话阴入调的例字，如"福"。《客英》的调序很奇怪，上声和去声都没有阴阳的对立，所以根本就不需要分上下。

把"。"加在调类符号上面。①

### 2. 声调数

除了《陆丰》《台湾》（海陆腔）有7个声调之外，其他辞书都只有6个声调。比较特别的是《客英》和《客法》这两本辞书的声母和韵母都接近海陆腔，但是声调却接近四县腔。

### 3. 调值

《集成》《广东》和《标准》的调值描写，舒声调和四县腔的差异不大，但是阴入和阳入的调型却比较接近海陆腔。这种声调格局在笔者所调查过的台湾客家话次方言（包括四海话）从没出现过，这是比较特别的地方。

## 三、小 结

根据上述的比较，我们发现日本侵占台湾时期台湾客家话辞书主要还是以四县腔作为编纂的主体音系；其中《集成》是一本开创性的客家话文献，虽然其中出现了不少的错误，这些错误多半是来自从闽南语语音和词汇的思考架构在客家话的语音和词汇上面所形成的。刘克明本身不是客家人，出现这些错误可以理解。但是以当时的背景能够体认到"台湾的汉语方言中除了闽南话之外，还有客家话存在的事实；而客家话也应当提升到和闽南话相同地位的思考"是很大的进步。比较遗憾的是，我们并没有找到跟他同时期的客家人有类似的著作，一直等到1933年，他的学生菅向荣才编纂了《标准》②。《标准》在《集成》的基础上修正了语料记音处理上的错误，并补充了更多的语汇和语法材料。但是《广东》的主体音系却是"四海话"。③ 所谓"四海话"，根据罗肇锦（2000：234）的说法，是指"'四县话'和'海陆话'混合以后所产生的新客家话……这种四海话成了今天最普遍的混合型客家话,也将是未来台湾客家话的优势语言"。对照《广东》一书的音系内容，除了声调上不完全吻合之外，其他声韵方面的特点相当一致。

---

① 《集成》《广东》和《标准》的调号有两套，在有m、n、ŋ声母的音节，要在调符号上加鼻化韵符号"。"。例"马"マア〻，这是因袭日语假名拼写闽南话音节的做法，其实客家话并不需要另立鼻化韵。

② 编者的说明："……通行于本岛之广东语有四县、海陆、饶平、永定等语，而四县最近标准，且通行最广，故本书采用为标准音。""本书中所用符号假名，大致袭用恩师刘克明先生之名著《广东语集成》，但亦有自创者。所收俚谚多流行于苗栗地方一带。"菅向荣的说明在《标准》第1页，原文是日文，此段译文引自吴守礼（1997：184）。

③ 吴守礼（1997：186）提到："……而译语及译音均采用通行于北部所谓'四县话'中之饶平县系语……"忠荣富（2004：35）提到："日本人编纂的唯一字典是Sooto kuufu 1930（广东语辞典），用的是四县话（长乐方言），载有2500个日本字，用汉字书写，客语解释，假名拼音……"经笔者查对《广东》原书，既不是"饶平县"也不是"长乐"，而是"镇平县"。

## 参考文献

[1] MACIVER D. Chinese – English Dictionary Hakka-dialect [M]. MACKENZIE M C, 修订. 台北: 南天书局, 1992.
[2] PETER ADRIAAN VAN DE STAAT. *Hakka Woordenboe* [M]. 1912.
[3] REY C. *Dictionnaice Chinois-Francais, Dialect HAC-KA* [M]. 台北: 南天书局, 1988.
[4] Schaank S H. 客语陆丰方言 [M]. 1987.
[5] 黄雪贞. 梅县方言词典 [M]. 南京: 江苏教育出版社, 1995.
[6] 罗肇锦. 台湾客家语常用词辞典 [M]. 台北: 国语会, 2010.
[7] 李如龙, 张双庆. 客赣方言调查报告 [M]. 厦门: 厦门大学出版社, 1992.
[8] 刘克明. 标准广东语集成 [M]. 堂书店, 1913.
[9] 罗肇锦. 台湾客家族群史、语言篇 [M]. 南投: 台湾省文献委员会, 2000.
[10] 吴守礼. 福客方言综志 [Z]. 自印本, 1997.
[11] 徐兆泉. 台湾四县腔·海陆腔客家话辞典 [M]. 台北: 南天书局, 2009.
[12] 杨政男, 徐清明, 龚万灶, 等. 客语字音词典 [M]. 台北: 台湾书店, 1998.
[13] 张屏生, 吕茗芬. 高屏地区客家话语汇集 [M]. 南投: 台湾文献馆, 2012.
[14] 张屏生. 台湾四海话音韵和词汇变化 [Z]. 第二届汉语方言小型研讨会, 2004.
[15] 张屏生. 台湾地区汉语方言的语音和词汇·册一·论述篇 [M]. 台南: 开朗杂志事业有限公司, 2007.
[16] 张屏生. 台湾地区汉语方言的语音和词汇·册二·语料篇一·高雄闽南话语汇集 [M]. 台南: 开朗杂志事业有限公司, 2007.
[17] 张屏生. 台湾地区汉语方言的语音和词汇·册三、册四·语料篇二·台湾汉语方言词汇对照表（含闽南话、客家话、闽东话、军话）[M]. 台南: 开朗杂志事业有限公司, 2007.
[18] 张屏生. "标准广东语典"同音字表 [Z]. 自印本, 2008.
[19] 张屏生. "标准广东语集成"同音字表 [Z]. 自印本, 2009.
[20] 张屏生. 台湾总督府编"广东语辞典"同音字表 [Z]. 自印本, 2010.
[21] 张屏生. 客家话辞书音节检索 [Z]. 未刊稿, 2013.
[22] 张维耿. 客家话词典 [M]. 广州: 广东人民出版社, 1995.

# 广东陆河东坑客话到台湾海陆客话的语音变化

彭盛星

(桃园市新杨平小区大学)

【提 要】广东省陆河县辖河田街道及东坑、水唇、螺溪、上护、新田、河口、南万7个镇，为纯客县份。本文在实地调查的基础上，归纳了陆河东坑客家话的语音系统，然后将其与台湾海陆客家话的语音系统进行比较，并探讨后者发生变化的原因。

【关键词】陆河 客家话 台湾海陆客 语音

## 一、引 言

台湾讲海陆腔客家话的彭姓客家人，来台祖先很多源自今广东省陆河县北边的河田街道、东坑镇、水唇镇等地，语言系统属于客家话"海陆小片"的"河田片"。[①] 笔者祖先来自今陆河县东坑镇上屋祠，祖籍地所讲的客家话和今台湾桃园、新竹一带的彭姓海陆客话有不少差异。本文特别探讨东坑客话在台湾两三百年来的语音变化。

## 二、陆河东坑客话的归属

广东省陆河县辖河田街道及东坑、水唇、螺溪、上护、新田、河口、南万7个镇，2015年统计人口有352175人，为纯客县份。河田、东坑、水唇、螺溪、上护语音较为一致，归为北片"河田片"；新田、河口、南万归为南片"新田片"。

东坑镇位于陆河县北部，是榕江水系发源地，人口约2.6万人，彭姓为东坑第一大姓，约占八成。现今台湾海陆客话和陆河"新田片"语音比较接近，反而与祖籍地东坑的"河田片"语音有较大差异。

## 三、陆河东坑客话的语音系统

1. 声母（22个，含零声母）

| | | | | | | | | | |
|---|---|---|---|---|---|---|---|---|---|
| p | 布百帮 | $p^h$ | 爬步平 | m | 马尾庙 | f | 灰虎或 | v | 委万闻 |
| t | 胆短东 | $t^h$ | 天第电 | n | 拿能农 | | | l | 礼镰龙 |

---

[①] 参见潘家懿、谢鸿猷、段英《陆河客家话语音概况》，载《韶关大学学报》2000年增刊。

| ts | 资精酒 | tsʰ | 粗娶请 | | | s | 苏息师 | | |
|---|---|---|---|---|---|---|---|---|---|
| tʃ | 真张质 | tʃʰ | 唱直虫 | ɲ | 年人肉 | ʃ | 社水石 | ʒ | 夜腰药 |
| k | 家枝工 | kʰ | 苦开穷 | ŋ | 我瓦硬 | h | 戏限歇 | | |
| ∅ | 恩安暗 | | | | | | | | |

说明：广州中山大学博士生温东芳调查陆河河田音系，多出3个唇齿化双辅音声母，即 kv（瓜桂刮）、kʰv（夸快葵）、ŋv（危魏玩）。个人以为把第二个不明显的辅音 v 归入韵母里的圆唇元音 u 即可。

2. 韵母（61个，含2个成音节）

| ɿ | 资自士 | a | 马把车 | ɛ | 细齐洗 | i | 皮比第 | ɔ | 禾多婆 |
|---|---|---|---|---|---|---|---|---|---|
| u | 补府古 | ai | 溪怀败 | au | 包高老 | iɯ | 头某后 | ia | 谢写斜 |
| iɛ | 蚁艾契 | ɔi | 茄瘸靴 | iu | 求须女 | ɔi | 来梅财 | ua | 挂夸 |
| ui | 水雷飞 | iau | 小娇钓 | uɿ | 沟口狗 | iɔi | 脆 | uai | 怪快 |
| am | 甘凡谈 | ɛm | 森蔘 | im | 林金琴 | iam | 添尖嫌 | iɛm | 撏（盖） |
| an | 间眼 | ɛn | 冰先电 | in | 新兵定 | nɔ | 寒山短 | un | 盆昆本 |
| iɛn | 年见更 | iɔn | 元全权 | iun | 军群忍 | uɔn | 官宽款 | aŋ | 冷顶硬 |
| ɔŋ | 当汤郎 | uŋ | 东同农 | iaŋ | 名平命 | iɔŋ | 相姜强 | iuŋ | 宫诵龙 |
| uɔŋ | 光广狂 | ap | 法合答 | ɛp | 涩 | ip | 立入级 | iap | 接业协 |
| at | 八滑杀 | ɛt | 北德杰 | it | 笔吉日 | ɔt | 割脱渴 | ut | 佛出突 |
| iɛt | 缺血歇 | iut | 屈倔 | ak | 石百客 | ɔk | 博学桌 | uk | 木竹福 |
| iak | 壁惜迹 | iɔk | 脚削略 | iuk | 俗足菊 | uɔk | 郭 | m̩ | 唔 |
| ŋ̍ | 五吴 | | | | | | | | |

说明：不计"有音无字"和"状声词"，陆河东坑客话比台湾海陆客话多出 uɔn、uɔŋ、uɔk 3个韵母。

3. 声调（7个）

| 调类 | 调值 | 例字 |
|---|---|---|
| 阴平 | 53 | 包夫诗通婚翻 |
| 阳平 | 35 | 袍湖时同魂烦 |
| 上声 | 24 | 保府屎桶粉反 |
| 阴去 | 21 | 炮富试痛粪贩 |
| 阳去 | 33 | 抱户视洞份饭 |
| 阴入 | 5 | 百福识啄弗发 |
| 阳入 | 2 | 白服食读佛罚 |

说明：陆河东坑客话有阴平、阳平、上声、阴去、阳去、阴入、阳入7个声调。

## 四、陆河东坑客话和台湾海陆客话的语音差异

1. 声母差异

| 例字 | 陆河东坑客话 | 台湾海陆客话 |
|---|---|---|
| 护 | $p^hu^{33}$（$fu^{33}$） | $fu^{33}$ |
| 务 | $mu^{33}$ | $vu^{33}$（$mu^{33}$） |
| 猫 | $miau^{21}$ | $ȵiau^{11}$ |
| 环 | $fan^{35}$ | $k^huan^{55}$ |
| 镇 | $tin^{21}$ | $tʃin^{24}$ |
| 队 | $t^hui^{33}$ | $tʃ^hui^{33}$ |
| 客 | $k^hak^5$ | $hak^5$ |
| 任 | $ȵim^{33}$ | $ʒim^{33}$（$ȵim^{33}$） |
| 支 | $tʃi^{53}$ | $ki^{53}$ |
| 寨 | $ts^hɔi^{33}$ | $tsai^{11}$ |
| 集 | $ts^hip^2$ | $sip^2$ |
| 赠 | $ts^hɛn^{33}$ | $tsɛn^{11}$ |
| 站 | $ts^ham^{33}$ | $tʃam^{11}$ |
| 柿 | $sai^{11}$ | $k^hi^{33}$ |

说明：①"护"字，陆河东坑客话在地名里读 $p^hu^{33}$，如"上护"$ʃɔŋ^{33}\,p^hu^{33}$、"黄护寨"$vɔŋ^{35}\,p^hu^{33}\,ts^hɔi^{33}$，在"保护"$pau^{24/33}\,fu^{33}$、"护士"$fu^{33}\,sɿ^{33}$中则读 $fu^{33}$；台湾海陆客话皆读 $fu^{33}$。②"务"字，陆河东坑客话读 $mu^{33}$，台湾海陆客话有读 $vu^{33}$ 和 $mu^{33}$ 两个读音。③"镇"字，东坑镇和陆河县其他7个镇都读 $tin^{11}$；台湾海陆客话读 $tʃin^{24}$，应是受台湾四县客话影响。④"猫"字，陆河东坑客话读 $miau^{11}$，台湾海陆客话读 $ȵiau^{11}$，据发音人彭武庆先生称，陆河只有廖姓读"猫"为 $ȵiau^{11}$，其他姓氏都读 $miau^{11}$。⑤匣母字"环境"的"环"，陆河东坑客话读 $fan^{35}$，台湾海陆客话读 $k^huan^{55}$；章母字"支持"的"支"，陆河东坑客话读 $tʃi^{53}$，台湾海陆客话读 $ki^{53}$。⑥"柿"字，东坑镇和陆河县其他7个镇都读 $sai^{11}$；台湾四县客话读 $ts^hɿ^{55}$，闽南话读 $k^hi^{33}$，台湾海陆客话读 $k^hi^{33}$，或许是受闽南话影响。⑦陆河东坑客话的"队"字属全浊定母，读 $t^hui^{33}$；"寨"字属全浊崇母，读 $ts^hɔi^{33}$；"集"字属全浊从母，读 $ts^hip^2$；"赠"字属全浊从母，读 $ts^hɛn^{33}$；"车站"的"站"在方言里属全浊崇母，读 $ts^ham^{33}$。以上诸字皆为送气声母，比台湾海陆客话更符合客家话音韵的演变规律。

2. 韵母差异

（1）果摄开口一等字，陆河东坑客话读 ɔi，台湾海陆客话读 ai。

| 例字 | 陆河东坑客话 | 台湾海陆客话 |
| --- | --- | --- |
| 大（果开一） | tʰɔi³³ | tʰai³³ |
| 我（果开一） | ŋɔi⁵³ | ŋai⁵⁵⁽²⁴⁾ |

说明：陆河东坑客话读 ɔi，是保留果摄一等字读 ɔ、假摄二等字读 a 的客家话韵母系统特色。

（2）果摄合口一等字，陆河东坑客话读 uɔ，台湾海陆客话读 ɔ。

| 例字 | 陆河东坑客话 | 台湾海陆客话 |
| --- | --- | --- |
| 果（果合一） | kuɔ²⁴ | kɔ²⁴ |
| 过（果合一） | kuɔ²¹ | kɔ¹¹ |
| 科（果合一） | kʰuɔ⁵³ | kʰɔ⁵³ |
| 课（果合一） | kʰuɔ²¹ | kʰɔ¹¹ |

说明：陆河东坑客话合口字有 -u- 介音，较合音韵规律。

（3）遇摄有些合口一等字，陆河东坑客话读 ɿ，台湾海陆客话读 u 或 ɔ。

| 例字 | 陆河东坑客话 | 台湾海陆客话 |
| --- | --- | --- |
| 租（遇合一） | tsɿ⁵³ | tsu⁵³ |
| 祖（遇合一） | tsɿ²⁴ | tsu²⁴ |
| 组（遇合一） | tsɿ⁵³ | tsu⁵³ |
| 粗（遇合一） | tsʰɿ⁵³ | tsʰu⁵³ |
| 苏（遇合一） | sɿ⁵³ | su⁵³ |
| 做（遇合一） | tsɿ²¹ | tsɔ¹¹ |

说明：陆河东坑客话读舌尖元音 ɿ 是白读，台湾海陆客话读 u 或 ɔ 则文读取代了白读。

（4）遇摄合口三等字，陆河东坑客话读 iu，台湾海陆客话读 i 或成音节。

| 例字 | 陆河东坑客话 | 台湾海陆客话 |
|---|---|---|
| 居（遇合三） | kiu$^{53}$ | ki$^{53}$ |
| 举（遇合三） | kiu$^{24}$ | ki$^{24}$ |
| 句（遇合三） | kiu$^{21}$ | ki$^{11}$ |
| 语（遇合三） | ȵiu$^{53}$ | ȵi$^{53}$ |
| 鱼（遇合三） | ȵiu$^{35}$ | ŋ$^{55}$ |
| 女（遇合三） | ȵiu$^{24}$ | ŋ$^{24}$ |
| 徐（遇合三） | tsʰiu$^{35}$ | tsʰi$^{55}$ |
| 须（遇合三） | siu$^{53}$ | si$^{53}$ |
| 如（遇合三） | ʒiu$^{35}$ | ʒi$^{55}$ |
| 禹（遇合三） | ʒiu$^{24}$ | ʒi$^{24}$ |

说明：①遇摄合口三等字，陆河东坑客话有些人读 iɤu，温东芳调查陆河河田音系，列出"雨""羽"等字读 io。iɤu、io 二者音相近，笔者详听发音人录音带，发现原 iɤu 已转读为 iu。②遇摄合口三等字读 iu，或许与 y 有关，因为 i、u、y 同属高元音，i 反映了 y 的前元音征性，u 反映了 y 的圆唇元音征性，故 y 和 iu 的关系密切。③遇摄合口三等字读 iu，基本上显现中古切韵时期"鱼、虞有别"的现象。①

（5）遇摄合口三等虞韵"无"字，陆河东坑客话读 au，台湾海陆客话读 ɔ。

| 例字 | 陆河东坑客话 | 台湾海陆客话 |
|---|---|---|
| 无（遇合三） | mau$^{35}$ | mɔ$^{55}$ |

说明："无"字在台湾海陆客话全面读 ɔ，陆河新田片和台湾四县客话也读 ɔ。

（6）遇摄合口三等鱼韵少数字，陆河东坑客话读 ɔ，台湾海陆客话读 u。

| 例字 | 陆河东坑客话 | 台湾海陆客话 |
|---|---|---|
| 初（遇合三） | tsʰɔ$^{53}$ | tsʰu$^{53}$（tsʰɔ$^{53}$） |
| 楚（遇合三） | tsʰɔ$^{24}$ | tsʰu$^{24}$ |

说明："初"字在台湾海陆客话有 tsʰu$^{53}$ 和 tsʰɔ$^{53}$ 两种读音。

---

① 参见谢留文《客家方言语音研究》，中国社会科学出版社 2003 年版，第 54 页。

(7) 蟹摄开口一等字，陆河东坑客话读 ɔi，台湾海陆客话读 ai。

| 例字 | 陆河东坑客话 | 台湾海陆客话 |
|---|---|---|
| 带（蟹开一） | tɔi²¹ | tai¹¹ |
| 戴（蟹开一） | tɔi²¹ | tai¹¹ |
| 彩（蟹开一） | tsʰɔi²⁴ | tsʰai²⁴ |
| 采（蟹开一） | tsʰɔi²⁴ | tsʰai²⁴ |
| 塞（蟹开一） | tsʰɔi³³ | tsai¹¹ |
| 在（蟹开一） | tsʰɔi³³ | tsʰai³³ |

说明："一等"带""戴""彩""采""塞"诸字，各地客家话几乎无例外读如二等 ai，陆河东坑客话读 ɔi，是保留中古蟹摄一、二等的区别。

(8) 蟹摄有些开口一等咍韵字，陆河东坑客话读 ai，台湾海陆客话读 ɔi。

| 例字 | 陆河东坑客话 | 台湾海陆客话 |
|---|---|---|
| 该（蟹开一） | kai⁵³ | kɔi⁵³ |
| 改（蟹开一） | kai²⁴ | kɔi²⁴（kai²⁴） |
| 概（蟹开一） | kʰai²⁴ | kʰɔi²⁴ |

说明：①蟹摄开口一等咍韵辖字，两地都是有的读 ai，有的读 ɔi。②"该""改""概"诸字两地读法恰好相反，"改"字在台湾海陆客话有 ɔi 和 ai 两种读法。

(9) 效摄开口一等字，陆河东坑客话读 au，台湾海陆客话读 ɔ。

| 例字 | 陆河东坑客话 | 台湾海陆客话 |
|---|---|---|
| 宝（效开一） | pau²⁴ | pɔ²⁴ |
| 刀（效开一） | tau⁵³ | tɔ⁵³ |
| 到（效开一） | tau²¹ | tɔ¹¹ |
| 桃（效开一） | tʰau³⁵ | tʰɔ⁵⁵ |
| 讨（效开一） | tʰau²⁴ | tʰɔ²⁴ |
| 套（效开一） | tʰau²¹ | tʰɔ¹¹ |
| 劳（效开一） | lau³⁵ | lɔ⁵⁵ |
| 老（效开一） | lau²⁴ | lɔ²⁴ |
| 高（效开一） | kau⁵³ | kɔ⁵³ |
| 好（效开一） | hau²⁴ | hɔ²⁴ |
| 早（效开一） | tsau²⁴ | tsɔ²⁴ |
| 嫂（效开一） | sau²⁴ | sɔ²⁴ |

说明：①早期客家话效摄一、二等应是有分别的，一等读 ɔ，二等读 au，如今闽西、粤东、粤北客家话保留一、二等有别的很少，仅台湾、粤西客家次方言保留一、二等有别。②陆河东坑彭姓移台初期，仍保留效摄一等字读 au 的特点，后来被其他客家话影响，变为效摄一等字读 ɔ。

（10）山摄开口一、二等字，陆河东坑客话读 ɔn，台湾海陆客话读 an。

| 例字 | 陆河东坑客话 | 台湾海陆客话 |
| --- | --- | --- |
| 半（山开一） | pɔn²¹ | pan¹¹ |
| 单（山开一） | tɔn⁵³ | tan⁵³ |
| 炭（山开一） | tʰɔn²¹ | tʰan¹¹ |
| 难（山开一） | nɔn³⁵ | nan⁵⁵ |
| 达（山开一） | tʰɔt² | tʰat² |
| 辣（山开一） | lɔt² | lat² |
| 扮（山开二） | pɔn²¹ | pan¹¹ |
| 慢（山开二） | mɔn³³ | man³³ |
| 奸（山开二） | kɔn⁵³ | kan⁵³ |
| 产（山开二） | sɔn²⁴ | san²⁴ |
| 山（山开二） | sɔn⁵³ | san⁵³ |

说明：①陆河东坑客话山摄开口一等读 ɔn，是表现客、赣方言一、二等对立的特征。②陆河东坑客话山摄开口二等读 ɔn，应是一、二等的混同。

（11）山摄开口三等仙韵和开口四等先韵字，陆河东坑客话无 i 介音，台湾海陆客话有 i 介音。

| 例字 | 陆河东坑客话 | 台湾海陆客话 |
| --- | --- | --- |
| 变（山开三） | pɛn²¹ | piɛn¹¹ |
| 棉（山开三） | mɛn³⁵ | miɛn⁵⁵ |
| 免（山开三） | mɛn⁵³ | miɛn⁵³ |
| 面（山开三） | mɛn²¹ | miɛn¹¹ |
| 连（山开三） | lɛn³⁵ | liɛn⁵⁵ |
| 剪（山开三） | tsɛn²⁴ | tsiɛn²⁴ |
| 仙（山开三） | sɛn⁵³ | siɛn⁵³ |
| 天（山开四） | tʰɛn⁵³ | tʰiɛn⁵³ |
| 田（山开四） | tʰɛn³⁵ | tʰiɛn⁵⁵ |
| 先（山开四） | sɛn⁵³ | siɛn⁵³ |

| 千（山开四） | tsʰɛn⁵³ | tsʰiɛn⁵³ |
| 节（山开四） | tsɛt⁵ | tsiɛt⁵ |

说明：①清代江永谓四等为"一等洪大，二等次大，三四皆细"，讲的是北京音。徐通锵、张光宇等学者认为上古四等为洪音，闽南话梗摄四等青韵"零""星""瓶""笛"诸字，主要元音 a 即属洪音①。陆河东坑客话山摄开口三、四等主要元音 ɛ 亦属洪音。②移台初期的陆河东坑客话山摄开口三、四等字，原先无 –i– 介音，后来与其他客家次方言混同，以致增生 –i– 介音。

（12）山摄有些开口三等元韵和合口三等仙韵字，陆河东坑客话读 iɔn，台湾海陆客话读 iɛn。

| 例字 | 陆河东坑客话 | 台湾海陆客话 |
| 建（山开三） | kiɔn²¹ | kiɛn¹¹ |
| 健（山开三） | kʰiɔn³³ | kʰiɛn³³ |
| 言（山开三） | ɲiɔn³⁵ | ɲiɛn⁵⁵ |
| 权（山合三） | kʰiɔn³⁵ | kʰiɛn⁵⁵ |
| 拳（山合三） | kʰiɔn³⁵ | kʰiɛn⁵⁵ |
| 原（山合三） | ɲiɔn³⁵ | ɲiɛn⁵⁵ |
| 卷（山合三） | kiɔn²⁴ | kiɛn²⁴ |
| 宣（山合三） | siɔn⁵³ | siɛn⁵³ |
| 选（山合三） | siɔn²⁴ | siɛn²⁴ |

说明：山摄有些开口三等元韵和合口三等仙韵字，陆河东坑客话读 iɔn，和赣语及畲话比较接近。

（13）山摄合口一等桓韵字，陆河东坑客话读 uɔn，台湾海陆客话读 ɔn 或 uan。

| 例字 | 陆河东坑客话 | 台湾海陆客话 |
| 官（山合一） | kuɔn⁵³ | kɔn⁵³ |
| 观（山合一） | kuɔn⁵³ | kɔn⁵³ |
| 管（山合一） | kuɔn²⁴ | kɔn²⁴ |
| 宽（山合一） | kʰuɔn⁵³ | kʰɔn⁵³ |
| 款（山合一） | kʰuɔn²⁴ | kʰuan²⁴ |
| 欢（山合一） | fuɔn⁵³ | fɔn⁵³ |

---

① 参见张光宇《闽客方言史稿》，南天书局 1996 年版，第 209 页。

说明：山摄合口一等桓韵字，陆河东坑客话读 uɔŋ，与多数的赣语和多数的畲话相同，亦保留中古切韵音系合口有 –u– 介音的特征。

（14）宕摄合口一等和三等字，陆河东坑客话读 uɔŋ，台湾海陆客话读 ɔŋ。

| 例字 | 陆河东坑客话 | 台湾海陆客话 |
| --- | --- | --- |
| 光（山合一） | kuɔŋ$^{53}$ | kɔŋ$^{53}$ |
| 广（山合一） | kuɔŋ$^{24}$ | kɔŋ$^{24}$ |
| 郭（山合一） | kuɔk$^{5}$ | kɔk$^{5}$ |
| 狂（山合三） | k$^h$uɔŋ$^{35}$ | k$^h$ɔŋ$^{55}$ |
| 况（山合三） | k$^h$uɔŋ$^{24}$ | k$^h$ɔŋ$^{24}$ |

说明：宕摄合口一等和三等字，陆河东坑客话读 uɔŋ，和少数地点的客家话及多数的赣语、畲话相同，亦保留中古切韵音系合口有 –u– 介音的特征。

（15）有些梗摄二、四等字，陆河东坑客话白读为 aŋ 和 iaŋ，台湾海陆客话文读为 ɛn。

| 例字 | 陆河东坑客话 | 台湾海陆客话 |
| --- | --- | --- |
| 格~人~（梗开二） | kak$^{5}$ | kɛt$^{5}$ |
| 争~竞~（梗开二） | tsaŋ$^{53}$ | tsɛn$^{53}$ |
| 牲~三~（梗开二） | saŋ$^{53}$ | sɛn$^{53}$ |
| 生~杀~（梗开二） | saŋ$^{53}$ | sɛn$^{53}$ |
| 铭~记~（梗开四） | miaŋ$^{35}$ | mɛn$^{55}$ |
| 星~期~（梗开四） | siaŋ$^{53}$ | sɛn$^{53}$ |

说明：梗摄字在陆河东坑客话大多为白读音，台湾海陆客话兼有文白异读。

（16）通摄合口三等屋韵"缩"字，陆河东坑客话读 uk，台湾海陆客话读 ɔk。

| 例字 | 陆河东坑客话 | 台湾海陆客话 |
| --- | --- | --- |
| 缩（山合三） | suk$^{5}$ | sɔk$^{5}$ |

说明：通摄合口三等屋韵"缩"字为所六切，陆河东坑客话读 suk$^5$ 较合语音变化规律。

## 3. 声调差异

| 声调 | 陆河东坑客话调值 | 台湾海陆客话调值 |
|---|---|---|
| 阴平 | 53 | 53 |
| 阳平 | 35 | 55 |
| 上声 | 24 | 24 |
| 阴去 | 21 | 11 |
| 阳去 | 33 | 33 |
| 阴入 | 5 | 5 |
| 阳入 | 2 | 2 |

说明：①陆河东坑客话和台湾海陆客话都有 7 个声调。②陆河东坑阳平调值 35 为上升调，台湾海陆阳平调值 55 为高平调。③很多客方言调查者都将客家话略微下降的阴去调值定为 31。笔者以为，31 为明显的下降调，陆河东坑客话的调值并非明显的下降调，故将阴去调值定为 21。④广州中山大学博士生温东芳调查陆河河田音系，谓阴入调值 45，阳入调值 5，两者几乎没有差别。笔者检视陆河东坑发音人录音，确定两者对比明显，阴入调值为高调 5，阳入调值为低调 2。

## 4. 后缀仔尾词差异

| 例字 | 陆河东坑客话 | 台湾海陆客话 |
|---|---|---|
| 帽子 | mau$^{33}$ tsɿ$^{35}$ | mɔ$^{33}$ ə$^{55}$ |
| 刀子 | tau$^{53}$ tsɿ$^{35}$ | tɔ$^{53}$ ə$^{55}$ |
| 哪里 | na$^{11}$ tsɿ$^{35}$（哪儿） | nai$^{33}$ vui$^{33}$（什么地方） |
| 桌子 | tsɔk$^{5/2}$ tsɿ$^{35}$ | tsɔk$^{5/2}$ ə$^{55}$ |

说明：陆河东坑客话的仔尾词用 tsɿ$^{35}$，台湾海陆客话用 ə$^{55}$。

## 5. 词汇差异

| 普通话词汇 | 陆河东坑客话 | 台湾海陆客话 |
|---|---|---|
| 高兴 | 高兴 kau$^{53}$ hin$^{21}$ | 欢喜 fɔn$^{53}$ hi$^{24}$ |
| 很多 | 好多 hau$^{24/33}$ tɔ$^{53}$ | 尽多 tsʰin$^{33}$ tɔ$^{53}$ |
| 多少？ | 好多？hau$^{24/33}$ tɔ$^{53}$？ | 几多？kit$^{2}$ tɔ$^{53}$？ |
| 不够 | 唔够 m$^{35}$ kiɛu$^{21}$ | 唔罅 m$^{55}$ la$^{33}$ |
| 举手 | 举手 kiu$^{24/33}$ ʃiu$^{24}$ | 擎手 kʰia$^{55}$ ʃiu$^{24}$ |

| 究竟 | 究竟 kiu²¹kin²⁴ | 到底 tɔ¹¹ti²⁴（tai²⁴） |
| --- | --- | --- |
| 现在 | 今下 kin⁵³ha³³ | 这下 lia⁵⁵（li⁵⁵）ha³³ |
| 今午 | 今昼 kin⁵³tʃiu²¹ | 当昼 tɔŋ⁵³tʃiu¹¹ |
| 橙子 | 橙子 tʃaŋ³⁵tsɿ³⁵ | 柳丁 liu⁵⁵tin⁵⁵ |
| 老婆 | 老婆 lau²⁴/³³pʰɔ³⁵ | 铺娘 pu⁵³ȵiɔŋ⁵⁵ |
| 不一样 | 唔一样 m̩³⁵ʒit⁵/²ʒɔŋ³³ | 无共样 mɔ⁵⁵kʰiuŋ³³ʒɔŋ³³ |

说明：基本词汇变化较慢，一般词汇变化较快，两三百年来，两地的词汇都有变化，哪一个是 300 年前的祖源词汇，已经很难确切分辨。

## 五、陆河东坑客话在台湾海陆客话的残留

台湾陆河东坑裔彭姓人士所说的海陆客话，已与其他姓氏所说的海陆客话渐趋一致，仍有少数语音残存"河田片"语音的特征，举例如下：

台湾老一辈的彭姓人士自称"我"为"我"ŋɔi⁵³，"我们"为"我俚"ŋɔi⁵³li⁵⁵；与一般海陆客话称"我"为"𠊎"ŋai⁵⁵⁽²⁴⁾，"我们"为"𠊎俚"ŋai⁵⁵⁽²⁴⁾li⁵⁵，"嗯俚"ɛn⁵⁵li⁵⁵不同。

"先""边"二字仍保留河田片山摄四等没有 -i- 介音的读法，如"头先"（刚才、以前）读 tʰɛu⁵⁵sɛn⁵³，"黏边"（接着、马上）读 ȵiam⁵⁵pɛn⁵³。

"扫地""扫把"的"扫"，台湾海陆客话读 sɔ¹¹，读"清明挂扫"为 tsʰiaŋ⁵³miaŋ⁵⁵ kua¹¹sau¹¹，"扫"读 sau¹¹ 仍保留河田片效摄一等读 au 的特色。

"祖先"的"祖"字，海陆客话读 tsu²⁴，唯有骂人的脏话"屌若祖公"（肏你祖宗）tiau²⁴/³³ȵia⁵⁵tsɿ²⁴/³³kuŋ⁵³，仍保持白读音 tsɿ²⁴。

笔者曾询问彭姓家族长者，是否听过不一样的海陆话，长者证称彭姓"做不到"tsɔ¹¹m⁵⁵tɔ¹¹，以前读 tsɿ¹¹m⁵⁵tau¹¹；"我无（没）钱"ŋai²⁴mɔ⁵⁵tsʰiɛn⁵⁵读 ŋɔi⁵³mau⁵⁵tsʰɛn⁵⁵。约 150 年前，彭姓还有河田片语音的读法。

## 六、陆河东坑客话在台湾地区变化的原因

台湾海陆客话移民有许多不同来源，以今陆河县各镇最多，揭西县五云、上砂其次，海丰县、陆丰市、普宁市的客家乡镇又次。各地的客家话原本即有差异，韵母的差异尤大。例如，陆河南边的"新田片"效摄一等字读 ɔ 而不读 au，山摄开口一等字有 -i- 介音，遇摄合口三等字读 i 不读 iu，与属"河田片"音系的东坑客话不同。

台湾客家人以讲蕉岭、平远、兴宁、五华四县客话的人口最多，其中又以蕉岭话为优势腔。当陆河东坑客话与其他地方的海陆客话或四县客话交融时，除声母和声调保持较完整外，韵母则向蕉岭腔及其他地方的海陆腔靠拢，以至东坑客话的韵母特点消失不少。

## 七、结　语

　　台湾海陆客话移民祖源最多的陆河县，以属河田音系的河田、东坑、螺溪、水唇等镇人数最多，原本应是台湾海陆客话的优势腔，无奈河田音系的韵母与陆河新田片及蕉岭、大埔、饶平等客话差异较大，最后不敌其他客家话的交相侵蚀，韵母特点消失泰半，诚令彭、叶、范等河田音系诸姓后人不胜嘘唏。

## 附录　发音人

| 姓名 | 住地 | 性别 | 年龄 | 职业 | 教育程度 |
|---|---|---|---|---|---|
| 彭奕勋 | 陆河县东坑镇 | 男 | 80岁 | 小学教师退休 | 大学 |
| 彭武庆 | 陆河县东坑镇 | 男 | 76岁 | 自由业 | 自学（小学） |

**参考文献**

［1］李如龙，张双庆．客赣方言调查报告［M］．厦门：厦门大学出版社，1992.
［2］潘家懿，谢鸿猷，段英．陆河客家话语音概况［J］．韶关大学学报，2000（增刊）.
［3］彭永琴，等．客家陆河［M］．陆河：陆河县客家文化集编小组，2006.
［4］吴中杰．畲族语言研究［M］．新竹：台湾清华大学，2004.
［5］谢刘文．客家方言语音研究［M］．北京：中国社会科学出版社．
［6］游文良．畲族语言［M］．福州：福建人民出版社，2002.
［7］张光宇．闽客方言史稿［M］．台北：南天书局，1996.
［8］中国社会科学院语言研究所．方言调查字表［M］．北京：商务印书馆，1988.

# 《客法词典》所记梅县客话音系及其百年演变[①]

田志军

（赣南师范大学文学院）

**【提　要】** 本文利用《客法词典》和粤东现代客方言调查成果，首先构拟出该词典所记客话音系，然后从汉语语音史的角度，通过对声母、韵母演化的描写及其演化机制的总结，探讨粤东客家方言近百年来的发展演变。

**【关键词】**《客法词典》　客家方言　梅县　语音演变

## 一、《客法词典》简介及其相关研究

自1840年鸦片战争以来，西方基督教新教差会纷纷来到中国，逐渐从沿海深入内地，在华素有渊源的各天主教差会也不甘示弱，卷土重来，与新教争划势力范围，希望"中华归主"。在粤东客属地区进行传教活动的主要有属于新教的巴色会、英国长老会和属于天主教的法国巴黎传教会。其中巴黎外方传教会神父赖嘉禄（Charles Rey，1866—1943）1889年来华，在粤东嘉应、潮汕客属地区传教50余年。于1901年编成《客法词典》[②]（*Dictionnaire chinois-français*：*dialecte hac-ka*；*précédé de quelques notions et exercices sur les tons*）初版，正文360页。1926年，由香港巴黎外方传教会那匝勒（Nazarath）印书馆再版，进行增订，出第二版，正文长达1444页。《客法词典》增订版的前言（avant-propos）简单说明了客家民系、客家方言形成的背景、分布的地域。《标音说明》对韵母、部分声母的读音、声调的情况进行了说明。

词典正文以客家方言的罗马字音节排序，客话罗马字音节则按照法文字母的顺序排列，但带送气音符号"'"的音节则排在相应不送气音节之后，如"tao（刀）"音节之后排"t'ao（滔）"。以客话音节（"字"）为单位，同一个音节内的体例是汉字字头、部首代码、笔画数、斜体罗马字拼音、又读音、法文字义、汉字例词、例句、例词、例句斜体罗马字拼音，例词、例句法文解释。声调标写于音节结构的主元音字母之上。

对《客法词典》的研究可分为文献考录和语料研究两大类：杨福绵（1967）、桥本万太郎（Hashimoto，1973）、游汝杰（2002）、庄初升（2010）均对《客法词典》进行了相关的介绍、考录；而林英津（1994）、汤培兰（1999）则对《客法词典》（1926年增订

---

[①] 本文为国家社会科学基金项目"十九世纪以来梅州客家方言历史演变研究"（项目编号：15BYY038）的阶段性成果。

[②] 台湾等地学者亦译作《客法大辞典》。

版)① 进行了语音研究。其中，林文分引言、声韵调位的描述、音节结构、结论并若干问题的省思等几部分对《客法词典》的声调、声母、韵母从音位和音节结构的角度进行了细致的分析和讨论。汤文分绪论、《客法词典》音韵系统、《客法词典》历史音韵——声母部分、《客法词典》历史音韵——韵母与声调、结论 5 章。绪论简要介绍了《客法词典》情况。第二章从现代语音学角度对《客法词典》声母、韵母、声调进行了讨论，归纳了其声韵调系统。第三、第四两章历史音韵部分则联系《广韵》讨论了从中古音到《客法词典》所记客话语音的音韵演变情况。

本文拟在前贤的研究基础上，对《客法词典》所反映的嘉应音系百年来的演变做初步的探索。

## 二、《客法词典》所记客话音系

《客法词典》字头计 11327 个，每个字头后面都标注罗马字注音。这种客话罗马字系统很明显是以法文正字法为基础设计的。每个汉字字头后面用以注音的罗马字音节虽然包含了声母、韵母和声调的记录，但显然还不是声、韵、调系统而准确的表现。所以，从具体罗马字音节到音类系统及其当时实际音值②仍需予以考证、归纳。考证的具体步骤和方法简述如下。

### （一）离析音类符号

#### 1. 声类符号

穷尽文献语料中罗马字所记音节，每个音节中均去除非起首辅音字母符号③及声调符号，保留首辅音符号。即文献中有多少个音节，就有多少个首音符号（含零首辅音符号，本文暂用"0"表示），再归并为罗马字音节起首辅音符号系统。这些首辅音符号就是声类符号的初态。去除声调符号后，《客法词典》中共有 690 个音素组合音节，声类符号可分为 24 类，开列如下：

| p 组 | p | p' | m | f | v |
| t 组 | t | t' | n | | l |
| k 组 | k | k' | ng、gn | h | 0 |
| tch 组 | tch、tj | tch' | ch | | y |
| ts 组 | ts、tz | ts$^h$ | s | | |

---

① 《客法词典》1901 年初版目前尚未见有研究成果。
② 我们认为，求出音类及各音类具体音值（实际读法）后方能得出声母、韵母、声调及完整的语音系统。
③ 传统音韵学区分音节为两个部分：一为首音，一为尾音。这里非起首辅音字母符号也可称为"尾音"，起首辅音也可称为"首音"。

## 2. 韵类符号

从去除首辅音符号和声调符号的音节剩余部分（即传统音韵学所称尾音）中，我们可归纳出韵类符号的初态。《客法词典》中共有 74 个韵类符号，全举如下：

a/ac/ai/am/an/ang/ao/ap/at/e/e·/eang/em/en/eong/eou/ep/et/i/ia/iac/iai/iam/ian/iang/iao/iap/ie·/ien/ieou/iet/im/in/io/ioc/ioi/ion/iong/iou/iouc/ioun/ioung/iout/ip/it/o/oc/oe·/oi/on/ong/ot/ou/oua/ouai/ouan/ouang/ouat/ouc/ouen/ouet/oui/oun/oung/ouo/ouoc/ouon/ouong/out/y/ym/yn/yp/yt①

## 3. 调类符号

《客法词典》中有"声调说明"，表示如下：②

| 调序 | 中文调名 | 对应法文译名 | 例字 | 罗马字标调 |
|---|---|---|---|---|
| 1 | 上平 | plein haut（高平） | 夫 | foū |
| 2 | 下平 | plein bas（低平） | 湖 | foû |
| 3 | 上声 | montant（上升） | 虎 | foù |
| 4 | 去声 | descendant（下降） | 父 | foú |
| 5 | 上入 | rentrant haut（高入） | 复 | foùc |
| 6 | 下入 | rentrant bas（低入） | 福 | foûc |

应该说明的是，这里的法文译名并非对 6 个调类的描摹、说明，而只是中文名的相应直译。

## （二）分析音类符号关系

上一步骤中将历史方言语料中的音类符号从音节中离析出来，得到音类符号初态。那么，这些符号之间的关系又当如何呢？我们考察了《客英词典》、五经富客家土白《新约》、新安《新约》及《客法词典》等粤东客话文献的罗马字系统，认为当时都基本上是以客话语音中音素为单位进行设计的，不同符号之间存在一定的语音对立关系。但是否做了比较严格的音位归并，也就是说每个罗马字系统内的符号从音位角度来看是否尚可分、可合，还未可知。同一罗马字系统内部符号之间的关系涉及严格的音位推定，仍需要在晚近方言和现代方言比较的基础上，对具体音值做出拟测，才能进一步分其当分，合其当合。

对所得符号内部关系进行分析之后，我们采用音位学原理，根据对立与否，比较同异，归纳音位。如考察所归并的每个首音是否具有音位区别的性质，凡具有音位性质的首

---

① 《客法词典》中 y、ym、yn、yp、yt 5 个音节中的 y 实际音值为 ji，即 y 既做声母，又做韵母。我们也将它们整个音节都暂行计入韵类符号中。

② 参见赖嘉禄《客法词典》(1926)，第 xii 页。

音符号就确定为一个声类，凡不具有音位性质的首音符号，分别予以归并。依此可得出以罗马字标示的晚近粤东客音声类、韵类和调类的音类系统。

### （三）联系现代方音，构拟音值

将晚近方言语料与现代方言材料相互联系、相互比较，辅以历史文献的考证，从而确定或构拟晚近粤东客话语音系统中每一音类的音值。考证是指对粤东客话文献内部的语音表现以及文献作者的一些表述进行钩稽、考索。联系、比较则指《客法词典》与现代粤东客话相同汉字的语音联系、比较。我们以考证和比较双重方法来推定晚近粤东客话各音类的音值，最终求出声母、韵母、声调系统。

限于篇幅，《客法词典》音系的具体构拟步骤暂略，当另文说明。所构拟的音系见表1～3。

表1 声母（21个）

| 拟音 | p [p] | p' [pʰ] | m [m] | f [f] | v [v] |
|---|---|---|---|---|---|
| 例字 | 跛补变剥 | 怕婆判白 | 麻梅蚊木 | 夫花烦罚 | 无话王物 |
| 拟音 | t [t] | t' [tʰ] | n [n] | | l [l] |
| 例字 | 知白多当答 | 头大同塔 | 恼忍迎业 | | 螺雷量落 |
| 拟音 | k [k] | k' [kʰ] | ng/gn [ŋ]（[ɲ]） | h [h] | [ø] |
| 例字 | 瓜困捐合 | 科葵空吸 | 我语岸入 | 虚河坑客 | 鸦矮暗轭 |
| 拟音 | tch/tj [tʃ] | tch'/tch [tʃʰ] | | ch [ʃ] | y [j] |
| 例字 | 志遮中竹 | 助车深轴 | | 蛇世扇湿 | 衣夜圆一 |
| 拟音 | ts/tz [ts] | tsh/ts [tsʰ] | | s [s] | |
| 例字 | 租早张责 | 初茶状凿 | | 些沙山杀 | |

表2 韵母（63个）

| | | 元音尾韵 | | | 鼻音尾韵 | | | 塞音尾韵 | | |
|---|---|---|---|---|---|---|---|---|---|---|
| | | -ø | -u | -i | -m | -n | -ŋ | -p | -t | -k |
| 开口齐齿合口 | 罗拟字 | a [a] 爬麻 | ao [au] 毛朝 | ai [ai] 材埋 | am [am] 男三 | an [an] 难山 | an [aŋ] 彭成 | ap [ap] 合鸭 | at [at] 滑八 | ac [ak] 白麦 |
| | 罗拟字 | ia [ia] 邪姐 | iao [iau] 消聊 | iai [iai] 皆街 | iam [iam] 甜廉 | ian [ian] 圈年 | iang/eang [iaŋ] 平岭 | iap [iap] 接夹 | | iac [iak] 逆惜 |
| | 罗拟字 | oua [ua] 瓦瓜 | | ouai [uai] 块怪 | | ouan [uan] 宽顽 | ouang [uaŋ] 胱矿 | | ouat [uat] 括阔 | |

(续表2)

|  |  | 元音尾韵 | | | 鼻音尾韵 | | | 塞音尾韵 | | |
| --- | --- | --- | --- | --- | --- | --- | --- | --- | --- | --- |
|  |  | -ø | -u | -i | -m | -n | -ŋ | -p | -t | -k |
| 开口齐齿合口 | 罗拟字 | e·<br>[e]<br>洗齐 | eou<br>[eu]<br>偷楼 |  | em<br>[em]<br>砧森 | en<br>[en]<br>恩烹 |  | ep<br>[ep]<br>亩涩 | et<br>[et]<br>蜜德 |  |
|  | 罗拟字 | ie·<br>[ie]<br>蚁 |  |  |  | ien<br>[ien]<br>全天 |  |  | iet<br>[iet]<br>雪切 |  |
|  | 罗拟字 |  |  |  |  |  |  |  | ouet<br>[uet]<br>国 |  |
| 开口齐齿 | 罗拟字 | e<br>[ɨ]<br>私粗 |  |  |  |  |  |  |  |  |
|  | 罗拟字 | i<br>[i]<br>衣知 |  |  | im<br>[im]<br>金寻 | in<br>[in]<br>民清 |  | ip<br>[ip]<br>立集 | it<br>[it]<br>七力 |  |
| 开口齐齿合口 | 罗拟字 | o<br>[o]<br>坡多 |  | oi<br>[oi]<br>胎推 |  | on<br>[on]<br>酸川 | ong<br>[oŋ]<br>帮江 | op<br>[op]<br>蛤 | ot<br>[ot]<br>脱割 | oc<br>[ok]<br>角学 |
|  | 罗拟字 | io<br>[io]<br>靴茄 |  | ioi<br>[ioi]<br>脆 |  | ion<br>[ion]<br>软旋 | iong<br>[ioŋ]<br>墙放 |  |  | ioc<br>[iok]<br>削弱 |
|  | 罗拟字 | ouo<br>[uo]<br>果过 |  |  |  | ouon<br>[uon]<br>观腕 | ouong<br>[uoŋ]<br>光旷 |  |  | ouoc<br>[uok]<br>郭扩 |
| 合口齐齿 | 罗拟字 | ou<br>[u]<br>徒书 |  | oui<br>[ui]<br>杯归 |  | oun<br>[un]<br>论粉 | oung<br>[uŋ]<br>同中 |  | out<br>[ut]<br>律物 | ouc<br>[uk]<br>服木 |
|  | 罗拟字 | iou<br>[iu]<br>修囚 |  |  |  | ioun<br>[iun]<br>训近 | ioung<br>[iuŋ]<br>雄松 |  | iout<br>[iut]<br>屈倔 | iouc<br>[iuk]<br>肉足 |

表3　声调（6个）

| 今调类名 | 阴平 | 阳平 | 上声 | 去声 | 阴入 | 阳入 |
|---|---|---|---|---|---|---|
| 旧调类名 | 上平 | 下平 | 上声 | 去声 | 下入 | 上入 |
| 拟定调值 | 33 | 11 | 31 | 53 | 2 | 5 |
| 例字 | 青舅冷毛 | 详囚来苇 | 表跪女震 | 店谢道染 | 迹曲六术 | 白别力宿 |

另外，我们将《客法词典》与《客英词典》、新安客话土白《新约》、五经富客话土白《新约》等粤东西方教会客话语料进行比较研究，发现《客法词典》有5条排他性的语音特征：①无唇化舌根声母；②蟹、山摄二等有i介音；③止摄知、章组韵母为ɨ；④山摄三、四等韵腹为a；⑤有见组合口介音u。

其中第①～④条都和今梅县方言紧密联系（其中，第3条中ɨ演变为ʅ）。我们另外考察了《客法词典》作者赖嘉禄神父来华经历，发现其来华后的最初10年都是在嘉应州城附近住堂。而《客法词典》显示的音韵特征又和今梅县方言密合。两相结合，我们可以认定嘉应州城客话或者说梅县客家方言就是《客法词典》的基础音系。

## 三、《客法词典》所反映的嘉应百年语音演变

### （一）精、知、庄、章由分到混

《客法词典》在声母上表现出精、庄、知₂与知₃、章整齐分立的格局，精、庄、知₂读 ts、tsʰ、s，知₃、章读 tʃ、tʃʰ、ʃ。举例如下：

| 例字 | 声组 | 《客法词典》 |
|---|---|---|
| 写 | 精 | ⁻sia |
| 沙 | 庄 | ⁻sa |
| 桌 | 知₂ | tsok⁼ |
| 住 | 知₃ | tʃʰuᵓ |
| 遮 | 章 | ⁻tʃa |

我们同时还注意到晚近乃至现代客话中庄组三等字虽然声母已入精组，但韵母却变为洪音，与同摄精组韵母不同。如：

| 韵摄 | 遇合三 | 流开三 | 深开三 | 臻开三 | 曾开三 |
|---|---|---|---|---|---|
| 庄组 | o/ɨ | eu | em | en | en |
| 精组 | i | iu | im | in | in |

将上面流摄、深摄、臻摄及跟臻摄完全合流的曾摄三等结合起来看，我们就能注意到晚近客话中庄组韵母主元音均为 e，而精、知、章组均同为 i。

据李荣（1958：150）臻摄开口三等各韵分别拟为子类殷 *iən、寅类臻 *iěn、真 *iěn，深摄开口三等侵韵拟作 *iəm，深臻两摄主元音可以说是相同的。那么，从中古到晚近，粤东客话深、臻两个开口三等韵摄合理的演变当为 *iəm→im，*iən、*iěn→in，即韵头 i 脱落，主元音 ə（ě）→i，流开三、曾开三主元音也都合流为 i。

我们则进一步认为晚近庄组主元音为 e（现代庄组仍为 e），则是因为庄组字在从舌叶音演变为舌尖前音与精组声母合流之前，由于语言内部须保持区别性的要求，导致流摄、深摄、臻摄及跟臻摄完全合流的曾摄庄组的主元音 *i 低化演变为 e，这样从韵的角度保持了庄组的独立。

晚近粤东客话精、庄两组虽则声母已然混一，但两者区别仍保留在韵母上。这种现象一是印证了高本汉（2003：313）关于山西、甘肃、陕西以及广州、客家等现代方言庄组读如精组的现象都是近代演变结果而非上古音遗留的观点；二是说明了庄组三等在其声母演变时，韵母的韵头 i 脱落，主元音发生变化；三是说明了知二、庄组首先变读精组，而知三、章组读入精组则相当晚近，两者演变不同步。

但近百余年来，粤东客话齿音这种二分格局发生了分化，主要出现于旧属新安、嘉应地区。有《客法词典》作为历史材料支撑，我们认为现代梅县及其他客话中精、庄、知、章混一的类型是源于精、庄、知二与知三、章二分的类型，而且四组混一的历史只有百年左右。

《客法词典》所反映齿音的后世演变：

$$\left.\begin{array}{l}\text{精、庄、知}_二：\quad ts、ts^h、s \\ \text{知}_三、\text{章}：\quad\quad\ tʃ、tʃ^h、ʃ\end{array}\right\} \to tʃ、tʃ^h、ʃ$$

这说明《客法词典》到现代梅县方言，已然完成了齿音混一的过程。

梅县齿音混同为 ts、$ts^h$、s 的时间不会早于《客法词典》修订出版的时间，即不会早于 1926 年。甚至于 1925 年接替巴黎外方传教会，在嘉应主持教务的美国天主教会玛丽诺会（Maryknoll）1948 年出版的客话课本 Beginning Hakka 中仍然是精、庄、知二与知三、章分立的（谢留文，2003：20）。因此，梅县齿音 tʃ、$tʃ^h$、ʃ 与 ts、$ts^h$、s 二分到合流为 ts、$ts^h$、s，至今仅半个世纪左右。

那么，结合粤东客音历史点齿音的情况，可以看到《客法词典》发展到现代梅县客话，则齿音已完全合流，均为舌尖齿音。

## （二）日母演变

粤东客音日母是二分的，即白读、口语常用字读 n，与泥母细音合流；文读、非常用字读 j，与影母细音及云以母合流。而《客法词典》所记晚近客话语料一分为三，分别是 n、ɲ、j。其中，j 为文读、非常用字，而 n、ɲ 的分化条件不显豁。

《客法词典》日母的演变：

$$\begin{cases} \text{n（常用字、白读部分字）} \\ \text{ɲ（常用字、白读部分字）} \end{cases} \to \text{ɲ}$$

$$\text{j（非常用字、文读）} \to \emptyset$$

《客法词典》白读音二分本来条件不显豁，所以到现代梅县二分不能继续维持，遂合流为 ɲ；而文读音的 j 摩擦成分可能逐渐减弱，现代记音也就一般记为零声母了。

### （三）ə 元音的出现

《客法词典》反映出来的音系格局为六元音系统，6 个元音分别为 ɨ、i、u、a、e、o，现代梅县元音系统则为 ɿ、i、ə、u、a、e、o，共 7 个元音，与百年前晚近粤东客话中的嘉应方音比较，在 100 年内多出了一个元音 ə，在梅县韵母系统中也就相应产生了 əm、əp、ən、ət 4 个新韵母。下面先看新元音 ə 的分布及来源。

1. əm/əp

深开三知章组：

| 例字 | 沉 | 针 | 深 | 十 | 汁 |
|---|---|---|---|---|---|
| 声组 | 知 | 章 | 章 | 章 | 章 |
| 《客法词典》 | ₌tʃʰim | ₌tʃim | ₌ʃim | ʃip₌ | tʃip₋ |
| 梅县 | ₌tsʰəm | ₌tsəm | ₌tsʰəm | səp₌ | tsəp₋ |

2. ən/ət

臻开三知章组：

| 例字 | 镇 | 陈 | 真 | 身 | 肾 |
|---|---|---|---|---|---|
| 声组 | 知 | 知 | 章 | 章 | 章 |
| 《客法词典》 | tʃin⁻ | ₌tʃʰin | ₌tʃin | ₌ʃin | ʃin⁼ |
| 梅县 | tsən⁻ | ₌tsʰən | ₌tsən | ₌sən | sən⁼ |

曾开三知章组：

| 例字 | 蒸 | 神 | 升 | 直 | 织 |
|---|---|---|---|---|---|
| 声组 | 章 | 章 | 章 | 知 | 章 |
| 《客法词典》 | ₌tʃin | ₌ʃin | ₌ʃin | tʃʰit₌ | tʃit₋ |
| 梅县 | ₌tsən | ₌sən | ₌sən | tsʰət₌ | tsət₋ |

我们从上述三摄演变的情况可归纳如下几点：三摄韵母是中古三等的闭音节韵（阳声韵、入声韵）；在《客法词典》反映的晚近嘉应客话中主元音均为 i，到现代主元音变为 ə，由细变洪；声母为知章组，晚近读 tʃ、tʃʰ、ʃ 到现代入精组读 ts、tsʰ、s。

很显然，ə 元音的出现是在齿音知、章组声母演变作用下产生的，是声韵互动的结果。从历时角度看，现代粤东客话知、章组入精组跟晚近粤东客话庄组入精组时发生的韵母变化现象应该是完全相类的。请看晚近客话中庄组和精组三等韵母的比较：

| 韵摄 | 流开三 | 深开三 | 臻开三 | 曾开三 |
|---|---|---|---|---|
| 庄组 | eu | em | en | en |
| 精组 | iu | im | in | in |

虽然我们没有精、庄混一前的历史客话文献可资证明，但很显然，晚近精组韵母实则代表了庄组或知₃、章组入精前的韵母，也即当精组和庄组或知₃、章组声母相区别时，其韵母没有区别，主元音同为 i，这是粤东客音演变的出发点。随着声母的合流，原声母的区别就转移到韵母上，则原庄组或知₃、章组的韵母即出现洪化。那么，由此我们可以推论庄组 *tʃ、*tʃʰ、*ʃ 入精组 *ts、*tsʰ、*s 时，上述四摄韵母也从 *i 演变到了 *e，由细变洪。所以说，客话现代知₃、章组入精和近代庄组三等入精，声韵的演变是相似的，图示如下：

近代庄组三等：声母 *tʃ、*tʃʰ、*ʃ → *ts、*tsʰ、*s     韵母主元音 *i → *e

晚近知₃章组：声母 tʃ、tʃʰ、ʃ → ts、tsʰ、s     韵母主元音 i → ə

从共时平面看来，梅县 ə 的出现，即 i→ə，也跟嘉应客话及其他粤东客话知₃、章组字中 i→ɨ→ɿ 的演变是平行的。请看止开三知章组字的情况：

| 例字 | 智 | 耻 | 治 | 志 | 齿 | 示 | 诗 | 市 |
|---|---|---|---|---|---|---|---|---|
| 声母 | 知 | 彻 | 澄 | 章 | 昌 | 船 | 书 | 禅 |
| 新安 | tʃiᶜ | tʃʰi | tʃʰiᶜ | tʃiᶜ | ᶜtʃʰi | ʃiᶜ | ʃi | ʃïᶜ |
| 《客法词典》 | tʃɨᶜ | tʃʰɨ | tʃʰɨᶜ | tʃɨᶜ | ᶜtʃʰɨ | ʃɨᶜ | ʃɨ | ʃɨᶜ |
| 梅县 | tsɿᶜ | tsʰɿ | tsʰɿᶜ | tsɿᶜ | ᶜtsʰɿ | sɿᶜ | sɿ | sɿᶜ |

很显然，梅县止开三的 ɿ 是从 i 演变来的，只不过经过了《客法词典》记录的 ɨ 的阶段。那么，ɨ①（ɿ）的出现，即 i→ɿ 的变化，也和 i→ə 的变化平行。只不过两个演变中前后的元音均各有限制：i→ɿ 中的 i、ɿ 元音是单音韵母 i、ɿ，不结合韵头或韵尾；i→ə 中

---

① 很显然，嘉应的 ɨ 比 ɿ、ə 均先出现，且 ɿ 出现后就取代了 ɨ。

的 i、ə 均非单音韵母，后面必须跟 -m、-p、-n、-t 韵尾。所以它们出现的环境是互补的，实际上现代梅县的 ə、ɿ 就可以归并为一个音位 /ɿ/，即：

$$/ɿ/ \begin{cases} ɿ & \text{单韵母} \\ ə & \text{不能单独成韵，必须带韵尾} \end{cases}$$

经这样合并音位后，梅县实际上仍然是六元音系统。那么，这个音位的演变途径为：

$$\left. \begin{matrix} \left. \begin{matrix} i \\ u \end{matrix} \right\} \to ɨ \to ɿ \\ i- \to ə- \end{matrix} \right\} \to /ɿ/$$

很显然，梅县 /ɿ/ 音位的形成完全是在具体韵摄条件下受中古声母精庄知、章 4 组演变的影响下所逐步形成的。

4. 舌尖元音 ɿ 的出现

晚近粤东客话止开三知、章组韵母为 i。先请看历史点和现代点止开三（含蟹开三）知、章组及止开三精组、遇合一精组、遇合三庄组所配韵母的比较：

| 音韵条件 | 《客法词典》 | 梅县 |
|---|---|---|
| 止开三知、章组： | i | ɿ |
| 止开三及遇合一精组、遇合三庄组： | ɨ | ɿ |

从上面我们可以得出如下结论：《客法词典》止摄开口三等韵（含蟹开三）的知、章组和遇合一精组、遇合三庄组在韵类上已经混同，韵类符号为 e（拟音为 [ɨ]），这表明《客法词典》止开三知₃、章组字韵母已经从 [i] 发展为 [ɨ]，和止开三、遇合一精组、遇合三庄组中的韵母已经趋同合流。《客法词典》发展到今天梅州现代客话，则声母、韵母都合流了，韵母则从 [ɨ] 发展为 [ɿ]。

5. 山摄开口三、四等主元音演变

晚近粤东客话新、富、英三点及三点所对应的现代粤东客话山摄开口三、四等主元音基本为 e，没有变化。但我们在分析晚近客话韵母异同时注意到了山摄开口三、四等舒声入声主元音《客法词典》和其他 3 个材料表现不一，其他材料中各声组均为 e，而《客法词典》中则知、章组舒声入声，泥母、日母、牙喉音舒声（见系晓匣母除外）字，主元音均为 a（见表 4）。

那么，这两种类型中究竟哪一种是早期的层次呢？也就是说，究竟是主元音 e→a，还是 a→e 呢？光依靠历史方言材料本身我们已难于解决这个问题。只有将历史方言材料和

现代方言材料相结合，才可能找到相关的线索，辨明演变的方向。

我们检视现代梅县方言山开三、四等主元音的情况，发现已然有所变化，我们与《客法词典》对照如下（见表4）：

表4　《客法词典》所反映记嘉应山摄开口三、四等舒声入声主元音及其演变

| 声组（母） | 帮组 | 端组 | 泥母 | | 来母 | 精组 | 知组 | 章组 | 日母 | | 见组 | | 晓匣 | 影喻 |
|---|---|---|---|---|---|---|---|---|---|---|---|---|---|---|
| | | | 舒 | 入 | | | | | 舒 | 入 | 舒 | 入 | | |
| 《客法词典》 | e | e | a | e | e | e | e | a | a | a | e | a | e | a |
| 梅县① | e | e | a | e | e | e | a | a | a | a | a | a | a | a |

这样，我们就能清楚地看到，主元音 a 在近 100 年内仍在扩散，今天梅县方言中见组入声，泥、日、晓、匣母入声主元音从 e 演变到 a，即 iet→iat。如：

| 例字 | 结 | 洁 | 缺 | 杰 | 竭 | 孽 | 血 | 歇 | 穴 |
|---|---|---|---|---|---|---|---|---|---|
| 声母 | 见 | 见 | 溪 | 群 | 群 | 疑 | 晓 | 晓 | 匣 |
| 《客法词典》 | kiet₂ | kiet₂ | kʰiet₂ | kʰiet₂ | kʰiet₂ | ɲet₂ | hiet₂ | hiet₂ | hiet₂ |
| 梅县 | kiat₂ | kiat₂ | kʰiat₂ | kʰiat₂ | kʰiat₂ | ɲiat₂ | hiat₂ | hiat₂ | hiat₂ |

而晓匣母的舒声也发生演变，即 hien→hian。如：

| 例字 | 献 | 掀 | 贤 | 现 |
|---|---|---|---|---|
| 声母 | 晓 | 晓 | 匣 | 匣 |
| 《客法词典》 | hien³ | ˌhien | ˌhien | hien³ |
| 梅县 | hian³ | ˌhian | ˌhian | hian³ |

这样，现代梅县和晚近嘉应相较，就出现了一个新韵母 iat 和一个新音节 hian。这两个客话的新质要素均不见于晚近客话的 4 个材料。那么，从这百年内新起的变化反推回去，百年前的变化也应该是山摄三、四等主元音从 e 到 a 的演变，而非相反，这百年内的演变正是百年前 e→a 演变的进一步延续。

---

① 李如龙、张双庆（1992）《客赣方言调查报告》字音对照表中误将梅县山摄开口三、四等帮组、端组、来母、精组字的主元音排印成 a，与所附音系不合，也与林立芳、黄雪贞及笔者的调查不合。

## 四、余 论

客家人"宁卖祖宗岭,不卖祖宗嗓;宁卖祖宗田,不忘祖宗言"的语言态度,曾使笔者一度认为客家方言或许发展迟缓,百年时间当变化无多。但是事实上,就在这短短的一两百年中客家方言也发生了不少变化。尽管这些变化有些是全局性的,有些还是局部性的,有些是内部自发的演变,有些是外部方言接触影响的结果,有些是内外因共同作用的结果,但无不昭示着客家方言从未停下发展演变的脚步。

## 参考文献

[1] 高本汉. 中国音韵学研究 [M]. 北京:商务印书馆,2003.
[2] 李荣. 切韵音系 [M]. 北京:科学出版社,1958.
[3] 李如龙,张双庆. 客赣方言调查报告 [M]. 厦门:厦门大学出版社,1992.
[4] 林英津. 论《客法大辞典》之客语音系 [C] //声韵论丛:第2辑. 台北:台湾学生书局,1994.
[5] 汤培兰. 《客法大辞典》音韵研究 [D]. 南投:台湾暨南国际大学,1999.
[6] 王力. 汉语语音史上的条件音变 [J]. 语言研究,1983(1).
[7] 谢留文. 客家方言语音研究 [M]. 北京:中国社会科学出版社,2003.
[8] 游汝杰. 西洋传教士汉语方言学著作书目考述 [M]. 哈尔滨:黑龙江教育出版社,2002.
[9] 庄初升. 清末民初西洋人编写的客家方言文献 [J]. 语言研究,2010(1).
[10] HASHIMOTO M J. The Hakka dialect:a Linguistic study of its phonology, syntax and lexicon [M]. London:Cambridge University Press,1973.
[11] MACIVER D A. Chinese – English dictionary, Hakka dialects spoken in Kwangtung rovince [M]. Shanghai:Presbyterian Mission Press,1905.
[12] MACKENZIE M G A Chinese-English Dictionary, Hakka Dialects Spoken In Kwangtung Province [M]. Shanghai:Presbyterian Mission Press,2$^{nd}$ ed,1926.
[13] SOME MISSIONARIES. The New Testament in the Colloquial of the Hakka Dialect by Some Missionaries of the Basel Evangel. Missionary Society [M]. Basel:British and Foreign Bible Society,1874.
[14] REY, CHARLES Dictionaire chinoi-fransais, dialecte Hac-ka, precede de quelques notions sur la syntaxe chinoise. Taibei:Southern Materials Center,1988.
[15] YANG, PAUL S. J. Elements of Hakka Dialectology [J]. Monumenta Serica,1967,xxvi.

# 台东的四海话研究

邓盛有

(台湾联合大学台湾语文与传播学系)

【提　要】本文以台湾东部台东县的四海话为研究对象,对关山镇、鹿野乡、池上乡等客家人口密度较高的地区进行调查研究,研究重点为:①观察台东四海话的语音结构及其演变情形;②描写台东四海话的词汇现象;③分析台东四海话中的闽语及台湾少数民族的语言成分;④比较台东与台湾西部地区四海话之间的差异。通过本文的研究,希望能弥补台湾东部四海话研究的不足,使得学界对台东的四海话有更进一步的认识与了解。

【关键词】　台东县　客家话　四县客　海陆客　四海话

## 一、引　言

台湾东部有许多的客家人,康熙六十一年(1722),清朝政府在台湾地区实行山禁,把整个台湾中央山脉的东侧完全封锁起来,汉人不许入山,台湾少数民族不可随意出来,直到1874年牡丹社事件后,清朝政府推动"开山抚番"政策,汉人才陆陆续续地进入东部地区(施添福,2001)。在日本侵占台湾时期,移入东部地区的汉人最多的就是客家人。此后,还有两波西部地区人口往东部移入。第一波是1945—1951年间到东部去垦荒;另外一波是在1959年八七水灾,政府为了安置西部地区的灾民,也有相当数量的人口移入东部地区。现在,花东地区已是台湾客家人口与客家文化的汇集地之一。意向顾问股份有限公司(2008)以"客家人口密度"与"客家人口数量"的二维分析方法,定义各乡镇市区的客家人口密度与数量分类结果显示,花莲县的花莲市、凤林镇、玉里镇、吉安乡、瑞穗乡、富里乡以及台东县的关山镇、鹿野乡、池上乡皆属于高密度客家人口区。然而,过去对台湾东部客语的研究关注度明显不足,迄今为止,真正深入分析东部客家语言的研究成果十分有限。

根据现有文献及笔者亲身走访经验,花东地区纯粹的四县客语或海陆客语已相当罕见,取而代之的是"四海话"这种混合型的客家话。这是东部客语的特色,很值得研究。东部地区因有中央山脉的地形屏障,长久以来和西部隔绝,形成其独特的历史与人文风貌,也形成与西部客家不同的语言环境。首先,东部客家多是从西部迁徙而来的"二次移民"[①]。1874年牡丹社事件后,西部客家人陆陆续续地进入东部地区,在东部地区才出现了汉人社会。相对于西部客家来说,东部客家族群的形成以及汉人社会的发展就比西部地

---

① 罗肇锦(2000)也指出,花东一带客家人主要在日本侵占台湾时期由桃竹苗及屏东六堆搬迁过去,所以叫作"二次移民"。

区晚了将近200年。因此，许多的客家语言接触现象相对西部来说也是较晚近发生的，这提供了时间上先后的语言发展研究议题。其次，早期东部地区族群人口呈现台湾少数民族人口多、汉人人口数少的现象。随着汉人逐渐迁入，汉人人口虽不断增加，但台湾少数民族人口仍维持一定的比例。东部地区的客家人长时间与闽南、外省及台湾少数民族往来与接触，尤其是与人口比例甚高的台湾少数民族相互接触。这是西部客语少有的情况，也提供了空间环境差异性的语言研究议题。

目前，吕嵩雁（2007、2011）、何纯惠（2008）关于东部四海话已有一些研究成果，然而探讨范围则主要集中在花莲地区，对于台东地区的四海话则一直未有较深入而完整的研究。本文即以台湾东部台东县的四海话为研究对象，对关山镇、鹿野乡、池上乡等客家人口密度较高的地区进行调查研究。研究重点为：①观察台东四海话的语音结构及其演变情形；②描写台东四海话的词汇现象；③分析台东四海话中的闽语及台湾少数民族的语言成分；④比较台东与台湾西部地区四海话之间的差异。通过本研究，希望能弥补台湾东部四海话研究的不足，使得学界对台东的四海话现象有更进一步的认识与了解。

## 二、研究方法

为了进行研究，本论文采用了下列研究方法。

1. 田野调查法

为了了解东部四海话的情形，笔者亲自前往进行语言田野调查工作。调查表部分，我们参酌中国社会科学院语言研究所（2004）《方言调查字表（修订本）》制作调查字表，并参酌史皓元等（2006）《汉语方言词汇调查手册》、北京大学中文系（2003）《汉语方言词汇（第二版）》以及笔者过去进行田野调查自制的词汇表，制作本次词汇调查表以进行田野调查。

2. 语音描写法

本研究将收集到的第一手东部四海话的语音及词汇材料，以国际音标IPA标注，并就所收集到的客语语料，整理归纳出其声母表、韵母表及声调表，以完整地呈现东部四海话的声韵系统，作为进一步分析与比较的基础。本研究标音原则为：声调标注本调，以调号标示为原则，必要时则标示调值或调型。本研究声调代号为："1"代表阴平调，"2"代表阴上调，"3"代表阴去调，"4"代表阴入调，"5"代表阳平调，"6"代表阳上调，"7"代表阳去调，"8"代表阳入调。

3. 统计研究法

20世纪中期兴起的"语言年代学"（glottochronology）和"词汇统计学"（lexicostatistics）与传统的历史语言学在方法上最大的不同，在于它们的基本精神是量化，希望以客观的数据来分析语言间的亲疏关系，让语言学的研究更具科学性。这种以计量方式来做研究的方法是颇值得应用于汉语研究的。本文在分析东部四海话的音韵与词汇现象时，为了能客观清楚地呈现其差异情形或演变方向，采用了统计研究法。

### 4. 比较研究法

为了了解东部四海话的源流与发展情形,本研究将运用比较法,比较东部四海话与四县客语及海陆客语间的差异情形。同时,也会进行与台湾西部四海话的比较研究,通过共时的比较以了解其间的差异情形与特色所在。横向的差别现象往往代表了纵向的演变阶段或方向,可以由此了解四海话之间的语音发展历程。

本研究中所称的"四县客语"是指早期来自广东省兴宁、五华、平远、蕉岭4个县(旧属嘉应州)的客家人来到台湾后所形成的客家话,"海陆客语"则是指早期来自广东省海丰、陆丰两个县(旧属惠州府)的客家人来到台湾后所形成的客家话。客家人来到台湾已有300年左右的历史,在这300年间,客家人几经迁徙,最后形成了几个客家人的聚居地,其中四县客家人是以苗栗县为其大本营,而海陆客家人则是以新竹县为其大本营,于是苗栗县就成为四县客语的中心地,新竹县则成为海陆客语的中心地。因此,本文的四县客语是以苗栗县苗栗市(县治所在)的四县客语为代表,海陆客语则以新竹县竹东镇(早期的政治、经济中心)的海陆客语为代表。

本研究发音人资料见表1。

表1 发音人基本数据

| 地点 | 姓名 | 性别 | 年龄 | 祖籍 | 迁徙来源 | 职业 | 受教育 | 语言习惯 |
|---|---|---|---|---|---|---|---|---|
| 台东县鹿野乡 | 汤天麟 | 男 | 79岁 | 广东蕉岭 | 苗栗市 | 农民 | 小学 | 使用四县话 |
| | 韩笔锋 | 男 | 60岁 | 广东平远 | 新竹横山 | 导演 | 高职 | 使用四县话 |
| 台东县关山镇 | 刘源利 | 男 | 76岁 | 广东陆丰 | 桃园新屋 | 农民 | 专科 | 使用海陆话 |
| | 吴锦惠 | 女 | 51岁 | 广东梅县 | 桃园杨梅 | 教师 | 专科 | 使用四县话 |
| 台东县池上乡 | 宋菊珍 | 女 | 51岁 | 广东梅县 | 高雄美浓 | 农民 | 高职 | 使用四县话 |
| | 吴阿焕 | 男 | 76岁 | 广东陆丰 | 新竹北埔 | 农民 | 初中 | 使用海陆话 |
| 台东县大武乡 | 陈金莲 | 女 | 80岁 | 广东梅县 | 新竹横山 | 商人 | 小学 | 使用四县话 |

## 三、台东各地四海话的语言描写

本研究选择了台东县客家人口主要集中的池上乡(占全乡人口43%)、关山镇(占全乡人口41%)、鹿野乡(占全乡人口33%)3个乡镇进行调查研究。将各地四海话的语音情况呈列如下。

### (一)鹿野四县[1]

本研究发音人汤天麟先生说四县客语,其祖父是苗栗市客家人,到父亲时迁往东部发展,目前仍有祠堂在苗栗市维新里。汤天麟先生居住在台东鹿野60多年,早年在鹿野瑞和地区(原瑞丰)种植香茅,因当地有许多阿美人,又因聘雇阿美人协助相关工作,因而学会阿美人的语言作为沟通工具。汤天麟先生所住的鹿野乡瑞和村的族群人口比例,客

家：闽南：台湾少数民族约为3：4：3。客家人口中约六成讲四县客语，约四成讲海陆客语。苗栗县是四县客语的大本营，苗栗市四县客语是强势语言，汤天麟先生的客家话可以代表四县客家人二次移民到鹿野的情形，他和阿美人因生活与工作需要而接触的情况，可以代表东部客家人和台湾少数民族接触的一种情形，以下我们称其为"鹿野四县$_1$"[①]。下面我们将对鹿野四县$_1$的声韵结构进行描写。

1. 鹿野四县$_1$的声母

鹿野四县$_1$的声母包含 p、p$^h$、m、f、v、ts、ts$^h$、s、t、t$^h$、n、l、k、k$^h$、ŋ、h、ʒ、Ø 18个声母。（见表2）

表2　鹿野四县的$_1$的声母

| 发音方法 \ 发音部位 | | 双唇 | 唇齿 | 舌尖前 | 舌尖 | 舌尖面 | 舌根 |
|---|---|---|---|---|---|---|---|
| 塞音 | 不送气 | p | | | t | | k |
| | 送气 | p$^h$ | | | t$^h$ | | k$^h$ |
| 塞擦音 | 不送气 | | | ts | | | |
| | 送气 | | | ts$^h$ | | | |
| 鼻音 | 浊 | m | | | n | | ŋ |
| 边音 | 浊 | | | | l | | |
| 擦音 | 清 | | f | s | | | h |
| | 浊 | | v | | | ʒ | |

若与四县客语及海陆客语的声母比较，鹿野四县$_1$的声母较四县客语声母多了 ʒ 声母，而比海陆客语少了3个声母[②]，主要因为中古知系、章系、精系、庄系字在鹿野四县$_1$中与四县都念为 ts、ts$^h$、s[③]，而中古日母、影母、喻母中，四县客语韵头或主要元音为 i 的无声母字在鹿野四县$_1$中有些会念为舌尖面浊擦音 ʒ，此种声母情况与海陆客语相同。例字如下：

---

　① 笔者命名四海话的方式是"地名+底层语言（四县或海陆）+类别（1、2）"。其中，底层语言是根据发音人的家族使用语言习惯、祖籍再配合部分的家族迁徙资料综合分析。若同一地区有不同的四海话情形，则区分类别（1、2），如"四县$_1$""四县$_2$"。

　② 根据笔者研究，四县客语共有17个声母（包括零声母），海陆客语共有21个声母（包括零声母），海陆客语比四县客语多了4个舌尖面声母 ʧ、ʧ$^h$、ʃ、ʒ。这4个声母正是海陆声母的特色。

　③ 中古知系、章系、精系、庄系字在四县中都发舌尖清音 ts、ts$^h$、s，在海陆客语中则分成两套——知、章系发舌尖面清音 ʧ、ʧ$^h$、ʃ，而精、庄系则发舌尖清音 ts、ts$^h$、s。

| 声母 | 例字 | 鹿野四县$_1$ |
|---|---|---|
| 知系 | 蛛 | tsu$^1$ |
| 章系 | 占 | tsam$^3$ |
| 精系 | 灾 | tsai$^1$ |
| 庄系 | 初 | ts$^h$u$^1$ |
| 日母 | 柔 | ʒiu$^5$ |
| 影母 | 因 | ʒin$^1$ |

在鹿野四县$_1$中的舌尖塞擦清音 ts、ts$^h$ 和清擦音 s，后接舌尖前高元音 i 时皆有腭化现象产生，念成 tɕ、tɕ$^h$、ɕ，如"剪"念 tɕien$^2$，"趣"念 tɕ$^h$i$^3$，"象"念 ɕioŋ$^3$。这是受到四县客语影响的结果。①

**2. 鹿野四县$_1$的韵母**

鹿野四县$_1$韵母共有开尾韵 21 个、鼻尾韵 24 个、塞尾韵 24 个、成音节鼻音 3 个，共 72 个韵母。（见表 3）

表 3 鹿野四县$_1$的韵母

| 开尾韵 | | | | 鼻尾韵 | | | | 塞尾韵 | | | |
|---|---|---|---|---|---|---|---|---|---|---|---|
| a | e | i | o | am | an | ien | aŋ | ap | at | iet | ak |
| u | ï | ai | au | em | en | ion | oŋ | ep | et | iot | ok |
| eu | ia | ie | io | im | in | iun | uŋ | ip | it | iut | uk |
| iu | iau | ieu | ioi | iam | on | uan | iaŋ | iap | ot | uat | iak |
| oi | ua | ue | ui | iem | un | uen | ioŋ | iep | ut | uet | iok |
| uai | | | | ïm | ïn | ŋ | iuŋ | ïp | | ït | iuk |
| | | | | | m | n | uaŋ | | | | uak |

鹿野四县$_1$的名词性后加词缀 e$^2$ 会受其前字韵尾的影响而产生同化的现象。当其前字韵母为鼻声韵 -m、-n、-ŋ，入声韵 -p、-t、-k 时，其会被同化而形成 me、ne、ŋe、be、de、ge 等音；当其前字为开口韵时，则无此现象发生。

**3. 鹿野四县$_1$的声调**

鹿野四县$_1$共有 6 个声调。其声调及例字见表 4。

---

① 四县客语的舌尖塞擦清音 ts、ts$^h$ 和清擦音 s，后接舌尖前高元音 i 时会有腭化现象产生，念成 tɕ、tɕ$^h$、ɕ，而这种腭化现象在海陆客语中并未发生。

表4 鹿野四县₁的声调

| 调类 | 调号 | 调型 | 调值 | 例字 | | |
|---|---|---|---|---|---|---|
| 阴平 | 1 | ˦ | 24 | 翻 fan¹ | 千 tsʰien¹ | 牵 kʰien¹ |
| 上声 | 2 | ˩ | 31 | 反 fan² | 浅 tsʰien² | 犬 kʰien² |
| 去声 | 3 | ˥ | 55 | 贩 fan³ | 倩 tsʰien³ | 劝 kʰien³ |
| 阴入 | 4 | ˨ | 02 | 阔 fat⁴ | 切 tsʰiet⁴ | 缺 kʰiet⁴ |
| 阳平 | 5 | ˩ | 11 | 烦 fan⁵ | 前 tsʰien⁵ | 权 kʰien⁵ |
| 阳入 | 8 | ˥ | 05 | 罚 fat⁸ | 绝 tsʰiet⁸ | 杰 kʰiet⁸ |

鹿野四县₁共有阴平、上声、去声、阴入、阳平、阳入6个调类，其声调数量与调类及调值皆与四县客语一致。

在变调方面，鹿野四县₁有一种变调情形，发生在阴平声调。四县客语的阴平调在阴平、去声、阳入调字前会变成阳平调。其变调模型如下：

阴平调（24）→阳平调（11）／—{阴平、去声、阳入}

变调例子：

①阴平+阴平　秋风 tsʰiu¹ fuŋ¹→ tsʰiu⁵ fuŋ¹
②阴平+去声　忍耐 ŋiuŋ¹ nai³→ ŋiuŋ⁵ nai³
③阴平+阳入　偷学 tʰeu¹ hok⁸→ tʰeu⁵ hok⁸

鹿野四县₁的变调情形与四县客语一致。

## （二）鹿野四县₂

本研究发音人韩笔锋先生说四县客语，祖父是新竹县横山客家人，父亲时迁往东部发展，韩笔锋先生自幼居住在台东鹿野。韩笔锋先生所居住的鹿野乡瑞和村的族群人口数比例，客家：闽南：台湾少数民族约为3∶4∶3。客家人口中约六成讲四县客语，约四成讲海陆客语。韩笔锋先生的四县话可以代表二次移民的鹿野四海话的一种情形，新竹县横山乡本身即为四海话地区①，韩笔锋先生的四县话，还可以代表西部四海话迁往东部再次接触与发展的情况，以下我们称其为"鹿野四县₂"。下面我们将对鹿野四县₂的声韵结构进行描写。

---

① 笔者曾经前往调查，横山的四县话在语音及词汇上都发现许多四海话现象。语音上，如"早上"说tʃeu²⁴ ʃin¹¹（朝晨），"医生"说ʒi¹¹ sen²⁴（医生），"鸡"说kai²⁴ ə³¹（鸡仔）。词汇上，如"芒果"说son²⁴ nə³¹（酸仔），"萝卜"说tsʰoi⁵⁵ tʰeu¹¹（菜头），"汤圆"说pan³¹ ʒan¹¹（粄圆）等都是。

1. 鹿野四县₂的声母

鹿野四县₂的声母包含 p、pʰ、m、f、v、ts、tsʰ、s、t、tʰ、n、l、k、kʰ、ŋ、h、ʒ、Ø 18个声母。（见表5）

表5 鹿野四县₂的声母

| 发音方法 \ 发音部位 | | 双唇 | 唇齿 | 舌尖前 | 舌尖 | 舌尖面 | 舌根 |
|---|---|---|---|---|---|---|---|
| 塞音 | 不送气 | p | | | t | | k |
| | 送气 | pʰ | | | tʰ | | kʰ |
| 塞擦音 | 不送气 | | | ts | | | |
| | 送气 | | | tsʰ | | | |
| 鼻音 | 浊 | m | | | n | | ŋ |
| 边音 | 浊 | | | | l | | |
| 擦音 | 清 | | f | s | | | h |
| | 浊 | | v | | | ʒ | |

若与四县客语及海陆客语的声母比较，鹿野四县₂的声母较四县客语声母多了ʒ声母，而比海陆客语少了3个声母，主要因为中古知系、章系、精系、庄系字在鹿野四县₂中与四县相同都念为ts、tsʰ、s，而中古日母、影母、喻母中，四县客语韵头或主要元音为i的无声母字在鹿野四县₂中有些会念为舌尖面浊擦音ʒ，此种声母情况与海陆客语相同。例字如下：

| 声母 | 例字 | 鹿野四县₂ |
|---|---|---|
| 知系 | 蛛 | tsu¹ |
| 章系 | 占 | tsam³ |
| 精系 | 灾 | tsai¹ |
| 庄系 | 初 | tsʰu¹ |
| 日母 | 柔 | ʒiu⁵ |
| 影母 | 因 | ʒin¹ |

在鹿野四县₂中的舌尖塞擦清音ts、tsʰ和清擦音s，后接舌尖前高元音i时皆有腭化现象产生，念成tɕ、tɕʰ、ɕ，如"剪"念tɕien²，"趣"念tɕʰi³，"象"念ɕioŋ³。这与四县客语的情形一致。

2. 鹿野四县₂的韵母

鹿野四县₂韵母共有开尾韵21个、鼻尾韵22个、塞尾韵22个、成音节鼻音3个，共68个韵母。（见表6）

表6 鹿野四县₂的韵母

| 开尾韵 | | | | 鼻尾韵 | | | | 塞尾韵 | | | |
|---|---|---|---|---|---|---|---|---|---|---|---|
| a | e | i | o | am | an | ien | aŋ | ap | at | iet | ak |
| u | ï | ai | au | em | en | ion | oŋ | ep | et | iot | ok |
| eu | ia | ie | io | im | in | iun | uŋ | ip | it | iut | uk |
| iu | iau | ieu | ioi | iam | on | uan | iaŋ | iap | ot | uat | iak |
| oi | ua | ue | ui | iem | un | uen | ioŋ | iep | ut | uet | iok |
| uai | | | | | m | n | ŋ | iuŋ | | | iuk |
| | | | | | | | uaŋ | | | | uak |

鹿野四县₂的名词性后加词缀 e² 会受其前字韵尾的影响而产生同化的现象。当其前字韵母为鼻声韵 –m、–n、–ŋ，入声韵 –p、–t、–k 时，其会被同化而形成 me、ne、ŋe、be、de、ge 等音；当其前字为开口韵时，则无此现象发生。

3. 鹿野四县₂的声调

鹿野四县₂共有6个声调，其声调及例字见表7。

表7 鹿野四县₂的声调

| 调类 | 调号 | 调型 | 调值 | 例字 | | |
|---|---|---|---|---|---|---|
| 阴平 | 1 | ˦ | 24 | 翻 fan¹ | 千 tsʰien¹ | 牵 kʰien¹ |
| 上声 | 2 | ˧˩ | 31 | 反 fan² | 浅 tsʰien² | 犬 kʰien² |
| 去声 | 3 | ˥ | 55 | 贩 fan³ | 倩 tsʰien³ | 劝 kʰien³ |
| 阴入 | 4 | ˨ | 02 | 阔 fat⁴ | 切 tsʰiet⁴ | 缺 kʰiet⁴ |
| 阳平 | 5 | ˩ | 11 | 烦 fan⁵ | 前 tsʰien⁵ | 权 kʰien⁵ |
| 阳入 | 8 | ˥ | 05 | 罚 fat⁸ | 绝 tsʰiet⁸ | 杰 kʰiet⁸ |

鹿野四县₂共有阴平、上声、去声、阴入、阳平、阳入6个调类，其声调数量与调类及调值皆与四县客语一致。

在变调方面，鹿野四县₂有一种变调情形，发生在阴平声调。四县客语的阴平调在阴平、去声、阳入调字前会变成阳平调。其变调模型如下：

阴平调（24）→阳平调（11）／— ｛阴平、去声、阳入｝

变调例子：

① 阴平 + 阴平　秋风 tsʰiu¹ fuŋ¹ → tsʰiu⁵ fuŋ¹
② 阴平 + 去声　忍耐 ŋiuŋ¹ nai³ → ŋiuŋ⁵ nai³
③ 阴平 + 阳入　偷学 tʰeu¹ hok⁸ → tʰeu⁵ hok⁸

鹿野四县₂的变调情形与四县客语一致。

### （三）关山海陆

本研究发音人刘源利先生从小居住在关山镇，在家中说海陆话。其祖籍在广东陆丰，祖先来到台湾地区，后来迁徙至桃园县新屋乡。新屋乡在日本侵占台湾时期的行政区为新竹州中坜郡"新屋庄"。1928 年《台湾在籍汉民族乡贯别调查》的调查资料显示，1925年年底，台湾地区在籍汉民族当中，乡贯为惠州府者（以下简称"惠籍"）最主要分布集中在新竹州，其惠籍人口数占全台惠籍人口 86.16%。进一步以庄街较小区域的分布来看，新屋庄为当时台湾惠籍汉人最多的庄街，其人口数远超过其他各庄街，惠籍客家人在新屋庄占全部汉人的 92.09%，比例为全台最高，而海陆客语一直以来都是新屋乡通行的强势语言。刘先生其祖父于 1930 年从桃园县新屋乡迁徙至关山镇德高里定居，刘源利先生所住的关山镇德高里的族群人口数比例，客家：闽南：台湾少数民族约为 5：3：2。刘源利先生的客家话可以代表海陆客家人二次移民到关山的一种情形，以下我们称其为"关山海陆"。下面我们将对关山海陆的声韵结构进行描写。

#### 1. 关山海陆的声母

关山海陆的声母包含 p、pʰ、m、f、v、ts、tsʰ、s、t、tʰ、n、l、k、kʰ、ŋ、h、ʒ、∅ 18 个声母。（见表 8）

表 8　关山海陆的声母

| 发音方法 | 发音部位 | 双唇 | 唇齿 | 舌尖前 | 舌尖 | 舌尖面 | 舌根 |
|---|---|---|---|---|---|---|---|
| 塞音 | 不送气 | p | | | t | | k |
| | 送气 | pʰ | | | tʰ | | kʰ |
| 塞擦音 | 不送气 | | | ts | | | |
| | 送气 | | | tsʰ | | | |
| 鼻音 | 浊 | m | | | n | | ŋ |
| 边音 | 浊 | | | | l | | |
| 擦音 | 清 | | f | s | | | h |
| | 浊 | | v | | | ʒ | |

若与四县客语及海陆客语的声母比较，关山海陆的声母较四县客语声母多了 3 声母，而比海陆客语少了 3 个声母，主要因为中古知系、章系、精系、庄系字在关山海陆中与四县相同都念为 ts、tsʰ、s，而中古日母、影母、喻母中，四县客语韵头或主要元音为 i 的无声母字在关山海陆中则念为舌尖面浊擦音 ʒ，此声母情况与海陆客语相同。例字如下：

| 声母 | 例字 | 关山海陆 |
| --- | --- | --- |
| 知系 | 蛛 | tsu¹ |
| 章系 | 占 | tsam³ |
| 精系 | 灾 | tsai¹ |
| 庄系 | 初 | tsʰu¹ |
| 日母 | 柔 | ʒiu⁵ |
| 影母 | 因 | ʒin¹ |

在关山海陆中的舌尖塞擦清音 ts、tsʰ 和清擦音 s，后接舌尖前高元音 i 时皆有腭化现象产生，念成 tɕ、tɕʰ、ɕ，如"剪"念 tɕien²，"趣"念 tɕʰi³，"象"念 ɕioŋ³，这是受到四县客语影响的结果。此外，关山海陆的"饭"不念海陆客语的 pʰon⁷ 而念成 fan⁷，显然也是受到四县客语的影响。

2. 关山海陆的韵母

关山海陆韵母共有开尾韵 21 个、鼻尾韵 25 个、塞尾韵 22 个，共 68 个韵母。（见表 9）

表9　关山海陆的韵母

| 开尾韵 | | | | 鼻尾韵 | | | | 塞尾韵 | | | |
| --- | --- | --- | --- | --- | --- | --- | --- | --- | --- | --- | --- |
| a | e | i | o | am | an | ien | aŋ | ap | at | iet | ak |
| u | ï | ai | au | em | en | ion | oŋ | ep | et | iot | ok |
| eu | ia | ie | io | im | in | iun | uŋ | ip | it | iut | uk |
| iu | iau | ieu | ioi | iam | on | uan | iaŋ | iap | ot | uat | iak |
| oi | ua | ue | ui | iem | un | uen | ioŋ | iep | ut | uet | iok |
| uai | | | | m | n | ŋ | iuŋ | | | | iuk |
| | | | | | | | uaŋ | | | | uak |

关山海陆较海陆客语少了一个韵母，主要是名词性后加词缀，海陆名词性后加词缀常用舌面央中元音 ə 韵（如"帽子"说 mo³ ə⁵），而在关山海陆中，名词性后加词缀与四县客语相同都念为 e 韵（如"车子"说 tsʰa¹ e⁵），这是受到四县客语的影响结果。而关山海陆的名词性后加词缀 e⁵ 会受其前字韵尾的影响而产生同化的现象。当其前字韵母为鼻声韵 −m、−n、−ŋ，入声韵 −p、−t、−k 时，其会被同化而形成 me、ne、ŋe、be、de、ge 等音；当其前字为开口韵时，则无此现象发生。

### 3. 关山海陆的声调

关山海陆共有7个声调，其声调及例字见表10。

表10 关山海陆的声调

| 调类 | 调号 | 调型 | 调值 | 例字 | | |
|---|---|---|---|---|---|---|
| 阴平 | 1 | ˩ | 42 | 翻 fan$^1$ | 千 ts$^h$ien$^1$ | 牵 k$^h$ien$^1$ |
| 上声 | 2 | ˦ | 24 | 反 fan$^2$ | 浅 ts$^h$ien$^2$ | 犬 k$^h$ien$^2$ |
| 去声 | 3 | ˩ | 11 | 贩 fan$^3$ | 倩 ts$^h$ien$^3$ | 劝 k$^h$ien$^3$ |
| 阴入 | 4 | ˧ | 04 | 阔 fat$^4$ | 切 ts$^h$iet$^4$ | 缺 k$^h$iet$^4$ |
| 阳平 | 5 | ˥ | 55 | 烦 fan$^5$ | 前 ts$^h$ien$^5$ | 权 k$^h$ien$^5$ |
| 阳去 | 7 | ˧ | 33 | 饭 fan$^7$ | 贱 ts$^h$ien$^7$ | 件 k$^h$ien$^7$ |
| 阳入 | 8 | ˨ | 02 | 罚 fat$^8$ | 绝 ts$^h$iet$^8$ | 杰 k$^h$iet$^8$ |

关山海陆共有阴平、上声、去声、阴入、阳平、阳去、阳入7个调类，其声调数量与调类及调值皆与海陆客语一致。

在变调方面，关山海陆有两种变调情形，分别发生在上声调及阴入调。

（1）上声调后接任何声调字，会变成阳去调。如：

土匪 t$^h$u$^2$ fui$^1$→t$^h$u$^7$ fui$^1$
水果 ʃui$^2$ ko$^2$→ʃui$^7$ ko$^2$
炒菜 ts$^h$au$^2$ ts$^h$oi$^3$→ts$^h$au$^7$ ts$^h$oi$^3$
老屋（老家）lo$^2$ vuk$^4$→lo$^7$ vuk$^4$
好人 ho$^2$ ŋin$^5$→ho$^7$ ŋin$^5$
手艺 ʃiu$^2$ ŋi$^7$→ʃiu$^7$ ŋi$^7$
草席 ts$^h$o$^2$ ts$^h$iak$^8$→ts$^h$o$^7$ ts$^h$iak$^8$

（2）阴入调后接任何声调字，会变成阳入调。如：

伯公（土地公）pak$^4$ kuŋ$^1$→pak$^8$ kuŋ$^1$
脚趾 kiok$^4$ tʃi$^2$→kiok$^8$ tʃi$^2$
目镜（眼镜）muk$^4$ kiaŋ$^3$→muk$^8$ kiaŋ$^3$
竹北 tʃuk$^4$ pet$^4$→tʃuk$^8$ pet$^4$
骨头 kut$^4$ t$^h$eu$^5$→kut$^8$ t$^h$eu$^5$
发病（生病）pot$^4$ p$^h$iaŋ$^7$→pot$^8$ p$^h$iaŋ$^7$
法律 fap$^4$ lut$^8$→fap$^8$ lut$^8$

关山海陆的变调情形也与海陆客语一致。

### （四）关山四县

本研究发音人吴锦惠女士说四县客语，父亲是杨梅客家人。吴女士24岁时嫁到台东，居住在台东关山将近30年时间。吴锦惠女士所居住的关山镇里垄里的族群人口数比例，客家：闽南：台湾少数民族约为4：5：1。客家人口中约六成讲四县客语，约四成讲海陆客语。杨梅是四海话地区，根据笔者调查杨梅有多种四海话情况（邓盛有，2000），吴锦惠女士从杨梅嫁到关山，我们从其客家话可以观察西部四海话迁到东部地区的一种语言发展情况，以下我们称其为"关山四县"。下面我们将对关山四县的声韵结构进行描写。

1. 关山四县的声母

关山四县的声母包含 p、pʰ、m、f、v、ts、tsʰ、s、t、tʰ、n、l、k、kʰ、ŋ、h、tʃ、tʃʰ、ʃ、ʒ、Ø 21个声母。（见表11）

表11 关山四县的声母

| 发音方法 | 发音部位 | 双唇 | 唇齿 | 舌尖前 | 舌尖 | 舌尖面 | 舌根 |
|---|---|---|---|---|---|---|---|
| 塞音 | 不送气 | p | | | t | | k |
| | 送气 | pʰ | | | tʰ | | kʰ |
| 塞擦音 | 不送气 | | | ts | | tʃ | |
| | 送气 | | | tsʰ | | tʃʰ | |
| 鼻音 | 浊 | m | | | n | | ŋ |
| 边音 | 浊 | | | | l | | |
| 擦音 | 清 | | f | s | | ʃ | h |
| | 浊 | | v | | | ʒ | |

若与四县客语及海陆客语的声母比较，关山四县的声母较四县客语声母多了 tʃ、tʃʰ、ʃ、ʒ 声母，而与海陆客语声母数量相同，主要因为中古知系、章系、精系、庄系字在关山四县中部分字与海陆相同念为 tʃ、tʃʰ、ʃ，而中古日母、影母、喻母中，四县客语韵头或主要元音为 i 的无声母字在关山四县中则都念为舌尖面浊擦音 ʒ。例字如下：

| 声母 | 例字 | 关山四县 |
|---|---|---|
| 知系 | 蛛 | tʃu¹ |
| 章系 | 占 | tʃam³ |
| 精系 | 灾 | tsai¹ |
| 庄系 | 初 | tsʰu¹ |
| 日母 | 柔 | ʒiu⁵ |
| 影母 | 因 | ʒin¹ |

在关山四县中的舌尖塞擦清音 ts、ts$^h$ 后接舌尖前高元音 i 时腭化现象全部消失，念成 ts、ts$^h$，如"剪"念 tsien$^2$，"趣"念 ts$^h$i$^3$。关山四县舌尖清擦音 s，后接舌尖前高元音 i 时则部分字腭化现象消失，如"象"念 sioŋ$^3$，这是受到海陆客语影响的结果。

### 2. 关山四县的韵母

关山四县韵母共有开尾韵 21 个、鼻尾韵 22 个、塞尾韵 23 个、成音节鼻音 3 个，共 69 个韵母。（见表 12）

表 12　关山四县的韵母

| 开尾韵 | | | | 鼻尾韵 | | | | 塞尾韵 | | | |
|---|---|---|---|---|---|---|---|---|---|---|---|
| a | e | i | o | am | an | ien | aŋ | ap | at | iet | ak |
| u | ï | ai | au | em | en | ion | oŋ | ep | et | iot | ok |
| eu | ia | ie | io | im | in | iun | uŋ | ip | it | iut | uk |
| iu | iau | ieu | ioi | iam | on | uan | iaŋ | iap | ot | uat | iak |
| oi | ua | ue | ui | iem | un | uen | ioŋ | iep | ut | uet | iok |
| uai | | | | | m | n | ŋ | iuŋ | | ït | | iuk |
| | | | | | | | uaŋ | | | | uak |

关山四县的名词性后加词缀 e$^2$ 会受其前字韵尾的影响而产生同化的现象。当其前字韵母为鼻声韵 -m、-n、-ŋ，入声韵 -p、-t、-k 时，其会被同化而形成 me、ne、ŋe、be、de、ge 等音；当其前字为开口韵时，则无此现象发生。

### 3. 关山四县的声调

关山四县共有 6 个声调，其声调及例字见表 13。

表 13　关山四县的声调

| 调类 | 调号 | 调型 | 调值 | 例字 | | |
|---|---|---|---|---|---|---|
| 阴平 | 1 | ⌐ | 24 | 翻 fan$^1$ | 千 ts$^h$ien$^1$ | 牵 k$^h$ien$^1$ |
| 上声 | 2 | ⌙ | 31 | 反 fan$^2$ | 浅 ts$^h$ien$^2$ | 犬 k$^h$ien$^2$ |
| 去声 | 3 | ⌐ | 55 | 贩 fan$^3$ | 倩 ts$^h$ien$^3$ | 劝 k$^h$ien$^3$ |
| 阴入 | 4 | ⌐ | 02 | 阔 fat$^4$ | 切 ts$^h$iet$^4$ | 缺 k$^h$iet$^4$ |
| 阳平 | 5 | ⌐ | 11 | 烦 fan$^5$ | 前 ts$^h$ien$^5$ | 权 k$^h$ien$^5$ |
| 阳入 | 8 | ⌐ | 05 | 罚 fat$^8$ | 绝 ts$^h$iet$^8$ | 杰 k$^h$iet$^8$ |

关山四县共有阴平、上声、去声、阴入、阳平、阳入 6 个调类，其声调数量与调类及调值皆与四县客语一致。

在变调方面，关山四县有一种变调情形，发生在阴平声调。四县客语的阴平调在阴平、去声、阳入调字前会变成阳平调。其变调模型如下：

阴平调（24）→阳平调（11）／— ｛阴平、去声、阳入｝

变调例子：

①阴平 + 阴平　秋风 ts$^h$iu$^1$ fuŋ$^1$→ ts$^h$iu$^5$ fuŋ$^1$
②阴平 + 去声　忍耐 ŋiuŋ$^1$ nai$^3$→ ŋiuŋ$^5$ nai$^3$
③阴平 + 阳入　偷学 t$^h$eu$^1$ hok$^8$→ t$^h$eu$^5$ hok$^8$

关山四县的变调情形与四县客语一致。

### （五）池上四县

本研究发音人宋菊珍女士说四县客语，父亲是高雄县美浓德兴里客家人。宋菊珍女士28岁时嫁到台东池上，其先生是海陆客家人。宋菊珍女士居住在台东池上23年，其所居住的池上乡锦园村主要族群是客家与闽南，客家人口中讲四县客话的与讲海陆客话的人口约各占一半。宋菊珍女士从美浓嫁到池上，从其客家话可以观察南部四县迁到东部地区的一种语言发展情况，以下我们称其为"池上四县"。下面我们将对池上四县的声韵结构进行描写。

1. 池上四县的声母

池上四县的声母包含 p、p$^h$、m、f、v、ts、ts$^h$、s、t、t$^h$、n、l、k、k$^h$、ŋ、h、Ø 17个声母。（见表14）

表14　池上四县的声母

| 发音方法 | 发音部位 | 双唇 | 唇齿 | 舌尖前 | 舌尖 | 舌尖面 | 舌根 |
|---|---|---|---|---|---|---|---|
| 塞音 | 不送气 | p | | | t | | k |
| | 送气 | p$^h$ | | | t$^h$ | | k$^h$ |
| 塞擦音 | 不送气 | | | ts | | | |
| | 送气 | | | ts$^h$ | | | |
| 鼻音 | 浊 | m | | | n | | ŋ |
| 边音 | 浊 | | | | l | | |
| 擦音 | 清 | | f | s | | | h |
| | 浊 | | v | | | | |

若与四县客语及海陆客语的声母比较，池上四县的声母数量与四县客语声母一致。在池上四县中的舌尖塞擦清音 ts、ts$^h$ 和清擦音 s，后接舌尖前高元音 i 时会有腭化现象产生，念成 tɕ、tɕ$^h$、ɕ，这与四县客语一致，但部分的舌尖塞擦清音 ts 后接舌尖前高元音 i 时腭

化现象消失，念成 ts，如"剪"念 tsien²，这是受到海陆客语影响的结果。

### 2. 池上四县的韵母

池上四县韵母共有开尾韵 21 个、鼻尾韵 24 个、塞尾韵 24 个、成音节鼻音 3 个，共 72 个韵母。（见表 15）

表15  池上四县的韵母

| 开尾韵 | | | | 鼻尾韵 | | | | 塞尾韵 | | | |
|---|---|---|---|---|---|---|---|---|---|---|---|
| a | e | i | o | am | an | ien | aŋ | ap | at | iet | ak |
| u | ï | ai | au | em | en | ion | oŋ | ep | et | iot | ok |
| eu | ia | ie | io | im | in | iun | uŋ | ip | it | iut | uk |
| iu | iau | ieu | ioi | iam | on | uan | iaŋ | iap | ot | uat | iak |
| oi | ua | ue | ui | iem | un | uen | ioŋ | iep | ut | uet | iok |
| uai | | | | ïm | ïn | ŋ | iuŋ | ïp | | ït | iuk |
| | | | | | m | n | uaŋ | | | | uak |

池上四县的名词性后加词缀 e² 会受其前字韵尾的影响而产生同化的现象。当其前字韵母为鼻声韵 –m、–n、–ŋ，入声韵 –p、–t、–k 时，其会被同化而形成 me、ne、ŋe、be、de、ge 等音；当其前字为开口韵时，则无此现象发生。

### 3. 池上四县的声调

池上四县共有 6 个声调，其声调及例字见表 16。

表16  池上四县的声调

| 调类 | 调号 | 调型 | 调值 | 例字 | | |
|---|---|---|---|---|---|---|
| 阴平 | 1 | ˧ | 24 | 翻 fan¹ | 千 tsʰien¹ | 牵 kʰien¹ |
| 上声 | 2 | ˩ | 31 | 反 fan² | 浅 tsʰien² | 犬 kʰien² |
| 去声 | 3 | ˥ | 55 | 贩 fan³ | 倩 tsʰien³ | 劝 kʰien³ |
| 阴入 | 4 | | 02 | 阔 fat⁴ | 切 tsʰiet⁴ | 缺 kʰiet⁴ |
| 阳平 | 5 | ˩ | 11 | 烦 fan⁵ | 前 tsʰien⁵ | 权 kʰien⁵ |
| 阳入 | 8 | | 05 | 罚 fat⁸ | 绝 tsʰiet⁸ | 杰 kʰiet⁸ |

池上四县共有阴平、上声、去声、阴入、阳平、阳入 6 个调类，其声调数量与调类及调值皆与四县客语一致。

在变调方面，池上四县有一种变调情形，发生在阴平声调。四县客语的阴平调在阴平、去声、阳入调字前会变成阳平调。其变调模型如下：

阴平调（24）→阳平调（11）／ — {阴平、去声、阳入}

变调例子：

①阴平 + 阴平　秋风 tsʰiu¹ fuŋ¹ → tsʰiu⁵ fuŋ¹
②阴平 + 去声　忍耐 ŋiuŋ¹ nai³ → ŋiuŋ⁵ nai³
③阴平 + 阳入　偷学 tʰeu¹ hok⁸ → tʰeu⁵ hok⁸

池上四县的变调情形与四县客语一致。

## （六）池上海陆

本研究发音人吴阿焕先生说海陆客语，祖父是新竹县北埔客家人，父亲时迁到池上乡庆丰村。吴阿焕先生自幼居住在台东池上，其所居住的池上乡庆丰村的族群人口数比例，客家∶闽南∶台湾少数民族约为5∶4∶1。客家人口中讲四县客话与讲海陆客话约各占一半。吴阿焕先生的客家话可以代表海陆客家人二次移民到池上的一种情形，以下我们称其为"池上海陆"。下面我们将对池上海陆的声韵结构进行描写。

### 1. 池上海陆的声母

池上海陆的声母包含 p、pʰ、m、f、v、ts、tsʰ、s、t、tʰ、n、l、k、kʰ、ŋ、h、ʒ、∅ 18个声母。（见表17）

表17　池上海陆的声母

| 发音方法 | 发音部位 | 双唇 | 唇齿 | 舌尖前 | 舌尖 | 舌尖面 | 舌根 |
|---|---|---|---|---|---|---|---|
| 塞音 | 不送气 | p | | | t | | k |
| | 送气 | pʰ | | | tʰ | | kʰ |
| 塞擦音 | 不送气 | | | ts | | | |
| | 送气 | | | tsʰ | | | |
| 鼻音 | 浊 | m | | | n | | ŋ |
| 边音 | 浊 | | | | l | | |
| 擦音 | 清 | | f | s | | | h |
| | 浊 | | v | | | ʒ | |

若与四县客语及海陆客语的声母比较，池上海陆的声母，较四县客语声母多了ʒ声母，而比海陆客语少了3个声母，主要因为中古知系、章系、精系、庄系字在池上海陆中与四县相同都念为 ts、tsʰ、s，而中古日母、影母、喻母中，四县客语韵头或主要元音为 i 的无声母字在池上海陆中则念为舌尖面浊擦音ʒ，此声母情况与海陆客语相同。例字如下：

| 声母 | 例字 | 池上海陆 |
|---|---|---|
| 知系 | 蛛 | tsu$^1$ |
| 章系 | 占 | tsam$^3$ |
| 精系 | 灾 | tsai$^1$ |
| 庄系 | 初 | ts$^h$u$^1$ |
| 日母 | 柔 | ʒiu$^5$ |
| 影母 | 因 | ʒin$^1$ |

在池上海陆中的舌尖塞擦清音 ts、ts$^h$ 和清擦音 s，后接舌尖前高元音 i 时皆不产生腭化现象，念成 ts、ts$^h$、s，如"剪"念 tsien$^2$，"趣"念 ts$^h$i$^{;3}$，"象"念 sioŋ$^3$，这是保留海陆客语的语音现象。

2. 池上海陆的韵母

池上海陆韵母共有开尾韵 21 个、鼻尾韵 25 个、塞尾韵 22 个，共 68 个韵母。（见表 18）

表 18 池上海陆的韵母

| 开尾韵 | | | | 鼻尾韵 | | | | 塞尾韵 | | | |
|---|---|---|---|---|---|---|---|---|---|---|---|
| a | e | i | o | am | an | ien | aŋ | ap | at | iet | ak |
| u | ï | ai | au | em | en | ion | oŋ | ep | et | iot | ok |
| eu | ia | ie | io | im | in | iun | uŋ | ip | it | iut | uk |
| iu | iau | ieu | ioi | iam | on | uan | iaŋ | iap | ot | uat | iak |
| oi | ua | ue | ui | iem | un | uen | ioŋ | iep | ut | uet | iok |
| uai | | | | m | n | ŋ | iuŋ | | | | iuk |
| | | | | | | | uaŋ | | | | uak |

池上海陆较海陆客语少了一个韵母，主要是名词性后加词缀，海陆名词性后加词缀常用舌面央中元音 ə 韵（如"帽子"说 mo$^3$ə$^5$），而在池上海陆中，名词性后加词缀与四县客语相同都念为 e 韵（如"车子"说 ts$^h$a$^1$e$^5$），这是受到四县客语的影响结果。而池上海陆的名词性后加词缀 e$^5$ 会受其前字韵尾的影响而产生同化的现象。当其前字韵母为鼻声韵 -m、-n、-ŋ，入声韵 -p、-t、-k 时，其会被同化而形成 me、ne、ŋe、be、de、ge 等音；当其前字为开口韵时，则无此现象发生。

3. 池上海陆的声调

池上海陆共有 7 个声调，其声调及例字见表 19。

表 19　池上海陆的声调

| 调类 | 调号 | 调型 | 调值 | 例字 | | |
|---|---|---|---|---|---|---|
| 阴平 | 1 | ˩ | 42 | 翻 fan¹ | 千 tsʰien¹ | 牵 kʰien¹ |
| 上声 | 2 | ˦ | 24 | 反 fan² | 浅 tsʰien² | 犬 kʰien² |
| 去声 | 3 | ˩ | 11 | 贩 fan³ | 倩 tsʰien³ | 劝 kʰien³ |
| 阴入 | 4 | ˧ | 4 | 阔 fat⁴ | 切 tsʰiet⁴ | 缺 kʰiet⁴ |
| 阳平 | 5 | ˥ | 55 | 烦 fan⁵ | 前 tsʰien⁵ | 权 kʰien⁵ |
| 阳去 | 7 | ˧ | 33 | 饭 fan⁷ | 贱 tsʰien⁷ | 件 kʰien⁷ |
| 阳入 | 8 | ˩ | 2 | 罚 fat⁸ | 绝 tsʰiet⁸ | 杰 kʰiet⁸ |

池上海陆共有阴平、上声、去声、阴入、阳平、阳去、阳入 7 个调类，其声调数量与调类及调值皆与海陆客语一致。

在变调方面，池上海陆有两种变调情形，分别发生在上声调及阴入调。

（1）上声调后接任何声调字，会变成阳去调。如：

土匪 tʰu² fui¹→tʰu⁷ fui¹
水果 ʃui² ko²→ʃui⁷ ko²
炒菜 tsʰau² tsʰoi³→tsʰau⁷ tsʰoi³
老屋（老家）lo² vuk⁴→lo⁷ vuk⁴
好人 ho² ŋin⁵→ho⁷ ŋin⁵
手艺 ʃiu² ŋi⁷→ʃiu⁷ ŋi⁷
草席 tsʰo² tsʰiak⁸→tsʰo⁷ tsʰiak⁸

（2）阴入调后接任何声调字，会变成阳入调。如：

伯公（土地公）pak⁴ kuŋ¹→pak⁸ kuŋ¹
脚趾 kiok⁴ tʃi²→kiok⁸ tʃi²
目镜（眼镜）muk⁴ kiaŋ³→muk⁸ kiaŋ³
竹北 tʃuk⁴ pet⁴→tʃuk⁸ pet⁴
骨头 kut⁴ tʰeu⁵→kut⁸ tʰeu⁵
发病（生病）pot⁴ pʰiaŋ⁷→pot⁸ pʰiaŋ⁷
法律 fap⁴ lut⁸→fap⁸ lut⁸

池上海陆的变调情形也与海陆客语一致。

## 四、台东各地四海话的语言演变情形

下面我们将深入观察台东四海话的声韵及词汇现象,以找出其中语言演变的情形。我们将把台东四海话与四县客语、海陆客语的语言结构进行深入比较,并运用统计法,以客观地呈现语言演变的程度与方向。统计字数是依据《方言调查字表》及词汇调查表实际访问发音人的结果。

### 1. 台东四海话的声母演变情形

在声母方面,我们将从四县客语和海陆客语有差异的 3 个项目来做比较[①],以呈现台东四海话的声母演变情形,分别是:①中古知组、章组的发音情形;②中古声母影、喻、日母在四县的韵头或主要元音为 i 的无声母字的发音;③舌尖塞擦清音 ts、$ts^h$ 和舌尖清擦音 s,其后接舌尖前高元音 i 时的腭化情形。统计结果见表 20。[②]

表 20　台东四海话声母与四县客语、海陆客语声母的比较

| 方言 | 中古知组、章组 | 中古影、喻、日母 | 腭化现象 |
|---|---|---|---|
| 四县客语 | 读为 ts－、$ts^h$－、s－ | 读为 ∅＋i | 读为 tɕ、$tɕ^h$、ɕ＋i |
| 海陆客语 | 读为 tʃ－、$tʃ^h$－、ʃ－ | 读为 ʒ＋i | 读为 ts、$ts^h$、s＋i |
| 鹿野四县₁ | 100% 读为 ts－、$ts^h$－、s－ | 60% 读为 ∅＋i<br>40% 读为 ʒ＋i | 100% 读为 tɕ、$tɕ^h$、ɕ＋i |
| 鹿野四县₂ | 100% 读为 ts－、$ts^h$－、s－ | 8% 读为 ∅＋i<br>92% 读为 ʒ＋i | 100% 读为 tɕ、$tɕ^h$、ɕ＋i |
| 关山海陆 | 100% 读为 ts－、$ts^h$－、s－ | 100% 读为 ʒ＋i | 100% 读为 tɕ、$tɕ^h$、ɕ＋i |
| 关山四县 | 13% 像四县客语<br>87% 像海陆客语 | 100% 读为 ʒ＋i | 19% 像四县客语<br>81% 像海陆客语 |
| 池上四县 | 100% 读为 ts－、$ts^h$－、s－ | 100% 读为 ∅＋i | 87% 像四县客语<br>13% 像海陆客语 |
| 池上海陆 | 100% 读为 ts－、$ts^h$－、s－ | 100% 读为 ʒ＋i | 100% 读为 ts、$ts^h$、s＋i |

整体统计结果,鹿野四县₁ 的声母 90% 保存四县客语的声母情形,10% 转变为海陆客

---

[①] 四县客语和海陆客语声韵调差异的详细情形请参见邓盛有(2003)《台湾四县客语与海陆客语的比较研究》一文。

[②] 根据《方言调查字表》调查结果,这 3 个项目包括 752 个字音。其中,中古知组、章组共 372 字,中古影、喻、日母共 193 字,腭化现象共 187 字。

语的声母情形。鹿野四县₂的声母76%保存四县客语的声母情形，24%转变为海陆客语的声母情形。关山海陆的声母26%保存海陆客语的声母情形，74%转变为四县客语的声母情形。关山四县的声母11%保存四县客语的声母情形，89%转变为海陆客语的声母情形。池上四县的声母97%保存四县客语的声母情形，3%转变为海陆客语的声母情形。池上海陆的声母51%保存海陆客语的声母情形，49%转变为四县客语的声母情形。

2. 台东四海话的韵母演变情形

在韵母方面，我们从四县客语和海陆客语有差异的15个项目综合来做比较①，分别是：

（1）四县韵母为i，而海陆韵母为ui。发生在蟹开一泰的帮组字，蟹合一灰的帮、见、晓组字，蟹合一泰的见、晓组字，蟹合三祭的影组字，蟹合三废的非组字，蟹合四齐的晓组字，止开三脂的帮组字，止合三支的影组字，止合三脂的影组字，止合三微的非、晓、影组字。

（2）四县韵母为ii，而海陆韵母为i。发生在蟹开三祭的章组字，止开三支、止开三脂和止开三之的知、章组字。

（3）四县韵母为eu，而海陆韵母为iau。发生在效开三宵的帮、精组字，效开四萧的精组字。

（4）四县韵母为ieu，而海陆韵母为iau。发生在效开三宵的见组、日母字，效开四萧的见组字。

（5）四县韵母为eu，而海陆韵母为au。发生在效开三宵的知、章组字。

（6）四县韵母为ieu，而海陆韵母为au。发生在效开三宵的影组字。

（7）四县韵母为u，而海陆韵母为iu。发生在流开三尤的知、章组字。

（8）四县韵母为ïm，而海陆韵母为im。发生在深开三侵的知、章组字。

（9）四县韵母为ïp，而海陆韵母为ip。发生在深开三侵的章组字。

（10）四县韵母为ien，而海陆韵母为an。发生在山开二删的见、影组字，山开三仙的影组、日母字，山开四先、山合三仙、元和山合四先的影组字。

（11）四县韵母为iet，而海陆韵母为at。发生在山合三仙、元的影组字。

（12）四县韵母为ïn，而海陆韵母为in。发生在臻开三真、曾开三蒸和梗开三清的知、章组字。

（13）四县韵母为ït，而海陆韵母为it。发生在臻开三真、曾开三蒸和梗开三清的知、章组字。

（14）四县韵母为ie，而海陆韵母为ai。发生在蟹开二皆、蟹开二佳和蟹开四齐的见母字。

（15）四县韵母为i，而海陆韵母为oi。发生在蟹合一灰的帮组字。

根据统计，我们将台东四海话的韵母演变情况整理为表21。

---

① 四县客语和海陆客语的韵母系统主要差异在此，详细情形请参见邓盛有（2003）《台湾四县客语与海陆客语的比较研究》一文。

表 21　台东四海话韵母与四县客语、海陆客语韵母的比较

| 韵母 | 今读 | 鹿野四县₁ | 鹿野四县₂ | 关山海陆 | 关山四县 | 池上四县 | 池上海陆 |
|---|---|---|---|---|---|---|---|
| 1. 蟹开一合一三四 止开三合三 | 四县读 i 海陆读 ui | 100% i | 100% ui | 100% ui | 80% i 20% ui | 100% i | 100% ui |
| 2. 蟹开三 止开三 | 四县读 ï 海陆读 i | 100% ï | 100% i | 100% i | 100% i | 100% ï | 40% ï 60% i |
| 3. 效开三四 | 四县读 eu 海陆读 iau | 100% eu | 100% iau | 100% iau | 100% eu | 80% eu 20% iau | 25% eu 75% iau |
| 4. 效开三四 | 四县读 ieu 海陆读 iau | 100% ieu | 25% ieu 75% iau | 100% iau | 50% ieu 50% iau | 70% ieu 30% iau | 100% iau |
| 5. 效开三 | 四县读 eu 海陆读 au | 100% eu | 50% eu 50% au | 50% eu 50% au | 100% eu | 88% eu 12% au | 100% au |
| 6. 效开三 | 四县读 ieu 海陆读 au | 100% ieu | 50% ieu 50% au | 100% au | 100% ieu | 82% ieu 18% au | 50% ieu 50% au |
| 7. 流开三 | 四县读 u 海陆读 iu | | 100% u 100% iu | 17% u 83% iu | 100% u | 64% u 36% iu | 100% iu |
| 8. 深开三 | 四县读 ïm 海陆读 im | 100% ïm | 100% im | 100% im | 100% im | 100% ïm | 100% im |
| 9. 深开三 | 四县读 ïp 海陆读 ip | 100% ïp | 100% ip | 100% ip | 100% ip | 100% ïp | 100% ip |
| 10. 山开二三四合三四 | 四县读 ien 海陆读 an | 100% ien | 80% ien 20% an | 100% an | 100% ien | 78% ien 22% an | 50% ien 50% an |
| 11. 山合三 | 四县读 iet 海陆读 at | 100% iet | 100% at | 100% at | 100% iet | 100% iet | 100% iet |
| 12. 臻开三曾开三 梗开三 | 四县读 ïn 海陆读 in | 100% ïn | 100% in | 100% in | 100% in | 100% ïn | 100% in |
| 13. 臻开三曾开三 梗开三 | 四县读 ït 海陆读 it | 100% ït | 100% it | 100% it | 28% ït 72% it | 100% ït | 100% it |

(续表21)

| 韵母 | 今读 | 鹿野四县$_1$ | 鹿野四县$_2$ | 关山海陆 | 关山四县 | 池上四县 | 池上海陆 |
|---|---|---|---|---|---|---|---|
| 14. 蟹开二四 | 四县读 ie 海陆读 ai | 100% ie | 40% ie 60% ai | 40% ie 60% ai | 100% ie | 75% ie 25% ai | 100% ai |
| 15. 蟹合一 | 四县读 i 海陆读 oi | 100% i | 100% oi | 100% oi | 25% i 75% oi | 100% i | 100% oi |

整体统计结果，鹿野四县$_1$韵母完整保留了四县客语的韵母情形。鹿野四县$_2$的韵母76%保存四县客语的韵母情形，24%转变为海陆客语的韵母情形。关山海陆的韵母情形5%像四县客语韵母，95%像海陆客语韵母。关山四县的韵母58%保存四县客语的韵母情形，42%转变为海陆客语的韵母情形。池上四县的韵母90%保存四县客语的韵母情形，10%转变为海陆客语的韵母情形。池上海陆韵母16%转变为四县客语韵母，84%保存海陆客语韵母的情形。

3. 台东四海话的声调演变情形

在声调方面，我们从四县客语和海陆客语有差异的3个项目（调类方面、在调型和调值方面、变调的情形）来做比较，以呈现其声调情况。

我们发现，鹿野四县$_1$、鹿野四县$_2$、关山四县、池上四县等都100%保留四县客语的声调情形，关山海陆、池上海陆的声调都100%保留海陆客语的声调情形。整体来看，台东四海话的声调非常稳固，都保留了其底层的声调情形，未有发生演变的情况。

4. 台东四海话的词汇演变情形

在词汇方面，四县客语与海陆客语在词汇上呈现"大多数相同，少数有差异"的情形，主要的差异发生在154个词汇上。四县客家人和海陆客家人在使用这些词汇时，常是泾渭分明、不相混杂的。通过这些词汇，不但可以了解四海话词汇间的差异情形，也可以清楚地看出四海话与四县客语、海陆客语在词汇上的关系。（台东各地四海话的词汇比较表参见附录）

词汇的分析统计结果[①]显示，在154个词汇中，鹿野四县$_1$与四县客语相同的占75%，与海陆客语相同的占25%。鹿野四县$_2$与四县客语相同的占53%，与海陆客语相同的占47%。关山海陆与四县客语相同的占34%，与海陆客语相同的占66%。关山四县与四县客语相同的占45%，与海陆客语相同的占55%。池上四县与四县客语相同的占82%，与海陆客语相同的占18%。池上海陆与四县客语相同的占19%，与海陆客语相同的占81%。

此外，我们发现台东四海话的词汇还有4种情形。

（1）随机的语码转换（code-switching）。这类型的词汇并不稳定，客家人在平时使用着原有的惯用词汇，只偶尔会穿插使用另一种词汇。如关山海陆中，筷子平时多说"箸"

---

① 统计时，词汇完全与四县客语或海陆客语相同权重为1，四县客语与海陆客语词汇的并用与合璧词权重设为0.5，随机的语码转换现象不计入权重。

tsʰu⁷，偶尔也会说"筷仔"kʰuai³ e⁵，而茄子平时多说"茄仔"kʰio⁵ e⁵，偶尔也会说"吊菜仔"tiau³ tsʰoi³ e⁵。此外，明天晚上平时多说"韶暗晡"sau⁵ am³ pu¹，但偶尔也说"天光暗晡"tʰien¹ koŋ¹ am³ pu¹，这些随机的语码转换现象，显示出这类词汇处在即将发生转变的过渡阶段。

（2）四县客语与海陆客语词汇的并用。某些词汇同时有两种说法，它们的使用频率皆相当高，如关山海陆中，婶婶就同时有"叔姆"suk⁴ me¹、"阿嬸"a³ tsim⁵ 两种说法，呕吐同时有"翻"pʰon¹、"呕"eu² 两种说法，捉迷藏同时有"园人寻"kʰoŋ³ ŋin⁵ tsʰim⁵、"园寻仔"kʰoŋ³ tsʰim⁵ e⁵ 两种说法。这种词汇并用现象，显示出两种语言的混合现象。

（3）完全改用对方词汇。某些词汇会有原来底层词汇被四县客语词汇所替代而完全改用四县客语词汇的情形，如关山海陆中，后脑勺说"脑之背"no² tsï¹ poi³，已不用海陆客语"后枕"的说法，而完全改用为四县客语词汇；磁铁一说"吸石"hiap⁸ sak⁸，已不用海陆客语"吸钢"hiap⁸ koŋ³ 的说法，而完全改用为四县客语词汇；帽檐说"帽舌仔"mo³ sat⁸ e⁵，已不用海陆客语"帽嘴"mo³ tsui² 的说法，而完全改用为四县客语词汇。这种词汇改用现象是并用现象进一步发展的结果。

（4）四县客语和海陆客语的合璧词现象。某些词汇因语言接触而产生了合璧词现象。如关山海陆中，含羞草说"见笑草"kien³ seu³ tsʰo²，这是四县客语的"见笑花"kien³ seu³ fa¹ 和海陆客语的"诈死草"tsa³ si² tsʰo² 的合璧词，为词根语素的合璧现象。此外，腌萝卜说"水菜头仔"ʃui² tsʰoi³ tʰeu⁵ e⁵，这是四县客语的"水萝卜仔"ʃui² lo⁵ pʰet⁸ e⁵ 和海陆客语的"水菜头"ʃui² tsʰoi³ tʰeu⁵ 的合璧词，是受到四县客语词汇的影响使得底层词汇产生了词缀"仔"为词缀语素的合璧现象。

从台东四海话的词汇现象中，我们可以看到它们充分反映出四海话的混合型客语的特性。

## 五、台东四海话与台湾西部四海话的比较

下面我们将把台东四海话与台湾西部的四海话做比较，以了解关山海陆的性质与特征。台东四海话依照本研究所得，台湾西部的四海话则选择平镇、杨梅、关西、峨眉、头份、南庄等地四海话进行比较，它们的语言情况则根据邓盛有（2000）《台湾四海话的研究》的研究成果。先将台东各地四海话的语言结构情形整理为表22。

表22　台东各地四海话的语言结构

| 语言结构<br>四海话 | 声母 | 韵母 | 声调 | 词汇 |
|---|---|---|---|---|
| 鹿野四县₁ | 像四县90%<br>像海陆10% | 四县100%<br>像海陆0% | 四县100% | 像四县75%<br>像海陆25% |
| 鹿野四县₂ | 像四县76%<br>像海陆24% | 四县13%<br>像海陆87% | 四县100% | 像四县53%<br>像海陆47% |
| 关山海陆 | 同四县100%<br>同海陆0% | 同四县4%<br>同海陆96% | 四县0%<br>海陆100% | 同四县34%<br>同海陆66% |
| 关山四县 | 像四县11%<br>像海陆89% | 像四县58%<br>像海陆42% | 四县100% | 像四县45%<br>像海陆55% |
| 池上四县 | 像四县97%<br>像海陆3% | 像四县90%<br>像海陆10% | 四县100% | 像四县82%<br>像海陆18% |
| 池上海陆 | 同四县49%<br>同海陆51% | 同四县16%<br>同海陆84% | 四县0%<br>海陆100% | 同四县19%<br>同海陆81% |

通过比较，我们有3点发现。

（1）产生新的演变速度模型。从声母、韵母、声调和词汇的演变情况来看，鹿野四县₁的演变速度是词汇＞声母＞韵母＝声调。此种情形与西部四海话平镇四县A、杨梅四县A、头份四县、南庄四县的模型相同。关山四县的演变速度是声母＞词汇＞韵母＞声调。此种情形也与西部四海话平镇四县B、杨梅四县B、关西四县A、关西四县B的模型相同。然而，鹿野四县₂演变速度模型为韵母＞词汇＞声母＞声调，池上四县演变速度模型为词汇＞韵母＞声母＞声调。这两种模型在西部四海话中皆未见到，是全新的演变模型。此外，关山海陆及池上海陆的演变模型同为声母＞词汇＞韵母＞声调，这种模型在西部以海陆为底层的四海话中皆未见到，也是全新的演变模型。这显示出台东四海话的独特性，其类型有别于西部的四海话。

（2）较西部四海话有更多的闽南语成分。在台东四海话中我们发现不少闽南语的语言成分，其数量较西部四海话中的发现多出许多，例如：关山海陆"金针"说 $kim^1\ tçiam^1$，"针"四县客语念 $tsim^1$，海陆客语念 $tʃim^1$，关山海陆显然受到闽南语念 $tçiam^1$ 的影响；鹿野四县₂ "私房钱"说 $sai^5\ k^hia^1\ ts^hien^5$，"私"四县、海陆客语皆念 $sï^1$，鹿野四县₂显然受到闽南语念 $sai^5$ 的影响；池上四县"拍手"说 $p^ha^2\ p^hok^4e^5$，"打"四县、海陆客语皆念 $ta^2$，池上四县显然受到闽南语念 $p^ha^2$ 的影响；关山海陆"果汁"说 $ko^2\ tçiap^4$，"汁"四县客语念 $tsïp^4$，海陆客语念 $tʃip^4$，关山海陆显然受到闽南语念 $tçiap^4$ 的影响；关山海陆"考试"说 $k^ho^2\ çi^4$，"考"四县与海陆客语皆读 $k^hau^2$，关山海陆显然受到闽南语念 $k^ho^2$ 的影响。以上都是语音受到闽南语影响的情形。除了语音外，我们也发现台东四海话中也有闽南语的词汇成分，例如：鹿野四县₂ "南瓜"说"金瓜"，与四县客语说"番瓜"、海陆客语说"黄瓠"词汇都不同，"金瓜"一词显然受闽南语说"金瓜"的影响；池上四县

"茭白笋"说"茭白笋" $k^ha^7 pe^3 sun^2$，与四县客语说"茭笋"、海陆客语说"禾笋"词汇都不同，"茭白笋"一词显然来自闽南语的词汇；池上四县"饭煮好后的上层水"说 $am^2$，与四县客语说"粥水"、海陆客语说"糜饮"词汇都不同，$am^2$ 一词来自闽南语的词汇。

西部的四海话多产生在四县海陆的双方言区，这些地区闽南族群人口比例不高。相对于西部地区，本次调查的鹿野乡瑞和村、关山镇德高里、关山镇里垄里、池上乡锦园村、池上乡庆丰村等地区闽南族群人口所占比例颇多，占三四成，与闽南族群的交流更为频繁。客家族群与闽南族群长时间接触，造成台东四海话不同于西部四海话而有较多的闽南语成分。

（3）台东四海话中存在台湾少数民族语言词汇成分。除了闽南语之外，我们也发现台东四海话中有一些台湾少数民族语言的成分，这是在西部四海话中未曾发现的情形。鹿野乡的汤天麟先生早年在鹿野瑞和地区（原瑞丰）种植香茅，因当地有许多阿美人（约占三成），又因聘雇阿美人协助相关工作，因而学会阿美语作为沟通工具。在调查中，我们发现汤先生会说 $tam^5 lau^5$，这是来自阿美语的词汇。阿美语 tamłau 本是"人"的意思，后来引申为"人与人之间好的行为"，阿美人称兄道弟常用 tamłau。客家人与阿美人接触日久，便将该词汇借入客语中使用，表示人与人间"友好"之意。此外，"人或风景漂亮"汤先生会说 $ma^5 ka^5 pa^5 hai^2$，这也是来自阿美语的词汇。此外，我们还访问了会说排湾语的陈金莲女士。陈金莲女士是横山四县客家人，24 岁时嫁给任职大武乡卫生所的先生，先生为芎林海陆客家人。陈金莲女士在大武乡生活了 40 年，并在当地开杂货店做生意。大武乡主要是排湾人居住地，陈金莲女士为了生活和做生意，学会了排湾语，在当地皆以排湾语与当地人沟通。在陈金莲女士的客家话中也发现有少数的排湾语的词汇成分。我们发现两个排湾语词汇："酒瓶盖"陈女士说 $ba^3 ba^5$，"房子"陈女士说 $tɕiu^3 ma^5$。这两个词汇与客家话词汇并用。

台东四海话中的台湾少数民族语言成分，是东部客家人与台湾少数民族互动与交流的结果，原本我们预期台东客家话中应有不少的台湾少数民族语言成分，但事实并不如我们的预期，居住在台湾少数民族人口众多的台东的客家人可能因为生活的需要，与台湾少数民族频繁交流，必须学会台湾少数民族语言，在客家话中也吸纳了部分台湾少数民族语言的词汇。但总的来看，其数量不多，显示客家话受到台湾少数民族语言的影响并不显著。其中原因，笔者推测首先可能是客家人和台湾少数民族虽然生活在同一个环境中，但因生活习惯或族群文化不同，客家人回到家中仍然秉持自己的语言及生活方式。其次，对客家人来说，客语和台湾少数民族语言语感差异颇大，汉语词汇基本上的是表义词素的组合，而南岛语词汇却是拼音文字的系统，两种语言结构差异颇大，在非绝对强势的语言环境下不容易大量借入使用。由于上述两种原因，两种语言使用上是壁垒分明的，因此，反映在客家语言上，也就形成了台湾少数民族语言成分不多的情形。

## 六、结　语

本研究以位处台湾后山的台东四海话为研究对象，通过实地的田野调查，记录了台东四海话的语音及词汇情形，呈现出台东各地四海话的语言结构，并分析了台东各地四海话的语言演变情形。我们也比较了台东四海话与台湾西部四海话的差异，从中发现台东四海

话中新的演变速度模型,也让我们发现四海话中存在为数不少的闽南语成分,并通过实地调查与验证解析,发现台湾东部四海话中的台湾少数民族语言成分不如我们的预期。通过本研究的探讨,让我们对台东四海话的情形有进一步的认识,了解台湾东部四海话有其独特性,"二次移民"的历史与人文的发展背景造就了台东四海话的特色。本研究的探讨可以让东部四海话的现象受到更多的重视,借由东部四海话的研究,可以突显出与西部客语的不同点,让我们对台湾地区客家有更多层次的认识。

本研究初步提供了台东四海话的研究成果,以补长久以来研究的不足,建议日后,在本研究尚未调查的台东其他乡镇村里能持续进行研究,花莲地区四海话的相关调查研究也能持续开展,期盼借由更多的研究成果,可建构更为完整而全面的东部四海话的面貌。

## 附录 台东四海话的词汇比较

| 词义 | 发音人1 汤天麟 | 发音人2 韩笔锋 | 发音人3 刘源利 | 发音人4 吴锦惠 | 发音人5 宋菊珍 | 发音人6 吴阿焕 |
|---|---|---|---|---|---|---|
| 筷子 | 筷仔 $k^huai^3e^2$ | 筷仔 $k^huai^3e^2$ | 箸 $ts^hu^7$<br>筷仔 $k^huai^3e^2$ | 筷仔 $k^huai^3e^2$ | 筷仔 $kuai^3e^2$ | 箸 $ts^hu^7$ |
| 筷篮 | 筷筒 $k^huai^3t^hu\eta^5$ | 筷筒 $k^huai^3t^hu\eta^2$ | 箸篓 $ts^hu^7lui^2$ | 筷筒 $k^huai^3t^hu\eta^5$ | — | 箸篓 $ts^hu^7lui^2$ |
| 刷子 | 搓仔 $ts^ho^3e^2$ | 搓仔 $ts^ho^3e^2$ | 搓仔 $ts^ho^3e^5$ | 搓仔 $ts^ho^3e^2$ | 搓仔 $ts^ho^3e^2$ | 搓仔 $ts^ho^3e^5$ |
| 刨地瓜丝器具 | □仔 $sot^4e^2$ | □仔 $ts^hat^4e^2$ | □仔 $ts^hat^4e^5$ | □仔 $sot^4e^2$ | □仔 $sot^4le^2$ | □仔 $ts^hat^4lə^5$ |
| 捞具 | 笊捞 $tsau^3leu^5$ | — | 饭捞 $p^hon^3leu^5$ | — | 笊捞 $tsau^3leu^5$ | 饭捞 $p^hon^7leu^5$ |
| 汤匙 | 调羹仔 $t^heu^5ka\eta^1e^2$ | 汤匙 $t^ho\eta^1\int i^5$ | 汤匙 $t^ho\eta^1\int i^5$ | 汤匙 $t^ho\eta^2\int i^5$ | 调羹仔 $t^heu^5ka\eta^1e^2$ | 汤匙 $t^ho\eta^1\int i^5$ |
| 味素 | 味素 $mi^3su^3$ | 味素 $mi^3su^3$ | 味素 $mi^3su^3$ | 味素 $mi^3su^3$ | 味素 $mi^3su^3$ | 甜粉 $t^hiam^5fun^2$ |
| 叉子 | □仔 $ts^hiam^2me^5$ | 叉仔 $ts^hap^4pe^5$ | 叉仔 $ts^hap^4e^5$ | 叉仔 $ts^hap^4e^5$ | 叉仔 $ts^hap^4e^5$ | 叉仔 $ts^hap^4e^5$ |
| 火柴 | 自来火 $ts^hut^8loi^5fo^2$ | 番仔火 $fan^1ne^2fo^2$ | 番仔火 $fan^1ne^2fo^2$ | 番仔火 $fan^1ne^2fo^2$ | 番仔火 $fan^1ne^2fo^2$ | 番仔火 $fan^1ne^2fo^2$ |
| 一块(田) | 坵 $k^hiu^1$ | 坵 $k^hiu^1$ | 坵 $k^hiu^1$ | 坵 $k^hiu^1$ | 坵 $k^hiu1$ | □ $fu^1$ |
| 一片(橘子) | □ $lim^3$ | □ $lim^3$ | □ $niam^3$ | □ $niam^3$ | | □ $niam^3$ |
| 含羞草 | 见笑花 $kien^3seu^3fa^1$ | — | 见笑草 $kien^3siau^3ts^ho^1$ | 见笑草 $kien^3seu^3ts^ho^2$ | 见笑花 $kien^3seu^3fa^1$ | 诈死草 $tsa^3si^2ts^ho^2$ |

**参考文献**

[1] 曹逢甫,曾钰娟,余承勋.新竹县新埔镇四海客家话研究[Z].第二届台湾客家研究国际研讨会.新竹:台湾交通大学,2008.

[2] 曹逢甫,曾钰娟,余承勋.新埔镇四海话趋向:声韵调、词汇及小称词[C]//庄英章.客家的形成与变迁.新竹:台湾交通大学出版社,2010.

[3] 陈俊杰.国姓乡福佬化客家裔汉人的族群关系调查[M].南投:南投县文化局,2003.

[4] 陈秀琪.台湾漳州客家话的研究:以诏安话为代表[D].新竹:台湾新竹教育大学台湾语言与语文教育研究所,2002.

[5] 陈运栋.客家人[M].台北:联亚出版社,1979.

[6] 陈运栋.台湾的客家人[M].台北:台原出版社,1989.

[7] 邓明珠.屏东新埤客话研究[D].彰化:台湾彰化师范大学,2004.

[8] 邓盛有.台湾头份"四海话"研究[J].台湾语言与语文教育,2002(4).

[9] 邓盛有.台湾四县客语与海陆客语的比较研究[J].客家文化研究通讯,2003(5).

[10] 邓盛有.从新竹县的"四海话"探究客语的语言接触现象[J].台湾语言与语文教育,2003(5).

[11] 邓盛有.混合型客语方言研究:台湾杨梅的"四海话"[J].客家文化研究通讯,2005(7).

[12] 邓盛有.语言接触后的语言演变情形:以桃园县"四海话"为例[J].台湾语言与语文教育,2005(6).

[13] 邓盛有.台湾四海话的研究[D].新竹:台湾新竹师范学院,2000.

[14] 邓盛有.苗栗县的四海话研究[C]//罗肇锦.台湾客家语文研究辑刊:第1辑.台北:台湾客家语文学会,2010.

[15] 邓盛有.台东关山四海话的研究[J].联大学报,2015(1).

[16] 东台湾研究会.华南客家十年田野研究[J].东台湾研究,2004(9).

[17] 故乡市场调查股份有限公司.客家认同与客家人口之抽样调查研究[Z].新北:"客委会",2002.

[18] 何纯惠.花莲玉里四海客家话研究[D].台中:台湾中兴大学,2008.

[19] 洪惟仁.台湾方言之旅[M].台北:前卫出版社,1994.

[20] 花莲县文献委员会.花莲文献[M].台北:成文出版社,1983.

[21] 黄靖岚.东部客家·花莲玉里两个客家小区的族群关系与认同之研究[D].桃园:台湾"中央"大学,2008.

[22] 黄拓荣.台东县志·人民志[M].台东:台东县立文献委员会,1964.

[23] 黄宣卫.东台湾客家研究基准调查:一[Z].客家委员会奖助客家学术研究计划研究成果报告,2004.

[24] 黄学堂,黄宣卫.台东县客家族群之分布及其社会文化特色[J].东台湾研究,2010(14).

[25] 黄怡慧.台湾南部四海客家话的研究[D].高雄:台湾高雄师范大学,2004.

[26] 江敏华.南投国姓乡客语的语言接触现象[C]//罗肇锦,陈秀琪.客语千秋:第八届国际客方言学术研讨会论文集.桃园:台湾"中央"大学,2010.

[27] 赖淑芬.屏东佳冬客话研究[D].高雄:台湾高雄师范大学,2004.

[28] 赖淑芬.屏东县四海话音韵研究[C]//罗肇锦.台湾客家语文研究辑刊:第1辑.台北:台湾客家语文学会,2009.

[29] 赖淑芬.台湾南部客语的接触演变[D].新竹:台湾新竹教育大学,2011.

[30] 蓝清水.被遗忘的外省客家移民:战后河婆客的集体记忆与认同之分析[D].桃园:台湾"中央"大学,2011.

[31] 李瑞光．屏东市林仔内河婆话之音韵研究［D］．高雄：台湾高雄师范大学，2010．
[32] 黎淑慧．客家人与福佬族群的互动：从福佬客谈起［J］．白沙人文社会学报，2003（2）．
[33] 李玉芬．后山汉族的移垦之探讨［Z］．台东县2000年度后山文化研讨会．台东：台东县政府文化局中山堂，2000．
[34] 梁世武．2004年度台湾客家民众客语使用状况调查研究［M］．新北："客委会"，2004．
[35] 廖致苡．花莲地区客语阿美语接触研究［D］．桃园：台湾"中央"大学，2008．
[36] 林美容，等．台东县史·汉族篇［M］．台东：台东县政府，2001．
[37] 刘秀雪．新埔镇四海话音韵研究［Z］．第二届台湾客家研究国际研讨会．新竹：台湾交通大学，2008．
[38] 刘秀雪．新埔镇四海话音韵探悉［C］//庄英章．客家的形成与变迁．新竹：台湾交通大学出版社，2010．
[39] 卢彦杰．新竹海陆客家话词汇研究［D］．新竹：台湾新竹教育大学，1999．
[40] 罗香林．客家研究导论［M］．台北：南天书局，1933．
[41] 罗肇锦．客语语法［M］．台北：台湾学生书局，1984．
[42] 罗肇锦．台湾的客家话［M］．台北：台原出版社，1992．
[43] 罗肇锦．台湾"漳州客"的失落与"四海话"的重构［C］//徐正光．第四届国际客家学研讨会论文集：聚落、宗族与族群关系．台北："中研院"民族学研究所，1998．
[44] 罗肇锦．台湾客家族群史：语言篇［M］．南投：台湾省文献委员会，2000．
[45] 罗肇锦，陈秀琪．台湾全志：卷三住民志语言篇［M］．南投：台湾文献馆，2011．
[46] 骆香林．花莲县志稿［M］．花莲：花莲县文献委员会，1976．
[47] 骆香林．花莲县志·民族志［M］．花莲：花莲县政府，1977．
[48] 吕嵩雁．台湾客家话的源与变［M］．台北：五南图书公司，2004．
[49] 吕嵩雁．台湾后山客家话的语言融合现象［Z］．薛才德．语言接触与语言比较．上海：学林出版社，2006．
[50] 吕嵩雁．后山客家话与闽南与的语言接触现象［Z］．中山医学大学第一届台湾语文暨文化研讨会．台中：中山医学大学台湾语文学系，2006．
[51] 吕嵩雁．台湾后山客家南岛语的语言接触初探［Z］．第六届台湾语言及其教学国际学术研讨会．台北：台北教育大学，2006．
[52] 吕嵩雁．台湾四海客语的音韵扩散研究［J］．台北市立教育大学学报，2007（1）．
[53] 吕嵩雁．台湾后山客家的语言接触现象［M］．台北：兰台出版社，2007．
[54] 吕嵩雁．台湾客家话的语言接触研究［Z］．客家委员会奖助客家学术研究计划研究成果报告，2009．
[55] 吕嵩雁．台湾后山四海客语田野调查报告［Z］．客家委员会奖助客家学术研究计划研究成果报告，2011．
[56] 潘祈贤，刘文浩．中寮集集福佬［M］．南投：南投县政府，2005．
[57] 邱秀英．花莲地区客家信仰的转变：以吉安乡五穀宫为例［D］．花莲：台湾花莲教育大学，2005．
[58] 邱彦贵．发现客家：宜兰地区客家移民的研究［M］．新北："客委会"，2006．
[59] 邱彦贵，吴中杰．台湾客家地图［M］．台北：果实出版社，2001．
[60] 意向顾问股份有限公司．2008年度客家人口基础资料调查研究［M］．新北："客委会"，2008．
[61] 意向顾问股份有限公司．2010年至2011年客家人口基础资料调查研究［M］．新北："客委会"，2011．
[62] 日创社文化事业有限公司．后山客踪：建构丰田三村客庄迁移纪录［M］．新北："客委会"，2010．

[63] 施添福. 清代台湾东部的族群迁移 [G] //台湾地区地方考古人才培训班（第二期）实录之1：第一阶段室内课程讲义资料汇编. 新北：文化建设委员会，1995.

[64] 施添福. 台东县史：汉族篇 [M]. 台东：台东县政府，2001.

[65] 宋兆裕. 屏东高树乡大陆关广福村客家话研究 [D]. 高雄：台湾高雄师范大学，2009.

[66] 台湾省文献委员会. 花莲县乡土史料 [M]. 南投：台湾省文献委员会，1999.

[67] 台湾省文献委员会. 台东县乡土史料 [M]. 南投：台湾省文献委员会，1999.

[68] 田代安定. 台东殖民地豫察报文 [M]. 台北：台湾当局"民政部"殖产课，1900.

[69] 吴赞诚. 吴光禄使闽奏稿选录 [M]. 南投：台湾省文献委员会，1997.

[70] 吴中杰. 台湾福佬客分布及其语言研究 [D]. 台北：台湾师范大学，1999.

[71] 吴中杰. 台湾客家语言与移民源流关系研究 [M]. 高雄：复文图书出版社，2009.

[72] 吴中杰. 台湾闽尾语言及其族群关系：子计划一 [M]. 客家委员会补助大学校院发展客家学术机构计划成果报告，2011.

[73] 吴中杰. 漳州客家人与客家话的重新探索 [Z]. 族群、历史与文化亚洲联合论坛：当代客家之全球发展学术研讨会. 桃园：台湾"中央"大学，2011.

[74] 夏黎明. 战后东台湾研究的回顾与展望：工作实录 [M]. 台东：东台湾研究会，2005.

[75] 夏献纶. 台湾省台湾舆图并说 [M]. 台北：成文出版社，1984.

[76] 伊能嘉矩. 台湾文化志 [M]. 台中：台湾省文献委员会，1991.

[77] 杨文山. 2003年度台湾客家民众客语使用状况调查研究 [M]. 新北："客委会"，2003.

[78] 赵川明. 客乡：鹿野大原客为乡 [M]. 新北："客委会"，2006.

[79] 张屏生. 台湾客家话部分次方言的词汇差异 [Z]. 第二届台湾语言及其教学国际研讨会. 新竹：台湾新竹教育大学，1998.

[80] 张屏生. 台湾四海话音韵和词汇的变化 [Z]. 第二届汉语方言小型研讨会. 台北："中研院"语言学研究所语言调查室，2006.

[81] 张屏生. 台湾地区汉语方言的语音和词汇：论述篇 [M]. 台南：开朗杂志事业有限公司，2007.

[82] 张屏生. 台湾地区汉语方言的语音和词汇：语料篇：一 [M]. 台南：开朗杂志事业有限公司，2007.

[83] 张屏生. 台湾地区汉语方言的语音和词汇：语料篇：二 [M]. 台南：开朗杂志事业有限公司，2007.

[84] 张屏生. 台湾地区汉语方言的语音和词汇：语料篇：二 [M]. 台南：开朗杂志事业有限公司，2007.

[85] 张屏生，吕茗芬. 南州乡万华村大埔小区客家方言岛的四海话及居民语言使用现况调查 [Z]. 第五届客家学术研讨会. 屏东：美和技术学院客家小区研究中心，2006.

[86] 张素玲. 关西客家话混同关系研究 [D]. 新竹：台湾新竹师范学院，2005.

[87] 张振岳. 富里乡志 [M]. 花莲：花莲县富里乡公所，2002.

[88] 郑萦. 从方言特征引看四海客家话 [Z]. 第二届台湾客家研究国际研讨会. 新竹：台湾交通大学，2008.

[89] 郑萦. 从词汇的变化看四海客家话：以新埔镇为例 [C] //庄英章. 客家的形成与变迁. 新竹：台湾交通大学出版社，2010.

[90] 钟荣富. 美浓地区各客家次方言的音韵现象 [C] //曹逢甫，蔡美慧. 台湾客家论文集. 台北：文鹤出版有限公司，1995.

[91] 钟荣富. 高雄县美浓镇志：语言篇 [M]. 高雄：美浓镇公所，1997.

[92] 钟荣富. 福尔摩沙的烙印：台湾客家话导论：下册 [M]. 新北："文化建设委员会"，2001.

[93] 钟荣富. 福尔摩沙的烙印：台湾客家话导论：上册[M]. 新北："文化建设委员会"，2001.

[94] 钟荣富. 四海客家话形成的规律与方向[J]. 语言暨语言学，2006（7）.

[95] 庄英章，简美玲. 客家的形成与变迁：上册[M]. 新竹：台湾交通大学出版社，2010.

[96] 庄英章，简美玲. 客家的形成与变迁：下册[M]. 新竹：台湾交通大学出版社，2010.

[97] APPEL, RENE , PIETER MUYSKEN. Language contact and bilingualism[M]. London：Edward Arnold，1987.

[98] VAN COETSEM, FRANS. Loan Phonology and the Two Transfer Types in Language Contact[M]. Dordrecht：Foris Publications，1988.

[99] LEHISTE, ILSE. Lectures on Language Contact[M]. Cambridge：MIT Press，1988.

[100] THOMASON, SARAH G. Language Contact[M]. Washington, D. C.：Georgetown University Press，2001.

[101] WINFORD, DONALD. An Introduction to Contact Linguistics[M]. Oxford：Blackwell Publishers，2003.

[102] WINFORD, DONALD. Contact—induced Changes—classification and Process. Diachronica[J]. 2005，22（2）.

# 福建客家话、畲话声调比较分析

胡伶忆

(台湾"中央"大学客家语文暨社会科学学系)

**【提 要】** 声调是汉语方言重要的语音特征。福建省的客家话古全浊上、次浊上、次浊平、次浊入声与清去字的分化与归调都和福建省的畲话非常相似。闽南客家话(南靖、平和、云霄)次浊入声归调的对应,呈现"次浊入归阴入的容易变化,归阳入的较不易变化"的特点。次浊入归读阴入在客家话表现一致的方言点,都是阴入调值低,阳入调值高。

**【关键词】** 客家话 畲话 声调

## 一、引 言

声调是汉语方言重要的语音特征之一,也是汉语的共同特征。声调的发生与发展,其原因是非常复杂的,而少数民族语言的声调产生更是与汉语的接触、词汇的借用,以及双语使用者有极大的关系。

畲话和客家话大致都有6个声调,调类的划分大致都是阴平、阳平、上声、去声、阴入、阳入。客家话最具特色的中古次浊声母上声,今有归读阴平的现象;少部分中古全浊声母上声,也有归读阴平的现象。畲话亦同。

中古次浊上声调二分与全浊上声调二分,部分中古次浊平声今读阴平调,已经成为界定客家话的区别性特征。古次浊入声,今读归为阴调或阳调,在客家话内部有相当的一致性,以及客家话部分中古清去字今读阴平,畲话都有相同现象。声调是音节结构中最不易改变的成分,因此,上述说明客家话和畲话具有不容忽视的关系。

## 二、福建客家话、畲话声调比较分析

客家话与畲话大致都是6个调类,本文以1~8分别表示阴平、阳平、上声(阴上)、阳上、阴去、阳去、阴入及阳入。(见表1)

表1 调类与调号

| 阴平1 | 上声3 | 阴去5 | 阴入7 |
| 阳平2 | 阳上4 | 阳去6 | 阳入8 |

福建地区畲话的声调基本上大致相同,只有华安畲话的上声、去声与其他福建畲话的

调值不同，亦即福建畲话大致可分为两种声调类型。福建各地客家话的声调差异较大。（见表2）

表2 声调的比较①

| 中古调类 | 平 | | 上 | 去 | | 入 | |
|---|---|---|---|---|---|---|---|
| 今调类 | 阴平 | 阳平 | 上声 | 阴去 | 阳去 | 阴入 | 阳入 |
| 福安畲话 | 44 | 22 | 35 | 21（阳去） | | 5 | 2 |
| 华安畲话 | 44 | 22 | 213 | 42（阳去） | | 5 | 2 |
| 长汀客家话 | 33 | 24 | 42 | 54 | 21 | (24) | (21) |
| 武平客家话 | 45 | 22 | 31 | 452 | | 2 | 5 |
| 宁化客家话 | 33 | 35 | 31 | 112 | 2 | 5 | (2) |
| 秀篆客家话 | 13 | 54 | 51 | | 33 | 24 | 3 |
| 邵武话 | 21 | 33 | 55 | 213 | 35 | 53 | (35) |
| 建宁话 | 34 | 213 | 55 | 21 | 45 | 2 | 5 |
| 光泽话 | 21 | 33 | 55｜3 | 213 | 35 | 51 | 5 |
| 莆田话 | 533 | 13 | 453 | 42 | 11 | 21 | 4 |
| 南靖客家话 | 22 | 45 | 53 | 31 | 33 | 2 | 54 |
| 平和客家话 | 33 | 353 | 31 | 55（阳去） | | 24 | 54 |
| 云霄客家话 | 22 | 35 | 31 | 55（阳去） | | 24 | 43 |

## （一）浊上字的归调

客家话古次浊上声字白读为阴平调，是客家话与其他方言区别的重要条件（丁邦新，1981；罗杰瑞，1987）。客家话浊上字有书面与口语用字的分调差异，A类为书面用字，B类为口语用字，两类的演变速度不同步。古次浊上声字同样可分为书面用字C类，以及口语用字D类。（见表3）（辛世彪，2004）

客家话全浊上字分调有两种情况：一是全浊上A类字归读去声（阳去或阴阳去合并），B类字归读阴平，以梅县客家话为代表（本文称"类₁"）；二是全浊上A类字归读

---

① 邵武、建宁在《客赣方言调查报告》中被列为赣语。莆田的语料来自汉字古今音数据库（http://xiaoxue.iis.sinica.edu.tw/ccr/）。该网站将此方言列为闽语，并未特别注名出处。光泽方言带有闽方言的底层，堪称是"闽地的赣方言"，语料来源：郑晓峰《福建光泽方言》。本文以上述4个方言点与客、畲话声调比较，了解其在声调上的走向是否和客语、畲话相同。畲话的语料来源：游文良《畲族语言》及吴中杰《畲族语言研究》。长汀、武平、宁化、秀篆、邵武、建宁的语料来源：李如龙、张双庆《客赣方言调查报告》。南靖、平和、云霄语料来源：陈秀琪《闽南客家话音韵研究》。"闽南客话"指南靖、平和、秀篆3个方言点说的方言，"闽西客话"则指长汀、武平、宁化3个方言点说的方言。畲话及闽南、闽西客话方言点选定以声调调值及调类分化差异较大的为主。

阳去，B 类字归读阴去，以河源客家话为代表（本文称"类$_2$"）。福建客家话（闽西及闽南）及畲话皆属前者类$_1$。（见表 3）

福建客家话类$_1$ 的全浊上 A 类字，又分 3 种类型，如长汀、南靖分阴去和阳去；武平的全浊上 A 类字归入阳去后，又与浊去字一同并入上声；秀篆阴去归阴上，只剩下阳去。

客家话次浊上字分调有两种情况：一种情况是次浊上 C 类字归读阴平，D 类字归读上声，以梅县客家话为代表（即本文称"类$_1$"）；另一种情况是次浊上 C 类字归读阴去，D 类字归读阴上，以河源客家话为代表（即本文称"类$_2$"）。福建客畲话皆属前者类$_1$。（见表 3）

表 3　客闽粤赣方言浊上字演变情况①

| 方言 | 全浊上 | | 次浊上 | |
|---|---|---|---|---|
| | 口语 D | 书面 A | 口语 B | 书面 C |
| 客家话 | (1) 去声/阳去<br>(2) 阳去 | (1) 阴平<br>(2) 阴去 | (1) 阴平<br>(2) 阴去 | (1) 上声（阴上）<br>(2) 阴上 |
| 闽语 | — | — | 阴上 | 阴上$_{(文)}$、阳去$_{(白)}$<br>阴上$_{(文)}$、阴上$_{(白)}$<br>阴上$_{(文)}$、去声$_{(白)}$ |
| 粤语 | 阳去 | 阳上<br>阴去<br>阴上 | 阴上<br>阳上<br>阴去<br>阳去<br>C = B，D = 阴上 | |
| 赣语 | 阳去 | 阴平<br>阴上 | — | — |

浊上归阴平主要是指客赣方言，客家话的全浊上口语 B 及次浊上书面 C 都有归读阴平的现象；赣语只有全浊上口语用字归读阴平，次浊上个别方言点归读阴平，辖字亦不同，演变来源亦不同。例如，次浊上书面用字"我"，赣语白读为阴平调，文读为上声调；客家话"我"做文读用字时为阴平调，白读口语说"偓"为阳平调。闽语基本上不具备全浊上归阴平的特色。（项梦冰，2006）粤语虽然也有全浊上及次浊上同时归阴平的现象，但粤语的次浊上是先归阴去，阴去又跟阴平合流后的演变，与客家话不同。（辛世彪，2004）表 4 是以辛世彪（2004）对东南方言声调的分类基础，福建各方言点浊上归调情况。

---

① 根据辛世彪（2004）对东南方言声调的分类整理。

表4 浊上归调

| 方言点 | 全浊上 | | 次浊上 | |
|---|---|---|---|---|
| | 书面 A | 口语 B | 书面 C | 口语 D |
| 福建畲 | 阳去 | 阴平(白)、阳去(文) | 阴平(白)、阴上(文) | 阴上 |
| 福建客家 | 阳去 | 阴平(白)、阳去(文) | 阴平(白)、阴上(文) | 阴上 |
| 光泽 | 阳去 | 阳上 | 阳上 | 阳上 |
| 邵武、建宁 | 阳去 | 阴上(白)、阳去(文) | 阴上 | 阴上 |
| 莆田 | 阳去 | 阳去 | 阴上 | 阳去(白)、阴上(文) |

## 1. 福建客家话、畲话的浊上归并

福建客家话（闽西、闽南）全浊上书面 A 类字归读为阳去，口语 B 类字多有两个读音，主要归读为阴平，属于客家话的类$_1$。（见表3）秀篆客家话全浊上 B 类字已经没有文白的差异，表5 中的例字都只剩一种读音，福建畲话和秀篆客家话同样只留下了一个读音，这种保留在福建畲话内部具有一致性。福建畲话全浊上 A、B 类的归调和福建客家话相同，属客家话的类$_1$，与梅县相同。

表5 福建客家话、畲话全浊上 B 类例字①

| 方言点 | 淡 | 近 | 丈 | 上 | 动 | 重 |
|---|---|---|---|---|---|---|
| 福安畲 | tʰɔm¹ | kʰœn¹ | tɕʰyøŋ⁶ | ɬyøŋ⁶ | — | tɕʰyŋ¹ |
| 华安畲 | tʰam¹ | kʰioŋ¹ | tɕʰioŋ⁶ | ɕiyøŋ⁶ | — | tɕʰioŋ¹ |
| 武平② | tʰaŋ¹ | kʰɛŋ¹ | tsʰɔŋ¹ | sɔŋ¹ | tʰəŋ¹ | tsʰəŋ¹ |
| | tʰaŋ³⁶ | tɕʰiŋ³⁶ | tsʰɔŋ³⁶ | sɔŋ³⁶ | təŋ³⁶ | tsʰəŋ³⁶ |
| 长汀③ | tʰaŋ¹ | kʰeŋ¹ | tʃʰɔŋ¹ | ʃɔŋ¹ | tʰoŋ¹ | tʃʰoŋ¹ |
| | | | tʃʰɔŋ⁶⁸ | | | |
| 宁化 | taŋ¹ | kʰɛ̃i¹ | tsʰɔŋ⁶⁸ | sɔŋ¹ | tʰɤŋ¹ | tsʰɤŋ¹ |
| | taŋ⁶⁸ | kʰiŋ⁶⁸ | | | tʰɤŋ⁶⁸ | tsʰɤŋ⁶⁸ |
| 秀篆 | tʰam⁶ | kʰyn⁶ | tʃʰɔŋ⁶ | ʃɔŋ¹ | tʰuŋ⁶ | tʃʰuŋ⁶ |
| 南靖 | tʰã1 | kʰuĩ⁶ | tʃʰoŋ⁶ | ʃoŋ¹ | tʰuŋ⁶ | tsʰuŋ⁶ |
| | tʰã⁶ | | | | | |
| 平和 | tʰam¹ | kʰyn¹ | tʃʰoŋ¹ | ʃoŋ¹ | tʰuŋ¹ | tʃʰuŋ² |
| | tʰam⁶ | kʰyn⁶ | tʃʰoŋ⁶ | ʃoŋ⁶ | tʰuŋ⁶ | tʃʰuŋ⁶ |

---

① 为便于比较各方言点调类归调的异同，以调类表示。
② 武平客话的全浊上书面 A 类字是归读阳去后，再与原浊去字一同并入上声。
③ 长汀客话的阳入已归并至阳去调（调类记成68），阴入归并至阳平调（调类记成27）。以下表格皆同。

福建客家话（闽西、闽南）次浊上书面 C 类字主要归读为阴平，口语 D 类字主要归读为上声（阴上），属于客家话的类$_1$。（见表 3）客家话次浊上 C 类字的归读会随全浊上 B 类字的走向，且具内部一致性，福建客家话则有部分归读上声的情况。（见表 6）

表 6　福建客家话、畲话次浊上 C 类例字

| 方言点 | 马 | 尾 | 暖 | 软 | 领 | 岭 |
|---|---|---|---|---|---|---|
| 福安畲 | mɔ¹ | mui¹ | nɔn¹ | nun3 | iaŋ¹ / liaŋ⁶ | liaŋ¹ |
| 华安畲 | ma¹ | mui¹ | nuan¹ | nion¹ | iaŋ¹ / liaŋ³ | liaŋ¹ |
| 武平 | ma¹ | mi¹ | nueŋ¹ | nueŋ¹ | liɔŋ¹，tiɔŋ¹ | tiɔŋ¹ |
| 长汀 | ma¹ | me¹ | nū¹ | iē¹ | tiaŋ¹ | tiaŋ¹ |
| 宁化 | mɑ³ | mɛi¹ | luaŋ³ | ŋien³ | liaŋ¹ / liŋ³ | liaŋ¹ |
| 秀篆 | ma¹ | moi¹ | nɔn³⁵ | ŋien³ | liaŋ¹ / liaŋ³⁵ | liaŋ¹ |
| 南靖 | ma¹ | me² | nuaĩ³ | ŋiẽ¹ | liaŋ³ | liaŋ³ |
| 平和 | ma¹ | mui¹ | non³ | ŋien¹ | liaŋ¹ / liaŋ³ | liaŋ³ |

　　客家话全浊上口语 B 类字归读为阴平的演变较次浊上书面 C 类字归读为阴平的演变早（辛世彪，2004）。次浊上书面 C 类字内部又有文白的差异，以"领"字为例，"一领衫"的"领"读为阴平为白读音，"衣领"的"领"读为阴上为文读音，是后期受到优势方言影响的演变。宁化客家话的次浊 C 类字读阴平的辖字已不多，今读多为阴上调。

　　福建畲话次浊上书面 C 类字也有归读上声的现象，"领"字也同样有文白的差异，"一领衫"的"领"读成阴平（白读），"衣领"的"领"读为上声或去声（文读），同样是后期的演变。客家话浊上归读阴平的多寡在于是否口语常用字，不常用的可能读为上声或去声（严修鸿，2004），就是指声调分化后内部再次分化的情况。

　　黄雪贞（1988）指出，客家话次浊上读阴平的辖字比全浊上读阴平的多。像梅县及台湾四县客家话的确是如此，但是像福建的宁化、长汀、南靖客家话全浊上读阴平的辖字比次浊上读阴平的还多。这几个方言点因为又经历了声调再次归并的演变，使得客家话内部浊上调类归读为阴平的演变速度有地域上的差异。畲话全浊上与次浊上读阴平的辖字数量与福建客家话相近，与广东客家话差异较大。

　　客家话次浊上归读阴平的地理分布，呈现由南向北递减以及由边缘向中心递减的现象，而且台湾四县客家话的比例尤高，显示四县客家话最保守（洪惟仁，1999）。畲话次浊上归读阴平比例，亦符合这种地理分布。

　　桥本万太郎（1973）、丁邦新（1981）、罗杰瑞（1986）、黄雪贞（1988）都曾指出客

家话次浊上字归读阴平的特色，是客家话与其他汉语方言相区别的标志。虽然闽、粤、赣语也都有次浊上字归读阴平的现象，但是，客家话除了次浊上归阴平，全浊上也归阴平，亦即同时具有全浊上与次浊上归阴平的现象，且客家话内部具有高度一致性，只是辖字的多寡略有差异，即使是辖字少的，也都是口语用字（黄雪贞，1988；项梦冰，2006）。

畲话的次浊上与全浊上字也都有归阴平的现象，只是全浊上字主要归读为去声，次浊上主要归读为上声，有向其他优势方言靠拢的趋势。事实上，客家话的浊上字也并非是所有方言点都读为阴平（黄雪贞，1988），尤其是福建客家话全浊上 B 类及次浊上 C 类字读阴平调的比例约只占一半，福建畲话亦同，显示客家话浊上调（B、C 类）一起分化后，又在福建地区再次归并，因而不同于广东地区。

2. 光泽的浊上归调

福建省南平市的邵武、光泽，以及三明市的建宁位于闽西北的闽、客、赣交界处。李如龙（1983、1996）认为，邵武、建宁、光泽虽原属闽方言区域，但后期受到江西移民影响，已失去闽方言的特点，应该将其划为赣方言。潘茂鼎、李如龙等（1963）将邵武列为客方言的代表点，并和闽语的方言点做比较。张振兴（1985）将邵武、建宁、光泽划入绍宁区，视为闽语与客家话的过渡区。罗杰瑞（1987）则认为可以将邵武方言看作西部闽语的一个次方言。李如龙（1997）、《福建省志》（1998）将邵武方言划为闽赣方言。郑晓峰（2001）认为光泽方言虽保有闽方言的共同特征，同时亦受到赣语和客家话相当程度的影响，带有浓厚混合及过渡的成分。

由于光泽方言（郑晓峰，2001）的浊上归调与邵武、建宁并不相同，本部分只讨论光泽方言的浊上归调，邵武、建宁的浊上归调于下部分讨论。

光泽方言全浊上 A 类字归读为阳去，B 类字归读为阳上；次浊上 C、D 类字都归读为阳上。次浊上 C 类字归调方向和全浊上 B 类字相同，同为阳上调，看似符合客家话的分调规则，然而，这同样也是部分粤语方言点次浊上的归调规则。光泽方言全浊上 A、B 类字归调，符合粤语调类分化的"A 类字归阳去，B 类字归阳上"这一类；光泽方言次浊上 C、D 类字的归调，亦符合粤语调类分化的"C、D 类字都归阳上"的这一类（见表 3）。单从调类分化判定，光泽方言属于粤语，非客家话，亦非闽语。

3. 邵武、建宁的浊上归调

邵武、建宁全浊上 A 类字归读为阳去，B 类字归读为阴上及阳去；次浊上 C、D 类字都归读为阴上。邵武的全浊上 B 类字有文白读，白读为上声（阴上），文读为阳去。（见表 7）

表 7 邵武、建宁话全浊上 B 类例字

| 方言点 | 弟 | 舅 | 近 | 丈 | 动 | 重 |
|---|---|---|---|---|---|---|
| 邵武 | $p^hei^3$ | $k^hy^3$ | $k^hyen^3$ | $t^hioŋ^3$ | $t^huŋ^6$ | $t^huŋ^3$ |
| | | $k^həu^6$ | $k^hin^6$ | | | $t^hiuŋ^6$ |
| 建宁 | $p^hie^3$ | $k^hiu^3, k^həu^3$ | $k^hin^3, kən^3$ | $t^hɔŋ^6$ | $hŋ^3$ | $t^huŋ^6$ |

由于闽语基本上不具备全浊上 A、B 类字的文白分调，而且邵武、建宁的次浊上 C、D 类很单纯地只归读为阴上，不似闽语的 C 类字归读阴上，D 类字具同字式的文白分调的特色（见表3）。所以，单从浊上调类的分化判定，邵武、建宁并不属于闽语。

辛世彪（2004）将邵武、建宁两地归为赣方言主要的原因，一是客家话具有全浊上及次浊上都归读阴平的特色；赣语则是次浊上字大多读上声（阴上），即使有归阴平的，字类也和客家话不同。二是客家话基本上都有次浊上字文白分调的现象，这是客家话与赣语的区别之一。依照粤语浊上调类所列的分化规则（辛世彪，2004），邵武、建宁的全浊上 A、B 类归调符合粤语的 "A 类归阳去，B 类归阴上" 的这一类，次浊上 C、D 的归调亦符合粤语的 "C、D 都归阴上" 这一类，邵武、建宁应该也可以视为粤语（见表3）。

"全浊上及次浊上都归读阴平" 虽然是客家话据以和其他方言区别的特色，但也并非所有客家话都有 "全浊上与次浊上都归读阴平" 的现象，像河源客家话，属于客家话声调分化规则的类$_2$（见表3），次浊上完全没有归读阴平的辖字，而是归读为阴去，其归读阴去的历史层次等同于梅县客家话归读阴平的层次。邵武、建宁的次浊上同样没有归读阴平的辖字。何大安（1988）指出，客方言浊上归调虽较其他方言复杂，但次浊上归读阴上在客家话内部有一致性，且多数方言的次浊上也读阴平，若是次浊上不分读两类的，都在江西省境内，是北部客家话的特点。邵武、建宁次浊上 C、D 类字的归调和江西客家话相同，都读为阴上调，此属客家话地区性的差异。

邵武、建宁次浊上归读阴上包含两个历史层次：一部分等同梅县次浊上文读归读阴上的层次；另一部分则等同梅县白读归读阴平的层次，这个层次后期受官话影响又读回了阴上。所以，邵武、建宁次浊上归调属客家话声调分化规则的类$_1$（见表3）。至于邵武、建宁全浊上 A 类字的归调，亦和江西客家话同样归读为阳去调①；邵武、建宁全浊上 B 类字则是和次浊上 C 类字同样归读为阴上调，亦符合客家话次浊上书面用字随全浊上的口语用字走的特色。所以，邵武、建宁全浊上归调亦属客家话声调分化规则的类$_1$（见表3）。因此，单从调类分化可将邵武、建宁列为客方言。（见表8）

4. 莆田的浊上归调

莆田全浊上 A、B 类字都是归读为阳去调；次浊上 C、D 类字归读为阳去及上声（阴上），白读为阳去调，文读为阴上调。莆田全浊上 A、B 类归读符合闽语全浊上不具文白分调的特色；次浊上 C 类字亦符合闽语的声调分类，并不具同字式的文白分调；次浊上 D 类字亦符合闽语的声调归并，有同字式的文白异读（见表3）。闽语的次浊上 C、D 类的辖字，与客家话有些许差异（见表3），再加上莆田全浊上 B 与次浊上 C 类字并没有归阴平的辖字，所以，从声调归读可以判定不是客方言。（见表8）

---

① 调类分化参见何大安（1988）表七。

表 8　莆田话的次浊上 C、D 类例字

| 方言点 | 女 | 舞 | 李 | 脑 | 舀 | 眼 |
|---|---|---|---|---|---|---|
| 莆田 | ty³ | pu³ | li³ | nɒ³ | iau³ | ŋe³, ŋaŋ³ |

| 方言点 | 瓦 | 雨 | 有 | 懒 | 软 | 痒 |
|---|---|---|---|---|---|---|
| 莆田 | ua³ | y³ | iu3 | laŋ³ | nue³ | ɬiau⁶ |
|  | hyɒ⁶ | hɔu⁶ | u6 |  | nø⁶ |  |

## 5．小结

客家话浊上归阴平是客家话内部自身早期的演变，所代表的意义是古客家话有阳上调的事实，后来经过分化与合并，形成今日客家话只剩阴上的形式（邓晓华，1995、1997；项梦冰，2006）。客家话全浊上归读阴平的辖字大都为口语用字，而全浊上归去的辖字大都为书面用字。但从历史的角度而言，白读的层次通常都比文读的层次要早，亦即客家话全浊上归读阴平的层次理应要比普通话全浊上归去的层次要早（严修鸿，2004；辛世彪，2004）。次浊上的书面用字则是随着全浊上的口语用字，在同一个时期归读为阴平，读为上声调的则是进一步受到优势方言影响的演变。

客家话浊上归阴平的类型中，又以去声分阴阳去的历史层次最早，如长汀客家话；其次是阴阳去合并的类型，如梅县客家话。另外，全浊上字都归读去声，而且阴阳去合并的这种类型，则历史层次更晚，畲话即属此类。客家人大举南迁至闽、粤、赣交界处大致是晚唐以后的事，所以客家话浊上归去的历史层次在晚唐之后，而客家话的浊上归阴平的变化调则是在浊上归去之前。（辛世彪，2004）

汉语方言的调类归并，一般是因为调型或调值非常相近，所以，客家话浊上归阴平的现象，应该是客家话古阳上调与阴平的调值或调型接近。汉语方言中保有浊上调的阳上调多为升调（严修鸿，2004），客家话全浊上口语用字归读为阴平或去声（非普通话影响）的调类也多为升调。像台湾四县客家话的阴平调就是升调（调值为24），河源的阴去调同样是升调（调值为12）。四县客家话以及迁到海外的客家话的阴平调都为升调，保有古广东、闽西客家话的古阴平调型。至于梅县、长汀客家话阴平调的调型呈高平调，是后期的变化。

## （二）次浊平声字的归调

客家话的古次浊平声字今有归读阴调的现象，是客家话与其他汉语方言不同的特色。（桥本万太郎，1973；罗杰瑞，1986；黄雪贞，1989）（见表9）

表9 次浊平声归读阴平情况

| 方言点 | 拿 | 毛 | 拈 | 捞 | 蚊 | 笼 |
|---|---|---|---|---|---|---|
| 福建畲 | naŋ¹ | mou¹ | — | lieu¹ | muŋ² | luŋ² |
| 武平 | na¹ | mɔu¹ | niaŋ¹ | lɒu², ləɯ² | meŋ¹ | — |
| 长汀 | na³ | mɔ¹ | niẽ¹ | lɔ²⁷ | meŋ¹ | loŋ²⁷ |
| 宁化 | lɑ¹, lɑ³ | mau² | ŋiaŋ¹ | lau² | mɛ̃i¹ | lɤŋ² |
| 建宁 | na¹, na⁶ | mau² | niam¹ | lau² | un², mən² | luŋ² |
| 邵武 | na¹, na⁶ | mau², mau⁷⁸ | nien¹ | lau¹ | vɔn² | luŋ² |
| 秀篆 | na³⁵ | mɔu¹, hm¹ | ŋiam¹ | lɛu¹ | mun¹ | luŋ² |
| 南靖 | — | mo¹ | — | — | mũĩ¹ | luŋ² |
| 平和 | — | mu¹ | — | — | mun² | luŋ² |
| 光泽 | na¹ | mɔu⁷ | lɔu¹ | lɔu¹ | mən⁷ | luŋ² |
| 莆田 | — | mu², mɒ² | niŋ¹ | lɒ¹ | — | lœŋ², laŋ² |

福建客家话、畲话都有次浊平声归读阴平的现象，辖字大致相同。虽然次浊平声字今读阴平在客、赣、闽、粤4种方言里都具有普遍性，不过方言的分区本来就是中心区的典型特征明显，而边缘地带模糊，很难去严格定义方言独有的特征，客家话的确有浊上、次浊平声归读阴平的特色，这是不容置疑的。（谢留文，2003）畲话次浊平声归读阴平的辖字和台湾四县客家话较相近；梅县客家话次浊平声归读阴平的辖字，如"于""盂""疲""裴""雏""驰""藩""捐""痕"（李荣、黄雪贞，1995），这些字都是非口语常用字，四县客家话已不读阴平，畲族文献中甚至没有这些字的语料。

客家话、畲话古次浊平声主要还是归读阳平，归读阴平的辖字都是口语用字。以台湾四县客家话为例，"笼"字在"鸟笼"一词中读成阴平调，在"灯笼"一词中则读成阳平调①，和普通话调类相同。（见表9）次浊平归阴平在东南方言有普遍性，而且都为白读，所以其历史层次不会太晚。

### （三）清去字的归调

畲话今阴平调主要来自古清平字及古清去字；客家话的古清去字，主要归读为阴去调，少部分辖字归读阴平，如"探""炖""担""钉动词"等字都是口语常用字，台湾四县客家话读成阴平调。（见表10）

---

① 非连读变调。

表 10　古清去归读阴平情况

| 方言点 | 担 动词 | 探~头 | 炖 | 钉 动词 | 壅施肥 | 亲~家 |
|---|---|---|---|---|---|---|
| 福建畲 | tuan¹ | — | tən¹ | teŋ¹ | — | tsʰin¹ |
| 武平 | taŋ¹ | tʰaŋ⁵ | — | — | — | tɕʰiŋ¹ |
| 长汀 | taŋ¹ | tʰaŋ⁵ | — | — | — | tsʰeŋ¹ |
| 宁化 | taŋ¹ | tʰɑŋ⁵ | — | — | — | tsʰiŋ¹ |
| 建宁 | tam⁵ | tʰam⁵ | — | — | — | tsʰin¹ |
| 邵武 | tan¹ | tʰan⁵ | — | — | — | tʰən¹ |
| 秀篆 | tam¹ | tʰam³⁵ | — | — | — | tsʰin¹ |
| 南靖 | tã¹ | tʰãi¹ | — | tãi¹ | zuŋ¹ | tsʰĩ¹ |
| 平和 | tam¹ | — | — | ten¹ | ʒiuŋ¹ | tsʰin¹ |
| 光泽 | tam¹ | tʰan⁵ | kʰuɔ⁴ | tɛn⁵ | iuŋ¹ | — |
| 莆田 | taŋ¹ | — | — | teŋ¹ | — | tsʰiŋ⁶ |

畲话基本上古清去字今都归读为阴平，部分次浊去声字，如"妹""面""问""露""骂""外""艾""弄"也归读阴平。这几个字在福建客家话分别读阳去或是上声调，广东客家话则是读阴去。闽西及闽南客家话分别都有不同于其他地区的清去归读阴平的辖字。清去归读阴平的变化，是粤语四邑片典型的特色（辛世彪，2004），若能进一步搜集到四邑移民的相关资料，必能对清去今读阴平的归调现象有更进一步的了解。这个现象对客家话而言是零星的现象，对畲话来说则有普遍性。

### （四）次浊入声字的归调

客家话次浊入声有归读阴入的现象，而且归读阴调或阳调的辖字在客家话内部有一致性，如"日""袜""木""劈""禄""六""脉""额""肉""笠""聂""育"等字都归读阴入调（见表11），"月""末""没""捋""鹿""绿""麦""逆""玉""篾""纳""浴"等字则是归到阳入调（见表12），即使是长汀客家话今入声已归到其他调类，这24个字的归调仍具相同的方向性（黄雪贞，1988、1989；谢留文，1995），属于客家话入声内部的早期演变。

表 11　次浊入声客家话一般归读阴入调的例字

| 方言点 | 日 | 袜 | 木 | 劈 | 禄 | 六 |
|---|---|---|---|---|---|---|
| 福建畲 | ŋiʔ⁸ | uaʔ⁸ | muʔ⁸ | — | — | lyʔ⁸ |
| 武平 | niʔ⁷ | maʔ⁷ | mək⁷ | — | — | tiək⁷ |
| 长汀 | ni²⁷ | mai²⁷ | mu²⁷ | — | — | təɯ⁷ |
| 宁化 | ŋie⁶⁸ | ma⁶⁸ | mu⁶⁸ | — | — | liəɯ⁶⁸ |
| 建宁 | ŋit⁸ | mat⁸ | muk⁸ | — | — | liuk⁸ |
| 邵武 | ni⁸ | mɛi⁸ | mu⁷ | — | — | ly⁸, su⁷ |

（续表11）

| 方言点 | 日 | 袜 | 木 | 劈 | 禄 | 六 |
|---|---|---|---|---|---|---|
| 秀篆 | ŋit⁷ | mat⁷ | hm⁷ | — | — | liu⁷ |
| 南靖 | ŋiʔ⁷ | meʔ⁷ | muk⁷ | — | luk⁷ | liu⁷ |
| 平和 | ŋit⁷ | mat⁷ | mu⁷ | — | lu⁷ | liu⁷ |
| 光泽 | nie⁸, i⁸ | uai⁷ | mu⁸<br>mu⁷ 啄~鸟 | — | — | ly⁸ |
| 莆田 | tiʔ⁸, tsiʔ⁸ | — | pɒʔ⁸ | — | lɒʔ⁸ | lœʔ⁸, laʔ⁸ |
| 河源 | ŋit⁷ | mat⁸ | mok⁷ | — | — | lok⁸ |
| 方言点 | 脉 | 额 | 肉 | 笠 | 聂 | 育 |
| 福建畲 | maʔ⁸ | — | ŋyʔ⁸ | lit⁸ | — | — |
| 武平 | mɒuʔ⁷ | niɒuʔ⁷ | niəkʔ⁷ | tiʔ⁷ | — | — |
| 长汀 | ma²⁷ | ŋe²⁷ | niəɯ²⁷ | ti²⁷ | — | — |
| 宁化 | mɤ⁶⁸ | ŋɤ⁶⁸ | ŋiəɯ⁶⁸ | lie⁷ | — | — |
| 建宁 | mək⁸ | ŋɔk⁸, ŋiak⁸ | ŋiuk⁸ | lip⁸ | — | — |
| 邵武 | mə⁸ | ŋɔ⁷ | ny⁷ | li⁶, sən⁷ | — | — |
| 秀篆 | ma⁷ | ŋia⁷ | ŋiu⁷ | lip⁸ | — | — |
| 南靖 | meʔ⁷ | ŋiak⁷ | ŋiuk⁷ | lieʔ⁷ | ŋieʔ⁷ | zuk⁷ |
| 平和 | ma⁷ | ŋia⁷ | ŋiu⁷ | lip⁸ | — | ʒiuk⁸ |
| 光泽 | mə⁸ | nia⁷ | ny⁷ | səm⁷ | niam⁷ | y⁸ |
| 莆田 | — | kɛʔ⁸ | nœʔ⁸, tsœʔ⁸ | laʔ⁸ | niaʔ⁷ | œʔ⁸ |
| 河源 | mak⁸ | ŋiak⁷ | nyok⁸ | lip⁷ | — | — |

表12 次浊入声客家话一般归读阳入调的例字

| 方言点 | 月 | 末 | 没 | 捋 | 鹿 | 绿 |
|---|---|---|---|---|---|---|
| 福建畲 | ŋyʔ⁸ | — | — | lɔʔ⁷ | — | luʔ⁸ |
| 武平 | niɛʔ⁸ | maʔ⁸, mɒuʔ⁸ | — | luɛʔ⁷, luɛʔ⁸ | — | tiəkʔ⁸ |
| 长汀 | ie⁶⁸ | mai⁶⁸ | — | lue⁶⁸ | — | təɯ⁶⁸ |
| 宁化 | ŋie⁶⁸ | ma⁶⁸ | — | lua⁷ | — | liəɯ⁶⁸ |
| 建宁 | uət⁸ | mɔt⁸ | — | lɔt⁸ | — | luk⁸ |
| 邵武 | vie⁶ | mai⁷, mɛi⁶ | — | loi⁸ | — | ly⁶ |
| 秀篆 | ŋiet⁸ | mat⁸ | — | lɔt⁸ | — | liu⁸ |
| 南靖 | ŋieʔ⁸ | meʔ⁸ | muʔ⁸ | lɔʔ⁸ | luk⁸ | liuk⁸ |
| 平和 | ŋiet⁸ | mat⁸ | mut⁸ | lot⁸ | luk⁸ | liuk⁸ |
| 光泽 | vie⁸ | mɛi⁸ | mɛi⁸ | lu⁴ | lu⁸ | ly⁸ |

(续表12)

| 方言点 | 月 | 末 | 没 | 抐 | 鹿 | 绿 |
|---|---|---|---|---|---|---|
| 莆田 | kœʔ⁸ | puaʔ⁸ | pɔʔ⁸ | luaʔ⁸ | lɒʔ⁸ | lœʔ⁸, lɒʔ⁸ |
| 河源 | ŋyat⁸ | muat⁸ | — | luat⁸ | — | lok⁸ |

| 方言点 | 麦 | 逆 | 玉 | 篾 | 纳 | 浴 |
|---|---|---|---|---|---|---|
| 福建畲 | maʔ⁸ | — | ŋiuʔ⁸ | — | | iuʔ⁸ |
| 武平 | mɒuʔ⁸ | niɑuʔ⁸ | niək⁸ | miɛʔ⁸ | naʔ⁸ | — |
| 长汀 | ma⁶⁸ | nia⁶⁸ | niɯ⁶⁸ | me⁶⁸ | na⁶⁸ | — |
| 宁化 | mɑ⁶⁸ | li⁷ | ŋiɯ⁷ | mie⁶⁸ | la⁶⁸ | — |
| 建宁 | mak⁸ | ŋik⁷ | ŋiuk⁸ | miet⁸ | nap⁸ | — |
| 邵武 | ma⁶ | ni⁸, nia⁸ | ny⁶ | mie⁶ | na⁸, non⁶ | — |
| 秀篆 | ma⁶ | ŋia⁶ | ŋiu⁸ | mɛʔ⁸ | nap⁸ | — |
| 南靖 | meʔ⁸ | ŋiak⁸ | ŋiuk⁸ | meʔ⁸ | lap⁸ | zuk⁸ |
| 平和 | mak⁸ | ŋiak⁸ | ŋiuk⁸ | met⁸ | nap⁸ | ʒiuk⁸ |
| 光泽 | ma⁸ | ni⁸ | ny⁸ | mie⁸ | nam⁸ | — |
| 莆田 | pɛʔ⁸ | kiʔ⁸ | kœʔ⁸ | pi² | taʔ⁸ | œʔ⁸ |
| 河源 | mak⁸ | ŋiak⁸ | ŋok⁸ | miat⁸ | nap⁸ | — |

闽南客家话这24个字的调类分化与广东客家话较一致；闽西客家话则是部分方言点有些差异，以建宁为例，一般客家话归读阴入的，都读成阳入，反而是一般客家话归读阳入的，有几个例字读成阴入；畲话也是如此。福建畲话次浊入几乎都是读成阳入，只有少数个别字读为阴入。闽西客家话个别读成阳入的现象，应该是受周围方言的影响。

客、赣、闽、粤都有次浊入归读阴入的变化，不过，客家话次浊入归读阴入的字相对较少，口语常用字大多不归读阴入。一般客家话归读阴入的辖字，可分为两类：口语用字是较早归读阴入的，部分书面用字是后期才归读阴入的。赣语次浊入归读阴入的变化非常有规律，辖字比客家话还多，有些方言点有全部都归读阴入的现象；归读阴入或阳入的辖字与客家话不同，若有文白读，文读读阴入，白读读阳入。闽语各地归读阴入或阳入的辖字并不一致，但基本上都是书面用字，应是后期受优势方言影响的音变。（辛世彪，2004）

虽然闽语也有次浊入声归读阴入的变化，但和客家话归调的辖字并不相同，福建畲话次浊入归调，则是和建宁比较一致，所以，从次浊入声归调的辖字可以判定畲话与客家话的关系较近。福建客家话次浊入声多读为阳入，一方面是因为客家话归入阳调的为口语用字，比较容易保留下来；另一方面是因为归入阴调的字比较容易起变化。（见表13）

表13　次浊入声归调对称关系

| 例字 | 南靖 | 平和 | 云霄 |
| --- | --- | --- | --- |
| 袜 | meʔ⁷ | mat⁷ | mat⁷ |
| 末 | meʔ⁸ | mat⁸ | mat⁸ |
| 木 | muk⁷ | mu⁷ | mu⁷ |
| 牧 | muk⁷ | muk⁸ | muk⁸ |
| 目 | muk⁷ | mu⁷ | mu⁷ |
| 六 | liu⁷ | liu⁷ | liu⁷ |
| 绿 | liuk⁸ | liuk⁸ | liu⁷ |
| 陆 | liuk⁷ | liu⁷ | liuk⁸ |
| 录 | liuk⁸ | liuk⁸ | liuk⁸ |
| 脉 | meʔ⁷ | ma⁷ | ma⁷ |
| 麦 | meʔ⁸ | mak⁸ | mak⁸ |
| 禄 | luk⁷ | lu⁷ | lu⁷ |
| 鹿 | luk⁸ | luk⁸ | luk⁸ |
| 额 | ŋiak⁷ | ŋia⁷ | ŋia⁷ |
| 逆 | ŋiak⁸ | ŋiak⁸ | ŋiet⁸ |
| 肉 | ŋiuk⁷ | ŋiu⁷ | ŋiu⁷ |
| 玉 | ŋiuk⁸ | ŋiuk⁸ | ŋiuk⁸ |
| 育 | zuk⁷ | ʒiuk⁸ | ʒuk⁸ |
| 浴 | zuk⁸ | ʒiuk⁸ | ʒiuk⁸ |

黄雪贞（1989）归纳出次浊入今读的阴阳调类例字，在闽南客家的归调上有着不同的对称关系。（见表13）南靖呈现的是完整的阴阳入的对应，入声韵尾几乎都还保留着①；平和及云霄则是部分入声韵尾已经丢失，而且丢掉韵尾的皆为阴入调的例字。从共时角度看闽南客家话"木""牧"或"目""牧"的阴阳调类对应，或是"脉""麦"或"禄""鹿"的对应，以及次浊入读阴入的韵尾消失的现象，意味着"次浊入归阴入的容易变化，归阳入的较不易变化"。

黄雪贞（1988、1989）指出次浊入归读阴入在客家话有17个点的表现一致。这些方言点都有一个共同的特色，就是阴入的调值低，阳入的调值高，与台湾四县客家话相同。谢留文（1995）更进一步提出，11个客家话方言点同样有次浊入声归调的一致性，这11个点，除了河源客家话，其他都是阴入调值低，阳入调值高；河源客家话则是阴入调值高（调值5），阳入调值低（调值2）。

---

① 南靖客话的"六"虽已丢掉韵尾，部分舌尖韵尾及舌根韵尾读成喉塞韵尾，仍呈现完整的阴阳调类的对应。

一般来说，广东客家话次浊入归阴调的例字，河源客家话归读为阳入的较多，如"袜""六""脉""肉"等字，河源客家话读成阳入，和宁化客家话相同，这两个地方都是阴入调值高，阳入调值低。福建畲话也是阴入调值高，阳入调值低，次浊入归读阴调只有个别几个例字。河源客家话次浊入归读阴调的比例正在减少，也就是说，河源客家话次浊入的演变正朝向与福建客家话相同的方向。

台湾海陆客家话的入声虽然是阴入调值高，阳入调值低，但归读阴入的状况和台湾四县客家话相同。原因是海陆客家话阴入调的连读变调规则，只要前字为阴入调，不论后字声调为何，前字的阴入调都会读成阳入调，调值5和四县的阴入调调值相同。广东客家话入声调值阴入高、阳入低的几个方言点，如惠州（刘若云，1991）、南雄（Søren Egerod，1983），始兴太平和罗坝（刘胜权，2013）等，只有始兴罗坝客家话和海陆客家话同样有阴入字变成高调的情况。（见表14）

表14　客家话入声阴高阳低的阴入字变调方式

| 方言点 | 阴入调值 | 阳入调值 | 阴入字连读变调 | 阴入字变调方式 |
| --- | --- | --- | --- | --- |
| 台湾海陆 | 5 | 2 | 5 + x → 2 + x | 作为前字时皆变低调，作为后字时不变 |
| 惠州 | 45 | 21 | 45 + x → 5 + x | 作为前字时皆变高调，作为后字时不变 |
| 南雄 | 55 | 22 |  | 皆不变 |
| 始兴太平 | 45 | 32 |  | 皆不变 |
| 始兴罗坝 | 3 | 2 | 3 + 3 → 3 + 2<br>2 + 3 → 2 + 2 | 作为前字时不变，作为后字时变低调 |

始兴太平、罗坝客家话阴入字变调的方式与海陆客家话不同，而且两个方言点都有阳入变调变高调（同阴入）的情形。始兴罗坝阴入字有后字变调变低调的情形，只有两种情况，虽同样有次浊入归读阴入的情况，但和河源相同读阳入的较多。

始兴太平、罗坝客家话，一般客家话次浊入归阳入的辖字，如"捋""绿""逆"，始兴罗坝读阴入，"末""麦"始兴太平读阴入，但是一般客家话归阴入的辖字，如"笠""脉""额"等，始兴太平却读阳入。始兴太平、罗坝邻近有一个马市镇是始兴市的交通要冲，只有一个入声调45，太平受其影响才会有次浊入读成阴入45的情形；罗坝则是阴入与阳入调值相近，有相混的情形，与海陆客家话的情况不同。

此外，南雄和惠州同样也是次浊入归读阳入的较多，因此，阴入调调值低和次浊入归阴入是否容易产生变化的确呈正相关。也就是说，入声调值高低会影响次浊入声变化的稳定性。我们知道，声母的清浊不但会影响声调的调值，也会影响调类的分化与归并，本文在此要说明的是调类分化后受到阴入调值高低影响的后续演变。目前，我们找到的能佐证的方言点太少，仍需寻找更多入声调值阴高阳低的客家话点做进一步的证明。

## 三、结 论

一般认为，调类的对应比调值的对应，更有同源的可能性，即使是接触关系，借入的时间也比调值对应的借入还要古老。（中西裕树，2010）从接触的观点，少数民族向汉语方言借词的调类对应，都是以调值接近的声调合并，调类通常并不相同（黄行，2005），而畲话的归调和客家话却是相同的，所以并非是单纯的借用。

福建客家话、畲话同样都有浊上归阴平、浊上归去、次浊平归阴平、清去归阴平以及次浊入归阴入的音韵特色。这些声调特征中以浊上归阴平的层次最早，其次是浊上归去，接着是次浊平归阴平，然后清去归阴平，最后是次浊入归阴入。变化的大原则是白读字或口语常用字先变，阳调比阴调先变，次浊又比清调先变。普遍程度较高的音韵现象的历史层次比少数的音韵现象的层次较早，所以浊上的变化早于次浊平，早于浊去的变化，最后是入声的归并。推测福建客家话、畲话调类特色的时间层次，应该是：

次浊上口语归阴上→全浊上口语、次浊上书面归阴平→全浊上口语归去声→浊上归去（晚唐）→次浊平归阴平→清去归阴平→次浊入归阴入

声调的演变包括分化和合并，分化的同时，也就是合并。东南方言的全浊调类通常跟随阳调类走，次浊调类常跟随阴调类走；次浊调类的变化在不同的方言中，可以归到阴调，也可以归到阳调，这也是东南方言声调彼此差异大的原因。

本文的研究方法为共时的对比研究，使用前人的文献语料可能会造成无法达到语料比较的充分对应原则。历史比较法主要适用于已知语言事实的分析，对于福建客家话、畲话声调受到优势语言之影响，显示着语言的研究永远赶不上语言的变化，这正是我们需要去实地调查，利用共时研究保存方言语料以补其缺憾的原因，也是本文无法用实际调查语料所呈现的研究限制。

**参考文献**

[1] 邓晓华. 论客家方言的断代及相关音韵特征[J]. 厦门大学学报，1997（4）.
[2] 丁邦新. 汉语方言区分的条件[J]. 清华学报，1982，14（1，2）.
[3] 福建省地方志编纂委员会. 福建省志·方言志[M]. 北京：方志出版社，1998.
[4] 何大安. 浊上归去与现代方言[J]. "中研院"史语所集刊，1998（第59本第1分）.
[5] 黄雪贞. 成都市郊龙潭寺的客家话[J]. 方言，1986（2）.
[6] 黄雪贞. 客家方言声调的特点[J]. 方言，1988（4）.
[7] 黄雪贞. 客家方言声调的特点续论[J]. 方言，1989（4）.
[8] 黄雪贞. 客家话的分布与内部异同[J]. 方言，1987（4）.
[9] 黄行. 汉藏民族语言声调的分合类型[J]. 语言教学与研究，2005（5）.
[10] 李如龙. 福建方言[M]. 福州：福建人民出版社，1997.
[11] 李如龙，张双庆. 客赣方言调查报告[M]. 厦门：厦门大学出版社，1992.
[12] 刘若云. 惠州方言志[M]. 广州：广东科技出版社，1991.

[13] 刘胜权. 粤北始兴客家音韵及其周边方言之关系 [D]. 台北：台北市立教育大学，2013.
[14] 罗美珍，邓晓华. 客家方言 [M]. 福州：福建教育出版社，1995.
[15] 罗杰瑞. 何谓客家话？[C] //项梦冰，译. 北京大学汉语语言学研究中心《语言学论丛》编委会. 语言学论丛. 北京：商务印书馆，2003.
[16] 潘茂鼎，李如龙，梁玉璋，等. 福建汉语方言分区略说 [J]. 中国语文，1963（6）.
[17] 吴中杰. 畲族语言研究 [D]. 新竹：新竹清华大学语言所，2004.
[18] 项梦冰. 客家话的界定及客赣方言的分合 [J]. 语言暨语言学，2006（2）.
[19] 谢留文. 客家方言古入声次浊声母字的分化 [J]. 中国语文，1995（1）.
[20] 谢留文. 客家方言语音研究 [M]. 北京：中国社会科学出版社，2003.
[21] 谢永昌. 梅县客家方言志 [M]. 广州：暨南大学出版社，1994.
[22] 辛世彪. 东南方言声调比较研究 [M]. 上海：上海教育出版社，2004.
[23] 严修鸿. 客赣方言浊上字调类演变的历史过程 [C] //第五届客家方言研讨会，2004.
[24] 游文良. 畲族语言 [M]. 福州：福建人民出版社，2002.
[25] 张振兴. 闽语的分区（稿）[J]. 方言，1985（3）.
[26] 中西裕树. 论畲话的归属 [J]. 中国语言学报，2010（24）.

# 诏安客特征词、特征音浅析

廖俊龙

**【提　要】** 诏安客是台湾客话五大腔调①之一，源自诏安县秀篆、官陂两镇。在台湾说诏安客话的主要地区为仑背乡、二仑乡，约有三成的人说诏安客话。最早提出方言特征词理论的是李如龙先生，他认为，方言特征词是不同方言之间的词汇上的区别特征，本区方言共有的而外区方言少见的方言词；各种方言都有自己的方言特征词。诏安客语特征词是指诏安客语在词汇上区别于其他客语的特征，即诏安客语区内大体一致、区外相对少见的词汇。一般讨论特征词都限于讨论词汇的特征，本文除了讨论诏安客特征词之外，也试着提出特征音②，将特征词加上特征音作为区别方言的参考标准。

从语言接触产生的特征词、特征音，可以探寻一种语言的语源。受到语言接触的影响，发现诏安客语保存古汉语甚多，其与畲语、赣语、闽语等的语言接触关系是最为亲密和重要的。本文同时发现台湾的饶平腔大部分接近四县腔及海陆腔，少部分特征词较接近诏安腔，台湾的饶平腔与原乡饶平腔差异甚大。其中饶平客语与诏安客语同源，存古的饶平腔与诏安腔较为接近。在行政划分上它们虽属不同省份，实际上同是源自闽西客语。

**【关键词】** 诏安客　饶平客　特征词　特征音

## 一、引　言

客方言源于古代的北方汉语，历经千百年来相异族群的文化洗礼及语言接触，除了保存大部分古汉语又融入少数民族的语音特色。历来国内外语言学家所提出的理论不胜枚举，许多论述随着新的研究发现而修正。为何"古无轻唇音"？是否因口腔内部器官失去平衡而产生音变？古有凿齿的习俗，没有门牙如何能发出轻唇音呢？实际上，缺了门牙要发出唇齿音是困难的。凿齿习俗之有无应是该语言轻唇音是否存在的关键。凿齿在古文献中又称"断齿"或"打牙"（门牙为主）。考古发现，凿牙习俗主要盛行于东部至东南沿海一带，最早出现于公元前5000年左右。

李如龙（2001）指出，在一定地域形成某些共同的方言特征，原因不外有三：或是类型相同，或是源流相同，或是地域相连。汉语方言是历史上形成的，大多已有千年以上的历史。方言中保存了大量古代汉语的成分。"礼失而求诸野"，这些方言材料对于古代汉语、汉语史的研究是极为重要的。无论是语音史、词汇史和语法史都必须把古代文献的材

---

① 五大腔调指四县腔、海陆腔、大埔腔、饶平腔及诏安腔，简称"四海大平安"。
② 特征音，音变异于韵书规律，是不同方言之间音韵上的区别特征。

料和现代方言的材料结合起来相互论证，才能得到接近科学的认识。

根据《饶平客家姓氏渊源》《张廖简氏族谱》记载，饶平、诏安先民有同源关系，大都源自上杭，因而特征词、特征音诸多相似。

钱大昕"古无轻唇"和后世轻唇声母是唐代以后才出现的论述，是针对汉语上古音的唇音字来说的，对闽语音系来说能成立，然而，客语、赣语、中原官话等方言里的部分 f 存在却是事实，有"华夏第一都"之称的临汾把 ʃ（u）读成 f－是其语音特点。轻唇音是否为后期才形成的中古语音呢？

本文依据笔者母语台湾诏安腔，依现存语音与各相关文献做一呈现与比较，仅提出部分区外少见的独特特征词、特征音，试图找出诏安腔与梅县等相异之处及探讨与诏安腔相似的区域，不做声韵演化过程的推论。

## 二、诏安客特征词

（1）葫 fu$^{53}$："葫"是诏安客一级特征词，其他客语大都称"蒜"。

早在 2000 多年前，汉代张骞（前164—前114）通西域时，就将西域特产大蒜、葡萄、芝麻、苜蓿等带回中原。因那时称西域为胡，大蒜亦起名"葫"。从此，大蒜称"葫"便在中国落户生根，两岸诏安客沿用至今。称葫为大蒜的文献有：《玉篇》①，大蒜也；《本草纲目》中，葫释名大蒜、荤菜；清代桂馥《札樸·乡言正字》称，蒜臭曰葫；《尔雅翼》②卷五《葫》称，蒜有大小，大蒜为葫，小蒜为蒜，本草所别，葫又称胡蒜；陆法言《切韵》曰，张骞使西域得大蒜胡荽，则此物汉始有之，以自胡中来故名胡蒜。

（2）睭子（眼睛）：梅县称眼珠或目珠，秀篆称"目珠"hm$^7$ tʃy$^1$，诏安腔"目"读 hm$^7$，眼睛却读为 muk$^7$ tʃy$^1$ 而未读"目珠"hm$^7$ tʃy$^1$，因此推定眼睛为古汉语"睭子"，而非"目珠"。

睭子，眼睛中的瞳仁。"睭"上古拟音 mu。《唐韵》莫浮切；《集韵》《韵会》迷浮切，音谋。《说文解字》："目童子也。从目，牟声。"《孟子·离娄上》："存乎人者，莫良于睭子，睭子不能掩其恶。"汉代王充《论衡·自纪》："孟子相贤，以睭子明了者，察文以义可晓。"本指瞳仁，泛指眼睛。睭子不正。《玉篇·目部》："睞，目不正。"《集韵·入声·曷韵》："睞，睭子不正也。"清代范寅《越谚·卷上·格致之谚第四》："天怕曚子，人怕睞子。"

（3）乱织（丝瓜）③：诏安腔称丝瓜为"乱织"lɔn$^{55}$tsie$^{31}$。

李如龙、张双庆（1992：236）的《客赣方言调查报告》对丝瓜的记音如下：

长汀称"乱□"lū$^1$tse$^5$

宁化称"乱□"luaŋ$^6$tsie$^2$

---

① 《玉篇》是南朝梁（502—557）顾野王所撰的一部关于声韵学的字书，共30卷。
② 《尔雅翼》是一部训诂书，为宋代罗愿所撰。
③ 参见《诏安话（二） 古汉语，活化石》诏安客的乱织（丝瓜）与葫（大蒜），第85～88页。

宁都称"乱□" luan⁶tsiat⁷
秀篆称"乱□" lɔn⁶tsɛi³⁵
梅县称"丝瓜" si¹kua¹

此外，霞浦畲语称"南子" nan²²tsi²²①。台湾其他腔称"菜瓜" tsʰɔi⁵⁵kua²⁴ 明显是受到闽语的影响。从上述可以清楚看出语言接触产生的借词作用。

另根据《台湾文献丛刊》一〇九《澎湖纪略》卷之八《土产纪·陆产·蔬之属》及《澎湖厅志》记载：丝瓜，天罗、布瓜、蛮瓜。瓜老，则筋丝罗织，故有丝、罗二名。世人呼为乱织。或云虞刺，来自南方，故曰蛮瓜。唐、宋以前无闻，今南北以为常蔬。菜瓜即丝瓜，又名天罗布瓜、蛮瓜、鱼、鼠瓜、乱织等名。叶如蜀葵，味清；瓜老则筋丝罗络可涤器。文中指出唐、宋以前无闻，说明诏安客先民与畲族语言接触最早应在唐朝之后。

（4）阿姨（母亲）：福建建瓯当面称"姨" i，台湾饶平与大四海②皆称母亲为"阿姆"。诏安腔对母亲的称呼有"姨" i⁵⁵、"嫇" mi⁵⁵、"嫇" me⁵⁵、"母" vu¹¹、"姐" tsia³¹、"嫇" oi³¹、"娘嫇" oi³¹ni³¹等，多样的称呼显示诏安客由北到南，历经多处的迁徙过程。《广韵》为武移切。《集韵》为民卑切。"妷"同"嫇"。齐人呼母曰"嫇"，李贺称母曰"阿婆"。《集韵》为绵批切，音迷。义同。

（5）阿叔（父亲）：福清称阿叔，柳州、社旗称"叔" u，台湾饶平与大四海皆称父亲为"阿爸"。诏安腔对父亲的称呼有"叔" u³⁵、"爷" zia⁵³、"爸" pa⁵⁵。爸：《玉篇》为蒲可切，《广韵》为捕可切，《集韵》为部可切，从婆上声；《玉篇》称，父也；《正字通》中，夷语称老者为"八八"或"巴巴"，后人因加"父"作"爸"字。蜀谓老为"波"。宋景文谓"波"当作"皤"。黄山谷贬涪，号涪皤。又《集韵》为必驾切，音霸。吴人呼父曰"爸"。

（6）少年（年轻人）：受闽语语言接触影响。

（7）后生（儿子子）：九峰有此说法，受闽语语言接触影响。

（8）箸（筷子）：台湾诏安、饶平腔皆称"箸"，大四海腔称"筷"或"筷仔"。

（9）食肚（肚子）：与台湾饶平腔同，大四海称"肚屎"。

（10）笠婆：秀篆、官陂、九峰、饶平、宁都、吉水皆称"笠婆"，大四海称"笠嬷"。

（11）贤（你）：官陂、霞隔、上杭、大埔、永定、武平、邵武、吉水等都读 hen③。"贤"④ 经由"礼貌原则"演变为第二人称代词。

（12）ho¹¹tʰien¹¹ni⁵⁵（突然）：与饶平原乡⑤同，台湾饶平腔与大四海腔称"忽然间"或"突然间"。

---

① 参见蓝运全、缪品枚主编《闽东畲族志》，民族出版社1999年版，第349页。
② 指大埔腔、四县腔、海陆腔。台湾客语主要分为四县、海陆、大埔、饶平、诏安五大腔调。
③ 参见福建省地方志编纂委员会编《福建省志·方言志》，方志出版社1998年版，第324页。
④ 参见廖俊龙《台湾诏安腔第二人称代词"hen"初探》，见王建设、孙汝建主编《第二届海外汉语方言研讨会论文集》，云南大学出版社2012年版。
⑤ 饶平原乡指詹伯慧《广东省饶平方言记音》（1993）所载上饶客家话常用方言词举例。

（13）鑪黸（锅底的烬垢）："黸"原义黑色，引申为烬垢。《广韵》为落乎切，《集韵》《韵会》《正韵》为龙都切，从音卢。《说文解字》称，齐谓黑为黸。《广韵》称，黑甚。《扬子·法言》称，彤弓黸矢。

（14）捡擎（收拾、节俭）：与武平同，闽语称"抾秋"，闽客互为借用。

（15）天势（天气）：他腔称"天时"。

（16）鸣雷（打雷）：台湾饶平腔与大四海称"打雷公"。

（17）晗爧（闪电）：与饶平原乡同音，用字不同。

（18）讨暗（傍晚）：与饶平原乡同，台湾饶平腔与大四海称"临暗"或"临暗仔"。

（19）新妇（媳妇）：与饶平原乡同音不同调，用字不同。台湾饶平腔称"心妇""心曰"。

（20）公姐（夫妻）：与饶平原乡同，台湾饶平腔与大四海称"公婆"。

（21）食熏（吸烟）：与饶平原乡同，大四海称"食烟"。

（22）囝子（儿子）：秀篆称"阿子"，他腔称"细俫仔"。《集韵》称，九件切，音蹇。闽人呼儿曰"囝"。《正字通》称，闽音读若宰。《青箱杂记》称，唐取闽子为宦官，顾况有哀囝诗。

（23）背/裣手（左手）：秀篆、九峰、揭西、建宁、邵武称"背手"，饶平原乡称"倒手"，台湾饶平与大四海称"左手"。

（24）仰/望（看）：与饶平原乡同称"仰"，秀篆、官陂、宁化、陆川、醴陵、新余、余干、弋阳、邵武皆称"望"，常听、宁都、三都、赣县、平江、修水、安义、都昌、南城、建宁称"睃"，台湾饶平腔称"睁"。上述可观察出台湾诏安腔与闽西、赣南等地方言同源。

（25）毫（角）：一种小银币。旧时，广东、广西等地区称一角、二角、五角的银两为"毫子"。

（26）红泥（水泥）：其他腔为水泥，赣语称"洋泥"。台湾称"红泥"，闽语称"红毛土"，乃因荷兰人侵占台湾时外来的产物。

## 四、特征音

（1）眉 hmi⁵³：诏安腔特殊称呼，是借用闽语"目眉"相合的音。诏安腔"目" hm⁵⁵ + "眉" ɱi⁵³ = "眉" hmi⁵³，ɱ① 为唇齿鼻音（labiodental nasal）。王健庵（1983）认为"方""府""甫""武""符"等轻唇音字古皆读重唇，这未免太武断了。事实上，钱氏的理由是："眉，武悲切"是音合切，而"眉"读重唇所以"武"必读重唇。事实上，钱氏正好把事实说颠倒了。"眉"原来读轻唇，所以用"武"字去切；后来"眉"由轻唇变重唇，所以后儒说他的切语是"类隔"，才把"武悲切"改为"目悲切"。这正适应语音演变的要求，古读轻唇而后来读重唇，这是语音演变的结果。据此来否定古代轻唇

---

① 唇齿鼻音的发音方式和双唇鼻音的十分相似，唯一不同之处是唇齿鼻音发音时下唇不与上唇接触，而与上排牙齿接触。唇齿鼻音中唇和牙齿的位置和其他唇齿音基本一样，如 f、v，但唇齿鼻音中唇和牙齿更合拢。喀麦隆地区语言眼睛读 ɱĩ。

的存在,是不合历史事实的。上述"方""府""甫""武""符",在诏安腔"方""府""武"读轻唇,"甫""符"二字读重唇,与钱氏论述不一致,加上"眉" mi$^{53}$本是唇齿鼻音,初步证明诏安腔存有古轻唇音。

(2) 毛 hm$^{11}$:送气清双唇鼻音/m̥ʰ/hm。m→hm 除了诏安腔之外,未出现于其他汉语系。

邢公畹(1999)提到上古汉语 m 和原始壮侗语① hm 对应情况,汉语 m -(以及 mr -)和壮侗语 hm - 对应:

傣雅 mok$^7$ > hm -(帽):广州"帽"mou$^6$ > məgwᶜ
傣雅 mak$^7$ > hm -(果实):广州"木"mok$^8$ > muk。

诏安腔"帽""木"读 hm 和原始壮侗语同,此现象是存古或语言接触产生的变化,有待进一步深究。

(3) 茅 hm$^{11}$:m→hm 除了诏安腔之外,目前仅发现上海崇明"茅"ɦmɔ$^{24}$和福建厦门闽语"茅/媒"hm$^{24}$有此现象。

(4) 帽 hm$^{11}$:区外未见之特征音。

(5) 荣 vin$^{52}$:其他腔读 iung、rhung、rhiung。来源有两种可能。①存古:荣属云母字,诏安腔云母字读 v,辖字有"荣""筠""云""雨""芋""运""韵""远""员""圆""园"等字。《唐韵》永兵切,《集韵》《正韵》于平切,正合诏安腔存古读音。②语言接触:乌鲁木齐 ʐ 声母并合口呼读 v②;临汾方言物 vu 音的声母,与韵母拼音时,相当于普通话入 ʐu③。

(6) 血 fiet$^{35}$:与饶平原乡同音不同调 fiet$^2$,其他腔为 hiet$^{2/5}$。

(7) 船 fien$^{53}$:同音字"传"tʃʰen$^{53}$却不读 f -,其他腔读 s -、ʃ -。

(9) 水 fi$^{31}$:水与人类生活关系密切,一般人的印象"逢山必有客,逢客必住山"。台湾诏安客主要聚居区仑背、二仑,是唯一不靠山而居的客家人。对诏安客更贴切的描述应为"逢山必有客,逢客必住水"。临汾是中华民族发祥地之一,《帝王世纪》称,"尧都平阳",即今临汾。ʃ(u)读成 f -是临汾片的语音特点。如"水""睡""税""书""鼠""顺"等读 f -。北京话 ʂ 声母和 ʐ 声母并合口呼的老派读 f -和 v -。④"水"字念 f -至少已有 1500 年的历史(张光宇,1996:246)。

江俊龙(2005)指出,"水"读 f -是闽西客语的特色,也是早期客家话的特征,与闽语、粤语无关。但福建建宁属闽语,也有"水"读 f -的特点。所以"水"读 f -此一早期客家话的特征与粤语是无关的。饶平虽属广东,从"水"读 f -此一现象,可看出其语源应来自闽西无疑。

---

① 分布于广西、云南、贵州、广东、海南。
② 参见李荣主编《乌鲁木齐方言词典》乌鲁木齐方言单字音表之四,江苏教育出版社 1995 年版。
③ 参见陈宇中编著《临汾方言》(2006),山西人民出版社 2006 年版,第 34 页。
④ 参见李荣主编《乌鲁木齐方言词典》乌鲁木齐方言的特点,江苏教育出版社 1995 年版。

根据笔者田野调查资料和文献资料，除了客语的闽西上杭、武平、宁化、九峰，尚有赣语的江西吉水、江西宜丰、江西修水，中原官话的陕西西安、山东泰安、山东临沂等地区将"水"s-读为f-。客语的发源地在中原，现在的北方官话中，有很多地方的书、禅母也是发f-声母，"水"读f-音的通行区域分布主要在中原地区，西至新疆乌鲁木齐，南至闽、台，分布极广。表1是"水"读f-的通行地域及语言，方言词目来源于《汉语方言大词典》（1999）。

表1 "水"读f-词汇

| 方言词目 | 注释 | 读音 | 通行地域 | 语言别 |
|---|---|---|---|---|
| 水 | 落空 | $fei^{42}$ | 甘肃兰州 | 兰银官话 |
| 水牛 | 蜗牛 | $fɤ^{33}$ | 山西汾西 | 中原官话 |
| 水圳 | 水沟 | $fi^{53}$ | 永定下洋 | 客话 |
| 水芋 | 种在水里的芋头 | $fi^{53}$ | 永定下洋 | 客话 |
| 水衣 | 雨衣 | $fi^{53}$ | 永定下洋 | 客话 |
| 水红 | 粉红色 | $fe^{24}$ | 安徽阜阳 | 中原官话 |
| 水汪 | 水坑 | $fe^{24}$ | 山东枣庄 | 中原官话 |
| 水沙 | 母水牛 | $fɤ^{214}$ | 江西乐平 | 赣语 |
| 水沟 | 臭水沟 | $fi^{53}$ | 永定下洋 | 客话 |
| 水尾 | 下游 | $fi^{33}$ | 连城庙前 | 客话 |
| 水担 | 扁担 | $fu^{42}$<br>$fu^{453}$<br>$fu^{53}$<br>$fu^{53-55}$ | 山西永济<br>山西运城<br>山西芮城<br>山西吉县 | 中原官话 |
| 水瓮 | 水缸 | $fu^{42}$<br>$fu^{44-31}$<br>$fu^{53-55}$ | 山西永济<br>山西新绛<br>山西吉县 | 中原官话 |
| | | $fu^{32}$<br>$fu^{213-21}$ | 山西太谷<br>山西静乐 | 晋语 |
| 水油 | 动物体内贴着内脏的脂肪 | $fu^{42}$ | 山西永济 | 中原官话 |
| 水面 | 生的面条、熟的汤面 | $fi^{53}$ | 永定下洋 | 客话 |
| 水客 | 跑单帮商人 | $fi^{53}$ | 永定下洋 | 客话 |
| 水笔 | 钢笔 | $^c fe$ | 山西临汾 | 中原官话 |
| 水菜 | 新鲜蔬菜 | $fi^{33}$ | 连城庙前 | 客话 |
| | 咸菜、酸菜 | $fi^{53}$ | 永定下洋 | 客话 |
| 水蛋 | 未受精的、经孵后变成水的蛋 | $fei^{52}$ | 新疆吐鲁番 | 中原官话 |

(续表1)

| 方言词目 | 注释 | 读音 | 通行地域 | 语言别 |
|---|---|---|---|---|
| 水牌 | 记事牌 | fei⁵³ | 青海西宁 | 中原官话 |
|  |  | fei⁵¹ | 新疆乌鲁木齐 | 兰银官话 |
| 水窝 | 水坑 | fu⁴⁴⁻³¹ | 山西新绛 | 中原官话 |
| 水裙 | 围裙 | fe²⁴ | 安徽阜阳 | 中原官话 |
| 水筲 | 水桶 | fe²¹³⁻²⁴ | 山东枣庄 | 中原官话 |
|  |  | fei⁵³ | 青海西宁 |  |
|  |  | fe²⁴ | 河南淮阳 |  |
|  |  |  | 河南沈丘 |  |
|  |  |  | 河南平舆 |  |
|  |  |  | 山东菏泽 |  |
|  |  |  | 安徽阜阳 |  |
| 水鞋 | 雨鞋 | fe²⁴ | 山东枣庄 | 中原官话 |
| 水水子 | 水、汁 | fei⁵² | 新疆吐鲁番 | 中原官话 |
| 水仙子 | 晒干的蛆 | fi⁵³ | 永定下洋 | 客话 |
| 水圪垯 | 煮熟的小面块 | fu⁴⁵³ | 山西运城 | 中原官话 |
| 水圪洞 | 水坑 | fu³² | 山西榆社 | 晋语 |
| 水圪窝 | 水坑 | fu²² | 山西曲沃 | 中原官话 |
|  |  | fu⁴⁵³ | 山西运城 |  |
|  |  | fɤ³³ | 山西汾西 |  |
|  |  | fu⁴⁴⁻³¹ | 山西新绛 |  |
|  |  | fe⁵¹ | 山西临汾 |  |
| 水观牛 | 蜗牛 | fu⁵² | 山西临猗 | 中原官话 |
| 水鸡子 | 青蛙 | fu⁴² | 山西永济 | 中原官话 |
| 水泥布 | 绒布 | fi⁵³ | 永定下洋 | 客话 |
| 水线子 | 铁丝 | fi³³ | 连城庙前 | 客话 |
| 水城壁 | 木结构的墙壁 | fi³³ | 连城庙前 | 客话 |
| 水洞眼 | 墙根上开的排水洞 | fei⁵³ | 青海西宁 | 中原官话 |
| 水鸭子 | 野鸭 | fei⁵³ | 山东费县 河南洛阳 青海西宁 | 中原官话 |
| 水笋子 | 细竹笋 | fi⁵³ | 永定下洋 | 客话 |
| 水烟瓶 | 水烟袋 | fei⁵³ | 青海西宁 | 中原官话 |
| 水浸梨 | 用盐水浸泡的梨 | fi⁵³ | 永定下洋 | 客话 |

(续表1)

| 方言词目 | 注释 | 读音 | 通行地域 | 语言别 |
|---|---|---|---|---|
| 水萝卜 | 白萝卜 | fei$^{52}$ | 新疆吐鲁番 | 中原官话 |
| 水麻子 | 水痘 | fu$^{42}$ | 山西永济 | 中原官话 |
| 水裤子 | 短裤 | fi$^{53}$ | 永定下洋 | 客话 |
| 水楻缸 | 水缸 | fi$^{45}$ | 福建建宁 | 闽语 |
| 水臊结 | 喻没有生育的男人 | fi$^{53}$ | 永定下洋 | 客话 |
| 水不兮兮 | 形容饭菜中无油 | fei$^{52}$ | 新疆吐鲁番 | 中原官话 |
| 水圪牛儿 | 蜗牛 | fu$^{32}$ | 山西太谷 | 晋语 |
| 水圪洼子 | 水坑、小水坑 | fu$^{53-55}$ | 山西吉县 | 中原官话 |
| 水汊眼子 | 院内向街上流水的小阴沟 | fei$^{44}$ | 甘肃兰州 | 兰银官话 |
| 水坑坑子 | 小水坑 | fei$^{52}$ | 新疆吐鲁番 | 中原官话 |
| 水爬嚓儿 | 蜻蜓的幼虫 | fei$^{55}$ | 山东梁山 | 中原官话 |
| 水河水网 | 发大水 | fi$^{53}$ | 永定下洋 | 客话 |
| 水唧不拉 | 形容饭菜中无油 | fei$^{52}$ | 新疆吐鲁番 | 中原官话 |
| 水晶包子 | 一种肉馅、皮薄无褶的煎包 | fei$^{52}$ | 新疆吐鲁番 | 中原官话 |
| 水道壕儿 | 小水道 | fu$^{42}$ | 山西永济 | 中原官话 |
| 水煎包子 | 生煎包子 | fei$^{44}$ | 甘肃兰州 | 兰银官话 |

另根据李如龙、张双庆《客赣方言调查报告》（1992），赣语"水"读 fi 的地方包括宜丰、修水、建宁，读 fu 的有吉水。

由上述比较发现，"水"读 f- 可分四大类：①客话、闽语（fi）；②中原官话（fu、fei、fe、fɤ）；③晋语（fu）；④赣语（fi、fu、fy）。

其差别在于韵尾之不同。翻遍古今韵书，皆无"水"s- 读为 f- 的翔实论述。在汉语的音韵理论系统，唇齿擦音 f 声母多来自古非组非、敷、奉三声母及见组晓、匣二声母，但是诏安客语唇齿擦音 f 声母，却只有来自古章组字合口三等韵前少数几个字，如"水"fi$^{31}$、"睡"fe$^{55}$、"税"fi$^{31}$、"船"fien$^{53}$。不像中原官话 s- 读为 f- 具有规律性，大多数研究者只知其然，不知其所以然。本文推断，应是某种既存少数族群的一种底层语，受语言接触影响而残存下来的。

（10）睡 fe$^{55}$：与饶平原乡同音不同调 fe$^{35}$，读 f- 还有连城、清流、上杭、永定①等地。其他腔为 soi$^{55}$、ʃoi$^{33/53}$。

（11）税 fe$^{31}$：饶平腔同，其他腔读 s-、ʃ-。

（12）唇 fin$^{53}$：饶平腔同，大四海读 s-、ʃ-。

（13）阔 k$^h$uat$^{35}$：与饶平、大埔原乡同音不同调 k$^h$uat$^2$，江西赣州、蟠龙 k$^h$uaʔ$^5$，四

---

① 参见福建省地方志编纂委员会编《福建省志·方言志》，方志出版社 1998 年版，第 319 页。

海腔读 fat$^{5/2}$。

（14）吕 li$^{55}$：诏安腔次浊上部分归阴平、部分回归阴上。"吕"字入阳去，是存古或是音变尚无定论。

## 四、诏安客习俗特征词

诏安客有一些信仰和习俗方面的语词有着特殊的意义，需要加以解释才能知道其含义。这些信仰和习俗的特殊词，有些已经不流行或消失了，但它保存了客家独特的文化。简单叙述如下。

（1）食咸糜：旧时丧家于奠礼仪式休息时间所食点心，煮咸粥供亲朋好友及帮忙的邻舍食用。

（2）食大顿：丧家于丧礼结束后的大餐，感谢参与的亲朋好友及帮忙的邻舍。

（3）三角肉：丧事期间所食猪肉斜切呈三角状。赴丧宴俗称"食三角肉"。

（4）买水：入殓前由长子携水桶到河边向水神乞水仪式。

（5）做事：办理丧礼的人员。

（6）做丁：丧礼仪式，大部分为夜间举行到第二天出殡前。

（7）火把：出殡行列居于最前方的位置，用稻草捆成约 7 尺长，作为引路用。

（8）大灯：出殡行列前方用竹篾编成纸糊的灯，上面题有姓氏和几代的灯号。

（9）联竹：出殡行列中，以竹竿晾着挽联随行。

（10）割阄：出殡前，遗族及参与丧礼工作人员，手持一支香、一张净符、一张银纸，拉着长麻绳围成一圈，由法师持咒后用剪刀剪开，每人持一截麻绳，然后将绳、香、银纸丢弃，只留净符带回。

（11）出山：出殡。

（12）圆满：丧礼办理结束。

（13）围炉：丧礼结束返家之后，将食物摆在地上，全家席地而坐围在一起用餐。

（14）拜猪羊：本为祭拜之牲礼，将全猪全羊叠放在供桌上，引申为男女偷情。

## 五、结　论

从以上的讨论，我们可以得到以下 5 点的结论。

（1）《饶平客家姓氏渊源》记载饶平客大都源自闽西上杭，与赣南也有相关。从《张廖简氏族谱》可看出官陂张姓移居饶平后裔甚多，因此语音相近。台湾的饶平腔受到语言接触影响失真甚深，原乡的诏安腔与饶平腔相似，两者应属同源，均不同于粤客。

（2）如果"水"字念 f 至少已有 1500 年历史的论述成立，则"葫"字是早在 2000 多年前，汉代张骞通西域时带回中土的产物。诏安客称大蒜为"葫"fu$^{53}$应超过 2000 年的历史，同时也反映出轻唇音非中古以后才出现的特征。

（3）汉语 m（以及 mr）和壮侗语 hm 对应，可看出明母读 hm 的端倪，初步发现诏安客话 hm 与壮侗语之间的相互关系。

（4）从"毛"$hm^{11}$和"父亲"$u^{35}$、"母亲"$i^{55}$这 3 个特征词读音可判断是否为诏安客。

（5）闽语无轻唇音不能断言其他方言不存在轻唇音，"古无轻唇音"应重新思考。

## 参考文献

[1] 陈昌仪. 赣方言概要［M］. 南昌：江西教育出版社，1991.
[2] 陈新雄. 古音研究［M］. 台北：五南图书出版有限公司，1999.
[3] 陈宇中. 临汾方言［M］. 太原：山西人民出版社，2006.
[4] 邓开颂，余思伟，詹式钦. 饶平客家姓氏渊源［M］. 广东饶平客属海外联谊会，1997.
[5] 福建省地方志编纂委员会. 福建省志·方言志［M］. 北京：方志出版社，1998.
[6] 何光岳. 南蛮源流史［M］. 南昌：江西教育出版社，1988.
[7] 黄雪贞. 梅县方言词典［M］. 南京：江苏人民教育出版社，1995.
[8] 江俊龙. 台湾饶平客家话的源与变［Z］. 第七届国际客方言研讨会. 香港：香港中文大学，2005.
[9] 蓝小玲. 闽西客家方言［M］. 厦门：厦门大学出版社，1999.
[10] 李如龙. 方言与音韵论集［M］. 香港：香港中文大学吴多泰中国语文研究中心，1996.
[11] 李如龙. 汉语方言学［M］. 北京：高等教育出版社，2001.
[12] 李如龙，张双庆. 客赣方言调查报告［M］. 厦门：厦门大学出版社，1992.
[13] 廖大汉，等. 张廖简氏族谱［M］. 台中：新远东出版社，1959.
[14] 廖俊龙. 诏安话：二：古汉语，活化石［M］. 云林：神农广播杂志，2006.
[15] 廖俊龙. 台湾诏安腔第二人称代词"hen"初探［C］//王建设，孙汝建. 第二届海外汉语方言研究会论文集. 昆明：云南大学出版社，2012.
[16] 林清书. 武平方言研究［M］. 福州：海峡文艺出版社，2004.
[17] 刘纶鑫. 客赣方言比较研究［M］. 北京：中国社会科学出版社，1998.
[18] 罗美珍，邓晓华. 客家方言［M］. 福州：福建教育出版社，1997.
[19] 罗香林. 客家源流考［M］. 北京：中国华侨出版公司，1989.
[20] 钱大昕. 十驾斋养新录［M］. 上海：上海书店，1983.
[21] 钱大昕. 潜研堂集［M］. 上海：上海古籍出版社，1989.
[22] 王健庵. "古无轻唇音"之说不可信［J］. 安徽大学学报（哲学社会科学版），1983（1）.
[23] 王彦坤. 历代避讳字汇典［M］. 郑州：中州古籍出版社，1997.
[24] 邢公畹. 汉台语比较手册［M］. 北京：商务印书馆，1999.
[25] 许宝华，宫田一郎. 汉语方言大词典［M］. 北京：中华书局，1999.
[26] 杨是挺. 略论我国古代的拔牙风俗［J］. 广西民族研究，2005（3）.
[27] 杨绪贤. 台湾区姓氏堂号考［M］. 南投：台湾省文献委员会，1979.
[28] 詹伯慧. 汉语方言及方言调查［M］. 武汉：湖北教育出版社，1991.
[29] 詹伯慧. 广东省饶平方言记略［J］. 方言，1993（2）.
[30] 张光宇. 闽客方言史稿［M］. 台北：南天书局，1996.

# 同源异境视野下闽台诏安客家方言的音韵比较

陆 露

（集美大学诚毅学院）

**【提　要】** 本文着眼于福建、台湾两地诏安客家方言的共时比较。依循"同源异境"的比较原则，观察同源方言在不同语言接触背景下发生的演变，并探讨演变过程中存古与嬗变的规律。

**【关键词】** 音韵比较　客家方言　同源异境

## 一、诏安客家的迁台简史及"诏安腔"客家话在台湾的分布

据史料记载，早在明朝中期，就有福建漳州诏安客家人迁徙到台湾繁衍生活[①]。明末清初，有大批诏安秀篆人迁移到台湾台北、桃园、宜兰、基隆、彰化等地。清代，漳属客籍人口继续迁台，迁徙范围从最初的秀篆镇扩大到周边的官陂镇、霞葛镇，甚至到诏安县周边的南靖县与平和县，迁徙人数占当时迁台总人数的一半。

综合吴中杰（2002：475～488）对目前台湾漳州客属九大族姓的分布考察，可以发现诏安客家的移民呈现出明显的特点：秀篆、官陂为两大主要移民点，且多为举族迁徙；移民至台湾的落籍地分布也相对集中，多在桃园及云林二仑、仑背地区。

据统计[②]，漳籍客家人中从诏安秀篆到台湾的后裔人数最多，计有近40万人：游氏4万～5万人，王氏5万～6万人，李氏4万～5万人，黄氏6万～7万人，邱氏3万～4万人，罗氏2万～3万人，吕氏3万～4万人，赖氏1万～2万人，江氏、叶氏近万人。

台湾"诏安腔"客家话即为源自福建诏安的客家话。虽然漳属其他客家县落（南靖、平和）都有迁徙到台湾的移民，但由于诏安客家的迁徙多是举族迁徙，且相对聚居，在台湾地区繁衍益盛，故而其所使用的诏安客家话较之其他移民原乡的客家话有较为广泛的流播范围和较大的影响。

---

① 据谢重光研究，客家人迁台，是在明中叶客家基本住地人稠地少、各种社会矛盾尖锐复杂的背景下发生的。最早迁台之人，可以追溯到明朝嘉靖、万历间闽南、粤东的林道乾、吴平、曾一本、林凤等领导的"海寇"集团。吴平、曾一本都是福建诏安人。在吴平海盗集团受到官军围剿而在闽南、粤东沿海一带难以支撑时，外迁至台湾地区。《澎湖厅志》及顾炎武《天下郡国利病书》中都曾提到这一集团到台湾活动的情形。这批客家人也是所有大陆人中最早移至台湾地区的先驱。其中福建闽南客家不在少数。（参见谢重光《福建客家》，广西师范大学出版社2005年版）

② 数据来自2017年诏安县人民政府网站，http：//www.zhaoan.gov.cn/cms/html/xzfwz/2008－05－26/279907472.html。

诏安客家在台湾的分布相对较广，北部、南部、西部、中部均有诏安客家的足迹。但由于在有些区域仅是零星散布，所以诏安客家话的使用区域仍然相对有限。只有在云林仑背、二仑两处相对大聚居的部落中，诏安客家话才有比较广泛的使用范围，但也不可避免地受到闽南语和其他客家话的影响。台湾"诏安腔"客家话即是这种已经受到移民地语言影响的诏安客家话。而在一些零星小聚居的地域里，这种小众方言只能慢慢退为少数家庭使用的交流工具。洪惟仁（1992）就已指出，其调查得知的4种诏安话中有两种（桃园芦竹、嘉义溪口）已经绝灭。陈秀琪（2004、2006）也提出，也许在四五十年后，诏安客家话将走入历史，不再在生活中使用。

我们参照吴中杰区分"方言区""方言点""残留"的方式，结合目前调查研究的实际，整理出台湾"诏安腔"客家话的存留与分布情况。

（1）方言区：云林县二仑乡（三和、来惠、复与、仑西、仑东、田尾）、仑背乡（港尾、罗厝、东明、西荣、南阳、仑前、仑背、盐园、枋南、新庄）是台湾目前面积最大、使用人数最多的诏安客家话地区。西螺镇大部分也原本都是诏安客家话的使用范围。

（2）方言点：桃园有中坜三座屋秀篆邱姓的诏安客，大溪南兴里有黄姓，大园乡国际机场周围有李姓、游姓的诏安客，花莲则有西螺一带搬来的廖姓、李姓、黄姓诏安客，有200多人，集中在吉安市南埔、稻香村等地。

（3）残留（少数人会说）：宜兰礁溪乡三民村十六结聚落的两位赖姓长者、壮围乡游姓家族尚有会说诏安客家话者。台东太麻里地区亦有自仑背二次移民的李老先生，尚记得比较多的诏安客家话。另有程氏、廖氏、钟氏均从云林西螺、二仑、仑背迁至太麻里，由于乡亲认同的因素，又重新使用诏安客家话。桃园八德吕乾、吕昌有兄弟尚会说。桃园龟山吕姓，龙潭铜锣圈赖姓，南投中寮永平、爽文村廖、李、吴、邱等姓，尚有少数会说者。桃园芦竹游象财仅记得两个诏安客家话词汇。

## 二、学术界的相关研究

1. 台湾"诏安腔"客家话的研究概况

综合目前笔者所见研究成果，台湾各地"诏安腔"客家话的研究状貌如下：

洪惟仁（1992）：台湾桃园仑背、八德地区的声调调值，声母、韵母的特点记录。

吕嵩雁（1995、2008）：台湾云林仑背乡、二仑乡（祖籍官陂），桃园大溪南兴村（祖籍秀篆）的语音系统记录与音韵研究。

涂春景（1998）：台湾仑背地区的语音系统记录与词汇比较。

陈秀琪（2002）：台湾云林仑背乡枋南村、港尾村（祖籍秀篆），桃园大溪南兴村（祖籍秀篆）的语音系统记录与音韵研究。

廖烈震（2002）：台湾云林仑背乡港尾村、阿劝村盐园的语音系统记录与音韵研究。

吴中杰（2006、2009）：台湾宜兰壮围乡（祖籍秀篆）的语音系统记录与音韵特点分析。

廖俊龙（2011）：台湾云林仑背、二仑地区的语音系统记录。

廖伟成（2010）：台湾云林仑背地区介词的调查与研究，也有语音系统的研究。

赖桂玉（2013）：台湾中坜三座屋、大溪镇南兴里（祖籍秀篆）的语音系统记录与音韵研究。

张屏生（2014）：台湾宜兰壮围乡的语音特点及词汇特点。

陆露、赖子涵（2016，未刊发）：台东太麻里地区的语音系统记录与音韵研究。

2. 福建诏安客家话的研究概况

目前所见对福建诏安客家话的研究部分是从"闽南客家话"的大层面进行的，即将其与南靖、平和、云霄三县的客家话作为一个整体进行研究讨论，如庄初升、严修鸿（1994），周长楫、林宝卿（1994），陈秀琪（2006）。

对单点的具体调查研究成果主要有《客赣方言调查报告》（1992）记录诏安秀篆客家话的 1000 多个字音及词汇记录，《诏安县志》（1999）记录诏安官陂客家话的语音系统与词汇、语法举例，陈秀琪（2006）记录诏安白叶、霞葛的语音资料，廖俊龙（2011）、洪惟仁（2011）对诏安各地具代表性的语音系统进行的调查研究。

另有孙彬彬（2014）利用实验语音学的方法对诏安客家话的单元音系统进行年龄分组研究；邱春安（2014）提到诏安客家话一些尚未被解决的问题，如遇、山、臻摄的 y 元音和 k 尾的失落等。

## 三、比较原则的确立与研究材料的选择

1. 比较原则的确立

客家方言内部有较大的差异，诏安客家话内部也有秀篆与官陂的差异。为更好地观察语言环境对方言产生的影响，探讨语音演变的规律，我们以"同源异境"的原则选择比较研究的材料。

本文所遵循之"同源异境"原则即指同一移民原乡、落籍于不同地域。结合研究的具体实际即为：原籍为福建诏安秀篆、官陂，落籍至台湾地区的不同地域（包括二次迁徙）。

2. 研究材料的选择

根据移民情况及语音系统的区别，我们在对闽台诏安客家方言进行比较研究时，区分为秀篆源[①]与官陂源的不同。

迁徙时间上的先后，在观察视角内尚未发现对语言演变的影响，本文暂不讨论。

## 四、音韵比较

限于篇幅，以下各组音韵比较以点面结合的方式进行，综合比较秀篆源与官陂源诏安客家方言的声韵调系统，再以诏安秀篆与云林仑背为主要代表点进行系统比较，其他各点

---

① 秀篆源：福建地域为李如龙、张双庆（1992）诏安秀篆之语料，台湾地域为吕嵩雁（1995、2008）大溪南兴、陈秀琪（2002）云林仑背、吴中杰（2009）宜兰壮围、赖桂玉（2013）中坜三座屋、陆露和赖子涵（2016）台东太麻里之语料。

若有特殊状况亦一并说明。

## （一）声母比较

闽台诏安客家方言声母的比较见表1。

表1　闽台诏安客家方言声母的比较

| 声母 | | 秀篆源 | | | | | | 官陂源 | |
|---|---|---|---|---|---|---|---|---|---|
| | | 秀篆 21 | 大溪 22 | 仑背 22 | 中坜 21 | 壮围 18 | 太麻里 24 | 官陂 21 | 二仑 22 |
| 双唇音 | | p | p | p | p | p | p | p | p |
| | | $p^h$ | $p^h$ | $p^h$ | $p^h$ | $p^h$ | $p^h$ | $p^h$ | $p^h$ |
| | | m | m | m | m | m | m | m | m/b |
| | | | | b | | b | b | | |
| 唇齿音 | | f | f | f | f | f | f | f | f |
| | | v | v | v | v | | | v | v |
| 舌尖音 | | t | t | t | t | t | t | t | t |
| | | $t^h$ | $t^h$ | $t^h$ | $t^h$ | $t^h$ | $t^h$ | $t^h$ | $t^h$ |
| | | n | n | n | n | n | n | n | n |
| | | l | l | l | l | l | l | l | l |
| | | | ȵ | | | | | ȵ | |
| | | ts | ts | ts | ts | ts | ts | ts | ts |
| | | $ts^h$ | $ts^h$ | $ts^h$ | $ts^h$ | $ts^h$ | $ts^h$ | $ts^h$ | $ts^h$ |
| | | s | s | s | s | s | s | s | s |
| | | z | | | | z | | | |
| 舌叶音 | | ʧ | ʧ | ʧ | ʧ | ʧ | ʧ | ʧ | ʧ |
| | | $ʧ^h$ | $ʧ^h$ | $ʧ^h$ | $ʧ^h$ | | $ʧ^h$ | $ʧ^h$ | $ʧ^h$ |
| | | ʃ | ʃ | ʃ | ʃ | | ʃ | ʃ | ʃ |
| | | ʒ | ʒ | ʒ | | | ʒ | ʒ | ʒ |
| 舌根音 | | k | k | k | k | k | k | k | k |
| | | $k^h$ | $k^h$ | $k^h$ | $k^h$ | $k^h$ | $k^h$ | $k^h$ | $k^h$ |
| | | | | | | g | | | |
| | | ŋ | ŋ | ŋ | ŋ | | ŋ | ŋ | ŋ |

(续表1)

| 声母 | 秀篆源 | | | | | | 官陂源 | |
|---|---|---|---|---|---|---|---|---|
| | 秀篆 21 | 大溪 22 | 仑背 22 | 中坜 21 | 壮围 18 | 太麻里 24 | 官陂 21 | 二仑 22 |
| 喉音 | h | h | h | h | h | h | h | h |
| 舌面中音 | | | | | | | j | |
| 零声母 | ∅ | ∅ | ∅ | ∅ | ∅ | ∅ | ∅ | ∅ |

1. A组：帮组声母

客家方言在声母上的最大特点即是中古全浊声母的塞音、塞擦音清化后不论平仄，均读为送气声母。帮组声母中，并母即是如此，与滂母同读为送气清塞音 $p^h$。但部分浊音声母清化后，送气成分消失，部分清声母字亦表现出送气特点。综合考察其他各点，这些现象并没有呈现出明显的规律性，各地的辖字都不尽相同，呈现出一种零散分布的状态。通过各地这种不均衡分布的特点，我们可以推断，全浊声母清化后脱落送气、清声母字变为送气，都是比较后起的零星变化。

两地明母都读为 h，显示出特殊指标音的保存（详见下文）。

2. B组：非组声母

两地非组字的读音也表现了它们作为客家方言保存重唇音的共同特点，即中古非、敷、奉母今仍保存双唇音 p、$p^h$ 的读音，微母读为双唇鼻音 m。

比较非、敷、奉、微四母的辖字还可以发现，微母中保留重唇相对更多。这显示在非组的 4 个声母中，其演化速度是不一致的。

对照观察仑背点非组字的分布，可以发现，仑背点中保留重唇读音的一些基本词与秀篆点一致，而有些例字，秀篆点已读为轻唇，在仑背点还保留重唇的读法。考察大溪点，也有不一一对应的情况。这种轻重唇分布的不对应情况显示非组字正在进行着变化。这种空间上的不同分布，正是演变时间不一致的体现。从各地辖字的多寡不同来观察，可以看出重唇是在向轻唇方向演化。而综合三地的实际语音情况，我们发现，秀篆点的轻化速度要更快些。

微母中，仑背点还有一个最明显的变化，即秀篆点读为 v 声母的，在仑背都变成了 b，或是存在 m、b 两读。这一变化也体现在壮围点和太麻里点中。

我们认为，仑背、壮围、太麻里客家话中双唇浊塞音声母 b 的出现，是因为周边方言环境——闽南方言的直接影响，而且我们推测，b 声母是因为闽南方言 m、b 易混的特点通过微、明母字进入客家方言系统，再在其中进行了二次扩散。

3. C组：端组声母

综合考察定母的分布情况，可以再次发现，这些浊音清化后送气消失的现象，多为零

星存在，并没有表现出一致的规律性，也多呈不对称状态分布，这应是各自在不同环境下受到强势外来方言及通用语言的影响而独立演变，不属于客家方言内部的演变规律。黄雪贞（1987）曾指出，古全浊声母字客家方言今音也有不送气的，不能简单地说成少数或例外，并举出部分例字，说明多数客家方言有不送气的读法。我们就黄雪贞（1987）所列的例字进行了考察，也发现，这些例字亦不如其所说都读为不送气清塞音，在秀篆、仑背、大溪，都不同程度地保留了送气的读音。

谢留文（2003：4）将泥母和来母的分合关系分成3类：不混型（不论今韵母洪细，泥母都读鼻音声母，与来母不混）、半混型（在洪音韵母前，泥母读同来母，在细音韵母前，泥母仍读鼻音声母，与来母有别）、全混型（不论韵母洪细，泥母都读同来母），并认为秀篆属不混型。综上可见，两地材料都体现出泥母不与来母相混的特点。

4. D组：精组声母

秀篆点精母与韵母相拼时，不论洪音、细音，皆读为 ts；清母与韵母相拼时，不论洪音、细音，皆读为 ts$^h$。而陈秀琪（2002：79）也指出，仑背点精组与细音相拼时，实际音值已经腭化，因为仅出现在精组，与洪音形成声母的互补分布，故而不记为舌面音声母。而考察太麻里点的诏安客家话，可以发现，舌面音声母不仅出现在精组与细音相拼时，章组、见组声母在与细音相拼时也已腭化为舌面音声母 tɕ、tɕ$^h$、ɕ。通过同源异境的视角，可以很清晰地看到这一组腭化音声母的扩散。

浊音从母也表现出与帮组并母、端组定母类似的演变方向：主要演变为送气清音，但也有部分送气消失的现象。如心母主要读为舌尖擦音 s，邪母主要读为舌尖送气塞擦音 ts$^h$ 和舌尖擦音 s。

5. E组：知组声母

知组各字母的分布，与中古韵母的等密切相关：知组二等读为舌尖塞擦、擦音 ts、ts$^h$、s，与精组、庄组合流；知组三等读为舌叶塞擦音，擦音 tʃ、tʃ$^h$、ʃ，与章组合流。但我们也发现，相较于秀篆点（仅在澄母中，有两例读为舌尖塞擦音，即"肠" ts$^h$ɔŋ$^{54}$、"丈" ts$^h$ɔŋ$^{33}$），仑背点的知组三等明显有向二等靠拢的趋向。陈秀琪（2002：79）也指出，在年青一代中，知组三等有向 ts、ts$^h$、s 靠拢的趋势。

我们认为，这种音变总体趋简，可能兼有内、外两方面的因素：从内部系统来说，知组趋向于统一，知$_二$、知$_三$合流是一个趋势；从外部方言环境来说，周围的闽南方言中也并没有知组二等与三等的分别，所以也促使仑背的知组趋于合流统一。

知组还有读为舌尖塞音 t、t$^h$ 的情况，知母二等、三等读为不送气舌尖塞音 t，彻母、澄母二等、三等读为送气舌尖塞音 t$^h$。我们综合考察诏安客家话和永定客家话目前语料中的存有情况，尤其是在台湾不同落籍背景下仍然存在的这一特点，也可以证明这是客家方言存古的一种表现，"舌上读如舌头"的现象不仅仅保留在闽方言中。

6. F组：庄组声母

从庄组的分布可以看出，诏安客家话中精组和庄组已经合流，知组尚有部分例字今读为舌叶音。

## 7. G组：章组声母

章组声母中，我们对比秀篆点和仑背点，可以发现一个明显的变化，即仑背点的章、昌、船、书4个声母已经开始向舌尖音演变。

船母、书母、禅母读为唇齿音声母这一特点在闽西客家方言中也有存现，蓝小玲（1999：15）记录了闽西地区宁化、连城、上杭、永定等地读为f的情况。而且，结合闽台两地的诏安客家方言来看，这些读为f的例字也与闽西客家方言基本一致。我们首先可以确定，这一特点具有一定的内部一致性，在福建省境内的客家方言里都有保留，而且保存也比较稳定。考察其他地域的客家方言则没有这种特点。周围的闽方言中也并无此种语音特点。陈秀琪（2002：82）认为，这是客家先民南迁从北方带来的语音特征。蓝小玲也指出这一特点的历史当是很悠久的，这种特点只能在今天的北方方言中找到。

客家方言中，精、知、庄、章4组声母的演变主要有以下两种类型：一为精、知、庄、章合一，读为一类声母；二为精、知$_二$、庄读为一类，知$_三$、章组为另一类。谢留文（2003：28）认为秀篆客家方言属于第二类，从音值上看，精、知$_二$、庄读为 ts、ts$^h$、s，知$_三$、章读为 tʃ、tʃ$^h$、ʃ。但是，随着语言环境的变化，台湾仑背源自秀篆客家话原本精、知$_二$、庄，知$_三$、章两分的格局已然开始合而为一，趋向于精、知、庄、章的大合流。

## 8. H组：见组声母

两地见母主要读为舌根音声母 k，但也有少部分读为送气音声母 k$^h$。这些当属于零星的例外变化。溪母均读为送气舌根音声母 k$^h$。

群母中，仑背点有部分脱落送气，读为不送气舌根音声母 k。疑母中，两地均有一部分遇摄合口一等字读为成音节鼻音 m̩，而且这些字相对一致，在两地显示出很高的对应性。这表明，这种遇摄合口一等与 ŋ 声母组合的高化音变产生的时间当在移民台湾之前就已存在。其机制为：鼻音声母 ŋ 与高元音 u 组合，结合了两者的鼻音与圆唇成分，便演化为双唇鼻音 m̩。

## 9. I组：影组声母

晓母中，一般的合口韵字读为 f，开口读为 h；但合口三等韵中，有部分读为 h。这些读音分布，两岸都显示出一致性。匣母中，两地的开口字一般读为 h，但合口字则一般有 f、v 两读，而 v 声母在仑背点则有部分已经演变为双唇浊塞音声母 b。合口四等韵字中也有部分读为 h。影母中，秀篆点与合口韵相拼时读为 v，与开口呼一等、二等相拼读为 ∅，与开口呼三等、四等相拼时读为 z。云母中，秀篆点与合口韵相拼时读为 v，与开口韵相拼时读为 z。

影母、云母中，仑背点与秀篆点有非常整齐的对应：秀篆点的零声母，仑背点都读为零声母；秀篆点的舌尖浊音声母 z，仑背点都读为舌叶浊音声母 ʒ；秀篆点的 v，仑背点都读为双唇浊塞音声母 b。结合仑背点匣母中 v 声母的分布，我们可以看到：云母和影母已经完成了由 v 到 b 的扩散；匣母当是还在进行之中，还有部分的例字显示尚未完成唇齿音声母的双唇塞化。

云母中还有两个特殊例字"雄""熊"，其声母读为喉音 h，而且这一特点在两岸多地

都保留着。我们认为，这也是属于具有特殊区别作用的指标音。

## （二）韵母比较

闽台诏安客家方言韵母的比较见表2。

表2　闽台诏安客家方言韵母的比较

| 韵母 | 秀篆源 | | | | | | 官陂源 | |
| --- | --- | --- | --- | --- | --- | --- | --- | --- |
| | 秀篆 | 大溪 | 仑背 | 中坜 | 壮围 | 太麻里 | 官陂 | 二仑 |
| 开尾韵 | a | a | a | a | a | a | a | a |
| | | | o | o | o | o | | o |
| | | ɔ | | | | | ɔ | |
| | | | e | e | e | e | e | e |
| | | ɛ | | | | | | |
| | ai | ai | ai | ai | ai | ai | ai | ai |
| | oi | | oi | oi | oi | oi | oi | oi |
| | ɛi | | | | | ɛi | | |
| | ɔi | ɔi | | | | | | |
| | au | au | au | au | au | au | au | au |
| | | eu | eu | eu | | | eu | eu |
| | ɛu | ɛu | | | | ɛu | ɛu | |
| | ɔu | | | | ɔu | | | |
| | ɿ | | | ɿ | | | | |
| | | ï | | | | | | |
| | i | i | i | i | i | i | i | i |
| | ia | ia | ia | ia | ia | ia | ia | ia |
| | | io | io | io | | | | io |
| | | | | ioi | | | | |
| | | iɔ | | | | iɔ | | |
| | | | ie | ie | | ie | ie | ie |
| | | iɛ | | | | | | |
| | iau | iau | iau | iau | iau | iau | iau | iau |
| | iɛu | ieu | ieu | | | | ieu | ieu |
| | iɔu | | | | | | | |
| | iu | iu | iu | iu | iu | iu | iu | iu |
| | u | u | u | u | u | u | u | u |
| | ua | ua | ua | ua | ua | ua | ua | ua |
| | uai | uai | uai | uai | uai | uai | uai | uai |
| | | | | | | ue | ue | ue |
| | uɔ | | | | | | | |
| | | ui | ui | ui | ui | ui | ui | ui |

（续表2）

| 韵母 | 秀篆源 | | | | | | 官陂源 | |
|---|---|---|---|---|---|---|---|---|
| | 秀篆 | 大溪 | 仑背 | 中坜 | 壮围 | 太麻里 | 官陂 | 二仑 |
| 鼻音尾韵 | am | am | am | am | am | am | am | am |
| | | em | em | em | | | em | em |
| | ɛm | ɛm | | | | | ɛm | |
| | | | | ɿm | | | | |
| | iam | iam | iam | iam | iam | iam | iam | iam |
| | | iem | iem | | | | iem | iem |
| | im | im | im | im | im | im | im | im |
| | an | an | an | an | an | an | an | an |
| | | on | on | on | on | on | on | on |
| | | en | en | en | en | en | en | en |
| | ɛn | ɛn | | | | | ɛn | |
| | ɔn | ɔn | | | | | | |
| | | | | ɿn | | | | |
| | | | | | | | ian | |
| | ien | | ien | ien | ien | ien | ien | ien |
| | | iɛn | | | | | | |
| | | | | iun | | | | |
| | in | in | in | in | in | in | in | in |
| | uan | uan | uan | uan | uan | uan | uan | uan |
| | un | un | un | un | un | un | un | un |
| | aŋ | aŋ | aŋ | aŋ | aŋ | aŋ | aŋ | aŋ |
| | ɔŋ | ɔŋ | oŋ | oŋ | oŋ | oŋ | ɔŋ | oŋ |
| | iaŋ | iaŋ | iaŋ | iaŋ | iaŋ | iaŋ | iaŋ | iaŋ |
| | iɔŋ | iɔŋ | ioŋ | ioŋ | ioŋ | ioŋ | iɔŋ | ioŋ |
| | iuŋ | iuŋ | iuŋ | iuŋ | iuŋ | iuŋ | iuŋ | iuŋ |
| | | | | | iŋ | iŋ | iŋ | |
| | uaŋ | uaŋ | uaŋ | uaŋ | | | uaŋ | uaŋ |
| | uŋ | uŋ | uŋ | uŋ | uŋ | uŋ | uŋ | uŋ |
| | uɔŋ | | | | | | | |
| | y | | | | | | y | |
| | ye | | | | | | | |
| | yan | | | | | | yan | |
| | yn | | | | | | yn | |

（续表2）

| 韵母 | 秀篆源 | | | | | | 官陂源 | |
|---|---|---|---|---|---|---|---|---|
| | 秀篆 | 大溪 | 仑背 | 中坜 | 壮围 | 太麻里 | 官陂 | 二仑 |
| 塞音尾 | ap | ap | ap | ap | ap | ap | ap | ap |
| | | ep | ep | ep | ep | ep | ep | ep |
| | εp | εp | | | | | εp | |
| | | | | ɿp | | | | |
| | ip | ip | ip | ip | ip | ip | ip | ip |
| | iap | iap | iap | iap | iap | iap | iap | iap |
| | at | at | at | at | at | at | at | at |
| | | et | et | et | et | et | et | et |
| | εt | εt | | | | | εt | |
| | | ɔt | ot | ot | ot | ot | ot | ot |
| | ɔt | | | | | | | |
| | | | | ɿt | | | | |
| | it | it | it | it | it | it | it | it |
| | | | | | | | iat | |
| | iet | | iet | iet | iet | iet | | iet |
| | | iɛt | | | | | | |
| | ut | ut | ut | ut | ut | ut | ut | ut |
| | uat | uat | uat | uat | uat | uat | uat | uat |
| | | | | uet | | | | |
| | yt | | | | | | yt | |
| | | | | | | | yat | |
| 喉塞尾韵 | | | | | | | aʔ | aʔ |
| | | | | | | | oʔ | oʔ |
| | | | | | | | ɔʔ | |
| | | | | | | | εʔ | |
| | | | | | | | auʔ | |
| | | | | | | | iʔ | |
| | | | | | | | iaʔ | iaʔ |
| | | | | | | | ioʔ | ioʔ |
| | | | | | | | ieʔ | |
| | | | | | | iuʔ | iuʔ | iuʔ |
| | | | | | | | uʔ | uʔ |
| | | | | | | | | mʔ |

(续表2)

| 韵母 | 秀篆源 | | | | | | 官陂源 | |
|---|---|---|---|---|---|---|---|---|
| | 秀篆 | 大溪 | 仑背 | 中坜 | 壮围 | 太麻里 | 官陂 | 二仑 |
| 成音节鼻音 | m̩ | m̩ | m̩ | m̩ | m̩ | m̩ | m̩ | m̩ |
| | n̩ | | | | | | | |
| | | | | ŋ̍ | | | | |
| 鼻化韵 | | | | | | | ĩ | ĩ |
| | | | | | | | ã | |
| | | | | | | | õi | |
| | | | | | | | ãi | |
| | | | | | | | uãi | |
| | | | | iãu | | | | |

仑背、秀篆两地韵母系统中均是舒声韵 m、n、ŋ 尾俱全，促声韵中只有塞音尾 p、t，没有 k 尾。大溪、中坜、壮围、太麻里等台湾各点也都均有这一系统性格局特征。这也是诏安客家方言的最大特点。

两个代表点的最大区别在于，秀篆点多出一套撮口呼韵母，而且阴声韵、阳声韵、入声韵俱全。结合客家话的总体语音状貌，这套撮口呼很可能是一个历史比较古老的层次。我们将在下文详细探讨。

1. A 组：果摄韵母

果摄只有开、合口一等韵与三等韵。

一等的开口与合口出现了明显的合流，仑背点合流为 o，秀篆点合流为 ɔu；三等韵中，仑背点也合流为 io。秀篆点的合口三等韵中只有一个"靴"字，韵母读为 εi，表现出与开口三等韵 iu 的区别。

2. B 组：假摄韵母

两地假摄的开口三等麻韵依声母的不同有明显不同的分布：在精组舌尖音声母 ts、tsʰ、s 和影组舌叶浊擦音 ʒ 之后都读为 ia，而在章组舌叶音声母之后则读为 a。麻韵的这种分布引发我们思考：三等读为开口度较大的 a 韵母，而且是依声母而有所区分。考察仑背点中舌叶音声母 tʃ、tʃʰ、ʃ、ʒ 俱全，但是开口三等麻韵与浊擦音 ʒ 相拼时仍然读为 ia，而与 tʃ、tʃʰ、ʃ 相拼时则读为 a。我们猜测，这里的 a 原本应当也是带有 i 介音的 ia，只是因为舌叶音声母在舌内的位置更靠后，与舌面后元音 i 的位置接近，故而将其吞没，便成了 tʃa、tʃʰa、ʃa 的组合形式。大溪点则更加彻底，与 ʒ 相拼的三等开口麻韵，也被吞没了介音 i，变成 ʒa 的形式。

合口二等麻韵，与唇齿音声母 f 相拼时读为 a，与其他声母相拼时读为 ua。值得注意的是，与合口二等麻韵相拼的唇齿音声母 f 都来自晓匣母的合口字，而客家方言晓匣合口的 f 声母则是由 hu 演变而来，故而这个 a 的读音很可能是 ua 的变化形式。

3. C组：遇摄韵母

两地遇摄合口一等韵大部分都读为舌面后高圆唇元音 u；与明母、疑母相拼时，部分例字读为成音节鼻音。

合口三等鱼、虞韵基本合流，而且两地显示出一致的演变方向，即与舌叶音和舌根音相拼时，韵母表现出不同的分布：仑背点都读为舌面前高不圆唇元音 i，秀篆点都读为舌面前高圆唇元音 y；其他声母之后，合口三等鱼、虞韵一般都读为 u。

从语音演变的角度来说，秀篆点的撮口呼韵母很可能是一个早期层次的残留。如此，才能解释合口三等韵的多种演变。

4. D组：蟹摄（独立去声"祭泰夬废"寄此）韵母

客家方言的蟹摄普遍能够通过主要元音的差异来区分一、二等。但从闽台两地的读音分布可以看出，诏安客家方言的蟹摄一、二等已开始合流，不再能够清晰区分了。

同时，蟹摄合口一等韵中，有一部分读同开口一等韵。

5. E组：止摄韵母

止摄的开、合口显示出较明显的区分，开口韵以 i 为主要读音，合口韵以 ui 或 oi 为主要读音。但也有相混的部分，开口韵中有读为合口韵的例字，合口韵中有读为开口韵的例字。

6. F组：效摄韵母

秀篆、仑背效摄开口一等豪韵部分已与二等肴韵合流，都显示出一等豪韵中有部分例字读同二等的 au 韵母，这些例字分布相对一致。

7. G组：流摄韵母

观察流摄的读音，我们发现秀篆点有部分已经与效摄的三、四等合流了。

8. H组：咸摄韵母

两地咸摄的阳声韵都保留着 m 尾，与之相应的入声韵依然保留 p 尾，而合口三等凡韵中，已有一部分变成了 n 尾与 t 尾。这部分字的声母都是非组字，这种变化当与唇齿音声母 f 有关：由于声母为唇齿音声母 f，所以当韵尾为鼻音 m 时，很容易出现吞音现象，即中间的韵母发音不清楚，故而在这种情形下，韵尾会趋向于变为 n，而使主要元音突出显示。

两地咸摄开口一等与二等一般都读为 am/ap，一、二等已显示出合流的趋向，何大安（1987、2004：101～102）即指出，咸摄一、二等没有分别是客家话的特点。

咸摄开口三等一般带有介音 i，读为 iam/iap，但个别也有脱落介音的情况，尤其是与舌叶音相拼时。

9. I组：深摄韵母

两地深摄的韵尾也为 m/p，显示出与山摄、臻摄的区别。深摄只有开口三等侵韵，分布相对整齐，都读为 im/ip。

10. J组：山摄（包括入声）韵母

山摄的韵尾为 n/t。

两地开口一等寒韵都有两读：an/at、on/ot（仑背点）、ɔn/ɔt（秀篆点）。考察分布可以发现，在与影母零声母 ø 及见组舌根音声母 k、kʰ、h 相拼时，寒韵即读为 on/ot（秀篆点读为 ɔn/ɔt），两地分布皆一致，这种内部一致性的体现极为明显。

11. K 组：臻摄韵母

陈秀琪（2002：97）结合秀篆、仑背等地的臻摄合口三等韵的分布，指出这些 in、un 等形式，有可能是从秀篆的 yn 发展演变的。这也即是说，秀篆的 yn 并不是后起的发展演变，而是一个更早期的层次。从目前的语料来看，这样的分析是比较有解释力的。

12. L 组：宕摄韵母

闽台两地诏安客家方言的入声韵有一个最大的特点，即宕、江、曾、梗（半）摄中已经失落了塞音韵尾 k。曾摄和梗摄的另一部分入声韵由于原本收后鼻音韵母 ŋ 的阳声韵已经变为收前鼻音韵母 n，从而变成了 t 尾。我们结合闽台两地同源异境的共同变化进行推断，塞音韵尾 k 的脱落当发生在移民台湾之前。

综合考察宕摄中上列已经完成舒化的入声韵，我们还发现，两地都还依然保存着阴入调，如"博""各""托"；而阳入调则分别派入了阳去调、阴平调等，如"薄"pʰɔu³³（秀篆阳去调）、pʰo⁵⁵（仑背阳去调），"落"lɔu³³（秀篆阳去调）、lo⁵⁵（仑背阳去调），"摸"mɔu¹³（秀篆阴平调），"莫"mai⁵¹（秀篆阴上去调）、mo⁵⁵（仑背阳去调）。以下江、曾、梗、通摄也有类似情况，即入声韵虽已消失，但入声调还依然保留。

13. M 组：江摄韵母

江摄中，庄组字"窗""双"的韵母读为 uŋ，与通摄一等合流，其他组字读为 ɔŋ（或 oŋ），亦是属于不同的层次。考察古音的分布，可知江、东同韵，当是属于上古音的留存，而江、宕同韵，则是属于中古音的层次特点。

14. N 组：曾摄韵母

两地诏安客家方言的曾摄韵尾都变成了 n/t。一般认为这是受高元音 e 的影响。

15. O 组：梗摄韵母

梗摄的分布相当复杂，部分韵尾已开始前化为前鼻音韵尾 n/t；部分入声韵尾直接脱落，显示出舒促不平衡的格局。我们观察到的秀篆源诏安客家方言均表现出这种特点。

16. P 组：通摄韵母

两地通摄各点的塞音韵尾 k 亦已失落。

仑背点的通摄已经几乎没有一、三等的区别，都读为 uŋ/u；而秀篆和大溪等其他各点尚有一、三等的分别，i 介音仍然存在。一个可能的解释是，仑背点的变化更加迅速。

(三) 声调比较

闽台诏安客家方言声调的比较见表 3。

表3  闽台诏安客家方言声调的比较

| 声调 | 秀篆源 | | | | | | 官陂源 | |
|---|---|---|---|---|---|---|---|---|
| | 秀篆6 | 大溪6 | 仑背6 | 中坜6 | 壮围6 | 太麻里6 | 官陂6 | 二仑6 |
| 阴平 | 13 | 22 | 11 | 22 | 11/12 | 11 | 33 | 11 |
| 阳平 | 54 | 53 | 53 | 53 | 53 | 53 | 54 | 53 |
| 上声 | 51 | 31 | 31 | 31 | 31 | 31 | 31 | 31 |
| 去声 | 33 | 33 | 55 | 33 | 55 | 33 | 35 | 55 |
| 阴入 | 24 | 3 | 24 | 24 | 12 | 24 | 13 | 24 |
| 阳入 | 3 | 43 | 32 | 43 | 5 | 3 | 5 | 32 |

1. A 组：平声调

客家方言的声调演化中，声母的清浊是重要的影响因素：清声母字读为阴调类，浊声母字读为阳调类。

仑背点的清声母字读为阴平 11，次浊、全浊声母字平声一般都读为阳平 53；秀篆点的清声母字读为阴平 13，次浊、全浊声母字平声一般都读为阳平 54。

仑背点有些次浊、全浊声母平声字亦读为阴平调，秀篆点和大溪点也都不同程度地存在这种现象。谢留文（2003：78）指出，"次浊声母平声字读为阴平调"是客家方言声调演变的一个重要特点。结合闽台两地多点的实际语料，我们发现在诏安客家方言中，全浊声母平声字也有读为阴平调的现象。

2. B 组：上声调

仑背点中古上声字的演化规律一般依声母的清浊分化：清声母与次浊声母字主要读为上声调，全浊声母字主要读为阳去调。秀篆点也如此。但部分的次浊及全浊声母字读为阴平调，而且例字也相对一致。这也是客家方言内部的最大一致性特征。

3. C 组：去声调

仑背点的去声字依声母清浊有明显的分化：清声母字读为上声调，次浊、全浊声母字读为阳去调。另有部分的次浊、全浊声母去声字读为上声调。秀篆点也如此，清声母字读为阴上去调，次浊、全浊声母字读为阳去调。

4. D 组：入声调

诏安客家方言的入声分派与声母、韵摄均有密切关系，依韵摄与声母的不同而有不同的表现。（见表4、表5）

表4 宕江通梗（半）摄声调的演化

| 中古声调 | 声母 | 仑背点 | 秀篆点 | 仑背例字 | 秀篆例字 |
|---|---|---|---|---|---|
| 入声 | 清 | 阴入 24 | 阴入 24 | 竹 tsu$^{24}$、脚 kio$^{24}$ | 竹 tʃu$^{24}$、脚 kiɔu$^{24}$ |
| | 次浊 | 阳去 55 | 阴上去 33 | 绿 lu$^{55}$ | 绿 liu$^{33}$ |
| | 浊 | 阳去 55 | 阴上去 33 | 独 t$^h$u$^{55}$ 服 fu$^{55}$ | 独 t$^h$u$^{33}$ 服 fu$^{33}$ |

表5 山深咸臻曾梗（半）摄声调的演化

| 中古声调 | 声母 | 仑背点 | 秀篆点 | 仑背例字 | 秀篆例字 |
|---|---|---|---|---|---|
| 入声 | 清 | 阴入 24 | 阴入 24 | 笔 pit$^{24}$、接 tsiap$^{24}$ | 笔 pit$^{24}$、接 tsiap$^{24}$ |
| | 次浊 | 阳入 32<br>阴入 24 | 阳入 3<br>阴入 24 | 灭 mɛt$^{32}$、脉 ma$^{24}$ | 灭 mɛt$^3$、脉 ma$^{24}$ |
| | 浊 | 阳入 32 | 阳入 3 | 别 p$^h$et$^{32}$、集 tsip$^{32}$ | 别 p$^h$iet$^3$、集 tsip$^3$ |

仑背点的宕、江、通摄与梗摄二等韵，已经脱落了原有的入声韵尾 k，声调也随之发生了改变：清声母入声字还读为阴入调，次浊与浊声母字则已读为阴去调。而山、深、咸、臻四摄韵尾还依然保留入声韵尾 t，曾摄与梗摄三、四等韵的入声韵尾已由 k 转为 t，所以其演变的路径已与山、深、咸、臻四摄相同，即清声母字读为阴入调，次浊、浊声母字读为阳入调。其中，次浊声母也有极个别入声字读为阴入调。

这种特殊的演变，其他各点也都有存在，呈现高度的一致性，显示出秀篆源诏安客家方言独有的特点。

## 五、总结：同源异境视野下闽台诏安客家方言的存古与演变

综上比较，借由同源异境的观察视角可以发现，闽台两地的客家方言既有存古性的体现，又在发生新的演变。这些存古和演变都体现了较高的一致性。

### （一）存古性体现

通过综合各点的比较观察，我们发现，即使在不同的语言环境影响下，有些共同性内质的特点还是很好地保留了下来。通过闽台两地各点的对比，可以清楚地发现这些存古的因素。

1. 客家方言基本特征的留存

（1）声母系统的特点。①"古无轻唇""古无舌上"的体现，即在中古非组字中保留有重唇音 p、p$^h$、m 的读法，在中古知组字中保留有舌尖塞音 t、t$^h$ 的读法；②晓匣合口读为唇齿音声母 f；③一般有 v 声母；④一般有舌叶音声母。

（2）韵母系统的特点。①山摄、蟹摄、效摄保留一、二等的对立：一等韵主要元音多

为 o，二等韵主要元音多为 a；②"江""东"同韵，保留上古音之层次，"江""唐"同韵，保留中古音层次；③大部分没有撮口呼；④梗摄有较明显的文白异读，文读多为 n 尾，白读多为 ŋ 尾；⑤蟹摄四等部分字读如洪音。

（3）声调系统的特点。①一般有 6 个声调，平声、入声分阴阳，上声、去声不分阴阳；②全浊声母不论平仄全读送气；③次浊声母上声字读为阴平调；④全浊声母上声字读为阴平调。

2. 特殊指标音的留存

在没有改变的部分中，还有些成分是具有地域性特征的一组或几组音韵特点，或是个别特殊的语音面貌。何大安（2004：87）曾指出："由于群体认同（group identity）的需要，一个社群会保持字和特别的音韵系统，以作为乡亲的辨认记号。"这些成分正如何大安所言，由于特殊而具有区辨作用，从而也很好地保留了下来。我们将这部分读音称为"特殊指标音"。

系统的特殊指标音如：在秀篆源客家方言中，部分书、禅、船母读为唇齿音声母 f，明母字读为 h，"支"（章母）读为 k 声母，知组二、三等有别，韵母系统韵尾 m、n、ŋ/p、t 的舒促不平衡；官陂源诏安客家方言韵母系统韵尾 m、n、ŋ/p、t、ʔ 的新平衡；蟹摄开口二等皆韵在明母之后读为 i；阴平调多为低平调，阳去调多为中降调。

个别的特殊指标音如：在秀篆源诏安客家方言中，"醒"（心母）读为舌尖送气塞擦音 tsʰ 声母，"猫"（明母）读为鼻音声母，"懒"（来母）读为鼻音声母，"熊"（云母东韵）读为双唇音鼻音韵尾，即 him$^{53}$（大溪点）、him$^{54}$（秀篆点）、him$^{51}$（太麻里点）、him$^{53}$（仑背点）。

（二）演变

在保持客家方言基本特点的同时，这些客家方言次方言也在周围语言环境的影响下发生了演变。

1. 演变的类型

综合考察这些演变，我们发现主要为两大类：一类为规律性的规模演变，另一类为零散的部分变化。

（1）规律性演变。这种演变主要为吸收外来强势方言的语音特点而逐渐演化为系统内部的规模演变，即相同音韵地位的字一般会统一变化。体现在秀篆源的仑背点、壮围点、太麻里点以及官陂源的二仑点上主要为闽南方言的影响，体现在大溪点主要为海陆腔客家话的影响，体现在中坜三座屋点上主要为四县腔客家话的影响。

声母如：仑背点由于受闽南方言影响，舌叶音逐渐前化，变为舌尖前音，精、庄、知、章组声母呈现出合流的趋向，大溪点则受周边海陆腔客家话影响，知₂组、庄组声母出现较多的舌叶音声母，显示出与精组声母的分化；仑背点、二仑点受闽南方言影响，产生双唇浊塞音声母 b，壮围点、太麻里点的受影响程度大，甚至产生了舌根浊塞音声母 g；太麻里点由于受闽南方言影响，舌叶音声母逐渐减退，v 声母辖字也渐趋消亡；壮围点舌叶音系统已经完全消失。

韵母如：壮围点 uŋ 韵母统一演变为舌根成音节鼻音 ŋ。

（2）零散的部分变化。如帮组、端组、精组、见组声母中，清声母字出现了送气的读音，浊声母字中也产生了不送气的现象。精组中塞擦音与擦音也经常有例外的变化发生。

2. 演变的速度

通过同源异境视野下的两地多点比较，我们可以观察到语音演变的方向及不同地域的演变速度。如声母的腭化问题。陈秀琪（2002）指出，仑背点的精组字已经出现腭化，但由于只是在细音字前，故而只将这种现象处理为精组内部的变化，在声母系统中没有体现腭化声母。而笔者 2016 年 1 月于台东太麻里大王村所调研到的从仑背二次移民至此的秀篆源诏安客家话却已经在知组、章组、见组声母中成系统地出现了腭化音声母 tɕ、tɕʰ、ɕ。这里的速度明显快于仑背的诏安腔客家话。

3. 演变的趋向

透过这些演变发生的音韵部位，我们发现演变也有其大致的趋向。

（1）趋异性。在接触过程中，一个方言系统最易于接受异于本语音系统的成分，如仑背、壮围、太麻里 b、g 声母的产生。这些浊塞音声母都是客家方言自身系统中所不具备的，因而最容易被吸收。韵母系统中，闽南方言的鼻化韵是一个很大的区别特征，这一特征也很容易被吸收进客家方言。大溪点知组二等舌叶音的产生，即为受到周边海陆方言的影响，因为此部分辖字较少，变化很快。原乡秀篆及台湾其他落籍地则均保留着知组二等与精庄组合流读为 ts、tsʰ、s 的影响。

（2）趋简性。整个语音系统还有一个趋简的大方向，如舌叶音系统的消失、与舌尖音系统逐渐合流。例如诏安客家话中，知组各字母的读音一般与中古韵母的等密切相关：知组二等读为舌尖塞擦、擦音 ts、tsʰ、s，与精组、庄组合流；知组三等读为舌叶塞擦音、擦音 tʃ、tʃʰ、ʃ，与章组合流。与原乡秀篆相比，仑背点的知组三等即明显有向二等靠拢的趋向。

这种音变总体趋简，可能兼有内外两方面的因素：从内部系统来说，知组趋向于统一，知₂、知₃合流是一个趋势；从外部方言环境来说，周围的闽南方言中也并没有知组二等与三等的分别，所以也促使仑背的知组趋于合流统一。

4. 演变的时间

因各地语音演变的速度不一，我们可以借此观察到仅凭个别点而无法看到的演变过程，并推断大致的演变时间。如山摄各韵在与来自中古的非组声母 f、m 相拼时，读为 an/at，如"发" fat[24]（秀篆点）、fat[24]（仑背点），"反" fan[51]（秀篆点）、fan[31]（仑背点），"袜" mat[24]（秀篆点）、mat[24]（仑背点）。而在与来自中古船母的唇齿音声母 f 相拼时，韵母却读为 ien。如"船"（平仙船）fien[54]（秀篆点）、fien[53]（仑背点）。借由两地的这种共同读音，我们可以推断：①船母读为唇齿音 f，应是比较晚近才发生的变化，因为韵母还保留着不同的分布状况；②发生变化的时间也应在移民台湾之前，这些音作为特殊的指标音保留在移民至台湾的语音系统中，显示着之前就已经完成了这种变化。

**参考文献**

[1] 陈秀琪. 台湾漳州客家话的研究：以诏安话为代表 [D]. 新竹：台湾新竹师范学院台湾语言与语文教育研究所，2002.

[2] 陈秀琪. 语言接触下的方言变迁：以台湾的诏安客家话为例 [J]. 语言暨语言学，2006（2）.

[3] 何大安. 规律与方向：变迁中的音韵结构 [M]. 北京：北京大学出版社，2004.

[4] 洪惟仁. 台湾方言之旅 [M]. 台北：前卫出版社，1992.

[5] 黄雪贞. 客家话的分布与内部异同 [J]. 方言，1987（2）.

[6] 赖桂玉. 台湾桃园地区之诏安客家话研究 [D]. 桃园：台湾"中央"大学，2013.

[7] 蓝小玲. 闽西客家方言 [M]. 厦门：厦门大学出版社，1999.

[8] 李如龙，张双庆. 客赣方言调查报告 [M]. 厦门：厦门大学出版社，1992.

[9] 廖烈震. 云林县仑背地区诏安客话音韵研究 [D]. 台北：台湾台北市立师范学院，2002。

[10] 廖俊龙. 台闽两地诏安客语语音比较研究 [D]. 新竹：台湾新竹教育大学，2011.

[11] 罗肇锦. 台湾的客家话 [M]. 台北：台原出版社，1990.

[12] 罗肇锦. 客语晓匣合口变唇齿音（hu→fv）的推断 [J]. 客家研究，2007（2）.

[13] 吕其叡，吕嵩雁. 台湾云林诏安客语词汇扩散研究 [C] //第九届客家方言学术研讨会论文集. 北京：中央民族大学出版社，2013.

[14] 吕嵩雁. 台湾诏安方言稿 [Z]. 未刊稿.

[15] 吕嵩雁. 台湾诏安方言研究 [M]. 北京：中国社会科学出版社，文化艺术出版社，2008.

[16] 涂春景. 台湾中部地区客家方言词汇对照 [M]. 台北：涂春景自刊（台北客家杂志社总经销），1998.

[17] 吴中杰. 宜兰壮围诏安客家话的音韵及词汇特点试析 [J]. 台湾语文研究，2009（3）.

[18] 谢留文. 客家方言语音研究 [M]. 北京：中国社会科学出版社，2003.

[19] 诏安县地方志编纂委员. 诏安县志 [M]. 北京：方志出版社，1999.

[20] 庄初升，严修鸿. 漳属四县闽南话与客家话的双方言区 [J]. 福建师范大学学报，1994（3）.

[21] 庄初升，严修鸿. 闽南四县客家话的语音特点 [J]. 客家纵横，1994（增刊）.

# 深圳客家话止摄开口三等齿音字研究

丘学强

（深圳大学人文学院）

【提　要】就多数客家话而言，止摄开口三等齿音字韵母一般的读法是ɿ或i，而深圳客家话部分字出现了读u的情况，与其他客家话迥异。本文拟对这一现象进行研究，对其音变的性质、来源、成因和演变趋势进行讨论。各种证据表明，u的读法属于晚期自源性的离散式音变，且其扩散已经停滞。

【关键词】深圳客家话　止摄开口三等　齿音字　离散式音变

## 一、引　言

### （一）深圳客家话分布概况

深圳客家话是惠阳客家话的延伸，主要集中在深圳东部的龙岗区、坪山区和盐田区，宝安区也有部分街道分布，与北部东莞樟木头、清溪和南部香港新界客家话属同一方言片区。目前，学界对于深圳客家话的归属有两种不同的观点：第一种是"粤台片新惠小片"（温昌衍，2006），"新"指新安，即深圳旧称，"惠"指惠阳；第二种是"粤台片梅惠小片"（据《中国语言地图集》），"梅"指梅州。

图1所示粗线内即为深圳客家话的主要分布区域。南山区、福田区及罗湖区及其他街道内均有少量客家话散布，但不集中。

图1　深圳客家话的分布

深圳东南部大鹏新区下辖葵涌、大鹏和南澳3个街道，大鹏和南澳是大鹏话区。龙岗区的平湖街道主要通行平湖话，当地人称"本地话"。其他地方大多以莞宝片粤语（民间又有"围头话""基围话"等称呼）为主。（汤志祥，2015）

本文主要考察深圳客家话片区，以龙岗区为重点研究对象。

### （二）研究背景

一般说来，止摄开口三等字在客家话里读为 i 或 ɿ，如梅县："悲" pi¹，"指" tsɿ³⁴，"耻" tsʰɿ³⁴，"思" sɿ¹，"欺" kʰi¹。① ɿ 只与 ts 组声母相拼，但与 i 偶有对立的情况，如："四" si⁵⁶/"试" sɿ⁵⁶。梅县客家话和深圳客家话尚有一些读为 ai、ɛ 的层次，如："徙" sai³⁴、"柿" sɛ²、"舐" sɛ¹。这批字与本文所要讨论的问题无关，因此不予讨论。

而深圳客家话的止开三与 ts 组相拼时，不仅有 i 或 ɿ 的读法，还有读为 u 的情况，这一点与东莞清溪和香港新界的记载一致。（见表1）

表1 止开三齿音字的对比

| 方言点\例字 | 子 | 止 | 次 | 刺 | 事 | 市 |
|---|---|---|---|---|---|---|
| 龙岗 | u | i | u | i | u | i |
| 坪地 | u | i | u | i | u | i |
| 坑梓 | u | ɿ | u | ɿ | u | ɿ |
| 葵涌 | u | ɿ | u | ɿ | u | ɿ |
| 东莞清溪 | u | i | u | i | u | i |
| 香港新界 | u | i | u | i | u | i |

不难发现，深圳坑梓、葵涌两地对"止""刺""市"的韵母读法与龙岗、坪地的读法是具有对应关系的，如果再取其他音韵地位相当的字来比较，这条对应规律则相当明显。而对"子""次""事"三字的读音，各地明显一致，皆读为 u。

这样的情况在深圳、东莞和香港等地出现，说明惠阳客家话向东延伸时发生了内部变异，目前对这种读音现象进行了专题研究的有田志军先生的《近代晚期粤东客音研究》。该书不仅有共时的描写，还有历史文献的比较，资料翔实。该书通过传教士文献记录中的线索，认为这种音变轨迹是由止开三的 *i 先演变为传教士文献记录中的 ɨ，再发展为 u。②

书中还提到了张双庆先生等所给出的演变轨迹：ɿ > ʮ > u。③ 本文认为，这种演变在客家话中罕见，有待商榷。

---

① 上标的1、2、34、56分别表示阴平、阳平、上声和去声，调值分别为33、11、31和52。
② ɨ 为书中的拟音。讨论详后。
③ 参看田志军（2015：246）。

### （三）研究目的

深圳客家话在止开三齿音字读法上既有与外部客家话的分歧，即出现了 u 音类[①]，又有内部的分歧，即有无 ɿ 音位。本文拟对这两种现象进行综合考察，解决 5 个问题：①深圳客家话止开三齿音字的读音类型和地理分布；②u 音类的音变性质；③u 音类的来源与演变；④音变产生的原因；⑤音变的现状与可能的演变趋势。

## 二、深圳客家话止开三齿音字的内部分歧

### （一）止开三齿音字的读音类型

深圳客家话的止开三齿音字韵母多读为 u 和 ɿ 或 i。下面列出 u 音类的例字（常用字），以深圳龙岗读法为根据（黑体字表示有异读）：

精组：紫资咨姿滋子梓/此次瓷慈磁辞词祠**饲自**/斯撕私字司丝思伺巳祀嗣**似**
庄组：师狮士仕事使史驶
章组：之芝恃侍**诗**

从声母的分布可以发现，这批读为 u 的字有一个明显的特点，即绝大多数分布在精、庄组。另外，未见有与知组拼合的情况。

因此，除去基本相同的 u 音类辖字，深圳客家话主要的内部分歧就在于 ɿ 音位的有无。凭这一条标准，可以将深圳客家话分为两种类型——i 型和 ɿ 型。另外，语言事实提供给我们的一个便利是：深圳客家话中，若 ts 组有读 ɿ 的，便没有同时读 i 的；反过来，若 ts 组有读 i 的，便没有同时读 ɿ 的。在齿音字里，ɿ 与 i 不存在对立或互补的关系，也并非自由变体，因此在分类上便没有什么困难。

在实际的发音上，ɿ 型客家话的 ɿ 只在舌尖音声母和零声母后出现，与其他声母后的 i 是呈互补分布的，但从听感上不宜与 i 归为同一个音位。ɿ 型客家话的 ɿ 与 Ø 拼合时，其实际音值为 zɿ，这是舌尖元音韵母同化了声母的缘故。i 型客家话的 i 与 Ø 拼合时，实际音值为 zi。同理，也是韵母同化了声母的缘故（韵母 i 具有擦化的特征，详后）。

今音为 ɿ/i 的古音来源如下（只考察与 ts 组拼合的情况）：

（1）遇合三精组。如"絮" sɿ/si、"序" sɿ/si、"取" tsʰɿ/tsʰi、"需" sɿ/si。
（2）蟹开三精组、知组和章组，蟹开四精组。如"祭" tsɿ/tsi、"势" sɿ/si、"妻" tsʰɿ/tsʰi、"西" sɿ/si。
（3）止开三精组、知组、庄组和章组。如"刺" tsʰɿ/tsʰi、"迟" tsʰɿ/tsʰi、"指" tsɿ/tsi、"市" sɿ/si。

---

[①] 为便于讨论，文后所出现的"u 音类"或"u 类字"均特指来源于止开三读为 u 的字。

## (二) 不同读音类型的地理分布

i型、ɿ型客家话的地理分布见图2。①

图2  i型、ɿ型客家话的地理分布

图2中还加入了东莞和香港进行比较。不难发现，这两种类型的分布在地理上有其合理之处，龙城往北延伸与东莞清溪同为i型，盐田区（沙头角）往南延伸与香港新界同为i型。

方言地理学告诉我们，音变发生的地理原点周围的方言大致是一样的，而远离原点的外围区域则常常呈现出复杂的情况。坑梓与葵涌同为ɿ型，但中间还有坪山阻隔，坪山为i型。不过坪山地域既广，方言分布也不可能完全与行政区划相符，可以想象坪山也一定有ɿ型的分布。

# 三、u音类的音变性质与来源

## （一）音变性质

### 1. 异读字的线索

深圳各处客家话中，"自"字均有两读，不过在词汇上有很强的选择性，风格上似有分工。（见表2）

---

① 大浪、龙华、坂田和民治与观澜从前同属观澜镇，资料暂缺，此统一以观澜语料替代（参见邱菊霞，2007）；樟木头、新界、盐田及清溪的语料分别来源于黄杰平（2014）、李如龙等（1992）、詹伯慧等（1989），其余语料均由笔者调查所得。

表2 "自"字各地客家话的对比

| 方言点＼例字 | 自家（自己） | 自觉 | 自动 | 自助 |
|---|---|---|---|---|
| 龙岗 | tsʰi²  | tsʰu³⁴ | tsʰu³⁴ | tsʰu³⁴ |
| 坪地 | tsʰi² | tsʰu³⁴ | tsʰu³⁴ | tsʰu³⁴ |
| 坑梓 | tsʰɿ² | tsʰu³⁴ | tsʰu³⁴ | tsʰu³⁴ |
| 葵涌 | tsɿ² | tsʰu³⁴ | tsʰu³⁴ | tsʰu³⁴ |

《客方言标准音词典》（张维耿，2012）和《客家话通用词典》（罗美珍等，2004）都记录表示"自己"之义的客语方言词写法为"自家"，其中后者还提供了"齐家"的写法。对于梅县客家话的"自"，《汉语方音字汇（第二版）》（1989）记为文白两读，文读为tsʰɿ⁵⁶，白读为tsʰɿ²，白读只在"自家"一词中才出现。

深圳客家话的"饲"字亦有两读："饲~料" tsʰu² 和"饲~佢食饭" tsʰi⁵⁶/ tsʰɿ⁵⁶。"似"也有两读："似相~" su⁵⁶ 与"似好~" tsʰi⁵⁶/ tsʰɿ⁵⁶，前者是书面词语，后者是口语常用词。很明显，联系"自"来看，可以肯定u是晚出的读音。

"诗"字在个别地方也有两读的情况，在词汇上也似有选择性。如坪地、布吉在一般情况下读i，但人名如"诗""雅"则读为u，而龙岗读为i、坑梓读为ɿ，没有两读。

关于深圳客家话中"自""饲""似"等字的异读，我们不能简单地认为是一种文白异读的现象。从词汇上看，读u的基本与现代的新词搭配，但我们从中只能判断这种读法是后起的读法，至于是自源性的内部音变还是外源性的外部渗透则不得而知。假如u是后起的文读层次，那么深圳客家话周边应当有一个止开三齿音字读u的母本方言。"诗"的性质更难判断，人名中读u疑似文白色彩的分工，但各地读音或有两读或无异读很可能是u还在扩散中的体现。u音类的出现究竟是单系统的自然音变还是多系统的接触竞争？这还需对临近深圳客家话的方言进行考察。

2. 周边方言的比较

笔者现今掌握的、可供对比的方言主要是深圳的粤方言，分别是龙岗平湖话、龙岗坪地蛇话、南山南头粤语和宝安沙井粤语，另外还有疑似粤、客混合的大鹏话。（丘学强，2005）

表3是一些字音的对比。

表3 深圳本土方言止开三齿音字的对比

| 方言 | 子 | 纸 | 指 | 磁 | 匙~羹 | 祠 | 丝 | 事 | 士 |
|---|---|---|---|---|---|---|---|---|---|
| 龙岗客语 | u | i | i | i | i | u | u | u | u |
| 坑梓客语 | u | ɿ | ɿ | ɿ | ɿ | u | u | u | u |
| 平湖粤语 | i | i | i | i | i | i | i | i | i |

（续表3）

| 方言 | 子 | 纸 | 指 | 磁 | 匙~羹 | 祠 | 丝 | 事 | 士 |
|---|---|---|---|---|---|---|---|---|---|
| 坪地粤语 | i | i | i | i | i | i | i | i | i |
| 沙井粤语 | i | i | i | i | i | i | i | i | i |
| 南头粤语 | i | i | i | i | i | i | i | i | i |
| 大鹏话 | i | i | i | i | i | i | i | i | i |

深圳本地粤语及大鹏话对于止开三齿音字的读法相当一致，以 i 为主。因此，我们可以否定这种变化是外部渗透的，这当是一种自源性的自然音变。

（二）音变的来源与演变

1. 传教士文献的线索

《近代晚期粤东客音研究》书后所附录新安罗马字《新约全书》的单字音，是 19 世纪六七十年代新安县的客家方言，即现今深圳、香港新界地区的客家方言。通过这些单字音可以发现，其时其地有对立的两套塞擦音和擦音，"精庄知$_二$‖知$_三$章严格分立"。（田志军，2015）其中精、庄、知$_二$组拟为 ts、ts$^h$ 和 s，知$_三$、章组拟为 tʃ、tʃ$^h$ 和 ʃ。

《新约全书》中，ts 组可与 i 或 z̩ 相拼，如"祭"tsi、"四"si、"斯"sz̩、"史"sz̩；tʃ 组只与 i 相拼，如"施"ʃi、"指"tʃi、"治"tʃ$^h$i。其中，i 的主要来源是蟹开三四、止开三的知$_三$、章组和少数精、庄组字，而 z̩ 均出现在止开三的精、庄组后，其时止开三读 u 的情况应尚未出现。本文的发音人有出生于 20 世纪二三十年代的，因此，本文猜测该音变出现的时间区间是 1870—1940 年，但这个时间区间似乎显得比较短，讨论详后。

《启蒙浅学》也反映了 19 世纪中叶至 20 世纪初深圳、香港新界地区的客家方言，与《新约全书》的时间相当，均由巴色会传教士主持编写。庄初升和黄婷婷（2014）通过其罗马字拼音本（1879）和汉字本（1880）整理出了同音字汇，止开三精、庄组字主要读为 s̩，个别读 i。s̩ 在《启蒙浅学》里也写为 z̩，但实际上是一样的音节。此外，s̩ 的辖字里还有少量遇合一的字，这部分字不予考虑。

通过比较可见，《启蒙浅学》里的 s̩ 与《新约全书》里的 z̩ 应是一样的音类、一样的音值，但收字略有出入，这是因为两本书内容不同，无妨。就取精、庄组字来说，《新约全书》里读 z̩ 的，《启蒙浅学》都读 s̩，如下（只取两书共有的字）：

精组：子 / 此慈辞自 / 斯私字司思
庄组：师士事使

还有读 i 的"姊""死""四"，两书也都一致。至于"自"，"自家"一词在《启蒙浅学》里已有 i 的读法，但文字上不写为"自"。①

---

① "自"字写为"嗨"。

至此，我们可以确定这两本书反映的都是同一种客家方言，且这种客家方言的止开三精、庄组字在历史上曾发生过音变；也可以确定音变的时间，其上限不会早于19世纪中叶。

2. 演变过程

将《新约全书》所记录的语音与深圳客家话今音对比，我们可以发现两个明显的音变现象：第一，两套齿音合流为一套 ts、tsʰ 和 s；第二，齿音后的 i、z̩ 发展为 i/ɿ 和 u。

舌尖音后的 i 发展为 ɿ 符合音理，详后，另外或还有舌尖音的同化作用。i 型客家话即便没有 ɿ，但老派读法常常带有明显的摩擦感，严式记音可标为 i_z，下标的 z 表示伴随的摩擦成分，不是独立的音段。在老派读法中，舌尖音后的 u 同样也带有很明显的摩擦感，严式记音可标为 v。这告诉我们，深圳客家话中，齿音后的高元音 i、u 具有元音高顶出位的潜在可能性，即是摩擦高化的机制。可以想象，如若 i 型的深圳客家话再进一步高化，便会演变为舌尖元音 ɿ。

另外，z̩ 有没有可能记录的已经是当时的 ɿ 型客家话呢？恐怕不可能，因为当时与止开三精、庄组字似乎还没有读为 u 的先例。至于 z̩ 的实际音值，按田志军先生的意见，这并非舌尖元音，如果要对之进行拟测，则需要考虑它既有可能演变为 ɿ，又有可能演变为 u，因此拟为 ɨ。本文对这一观点表示赞同，但同时，我们认为还需要考虑它演变为 i 的可能性，即演变为 i 型客家话的可能性。

笔者在调查坪山客家话时，观察到发音人在发与齿音相拼的 i 时，音值游移不定，有时是 i，有时是 i_z 或 i_ɿ，少数情况下是 ɿ。这说明，z̩ 很可能并不是一个固定的音值，而是一个尚处在变化阶段的音值，这也能较好地解释它变为今音 i/ɿ 和 u 的时间区间较短，且现今辖字相对固定的情况。

粤东闽语止开三齿音字的韵母亦有类似的现象，不仅读音与客家话相近，且音类的分布也非常相似。表4是粤东闽语4个方言点与深圳客家话的比较。①

表4　粤东闽语及深圳客家话的对比

| 方言 | 雌精组 | 斯精组 | 资精组 | 师庄组 | 士庄组 | 事庄组 | 迟知组 | 止章组 | 市章组 | 示章组 |
|---|---|---|---|---|---|---|---|---|---|---|
| 汕头闽语 | ɯ | ɯ | ɯ | ai/ɯ | ɯ | ɯ | i | i | i | i |
| 潮州闽语 | ɯ | ɯ | ɯ | ai/ɯ | ɯ | ɯ | i | i | i | i |
| 揭阳闽语 | ɯ | ɯ | ɯ | ai/ɯ | ɯ | ɯ | i | i | i | i |
| 潮阳闽语 | u | u | u | ai/u | u | u | i | i | i | i |
| 惠来闽语 | u | u | u | ai/u | u | u | i | i | i | i |

---

① 本文中汕头、潮州、揭阳和海丰的语料参见林伦伦、陈小枫（1996），潮阳、惠来的语料是笔者调查所得。

(续表4)

| 方言点 | 雌<br>精组 | 斯<br>精组 | 资<br>精组 | 师<br>庄组 | 士<br>庄组 | 事<br>庄组 | 迟<br>知组 | 止<br>章组 | 市<br>章组 | 示<br>章组 |
|---|---|---|---|---|---|---|---|---|---|---|
| 海丰闽语 | u | u | u | u | u | u | i | i | i | i |
| 深圳客语 | u | u | u | u | u | u | i | i | i | i |

从表4可以发现，对于止开三齿音字，粤东闽语的精、庄组多读为ɯ/u（潮阳的u与汕头等地的ɯ是对应的，很有可能是平行的语音分化后的结果），章组则多读为i。因为粤东闽语保留了古无舌上音的特征，知组声母今多读为t、tʰ，故便于平行对比的知组齿音例字并不多。

由此可见，粤东闽语及深圳客家话的止开三韵母元音的音变目标均在高元音范围内波动，且粤东闽语与深圳客家话接触的可能性并不大，均是内部各自演变的结果。因此，我们有理由相信深圳客家话止开三齿音字音变的起点也应当是高元音。客家话普遍不存在y，所以还有ɨ、ʉ和ɯ的选择。这3个高元音都是非正则元音，容易发生音变，可能往前变也可能往后变。从ʮ有前有后的演变趋势看来，拟为央元音会更合适一些，而ʉ听感更接近于y，因此ɨ仍是最佳的选择。不过，鉴于ʮ有可能不是固定的音值，因此，它还有可能具有iᶻ、i₁和ɿ等变体，此处不赘述，暂以ɨ表示。

如此，可以得到如下的音变轨迹：①

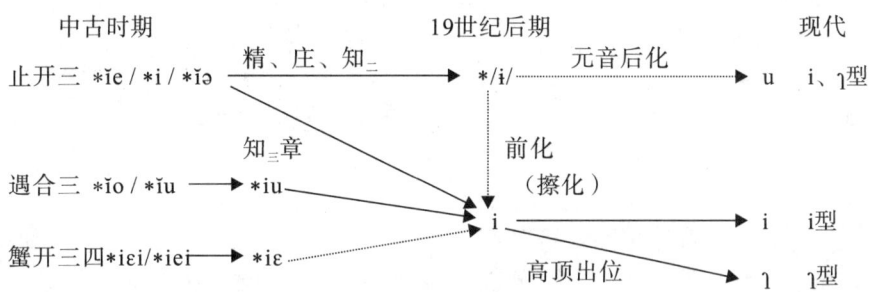

19世纪后期，止开三的精、庄、知₂组字念为ɨ，遇合三、蟹开三四与止开三的知₃、章组字合流念为i。到了现代，止开三部分字读为u，其余字读为i，即i型客家话；若i元音再进一步高化则读为ɿ，则成为ɿ型客家话。

这里延伸出一个问题：ɿ型客家话是不是经历了i型客家话的阶段？

从今音看来，i与ɿ的辖字基本上是对应的。若从音理上推测，i演变为ɿ很可能经历了iᶻ的中间阶段，舌尖化可能在擦化之后（如i > iᶻ > ɿ），也可能直接从高元音出位而来（朱晓农，2004）。尽管i型客家话中有读为iᶻ的情况，但这只是给演变为ɿ型客家话提供了一个语音基础，难以得知其音变目标是否为ɿ。

---

① 遇摄和蟹摄的声母条件不列；虚线表示只有部分字音参与音变；拟音取自唐作藩（2005：144）。

我们不否认 i 与 ʅ 也反映了音变的顺序，因为 ʅ 必须在 i 之后出现，但 i（>$i_z$）>ʅ 只是一个音变的逻辑顺序，而未必代表了语言事实中的先后顺序。因此，i 与 ʅ 可视为同一音变阶段中平行的语音分化。

## 四、音变的原因与趋势

### （一）音变原因

在第二部分中，我们列出了止开三 u 音类的辖字，凡 42 个。在声母的分布上，精组 29 个，庄组 8 个，章组 5 个。上文已述，19 世纪后期的精、庄、知₂组和知₃、章组是对立的，前者拟为 ts 组，后者拟为 tʃ 组。在止开三 u 类字中，精庄组辖字共 37 个，所占比例将近 90%，这给我们提供了一条重要的线索。章组辖字很少，这里先不讨论。

19 世纪后期的知₃、章组和精、庄、知₂组在现代已经合流为 ts 组，与精、庄组相配的止开三 ɨ 类字大多与知₃、章组相配的 i 类字合流为 i 或 ʅ，另有部分演变为 u。其演变过程如下（"I" 表示该部分 i 韵母字来自知₃、章组，原来只与 tʃ 组相拼，下同）：

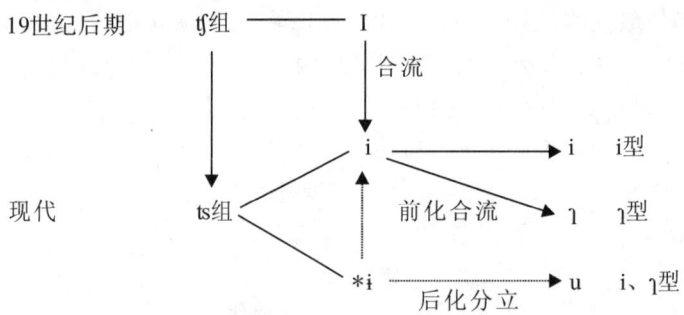

tʃ 组与 ts 组合流后，所辖的字念为 tsi / tsʰi、si，这批字与原遇合三精组和蟹开三四精、知、章组字合流。精、庄组字原先念为 tsɨ / tsʰɨ sɨ，后来 ɨ 类有部分字演变为 u，应该便是由此发端。知₃、章组与精、庄组合流后，这两部分字的对立就由 ɨ 和 i 来维系。ɨ 的音值不固定，容易发生变化。当知₃、章组读为 ts 组后，原来与之搭配的 I 类字大量涌入 ts 组字的领地，ts 组字的 ɨ 本来有前化为 i 的趋势，但受到知₃、章组 I 类字的冲击，它的音变目标有两个方向可以选择：第一，继续前化为 i，与 I 类字合流；第二，往其他方向变化，以与 I 类字保持对立。

从今音来看，因为发音部位的特殊，ɨ 类部分字选择了前化为 i，也有部分字选择了后化为 u。前文所述的异读字"自"，其原来的形式当是"自~家" tsʰɨ²/"自~觉" tsʰɨ⁵⁶。本来同是一个字，仅是声调不同，但对词汇具有很强的选择性，阳平读法只在"自家"一词中才出现。按"音变规律无例外"的原则，ɨ→u/精庄组＿＿＿，阳平读法也很应该与去声一样读为 u，但事实上它读为 i、ʅ。这说明 u 音类读法并不是连续式音变，而是逐步扩散的离散式音变。

另外，还有一条线索：精组的"姊""死""四"三字在 19 世纪后期本来便为 i，因此没有参与 ɨ>u 的音变，而是顺着原先的趋势演变为今音的 i、ɿ。

回头再看章组中的"之""芝""恃""侍""诗"，这 5 个字是后来才挤入 ts 组的领地的。i 与 ɨ 音近，在彼此的纠葛中，这几个字很可能受到 ɨ>u 的感染，因此也由 i 念为 u。另外，大抵是受到同声符的影响，"芝"从"之"tsu 声，"恃""侍""诗"从"寺"su 声，因此受到类推作用而产生音变。（游汝杰，2016）

从上面的分析可以看出，u 在精、庄组字中首先出现，接下来才逐渐扩散到章组字中。精、庄组有部分 ɨ 类字把音变目标 i 让给了新来的知₃、章组字，自寻出路与知₃章组字保持对立。也就是说，u 音类的出现就是精、庄组 ɨ 类部分字为了避免与知₃、章组 I 类字合流而产生的补偿。因此，章组字中虽偶然有几个受到感染而离队的字音，但绝大多数字还是朝着原先的音变目标 i 前进，最后发展为现代音 i/ɿ，与精、庄组演变为 u 的字保持对立。

### （二）音变的现状与趋势

这种 u 类字扩散的现状如何？我们猜测，这种扩散已经中断。这样的判断基于两个理由。第一，深圳各地客家话对于 u 的辖字比较一致，虽有出入，但不致构成数量上有明显的差异。如果扩散尚未中止，我们或许可以看到各地 u 类字数量有明显差异，但与东莞清溪、香港新界的客家话比较，这批字的主体还是相当一致的。第二，在调查过程中，年纪较大的发音合作人在发音时出现了摇摆不定的情况。如在调查"芝"字时，发音人先念 i；通过提示词组"芝麻"，则更正为 u。20 岁左右的发音合作人，这种情况出现得更多，以至于要提供词组协助调查。我们推测，这种情况是由于双层语言现象的影响。（游汝杰、邹嘉彦，2012）

在 20 世纪七八十年代以前，深圳本土粤语和客家话的地位尚不相上下。80 年代后，由于改革开放的影响，广州话迅速成为深圳的高层语言。① 同时，普通话的地位也得到进一步提升。至 21 世纪以后，普通话才逐渐取代广州话成为高层语言。20 世纪八九十年代出生的深圳客家人在母语尚未熟练掌握的情况下，又在教育场所和社会场合不断经受普通话和广州话的冲击，其母语已渐渐偏离正轨。因此，对于一些非常用字的读音，常常选择书面化程度较高的普通话或广州话去类推。这似乎有一些新的层次叠置的可能性，巧合的是，广州话止开三齿音字绝大多数读 i，普通话则一般读为 i/ɿ。按这样的发展趋势，我们猜测深圳客家话的精庄组字可能的演变轨迹如下：

---

① 准确来说，应该是香港粤语成为高层语言。基于某种观点，本文认为香港粤语属于广州话的变体。且无论是广州粤语还是香港粤语，在当时都属于高层语言。因此，以概括性较广的"广州话"来替代"香港粤语"。

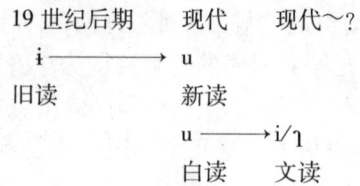

## 五、结　语

通过上面的讨论，我们可以得出以下结论：

（1）深圳客家话止开三齿音字的读音有两种类型，其分类标准在于有无ɿ音位。其地理分布详见图2。

（2）u音类属于自源性的离散式音变，也即深圳客家话内部的自然音变。

（3）u音类来源于止开三的精、庄组字，是从19世纪后期的ɨ演变而来的。

（4）u音类的出现是19世纪后期精、庄组ɨ类字为了避免与知₃、章组I类字合流而产生的补偿。

（5）该音变现象现今已经中止。未来或可能受到广州话和普通话的影响，既作为ɨ的新读又同时作为与i/ɿ相对的白读而产生新的层次叠置，发生新的重置式音变。

本文对深圳客家话内部进行再分类，并绘制了地理分布简图。在前人研究的基础上，对深圳客家话止开三齿音字的u类字进行了详细分析，对其性质、来源、成因、现状和未来可能的演变趋势进行了专题研究。本文所讨论的问题或可对深圳客家话的研究有所裨益，填补空白。

**参考文献**

[1] 北京大学中国语言文学系语言学教研室. 汉语方音字汇：2版 [M]. 北京：文学改革出版社，1989.
[2] 陈忠敏. 汉语方言音史研究与历史层次分析法 [M]. 北京：中华书局，2013.
[3] 黄杰平. 东莞樟木头客家方言的语音研究 [D]. 昆明：云南师范大学，2014.
[4] 李如龙，张双庆. 客赣方言调查报告 [M]. 厦门：厦门大学出版社，1992.
[5] 林伦伦，陈小枫. 广东闽方言语音研究 [M]. 汕头：汕头大学出版社，1996.
[6] 刘涛. 梅州客话音韵研究 [D]. 广州：暨南大学，2003.
[7] 罗美珍，林立芳，饶长溶. 客家话通用词典 [M]. 广州：中山大学出版社，2004.
[8] 马洁琼. 梅州客家话齿音声母研究 [D]. 广州：暨南大学，2010.
[9] 邱菊霞. 观澜客家话语音音系特点浅析 [D]. 深圳：深圳大学，2007.
[10] 丘学强. 军话研究 [M]. 北京：中国社会科学出版社，2005.
[11] 汤志祥. 深圳本土方言的地理分布特点 [M] //全国汉语方言学会《中国方言学报》编委会. 中国方言学报（第5期）. 北京：商务印书馆，2015.
[12] 唐作藩. 音韵学教程 [M]. 北京：北京大学出版社，2005.
[13] 田志军. 近代晚期粤东客音研究 [M]. 北京：中国社会科学出版社，2015.
[14] 王洪君. 历史语言学方法论与汉语方言音韵史个案研究 [M]. 北京：商务印书馆，2014.
[15] 温昌衍. 客家方言 [M]. 广州：华南理工大学出版社，2006.

[16] 游汝杰. 汉语方言学教程［M］. 上海：上海教育出版社，2016.
[17] 游汝杰，邹嘉彦. 社会语言学教程［M］. 上海：复旦大学出版社，2012.
[18] 詹伯慧，张日昇. 珠江三角洲方言字音对照［M］. 香港：新世纪出版社，1987.
[19] 张维耿. 客方言标准音词典［M］. 广州：中山大学出版社，2012.
[20] 中国社会科学院，澳大利亚人文科学院. 中国语言地图集［M］. 香港：香港朗文（远东）有限公司，1987.
[21] 朱晓农. 汉语元音的高顶出位［J］. 中国语文，2004（5）.
[22] 庄初升，黄婷婷. 19世纪香港新界的客家方言［M］. 广州：广东人民出版社，2014.

# 赖源客家话的音系及其语音特点
## ——以下村、黄地村为例

李珊伶

(台湾"中央"大学客家语文暨社会科学学系)

**【提　要】** 连城县赖源乡位于闽西客家方言与福建闽方言的接合部，方言多样而复杂。本文在实地调查的基础上，以下村和黄地村为例，呈现其语音系统，并深入分析其语音特点及演变规律。

**【关键词】** 赖源　连城方言　客家方言　语音　音韵特点

## 一、引　言

赖源乡位于连城县东边，西与曲溪乡、莒溪镇相邻，北、西北和姑田相接，东、东北与永安市小陶镇为邻，南接新罗区万安镇。因其山峦连绵的地理环境，一乡之内分布着数种难以彼此沟通或勉强可以沟通但语音系统差异显著的方言土语。因赖源与闽语区的永安市、龙岩市相邻，除了客家话的语音特征外，也有不少闽语系统的语音表现。另外，闽西地区原属百越居住地，来自底层的语音、词汇或多或少也影响了现今赖源话的语言系统。本文主要调查的方言点为下村与黄地村，下村话是赖源片的代表方言点，也是乡政府所在地。该村南边与闽南语区的万安镇接壤，西南方相邻的黄宗村，其语音源于龙岩市万安镇的涂潭，而东边的河祠村与万安、漳平相邻，闽南语特点已颇为显著。整体而言，下村位于赖源乡行政中心，语言的接触相较于黄地村势必更为频繁与复杂。从地理位置来看，黄地村仅西边与曲溪相邻，就像是被赖源乡其他行政村保护着，不让其受闽语区的影响。语言环境是否造成下村、黄地村语音上的差异，也是本文所要探析的重点。

## 二、赖源客家话的语音系统

### （一）声母

赖源客家话的声母基本上差异不大，包括 ∅ 在内，下村话共有 21 个声母，黄地话则有 20 个声母。其差异在于下村话比黄地话多了 3 声母（加圆括号表示）。声母例字见表 1。

## 赖源客家话的音系及其语音特点

表1 赖源客家话声母例字

| | | | | | | | |
|---|---|---|---|---|---|---|---|
| p | 布拜报盘冰北壁 | pʰ | 配飘骗喷旁泼劈 | m | 磨买庙面门灭麦 | f | 书水妇画烦述佛 |
| t | 肚台刀店吞得达 | tʰ | 土体天庭虫特读 | n | 努奶泥暖南娘诺 | l | 路李累烂亮猎六 |
| ts | 左子尖尊松绝绩 | tsʰ | 菜秋餐枪请贼族 | | | s | 锁洗小酸双习俗 |
| tʃ | 遮纸针展正折汁 | tʃʰ | 车深镇唱充赤畜 | | | ʃ | 社世扇商熊食叔 |
| | | | | | | (ʒ) | 引爷夜野尹莺谣 |
| k | 界饥高简跟谷脚 | kʰ | 苦口吹春圈缺曲 | ŋ | 鱼蚁酽岸银月玉 | h | 河鞋含闲红盒核 |
| ø | 印油安样屋业恶 | | | | | v | 为湾亡运荣翁物 |

说明：

①n 和 ŋ 遇细音时，n 一致腭化成 ȵ，ŋ 未全面腭化，如："酽_咸开三_" ŋiaŋ³³、"迎_梗开三_" ȵieŋ³³，"仰_宕开三_" 则介于 ŋioŋ²⁴ 和 ȵioŋ²⁴ 之间。②泥来母洪细皆不相混，故列 n、l 两个音位。③有两套塞擦音系统，tʃ、tʃʰ、ʃ 发音如台湾海陆舌叶声母；ts、tsʰ、s 声母在遇细音时，会出现些微的腭化现象，但整体上依旧偏向 ts、tsʰ、s 系统，故仍以 ts、tsʰ、s 记录。④ʒ 声母并不是跟着 tʃ、tʃʰ、ʃ 一起发展，而是擦音化后的结果，且因地区及发音者而变异。⑤中古全浊声母清化大多读不送气，少部分读送气。

### （二）韵母

#### 1. 下村话

共68个韵母，包含28个开尾韵、15个鼻尾韵、19个塞尾韵，以及6个鼻化韵。

（1）开尾韵。如下：

a 多台财察　e 泥枝筛夹　ɤ 满昨免捻　o 伯糯查答　ɛ 杯雷妹禾　i 肥姐脆礼　ɿ 租柿匙知

u 恶乌扑陆　ʉ 猪女水书　y 喻裕

ao 班环单屋　ai 笔德一惜_可~_　oi 宅　ei 平_公~_ 睡领_衫~_ 刻　ɛi 说_~话_ 吉来爱　ia 迹_足~_ 楼狗头

io 表鸟樵敲_~诈_　ie 折浙格革　iu 流趣球丢　ua 刮乖外会_~计_　ue 决诀缺　uɛ 怪快 [筷]

ui 出归贵跪

iao 捉速耀育　iei 颈　uao 官馆惯款　uai 骨国窟　uei 吹炊

（2）鼻尾韵。如下：

aŋ 牛五公憨　oŋ 长_~短_ 房向秧　ɛŋ 拼_~命_ 耳县天　ɤŋ 争_~吵_ 展暗感

aiŋ 苋_~菜_ 限舰闲　aoŋ 藩砚　eiŋ 艺毅　ɛiŋ 转_~圈_ 煎眼间　iaŋ 酽_~茶_ 咸容松

ioŋ 畅_白读_ 姜养匠　ieŋ 艾盐檐雁　iɛŋ 演莺燕然　ʉeŋ 迎盈赢额　iɤŋ 牵　uɛŋ 转_~眼_ 言专愿

（3）塞尾韵。如下：

aʔ 会袜侄　oʔ 白乐择~菜　eʔ 倍越彻　ɛʔ 迭坐页　iʔ 绝术迹事　ɿʔ 十直蛰　uʔ 舅有白读　ʮʔ 苣柱
aoʔ 木独早　aiʔ 滑你核~果　ɛiʔ 二入　ioʔ 药略虐　ieʔ 食　iɛʔ 页业湿　ueʔ 月
iaoʔ 六肉浴　uaiʔ 掘　uiɤŋʔ 近很~　ĩaʔ 妗舅母

（4）鼻化韵。如下：

ɤ̃ 分冷幸恩　ĩa 润金擎永　ĩɤ 跟~着 肯认人　ũa 军拳蠢裙　ũɤ 昆棍捆困　ʮĩɤ 跟鞋~银近~视准

说明：①韵母数量众多，原因有二。第一个原因是主要元音仍在变动中（低化、高化），以及-i 韵尾正在消失中；第二个原因与韵母舒入不平行以及非入声韵具有喉塞现象有关，入声韵母虽多，但部分韵母的辖字却不多。②具撮口呼 y，但仅作为韵母，且只出现在零声母；有圆唇元音 ʮ，可作为介音，也可当韵母，但只与 iɤ 搭配（如"鞋跟"hei³³ kʮ ĩɤ⁵⁵），或单独成韵母（如"猪"kʮ⁵⁵）。③元音 o 实际音值较为圆唇，介于 o 和 u 之间，本文统一标为 o。④阳声韵尾只保有 ŋ 韵尾。

2. 黄地话

共有 64 个韵母，包含 24 个开尾韵、15 个鼻尾韵、19 个塞尾韵，以及 6 个鼻化韵。

（1）开尾韵。如下：

a 多沙插泼　e 知~道 螺哪八　o 爬假法隔　ɤ 山半卵看　i 非位七吉　ɿ 次四池试　ɨ 水继猪剧
u 舒句舞书
ao 肚路谷屋　ai 脉责睡择选~　aə 刀满高所　ei 夹每艺蟹　ia 孝交包炒　io 撇劈迹脚~壁
iu 纠丑流缩　ua 刮块外宽　ue 骨窟　ui 决诀鬼贵　uɤ 管官关惯
iao 走尿涩斗　iai 革溪鸡刻　iaə 表约桥小　uai 吹炊　uei 国

（2）鼻尾韵。如下：

aŋ 棚工~东总午　oŋ 庄畅上光　eŋ 县肩田米　ɤŋ 棚硬衫暗　ʌŋ 成几~正眠横
aiŋ 苋~菜 限舰闲　eiŋ 间剪千店　iaŋ 咸用松龙　ioŋ 融娘仰酱　ieŋ 檐演然艾
iəŋ 晴镜饼领衫~　iʌŋ 牵　iɤŋ 降　ueŋ 建言跟鞋~拳猜　uʌŋ 拳~头

(3) 塞尾韵。如下：

aʔ 断~绝 袜核~审 偓　　oʔ 择~菜 白石下~底　　eʔ 日灭热舌　　ɤʔ 旱　　ʌʔ 可乐达敲~门
iʔ 习术体迹~事　　ɿʔ 十蛰实侄　　ɿʔ 苎柱　　uʔ 服舅白读有白读　　ŋʔ 你
aoʔ 读族禄目　　aiʔ 立律历泽　　eiʔ 二入　　ieʔ 业页　　iuʔ 六俗绿续　　iʌʔ 弱药虐
iaoʔ 玉厚　　uaiʔ 近很~　　ueiʔ 掘

(4) 鼻化韵。如下：

ɤ̃ 奋忿　　ʌ̃ 音吞心成~功　　ĩa 经警庆景　　ĩʌ 耕紧引跟~着　　ũa 均裙君军　　ũʌ 棍捆坤昆

说明：①入声韵母众多，且部分韵母例字不多，如 ueiʔ、iaoʔ、ɤʔ、ŋʔ，应与其舒入不平行以及非入声韵具有喉塞现象有关，虽例字多寡不一，但仍计入韵母数内。②元音 u 遇到合口声母 f 时，实际音值受声母影响较接近ʉ。③阳声韵尾只保有 ŋ 韵尾。

## （三）声调

赖源话共有 6 个声调，下村、黄地村调值不同。（见表2、表3）

**表2　下村客家话声调例字**

|   | 平 | 上 | 去 | 入 |
|---|---|---|---|---|
| 清 | 55 瓜爸刀肝懒 | 24 土酒五买软 | 112 菜斗去半妹 | 53 七笠縠一北竹 |
| 浊 | 33 台泥油禾船 |   | 53 闰大汗豆树 | 53 会不~日六石弟舅白读 |

说明：①阴入喉塞成分消失，与阳去 53 相混。②浊上多数归阴上和阳去（全浊上多归阳去，次浊上多归阴上），部分归阴去，少数字归阴平，另有归阳入的特殊现象。

**表3　黄地村客家话声调例字**

|   | 平 | 上 | 去 | 入 |
|---|---|---|---|---|
| 清 | 24 瓜爸刀肝懒 | 31 土酒五买软 | 113 菜斗去半妹 | 55 七笠縠一北竹 |
| 浊 | 33 台泥油禾船 |   | 55 闰大汗豆树 | 32 会不~日六石弟舅白读 |

说明：①阴入 55 喉塞成分消失，与阳去 55 相混。②浊上多数归阴上和阳去（全浊上多归阳去，次浊上多归阴上），部分归阴去，少数字归阴平，另有归阳入的特殊现象。③上声 31 不是纯粹的降调，结尾带有上升调值，音值近似于 312，另有不少带有紧喉的情况，音值近似于 31，表3统一以 31 标示。

## 三、赖源客家话的语音特点

### （一）声母特点

**1. 古全浊塞音、塞擦音清化多读不送气**

赖源话浊音清化多读不送气应是受临近闽方言的影响。但观察下村及黄地两方言点的辖字，却发现有不少送气与不送气不一致的情况，如："办"在下村读不送气，在黄地村读送气；"重"字在下村不论"轻重"还是"重复"皆读不送气，但在黄地村是"轻重"时读送气，"重复"时又读不送气；"拳""动""坐"等字的情况与"重"相同，在黄地村都有两读，且以声母送气与否区别。（见表4）整体来看，赖源话的古全浊声母今读似仍在变动中，才会出现如此不一致的情况。

表4　赖源客家话中古全浊声母清化今读例字

| 方言点 | 办 | 弟 | 动 | | 盆 | 坐 | 重_轻~ | 重_~复 |
|---|---|---|---|---|---|---|---|---|
| 下村 | pao⁵³ | tiʔ⁵³ | tʰaiʔ³² | | pʰɤ³³ | tsɛʔ³² | tʃaŋ⁵³ | tʃaŋ³³ |
| 黄地村 | pʰɤ⁵⁵ | taŋ⁵³ | 动_文读 taŋ⁵⁵ | 动_白读 tʰaŋ³¹ | pʌ̃³³ | tsʰeʔ³² | tʃʰaŋ³¹ | tʃaŋ³³ |

**2. 精、知、章、晓、匣读如见组（知、章、晓、匣合口字）**

精组读如见组出现在三、四等字，此种表现在汉语方言中极为少见，闽西中片客家话的例字有"秦""津""浆""蒋"①，赖源话的例字有"剿"ᶜkio_下村／ᶜkiaə_黄地、"趋"ᶜkʅ_下村／kɨ_黄地、"趣"tsʰiu_下村／kɨ_黄地、"取"ᶜkʰʅ_下村／tsʰi_黄地、"悄"ᶜkio_下村／ᶜkiaə_黄地、"聚"kʅ²_下村、"囚"ᶜkiu_下村/黄地，其共同特点都具有一前高元音韵母，何纯惠（2014）认为，精组三、四等读舌根塞音的现象是因为 i 介音始发音部位较前的舌尖 ts、tsʰ 舌面化成 tʃ、tʃʰ 后，再往后演变为舌根 k、kʰ。

知、章读如见组的出现遇、止、山、臻等摄的三等合口字，k、kʰ声母出现在 ʮ、u、ɨ 韵母前，ʮ、u 为圆唇元音，而 ɨ 是 iu > y 中间阶段，姑且将其视为圆唇解释。由此可见，

---

① 参见何纯惠《闽西中片客家话与混合方言音韵研究》，台湾师范大学2014年博士学位论文，第124页。文中汇整出闽西中片客家话中有个别精组三等读为舌根塞音声母的例字，另外也在畲语中找到"妻""剪"相似的例子，"妻"在福建小沧畲话，读有 kʰa¹、tsʰa¹ 两音，浙江畲话读 kʰieˡ、广东畲话读 kʰeˡ。历史来源皆为具前高元音性质的三、四等，与精组今读 k、kʰ 的表现有关。这个前高元音可能是 i 或 y 一类的元音，i 介音始发音部位在前的 ts（或 tsʰ）舌面化之后，再进一步演变为 k（kʰ），最后丢失 i 介音。演变过程可能是：＊tsi－（＊tsʰi－）＞tʃi－（tʃʰi－）＞ki－（kʰi－）＞k－（kʰ－）。

"合口"和"三等"是知章 tʃ、tʃʰ 声母向见组 k、kʰ 声母发展的音变条件①。晓、匣读如见组的例子有"况""械""厚""咸""舰""溃",而匣母读同群母在南方方言里是很广泛的存古层次②,赖源客家话匣母读如见组的字虽然不多,但仍是匣母与群母间的存古语音特性的最好见证。(见表5)

表5 赖源客家话精知章、晓匣今读 k 声母之例字

| | 例字 | 下村 | 黄地 | 例字 | 下村 | 黄地 | 例字 | 下村 | 黄地 |
|---|---|---|---|---|---|---|---|---|---|
| 精 | 剿 | kio²⁴ | kiaə³¹² | 囚 | kiu³³ | kiu³³ | 取 | kʰʯ²⁴/tsʰi²⁴ | tsʰi³¹² |
| 知 | 猪 | kʯ⁵⁵ | ki²⁴ | 转~眼 | kuɛŋ²⁴ | kueŋ³¹² | 椿~树 | kʰʯĩɤ⁵⁵ | kʰũa²⁴ |
| 章 | 鼠 | kʰʯ²⁴ | kʰi³¹² | 砖 | kuɛŋ⁵⁵ | kueŋ²⁴ | 齿 | kʰi²⁴ | kʰi³¹² |
| | 串 | kʰuɛŋ¹¹² | kʰueŋ¹¹³ | 出 | kʰui⁵³ | kʰui⁵⁵ | 吹 | kʰuei⁵⁵ | kʰuai²⁴ |
| 晓 | 况 | kʰoŋ¹¹² | kʰoŋ¹¹³ | | | | | | |
| 匣 | 械 | ka¹¹² | ka¹¹³ | 咸 | kiaŋ³³ | kiaŋ³³ | 舰 | kɛiŋ²⁴ | kueiŋ³¹² |
| | 厚 | kiaoʔ⁵³ | kʰiaoʔ³² | 溃 | kʰui¹¹² | kʰui¹¹³ | | | |

### 3. 精、庄、章合口三等,见、晓组合口读 f

精、庄、章合口三等读 f- 出现在"邪""生""昌""船""书""禅"等擦音声母中,闽南客家话、北方方言也都有类似情况③,与韵母中的圆唇性质有关④。赖源客家话的精、庄组读 ts、tsʰ、s 声母,章组读 tʃ、tʃʰ、ʃ 声母,合口 u 介音的圆唇成分,提供了声母向前演变至唇齿 f 声母的条件,以下村话"梳""睡""水"为例,"梳""水"演变过程为 *sui(ʃui)>fʯ,"睡"则是 *ʃuei>fei。其中,"睡""水"同为章组字,"睡"是

---

① 参见吕嵩雁《闽西客语音韵研究》,台湾师范大学1999年博士学位论文,第269～270页:"这种变化的原动力来自韵母中的圆唇性质,圆唇的'后'作用促使声母由 tʃ→k。"张光宇《汉语方言合口介音消失的阶段性》,载《中国语文》2006年第4期,第346～384页。文中观察 u 介音在汉语方言消失的阶段性,发现 u 介音在舌根音之后是保存得最好也最不容易丢失的。何纯惠《闽西中片客家话与混合方言音韵研究》,台湾师范大学2014年博士学位论文:"韵母的圆唇成分在发音上适宜与舌根塞音搭配,提供了知、章声母舌根化为 k、kʰ 的合适环境,这是声母往后部变化的表现。"

② 参见严修鸿《客家话匣母读同群母的历史层次》,载《汕头大学学报》(人文社会科学版)2004年第1期,第41～44页。匣母读同群母在南方是很广泛的存古层次,不只吴闽独有。就典型性而言,闽语为最,客赣吴次之,粤湘的情况据初步了解,也是零星地存在的。北方话的情况,《切韵》时代,匣母就独立出来了,一般的拟音是 *ɣ-,与群母 *g- 相区别了。因此,南方汉语匣母读同群母,反映的是《切韵》之前的语音层次。

③ 参见陈秀琪《客家话的比较研究》,南天书局2012年版,第156～157页。闽南客家话有章组船、书、禅读 f 声母的语音特点,北方方言从山东、河南、安徽、山西、陕西、甘肃、新疆及四川等一大片地区,也都有知、庄、章组合口读 pf、pfʰ、f、v 的现象,是 tʂ、tʂʰ、ʂ、ʐ 受介音 u 的影响,发音部位移到双唇,发音方法保留原来的塞擦音和擦音,就形成了 pf、pfʰ、f、v。

④ 参见吕嵩雁《闽西客语音韵研究》,台湾师范大学1999年博士论文,第268～269页。这种变化的原动力来自韵母中的圆唇性质,圆唇撮起的作用促使声母由舌尖面音而唇齿塞擦音,再演变为唇齿擦音。

支韵,"水"是脂韵,在同韵的其他声母字都看不出差别性,但通过"睡""水"的韵母就可看出它们的来源不同。此情况也见于闽南客家话。(见表6)

表6 赖源客家话、闽南客家话章组支、脂韵今读例字

| 方言点<br>例字 | 赖源下村 | 赖源黄地林 | 默林 | 大溪 | 和平 |
|---|---|---|---|---|---|
| 睡 | fei⁵³ | fai⁵⁵ | fe³³ | fe⁵⁵ | fe⁵⁵ |
| 水 | fʅ²⁴ | fɨ³¹² | fi⁵³ | fi³¹ | fi³¹ |

晓、匣合口读 f 是客家话内部共有的特色,是因"三等合口"和"合口三等"的差异而进入不同发展方向的情况①。如"血"字在各地客家话有 h、f 两种读音,赖源话也是,下村读 fi²,黄地则已腭化且进入声母前化运动读 ʃai²,与"合三""三合"概念相同,"血"是受了"四等合口""合口四等"i、u 韵母排列位置不同而发展出不同的语音表现,显示了汉语史上因"三等合口"和"合口三等"韵母形式的不同而产生了两条不同的发展方向。(见表7)

表7 赖源客家话精庄章、见晓组读 f 声母之例字

| 声母 | 例字 | 下村 | 黄地 | 例字 | 下村 | 黄地 |
|---|---|---|---|---|---|---|
| 精 | 隧 | fi⁵³ | fi⁵⁵ | 旋 | fɛŋ¹¹² | feŋ¹¹³ |
| 庄 | 梳 | fʅ⁵⁵ | fɨ²⁴ | 蔬 | fʅ⁵⁵ | sao²⁴ |
| 章 | 船 | fɛŋ³³ | feŋ³³ | 唇 | fĩa³³ | fʌ̃³³ |
| 章 | 睡 | fei⁵³ | fai⁵⁵ | 术 | fiʔ⁵³ | fiʔ³² |
| 章 | 瑞 | fi⁵³ | fi⁵⁵ | 水 | fʅ²⁴ | fɨ³¹² |
| 见 | 裤 | fu¹¹² | fu¹¹³ | 墟 | fʅ⁵⁵ | fɨ²⁴ |
| 晓 | 火 | fɛ²⁴ | fe³¹² | 花 | fo⁵⁵ | fo²⁴ |
| 见 | 血 | fi⁵³ | ʃai⁵⁵ | 兄 | fʅĩɤ⁵⁵/sɤŋ⁵⁵ | sɤŋ²⁴ |

---

① 参见陈秀琪《客家话的比较研究》,南天书局2012年版,第97~98页。列举中古晓匣母合口字在客家话音读的例字,有"火""花""怀""辉""欢""血""魂""熏""红"9个字,各地读 f 声母的表现一致,仅"血""熏"二字呈现区域性的差异,赖源话的表现大致如此,"火""花""怀""辉""欢""魂"读 f,"熏"字在赖源未使用,"红"读 h 是因通摄韵母已低化读 a 元音,而失去了 hu > f 的音变条件,也可得知赖源话通摄 u 元音低化应该不是晚期的语音变化。

4. 晓、匣有4个语音层次（k＞h＞∅＞v、k＞h＞ɕ＞ʃ＞ʂ＞s）

（1）k、kʰ 层次：最存古的层次，匣母读同群母在南方方言里是很广泛的存古语音层次①。

（2）v 层次：是 *ɣ 弱化脱落而来的，匣母脱落的现象在汉语南方方言中颇为常见，且辖字大致相同，如"禾""话""滑""黄"，赖源话匣母读 v 辖字明显比晓母多，且都发生在合口字，是 *ɣ 弱化成 ∅ 之后，在合口的条件下，u 元音擦音化读成了 v。

（3）h、f 层次：匣母开口读 h 是中古语音，当与合口 u 组合后，就会产生 hu＞f 的音变。② 以果摄为例，其合口皆已开口化，但仍可从少数见、晓、影组字找寻合口的痕迹，如"和~ᴀ~ᴀ"在下村读₅ho，在黄地读₅faə。下村受了 uo＞o 开口化的影响，保留了 h 声母；黄地则因 u 与 aə 的组合较不易让 u 介音消失而产生 huaə＞faə 的音变，也就与下村话读不同音了。

（4）ʃ、s 层次：属较后期的音变发展，晓母多发生在三、四等且辖字较多，匣母仅"咸""贤""现""行"4个字读为擦音，"行"字是跑得最快的，"咸""贤""现"都还在舌叶 ʃ 阶段，"行"已经再更前化读舌尖声母 s。

表8 赖源客家话晓、匣母今读例字

| | 例字 | 下村 | 黄地 | 例字 | 下村 | 黄地 |
|---|---|---|---|---|---|---|
| 晓 | 虾 | ho³³ | ho³³ | 香 | ʃoŋ⁵⁵ | ʃoŋ²⁴ |
| | 歪 | vao⁵⁵ | vɤ²⁴ | 休 | siu⁵⁵ | siu²⁴ |
| 匣 | 咸 | kiaŋ³³ | kiaŋ³³ | 禾 | vɛ³³ | ve³³ |
| | 汗 | hao⁵³ | hɤ⁵⁵ | 壶 | fu³³ | fu³³ |
| | 现 | ʃɛŋ⁵³ | ʃeŋ⁵⁵ | 行品~ | s̃ɤ¹¹² | s̃ʌ¹¹³ |

---

① 参见严修鸿《客家话匣母读同群母的历史层次》，载《汕头大学学报》（人文社会科学版）2004年第1期，第41～44页。匣母读同群母在南方是很广泛的存古层次，不只吴闽独有。就典型性而言，闽语为最，客赣吴次之，粤湘的情况据初步了解，也是零星地存在的。北方话的情况，《切韵》时代，匣母就独立出来了，一般的拟音是 *ɣ-，与群母 *g- 相区别了。因此，南方汉语匣母读同群母，反映的是《切韵》之前的语音层次。

② 参见罗肇锦《客家话 hu→f 的深层解读》，见丘昌泰、萧新煌主编《客家族群与在地社会：台湾与全球的经验》，智胜文化2007年版，第289～300页。f 声母的产生，是因南方少数民族的底层语中，u 介音实际音值较接近唇齿的 v，因此客家话中的 u 介音比其他汉语方言容易启动唇齿化，产生与 v 相同发音部位的 f 声母。

## （二）韵母特点

### 1. 庄组字的存古与创新

庄组字在客家话读 e 元音是前切韵的存古音遗留①，赖源话的深、臻、曾三摄主要元音多已合流读为 ɿ̃/ʌ̃，止、流两摄则各自呈现了庄组字的存古与创新两种特质。止摄庄字读 e 元音的字不多，有"筛""衰""帅" 3 个字，反而是非庄组字保留的不少 e 元音，如"知"文读为 ₌tʃĩ，白读则为 ₌te，又如章组"枝""纸"都有 e、i 两个读音，e、i 今读共存的现象也为汉语历史上的 *e>i 元音高化做了最直接的见证②。相较于止摄今读 e 元音的保守表现，流摄却看不到任何 e 元音的踪影，列举例字见表 9。

表 9 赖源客家话止摄、流摄庄组例字

| | 一等 | | 三等 | |
|---|---|---|---|---|
| 庄组字 | ia 下村/ iao 黄地 | | ia 下村/ iao 黄地 | 愁 ₌sia（tsʰu）/ ₌siao、馊 ₌tsʰia/₌tsʰiao、瘦 sia²/siao² |
| 其他声母字 | | 斗 tia²/tiao²、狗 ₌kia/₌kiao、楼 ₌lia/₌liao、猴 hia²/hiao² | iu | 刘 ₌liu、酒 ₌tsiu、秋 ₌tsʰiu、旧 kiu²、手 ₌tʃʰu/₌tʃʰiu |

下村话与黄地话一等主要元音为 ia/iao，三等则是 iu/iu 韵母，但三等庄组字却不读 iu，而是跟着一等字读 ia/iao。以 *eu 为起点，三等今读 iu 是经历了 *eu > iu 元音高化后的结果，一等字、三等庄组字读 ia/iao 的演变过程则是：*eu > iu > io > ia、*eu > iu > io > iou > iau > iao，庄组读同一等字而与同摄其他声母字有别，是遵循了一、三等主要元音同形的规律，亦即一等与三等庄组字共同保留了 e 元音，方能有后续的演变，但未停止于 iu 而又继续往 ia/iao 发展，是流摄庄组字的创新表现。另外，如表 9 所示，"愁"字同时存在两读，表示已有部分庄组字渐趋跟进非庄组字 e>i 的变化。除了 e 元音之外，遇摄庄组字则保留了前切韵的 o 元音，虽然仅有"所"字，但"所"在客家话内部读 o 元音的表现颇为一致，也是元音链移高化运动中珍贵的古音留存。

### 2. 韵母链移：果、假、蟹、效、山、咸摄

赖源话的韵母链动以假摄向果摄发展（a→o）为开端，带动了后续的蟹摄、效摄、山摄、咸摄的链移运动，下村及黄地村韵母链动方向如图 1。

---

① 参见陈秀琪《客家话的比较研究》，南天书局 2012 年版，第 62 页；张光宇《论"深摄结构"及相关问题》，载《语言研究》2007 年第 1 期，第 1～11 页。分布在止摄、流摄、深摄、臻摄及曾摄，也有少数非庄组字读有 e 元音，其共同点皆是以 e 元音与其他读 i 元音的声母字有所区别。

② 参见陈秀琪《客家话的比较研究》，南天书局 2012 年版，第 55～68 页。

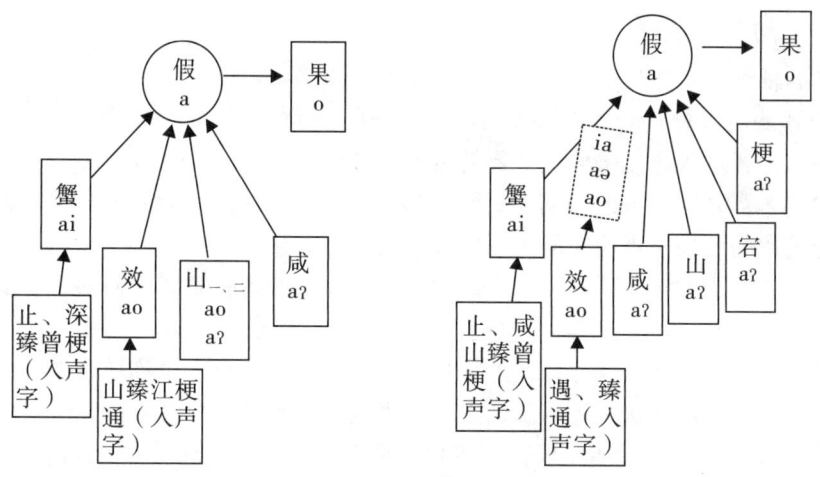

图1 下村及黄地村韵母链动方向

下村话当假摄 a 元音往 o 移动,蟹摄 ai 丢失韵尾后读 a,效摄若依照下村话语音系统应该要读 ao(为 au 再演变),但今读以 o、a 元音为主,山摄今读 ao,少数个别字读 a,山摄、咸摄入声字舒声化后部分字读 a,这是第一波因为 a→o 引发的拉链运动,又因为蟹摄、效摄向 a 移动,也使得止摄的部分 ai 韵母与蟹摄相混,深、臻、江、曾、梗、通舒声化后的入声字读 ai,填补原来蟹摄 ai 元音,而山摄一、二等 *on > ao,臻、江、梗、通入声字舒声化后,则填补了效摄 ao 元音的空格。

黄地话蟹摄 ai 丢失韵尾后读 a,山摄今读 ɤ,少数个别字读 a,山摄、咸摄、宕摄、梗摄入声字舒声化后部分字读 a,以上是与下村话情况类似的发展,而效摄较特别的是,仍读有 ao 元音,但多继续演变为 aə 元音,若是央元音韵尾再弱化,则很有可能读 a 而进入此链动列车中。

从下村、黄地村的链动方向中,可以发现到山摄一、二等阳声韵与入声韵走了不同的方向,下村的阳声韵今读为 ao,其演变过程为 *on > o > ou > au > ao,黄地村的入声韵舒声化后读 *ai 出现在开口三、四等,演变过程为 *iot > iat > iait > iai > ai,由 iai > ai 是因其前接的声母都具有 [+前] 的特性,致使同为前、高特性的 i 细音消失。经比较也可发现,鼻音韵尾 n 消失的比入声韵尾 t 还早,使得 *on > o 后进行了元音破裂,才有后续的语音演变,而入声韵因 t 韵尾保留较久,才能在舒声化后还保有同部位的 i 韵尾。

综观赖源话语音系统,有不少 au > ao > aə 的发展,主要来源有果摄、遇摄、蟹摄、流摄、山摄。果摄、遇摄是因元音破裂 *o > ou、*u > ou 而有后续演变;流摄一等与三等庄组字是元音高化后启动演变机制,其过程为 *eu > iu > io > iou > iau > iao;而山摄则因鼻音韵尾丢失,进入阴声韵的发展,即 *on > o > ou > au > ao。可以看出,au > ao 是赖源话韵尾发展的方向,为使发音更方便,韵尾 u > o > ə 的转化是正在发生的演变趋势,亦如上文提到,当 ə 韵尾因发音过程方便而逐渐弱化时,很有可能会发生大批复元音因韵尾消失而单元音化的情况。

3. 辅音韵尾的发展

赖源话的辅音韵尾呈现舒入不平行的失衡发展。

（1）鼻音韵尾仅剩 -ŋ。赖源话鼻音韵尾仅剩 ŋ，以 aŋ、oŋ、eŋ 为主，深、臻、曾摄及部分梗摄文读音进入鼻化阶段，主要韵母形式有 ɤ̃、ã、ĩa、ĩʌ、ũa、ɿĩɤ，山摄一、二等进入 ø 阶段，鼻音消失成阴声韵。张琨（1983）①、罗肇锦（2000）②、吕嵩雁（1999）③ 皆认为鼻音韵尾的消失与当地原居少数民族有密切的关系。

（2）塞音韵尾仅剩 -ʔ。赖源话的塞音韵尾比鼻音韵尾的演变更剧烈，皆弱化为喉塞韵尾 -ʔ，且主要为阳入字，清入字已进入最后舒声化阶段，由入声韵变成阴声韵，归入阳去，除了古入声字的塞音成分外，上声带喉塞是赖源话乃至整个连城话的语音特色，也是上古的语音残留。本文认为，赖源话上声读为喉塞现象既有存古残留，也有后期创新。

（3）舒入不平行。赖源话不仅辅音韵尾不平行，主要元音也因为辅音韵尾的剧烈演变而活性大增，以下从辅音韵尾、主要元音两方面来讨论舒入不平行的现象。

第一，辅音韵尾不平行。辅音韵尾舒入不平行是因鼻音韵尾和塞音韵尾演变速度不一所致，非相同发音部位的鼻音韵尾与塞音韵尾对应，或是鼻化韵与喉塞韵尾不同时存在，赖源话的辅音韵尾仅剩 ŋ、ʔ，使得鼻音韵尾收 n、m 的深、臻、曾、梗摄相混（如"针深"="珍臻"="蒸曾"="贞梗"tʃɤ），深、臻读同梗摄（如"锦深"="恳臻"="警梗"ᶜkĩa），塞音韵尾的演变速度比鼻音韵尾快。（见表10）

第二，主要元音不平行发展。赖源话主要元音舒入不平行最明显的发生在深、臻、曾、梗摄，这是因为这 4 个韵摄的鼻音韵尾已进入鼻化韵的阶段，韵尾先启动演变机制的韵母，元音的活性增大，变化也就越快，加上赖源话的元音破裂、元音低化或高化似乎已经成为韵母演变的模式，只要韵尾一消失，u>o>a、au>ao>aə 或是 ai>ei>i 等的演变方向立刻带着元音往下一阶段迈进。另外，鼻化的成分也影响了韵母的演变，其演变方向不同，速度也并非完全一致。可以说，赖源客家话各韵摄内部有多条的演变方向在同时进行，各种原因都促使赖源话的元音呈现丰富的姿态。

---

① 参见张琨《汉语方言鼻音韵尾的消失》，载《"中研院"历史语言研究所集刊》1983 年第 54 卷第 1 期，第 3～74 页。鼻音韵尾的消失是与少数民族语言接触的结果，当少数民族在学习北方汉语时，可能受限于自己的语言，无法将鼻音韵尾发音完全，进而促使汉语发生了鼻化作用，甚至是连鼻化都没有，就成了阴声韵。

② 参见罗肇锦《台湾客家族群史·语言篇》，台湾省文献委员会 2000 年版，第 133～143 页。闽西地区除了客家人也有不少非汉族居民，其中以畲族最多，汉畲杂居形成了客化的畲族，也将畲族语言文化带入客家文化中。

③ 参见吕嵩雁《闽西客语音韵研究》，台湾师范大学 1999 年博士学位论文，第 288～291 页。除了少数民族语言接触外，闽西内部各方言语音演变速的不一致、北方官话的强势渗透皆是促使鼻音韵尾剧烈演变的原因。

表10　赖源客家话深、臻、曾、梗摄舒入今读例字

| 韵摄 | 例字 | 下村 | 黄地 | 例字 | 下村 | 黄地 | 例字 | 下村 | 黄地 |
|---|---|---|---|---|---|---|---|---|---|
| 深 | 林 | lɤ̃³³ | lʌ̃³³ | 心 | sɤ̃⁵⁵ | sʌ̃²⁴ | 任 | ʒĩa⁵³ | ĩʌ⁵⁵ |
| | 金 | kĩa⁵⁵ | kĩʌ²⁴ | 音 | ɤ̃⁵⁵ | ʌ̃²⁴ | 沈 | ʃeiŋ²⁴ | ʃeiŋ³¹² |
| | 笠 | lai⁵³ | li⁵⁵ | 习 | sai⁵³ | siʔ³² | 湿 | ʃiɛʔ⁵³ | ʃiʔ³² |
| | 十 | ʃɿʔ⁵³ | ʃɿʔ³² | 急 | ki⁵³ | ki⁵⁵ | 入 | ŋɛiʔ⁵³ | ŋeiʔ³² |
| 臻 | 吞 | tʰɤ̃⁵⁵ | tʰʌ̃²⁴ | 跟鞋~ | ĩʌ³³ | kueŋ²⁴ | 跟~着 | kĩɤ⁵⁵ | kĩʌ²⁴ |
| | 根 | kuĩɤ⁵⁵ | kueŋ²⁴ | 仁 | ʒĩa³³ | ĩʌ³³ | 银 | ŋuĩɤ³³ | ŋũa³³ |
| | 笔 | pai⁵³ | pi⁵⁵ | 蜜 | maiʔ⁵³ | maiʔ³² | 侄 | tʃɿ⁵³ | tʃɿ³² |
| | 吉 | kɛi⁵³ | ki⁵⁵ | 近很~ | kuiɤŋ⁵³ | kʰuaiʔ³² | 核 | faiʔ⁵³ | heʔ³² |
| 曾 | 蝇 | sɤ̃³³ | sʌ̃³³ | 肯 | kʰĩɤ̃ | kʰĩʌ³¹² | 冰 | pɤ̃⁵⁵ | pʌ̃²⁴ |
| | 国 | kuai⁵³ | kuei⁵⁵ | 或 | faiʔ⁵³ | feʔ³² | 域 | ʮ⁵³ | ɨ⁵⁵ |
| | 北 | pai⁵³ | pai⁵³ | 特 | tʰaiʔ⁵³ | tʰaiʔ³² | 刻 | kʰei⁵³ | kiai⁵⁵ |
| | 直 | tʃɿʔ⁵³ | tʃɿʔ³² | 息 | sai⁵³ | si⁵⁵ | 食 | ʃiɛʔ⁵³ | ʃiʔ³² |
| 梗 | 打 | to²⁴/ta²⁴ | to³¹ | 冷 | lɤ̃²⁴ | lʌ̃³¹ | 撑 | tʃɤŋ¹¹² | tʃʰʌŋ¹¹² |
| | 棚工~ | pʰaŋ³³ | pʰaŋ³³ | 棚楼~ | pʰɤŋ³³ | pʰɤŋ³³ | 平公~ | pei³³ | pieŋ³³ |
| | 省~长 | sɤ̃²⁴ | sʌ̃³¹ | 省节~ | sɤŋ²⁴ | sɤŋ³¹ | 平~和 | pɤ³³ | pʌ³³ |
| | 百 | po⁵³ | po⁵⁵ | 白 | poʔ⁵³ | poʔ³² | 格 | kie⁵³ | kia⁵⁵ |
| | 册 | tsʰai⁵³ | tsʰai⁵⁵ | 核审~ | haʔ⁵³ | haʔ³² | 核果~ | faiʔ⁵³ | hoʔ³² |
| | 剧 | kʮ¹¹² | kɨ¹¹³ | 迹脚~ | tsia⁵³ | tsio⁵⁵ | 迹事~ | tsiʔ⁵³ | tsiʔ³² |

## （三）声调特点

### 带喉塞尾的上声字声调的存古与创新

古浊上声字带喉塞韵尾的现象，多数认为是上古音的保留。① 下村上声读喉塞尾很明显是读同阳入调值53；黄地村上声带喉塞韵尾的情况则可分为两类，其原因一是同下村，是上古音的保留，调值读同阳入32，二是上声调值自行演变的结果。

黄地的上声主要读312，是一先降后微升的调调，但这样的调值在口语时，结尾的2常会被省略或是发音不完全，如同普通话的三声214，一般口语对话并不会将214发音完全，可能是212甚至是21，黄地村上声调值的辖字数是读312大于31，带紧喉的31字数最少，应该是312未发音完全听起来就像31，而31又与阳入32极为接近，加上浊上本就有读喉塞尾的现象，使得31渐往喉塞发展，搜集的语料中"洒"字分别出现在麻、佳二韵，发音人却说出312和31两种调值的音，另外山开二的"盏""铲""产"3个字，实

---

① 参见刘泽民《客赣方言历史层次研究》，甘肃民族出版社2005年版，第261页。梅祖麟（1970）从现代方言、佛经对译、汉越语材料3个方面论证"古浊上声字带喉塞韵尾"是来自上古音。

际发音界于 31 和 <u>31</u> 间，喉塞尾很短也不明显，但还是可以听出比 31 的韵尾更短促，因此推测其是因上声调值自行演变后的结果，而后有可能渐往 32 发展，进而与阳入合流，此种上声带喉塞尾的现象，仅发生在非鼻音韵尾的韵摄，阳声韵含有鼻化韵及 ŋ 韵尾的上声字，没有 312 > <u>31</u> 的情况，表示鼻音不易让喉塞韵尾产生。

黄地话今读上声的辖字中，出现了实际音值 312、31、<u>31</u> 的情况，应是从先降后微升的 312 调值走向 31 降调，而后受了上声带有喉塞尾的影响，也让某部分字产生了轻微的紧喉音，实际音值就成了 <u>31</u> 短促降调，这样的调值演变是黄地话上声的创新表现，保留了上声带喉塞尾的古音特性，又因古音的残留而影响其他上声字，从中也可看出赖源话语音仍在持续变动中。

表 11　赖源黄地客家话上声实际音值例字

| | 312 | 31 | <u>31</u> |
|---|---|---|---|
| 阴上 | 火、鼠、纸、剪、手、狗、酒、姊 | 果、所、打、本、体、左、假、井 | 可、锁、写、少、早、枣、嫂、嘴 |
| 次浊上 | 五、雨、米、礼、卵、买、舞、语 | 某、冷、猛、忍、远、蠓 | 扰、缴、牡 |
| 全浊上 | 肚腹~、舰、染、圈猪~ | 部、簿、挺、艇、动~_~ | 柱 |

### （四）赖源话的底层语成分

#### 1. 上声带喉塞 -ʔ 尾来自上古

赖源话有不少上声带喉塞尾读同阳入的现象，多数学者认为上声带喉塞 -ʔ 尾是上古音的遗留。① 表 12 为赖源话上声读同阳入之例字，灰底为送气字。

---

① 参见郑张尚芳《上古音系》，上海教育出版社 2003 年版，第 211～212 页。郑张尚芳指出："古汉语上声是带喉塞或紧喉作用的，正因声带紧张度增强而产生升调作为伴随特征，奠定了转化为声调的基础。"

表12　赖源客家话上声读同阳入之例字

| | 下村 | | 黄地村 | | 台湾四县客家话是否读阴平 | 赖源话是否有文白读 |
|---|---|---|---|---|---|---|
| | 例字 | 读音 | 例字 | 读音 | | |
| 次浊 | 有 | fuʔ⁵³ | 有 | fuʔ³² | V | V |
| | 痒 | tsioʔ⁵³ | 痒 | tsʰioʔ³² | V | |
| | 咬 | koʔ⁵³ | 咬 | koʔ³² | V | |
| 全浊 | 坐 | tseʔ⁵³ | 坐 | tsʰeʔ³² | V | |
| | 弟 | tiʔ⁵³ | 弟 | tʰaiʔ³² | V | |
| | 徛 | kʰiʔ⁵³ | 徛 | kʰiʔ³² | V | |
| | 舅 | kuʔ⁵³ | 舅 | kʰuʔ³² | V | V |
| | 断 | tʰaʔ⁵³ | 断 | tʰaʔ³² | V | V |
| | 近 | kuiɤŋʔ⁵³ | 近 | kʰuaiʔ³² | V | V |
| | 苎 | kʰʮʔ⁵³ | 苎 | kʰʮʔ³² | | |
| | 厚 | kiaoʔ⁵³ | 厚 | kiaoʔ³² | | |
| | 下 | hoʔ⁵³ | 下 | hoʔ³² | V | V |
| | 旱 | haoʔ⁵³ | 旱 | haoʔ³² | V | |

从表12可看到，赖源话上声带喉塞的例字，在台湾四县客家话中几乎都读阴平，而客方言中读阴平的字一般多为白读层，文读多读阳去。赖源话也有这样的现象，汇整如表13。

表13　赖源客家话浊上文读去入、白读阳入之例字

| | 下村 | | 黄地村 | |
|---|---|---|---|---|
| | 例字 | 读音（文/白） | 例字 | 读音（文/白） |
| 次浊 | 有 | ᶜiu/fuʔ₂ | 有 | ᶜiu/fuʔ₂ |
| 全浊 | 舅 | kiuʾ/kuʔ₂ | 舅 | kiuʾ/kʰuʔ₂ |
| | 断 | taoʾ/tʰaʔ₂ | 断 | tɤʾ/tʰaʔ₂ |
| | 近 | kʮiɤʌʾ/kuiɤŋʔ₂ | 近 | kʰĩʌʾ/kʰuaiʔ₂ |
| | 下 | hoʾ/hoʔ₂ | 下 | hoʾ/hoʔ₂ |

除了"有"字文读读阴上之外，其余皆符合客方言浊上文读读阳去的特性，"有"是次浊字，跟随阴上读也在规律内。刘泽民（2005）认为，读去声的浊上字，是官话的文读层，是后来覆盖在客赣方言上面的，读阴平的字是客赣方言原本存在的土白层。[①] 赖源话读阴平的字仅"满""懒""辫""菌""稚"5个字，反而读同阳入字较多，在上声调归

---

① 参见刘泽民《客赣方言历史层次研究》，甘肃民族出版社2005年版，第256页。

属的部分倒是比一般客方言多了一个上古的层次——"上古（喉塞）—客方言（阴平）—官话（阳去）"。其中较特别的是下村话"近"的白读，在客方言中，颇少见到鼻音韵尾与喉塞尾的组合。郑张尚芳认为，上古的上声虽与入声一样有塞尾，但其属于发声状态，与发音状态的塞音尾有所区别，因此，今上声读紧喉可出现在阴声韵或阳声韵后，即可以有 mʔ、nʔ、ŋʔ 的形式，与下村话的情况正好符合。此现象在黄地话的人称代词中也可得到印证，下村及黄地村"你""我""他"读音见表14。

表14 赖源客家话"你""我""他"读音

| 方言点 | 你 | 我 | 他 |
|---|---|---|---|
| 下村 | aiʔ$^{53}$ | 厓 ŋaʔ$^{53}$ | 佢 kiʔ$^{53}$ |
| 黄地村 | ŋʔ$^{32}$ | 厓 ŋaʔ$^{32}$ | 佢 kiʔ$^{32}$ |

黄地话的"你"若不从上古音系来探讨，就会变成"发音短促的成音节鼻音"，但仅用"发音短促"仍无法解释其略带紧喉收尾的读音，"你""我""他"读同调是南方汉语的特征词汇，也是客家话的特点之一，却也难以解释读为阳入的现象和"ŋ+ʔ"的韵母组成。只有从上古上声带紧喉尾这一点，方能推论赖源话的"你""我""他"最早应该是跟随"你"读上声，因上声带紧喉的特性，逐渐与阳入相混，才会出现 ŋʔ 的韵母形式，甚至可以大胆推测，赖源的"你""我""他"读为同调的来源应该就是最初的南方汉语，而后受了北方上古汉语的渗透，出现了上声带紧喉的变化，连带着将一些属于白读层的核心词带进阳入，于是形成了与客方言浊上白读读阴平不同的方向。所谓南北汉语是参照罗肇锦（2006）提出之关系图①：

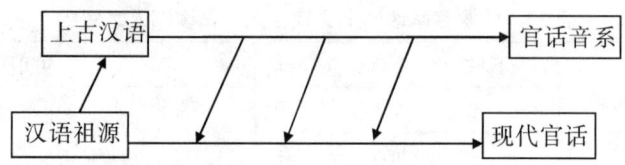

## 2. "有"白读 f 声母来自畲语

赖源话"有"字有文白两读，文读读阴上 ⁼iu，白读读 fuʔ₂。"有"为喻母字，一般多读 ∅，但赖源白读却读 f，且带喉塞，表示其语音层次并非后期才产生的，而是保有了某些存古的语音。笔者在《畲族语言》一书中，发现游文良所汇整的 13 个畲族方言点的"有"字，声母皆读 h，韵母为 o 或 ɔ，都读阴平，赖源的 fuʔ₂ 若从畲语的 ⸌ho 来解释，应

---

① 参见罗肇锦《客语源起南方的语言论证》，载《语言暨语言学》2006年第2期，第550～551页。罗肇锦认为，南北汉语本同源，即为"汉祖语"，后北汉语受阿尔泰语影响，变得和南汉语不同，演变成现今的官话音系。而南汉语保留了缅藏苗瑶侗傣语等少数民族底层语，后加入北方汉语成分，而形成了现今的粤、客、赣、闽语。

该是先保留了上古上声带喉塞的白读层次，而后受到了畲语的影响①，就演变出了 fuʔ₂的读音。如此一来，不管是声母、韵母、声调的关联，就都能说得通了。

## 四、结　语

赖源的地理位置造就了其语音的多样性、丰富性，但也因与闽语区相邻的关系，多数学者将赖源话的语音特点归为闽语的特征，甚至划入闽语的范围。单从"浊音清化塞音、塞擦音多读不送气"这一点，的确是与闽语较为接近，但本文也从"上声带喉塞读阳入调"的特殊现象，分析了赖源话存在的古汉语及客家话特性。笔者认为，"浊音清化多不送气"是后期的语言渗透，甚至极有可能是由本就源于万安话的黄宗村、已具闽南语特点的河祠村等与闽语区相邻的方言点，逐渐向赖源内部地区渗透的结果，这也可解释黄地话为何比处于赖源行政中心的下村话保有更多送气特征的情形。而从人称代词"你""我""他"及"有"字白读读阳入的现象，通过与上古、中古汉语以及畲语的比较，印证了赖源客家话特别的语音现象其实是保留了极为珍贵的底层南方古汉语特点。可以说，赖源客家话是在存古语音的基础上，同时吸收了相邻闽语、赣语的特点，展现出现今赖源客家话保守与创新包容并存的语音面貌。

**参考文献**

[1] 陈一堃，邓光瀛. 福建省连城县志：一［M］. 台北：成文出版社，1938.
[2] 陈秀琪. 客家话的比较研究［M］. 台北：南天书局，2012.
[3] 邓晓华. 闽西客话韵母的音韵特点及其演变［J］. 语言研究，1988（1）.
[4] 邓晓华. 客家话与赣语及闽语的比较［J］. 语文研究，1998（3）.
[5] 邓晓华. 论客家话的来源：兼论客畲关系［J］. 云南民族大学学报（哲学社会科学版），2006.
[6] 邓晓华，王士元. 古闽、客方言的来源以及历史层次问题［J］. 古汉语研究，2003（2）.
[7] 何纯惠. 闽西中片客家话与混合方言音韵研究［M］. 台北：台湾师范大学，2014.
[8] 蓝小玲. 闽西客家方言［M］. 厦门：厦门大学出版社，1999.
[9] 李如龙. 闽西七县客家方言语音的异同［C］//李如龙，周目健. 客家方言研究. 广州：暨南大学出版社，1998.
[10] 李如龙、张双庆. 客赣方言调查报告［M］. 厦门：厦门大学出版社，1992.
[11] 林宝卿. 闽西客话区与音的共同点和内部差异［J］. 语言研究，1991（2）.
[12] 刘泽民. 客赣方言上声调的历史演变分析［Z］. 第二届汉语方言小型研讨会，2004.
[13] 刘泽民. 客赣方言历史层次研究［M］. 兰州：甘肃民族出版社，2005.
[14] 罗土卿. 连城客家方言文化［M］. 北京：中国文史出版社，2008.
[15] 罗超. 龙岩方言语音比较研究［D］. 汕头：汕头大学，2007.
[16] 罗肇锦. 文白对比与客语源起［Z］. 第二届汉语方言小型研讨会，2004.
[17] 罗肇锦. 客语源起南方的语言论证［J］. 语言暨语音学，2006（2）.

---

① 参见罗肇锦《客语源起南方的语言论证》，载《语言暨语言学》2006年第2期，第545～569页。关于客家话中畲语的来源，罗肇锦提出客语源起南方且与畲、彝族关系密切的论证，认为客家话是原居南方的彝瑶畲族吸收了中原南下的汉人带来的北方话成分后所形成的。

[18] 罗肇锦. 客家话 hu→f 的深层解读［C］//丘昌泰, 萧新煌. 客家族群与在地社会: 台湾与全球的经验. 台北: 智胜文化, 2007.
[19] 吕嵩雁. 闽西客语音韵研究［D］. 台北: 台湾师范大学, 1999.
[20] 毛宗武, 蒙朝吉. 畲语简志［M］. 北京: 民族出版社, 1956.
[21] 谢留文. 客家方言语音研究［M］. 北京: 中国社会科学出版社, 2003.
[22] 严修鸿. 连城方言中古全浊声母今读的四种类型［J］. 语言研究, 1998（2）.
[23] 严修鸿. 连城方言古浊上字的调类分化: 兼论福建内陆闽语"浊上归入"的现象［C］//第三届客家方言研讨会论文集.《韶关大学学报》编辑部, 2000.
[24] 严修鸿. 客家方言与周边方言的关系词［J］. 汕头大学学报（人文社会科学版）, 2001（4）.
[25] 严修鸿. 连城方言韵母语闽语相同的层次特征［C］//丁邦新, 张双庆. 闽语研究及其与周边方言的关系. 香港: 香港中文大学出版社, 2002.
[26] 严修鸿. 客家话匣母读同群母的历史层次［J］. 汕头大学学报（人文社会科学版）, 2004（1）.
[27] 游文良. 畲族语言［M］. 厦门: 福建人民出版社, 2002.
[28] 张光宇. 东南方言关系综论［J］. 方言, 1999（1）.
[29] 张光宇. 汉语方言合口介音消失的阶段性［J］. 中国语文, 2006（4）.
[30] 张光宇. 论"深摄结构"及相关问题［J］. 语言研究, 2007（1）.
[31] 张琨. 汉语方言鼻音韵尾的消失［J］."中研院"历史语言研究所集刊, 1983（1）.
[32] 郑张尚芳. 上古音系［M］. 上海: 上海教育出版社, 2003.
[33] 周雪香. 闽西连城客家源流探析［J］. 龙岩师专学报, 2004（2）.
[34] 庄初升, 严修鸿. 漳属四县闽南话与客家话的双方言区［J］. 福建师范大学学报, 1994（1）.

# 河源客家方言地区闽南方言岛的语音特点①

刘立恒

(河源职业技术学院人文学院)

**【提 要】** 论文描写了广东省河源市埔前镇泥金村闽南语的音系，归纳了泥金闽南语的语音特点，包括声母、韵母、声调特点及两字组变调情况，还分析了作为方言岛的泥金闽南话与周边客家话的关系。

**【关键词】** 泥金 闽南话 语音特点

学术界通常认为河源为纯客区，但在河源源城区的埔前镇、源南镇，紫金县的古竹镇，有少量人口使用闽南话。源城区源南镇的风光村、白田村，埔前镇的泥金村和紫金县古竹镇的潮沙村、水东村是零星分布在河源市内的闽南语方言岛。这5个村的村民以姓黄、许、郭、金、蔡等居多。据族谱记载，他们的祖先在400年前由福建漳州迁徙而来，村民至今能说流利的闽南话。

埔前镇泥金村位于河源市南端，东邻紫金县临江镇，南接惠州市博罗县石坝镇，西连桂山，北靠河源市区，总面积162平方千米，下辖16个村委会和1个居委会，常住人口4.7万人，流动人口5.3万人。本文描写的是河源市埔前镇泥金村闽南话，泥金村位于东江河畔，土地肥沃，果树成林，人口有2900多人，共有4个自然村，分别是坝心、上围、天湖、茶湖，其中约九成村民姓黄。根据1995年修编的《泥金黄氏族谱》记载，泥金黄氏祖先从福建省漳州龙溪县南州外30千米一个叫"金竹坪"的地方迁居至河源泥金村，距今已有400年。如今，大部分村民外出打拼，移居到城镇，泥金村人口渐少，目前常住村民只有1500人左右。不管是这些仍居住在村里的泥金人，还是外出工作生活的泥金人，都仍然说着他们祖先保留下来的闽南话。泥金村周围的村落都是讲客家话的，因此，泥金村成了一个方言孤岛。外出的泥金人由于经商和工作的需要，学会了说河源客家话、粤语和普通话，但是回到家里还是用闽南话和家人、亲戚交流。

笔者对泥金村闽南话进行了记录、整理和研究，发现如今泥金闽南话由于自身的历史演变，再加上受到周边客家方言的影响，与漳州闽南话已有较大的差别。

---

① 本文是国家社会科学基金重点项目（项目编号：35AYY001）子课题、基地自立项目（项目编号：14FZ02）的阶段性成果。发音人是黄立来先生，在此致以衷心的感谢。

# 一、泥金村闽南话的声韵调系统

1. 声母

p 坝霸排爬飞饭　　pʰ 波盘派扶奉浮　　b 墨梦脢磨面每　　m 麻问棉毛猫　　f 非怀否帆慌防

　　　　　　　　　　　　　　　　　　　　　　　　　　　　　　　　　　　　　　　　v 祸歪母眉握买

t 多刀茶提徒台　　tʰ 桃太贷导赚窗　　l 拉六罗粘弄内　　n 南儿语严验

ts 左济扯齐蛇才　　tsʰ 柴差妻错始台　　　　　　　　　　　　　　　　　　　　s 三烧肖蝉善臣

　　　　　　　　　　　　　　　　　　　　　　　　　　　　　　　　　　　　　　　dz 于淤预尿润永

k 告茄棵句戒糊　　kʰ 脚夸穷去毁购　　　　　　　　　　　　　ŋ 鹅岩我牛五傲　　h 河鱼府霞妃艾

ʔ 饿衣鸦野要顽

Ø 阿亚锐黄爱牙如日字银递

2. 韵母

　　　　　　　　　　　　　　　　　　　i 鼻书女箸眉扯味　　　　　　　　　　u 唇夫士事薯暑

a 阿亚早者系饱衫　　　　　　　　　　ia 蚁车爷射艾瓦　　　　　　　　　　　ua 我华带娶磨蛇外

ɛ 梳夜骂鞋买计螺　　　　　　　　　　ue 该火瓜飞碍岁

o 所做毛矛摩魔无　　　　　　　　　　io 尿叶桥茄膘对

ai 爱荔哀婿西界　　　　　　　　　　　uai 关梗茎径

　　　　　　　　　　　　　　　　　　　ioi 锐

au 到跑喉头拘描　　　　　　　　　　　iau 表猫数绕谬

ou 摹路谋雨贸楚

　　　　　　　　　　　　　　　　　　　iu 酒扰丘丑釉柔　　　　　　　　　　　ui 肥糜推废肺开

ã 监敢泛打轭　　　　　　　　　　　　iã 件兄擎行腥　　　　　　　　　　　　uã 线扇横欢官般

ɛ̃ 蛮病耕哽更

ɔ̃ 分两羹好毛冒　　　　　　　　　　　iɔ̃ 娘羊唱贡兄烘

ĩ 方变天丸圆荒凝　　　　　　　　　　iũ 纽扭　　　　　　　　　　　　　　　uĩ 酸园专门光黄

am 崖揞减贪南篮　　　　　　　　　　iam 蘸嫌咸欠厌艳

　　　　　　　　　　　　　　　　　　　im 漫深琴心金忍

an 帆闲赚千辨衡　　　　　　　　　　ian 便电选弘肯　　　　　　　　　　　　uan 焕凡矾烦繁

en 恳垦　　　　　　　　　　　　　　　in 眠民根蝇胜面

　　　　　　　　　　　　　　　　　　　iun 永泳咏　　　　　　　　　　　　　un 本文纹云润

　　　　　　　　　　　　　　　　　　　　　　　　　　　　　　　　　　　　　　　uon 罕岸干

aŋ 网宏捻人雄瓶　　　　　　　　　　iaŋ 凉厂亨烹仗霜零

▶ 河源客家方言地区闽南方言岛的语音特点

|  |  |  |
|---|---|---|
| | ieŋ 称登凭平种春 | |
| | iŋ 穿朋明樱还琼 | uŋ 帮懂扛冯汞 |
| ɔŋ 从忙皇讲聋公风 | iɔŋ 尝总浓勇用 | |
| ap 杂压盒合恰十 | iap 涉协胁挟劫 | |
| | ip 习汁入级急级 | |
| at 达别辖国结克 | iɛt 杰穴越乙色洁 | uat 法发没伐罚 |
| ɔt 夺刷说撮 | it 七蜜一日橘极 | ut 不骨佛出核勿 |
| ak 角阁缚壳鈪墨六 | iak 逆历辫弱快剧 | |
| | ik 液识惜易译翼 | |
| ɔk 木博福托各拍 | iɔk 玉约却辱若 | |
| uk 淑粟嘱 | | |
| aʔ 刺括押鸭蛤甲 | iaʔ 碱夹页勺壁屐 | uaʔ 辣末喝阔钵活 |
| ɛʔ 革蹩客八白撇雪 | | ueʔ 月血乞袜掘 |
| | iʔ 裂蚀羽折蛰 | uʔ 捋 |
| ɔʔ 卟敷莫摸暮酷 | | |
| oʔ 落桌学敷薄索 | ioʔ 席石药略拔炙尺 | |
| | iuʔ 郁 | |
| m 唔 | | |
| ŋ 钢肮汤床杠糠 | | |

### 3. 声调

泥金村闽南话有 8 个声调。

| 调类 | 阴平 | 阳平 | 阴上 | 阳上 | 阴去 | 阳去 | 阴入 | 阳入 |
|---|---|---|---|---|---|---|---|---|
| 调值 | 55 | 13 | 51 | 33 | 212 | 33 | 31 | 12 |
| 例字 | 歌沙虾 | 罗河婆 | 左我锁 | 瓦五语 | 袋菜介 | 大坐下 | 只鸭接 | 刺纳杂 |

## 二、泥金村闽南话的语音特点

### 1. 声母特点

泥金村的闽南话有 20 个声母，漳州闽南话有 18 个声母。泥金闽南话的声母与漳州闽南话的相比，多了唇齿清擦音 f、喉塞音 ʔ – 和唇齿浊擦音 v 这 3 个声母，少了舌根浊塞音 g 这个声母。

（1）泥金闽南话中的古全浊声母并奉定从澄群字多读为不送气清音声母。如"步" pɔ$^{33}$、"排" pai$^{13}$、"赔" pue$^{13}$、"盘" puā$^{13}$、"朋" piŋ$^{13}$、"房" paŋ$^{13}$、"电" tian$^{33}$、

"弹~琴" tua³³、"柱" tsu²¹²。

（2）古照组声母字与古精组字在泥金闽南话中混读，一般读作声母 ts、tsʰ、s，如章母字"主" tsu⁵¹、"州" tsiu³³、"针" tsiam⁵⁵，昌母字"处" tsʰy¹³、"齿" tsʰi⁵¹、"出" tsʰut³¹，生母字"沙" sua⁵⁵、"师" sai⁵⁵、"生" sɛ⁵⁵，精母字"左" tso⁵¹、"租" tsɔ³³、"早" tsa⁵¹，清母字"且" tsʰɛ⁵¹、"妻" tsʰɛ³³、"七" tsʰit³¹，心母字"写" sia⁵¹、"洗" sɛ⁵¹、"四" si¹²¹。

（3）泥金闽南话有唇齿音声母 f，古非、敷、奉三母字在一般闽南语的口语中一部分读为 p，读书音则为 h -，即"轻唇归重唇"。而在泥金村，非、敷、奉母字一部分读 p、pʰ、h。如"飞" pue³³、"冯" pʰuŋ¹³、"伏" pʰɔk³¹、"复" hɔk¹²、"逢" pʰuŋ¹³、"房" paŋ¹³"。还有一部分读 f，如"非" fi³³、"否" fɛ⁵¹、"芳" fɔŋ⁵⁵、"帆" fan¹³、"防" faŋ¹³，等等。

（4）泥金闽南话没有舌尖后声母 tʂ、tʂʰ、ʂ，古知、彻、澄母字大部分文读为 ts、tsʰ，白读为 t、tʰ。多将中古的知组读为端组，如"茶" tɛ¹³、"陈" tan¹³，保留"古无舌上音"和"舌上归舌头"的特点。

（5）漳州话大多数明母、微母字今读作双唇浊塞音声母 b，而在泥金闽南话中则读成 b、m、v 等几个声母。如"母" vou⁵¹、"每" bue³³、"梅" bue¹³、"舞" vɔ³¹、"眉" vi¹³、"马" mɛ⁵¹、"妹" mue³³，等等。

（6）泥金闽南话仍保留舌尖浊塞擦声母 dz，但只有个别字。如泥母的"尿" dzio³³、日母的"润" dzun³³。泥金闽南话中的日母如今大多念零声母和鼻音声母 n，零声母的如"二" i³³、"如" y¹³、"入" ip³¹等，零声母音节前有轻微摩擦，接近于舌面硬腭半元音 j；声母是 n 的如"任" nin³³、"染" nĩ⁵¹、"软" nuĩ⁵¹等。

（7）跟福建闽南话比较，泥金闽南话没有舌根浊塞音声母 g，如在福建闽南话中，疑母声母大多读 g，如"岳""伪""愿""崖""岩""严""业""元""银""遇""义""宜""逆"等；但泥金闽南话则大多读作 ŋ、n、ʔ 或零声母，如"吴" ŋɔ¹³、"岳" ŋɔk¹²、"危" ŋui¹³、"元" ʔuan¹³、"宜" ʔi¹³、"严" niam¹³、"熬" au¹³、"外" ua³³、"牙" iɛ¹³。

（8）泥金闽南话有喉塞音声母 ʔ。部分云、以、疑、匣、影母字今读作喉塞音声母 ʔ。如"余" ʔi¹³、"鞋" ʔɛ¹³、"矮" ʔɛ⁵¹、"姨" ʔi¹³、"医" ʔi³³、"畏" ʔui¹³、"下" ʔɛ³³、"闲" ʔan¹³、"矮" ʔɛ⁵¹、"意" ʔi³³、"衣" ʔi⁵⁵、"幼" ʔiu⁵¹、"音" ʔim³³，等等。

（9）泥金闽南话有唇齿音声母 v，这类字不多，只有少数几个，而且大多是福建漳州话中声母为 b 的字。如匣母字"祸" vo³³、影母字"窝" vo³³、"握" vɔk³¹、"湾" van⁵⁵、"汪" vɔŋ⁵⁵"，以母字"维" vui¹³，云母字"谓" vui³³、"往" vɔŋ⁵¹，晓母字"歪" vai³³，微母字"物" vut³¹。这些字的声母之所以念 v，主要是受周边客家话影响，在一般闽南语中是没有唇齿音声母 v 的。

（10）古匣母字在闽语中今多读 k 和零声母，而在泥金闽南话中的古匣母一般读零声母、喉塞音声母 ʔ、舌根声母 k 和 h。如"后" au³³、"学" oʔ³¹、"完" ʔuan¹³、"鞋" ʔɛ¹³、"下" ʔɛ³³、"糊" kɔ¹³、"谐" kai²¹²、"厚" kau³³、"寒" kua¹³、"县" kuan³³、"核" hut¹²、"协" hiap³¹，等等。

（11）一部分云母（喻三）字在闽语中今读h，而在泥金闽南话中的云母（喻三）字白读为喉塞音声母ʔ、舌根擦音声母h和零声母，保留"喻三归匣"。如"王"ʔɔŋ13、"云"hun13、"园"huĩ13、"远"huĩ33、"雨"hɔ33、"位"ʔui33、"芋"ɔ33、"有"u33、"荣"iŋ13、"雄"aŋ13，等等。

2. 韵母特点

泥金村的闽南话有72个韵母，其中舒声韵46个、促声韵26个。泥金闽南话没有漳州话中的ɔ、e、uãi、om、uang、op、eʔ、mʔ、iauʔ、auʔ、ŋʔ、ãʔ、ɔ̃ʔ、ɛ̃ʔ、ĩʔ、iãʔ、ãuʔ、iãuʔ这些韵母，而多了ou、ioi、en、uon这4个韵母。

（1）鼻音韵尾有3套，即-m、-n、ng；塞音韵尾有4套，即-p、-t、-k和-ʔ。咸、深两摄为-m和-p。

（2）泥金闽南话有入声韵-p、-t、-k和喉塞音韵尾ʔ，喉塞音韵尾ʔ的出现说明了入声韵尾弱化的趋势。泥金闽南话中的喉塞音韵尾ʔ比漳州话中的数量要少很多，漳州话中mʔ、iauʔ、auʔ、ŋʔ、ãʔ、ɔ̃ʔ、ɛ̃ʔ、ĩʔ、iãʔ、ãuʔ、iãuʔ这些含喉塞音韵尾的韵母泥金闽南话都没有。

（3）泥金闽南话少数鱼、虞两韵字，如"储"tshi13、"儒"i13、"如"i13、"裕"i51等字发音时韵母接近圆唇。

（4）泥金村闽南话ŋ̍韵可以与多组声母相拼。如"当"tŋ55、"汤"thŋ̍33、"仓"tshŋ̍33、"桑"sŋ̍33、"缸"kŋ̍55、"装"tsŋ55、"床"tshŋ̍13，等等。

（5）果开一歌韵，漳州话端系读o、a、ua、e，见系读o、a、ua、ai、ɔ̃；泥金闽南话果开一歌韵端系读o、a、ua、ɛ，见系读o、ua、ia。如"拖"thua55、"歌"kua55、"我"ŋua51。

（6）果合一戈韵，漳州话帮系读o、ɔ̃、ua、ue，端系读o、ua、e，精系读o、e、ui，见系读o、ue、e。泥金闽南话果合一戈韵帮系读o、ɛ、ua、ue，端系读o、ɛ，精系读o、ɛ，见系读o、ue。如"波"po55、"跛"pɛ55、"磨"ua13、"坐"tsɛ33、"过"kue212。果摄歌、戈两韵泥金闽南话大部分读o韵，并且这两摄的白读音都有朝着ɛ韵转变的趋势。

（7）泥金闽南话假摄各韵母与漳州话的假摄各韵母一样，大部分读a、ɛ、ia、ua，开合口跟二、三等的分界很清晰。如"巴"pa55、"马"mɛ51、"些"siɛ55、"华"hua13。

（8）遇摄模韵，漳州今文读为ɔ、ɔ̃、o、ɔŋ、u，泥金闽南话今大多读成ou、o、ɔŋ、u，跟流摄侯韵的文读音混成一韵。如"步"pou33、"赌"tu51、"墓"vɔŋ33、"做"tso212。

（9）蟹摄开口一等口台跟二等皆佳韵，泥金闽南话均读为ai，这与漳州话相同。

（10）止摄开口三等支脂之三韵，泥金闽南话大部分读作i韵，这与漳州话相同。

（11）效开一豪韵，泥金闽南话多读为au、o、ɔ̃。如"草"tshau51、"道"tau33、"刀"to55、"保"po31、"毛"mɔ̃13。效摄开口三等宵、四等萧，泥金闽南话多读为iau和io。如"表"piau51、"秒"miau51、"票"phio212、"庙"mio33，等等。

（12）流摄一等侯韵，泥金闽南话多读为ou、au。如"亩"mou51、"母"vou51、"偷"thau55、"楼"lau13、"后"au33，等等。三等尤韵，泥金闽南话多读为iu、au。如"就"tsiu212、"丑"tshiu51、"州"tsiu33、"臭"tshau13、"九"kau51。四等幽韵也大多读为iu。

如"幼"ʔiu⁵¹、"幽"ʔiu³³。

（13）咸摄开口一等覃谈、二等咸衔，泥金闽南话大部分读作 am，小部分读作 a、an。如"参"tsʰam³³、"掐"am³³、"担"ta³³、"三"sa³³、"胆"ta⁵¹、"毯"tʰan⁵¹，等等。三等盐、四等添大多读为 iam，如"帘"liam¹³、"尖"tsiam³³、"闪"tsiam⁵¹、"店"tiam²¹²，等等。

（14）深摄侵韵，泥金闽南话大部分读作 im、in。如"枕"tsim⁵¹、"婶"sim⁵¹、"音"ʔim³³、"品"pʰin⁵¹、"任"nin³³，等等。

（15）山摄开口一等寒与二等山删，泥金闽南话大部分读作 an。如"兰"lan¹³、"间"kan³³、"顽"ŋan¹³。少部分读作 ua、uan。如"弹"tua³³、"丹"tua⁵⁵、"懒"lua³³、"干"kuan³³、"焊"huan³³，等等。开口三等仙元与四等先，泥金闽南话文读音均读作 ian。如"剪"tsian⁵¹、"展"tsian⁵¹、"蝉"siam¹³。合口的三等仙大部分读作 ian、uĩ。如"旋"sian¹³、"选"sian⁵¹、"传"tsʰuĩ¹³、"穿"tsʰuĩ⁵⁵，等等。合口三等元韵大部分读作 uan、ian。如"反"huan⁵¹、"番"huan⁵⁵、"烦"huan¹³、"冤"ian⁵⁵、"原"ian¹³，等等。

（16）臻摄开口一等痕、三等真臻殷三韵，泥金闽南话大部分读作 in。如"民"bin¹³、"亲"tsʰin⁵⁵、"根"kin³³，等等。合口一等魂、三等谆、三等文，泥金闽南话大部分读作 un。如"春"tsʰun⁵⁵、"圳"tsun²¹²、"轮"lun¹³，等等。

（17）宕摄开口三等阳韵，泥金闽南话大多读作 iaŋ、iɔŋ、ɔŋ、ŋ̍。如"伤"siaŋ⁵⁵、"倡"tsʰiaŋ⁵⁵、"闯"tsʰɔŋ⁵¹、"肠"tŋ̍¹³，等等。通摄合口三等东韵和钟韵大部分文读 aŋ、uŋ、iɔŋ、ɔŋ。如"同"taŋ¹³、"粽"tsaŋ²¹²、"空"kʰɔŋ⁵⁵、"蜂"hɔŋ⁵⁵、"逢"pʰuŋ¹³、"龙"liɔŋ¹³、"冲"tsiɔŋ³³，等等。

（18）曾、梗两摄的开口字，泥金闽南话大多读作 iŋ、ieŋ。如"精"tsiŋ³³、"并"piŋ²¹²、"情"tsieŋ¹³。

（19）山开二黠韵，漳州话读 at、uaʔ、eʔ，泥金闽南话读 at、ɛʔ。如"察"tsʰat³¹、"八"pɛʔ³¹，等等。山合二黠韵，泥金闽南话读 uat、ut、ueʔ。如"挖"ueʔ³¹、"滑"kut¹³、"猾"huat¹²，等等，与漳州话相同。

（20）山合二辖韵，漳州话读 uat、uaʔ，泥金闽南话读 uaʔ、ɔt。如"刷"sɔt³¹、"辖"hat¹²、"刮"kuaʔ³¹，等等。

（21）山开三月韵泥金闽南话读 iɛt，如"揭"kʰiɛt³¹；山合三月韵泥金话读 uat、ueʔ，如"发"huat³¹、"掘"ueʔ³¹、"越"iɛt³¹，等等。

（22）山开四屑韵，泥金闽南话读 ɛʔ、at、iɛt，如"撇"pɛʔ³¹、"铁"tʰiʔ³¹、"节"tsiɛt³¹，等等；山合四屑韵，泥金闽南话读 ueʔ、iɛt，如"决"kiɛt³¹、"血"hueʔ³¹、"穴"hiat¹²，等等。

（23）臻开三质韵，泥金闽南话大多读 it、iɛt。如"失"sit³¹、"乙"jiɛt³¹、"毕"pit³¹。

（24）臻合三术韵，泥金闽南话大多读 ut、ueʔ。如"术"sut¹²、"率"sueʔ⁵¹、"术"sut¹²。

（25）江开二觉韵，泥金闽南话大多读 ɔk、iɔk、ak。如"确"kʰɔk³¹、"啄"tsiɔk³¹、

"壳" $k^hak^{31}$、"握" $vɔk^{31}$。

（26）泥金闽南话中的鼻化韵及自成音节的鼻音韵 ã、ɔ̃、ɛ̃、ẽ、ĩ、iũ、uĩ、iã、iɔ̃、uã、ŋ̍ 11 个，比漳州话少 10 个，在我们调查中，没有发现鼻化塞尾韵。其中从阳声韵演变而来的鼻化韵占多数，它们是由阳声韵母的鼻音弱化而成的，如"山""先""杨""声""象""间""担"等。从阴声韵演变而来的占少数，它们大部分是受鼻音声母的影响。

### 3. 声调特点

泥金闽南话中有 8 个调类，平上去入各分阴阳，大体上保持了汉语四声的格局，并且按照声母的清浊分化为阴阳。

| | 阴平 | 阳平 | 阴上 | 阳上 | 阴去 | 阳去 | 阴入 | 阳入 |
|---|---|---|---|---|---|---|---|---|
| 泥金 | 55 | 13 | 51 | 33 | 212 | 33 | 31 | 12 |
| 漳州 | 44 | 12 | 53 | | 21 | 22 | 32 | 214 |
| 例字 | 歌沙贪 | 罗河鱼 | 左我锁 | 瓦五语 | 袋菜介 | 大坐下 | 只鸭接 | 刺纳杂 |

### 4. 两字组连读变调

泥金闽南话两字组如发生连读变调，往往后字不变，前字变。各调类连读变调情况如下。

（1）阴平前字，后面无论接哪一调类的字，均由 55 变读为 33。如：

飞机 $pue^{55-33} ki^{55}$　　　东南 $taŋ^{55-33} nam^{13}$　　　身体 $sin^{55-33} t^hɛ^{51}$
公社 $kɔŋ^{55-33} sia^{212}$　　车站 $ts^hia^{55-33} tsam^{33}$　　初一 $ts^hɛ^{55-33} it^{31}$
风俗 $hɔŋ^{55-33} ts^hɔk^{12}$

（2）阳平前字，后面无论接哪一调类的字，均由 13 变读为低平调 22。如：

磨刀 $bua^{13-22} tɔ^{55}$　　　皮鞋 $p^hue^{13-22} ɛ^{13}$　　　甜酒 $ti^{13-22} tsiu^{51}$
城市 $siã^{13-22} si^{212}$　　 农具 $iɔŋ^{13-22} ki^{33}$　　 黄色 $uĩ^{13-22} siɛt^{31}$
来历 $lai^{13-22} lip^{12}$

（3）阴上前字，后面无论接哪一调类的字，变读为中平调 33。如：

打针 $p^ha^{51-33} tsiam^{55}$　　火车 $hue^{51-33} ts^hia^{55}$　　点名 $tiam^{51-33} miã^{13}$
草鞋 $ts^hau^{51-33} ɛ^{13}$　　 厂长 $ts^hiaŋ^{51-33} tio^{51}$　　够肚 $kau^{51-33} tou^{33}$
比赛 $pi^{51-33} sai^{212}$　　 考虑 $k^hu^{51-33} li^{33}$　　 本质 $pun^{51-33} tsit^{31}$
解毒 $kɛ^{51-33} tɔk^{12}$

(4) 阴去前字，后面无论接哪一调类的字，前字由 212 则由变读为低平调 22。如：

士兵 su²¹²⁻²² piŋ⁵⁵　　坐车 tsɛ²¹²⁻²² tsʰia⁵⁵　　坐船 tsɛ²¹²⁻²² tsun¹³
带领 tsʰua²¹²⁻²² liã⁵¹　　见面 ki²¹²⁻²² bin³³　　正式 tsiã²¹²⁻²² sit³¹
半尺 puã²¹²⁻²² tsʰioʔ³¹　　大雨 tua²¹²⁻²² hɔ³³　　顺便 sun²¹²⁻²² pian³³

(5) 阳去前字，后面无论接哪一调类的字，前字由 33 变读为低平调 11。如：

地球 tɛ³³⁻¹¹ kiu¹³　　卖鱼 vɛ³³⁻¹¹ hi¹³　　卖酒 vɛ³³⁻¹¹ tsiu⁵¹
字迹 i³³⁻¹¹ tsiaʔ³¹　　事实 su³³⁻¹¹ sit¹²　　自动 tsu³³⁻¹¹ tɔŋ³³
饭店 pui³³⁻¹¹ tiam²¹²

(6) 阴入在前，后面是阴平、阳平、阴上、阴入时，前字由 31 变读为 33。如：

八仙 pɛʔ³¹⁻³³ sian⁵⁵　　发球 huat³¹⁻³³ kiu¹³　　答题 taʔ³¹⁻³³ tɛ¹³
发展 huat³¹⁻³³ tsian⁵¹　　八百 pɛʔ³¹⁻³³ pɛʔ³¹　　发育 huat³¹⁻³³ iɔk³¹

(7) 阳入在前，后面是阴平、阳平、阴上、阴去、阴入、阳入时，前字由 12 变读为低平调 11。如：

盒装 haʔ¹²⁻¹¹ tsuŋ⁵⁵　　合同 haʔ¹²⁻¹¹ taŋ¹³　　绿色 lɔk¹²⁻¹¹ siɛt³¹
合格 haʔ¹²⁻¹¹ kɛʔ³¹　　实习 sit¹²⁻¹¹ tsʰit¹²　　杂技 tsap¹²⁻¹¹ kʰi³³

## 三、泥金闽南话与周边客家话词汇关系

泥金村闽南话作为当地的一个方言岛，受到周边客家话和粤语影响甚大，主要表现在一些事物的说法接近周边客家话或者粤语。如：

雷：雷公 lui¹³ kɔŋ⁵⁵　　　　　　玉米：包粟 pau³³ sɛʔ³¹
溪：沥 liak¹²　　　　　　　　　生菜：荬仔 mak³¹ a⁵¹
铁锈：生鐥 sɛ̃⁵⁵ lou⁵⁵　　　　　　辣椒：尖椒 kiam²¹² tsio³³
垃圾：邋洒 lap³¹ sap³¹　　　　　南瓜：金瓜 kim³³ kue³³
压岁钱：利是 li³³ si³³　　　　　柿子：柿仔 tsʰɛ²¹² a⁵¹
傍晚：差不多暗 tsʰa³³ m³¹ to⁵⁵ am²¹²　番石榴：拔仔 paʔ¹² a⁵¹
经常：□□tuŋ³³ jit³¹　　　　　荔枝：荔果 lai²¹² ko¹³
阴历：老历 lau³³ liak³¹　　　　　鸡罩：鸡枕 kɛ⁵⁵ tsam⁵¹
簸箕：粪箕 pun⁵⁵ ki⁵⁵　　　　　抽屉：拖厢 tʰua³³ sĩɔ̃⁵⁵ a⁵¹

奶：奶水 niŋ⁵⁵ tsui³³

猪牛交配：探声 tʰam²¹² sɛ̃³³

喜鹊：阿鹊仔 a³³ siak³¹ a⁵¹

虱子：虱 sak³¹

水蛭：湖蜞 ho³³ kʰi¹³

螃蟹：老蟹 lau³³ hai⁵¹

厨房：灶下 tsau³³ hɛ⁵⁵

煮水煲：锑煲 tɛ⁵⁵ pau⁵⁵

妓女：老举 lau¹³ ki⁵¹

曾祖父：公白 kɔŋ⁵⁵ pak³¹

曾祖母：阿白 a⁵⁵ pʰak³¹

娘家：妹家 mue³³ kɛ⁵⁵

儿媳妇：新妇 sin⁵⁵ bu⁵⁵

曾孙：息 siɛt³¹

身体污垢：□muan³³

肿块：痛 pʰɔʔ¹²

发抖：□□nioŋ³³ tsun³³

围嘴：口水搭 kʰau³³ tsui³³ tap³¹

耳朵：耳□i⁵¹ kit³¹

讲故事：讲古仔 kɔŋ³³ kou¹³ a⁵¹

吻：斟嘴 tsim⁵⁵ tsʰui³³

不会：唔晓 m̩¹³ hiau⁵¹

不：唔 m̩¹³

吝啬：孤寒 ko⁵⁵ huan¹³

干净：伶俐 liaŋ⁵⁵ li²¹²

热闹：好旺 ho³³ ɔŋ³³

打饱嗝：□□it³¹ tut¹²

## 参考文献

［1］杜晓萍.《漳州方言词汇》音系研究［J］. 方言，2013（3）.

［2］林伦伦. 广东闽方言的分布及语音特征［J］. 汕头大学学报（人文科学版），1992（2）.

［3］林伦伦. 广东闽粤客方言古语词比较研究［J］. 汕头大学学报（人文科学版），2000（1）.

［4］马重奇.《广韵》韵系与漳州方言韵系比较研究［J］. 福建师范大学学报（哲学社会科学版），1997（2）.

# 抚州广昌客语音系概述

彭心怡

（台湾静宜大学中国文学系）

**【提 要】** 广昌是江西省抚州市辖下的一个县，本文所调查的广昌音系，调查点是广昌县的枧榧村。该村所说的语言为客家话，但带有江西赣语的痕迹。例如，广昌客语里的平声与去声中，送气清声母与擦音声母都有因"送气"因素而导致分调的现象。广昌客语中也可发现赣语中常见的拉链音变，A音变完成后，为递补 $t^h$ 的声母位置，链动产生了 B 音变。B：$ts^h > t^h$、A：$t^h > h$。另外，声母部分，广昌方言有一套近卷的舌叶音声母。韵母部分，广昌方言在止开三这个韵摄有一个较特殊的 ɨ 韵母读法。入声韵尾部分，广昌方言 –p、–t、–k 3 种韵尾皆存，但 –p 只存在零星的几个字里。

**【关键词】** 广昌　枧榧村　客语　江西　赣语

## 一、抚州广昌客语的声韵调

### （一）声母

包含零声母，广昌声母共22个。

p　pʰ　m　f　v　t　tʰ　n　l　ts　tsʰ　s　tɕ　tɕʰ　ɕ　tʃ　tʃʰ　ʃ　k　kʰ　h　ø

### （二）韵母

包括成音节 ŋ̍ 韵母，广昌韵母共64个。

| a | i | ɯ | ɣ | ɚ | o | u | y |
|---|---|---|---|---|---|---|---|
| ai | au | ei | əu | oi | | | |
| ia | ie | iu | iau | | | | |
| ua | ui | uo | uai | | | | |
| an | ən | on | aŋ | əŋ | oŋ | | |
| in | ien | ion | iŋ | ieŋ | ioŋ | iuŋ | |
| un | uan | uon | uŋ | uoŋ | | | |
| yən | yon | yəŋ | yuŋ | | | | |
| at | ət | ot | ut | ak | ək | ok | uk |

it　　ik　　iap　　iat　　iak　　iet　　iek　　iok
iuk
uat　　uok
yət
ŋ̍

## （三）声调

抚州广昌客语共有 8 个不同的调值。（见表 1）

表 1　抚州广昌客语的声调

| 平 | | | 上 | | 去 | | | 入 | |
|---|---|---|---|---|---|---|---|---|---|
| 阴平 | | 阳平 | 阴上 | 阳上 | 阴去 | | 阳去 | 阴入 | 阳入 |
| 不送气 | 送气 | 24 | 42 | 35 | 不送气 | 送气 | 42 | 2 | 4 |
| 11 | 24 | | | | 33 | 42 | | | |

# 二、抚州广昌客语的语音特点

## （一）声母特点

### 1. 帮非端系声母

帮母今读为 p 声母，滂、并母今读为 pʰ 声母。中古全浊声母无论平仄变为同部位的送气清音，但并母的少数字，如"辫"pien¹¹、"笨"pən¹¹、"簿"pu³⁵、"办"pan⁴²等字，今读为不送气清音 p，为共同脱轨。明母读为 m 声母。非、敷、奉母今读为 f 声母。微母读为 v 声母，除"尾"mei¹¹、"袜"mat⁴、"蚊"mən²⁴等字读为 m 声母。端母今读为 t 声母。透、定母读为送气的 tʰ 声母，有许多字由于送气擦化音变的缘故，变为擦音的 h 声母。其中的"兔"ɨ³³字还读为零声母 ∅，为进一步脱落的现象。泥母读为 n 声母，泥母在 i 元音前读为 ȵ，但本文不另立一 ȵ 声母，只并作一个 n 声母。来母读为 l 声母。

A：tʰ → h
（透、定母）

表 2　透、定母变为 h 的例字

| 天 | 脱 | 甜 | 田 | 团 |
|---|---|---|---|---|
| hien²⁴ | hot² | hien²⁴ | hien²⁴ | hon²⁴ |

## 2. 知、庄系声母

知母二等与庄母读为 ts。三等的知母，如"长生~"tʃioŋ⁴²、"帐"tʃioŋ³³等字则读为近于卷舌的舌叶 tʃ 声母。二等的彻、澄与初、崇母读为送气的 tʰ 声母（如"戳"tʰok²、"茶"tʰa²⁴、"插"tʰat²、"窗"tʰoŋ²⁴、"寨"tʰai⁴²）。三等的彻、澄母，除读为送气的 tsʰ、tʰ 声母之外（如"超"tsʰau²⁴、"赚"tʰan⁴²），在 i 元音前，读为送气的 tɕʰ 声母（如"抽"tɕʰiu²⁴、"陈"tɕʰin²⁴），许多字还变读为舌叶 tʃʰ 声母（如"厨"tʃʰui²⁴、"虫"tʃʰyəŋ²⁴）。章母有舌叶 tʃ 声母的（如"主"tʃui⁴²、"章"tʃoŋ¹¹、"掌"tʃoŋ⁴²），也有少数字读为舌尖前的 ts 声母（如"遮"tsa¹¹、"蔗"tsa³³、"照"tsau³³、"只"tsak²、"众"tsuŋ³³、"粥"tsu¹¹），在 i 元音前的章母则读为 tɕ 声母（如"真"tɕin¹¹、"煮"tɕie⁴²、"朱"tɕie¹¹、"制"tɕi³³、"周"tɕiu¹¹）。

## 3. 江西客赣语的知三、章组声母普遍的前卷舌阶段

读为舌叶的 tʃ 声母，我们认为可能来自舌面的 tɕ，也可能来自卷舌音 tʂ 的音读层。我们认为，有一部分广昌客语知三、章组声母之前有卷舌的阶段，这不仅是广昌客语的特色，更是江西客赣语大区域的语音特点。我们从假开三这个韵摄可以看得更清楚，江西客赣语里存在卷舌声母与去卷舌声母两读并陈的现象。因为在江西客赣语里，知组三等声母与章组声母总有一样的音读表现，也就是说，知三、章母在江西客赣语里表现的声母形态为同一类型，因此我们下面选取的字虽为假摄开口三等章组字（刘纶鑫，1999），但相对知组三等的声母其读音究竟为何，也可以推想得出来。表 3 中，南昌、乐平、萍乡为赣语点，于都、铜鼓为客语点。

表 3 假摄开口三等章组字在江西客赣语的音读

| 假开三 | 遮 | 蔗 | 车 | 扯 | 蛇 | 射 | 舍 | 社 |
|---|---|---|---|---|---|---|---|---|
| 南昌 | tsa | tsaʔ | tsʰa | tsʰa | sa | sa | sa | sa |
| 乐平 | tsa | tsa | tsʰa | tsʰa | sa | sa | sa | sa |
| 萍乡 | tʂa | tʂa | tʂʰa | tʂʰa | ʂa | ʂa | ʂa | ʂa |
| 于都 | tʃa | tʃa | tʃʰa | tʃʰa | ʃa | ʃa | ʃa | ʃa |
| 铜鼓 | tʂa | tʂa | tʂʰa | tʂʰa | ʂa | ʂa | ʂa | ʂa |

## 4. 知、庄、章声母的各层音读

可以推知的是，江西客赣语的知三、章组曾普遍有卷舌音阶段，才将三等的 i 介音消耗殆尽。至于广昌读为舌叶的知三、章组声母，是卷舌音 tʂ 的变读，因舌叶与卷舌的音值相当接近。至于仍加 i 元音的舌面 tɕ 声母，则是卷舌音的起点。这其中还有一个过渡阶段，在广昌方言的擦音中显现，如船、书、禅母有许多舌叶的 ʃ 声母，在 i 元音前也可存在，如"神"ʃin²⁴、"实"ʃit⁴、"绳"ʃiŋ²⁴、"肾"ʃin⁴²，表示这些字的卷舌运动还未启动。

读为舌尖前 ts 声母的知三、章声母，则是卷舌声母 tʂ 的进一步去卷化，再加上送气声

母大量塞化的语音音变之故，广昌的二等与三等的彻、澄、初、崇母里，有不少读为 $t^h$ 声母的字。综合言之，广昌方言的知、庄、章声母有多个语音层次，且送气与否又造成声母的音读差异。以下为广昌方言知、庄、章声母的各种音读。

知、庄二等声母：ts（只有一套）。

初、崇、彻、澄二等声母：$t^h$（发生了 B 音变）。

tɕ（i）＞tʃ＞ts（广昌方言中这 3 种音读并陈）。

知、章三等声母：卷舌化、去卷化。

$tɕ^h$（i）＞$tʃ^h$＞$t^h$＞$t^h$（广昌方言中这 4 种音读并陈）。

三等彻、澄母：发生了 B 音变。

三等彻、澄母去卷化后，当处于 $ts^h$ 声母位置上时，就会遵循 B 音变的规则，塞化变为 $t^h$。

三等昌母：$tɕ^h$（i）、$tʃ^h$（没有去卷化的 $ts^h$ 声母，与章母并不对称）。（见表 4）

表 4　广昌客语昌母的音读

| 臭 | 齿 | 尺 | 厂 | 唱 |
|---|---|---|---|---|
| $tɕ^hiu^{42}$ | $tɕ^hɿ^{42}$ | $tʃ^hak^2$ | $tʃ^hoŋ^{42}$ | $tʃ^hoŋ^{33}$ |

船母三读：ʃ（i）、ʃ（ø）、s（去卷化 s 声母的音读层）。（见表 5）

表 5　广昌客语船母的音读

| 神 | 实 | 射 | 舌 | 船 | 顺 |
|---|---|---|---|---|---|
| $ʃin^{24}$ | $ʃit^4$ | $ʃa^{42}$ | $ʃət^4$ | $ʃon^{24}$ | $sun^{42}$ |

书、禅母四读：ɕ（i）、ʃ（i）、ʃ（ø）、s（ø）。（见表 6）

表 6　广昌客语书、禅母的音读

| 成 | 扇 | 升 | 身 | 肾 | 说 | 熟 | 石 | 上~山 | 上~面 |
|---|---|---|---|---|---|---|---|---|---|
| $ɕiŋ^{24}$ | $ɕien^{42}$ | $ʃiŋ^{11}$ | $ʃin^{11}$ | $ʃin^{42}$ | $ʃou^2$ | $su^{24}$ | $sak^4$ | $soŋ^{35}$ | $soŋ^{42}$ |

## 5. 精系声母

广昌的精系声母与上文的知、庄、章声母的音读有相似的演变，却又有所不同。精母在三等 i 介音前读为 tɕ 声母，其他则读为舌尖前 ts 声母与塞化 t 声母。清、从母则在三等 i 介音前读为 $tɕ^h$ 声母，其他则读为 $ts^h$ 声母与塞化的 $t^h$ 声母。前面的初、崇、彻、澄声母，只在送气声母部分有由 $ts^h$ 塞化为 $t^h$ 的音变现象，而这里的精系声母却不同。表面上，精与清从邪母看似一起对称地塞化为 t、$t^h$ 声母，深究后发现并不然。清、从、邪母（塞擦音部分）塞化的动力有二：①与上文的初、崇、彻、澄声母相同，都是送气起关键；

②三等 i 介音也可促成塞化音变。因此，我们可以发现，广昌方言精母塞化只在 i 介音前，如"借"tia³³、"接"tiat²、"煎"tien¹¹、"箭"tien³³、"酱"tioŋ³³、"蒋"tioŋ⁴²，清、从、邪母（塞擦音部分）的塞化音变，则不限于 i 介音前，所以这里塞化的原因有二，即送气声母与 i 介音。擦音部分，则只有 s、ɕ 二读。其音读演变可图示如下。

精母 tɕ、t 二读并陈：

$$ts \begin{cases} > t /\_\, i\ （塞化） \\ B_1\ 音变 \\ > tɕ /\_\, i\ （腭化） \end{cases}$$

B1：ts > t

精母发生了与 B 音变相对称的 B1 音变。其中，少数精母字，如"字"sɿ⁴²还有擦音一读。（见表7）

表7　广昌客语精母的音读

| 租 | 酒 | 接 | 箭 | 字 |
|---|---|---|---|---|
| tsu¹¹ | tɕiu⁴² | tiat² | tien³³ | sɿ⁴² |

清、从、邪母（塞擦音）母 tʰ、tɕʰ 二读并陈：

$$ts^h \begin{cases} > t^h /\_\, i\ （塞化） \\ B\ 音变 \\ > tɕ^h /\_\, i\ （腭化） \end{cases}$$

清、从、邪母（塞擦音）发生了 B 音变。前文提及 B 音变的产生源自 A 音变的拉力。但这里，我们还可以看到，清、从、邪母的 B 音变不只源于 A 音变的拉力，在 i 元音的条件前，也产生了 B 音变。另外，从母有擦音的读法，如"自"ʃɿ⁴²、"匠"ɕioŋ³³。（见表8）

表8　广昌客语清、从、邪母的音读

| 千 | 醋 | 亲 | 财 | 集 | 袖 | 袖 | 寻 | 自 | 匠 |
|---|---|---|---|---|---|---|---|---|---|
| tʰien²⁴ | tʰu³³ | tɕʰin²⁴ | tʰai²⁴ | tɕʰit⁴ | tɕʰiu³⁵ | tʰiu³⁵ | tʰin²⁴ | ʃɿ⁴² | ɕioŋ³³ |

心邪（擦）母 s、ɕ 二读并陈：

$$s \begin{cases} s /\_\ 其他 \\ > ɕ /\_\, i\ （腭化） \end{cases}$$

心、邪母（擦音）在 i 之前腭化读为 ɕ，其他则读为 s。（见表9）

表9　广昌客语心、邪母的音读

| 松 | 送 | 星 | 席 | 习 | 随 |
|---|---|---|---|---|---|
| suŋ$^{11}$ | suŋ$^{33}$ | ɕieŋ$^{11}$ | ɕik$^4$ | ɕit$^4$ | sui$^{24}$ |

由上文可以知道，广昌客语发生了一连串的送气拉链音变 A 与 B。B 音变中，由 ts$^h$ 变为 t$^h$ 的声母包括中古彻、澄、初、崇母的二、三等字，以及清、从、邪母（塞擦音）。前者的音变动力在送气，后者的音变动力除了送气外，还加了前高的 i 元音。A 音变中，由 t$^h$ 变 h 的声母则包括中古的透、定母。又，广昌客语在不送气的 ts 声母的部分也发生了与 B 音变相对称的塞化 B$_1$ 音变，精母的 ts 会塞化为 t 声母。细究之下，会发现 ts$^h$ 与 ts 塞化的原因并不相同，前者为送气与 i 元音，后者只有 i 元音。本文认为，因为送气所导致的 A、B 拉链音变也在某种程度上系统性地促发了对称的 B1 音变。

## 6. 见影系声母

见系声母，在细音 i、y 前，腭化读为舌面 tɕ、tɕ$^h$ 声母，其他则读为舌根的 k$^h$、k 声母（如"嫁"ka$^{33}$、"建"tɕien$^{33}$、"客"k$^h$ak$^2$、"屈"tɕ$^h$yət$^2$、"裙"k$^h$iuŋ$^{24}$、"健"tɕien$^{42}$）。见、溪、群母都有少部分的字，由 tɕ、tɕ$^h$ 卷舌化，读为 tʃ、tʃ$^h$ 声母（如"捡"tʃan$^{42}$、"姜"tʃoŋ$^{11}$、"颈"tʃan$^{42}$、"区"tʃ$^h$ui$^{11}$、"丘"tʃ$^h$əu$^{24}$、"欠"tʃ$^h$an$^{11}$、"茄"tʃ$^h$o$^{24}$、"轿"tʃ$^h$au$^{42}$、"舅"tʃ$^h$əu$^{35}$、"钳"tʃ$^h$an$^{24}$、"局"tʃ$^h$u$^{24}$）。其中，溪母有一个字（"轻"ts$^h$an$^{24}$）读为去卷化的 ts$^h$ 声母，溪母也有一个字（"谦"t$^h$en$^{24}$）读为塞化的 t$^h$ 声母。

疑母读为 ŋ、ø 声母，大抵在高元音 i、u 前丢失 ŋ 声母，部分 i 介音仍存 ŋ 声母。影母读零声母 ø，只有两个字（"爱"ŋoi$^{33}$、"挨"ŋai$^{11}$）读为 ŋ 声母，应为词汇扩散而来。

晓、匣两母的演变，则是在合口的 u 元音前，因唇部的摩擦力加强，由喉部的 h 变为唇部的 f 声母。h 在细音 i 前，则有腭化现象，部分字读为 ɕ 声母，如"休"ɕiu$^{11}$、"响"ɕioŋ$^{42}$、"向"ɕioŋ$^{33}$、"兴$_{～旺}$"ɕiŋ$^{11}$、"兴$_{高～}$"ɕiŋ$^{33}$、"胸"ɕiuŋ$^{11}$、"凶"ɕiuŋ$^{11}$、"下"ɕia$^{42}$、"嫌"ɕien$^{24}$、"协"ɕie$^{24}$、"悬"ɕien$^{42}$、"形"ɕiŋ$^{24}$。

$$h \begin{cases} h > f/\_\ u\ (\text{"胡"} fu^{24}、\text{"户"} fu^{42}、\text{"欢"} fon^{24}) \\ ɕ/\_\ i \\ h/\text{其他}\ (\text{"河"} ho^{24}、\text{"海"} hou^{42}) \end{cases}$$

另外，晓母有3个字（"虚"sui$^{11}$、"许"sui$^{42}$、"训"sun$^{33}$）读为 s 声母，可能为邻近方言扩散而来的音读。匣母有两个字（"完"von$^{24}$、"滑"vat$^4$）读为零声母。云、以母皆读为零声母。

## （二）韵母特点

以下只列举几项广昌客语韵母的殊异处。

### 1. 止开三 ɿ 韵母的音读

这个 ɿ 韵母只出现在止开三这个韵摄，止开三其他的字群多为 i 元音的韵母，这里我们记录为 ɿ 韵母。但发音人有时念得近于央元音 ə，有时又念得带有些鼻化的感觉。本文认为，把这个音值殊异的韵母记为 ɿ，较能体现这个近于央元音又带些鼻音的韵母性质。本文认为，这个 ɿ 韵母是 i 或舌尖元音 ɿ、ʅ 的变体。表 10 为读为 ɿ 韵母的例字。

表 10　广昌客语 ɿ 韵母的例字

| 声母 | ɿ |
|---|---|
| ts | 知¹¹ |
| s | 私¹¹、死⁴²、四³³、屎⁴²、字⁴²、事⁴² |
| tɕ | 知¹¹、支¹¹、纸⁴²、寄³³、基¹¹、计³³ |
| tɕʰ | 器³³、齿⁴²、欺²⁴、起⁴²、旗²⁴ |
| ʃ | 是³⁵、自~家⁴² |

检视这个止开三的音节结构，可以发现这里的 i 元音，并不同于其他音节结构中的 i 元音。止摄最大的特点就是，它的 i 音并不是处于介音的位置，而处于主要元音的位置。以音节结构来说，就是止摄开口的 i 音位于音节的最末尾，而非音节之中。

(A)　tʂ⁽ʰ⁾ > ts⁽ʰ⁾ / _ i　#

(B)　tʂ⁽ʰ⁾ > ts⁽ʰ⁾ / _ $\{{i \atop C}\}$ V　#

说明：(A) 代表止摄的语音环境，(B) 代表一般三等韵。

止摄的知₃、章组字的 i 元音，所占的是韵核的位置。由《中原音韵》支、思韵的记录，我们知道止摄的章组字的卷舌速度快于其他三等韵的章组声母。可见，占在韵核，即主要元音地位的 i 元音，其促成前面声母变化的力量并不同于一般的三等 i 音，甚而居于音变领头羊的位置。因为 (A) 后面并没有其他的辅音或元音来制衡或维持其稳定的发音状况，于是缺少了后部制约牵制的力量，使得语音音值的变异度较大。

### 2. 鱼、虞异读层

广昌鱼、虞韵有 3 类读法，即 ie、ui、y。其中，y 韵的读法是 ui 的后续延伸，ie 韵的读法则是鱼、虞异读的表现。这个异读的字群大多出现在鱼韵。例字见表 11。

表 11　广昌客语鱼虞异读层

| 猪 | 煮 | 书 | 鼠 | 锯 | 去 | 鱼 | 朱 | 句 |
|---|---|---|---|---|---|---|---|---|
| tɕie¹¹ | tɕie⁴² | ɕie¹¹ | ɕie⁴² | tɕie³³ | tɕʰie⁴² | ŋie²⁴ | tɕie¹¹ | tɕie³³ |

### 3. 遇合三与流开三的庄组

至于遇合三的庄组字，如"助"tʰu⁴²、"梳"su¹¹，我们可直接视作一等韵。这不光是广昌客语的音读表现，也是整个江西客赣语的音读表现。

江西客赣语里，遇合三庄组声母下的韵母，有个不同于其他三等韵母的音韵表现，那就是都不含其他三等韵母所共同拥有的 i 介音。而且在江西客赣语里，精组与庄组声母的音读表现是同型（ts、tsʰ），这就使得在"遇合三"下的庄组声母以及庄组韵母的音读表现，都读得和遇合一的精组声韵母相同。（见表 12）

表 12　广昌客语遇合一与遇合三韵母的比较

| 江西客赣语<br>（刘纶鑫，1999） | 遇合一<br>精组 | 遇合三<br>庄组 |
|---|---|---|
| | u、ʅ、ɤ（永丰） | u、ʅ、ɤ（永丰） |
| 广昌客语 | u | u |
| 例字 | 租 tsu¹¹、醋 tʰu³³、粗 tʰu²⁴ | 梳 su¹¹、助 tʰu⁴² |

江西客赣语里，庄组遇合三的韵母分为 3 种类型：一为 u；一为 ʅ；永丰的韵母则读为 ɤ，这个 ɤ 是元音 u 稍低、稍前一点的读法，其地位相当于其他客赣语 u 韵母的地位。与之相对的精组遇合一韵母，也分为 3 种类型，即 u、ʅ 和 ɤ。ɤ 韵母出现在永丰赣语中。

承上述，遇合三的庄组可视为一等韵，流开三的庄组音读，如"绉"tsəu³³、"愁"səu²⁴、"搜"səu¹¹ 等，也可视作一等韵，其韵母音读等同于其流开一的韵母 əu，如"偷"həu²⁴、"豆"həu⁴²、"楼"ləu²⁴。

### 4. 一、二等对比

如同其他的江西客赣方言，广昌客语也存在着一、二等元音 o 和 a 的对比。因广昌客语已不存在双唇 -m 尾，其一、二等对比的格局便不见于这类韵尾前，而 -n 韵尾前的一、二等元音对比，则可并见于咸、山两摄。再者，广昌客语的一、二等对比也不存在于元音 -u 韵尾前，其对比格式见表 13。

表13 广昌客语一、二等例字的比较

| | 果 | 假 | 蟹 | 咸 | 山 | 宕、江（二等） | 梗（白读） |
|---|---|---|---|---|---|---|---|
| 一等 | o | | ou（k-系声母后） | on（k-系声母后） | on（k-系声母后） | oŋ | |
| 例字 | 多 to$^{11}$<br>河 ho$^{24}$ | | 开 k$^h$oi$^{24}$<br>海 hou$^{42}$ | 感 kon$^{42}$<br>暗 on$^{33}$ | 肝 kon$^{11}$<br>看 k$^h$on$^{42}$ | 钢 koŋ$^{11}$<br>江 koŋ$^{11}$ | |
| 二等 | | a | ai | an | an | | aŋ |
| 例字 | | 家 tɕia$^{11}$<br>茶 t$^h$a$^{24}$ | 阶 kai$^{11}$<br>买 mai$^{35}$ | 站车~ tsan$^{42}$<br>减 kan$^{42}$ | 山 san$^{11}$<br>产 san$^{42}$ | | 硬 ŋaŋ$^{42}$<br>冷 lak$^2$ |

蟹、咸、山摄的一等 o 元音的痕迹只在舌根 k-系声母后保留，我们可将舌根后的元音视作许多类别元音的最后堡垒。舌根 -ŋ 韵尾前的一等 o 元音保留在宕摄一等与江摄二等，广昌方言与其他江西客赣语相同，都是江宕合一的音韵格局。至于与宕、江相对的二等 a 元音，则保留在梗摄二等的白读音里。

5. 梗摄的文白两读

梗摄有丰富的文白异读，表现在三、四等的部分，其文读的韵母元音是偏前的 eŋ、əŋ/k，白读的韵母元音则是低的 aŋ/k。广昌方言的梗摄三、四等，不但在文读与白读方面合流，其文读的音读还与曾摄相合，表现出曾梗相合的音韵格局。表14 为梗、曾文白异读情况。

表14 广昌客语梗开三、四等与曾开三韵母的比较

| | 梗开三、开四 | 曾开三 |
|---|---|---|
| 文 | (i) eŋ、əŋ/ək | (i) eŋ、əŋ/k |
| 白 | (i) aŋ/ak | — |
| 例字（文） | 名 mieŋ$^{24}$、情 tɕ$^h$iŋ$^{24}$、请~帖 t$^h$ieŋ$^{42}$、青 t$^h$ieŋ$^{24}$、星 ɕieŋ$^{11}$、听 hieŋ$^{24}$ | 冰 piŋ$^{11}$、蒸 tɕiŋ$^{11}$、升 ʃiŋ$^{11}$、力 lik$^4$、色 sək$^2$ |
| 例字（白） | 轻 ts$^h$aŋ$^{24}$、颈 tʃaŋ$^{42}$、壁 piak$^2$、劈 p$^h$iak$^2$ | — |

## （三）声调特点

1. 送气化浊

平声与去声中，送气清声母与擦音声母都有因"送气"因素而导致分调的现象。平声

的送气清音与擦音读为阳平调，去声的送气清音与擦音读为阳去调。上声调部分则不出现此种现象。按理，搭配浊声调的这些送气清声母应变读为浊声母。但在广昌方言里，这些送气声母又没有读浊声母的痕迹，推测应是去浊化不久，或者是这类浊声母其浊的性质并不明显，摇摆于清浊之间，之后都读成了清声母。

2. 阳上变读阴平与阴上

阳上有变为阴平调的，也有归于阴上的。前者有"奶""每""被~子""蚁""美""里""耳""尾""咬""庙""某""舅""染""犯""懒""眼""辫""满""敏""笨""象""像""养""冷""动"等字，后者则有"女""五""野""惹""马""绪""语""雨""待""蟹""道""造""卯""藕""后""善""肾""微""猛"等字。

3. 入声调

入声部分，阴入部分字消失入声尾后，声调读阴平调；阳入部分字消失入声尾后，声调则读阳平调。

### （四）收 –p 尾的入声字极少

广昌客语 –p、–t、–k 3 种韵尾皆存，但 –p 只存在于零星的几个字里，如"帖" hiap$^2$、"叶" iap$^4$。

## 三、结 语

江敏华（2003：96）曾提到，$t^h > h$ 的音变在赣语抚广片的黎川、南丰、宜黄出现的语音环境最广，且这一带也是 $ts^h > t^h$ 音变最为集中的地区。所以，江敏华推测这些地区应是声母拉链式音变 A、B 的音变起点。本文的广昌客语同属抚州片，但非赣语，而是客语，同样被抚广片赣语这一波由送气主导的音变所影响，也产生了拉链式的 A、B 音变；不仅如此，在不送气塞擦音的部分，还产生了 B1（ts > t）音变。B1 音变产生的原因，不只有系统上的对应（B 与 B1），韵母的 i 介音也起了影响作用。广昌客语在知₃、章声母普遍存在的 i 介音搭配舌面声母 tɕ、tɕʰ、ɕ，也为曾大量发生知₃、章组声母卷舌化的江西赣语提供了一个很好的起点。另外，广昌客语里也存在因送气而分调的现象。

**参考文献**

[1] 江敏华. 客赣方言关系研究 [D]. 台北：台湾大学，2003.
[2] 刘纶鑫. 客赣方言比较研究 [M]. 北京：中国社会科学出版社，1999.

# 江西宁都洛口镇客话音系

廖丽红 肖九根
(江西师范大学文学院)

**【提 要】** 宁都位于江西省东南部，赣州市北部，属于赣州市的一个市辖县，而洛口则为宁都县的一个下属镇。宁都洛口镇客话方音富有特色，但至今尚未引起学者们的关注。近年来，我们对洛口镇客话做了实地调查，并将其音系特点及同音字汇做了描写与分析。

**【关键词】** 客话 洛口音系 声韵调 语音特点 同音字汇

## 一、概 说

宁都位于江西省东南部，赣州市北部，是江西省赣州市的辖属县，地处北纬26°05′18″～27°08′13″，东经115°40′40″～116°17′15″。其东与石城、广昌交界，南与瑞金、于都为邻，西与兴国、永丰相连，北与乐安、宜黄、南丰接壤，面积4053.16平方千米，辖24个乡镇，分别是竹笮乡、对坊乡、固厚乡、田埠乡、会同乡、湛田乡、安福乡、东韶乡、肖田乡、钓峰乡、大沽乡、蔡江乡、梅江镇、青塘镇、长胜镇、黄陂镇、固村镇、赖村镇、石上镇、东山坝镇、洛口镇、小布镇、黄石镇、田头镇，总人口790829人（据2012年统计）。

宁都历史悠久。据考古发现，原始社会晚期，宁都境内就有人类活动，且先民已形成了一定的居住规模。其行政归属几经变更，春秋时归吴所辖，战国时先后为吴越所属，秦划归九江郡，汉先属豫章郡，后改为庐陵郡。公元326年，将零都县白鹿营划为阳都县，此为宁都治县之始。西晋改称"宁都"，这是该政区最早的称谓。隋代，宁都易名为"虔化县"，隶属虔州；唐太祖、太宗、玄宗时期，虔化县亦为虔州所辖。南宋，虔化县又易名为"宁都县"，其原有归属不变。元初，宁都县始归赣州路。元成宗时，宁都升州，仍为赣州所属。明代由州改为县，此后一直为赣州府所辖县。1929年，宁都纳入中央苏区管辖。1949年，赣州设置专区，宁都属之。1971年，赣州专区更名为"地区"，其隶属如前；1999年又改地区为"市"，宁都隶属关系未变。

宁都是一个纯客县，以县城为界，全县乡镇分为两片。县城以北为上三乡片，县城以南为下三乡片。客话大致也以县城为界分为两片——上三乡片、下三乡片，不仅其方音各有特色，而且其内部也有差异。例如，上三乡片的大沽乡、黄陂镇与赣语吉安片永丰话，肖田乡、东韶乡与赣语抚州片乐安、宜黄话相似；下三乡片的固厚乡、田埠乡、固村镇与客家石城话，长胜镇、对坊乡与客家瑞金话相类，西南边的赖村镇、青塘镇与客家于都话相近。

· 314 ·

根据我们的调查，宁都所属的洛口镇客话方音与县城话虽有不少共同点，但更具其自身的特色。例如，同是蟹摄开一咍韵与端系、见系组合，县城话 uɛi，而洛口话为 ɔi；合一灰韵与帮系、见系拼合，县城音 ɛi，洛口音则为 i。另外，知系、见系影组与韵母组合，在同等条件下其读音均存在较大差别。

本文所记的是洛口镇客话方音。洛口镇位于宁都县北部，属于上三乡片。发音合作人有：赖书梅，男，1960 年生，农民，初中文化，纯洛口话；廖集华，男，1969 年生，农民，初中文化，世居洛口镇，纯洛口话。本文方音以第一发音人为主。下面我们就对其音系做些粗浅的分析。

## 二、声韵调

### 1. 声母 20 个（包括零声母）

| | | | | |
|---|---|---|---|---|
| p 八兵 | pʰ 皮病白 | m 蚊明麦 | f 飞辉回法 | v 禾味屋 |
| t 多答 | tʰ 天甜毒 | n 鱼南月 | | l 老六 |
| ts 子赠桌 | tsʰ 坐粗浊 | | s 四士石 | |
| tɕ 酒九精经节结 | tɕʰ 清青秋丘齐旗 | | ɕ 修休 | |
| k 家锯格 | kʰ 开共客 | ŋ 我牙五岸硬 | x 河海合 | |
| ∅ 乌雨矮呕暗安 | | | | |

说明：①声母 v 摩擦性不强，实际音值接近 ʋ；②声母 x 音值接近 h，但开口度相对较小。

### 2. 韵母 59 个（包括自成音节的 m̩、n̩、ŋ̍）

| | | |
|---|---|---|
| | i 飞耳尾二会 | u 租苦语 |
| a 车花牙下 | ia 爹写夜 | |
| | iɛ 猪鱼女去 | |
| ə 师子事 | | |
| o 多河火过靴 | | |
| ai 街鞋太怪 | | |
| ɛi 来每 | iɛi 低泥西洗岁 | |
| ɔi 灰海菜外 | | ui 吹水队 |
| | iɔ □ | |
| au 刀好咬教 | iau 苗鸟料廖 | |
| əu 楼走口瘦 | iəu 秋收酒九 | |
| am 三南岩咸 | iam 尖甜厌垫 | |
| əm 渗参 | im 林心深音 | |

315

an 间关颜欠　　　iεn 天软元泉
ən 分门本　　　　in 身人云笋　　　　un 村吞
　　　　　　　　　　　　　　　　　　　uɔn 干官安庵汗

aŋ 轻冷硬　　　　iaŋ 青星兄
əŋ 曾朋　　　　　iŋ 冰灯升凳
ɔŋ 帮糖响床王放　iɔŋ 枪想样
　　　　　　　　　iuŋ 从用　　　　　　uŋ 东风棚送

m̩ 姆~妈:称母亲
n̩ 唔不
ŋ̍ 五
ap 答杂甲鸭　　　iap 接蝶
　　　　　　　　　iεp 劫跌
əp 磕　　　　　　ip 急十
ɔp 合盒
at 八达　　　　　iεt 血雪辖
ət 虱　　　　　　it 七日一　　　　　ut 不骨术
ɔt 割拨
ak 百白麦　　　　iak 席壁笛锡
　　　　　　　　　iεk 液
ək 北贼黑　　　　ik 力直翼
ɔk 着勺学虐　　　iɔk 削约药
　　　　　　　　　iuk 六绿　　　　　　uk 谷屋毒肉玉

说明：①主元音 ɔ 实际音值介于 ɔ 与 o 之间；②iεi 实际音值介于 iεi 和 iei 之间；③鼻音韵尾 m 闭唇动作明显，但读音较轻弱。

3. 单字调 7 个

| 调类 | 调值 | 例字 |
|---|---|---|
| 阴平 | 324 | 东该灯风通开天春买有近 |
| 阳平 | 212 | 门龙牛油铜皮糖红 |
| 上声 | 31 | 懂古鬼九统苦讨草老五 |
| 阴去 | 33 | 冻怪半四痛快寸去 |
| 阳去 | 53 | 卖路硬乱洞地饭树动罪后 |
| 阴入 | 4 | 谷百搭节急拍切刻六 |
| 阳入 | 5 | 麦叶月毒白盒罚 |

说明：阴入调读音较急促，但又比 4 调稍长些，为方便比较，这里记作 4。

## 三、音韵特点

### 1. 声母特点

（1）古全浊声母字今逢塞音、塞擦音一般读送气清音。如"部"$p^hu^{53}$、"步"$p^hu^{53}$、"肚"$t^hu^{324}$、"度"$t^hu^{53}$、"住"$t^hu^{53}$、"道"$t^hau^{53}$、"豆"$t^hiəu^{53}$、"达"$t^hap^5$、"贼"$ts^hək^5$。有少数例外，如"渠"$tɕiɛ^{324}$、"掉"$tiɛp^4$、"笨"$pən^{33}$、"阵"$tɕin^{33}$。

（2）非组和晓、匣母相混，晓、匣母合流。如"飞"$fi^{324}$="辉"$fi^{324}$、"废"$fi^{33}$="汇"$fi^{33}$。

（3）非、敷、奉母字一般读 f，个别字读重唇音。如"符"$p^hu^{212}$、"扶"$p^hu^{212}$、"吠"$p^hi^{53}$、"肥"$p^hi^{212}$、"讣"$pu^{33}$、"粪"$pən^{33}$。

（4）微母字部分保留了 m 声母。如"尾"$mi^{324}$、"袜"$mat^4$、"纹"$mən^{324}$、"蚊"$mən^{324}$、"忙"$mɔŋ^{212}$、"芒"$mɔŋ^{212}$、"茫"$mɔŋ^{212}$。

（5）端组情况有些复杂，洪音前透母、定母存在读 $k^h$、x 的情况。如"太"$k^hai^{33}$、"袋"$xɔi^{53}$、"汤"$xɔŋ^{324}$、"糖"$xɔŋ^{212}$、"托"$xɔk^4$。

（6）泥母、来母不混读，泥母读 n，来母读 l。如"脑"$nau^{31}$≠"老"$lau^{31}$、"努"$nu^{31}$≠"鲁"$lu^{31}$、"你"$niɛ^{324}$≠"梨"$li^{212}$。

（7）不分尖团，精组和见、晓组（除疑母外）今在细音前没有分别。如"酒"$tɕiəu^{31}$="九"$tɕiəu^{31}$、"秋"$tɕ^hiəu^{324}$="丘"$tɕ^hiəu^{324}$、"修"$ɕiəu^{324}$="休"$ɕiəu^{324}$、"精"$tɕiŋ^{324}$="经"$tɕiŋ^{324}$、"节"$tɕiet^4$="结"$tɕiet^4$。

（8）精、知、庄、章、见组声母与臻摄开三真韵及宕摄开三阳韵组合时，出现部分合流的情况。如"津"$tɕin^{324}$="珍"$tɕin^{324}$="榛"$tɕin^{324}$="真"$tɕin^{324}$="巾"$tɕin^{324}$、"秦"$tɕ^hin^{212}$="陈"$tɕ^hin^{212}$="臣"$tɕ^hin^{212}$="勤"$tɕ^hin^{212}$、"心"$ɕim^{324}$="森"$ɕim^{324}$="深"$ɕim^{324}$、"寻"$tɕ^him^{212}$="沉"$tɕ^him^{212}$、"张"$tɔŋ^{324}$="装"$tɔŋ^{324}$="章"$tɔŋ^{324}$、"霜"$sɔŋ^{324}$="伤"$sɔŋ^{324}$。

（9）见组洪音前读 k、$k^h$、ŋ。如"歌"$ko^{324}$、"可"$k^hɔi^{31}$、"鹅"$ŋo^{212}$；细音前读 tɕ、$tɕ^h$、n。如"斤"$tɕin^{324}$、"汽"$tɕ^hi^{33}$、"鱼"$niɛ^{212}$。群母字有例外情况，少数细音前读作 $t^h$。如"茄"$t^ho^{212}$、"瘸"$t^ho^{212}$。

（10）疑母、影母洪音前，一部分读作舌根鼻音 ŋ。如"牙"$ŋa^{212}$、"芽"$ŋa^{212}$、"瓦"$ŋa^{31}$。另一部分读作零声母 ø。如"野"$ia^{31}$、"夜"$ia^{53}$、"庵"$uɔn^{324}$、"暗"$uɔn^{33}$、"安"$uɔn^{324}$、"按"$uɔn^{33}$。

### 2. 韵母特点

（1）洛口客家话只有开、齐、合三呼，无撮口呼。如"哥"$ko^{324}$、"猪"$tɕiɛ^{324}$、"女"$nu^{31}$。

（2）古合口二等字今读开口呼韵母，无 u 介音。如"多"$to^{324}$、"瓜"$ka^{324}$、"筷"$k^hai^{33}$、"关"$kan^{324}$。

（3）遇摄合口三等鱼、虞韵存有分韵现象。如"锯"$kiɛ^{324}$≠"句"$tu^{33}$、"鱼"

niɛ²¹² ≠ "娱" ŋu²¹²、"书" ɕiɛ³²⁴ ≠ "输" su³²⁴、"煮" ɕiɛ³¹ ≠ "主" tu³¹、"猪" tɕiɛ³²⁴ ≠ "蛛" tu³²⁴。

（4）蟹摄开口一等咍韵、泰韵存有分韵现象。如"贷"xɔi³³ ≠ "太"kʰai³³、"袋"xɔi⁵³ ≠ "大"xai⁵³、"菜"tsʰɔi³³ ≠ "蔡"tsʰai⁵³。

（5）止摄开口支之脂韵、合口微韵今读 i，与精组、庄组拼合时则读为 ə 韵，如"皮"pʰi²¹²、"地"tʰi⁵³、"李"li³¹、"费"fi³³、"紫"tsə³¹、"私"sə³²⁴、"字"tsʰə⁵³、"师"sə³²⁴、"事"sə⁵³、"使"sə³¹；但有例外，如"筛"sui³²⁴、"死"ɕi³¹、"四"ɕi³³、"肆"ɕi³³。

（6）咸摄开口一等覃韵、谈韵部分字韵母不分立。如"耽"tam³²⁴ = "担"tam³²⁴、"谭"tam²¹² = "痰"tam²¹²、"蚕"tsam²¹² = "惭"tsam²¹²、"感"kuɔn³¹ = "敢"kuɔn³¹。

（7）山摄合口一、二等桓韵、删韵韵母分立。如"豌"vuɔn³²⁴ ≠ "湾"van³²⁴、"完"vuɔn²¹² ≠ "还"van²¹²、"官"kuɔn³²⁴ ≠ "关"kan³²⁴、"贯"kuɔn³³ ≠ "惯"kan³³、"换"vuɔn⁵³ ≠ "宦"fan⁵³。

（8）宕摄一等字与江摄开口二等字合流。如"帮"pɔŋ³²⁴ = "邦"pɔŋ³²⁴、"刚"kɔŋ³²⁴ = "光"kɔŋ³²⁴、"江"kɔŋ³²⁴、"广"kɔŋ³¹ = "讲"kɔŋ³¹、"港"kɔŋ³¹、"杠"kɔŋ³³ = "降"kɔŋ³³、"虹"kɔŋ³³、"博"pɔk⁴ = "剥"pɔk⁴、"各"kɔk⁴ = "角"kɔk⁴、"觉"kɔk⁴、"鄂"ŋɔk⁵ = "岳"ŋɔk⁵、"鹤"xɔk⁴ = "学"xɔk⁴。

（9）曾摄开口三等知系阳声韵与梗摄开口三、四等见系阳声韵部分字读音一致。如"蒸"tɕiŋ³²⁴ = "京"tɕiŋ³²⁴ = "经"tɕiŋ³²⁴、"拯"tɕiŋ³¹ = "景"tɕiŋ³¹ = "警"tɕiŋ³¹、"证"tɕiŋ³³ = "症"tɕiŋ³³ = "敬"tɕiŋ³³。

（10）梗摄今音存在文白异读现象。如"生(文)"səŋ³²⁴、"生(白)"saŋ³²⁴、"精(文)"tɕiŋ³²⁴、"精(白)"tɕiaŋ³²⁴、"清(文)"tɕʰiŋ³²⁴、"清(白)"tɕʰiaŋ³²⁴、"净(文)"tɕʰiŋ⁵³、"净(白)"tɕʰiaŋ⁵³、"成(文)"tsʰəŋ²¹²、"成(白)"saŋ²¹²、"灵(文)"liŋ²¹²、"灵(白)"liaŋ²¹²、"影(文)"iŋ³¹、"影(白)"iaŋ³¹。

3. 声调特点

（1）古平声按清浊今分归阴平和阳平。如"多"to³²⁴、"巴"pa³²⁴、"租"tʃu³²⁴、"边"piɛn³²⁴、"当"tɔŋ³²⁴、"禾"vo²¹²、"茶"tsʰa²¹²、"柴"sai²¹²、"魂"fun²¹²、"晴"tɕʰiaŋ²¹²。

（2）古清上声、部分次浊上声字今归上声（31）。如"懂"tuŋ³¹、"九"tɕiəu³¹、"统"tʰuŋ³¹、"苦"kʰu³¹、"老"lau³¹。少量次浊、全浊上声字今归阴平。如"买"mai³²⁴、"尾"mi³²⁴、"有"iəu³²⁴、"坐"tsʰo³²⁴、"肚"tʰu³²⁴、"近"tɕʰin³²⁴。另有少量全浊上声字归阳去。如"事"sə⁵³、"罪"tsʰui⁵³、"后"xəu⁵³、"受"ɕiəu⁵³。

（3）古去声根据清浊分归阴去和阳去。如"过"ko³³、"去"ɕiɛi³³、"刺"tsʰə³³、"店"tiam³³、"姓"ɕiaŋ³³、"夜"ia⁵³、"害"xɔi⁵³、"帽"mau⁵³、"愿"ŋiɛn⁵³、"让"nɔŋ⁵³。少数清声母去声字归上声。如"课"kʰo³¹、"饷"sɔŋ³¹。还有少数浊去声字今归阴去。如"骂"ma³³、"妹"mɔi³³、"阵"tɕin³³。

（4）古入声，分为阴入和阳入两类，清声母入声字大多归阴入。如"谷"kuk⁴、

"搭"tap⁴、"切"tɕʰiɛt⁴、"刻"kʰək⁴。极少数归阳入。如"胁"ɕiɛp⁵、"撤"tɕʰiɛt⁵。浊声母入声字大多归阳入。如"麦"mak⁵、"叶"iap⁵、"月"niɛt⁵、"毒"tʰuk⁵。也有极少数归阴入。如"六"liuk⁴、"辖"ɕiɛt⁴、"穴"ɕiɛt⁴、"日"nit⁴。还有一种例外情况是，宕、梗摄开口三等韵个别全浊入声字舒化后归阳去。如"嚼"tɕʰiau⁵³。

## 四、同音字汇

本字汇收入的都是洛口客家话的单字音，来源于《方言调查字表》（修订本）（中国社会科学院语言研究所编，商务印书馆2004年版）及洛口客家话口语里常用而《方言调查字表》未收的字。本字汇以上述声母、韵母、声调顺序排列。需要说明的是，字汇里如需举例或释义，一般以小字置于本字的右下角；举例中，用符号"~"替代所释字，有音无形的则以"□"表示；为便于分辨起见，声调就以阿拉伯数字记其调值。

i

p [324]杯碑陂悲悲~ [31]比鄙痱热~子 □结痂 [33]臂贝蔽闭算~子痹脚麻~ □把水、米汁等液体倒掉

pʰ [324]批披蓖~麻被~窝 [212]皮疲脾肥陪裴琵~琶 [33]屁婢庇被~打 [53]毙币鼙备吠弊敝陛~下鼻~涕

m [324]尾~巴~蚊~蚊帐 [212]枚迷谜眉楣霉糜縻弥 [31]米靡美~国 [33]眯~眼睛 [53]寐

f [324]非飞挥妃辉徽麾 [212]回茴 [31]匪榧毁悔 [33]废费晦痱~子 [53]汇慧贿惠优~会开~

v [324]威危微 [212]违维唯惟为作~ [31]委伟苇 [53]慰胃谓未味位~子卫 ~生会~不~

t [324]里一~路 [33]□把人背在身上

tʰ [324]梯 [212]题蹄 [31]体 [53]第地帝隶

n [324]蚁~子:蚂蚁 [212]宜仪疑尼倪 □~肉:让人瘆得慌 [31]耳饵拟 [53]二贰义议谊

l [324]鲤~子:一种鱼 [212]梨离篱狸璃厘 [31]李理礼履里~布 [53]利痢荔厉丽吏励

tɕ [324]机讥基脂知蜘支枝肢栀肌之芝稽饥肚~ [31]挤纸址指止旨雉己杞几 ~个□杆:一种挖土工具 [33]痣志谁记寄纪醉济计继置制季智致至治祭际稚冀忌既

tɕʰ [324]欺区期待立 [212]池旗棋迟奇骑岐持其祁鳍脐~橙荠马~:荸荠 [31]起启企岂齿 [33]气汽器弃 [53]技妓趣自~家

ɕ [324]牺希诗嬉熙尸分奚匙锁~ [212]时谁 [31]喜死矢屎始使豉□外~家:娘家 [33]试戏四肆视示世系氏玺徙似祀 [53]市

k [324]规归圭闺 [31]鬼诡 [33]贵桂

kʰ [324]亏盔窥 [31]跪 [33]块一~钱 [53]柜

Ø [324]医依伊衣~领 [212]夷姨移遗 [31]椅以已 [33]意易亿毅 [53]异艺益遇寓愈

u

p [324]妇~娘:妇女□一~夜:一晚上□闭着嘴唇吐出 [212]□象声词 [31]补□下:下午 [33]布讣~告

pʰ [324]簿铺~路 [212]菩扶芙脯符蒲~子:葫芦□一~草:一堆草 [31]甫浦捕辅脯普谱

家~妇 新~儿 媳妇　[33]铺店~　[53]部步埠瀑~布

m　[212]模~子模~范摹~仿　[31]母　[33]慕墓~脑:墓地　[53]募暮

f　[324]呼夫肤敷孵俘麸　[212]胡湖狐壶蝴芙　[31]斧釜虎抚浒腑脯腐豆~府甫　[33]付赋父负阜副富赴傅师~　[53]户沪互附护~士

t　[324]区肚~子　[212]图途徒涂锄厨橱屠雏　[31]吐~口水土柱　[33]兔处~所　[53]住度渡镀杜巨拒距处~长妒~忌

n　[212]奴　[31]语努女~人

l　[324]□生~:生锈□□[tɕi³²⁴]:一种植物,可当柴火　[212]卢炉庐鸬如儒撸~袖子　[31]橹虏掳乳擩鲁卤~菜　[53]路露鹭璐

ts　[324]租诸　[31]组祖阻

tsʰ　[324]粗初　[212]除储　[31]础楚褚处相~　[33]醋　[53]助驻

s　[324]输酥苏姝舒虚嘘蔬枢潄~口　[212]舒~服薯马铃~　[31]所许暑署数动词　[33]庶素塑疏注~数名词　[53]树竖

k　[324]姑孤箍估牯　[212]□~倒:蹲着 □~起来:膨胀起来　[31]古鼓股　[33]故固雇顾　[53]□~脓:化脓

kʰ　[324]枯菇　[31]苦　[33]库裤

ŋ　[212]吴吾蜈~蚣

Ø　[324]乌污坞　[212]梧~桐　[31]武鹉舞伍午　[53]务雾瓠娱~乐

a

p　[324]巴芭疤笆篦~坝爸~[pa][pa³¹]:面称父亲　[31]把　[33]霸

pʰ　[212]爬扒琶耙~子　[33]怕　[53]罢~市稗~草

m　[324]蛙　[212]麻麽　[31]马码　[33]骂

f　[324]花　[212]划~船华中~　[33]化

[53]画桦华~山

v　[324]洼□□[tɕi]:树杈　[212]娃　[53]话

t　[324]遮　[31]者打□水~走了:水冲走了　[33]蔗甘~

tʰ　[324]车　[31]扯拔~秧　[53]迈~过去

n　[324]惹招　[212]哪　[31]惹~人嫌:讨人嫌　[53]娜

l　[324]□~东西:偷东西　[31]拉~链

ts　[324]抓渣楂山~　[33]榨炸诈

tsʰ　[324]叉杈差~不多　[212]查茶搭　[33]岔

s　[324]沙纱赊痧莎鲨佘奢　[212]蛇　[31]洒傻舍~得　[33]晒~日头舍宿~　[53]社射厦高楼大~麝~香□:打麻将不给钱

k　[324]瓜家加佳嘉~靖皇帝　[31]贾寡剐~皮假真~　[33]嫁架驾价挂卦稼庄~假寒~褂~子:衬衫

kʰ　[324]夸掐~死了　[212]□~□[lau²¹²]子:蜘蛛　[31]垮~台□~痒:挠痒□~子:一种种田工具　[33]跨　[53]咯~~笑:大笑

ŋ　[324]□:张大嘴巴　[212]芽牙崖衙伢　[31]瓦名词　[33]亚　[53]瓦动词

x　[324]哈下底~□~气:呼气　[212]瑕洁白无~虾~公　[53]厦~门下~降夏春~

Ø　[324]阿鸦~片　[31]哑

ia

pʰ　[53]□象生词

m　[324]□形容一个人的动作

t　[324]爹背称父亲

tʰ　[212]提~东西

tɕ　[31]姐背称母亲　[33]借

tɕʰ　[212]斜　[53]谢姓

ɕ　[212]邪霞遐　[31]写　[53]谢~~

Ø　[324]丫　[212]爷老~□~人:吃生芋头、柚子等肚中难受的感觉　[31]也野雅　[33]亚　[53]夜□副词"只"

iɛ

t [53]□不要～渠:不要护着她

n [324]你 [212]鱼渔 [31]女～子:女孩

l [212]黎驴～子

tɕ [324]猪朱～红渠第三人称代词 [31]煮

$tɕ^h$ [324]蛆苎～麻 [31]且 [33]鹊喜～ [53]□～娇:撒娇

ɕ [324]书墟～市 [212]薯一种蔬菜 [33]去

k [31]□～子:一种菜 [33]锯～子

$k^h$ [324]□一种动作,指用工具把分散的土弄到一起 □～到给:没有办法必须要做

ŋ [212]□叫

ə

p [324]□～我:鄙视我 [53]□～～啰:肉很肥

$p^h$ [31]□崴到了脚

f [53]□把地～湿下:往地上洒点水,让地变湿

v [212]围～墙 [53]□把米泔～了来:把米泔倒掉

n [53]腻～倒呃:腻倒了

ts [324]资姿咨兹滋 [31]者子籽梓紫姊

$ts^h$ [324]□～被窝:踢被子 [212]慈磁瓷糍持词辞祠弛驰雌 [31]此 [33]次刺赐 [53]秩自～由字□～饭:给小孩喂饭

s [324]私斯撕丝狮师司思梳疏施 [212]□拒绝 [31]使驶史 [53]事柿士寺仕巳□～杀

ø [212]儿而 [31]尔

o

p [324]波播玻～璃菠～菜坡～上 [53]□～～动:水果熟透了

$p^h$ [324]剖 [212]婆 [33]破

m [324]摸 [212]摩魔馍磨动词 [53]磨名词

f [212]和～气 [31]火伙 [33]货祸 [53]哄:哄小孩睡觉

v [324]窝蜗 [212]禾 [53]和～在一起:混在一起□～天～地:大声叫

t [324]多 [31]躲 [33]剁

$t^h$ [324]拖 [212]茄～子瘸～子 [31]妥 [53]舵

n [324]□搓:～绳子(指苎麻绳) [212]挪 [53]糯～米

l [324]啰 [212]螺萝箩锣罗腡手指纹 [31]裸 [53]摞～起来

ts [31]左佐 [33]做

$ts^h$ [324]坐座 [33]错措锉搓～手

s [324]蓑梭靴～子 [31]锁琐

k [324]歌哥锅戈 [31]果裹粿～子:饼干 [33]过 [53]□喝水～天～地:喝水很快

$k^h$ [324]科棵颗 [212]咳～～□□[$k^hən^{53}$]:咳嗽 [31]课

ŋ [324]□蠢 [212]鹅蛾俄～国 [53]饿

x [212]河何荷驮驼～背 [53]贺惰懒～

ø [31]哦

ai

p [31]摆 [33]拜～年

$p^h$ [212]排牌簰竹～ [33]派 [53]败～性

m [324]买 [212]埋 [53]卖

f [212]淮槐怀～想 [53]坏

v [212]怀～里:怀中 [31]□哭

t [324]呆 [33]带戴

$t^h$ [33]态

n [53]耐奈

l [324]□～子:男孩子,儿子 [212]□～尿:把尿拉在身上 [53]赖癞

ts [324]栽灾斋 [31]宰载一年半～ [33]再债赘载～重

$ts^h$ [324]猜差出～ [31]彩采 [33]蔡 [53]寨

s [324]腮衰□酒:倒酒 [212]柴豺 [33]赛帅

k [324]街乖阶～段 [31]解拐 [33]界介戒怪届械钙芥尬疥

$k^h$ [324]揩□～水:挑水□□[$k^hɔŋ^{212}$]～:螃蟹

　　　　[212]□~死些:都是青菜,没有肉,让人很难受

　　　　[31]楷凯慨　[33]筷快桧剑会~计太副词,很

ŋ　　[324]□我,第一人称代词　[33]艾~草

　　　　[53]□拖延

x　　[212]孩鞋还~有　[33]泰　[53]大

Ø　　[324]埃哀挨~近　[31]矮蔼

ɛi

p　　[33]□~在墙上:抹在墙上|□神气:花费精力

pʰ　[212]培　[33]配佩沛肺~子:一种肉类的菜

　　　　[53]倍辈~分

m　　[212]煤梅~花　[31]每

f　　[31]翡

n　　[31]□踩

l　　[212]来

tsʰ [31]踩

k　　[33]个

kʰ　[53]□睡

x　　[324]□~这儿　[53]□系词"是"

iɛi

t　　[324]低堤　[31]底抵□挡住、遮住

tʰ　[324]弟　[212]啼　[33]替剃

tɕ　[324]鸡系~鞋带

tɕʰ [324]溪~子　[212]齐　[33]契~约□一种植物

ɕ　　[324]鳃西~瓜舐~净来:舔干净　[31]洗薯鼠　[33]细岁小世一~人

ɔi

p　　[324]□~菜:炒菜　[33]背打~:随后

pʰ　[324]丕　[212]赔　[31]背~书　[53]□~嘚:较隐蔽的地方

m　　[212]媒~人梅~子:一种蜜饯类食品　[33]妹

f　　[324]灰　[212]淮~山:山药

v　　[324]煨

tʰ　[324]胎台天　[212]台苔抬　[53]代待急殆

n　　[212]□用手搓身上痛的地方

ts　　[324]□~饭:盛饭

tsʰ [212]才材裁财　[33]菜　[53]在

s　　[324]税

k　　[324]该□楼~:楼梯　[31]改□~番薯　[33]盖概溉丐

kʰ　[324]开　[31]可

ŋ　　[324]外~公　[53]碍外~□[kau³¹]:外面

x　　[324]□把东西~给你:把东西转卖给别人　[31]海腿大~　[53]害贷袋

Ø　　[33]爱

ɕi

tɕʰ [33]□眼睛瞎

Ø　　[31]□丑

ui

t　　[324]堆催追　[33]对碓兑

tʰ　[324]推吹　[212]槌垂捶锤~子　[33]退蜕　[53]队坠

n　　[53]内

l　　[212]雷　[31]屡蕊垒　[53]类泪累

ts　　[33]最缀赘

tsʰ [324]崔炊　[33]脆翠　[53]罪

s　　[324]虽筛　[212]随　[31]水髓　[33]碎　[53]隧遂穗瑞

k　　[31]轨　[33]鳜~鱼

kʰ　[212]葵魁奎逵　[53]绘愧

au

p　　[324]包胞煲褒　[31]饱宝保堡鲍　[33]报豹□~~起:坐车后肚子不舒服,想吐

pʰ　[324]泡~~抛　[212]刨袍　[31]跑　[33]炮泡~在水里爆~竹　[53]暴~雨□~鸡子:孵小鸡

m　　[212]矛毛茅冬~:一种植物　[31]卯　[53]冇冒貌帽

t　　[324]刀朝今~叨唠唠~~　[31]岛祷导倒打~　[33]照诏到倒~水

tʰ　[324]滔掏□~天:聊天萄葡~涛　[212]逃陶淘萄　[31]讨　[33]套　[53]道

江西宁都洛口镇客话音系

稻盗□ ~ □[ŋo³¹]似的:指人很笨的样子

| | |
|---|---|
| n | [31]脑恼　[212]尧　[33]闹□看 |
| l | [324]捞　[212]劳牢　[31]老扰佬　[53]绕涝 |
| ts | [324]遭糟昭招□干燥:衣服晒~了□嘴:嘴干□不要~人:不要吵　[31]早枣澡蚤跳~爪猪脚~沼~气　[33]灶躁皂罩灯~ |
| tsʰ | [324]操抄钞超□~田:犁田　[212]曹潮槽巢朝~代□菜蔫了　[31]草炒吵□~米:用米做的果子　[53]造赵兆□~东西:扔东西 |
| s | [324]捎骚烧稍臊尿~梢~瓜:一种瓜,常做蔬菜　[212]韶~关　[31]少扫~地嫂　[33]扫~把绍少~年　[53]邵 |
| k | [324]高膏羔糕交浇骄郊胶~水教~书篙竹　[31]稿搞搅绞狡铰　[33]校~对教~育告较觉窖酵发~山~~子:很高的地方 |
| kʰ | [324]敲　[31]考拷铐手~烤~火　[33]靠犒~劳 |
| ŋ | [324]咬熬　[212]熬　[31]袄懊~恼拗~断　[33]□把头~起来:把头抬起来　[53]傲 |
| x | [324]蒿薅　[212]豪壕毫桃　[31]好　[33]耗　[53]浩号效孝校~长 |
| Ø | [33]坳奥澳懊~恼 |

iau

| | |
|---|---|
| p | [324]标彪膘□跳　[31]表婊 |
| pʰ | [324]飘　[31]漂~洗　[212]嫖瓢舀水用具　[33]票车~漂~亮 |
| m | [324]猫　[212]苗描　[31]秒藐渺　[53]庙妙 |
| t | [324]雕貂刁~钻古怪鸟麻~子:麻雀□把脚~起来:把脚跷起来　[31]□一种骂人话　[33]钓吊 |
| tʰ | [324]挑　[212]调~料条　[53]调~动　[33]跳 |
| n | [212]饶　[53]尿 |
| l | [212]聊辽撩寥燎疗寮灰~:存放农家肥的小棚子　[31]了~结　[53]料廖 |

| | |
|---|---|
| tɕ | [324]焦椒娇蕉香~　[31]矫剿缴东西被~了饺~子 |
| tɕʰ | [324]悄□~铲:泥工工具　[212]桥侨荞乔樵瞧　[31]巧　[33]撬　[53]轿嚼把肉~碎 |
| ɕ | [324]消宵硝销箫肖宵萧嚣枵　[31]晓　[33]笑 |
| Ø | [324]妖腰邀要~求　[212]摇肴洧姚谣造~窑　[31]舀杳~无音信　[33]要想~耀鹞~鹰 |

əu

| | |
|---|---|
| m | [212]谋　[31]亩某牡　[53]茂贸戊 |
| f | [212]浮　[31]否 |
| t | [31]陡抖斗肘 |
| tʰ | [212]投~降~气人:很气人　[33]透 |
| n | [31]揉~面　[33]怒 |
| l | [324]□~子:骂人话　[212]楼柔揉　[31]搂篓镂 |
| ts | [324]邹　[31]走　[53]皱奏 |
| tsʰ | [324]□~起来:穿好　[33]凑 |
| s | [324]馊搜飕　[31]□鸟窝、鸡窝等　[212]愁　[33]瘦　[53]□挠痒 |
| k | [324]勾沟钩　[31]狗苟　[33]够购构 |
| kʰ | [324]抠　[31]□　[33]扣叩寇 |
| ŋ | [31]藕偶 |
| x | [324]厚　[212]猴喉侯瘊　[31]□~气:喘气　[53]候后 |
| Ø | [324]欧瓯　[31]呕　[33]沤久浸水中怄~气 |

iəu

| | |
|---|---|
| t | [33]兜苑一~树:一棵树　[53]丢 |
| tʰ | [212]头~发　[53]豆逗 |
| n | [212]牛　[31]扭纽拧扭 |
| l | [212]流留硫~黄瘤刘榴馏琉~璃　[31]柳吕旅缕　[53]漏陋溜~小孩 |
| tɕ | [324]周州舟州纠揪鸠　[212]□~肉:掐肉　[31]酒九久韭灸昼晏~:上午帚扫~　[33]咒救究白　[53]髻 |
| tɕʰ | [324]秋抽丘舅趋鳅~鱼:泥鳅　[212]囚 |

323

|   | 泅仇球稠筹求绸 [31]取娶丑 [33]臭 [53]旧聚袖就宙骤 |   | im |
|---|---|---|---|
|   |   | n | [212]任壬 [33]任责~纫缝~ |
| ɕ | [324]收休须需修羞 [212]徐 [31]手首守朽 [33]绣宿秀~气寿~命 [53]绣受 | l | [212]林临淋~漓 [53]淋用油~一下 |
|   |   | tɕ | [324]今金针斟襟 [31]锦枕 [33]浸~倒水:浸水了禁~止 |
| Ø | [324]有优忧幽悠 [212]余油游由邮尤于盂榆逾愉 [31]友雨羽与宇酉 [33]诱幼~儿园 [53]又右祐芋遇预豫柚鼬釉 | tɕʰ | [324]侵钦 [212]沉琴禽擒寻岑 [31]寝 |
|   |   | ɕ | [324]心深 [31]沈审婶葚 |
|   |   | Ø | [324]音荫 [212]吟 [31]饮 |
|   | am |   | an |
| f | [324]帆 [212]凡 [53]犯范泛 | p | [324]班斑扳 [31]板版 [33]扮打~ |
| t | [324]耽~误担~水 [31]胆捡检 [33]占剑 | pʰ | [324]攀 [53]饭办瓣扮~演 |
| tʰ | [324]贪坍 [212]潭谭谈~恋爱痰 [33]欠探 | m | [212]蛮 [53]慢漫幔 |
|   |   | f | [212]翻蕃 [212]烦 [31]反 [33]贩 [53]宦患 |
| n | [324]染 [212]南男黏~手严 [53]念验难逃~ | v | [324]湾弯 [212]还 [31]晚 [53]万 |
| l | [212]蓝篮 [31]揽缆榄 [53]滥 | t | [324]丹单 |
| ts | [324]簪 [31]斩 [33]站□鸡~食:鸡啄食 | tʰ | [324]摊滩 [212]弹~棉花钳坛□~菜:夹菜 [33]探弹子~ [53]诞但□~过去:跨过去 |
| tsʰ | [324]参~加 [212]惭馋蟾~蜍 [31]惨 [53]赚暂 | l | [324]拈~菜食:用手取菜吃□~手□[tɕit⁴]脚:比喻人到处摸 [212]鲇黄~:一种鱼难蛮~粘~住 |
| s | [324]三衫 [212]嫌 [31]闪 | ts | [324]毡 [31]盏展 [33]绽战栈 |
| k | [324]监~督尴 [31]俭 [33]监国子~ | tsʰ | [324]餐□~衫子:清洗衣服□~面:揉面 [212]蚕□~眼睛:射眼睛缠残禅蝉 [31]铲产 [33]杉~子树:杉树 |
| ŋ | [212]岩 |   |   |
| x | [324]淡 [212]咸衔虾~蟆蛋:蛤蚪 [31]毯 [33]喊叫 [53]陷馅~心:馅儿 | s | [324]删山珊 [212]嫌 [31]伞散鞋带~了 [33]疝~气散~步 |
|   | iam | k | [324]关奸艰间 [31]拣简谏柬减挑~衣服碱肥皂 [33]惯鉴~定 |
| t | [31]典点 [33]店垫奠佃 | kʰ | [324]□缺乏,少 [33]□~瓷砖:贴瓷砖 |
| tʰ | [324]添 [212]甜 | ŋ | [212]颜顽~皮 [31]眼 [53]砍□上:田塍上 |
| l | [212]廉镰~刀帘~子□把食物放在锅上烤热 [31]敛 | x | [212]闲坛舍~一口水 [33]炭 [53]限~制溅 |
| tɕ | [324]尖兼□指人小气 [31]蘸 | Ø | [33]晏~昼:上午 |
| tɕʰ | [324]□看签谦 |   |   |
| Ø | [324]淹 [212]盐檐炎阎萤茔 [33]厌 [53]艳焰□~禾子:下稻种 |   |   |
|   | əm |   |   |
| s | [324]参人~ [53]渗~水 |   |   |

iɛi

p [324]边编鞭蝙 [31]扁匾 [33]变遍辫

pʰ [324]偏篇□~柴:劈柴 [212]便~宜 [31]辨辩辨~别 [33]骗片 [53]便~车

m [212]棉绵眠~梦:做梦 [31]免勉娩缅渑 [33]面~子:脸 [53]面吃~

f [212]玄悬吊~

t [324]癫颠

tʰ [324]天 [212]田填 [53]电殿

n [324]□孕妇的乳汁,食~:吃奶 [212]年原元源 [31]碾□抓

l [212]莲连联怜可~□~子:一种鱼 [53]练恋链

tɕ [324]煎肩捐坚 [31]剪茧俭 [33]建见箭键□~水:开水健~子

tɕʰ [324]千牵迁 [212]前钱全泉乾虔 [31]浅 [53]健腱件贱饯 [33]□脚~根:脚抽筋

ɕ [324]先鲜仙轩掀宣喧稀粥很~ [212]弦贤旋 [31]选癣显鲜~少□扇耳光 [33]线扇献窀腺苋~鳝黄~ [53]现~钱县眩善美~慕苋~菜

k [324]根跟 [31]卷

kʰ [324]圈 [212]权拳 [31]犬 [53]券劝

ŋ [324]软 [212]言阮姓 [31]研~究 [53]愿许~

Ø [324]烟冤淹阉渊 [212]延员缘沿园圆袁辕媛援猿铅~笔 [31]演远 [33]燕雁毽 [53]怨院谚

ən

p [324]奔 [31]本 [33]笨

pʰ [324]喷 [212]盆

m [324]蚊纹 [212]门 [53]闷焖~饭

f [33]奋

v [324]□用很讨厌的眼神看人温瘟 [212]闻文炆 [31]稳吻刎 [53]问

t [33]□人很壮□台阶

n [324]□胖

tsʰ [33]衬

kʰ [31]肯□咳嗽

x [212]痕 [31]很 [53]恨

Ø [324]恩□~起来:把脸盖住

in

p [324]宾彬槟

pʰ [324]拼 [212]贫频 [31]品 [33]聘

m [212]民 [31]闽悯皿敏人名用字

f [33]训

n [212]人银 [31]忍 [53]刃韧靭认~真

l [212]鳞麟霖琳磷邻~舍

tɕ [324]斤筋巾珍真君军津贞侦臻榛~结 [31]诊疹紧谨 [33]镇振震俊进晋阵劲郡

tɕʰ [324]近亲 [212]陈秦勤芹尘晨辰臣群 [33]趁 [53]尽~量

ɕ [324]新心身辛薪欣鑫芯昕馨锌申伸娠深熏薰勲森□早~:早晨 [212]神旬荀巡循 [31]笋沈审婶葚衅 [33]信杏讯迅殉 [53]甚慎肾

kʰ [212]裙~子

Ø [324]因姻阴晕音荫殷淫颖 [31]引饮隐寅 [33]孕印耘~禾 [53]运熨润闰

uɔn

p [324]般搬颂 [33]半

pʰ [324]潘伴拌 [212]盘 [53]判叛盼绊

m [212]瞒馒~头 [31]满

f [324]欢 [212]环 [31]缓 [33]焕唤 [53]幻□~嘚:小心点

v [324]□一个人接着一个人 [212]完丸 [31]碗腕皖 [53]换

t [324]端砖专 [31]短转~送 [53]转~圆圈

| | | |
|---|---|---|
| tʰ | [324]穿 [212]团传椽 [33]串 [53]篆断~绝传~记 | |
| l | [31]卵 [53]乱 | |
| ts | [324]钻~进去 [33]钻~洞 | |
| tsʰ | [324]佘~汤川 [33]窜 [53]撰~写 | |
| s | [324]酸闩拴 [212]船 [33]蒜算 | |
| k | [324]干天~肝竿官观棺甘泔冠衣~柑~子:橘子 [31]杆管馆感敢橄擀秆□~□[ɕie³²⁴]:上街 [33]灌贯罐冠赣干~部 | |
| kʰ | [324]宽刊堪 [31]款□捶:用拳头~ [33]看 | |
| ŋ | [31]□被车轧了 [53]岸 | |
| x | [324]断~了呃:断了 [212]寒韩函□~箕:簸箕 [33]汉 [53]汗焊旱翰段缎椴断~绝 | |
| ø | [324]安鞍庵 [33]暗案按揞 | |

un

| | |
|---|---|
| f | [324]分芬纷婚昏 [212]魂浑焚坟 [31]粉 [53]份混愤 |
| t | [324]墩敦 [31]囤准 [33]盾 |
| tʰ | [324]春吞蛋 [212]豚屯臀 [31]忖蠢 [33]寸 [53]钝遁 |
| n | [31]捻用拇指和食指来回~碎 [53]嫩 |
| l | [212]轮仑伦沦论~语 [53]论讨~ |
| ts | [324]遵尊 |
| tsʰ | [324]村 [212]存蹲~下来唇~膏 [33]搓~□[man⁵³]:搓掉身上的脏东西 |
| s | [324]孙 [212]纯醇莼 [31]损 [53]顺 |
| k | [31]滚□发烧 [33]棍 |
| kʰ | [324]昆坤 [31]捆 [33]困~难 |

aŋ

| | |
|---|---|
| p | [324]□~秧:拔秧 [33]迸衫~开崩 |
| pʰ | [324]蓬~松 [212]彭膨棚平房的小阁楼 |
| m | [324]长~度 [212]□~汤:米汤 |
| v | [212]横 [53]□丢掉 |
| t | [324]正~月 [31]颈□修理 [33]铛~光镜~子 [53]□黄~~唝:很黄 |

| | | |
|---|---|---|
| tʰ | [324]轻~重 | |
| n | [212]□把手~上来:把手举起来□长度短 [53]□不要~倒:小心点 | |
| l | [324]冷 [33]铃打~ | |
| ts | [324]争 [33]□~开:挣开 | |
| tsʰ | [324]撑~住 [212]橙~子:柚子 [53]撑~饱 | |
| s | [324]声生甥笙牲 [212]诚城成做的~:做得成 [31]省节~ [53]□~~唝:肉质很好 | |
| k | [324]粳庚更半夜三~羹撖~辰生~八字 [212]□~~起:形容人吵架时很凶 [31]梗埂 | |
| kʰ | [324]□吃饭噎到坑 [212]颧~骨 | |
| ŋ | [53]硬 | |
| x | [212]行~路 | |

iaŋ

| | |
|---|---|
| p | [324]□发酵用的物品 [31]饼柄 [33]屏藏 |
| pʰ | [212]坪平 [53]病 |
| m | [212]名明~朝:明天 [53]命 |
| f | [324]兄 |
| t | [324]丁盯疔靪钉~子□丢掉 [31]鼎顶 |
| tʰ | [324]听厅汀 [53]锭定~金 |
| l | [324]岭领~子 [212]零 [33]靓漂亮 |
| tɕ | [324]睛精~肉:瘦肉 [31]井 [33]□~一下:放水里泡一下 [53]□~天~地:头很痛 |
| tɕʰ | [324]青清挂~:扫墓 [212]晴 [31]请 [53]净 |
| ɕ | [324]星腥 [31]醒省反~ [33]性姓 |
| ø | [212]赢 [31]影永~丰 [33]映□牛:放牛 |

əŋ

| | |
|---|---|
| p | [324]□~墙:靠着墙站 |
| pʰ | [324]烹 [212]朋鹏 |
| m | [212]盟 |
| t | [324]登 [33]瞪 |
| tʰ | [212]誊 [53]邓 |

江西宁都洛口镇客话音系

| | |
|---|---|
| n | [212]能 [33]□~脚掌:踮起脚来□扯开嗓子大叫 |
| l | [31]□~走路慢□~一些青菜吃完之后喉咙不舒服 [212]楞仍 |
| ts | [324]增憎睁等曾姓 [33]甑 [53]郑 |
| tsʰ | [212]程乘层曾~经□~起来:堆叠起来盛~满 [53]蹭赠 |
| s | [324]僧 [31]省~长 [33]□~鼻:揩鼻涕 |
| k | [324]耕 [31]耿 [33]更~加 |
| x | [212]衡恒 [33]亨 |

iŋ

| | |
|---|---|
| p | [324]冰兵□背~:背靠背背 [31]丙秉 [33]并~了来:并在一起 |
| pʰ | [212]瓶苹评凭平萍屏 |
| m | [212]鸣明~理民农~ |
| t | [324]灯 [31]等 [33]凳镫 [53]澄~一~:用手晃晃桶里的水,使其澄清 |
| tʰ | [212]停亭藤庭婷廷蜓 [31]挺艇 [53]订定~下来 |
| n | [212]宁凝 |
| l | [212]菱陵灵玲翎凌~冰 [53]另令 |
| tɕ | [324]精蒸京荆增征经茎鲸晶 [31]警景拯整~齐 [33]政证敬郑症境径敬竟竞劲有~正~方形 |
| tɕʰ | [324]卿倾蜻~蜓清~水称~东西轻年~ [212]乘承丞擎情程呈 [31]顷□肯~眼睡:打瞌睡逞~能 [33]庆秤~子 [53]静靖 |
| ɕ | [324]升兴辛~打:挨打□辆 [212]绳形型刑塍田~行~为承~认 [33]胜幸 [53]剩圣盛兴~ |
| Ø | [324]英鹰鹦婴樱缨璎应~当 [212]迎 [31]蝇乌~:苍蝇 [33]应~对 [53]□~上:山上 |

ɔŋ

| | |
|---|---|
| p | [324]帮邦 [31]榜绑 [33]谤磅浜 [53]棒 |
| pʰ | [212]旁庞 [31]□依靠别人 [33]胖 |
| m | [212]忙芒茫盲虻 [31]蟒莽辋网~子 |
| f | [324]方芳防慌荒 [212]房防妨谎蝗煌磺凰璜潢惶簧弹~ [31]仿访彷纺□~线:丝瓜 |
| v | [324]汪 [212]王黄皇 [31]往枉 [53]忘旺望 |
| t | [324]张章樟裆庄姜装~东西当~时 [31]挡党涨长~大掌□坝上 [33]账帐障瘴丈杖胀壮状荡仗打~当~铺 [53]宕 |
| tʰ | [324]昌菖 [212]肠长时间~场 [33]越唱倡 [53]剩 |
| n | [324]□□[naŋ³³]~:知了 [212]囊壤襄瓤□酒~:用米做的酒 [31]□表示生气的动作 [53]让 |
| l | [212]狼廊郎螂 [31]朗攘嚷 [53]浪 |
| ts | [324]桩装假~ [33]葬壮 [53]脏肝~ |
| tsʰ | [324]疮仓苍 [212]床常藏~东西 [31]场藏西~ [33]创 [53]撞 |
| s | [324]桑丧双香乡商霜孀伤上~山 [212]尝偿裳 [31]响赏晌饷爽享 [33]丧~失 [53]上~面 |
| k | [324]刚钢岗纲冈肛缸光江豇扛~东西 [31]广讲耩港 [33]降逛虹天上的~ |
| kʰ | [324]康糠筐框匡眶慷 [212]狂□~□[kʰai³²⁴]:螃蟹 [33]抗炕况旷 |
| ŋ | [212]昂 |
| | [324]夯汤□~衫子:清洗衣服 [212]杭糖堂棠唐塘行航降投~ [33]烫~东西熨东西 [53]巷项 |

iɔŋ

| | |
|---|---|
| p | [31]□~饭:用菜下饭 |
| n | [212]娘 [53]酿 |
| l | [324]两几两几钱 [212]良粮梁凉樑量~长短 [31]俩两~个 [53]亮辆谅量数~ |
| tɕ | [324]将疆浆僵缰礓姜 [31]奖蒋桨 [33]酱将大~ |

327

| | | |
|---|---|---|
| tɕʰ | [324]枪腔羌 [212]墙强 [31]抢强勉~ [53]像 | |
| ɕ | [324]相箱匠厢湘镶襄 [31]想 [33]相照~ [53]象大~项~链 | |
| ∅ | [324]央秧殃痒 [212]羊洋杨疡阳扬烊融化 [31]养氧 [53]样 | |

iuŋ

| | |
|---|---|
| l | [212]龙 |
| tɕʰ | [212]琼穷从自~ |
| ɕ | [324]胸松凶 [212]熊 |
| ∅ | [324]拥庸雍壅冗容蓉营 [31]勇甬允尹泳咏 [53]用 |

uŋ

| | |
|---|---|
| p | [324]崩 [31]抱 |
| pʰ | [324]篷蓬 |
| m | [324]懵 [212]朦蒙 [31]猛 [53]梦孟 |
| f | [324]风蜂峰锋封枫丰烘轰疯鸿红洪宏弘冯逢缝动词 [212]讽 [53]俸凤缝名词 |
| v | [324]翁瓮 [33]□~菜:空心菜 |
| t | [324]东冬盅钟~子终中忠□~猪:喂猪 [31]懂董种~子肿仲 [33]冻栋众种~树中射~ |
| tʰ | [324]通囱重蚕~ [212]同铜桐筒童瞳虫重~复 [31]统桶捅 [33]痛 [53]洞 |
| n | [324]侬我们 [212]浓农脓 |
| l | [324]聋 [212]笼隆榕 [31]拢垄 |
| ts | [324]宗棕鬃综踪 [31]总 [33]粽 |
| tsʰ | [324]葱充冲聪匆舂~米 [212]丛崇重~复 [31]宠 [53]纵 |
| s | [324]嵩□~子:窗户 [212]雄~子:一种鱼□~人很凶 [33]送宋诵颂讼 |
| k | [324]公工功弓宫蚣蜈~龚攻躬恭供~给 [212]□腿半屈,屁股翘起来 [31]巩拱汞拱 [33]贡供上~ [53]动不要~ |
| kʰ | [324]空 [31]恐孔校学~ [33]控空~缺□~鼻:打呼噜 [53]共 |
| m | |
| ∅ | [31]姆~妈:称母亲 |
| n | |
| ∅ | [212]唔不 |
| ŋ | |
| ∅ | [31]五 |

ap

| | |
|---|---|
| f | [4]法乏 |
| t | [4]答搭摺折~叠□□[lap⁴]~:形容脏□味道涩 [5]□湿~~:湿漉漉 |
| tʰ | [4]塔塌榻溻 [5]沓踏拓~本 |
| n | [4]纳业茶发~□挽起裤脚 [5]聂蹑镊 |
| l | [4]拉□~□[tap⁴]:形容脏 [5]蜡腊镴 |
| ts | [4]扎眨闸□~汤水:舀菜汤裙打~:用调羹舀点汤水 |
| tsʰ | [4]插□~菜:咸菜 [5]杂 |
| s | [4]胁~骚:狐臭□下~:下巴□~得哪去:老婆骂老公的话,表不满 |
| k | [4]甲胛匣 [5]夹□用筷子把肉分开 |
| kʰ | [4]掐~人 |
| x | [4]腌 [5]峡狭洽 |

iap

| | |
|---|---|
| t | [4]贴 |
| tʰ | [4]帖 [5]叠碟蝶牒谍 |
| l | [4]猎 |
| tɕ | [4]接 |
| ɕ | [4]楔用器物在底部垫:~床、~桌子 |
| ∅ | [5]叶页 |

iɛp

| | |
|---|---|
| t | [4]跌掉 |
| tɕ | [4]捷砌~墙 |
| tɕʰ | [4]妾 [5]劫怯 |
| ɕ | [5]涉摄袭协胁威~ |
| ∅ | [4]撍 [5]入 |

əp

ts [4]蛰□一~盐:一撮盐

kʰ [4]磕~头

ip

l [4]笠粒笠

tɕ [4]急给击缉执汁米~:米汁 [5]吸

tɕʰ [4]沏~茶 [5]及集辑级年~侄~子

ɕ [4]湿 [5]习十拾什实~在

ɔp

t [4]夺

l [5]□~头发:拔头发

k [4]鸽蛤~蜊 [5]□蚊~:癞蛤蟆

x [4]喝 [5]盒合

at

p [4]八

pʰ [5]拔

m [4]袜

f [4]发伐筏 [5]罚

v [4]挖 [5]滑猾

t [4]□晒稻谷的一种用具,用竹子做的

tʰ [5]达

n [4]捺

l [5]辣

ts [4]扎札

tsʰ [4]擦察叉

s [4]杀撒萨

iɛt

p [4]鳖□女阴

pʰ [4]撇 [5]别

m [4]□掰开 [5]篾灭

f [4]血 [5]穴

tʰ [4]铁

n [4]捏 [5]热孽

l [5]列裂烈劣率律

tɕ [4]节结决诀洁浙截杰倔厥掘橛

tɕʰ [4]切 [5]绝撒彻

ɕ [4]设歇雪泄薛屑辖 [5]舌协

k [5]□用手~:用手把疤弄掉□~天~地:形容跑得很快

kʰ [4]缺 [5]截一~□鸡~给:鸡扒开的□~~动:一种骂人话

ŋ [5]月

ø [4]悦阅粤曰越~来~□一种动作,用手把饭弄松散 [5]□把草连根拔起

ət

ts [4]铡哲蛰辙折

s [4]瑟虱~婆:虱子

kʰ [4]□~住来:盖住来

x [4]□~一下:焖一下

it

p [4]笔毕必 [5]□~桃子:枇杷

pʰ [4]匹□比 [5]弼

m [5]密蜜秘泌

f [5]□扔掉

n [4]日

l [5]栗~子

tɕ [4]疾质

tɕʰ [4]七漆膝侄迨乞讫焌黢屈

ɕ [4]悉失湿室恤戌

kʰ [4]□脚屈了一下

k [4]桔~子:金橘

ø [4]一乙逸噎

ɔt

p [4]钵 [5]拔

pʰ [4]泼 [5]勃脖铍□混合

m [4]抹 [5]末沫

k [5]揭

t [4]掇□端

tʰ [4]□~一口水:喝一口水 [5]夺

l [4]□被~了一次:被说了一次

ts [4]撮拙

tsʰ [4]□~地灰:装垃圾

s [4]刷涮说率蟀

k [4]刮割括葛聒

kʰ [4]阔

x [4]脱 [5]喝~彩

| | | | | |
|---|---|---|---|---|
| ∅ | [4]□~饭:热饭 | | | |

ut

| | |
|---|---|
| p | [4]不 |
| pʰ | [5]□修 |
| f | [5]佛 |
| tʰ | [4]出 [5]突 |
| ts | [4]卒 [5]□嘴巴~的起来:翘嘴巴 |
| tsʰ | [4]猝~死 [5]□擦 |
| s | [5]术述秫□小心把钱~了:小心掉钱 |
| k | [4]骨 |
| kʰ | [4]窟~窿 [5]□~当咓:弄好了 |
| ∅ | [4]物勿 [5]朳~子核:果实的核 |

ak

| | |
|---|---|
| p | [4]百柏伯 |
| pʰ | [4]拍帕 [5]白帛魄 |
| m | [5]麦脉□捭 |
| f | [4]□用筷子打鸡蛋 [5]划一~ |
| t | [4]□只□~眼睛:一只眼睛瞎了□~火:烤火 |
| tʰ | [4]尺赤斥 |
| n | [4]搦拿 |
| ts | [4]摘择~菜□~倒咓:压倒了 |
| tsʰ | [4]册□裂开拆 |
| s | [4]□一~西瓜:一块西瓜 [5]石□把锄头~在肩上 |
| k | [4]隔各格~子 |
| kʰ | [4]客 |
| ŋ | [4]额 |
| x | [4]吓 |
| ∅ | [4]□~辫子:压辫子 |

iak

| | |
|---|---|
| p | [4]壁墙~ |
| f | [5]活豁 |
| t | [4]□~屎:把屎 |
| tʰ | [4]踢 [5]笛粜买:~米 |
| tç | [4]迹 [5]□~牙齿:饭生的,吃起来不好吃 |
| tçʰ | [4]□陡 [5]席~子 |
| ç | [4]锡 |
| ∅ | [5]□~动:闪动 |

iɛk

| | |
|---|---|
| n | [5]疟 |
| ∅ | [5]液腋 |

ək

| | |
|---|---|
| p | [4]北 [5]□~实:很实 |
| pʰ | [4]迫 |
| m | [5]墨默心里想 |
| f | [5]惑或~者 |
| t | [4]得德 |
| tʰ | [5]特 |
| n | [4]□~死来:按死来 |
| ts | [4]鲫即责侧则 |
| tsʰ | [4]测厕策择宅泽□被重物压倒 [5]贼 |
| s | [4]色啬塞 |
| k | [4]革国格及~ |
| kʰ | [4]刻克 |
| ŋ | [4]扼轭 |
| x | [4]黑亥~时 |

ik

| | |
|---|---|
| p | [4]逼憋~在心里 |
| pʰ | [5]僻辟 |
| t | [4]的 [5]滴嫡 |
| tʰ | [4]别 [5]敌狄 |
| n | [5]匿逆溺 |
| l | [4]历□刺 [5]肋勒力栗~子立~夏 |
| tç | [4]籍绩激职汁织职迹脊载掷击激积~票子:攒钱 [5]籍藉 |
| tçʰ | [4]戚 [5]值直植殖饬 |
| ç | [4]息媳识饰惜夕昔析释熄释惜式 [5]食蚀实适释 |
| ∅ | [4]域益亦易 [5]翼~拍:翅膀 |

ok

| | |
|---|---|
| p | [4]博剥驳博赌~脖打赤~□把两根电线绑在一起 |
| pʰ | [4]劈 |
| m | [4]幕~布寞寂~陌~生人 [5]莫膜贴~□~起来:端起来 |
| f | [5]藿获蒦□~柴:捆柴 |

| v | [4]沃握卧~室 [5]□~巴:锅巴 |
| t | [4]铎跮着~衫子:穿衣服 □~柴:砍柴 脚 [5]□用刀切 |
| tʰ | [4]踔 [5]着~火 |
| n | [4]诺若 [5]弱虐~待 |
| l | [4]烙络~人:偷汉子 [5]洛落酪骆乐音~ |
| ts | [4]作桌卓捉酌啄琢涿 |
| tsʰ | [4]绰 [5]镯戳凿昨~日 |
| s | [4]缩~水索线~□扇耳光 [5]朔芍勺~子 |
| k | [4]各搁阁胳角觉郭 |
| kʰ | [4]扩确壳廓 [5]□敲 |
| ŋ | [5]岳 |
| x | [4]托 [5]学鹤核霍 |
| Ø | [4]恶指人很狠 |

iɔk

| l | [5]略掠 |
| tɕ | [4]觉爵 |
| tɕʰ | [4]雀鹊却 |
| ɕ | [4]削~尖 |
| Ø | [4]约 [5]药钥 |
| pʰ | [4]泊梁山~扑~粉 [5]薄泊雹落~ |

iuk

| l | [4]六 [5]绿录虑滤 |
| tɕ | [4]足锅□挤 |
| tɕʰ | [4]掬曲歌~ [5]局公安~ |
| ɕ | [4]续序俗续绪 |
| Ø | [4]育郁役欲裕浴疫~苗 [5]狱 |

uk

| pʰ | [4]卜扑仆瀑曝□趴 |
| m | [4]木目慕穆牧 |
| f | [4]福蝠复反~幅一~ [5]腹复~原服覆伏栿 |
| v | [4]屋 [5]□~上:快点 |
| t | [4]竹烛嘱粥菊□~雨:淋雨 [5]□戳 |
| tʰ | [5]毒读牍犊秃独 |
| n | [4]肉 [5]玉 |
| l | [4]辱褥 [5]鹭禄鹿□骗人 |
| ts | [4]族筑逐祝 |
| tsʰ | [4]□呛到畜~生储~蓄促 [5]触浊~水 |
| s | [4]宿缩肃叔束速术述粟蜀 [5]熟属赎□吸回流出的鼻涕 |
| tɕ | [4]轴 |
| k | [4]谷 |

# 湖南新田（鸡公嘴）客家话音系及特点[①]

谢奇勇

（湖南科技大学人文学院）

**【提　要】** 湖南新田县的客家话人口数量少，只占全县人口的0.23%，都呈"方言岛"分布，与相对强势的其他方言（主要是新田官话）形成"双方言"甚至"三方言"的局面，消亡速度加快，已经处于极度濒危的状态。本文记录了新田县鸡公嘴村犀牛塘自然村的客家话的声、韵、调系统及其特点以及同音字汇。

**【关键词】** 湖南新田县　客家话　音系　音系特点　同音字汇

新田县位于湖南省南部，属永州市辖县。东北至东南与湖南省郴州市的桂阳县、嘉禾县交界；西北至西南与永州市的祁阳县、宁远县交界。总面积1022.4平方千米，2015年年底辖19个乡镇379个行政村（社区），人口43万人（据该县2015年国民经济和社会发展统计公报）。

新田县境内通行的公共交际语是西南官话（当地称"新田官话"），此外，还有瑶语以及属于汉语方言的南乡土话、北乡土话、桂阳土话、嘉禾土话、宁远土话、客家话、零陵话、祁阳话等。

相比县境内的其他汉语方言，新田县的客家话的分布现状具有如下特点。一是人口数量少。据笔者2016年调查，主要分布在金陵（含原来的莲花乡）、门楼下、知市坪乡的个别村落，以及骥村镇个别村落的老辈人中，共计4个乡镇的10个行政村，18个自然村，约980人，占全县人口的0.23%。二是散状分布呈"方言岛"状态。其分散分布的现状使其各自处于其他方言或语言的包围之中，不仅没有成片的乡镇，也没有整体说客家话的行政村，如金陵镇鸡公嘴行政村有6个自然村，人口520人，只有3个自然村讲客家话，人口210人。三是绝大多数为"双方言"甚至"三方言"人。面临相对强势的其他方言，形成对内讲客家话，对外讲其他方言的局面。即使说客家话的自然村，也存在说多种方言的现象。一般除了讲客家话外，还会讲新田官话，有的会讲桂阳话或土话，有的还会讲瑶语。四是其消亡速度加快，已经处于极度濒危的状态，整体情况是操说人口迅速减少。笔者曾相隔15年两次调查新田县说客家话人数，2002年调查时共计4个乡镇的10个行政村有1400多人，2016年调查时则只有980多人了。具体情况是，他们在自我认定上都称自

---

[①] 本文受湖南省高等学校哲学社会科学重点研究基地"湖南省方言与文化科技融合研究基地"、湖南省教育厅科学研究重点项目"'湘南土话'与湖湘地域文化研究"（项目编号：15A069）、国家语委科研规划领导小组办公室中国语言资源保护工程专项任务项目"濒危汉语方言调查·湖南新田客家话"（项目编号：YB1619A00）的资助。

已是客家人，说的是客家话，但是一些村落只有老一辈的人才会讲客家话，年轻人已经改说官话或当地的土话了，如金陵镇大源冲村矮家冲自然村邱、白两姓共270人，其家谱记载清代由广东乐昌（黄圃）迁入，自称客家人，讲客边话，现在能讲客家话的只有7人，年纪最大的87岁，最小的66岁。

新田客家话地域和人口分布具体如下：金陵镇367人，其中鸡公嘴村的犀牛塘、铁牛造、鸡公嘴等自然村约210人；千马坪村的白果树下、吉家自然村（部分）约100人；贺赐岭村的曾家自然村约50人；大源冲村矮家冲自然村7人。门楼下瑶族乡380人，其中长田村的长田、庵子坪、新屋、桐子坪自然村约132人；漕头源村的斋公塘、朱头源、梨子坪自然村约92人；小水干村的大田圹自然村约30人；马家村的马家自然村约80人。知市坪乡300人，主要在板塘村的花岭硁自然村。骥村镇40人，是在硁坪村一些自然村中的老年人。

本文所述的是新田县金陵镇鸡公嘴村犀牛塘自然村所说的客家话。该行政村有6个自然村，其中蛇形（又称上李库源）、韭菜冲（又称大山窝）、李家冲（又称下李库源）3个自然村说瑶语，犀牛塘、铁牛造、鸡公嘴3个自然村讲客家话。犀牛塘自然村主要有曾、吴两姓，其中曾姓家谱记载是清代由广东河源（黄田、清溪）转江西南丰迁入。村民曾祥付先生（70岁）则称祖上曾说是200多年前由江西龙潭迁入，自称客家人，讲客边话，生活中对内常用，全村90人，除嫁入的人外，年轻人、小孩基本会讲。对外则主要讲新田官话、桂阳话（流峰土话），有的还会讲瑶语。发音合作人为曾凡智（59岁）、吴良军（62岁）两位先生。

## 一、新田（鸡公嘴）客家话声韵调

### 1. 声母20个（含零声母）

| | | | | |
|---|---|---|---|---|
| p 部壁八板兵 | pʰ 派片肥盘病 | m 麦明味问边 | f 飞风花肥活 | v 为位毁温云 |
| t 多刀单短东 | tʰ 讨道天甜毒 | n 年牛肉验热 | | l 老脑南连良 |
| ts 资早租纸争 | tsʰ 草字贼坐春 | | s 丝三双顺十 | |
| tɕ 酒张竹装主 | tɕʰ 清谢柱车城 | | ɕ 想手书响县 | |
| k 姑高割官工 | kʰ 客跪柜牵共 | ŋ 牙熬艾眼恩 | x 开好灰糠坑 | |
| ø 禾王安用药 | | | | |

说明：①n、l在洪音前区别不明显，统一记为l；在细音前区别明显，来母字为l，泥母字为n。其中，n在细音前有舌面鼻音ȵ的色彩，但两者有来源上的区别，n主要来源于古泥母字，ȵ主要来源于古日、疑母字。②tɕ、tɕʰ、ɕ发音来自精组的字有的舌位略微靠前，靠近舌叶或舌尖，来自见组的字有的则舌位略微靠后接近舌面中，不稳定，统一记为tɕ、tɕʰ、ɕ。③声母v与零声母发音区别明显。如"碗""晚"读uən、"温""闻""匀"读vən。

2. 韵母35个（含辅音自成音节）

| | | | |
|---|---|---|---|
| ɿ 师丝试十直 | i 米二飞急七 | u 苦谷雾租曲 | y 雨对出追水 |
| a 茶牙瓦白百 | ia 写尺锡踢车 | ua 瓜剐话抓寡 | ya 靴 |
| e 北色墨洗细 | ie 接贴热节月 | ue 骨国赔开活 | ye 嘴决缺 |
| æ 杂搭塔甲滑 | iæ 甲恰掐洽押 | | |
| o 歌坐壳学盒 | io 茄脚药勺弱 | | |
| ai 排鞋袜泥犁 | | uai 快刮梭滑挂 | |
| | | uei 规鬼亏跪挥 | |
| au 宝饱糟高好 | iau 庙笑桥雀腰 | | |
| əu 楼豆走口厚 | iəu 油昼肉六绿 | | |
| | iu 猪除书矩局 | | |
| | iɛn 盐年善扇现 | | |
| ən 心新云灯兵 | in 升深根烟程 | uən 短官寸滚春 | yn 软权熏县运 |
| aŋ 南山硬争生 | iaŋ 病星平精清 | uaŋ 湾玩晚梗横 | |
| oŋ 糖床双讲东 | ioŋ 张庄响兄用 | | |
| ŋ̍ 鱼不五午 | | | |

说明：①æ 韵母来自入声字，有的发音已接近 a，如"擦""扎"；②o、io 韵母在一些入声字的发音中舌位略高，接近 u，如"盒""托""学""药"；③一些发 y 韵母的字，实际音值接近 yi，如"对""吐"；④iɛn 中的主要元音接近 æ；⑤aŋ、iaŋ、uaŋ 韵母中的 ŋ 比较稳定，ən、in、uən 中的 n 不太稳定，有的发音略微靠后，但总体上未达到 ŋ 的位置；⑥韵母 io 的字很少，疑为官话的影响；⑦e 的实际音有的值接近 ɤ，但不构成对立，统一记为 e。

3. 单字声调5个

阴平 35　高猪低边开天粗偏三飞伤疤/暖买有马/近坐/麦叶月读白合舌
阳平 13　穷陈寒神人龙才平扶麻鹅娘
上声 21　懂古纸走短口丑草体手死粉碗
去声 55　五女社/盖帐唱菜送放阵大害树让漏
入声 53　急竹出七锡湿割百缺尺歇发/六

说明：①上声 21 的实际音值接近 211；②入声 53 调中有的字读音有短促、带紧喉的特征，如"百""白""尺""石"等；③古清入声字保留独立调类，古浊入声字大部分归阴平，也有读入声的。

## 二、新田（鸡公嘴）客家话语音特点

1. 声母特点

（1）古全浊声母今读塞音、塞擦音时，无论平仄一般读送气清音。少数不送气，如"巨""拒""距""具""罢""弊""币""毙""避""背~书""备""抱""轿""棒"。

（2）古非、敷、奉母字今读主要为轻唇音。少数读重唇音，如"分表被动"pən、"浮"pʰau、"蜂""捧"pʰoŋ。古微母字多数读 m 或 v 声母，如读 m 有"尾""味""袜""蚊""闻""网""微""未""问""物"。

（3）帮母字今读有个别读送气现象，如"帝""鄙"。滂母字有不送气现象，如"怖"。

（4）泥、来母字细音今读不混，如"尿"niau ≠ "料"liau、"年"niɛn ≠ "连"liɛn。洪音相混，如"南" = "蓝" l（n）an、"脑" = "老" l（n）au。

（5）精组字大多逢洪音读 ts、tsʰ、s，逢细音读 tɕ、tɕʰ、ɕ。但也有少数字 ts、tsʰ、s 与细音拼，如读 tsy 有"追""醉"、读 tsʰy 有"翠""粹"、读 sy 有"遂""隧~道"，即部分有尖音的读法。

（6）知系逢洪音读 ts、tsʰ、s，逢细音读 tɕ、tɕʰ、ɕ。

（7）日母部分字今读 n 声母，与泥母字合流，如"二""耳""热""软""人""日""弱""内"。

（8）见系字中，见溪群一般逢洪音读 k、kʰ、x，逢细音读 tɕ、tɕʰ、ɕ。例外有见母字 kʰ，如"概""溉""愧"；溪母字读有读 x、f、ɕ 的，如读 x 有"开""口""糠""壳花生~""肯""坑"、读 f 有"枯""苦~瓜"、读 ɕ 有"圩""去""起""气""汽"；疑母字今读除零声母外，主要读 ŋ、n、m 声母，如读 ŋ 有"蛾""鹅""我""饿""牙""芽""瓦""呆""艾""熬""眼""颜""岩""硬""额"、读 n 有"艺""蚁""谊""义""议""疑""毅""牛""验""严""业""孽""月"、读 m 有"吴""蜈"；晓、匣母字除零声母外，今读一般读 x、ɕ 声母，也有读 f 声母的，与非、敷、奉母字合流，如读 f 有"化""呼""虎""浒""戽""晓""母""华""划""胡""湖""户""互""回""会""画""话""惠""匣""母"；影母字今读除零声母外，有读 ŋ 声母，如读 ŋ 有"爱""蔼""隘""恩"。

（9）见系字中，止摄合口三等的疑、晓、影、喻母多读 v 声母，如"危""伪""毁""委""为""位""维""魏""威""违""围"。

2. 韵母特点

（1）果摄开一等字读 o 韵母。个别字读其他，如"哪"na⁵⁵、"大"tʰai⁵⁵、"簸"pue⁵⁵、"梭"suai⁵³。

（2）假摄开口二等主要 a，见系字有 a、ia 分读，三等主要读 ia，已经有了文读层读音 ie，如"车""扯""社""舍""麝"，合口读 a 或 ua。

（3）遇摄一等读 u 韵母，疑母字有读声化韵，如读 ŋ 有"五""午"。三等鱼、虞韵

没有明显的区别，大体是非组字读 u，精组字读 y，知系、见系读 u、y、iu。

（4）蟹摄开口一等字读 ue 和 ai，二等字主要读 ai，个别读 ue，如"芥""戒"kue[55]。蟹摄开口三、四等主要读 i，其中四等齐韵字有读 ai、e 韵母的，如读 ai 的"底""泥""犁""弟""鸡""系~鞋带"、读 e 的"齐""洗""细"。

蟹摄合口一等帮组字主要读 ue 韵母；蟹摄合口一端系主要读 y 韵母，见系字主要读 ue 韵母，其中匣母字读 i 韵母，如读 i 的"会""茴""汇""会""绘"；蟹摄合口二等字主要读 uai，也有读 a 的，如"画""话"fa[55]；合口三等字读 i、y，四等字主要读 uei，其中匣母字读 i，如"惠""慧""绘"。

（5）止摄开口字主要读 i、ɿ 韵母，也有个别字分别读 ai、ue，如读 ai 的"筛"、读 ue 的"碑""悲""霉""美"。止摄合口见系字主要读 uei、ei，支脂韵端、知系主要读 y；微韵非组字主要读 i 韵母。

（6）效摄一等字读 au 韵母，二等读 au、iau 韵母，三、四等读 iau 韵母。

（7）流摄一等字读 əu 韵母；三等主要读 iəu 韵母，其中非组字读 au、u 韵母，如读 au 的"浮"、读 u 的"妇""富""副"。

（8）古阳声韵字今读无 -m 尾，咸深摄阳声韵的字均为 -n 尾。其中咸摄开口一、二等读 an 韵母，个别读 uən，如"赚"。咸摄开口三等字读 iɛn 韵母，合口三等读 an 韵母。深摄侵韵帮、端系字读 ən 韵母，知、见系读 in 韵母。

（9）山摄开口一、二等字主要为 an 韵母，一等寒韵见系部分字读 uən 韵母，如"肝""看""安""汉""汗"，三、四等字读 iɛn 韵母，个别字读 ən，如"牵"。山摄合口一等桓韵帮组字读 an 韵母，端系、见系字读 uən 韵母，合口二等字读分读 an，如"顽""弯""湾"和 uən，如"闩""关""惯"，合口三、四等字主要读 yn，其中元韵非组字读 an 韵母。

臻摄开口一等痕韵字读 ən，也有读 in 的，如"根"，二等字帮组、端系读 ən 韵母，知系、见系字读 in 韵母。合口一、三等帮组字读 ən 韵母，其他读 uən，少数字读 yn，如"俊""唇""纯""均"。

宕摄开口一等字读 oŋ 韵母，个别读 aŋ，如"党""浪"，疑为官话音。开口三等字读 ioŋ 韵母，合口一、三等字读 oŋ 韵母。

江摄字读 oŋ 韵母，也有读 ioŋ 韵母的，如"江~湖""降"。

梗摄二等字主要为 aŋ，也有读 ən、in 的，如读 ən 的"省""更""耕"、读 in 的"行"；梗摄三等字主要为 iaŋ，有读 ən、in 的，如读 ən 的"兵""丙""柄"、读 in 的"庆""迎"；梗摄四等字主要为 aŋ、iaŋ，有读 ən、in 的，如读 ən 的"瓶"、读 in 的"经""形"。总体来看，aŋ、iaŋ 为白读层，ən、in 为官话影响的文读层，如"明~年"miaŋ[13]、"明~聪"mən[13]、"领~衣"laŋ[35]、"领~条"lən[35]、"顶~上去"taŋ[21]、"顶~嘴"tən[21]。

通摄一等字读 oŋ，如"篷""东""桶""铜""聋""葱""送""冬"；三等非组字读 oŋ，如"疯""梦""蜂""锋""捧"；其他声纽的字分读 oŋ 和 ioŋ，如读 oŋ 的"终""宫""恭""共"、读 ioŋ 的"虫""穷""浓""肿""用"，这样就有了宕、江、桶三摄部分字合流同韵的特点，如"钢""光""宕"="江"="公""工""功""通"koŋ[35]，"香""乡""响""向""宕"="降""江"="熊""雄""凶"

"通"ɕioŋ。

（10）古入声字今读无 -p、-t、-k 尾，全部读为开尾或元音尾韵，在保留读入声调的一些入声字今读还有一些紧喉的痕迹，如"杂""瞎""白""百"等，但是已经不明显了。具体读音情况如下：

咸摄开口一、二等入声合、盍、洽韵字主要读 æ 韵母，如"答""踏""腊""蜡""插""夹""拉""杂"；入声狎韵字主要读 æ，如"甲""鸭"。开口三、四等叶、业、贴韵主要读 ie 韵母，如"接""叶""猎""业""贴"。合口三等读 æ 韵母，如"法"。

深摄入声缉韵字主要读 ie、ɿ，如读 ie 的"立""集"、读 ɿ 的"十"、读 i 的"汁""急"。

山摄开口一、二等入声曷、黠、辖韵主要读 æ 和 a，如读 æ 的"达""辣""八""杀""瞎"、读 a 的"擦"，个别字读 ue，如"割"；三等薛、月韵，四等屑韵主要读 ie，如"灭""孽""憋""篾""节""结"。山摄合口一等末韵入声字读 o 和 ue 韵母，如读 o 的"钵""泼""阔"、读 ue 的"脱""活"；二等黠、辖读 uai 韵母，如"滑""挖""刮"；三等薛韵读 ie，如"绝""雪"，月韵分读为 æ（如"发""罚""袜"）、ie（如"月"）和 ye（如"越"）；四等屑韵分读为 ye（如"决"）、ue（如"缺"）和 ie（如"血"）。

臻摄开口质韵入声主要读 i、ɿ，如读 i 的"密""七""虱"、读 ɿ 的"侄""实"，也有读 ie 的，如"笔""失"；合口主要读 ue，如"骨""物"和 y，如"出"。

宕摄开合口一等入声铎韵读 o，如"托""索""郭"；三等药韵主要读 io，如"着""勺"，另外也读 iau，如"雀"和 iəu，如"削"。

江摄入声觉韵主要读 o，如"剥""驳""角"，个别读 u，如"握"。

曾摄开口一等入声德韵主要读 e，如"北""墨""德""贼""塞""黑"，个别读 ie，如"特"；三等职韵主要读 ie，庄组字读 e，如"侧""色""识"。曾摄合口一等德韵主要读 ue，如"国""或"。

梗摄开口二等陌、麦韵读 a、e，如读 a 的"百""拍""白""拆""客""摘"、读 e 的"额""策""册"；三等昔韵、四等锡韵主要读 ia 和 ie，如读 ia 的"只""炙""尺""射""石""壁""锡"、读 ie 的"积""惜""益""历""击"。

通摄一等入声屋、沃韵主要读 u，如"独""谷""屋"；三等屋、烛韵主要读 u、iu 韵母，如读 u 的"服""福""足"、读 iu 的"竹""熟""烛""局"、读 iəu 的"六""肉""绿"、读 y 的"玉""浴"。

3. 声调特点

（1）平分阴阳。古清平声字归阴平。古全浊、次浊平声字归阳平。

（2）古清、次浊上声字今读上声，次浊上声部分字今读归阴平，如"暖""买""礼""里""理""鲤""尾""藕""懒""满""软""冷""领"。古全浊上声字一般归去声，也有读阴平的现象，如"苎""柱""荠""被""徛""舅""淡""近"，也有读上声现象，如"蟹"。

（3）古去声今读不分调。

（4）古清入声字今读入声，古浊入声字今读一般归阴平，也有个别字读入声的现象。

(5) 新田（鸡公嘴）客家话有两个较明显的变调，一个是33，一个是21。有前字和后字变调两种情况。前者如"虾公" xa³⁵⁻³³ koŋ³⁵、"洋灰" ioŋ¹³⁻²¹ xue³⁵，后者如"中秋" tɕioŋ³⁵ tɕʰiəu³⁵⁻³³、"挂历" kuai⁵⁵ lie⁵³⁻²¹。

## 三、新田（鸡公嘴）客家话同音字汇

本字汇按韵母、声母、声调的顺序排列。新田（鸡公嘴）客家话异读有文白异读、新老异读和别义异读。字汇中下加单横线"＿"表示白读、老读，下加双横线"="表示文读、新读，别义异读不标记，小字齐下加以说明。写不出本字的音节用"□"表示，并加注解。释义、举例用小字于本字右下角表示，例子里用"~"代替本字。调值均于实际读音。

ɿ

ts [35]资~产咨~询滋之芝~麻任~子直 [21]紫纸只~要姊~妹旨指手~子~孙梓~树滓渣~止趾脚~址地~齿牙~ [55]制~度,~造自~私致~辞至冬~志气,~县~痣黑~痔~疮

tsʰ [13]池水~瓷糍~耙迟慈~母磁辞~客词祠公~ [21]此 [55]刺赐天~翅次自~家似巴~时字寺少林~柿~花(柿子)侍~候

s [35]斯~文施私师狮~子尸~体丝~袜思意~诗十实~在食粮~、~饭(吃饭)蚀 [13]匙锁~时 [21]矢放~屎使指~史驶驾~始 [55]世誓发~氏姓~豉豆~示指~视近~祀祭~饲~料士将~事市~场试

i

p [35]蓖~麻 [21]彼~此比 [55]蔽蒙~弊~端币硬~毕闭避~开秘~密泌把汤汁~出来庇包~备

pʰ [35]批一~披被~子 [13]皮疲脾~气琵~琶枇~把 [21]鄙~视 [55]譬~刀布屁鼻~子

m [35]尾~巴 [13]迷~路眉画~鸟 [21]米蚁~公(蚂蚁) [55]谜~子(谜语)味□闭 [53]密

f [35]非是~飞 [13]回~礼茴~香肥~料 [21]悔匪 [55]汇~款会开~绘描~废肺惠~民慧智~痱~子费~用

v [55]卫保~

t [35]低 [21]抵~到(抵住)

tʰ [35]梯楼~ [13]题提~高蹄马~ [21]体 [55]弟~兄帝替剃~胡子第递~过来地 [53]笛~子

n [13]尼~姑儿任~、~子倪姓~宜~早仪~式谊友~疑怀~ [21]耳~朵 [55]艺手~义议~事二贰毅~力 [53]日~子

l [35]礼里一~路理鲤栗板~ [13]黎姓~离~婚璃玻~梨厘毫~狸狐~ [21]李姓~ [55]例~子厉害励~奖丽荔利~益痢~疾

tɕ [35]荠~菜知~事支预~枝肢四~栀~子花饥肚~肌~肉基~础机讥饥 [13]佢他 [21]挤几茶~、~个~乎己纪 [55]句祭打牙~际济救~剂一~药计继智~慧寄技妓~女记忌~妒既~然季□乖:漂亮 [53]汁急吉姓

tɕʰ [35]妻荷站欺骸黑~~蛆生~ [13]奇骑其~他棋象~期学~旗 [21]取脐肚~启企~业岂~有此理 [55]砌~砖契~约牸牛~气天~汽~车膝~头牯(膝盖) [53]七漆焌在烧红的铁上~水席上~戚亲~

ɕ [35]圩西犀~牛嘻熙康~希~望稀 [21]死起~草喜 [55]去势~力系关~、~联~戏

|   | |
|---|---|
| | 唱~四肆弃放~ 气出~汽水~□在，~□tsʅ²¹(在这里) [53]虱~嫲(虱子)适~合释 |
| ø | [35]医衣~扣依~靠 [13]移~枢姨饴糖 [21]椅已~经以 [55]翳~子(眼中影响视力的白斑)意易容~肆~业异~议 [53]一 |

**u**

| p | [35]妇~娘子(女人)晡今~日 [21]补 [55]部布怖恶~ |
| pʰ | [35]铺~床□~~(疙瘩) [13]蒲~团菩~萨 [21]普谱薄赈辅~导 [55]铺~子步捕~捕 |
| m | [13]吴姓蜈~蚣 [55]暮~色慕美~墓幕~单(床单)募 [53]木~匠目~标穆姓 |
| f | [35]枯干~、炭(木炭)夫肤皮~敷~疹俘麸麦~服~气伏~天妇~女呼招 [13]胡姓湖江~狐~狸壶锡~乎在~瓠~芦符画~扶芙~蓉佛如来 [21]苦~瓜虎老~浒水~府政~腑肺俯~身斧抚~恤 [55]户入~库~水互护瓠~瓜裤长~付赋~税傅师~赴奔~讣~告父~老腐豆~附妇~道负阜曲~富副一~ [53]福幅一~复~杂、原腹内~ |
| t | [35]都首~ [21]堵赌肚猪~、腹~ [55]□戳 [53]督 |
| tʰ | [35]独~苗读毒 [13]徒~弟屠~杀途中涂糊~图 [21]土沙~突~出 [55]吐~探呕~兔杜~仲度渡~口镀~金妒嫉 |
| l | [13]奴~才炉~子庐芦~苇驴毛~ [21]努鲁~班房卤~水 [55]路赂贿~露雾怒 [53]鹿~子禄福~育~苗陆姓录 |
| ts | [35]租 [21]祖~宗组阻 [55]做 [53]足~够卒兵~祝 |
| tsʰ | [35]粗初~一族种~ [13]锄~头 [21]楚清~础基~ [55]醋白~措施助 [53]畜~牲曲~折猝仓~触接~ |
| s | [35]苏~联酥~糖梳~头疏生~蔬菜 [21]薯香~数动词 [55]素菜诉上塑像数名词 [53]宿住~缩~水肃严 |

|   | |
|---|---|
| | 俗~气束结~ |
| k | [35]姑孤箍桶~ [21]古估~算蛊~桶牯牛~股入~鼓 [55]故~事固雇~农顾 [53]谷~雨、稻~、山~ |
| kʰ | [21]苦辛~哭痛~ [55]库水~ |
| ø | [35]乌~云污巫~婆诬 [13]梧~桐胡~子无~妨 [21]武舞午~时侮~辱鹉鹦~ [55]误~事悟觉~恶~心雾~露务服芋水~子(一种芋头) [53]盒~子屋盖~ |

**y**

| t | [55]队兑~现坠~下对~不住 |
| tʰ | [35]推 [21]腿 [55]退褪~色 |
| n | [21]女 [55]内~外 |
| l | [35]□~牯(轮子) [13]雷 [21]吕姓旅履~行累~积垒堡~ [55]虑考~滤过~累连~锐尖~类~别 |
| ts | [35]追 [55]醉 |
| tsʰ | [55]翠~色粹纯~ |
| s | [55]遂未~隧~道 |
| tɕ | [35]居~民俱~全 [55]著~名巨~大拒~绝距离据根~具~备惧恐~聚~集最 [53]剧~院 |
| tɕʰ | [35]区~别驱~动催~工崔姓吹~风炊~事员 [13]徐姓随~便垂永~槌棒~锤~子 [21]处~理娶 [55]处好~脆罪有~ [53]出~纳、~路 |
| ɕ | [35]絮~棉被(将棉花放入被子)恕宽~ [21]暑~假署公~水河~许~愿 [55]序顺~绪头~叙~说婿女~碎岁税隧~道 |
| ø | [35]淤~泥 [13]如~果于~此余姓,剩~愚娱愉盂瘀~ [21]语言~雨谷~宇羽 [55]誉预遇裕御抵~与 [53]玉浴淋~欲~望 |

**a**

| p | [35]巴~掌芭~蕉疤爸~阿~ [21]把一~刀 [55]坝水~欛~子(柄)霸罢~官 [53]百一~柏~树伯~~(伯父) |
| pʰ | [35]白明~ [13]爬琶琵~把枇~钯~子 |

| | 耙犁~扒~灰 [55]怕帕手~ [53]拍 | | ~门爷舅~、姑~ [55]亚~军夜~晡(晚上) |
|---|---|---|---|
| m | [35]马码~头麦 [13]麻~索痳~疯蟆癞蛤~ [55]脉手~骂 | | **ua** |
| | | ts | [35]抓 |
| f | [35]花 [13]华中~划~船 [55]化~痰画油~话 [53]划~玻璃、计~ | k | [35]瓜 [21]寡~妇剐~肉 |
| | | kʰ | [35]夸~奖□屋~(家里) [21]哼打~~(聊天)垮 [55]跨 |
| l | [35]拿纳出~拉~手 [21]□水沟~(水沟儿)□~车子(蜘蛛) | s | [35]刷 [21]厦飘~耍~把戏 |
| ts | [35]渣纸~(造纸后的余渣) [55]诈欺~榨~油炸~弹 | ø | [35]蛙青~ [55]话说 |
| | | | **ya** |
| tsʰ | [35]叉~子杈树开~差~不多钗 [13]茶搽~药查 [55]岔~开 [53]拆坼一条~ | ɕ | [35]靴统子~ |
| | | | **e** |
| s | [35]沙河~纱杉~树衫海军~ [21]洒水傻~瓜□别~:别人 | p | [53]北 |
| | | pʰ | [35]魄魂~白明~ [53]迫压~ |
| k | [35]家加~减痂结~香味(一股香味) [21]假~话□一~ [55]架~子嫁 [53]格花~子隔~开 | m | [53]墨~汁默~过(思过) |
| | | v | [35]物~件 |
| | | t | [53]得~到德道~ |
| kʰ | [53]客做~ | l | [55]□~tɕ⁵³(脏) |
| ŋ | [13]牙~子芽 [21]瓦砖~ | ts | [53]侧~身则原~窄狭~责负~ |
| x | [35]下底~、~降 [55]吓~一跳 | tsʰ | [35]宅住~ [13]齐~整 [53]贼做~测择选~泽毛~东策册 |
| ø | [35]阿~哥 [21]哑~子 [53]轭牛~ | s | [21]洗 [55]细~人子(小孩) [53]塞~紧(塞住)色涩苦~ |
| | **ia** | k | [55]个一~、~只(那只) [53]缺碗~了格风~革 |
| p | [53]壁墙~ | kʰ | [55]咳 [53]刻~字、时~克~星 |
| pʰ | [53]劈~开 | ŋ | [21]额金~、~门(额头) |
| t | [35]□提 [53]滴~水 | x | [53]黑 |
| tʰ | [53]踢~一脚 | ø | [13]而~且 |
| l | [21]□舔 | | **ie** |
| tɕ | [35]加~入嘉~禾(地名)姐遮~瞒佳~人 [21]假真~贾姓□~公(外祖父) [55]假放~驾~车稼庄~价还~借~条□~来(才来) [53]只一~灸~火 | pʰ | [53]别区~、~告鳖龟~憋~气笔毕必~须逼背~夹衣(背心) |
| | | p | [35]别~人家(别人) [53]撇一~僻辟开~ |
| | | m | [35]蔑篾~签 [53]灭擘~开 |
| tɕʰ | [35]车风~席竹~ [13]邪~道斜~的 [21]扯□~公(外祖父) [55]谢姓~师 [53]尺赤~脚吃~亏 | t | [53]跌~跤谍 |
| | | tʰ | [35]碟~子特~地 [53]帖请~贴叠重~铁特~别 |
| ɕ | [35]赊~账石~头霞晚~ [21]写舍~得社~日□~、印~(知了) [55]厦~门夏春~泻肚子 [53]锡~壶射~尿(排尿)、注~ | n | [35]孽造~月 [53]捏~造聂姓镊~子热闹~逆业祖~ |
| ø | [35]丫~头葱不要~他也~来了野 [13]衔 | | |

## 湖南新田（鸡公嘴）客家话音系及特点

l [35]立~夏粒一~历农~ [53]猎~狗
列~队烈裂律纪~一~历~来率概~肋~骨
勒~索

tɕ [53]接哲折存~浙褶~子(衣服上的)集~中
汁墨~级及~时吸杰揭~露节过~截~断
结打~洁圭~日织职极~大积迹足~脊~梁
籍~贯击激值价~~得殖植疾~病质
即~立~鲫~鱼□le⁵⁵(脏)

tɕʰ [35]车汽~绝~种 [21]且而~ [53]
妾娶~捷彻~底撤~回切席上~怯胆~

ɕ [35]舌口~失损~ [13]协 [55]社
公~卸~任麝~香舍宿~ [53]习学~袭设
歇~气雪血穴~位息休~薛姓泄~漏熄~灭
虱~嫲(虱子)室~内媳童养~识认~式~样饰
装~惜可~席主~戌~时恤抚~析分~□孙
(重孙子)蚀腐~胁威~

ø [35]叶~子越~来好页 [53]入收~益
利~噎~到了(噎住了)乙~方液~体腋~下

### ue

p [35]杯碑~记悲 [55]簸~箕、一~
贝宝~辈背~脊、书倍

pʰ [35]坯土~ [13]培陪赔~钱 [55]
沛充~配相~佩~服

m [13]梅~花枚~子媒~人煤~油霉 [21]
每工(每天)美 [55]妹姊~

t [35]堆~起来 [55]碓舂~

tʰ [35]胎怀~ [13]台~湾 [55]袋
断绳子~了 [53]脱解~

l [13]来~去

ts [13]才肚~财发~

s [35]腮~帮鳃鱼~

k [35]该~死 [55]盖丐~帮芥~菜戒
[53]割~禾骨~头国

kʰ [35]魁五金~开~门

x [35]开~门盍恢灰活 [13]□痒 [21]海
亥~时贿行~或~者惑迷~ [55]害会~来

ø [35]煨~红薯□爷(父母) [55]外~甥

### ye

tɕ [21]掘挖~ [55]嘴 [53]决~定诀口~

tɕʰ [53]缺~点

ɕ [55]睡~觉 [53]术算~技~述叙~

ø [35]越 [21]悦阅 [53]域疫~苗役兵~

### æ

p [53]八~哥

m [53]袜~子

f [53]法乏缺~发头~、~财伐砍~筏
竹~罚~款

t [53]达到~答搭~车

tʰ [53]獭水~踏塔宝~沓一~纸塌~下来

l [35]辣 [53]腊~肉蜡~烛捺一~癞~子

ts [53]铡~刀眨摘炸~油条闸~门

tsʰ [53]杂~交插

s [53]杀

k [53]甲指~夹~子袷~裳(袷衣) [53]刮

ŋ [35]轧~手

x [35]□~袋(嗉袋) [53]瞎~子

ø [35]滑~一脚猾狡 [53]鸭~子挖~土

### iæ

tɕ [53]甲~方

tɕʰ [53]恰~当掐~人洽~谈

ɕ [35]匣~子 [53]狭~窄峡山~

ø [53]押扣~抵~压~平

### o

p [35]波~浪菠~菜玻~璃 [53]钵拨剥~
皮驳博

pʰ [35]坡薄厚~ [13]婆老~~ [55]破
[53]泼~妇

m [35]摸魔~鬼 [13]磨~刀 [55]磨~
子 [53]末年~

t [35]多 [21]朵躲 [55]舵驮~子
(名词)剁 [53]夺

tʰ [35]拖□选择 [13]驼~背驮~起来
(动词) [21]妥椭

l [35]落~雨烙~铁 [13]挪~衣(搓衣)、~
用罗姓锣箩萝~卜镙~丝螺田~腡手~骆姓

| | | |
|---|---|---|
| | [21]□搓:~索子 [55]糯~米 [53]诺承~ | 狼柴 [21]彩~头采~摘 [55]在~行(小孩懂事听话)蔡姓寨□~他去(让他去) |
| ts | [21]左佐姓 [55]座~位 [53]作发~、工~桌~子卓~越 | s [35]筛米~ [55]赛晒 |
| tsʰ | [35]坐昨~哺日(昨天) [55]锉错~误、~开 | k [35]阶街鸡系~鞋带 [21]改解~开 [55]锯名词介~绍界疥~疮届械 |
| s | [35]蓑~衣 [21]锁所~以 [53]索~子 | kʰ [35]揩□~担(挑挑子) [21]凯楷小~ |
| k | [35]歌哥阿~锅鼎 [21]果粿米~ [55]过~来 [53]鸽各郭姓角牛~ | ŋ [13]偃我呆~板 [55]艾~叶爱蔼隘狭 |
| kʰ | [35]科窠鸟子~ [21]可~以 [55]课 [53]阔~气壳脑~磕~头 | x [13]鞋还~有 [21]蟹老~(螃蟹)核~桃 [55]骇~浪□是,~不~(是不是) |
| ŋ | [35]蜈~蚣 [13]蛾虫~鹅 [55]饿 | ø [35]哀挨~拢 [21]揞~打矮 [21]碍 |
| x | [35]学 [13]河何姓荷~花和~气合~拢 [21]火伙~计 [55]贺和~面、杂了祸货 [53]鹤霍姓壳花生~喝~水盒一~烟蠹虫咬 | **uai** |
| | | v [21]歪 [55]外 |
| | | s [35]梭~子衰 [55]帅 [53]率~领 |
| ø | [35]窝□麻~(锅) [13]禾 [53]恶~霸盒~子 | k [35]乖~巧 [21]枴□女阴 [55]怪责~、奇~挂卦打~ |
| **io** | | kʰ [35]圈手~、~~ [55]块会~计刽~子手快筷~子 |
| n | [35]弱 [53]虐 | |
| l | [53]略掠 | x [13]怀~孕槐~树淮 |
| tɕ | [53]脚角一~钱着~衣 | **ei** |
| tɕʰ | [13]茄~子 [53]着~火、睡~却退~ | f [35]妃贵~ |
| ɕ | [35]勺瓜~(葫芦做的舀水器)芍白~ | v [35]威~信 [13]危为作~、~什么维惟微违围 [21]毁委~屈伟苇芦 [55]伪~保长位~子未~来魏慰安~胃肠~谓无所 |
| ø | [35]药 [53]若假~约节~、契~狱 | |
| **ai** | | |
| p | [21]摆~桌子 [55]拜 | **uei** |
| pʰ | [13]排牌打~簰放~ [55]派稗~子败~家子 | k [35]闺~女规龟归~公 [21]诡~计鬼轨铁~ [55]桂~花贵 |
| m | [35]买 [13]埋 [55]卖迈~开 | kʰ [35]亏~本 [13]逵李~葵~花子 [21]跪 [55]愧柜 |
| f | [55]坏 | |
| t | [35]呆~子 [21]底~子 [55]戴姓代~替带~动 | x [35]挥辉 [55]讳忌~ |
| tʰ | [13]苔青~抬 [55]大~小、~王态贷太老~泰弟老~ | **au** |
| | | p [35]包胞 [21]保堡~垒宝饱~了 [55]报~应抱怀~豹~子爆鲍~鱼 |
| l | [13]泥~土犁~田 [55]赖姓癞~子耐~烦奈~何奶~子人(男孩)懒~水(热水) | pʰ [35]抛泡鱼~浮~起来 [13]袍~子 [21]刨~丝瓜跑打~子(跑步) [55]炮泡~脚鉋木~子 |
| ts | [35]灾栽~树斋~公 [21]宰~相载~重再 [55]债 | |
| tsʰ | [35]猜差出~ [13]材~料裁才~来豺~ | m [13]毛 [21]卯~时茅~草 [55]冒~险帽没~得(没有)貌面~ |

| | | | |
|---|---|---|---|
| t | [35]刀 [21]倒~地 [55]到~来倒~水 | | [55]孝校笑少~年邵~阳(地名)绍介~ |
| t^h | [13]桃逃绹~起来淘~米陶~岭(地名)萄葡~ [21]讨~亲 [55]道~场套一~盗强~ | Ø | [35]妖腰邀要~求吆~喝 [13]摇谣歌~ 窑饶富~尧姓幺老~ [21]扰绕宵~水香 [55]要重~耀鹞~子 |
| l | [35]捞~钱□错~跟、和 [13]劳牢捞~ 上来 [21]老脑~壳恼~火 [55]闹热 | | əu |
| ts | [35]遭糟 [21]早找~零爪猪脚~ [55]灶~屋(厨房)罩笊捞~ | t^h | [35]偷 [13]头木~、日~投~胎 [55]透豆~子、腐逗~小孩 |
| ts^h | [35]操抄钞~票 [13]曹姓槽水~炒吵 [21]草 [55]造~化糙~子米燥干~ | l | [13]楼 |
| | | ts | [35]□蹲 [21]走 |
| s | [35]骚臊尿~ [21]嫂兄弟~稍~微 [55]潲~水扫~巴、~屋 | ts^h | [35]抇用手提物等用来沥去酒糟以便取酒的器具 [13]愁 [21]丑~时 [55]凑 |
| k | [35]高膏~药教~人做事 [55]告~诉 教~书觉睡~窖 | s | [35]搜馊 [55]瘦 |
| | | k | [35]勾~当钩~子 [21]狗苟春~(人名) [55]够购 |
| k^h | [21]考烤~烟 [55]靠敲~门 | k^h | [35]抠~鼻子 [55]扣~子、~扣子 |
| x | [35]蒿~草 [13]豪土~毫~厘 [21] 好 [55]号洋~ | x | [21]口 [55]厚候时~后~生、前~ |
| | | Ø | [35]藕~花 |
| ŋ | [13]熬~药 | | iəu |
| Ø | [53]屋众堂~(祠堂) | t | [35]丢□~背(里面) |
| | iau | n | [13]牛 [53]肉 |
| p | [35]膘~油标梭~ [21]表~弟、手~婊~子 | l | [13]流刘姓留~一手榴石~硫~黄绿 [21]柳 [53]六陆数字 |
| p^h | [35]飘漂~流 [21]嫖~赌 [13]瓢瓜~ [55]票漂~亮 | tɕ | [35]州永~洲~头 [21]酒久九韭~菜 [55]昼下~(下午)救究~竟旧~的、~社会 |
| m | [21]苗描~写 [55]猫~公庙寺~妙~计 | tɕ^h | [35]秋抽~筋舅~爷□新~(儿媳妇)□黑~~ (很黑) [13]绸求~人球 [55]袖裳~(衣袖) 臭旧~年 |
| t | [35]刁~难貂水~雕鸟 [55]钓吊调~动、~音~ | | |
| t^h | [35]挑~毛病 [13]条调~料 [55] 跳~高、~皮 | ɕ | [35]修休 [21]手首~长守 [55]秀优~ 绣寿 [53]削粟~米 |
| n | [55]尿射~(排尿) | Ø | [35]忧优有~了 [13]由理~油游~水 [55]又~来右佑保~幼细 |
| l | [13]燎~原聊~天 [21]了~结 [55] 料材~炮打~□玩 | | iu |
| tɕ | [35]交焦姓椒胡~蕉香~骄娇朝今~招~ 手昭沼~气浇 [21]剿缴~贵侥~幸[55] 赵姓兆~头召号~照~眼睛~耀眼)轿叫 [53]雀 | tɕ | [35]猪朱姓~砂珠诛口~拘~留蛛蛛□塞 [21]举~子煮主~席矩规~菊~花 [55] 注~射蛀 [53]镢~锄(锄头)竹烛蜡~ |
| tɕ^h | [35]锹铁~缲~边超□打喷~(打喷嚏) [13]樵砍~朝~代潮乔姓侨华~桥荞~麦 [55]窍~门 | tɕ^h | [35]柱~头逐~出去局苣~麻住~家 [13]渠厨~师除~法储~备 [21]鼠老~ [55]驻~军 |
| ɕ | [35]消~化宵元~宵云~硝土~销供~烧~火 肖姓箫~声 [21]少~点钱小~寒晓~得 | | |

| | | | |
|---|---|---|---|
| ɕ | [35]书舒~服虚心~输~赢熟赎殊特须必~、要续继~ [21]许~愿 [55]竖横~树 [53]术白~叔~公 | f | [35]分~开纷大雪~~芬~香 [13]坟焚~烧魂灵~ [21]粉~丝 [55]奋份~愤 |
| | iɛn | v | [35]晕~车温~暖瘟~病 [13]云匀~净 [21]稳允~许尹姓 [55]问~题熨~斗运走~、气润闰 |
| p | [35]边蝙~蝠鞭编~辑 [21]扁压~匾辫~子贬 [55]变辨辩□~起(藏起来) | t | [35]登灯丁壮~疔~疮 [21]等顶~嘴 [55]凳顿拖竖炖~肉邓姓澄~清瞪~眼睛 |
| pʰ | [35]篇偏~了遍 [21]片便~宜 [55]骗便方~ | tʰ | [35]厅客~ [13]腾~空藤瓜~亭凉~停廷庭 [21]挺~胸艇 [55]定~下来□~命(拼命) |
| m | [13]绵~长棉 [21]眠睡~免~税勉娩缅 [55]面~条、脸~ | l | [35]领~条 [13]林树~淋~水邻鳞能宁~愿灵铃另陵金~凌菱~角 [55]令命 |
| t | [21]颠~倒点一~典~当、词~ [55]簟篾~电殿典~礼店 | ts | [35]精~神、味~曾姓增憎 [55]浸~湿进赠 |
| tʰ | [35]添天 [13]甜田填~表 [21]腆~肚 [55]垫~钱 | tsʰ | [35]亲清~楚静文~ [13]澄~清懲~罚 [21]请申~ [13]寻曾~经层情感~ |
| n | [35]鲇~鱼拈~起来研~究 [13]年严~格 [21]捻~碎 [55]念想~验~收砚~台 | s | [35]心辛~苦新僧唐~生~产牲~口笙芦~ [55]□tɕa⁵⁵~(刚才)性急~子 [21]省湖南~、节~ |
| l | [13]廉镰~刀帘~子连联莲怜 [55]练炼楝苦~树恋 | k | [35]更五~庚酉耕~牛 [21]耿忠~ [55]件一~衣裳更~加 |
| tɕ | [35]兼尖奸坚煎艰 [21]茧~子剪碱~水展简拣挑~ [55]荐推~占霸~剑件事~、物~箭建健~康见~面舰军 | kʰ | [35]牵~牛 |
| | | ŋ | [35]恩报~ |
| tɕʰ | [35]谦~虚千签~字迁搬~ [13]钳虎~钱缠纠~前乾~坤 [21]浅践实~ [55]欠~钱歉道~贱低~□~眼睡(打瞌睡) | x | [35]亨大~ [13]衡恒 [21]肯 [55]恨 |
| | | ø | [21]文~化、斯~纹~路闻新~吻接~ |
| ɕ | [35]仙~人鲜新~先扇~风膻~味□~撕 [13]嫌讨~衔军~闲贤 [21]险癣生~显明~ [55]馅饺~善改~线扇蒲~、子现发~ | | in |
| | | m | [55]□~~阳(蜻蜓) |
| ø | [35]烟冤 [13]炎发~盐阎~王言~语延~伸然~后燃 [21]染~布演 [55]雁大~谚~语厌~烦燕咽宴 | n | [13]人 [55]奶~~(乳房、乳汁) |
| | | tɕ | [35]今针禁~不住金根树~真~假巾斤筋蒸贞侦经取~津天~珍粳~米茎~心京晶水~征~求 [21]枕锦谨紧仅~有诊疹麻~整~齐景~色警 [55]镇近接~振~动震地~证~明正政禁~牌晋~级敬~酒竟究~竞~争郑型劲干~□伴 |
| | ŋe | | |
| p | [35]分被,表被动奔~跑冰结~兵崩 [21]本丙秉~承 [55]粪~桶笨柄手~并合~ | | |
| pʰ | [35]烹~调姘~头拼~接凭~证 [13]贫盆瓶萍浮~彭姓平~均评 [21]品~德 [55]喷~水聘~礼 | tɕʰ | [35]近远~程称~呼卿姓蜻~蜓 [13]琴禽家~擒~拿沉秦~朝陈姓尘~灰~勤芹~菜 |
| m | [35]蚊~子 [13]民门明~聪~铭座右~ [55]命~令问~路闷 | | |

| | |
|---|---|
| | 臣功~乘~法成城诚承~担丞~相 [55]趁~早阵一~秤一杆~庆 |
| ɕ | [35]深身申~请伸~手升欣~向荣行出~ [13]神辰时~晨朝~(早晨)形~象型典~刑□~公(蚯蚓) [21]沈姓行品~ [55]肾补~剩胜兴高~杏~花幸~运圣神~盛兴~ |
| ∅ | [35]音~信阴因原~姻婚~樱~桃鹰岩 [13]银仁~义迎~接壬~时英 [21]远~近引指~隐~瞒忍影~电 [55]任认~识印刃刀~映反~应答~ |

**uən**

| | |
|---|---|
| t | [35]端~午敦望牛~(地名)墩石~ [21]短 [55]盾矛~饨馄~锻~炼段姓缎绸~断~案、~绝 |
| tʰ | [35]吞 [13]囤一~ |
| l | [35]暖 [13]轮~子、车~伦仑昆~ [55]乱嫩~芽论 |
| ts | [35]遵尊钻~眼 [21]准批~、~确瞄~ [55]钻~子俊 |
| tsʰ | [35]村春椿~芽树餐一~饭囵~门氽~汤 [13]存 [55]赚寸篡~夺撰~写创状~纸 |
| s | [35]删酸囵~门拴~牛孙 [21]笋春、干~桦~子殉~职损 [55]疝~气算蒜顺~利、便舜~帝迅~速 |
| k | [35]肝干~湿官关~过~光~荣观参~棺冠鸡~ [21]管馆公~滚~水、打~赶~到广~东 [55]贯~钱罐药~观道~惯习~冠军灌逛~街矿 |
| kʰ | [35]看~管宽筐箩~睚眼~荤昆~仓坤乾~婚结~关~门 [21]款捆~柴、一~ [55]困~难、住看~见旷况 |
| x | [35]欢昏头~、黄~ [21]馄~饨缓晃~动 [55]汗唤召~焕~发混~乱□床(起床) |
| ∅ | [35]庵~子安鞍豌~豆枉 [13]完丸药~勻 [21]玩~弄碗腕手~晚稻挽~联往来 [55]换~衣裳 |

**yn**

| | |
|---|---|
| n | [35]软 |

| | |
|---|---|
| tɕ | [35]专砖均平~钧千~军君~子 [13]捐 [21]转~手卷~起□上~(上次) [55]转~圈传~记篆~体卷一~绢手~ |
| tɕʰ | [35]圈圆~肫鸡~子菌~子近最~川四~穿~针 [13]全泉源~传~达船拳权玄勾股~悬群~众裙罗~ [21]蠢犬军~□上~(上次) [55]劝券优惠~旋脑壳~圈~养倦疲~ |
| ɕ | [35]熏~蚊子勋宣喧~哗 [13]纯~粹醇酒~绳~子裳(毛衣)旋~涡 [21]旬上~循~环巡~视唇~青 [55]县训逊谦~ |
| ∅ | [35]渊深~ [13]圆员~工元~旦原源~头袁姓园菜~阮姓 [55]院愿怨~恨韵押~ |

**aŋ**

| | |
|---|---|
| p | [35]班斑~点颁~布扳~手般一~搬~家 [21]板版~面 [55]扮打~半□裂 |
| pʰ | [35]潘姓攀~高 [13]盘茶~ [55]盼~望办判叛绊~倒襻~扣、肚子~(肚脐) |
| m | [13]瞒隐~蛮~好 [35]满 [55]慢漫~过 |
| f | [35]翻番~薯 [13]凡帆烦繁~荣 [21]反 [55]泛范~围、模~犯饭 |
| v | [35]弯湾 [13]顽~皮还~钱 [55]万~一 |
| t | [35]耽~误丹仁~单担~子钉名词 [21]胆掸~灰党顶~上 [55]担~任诞旦但~是钉动词订~合同 |
| tʰ | [35]贪淡摊~位滩沙~听~见 [13]潭湘~谭姓谈痰弹~琴檀~香木坛花~ [21]毯毛~坦~白 [55]炭木~叹弹子~探试~ |
| l | [35]懒南男篮~子冷 [13]难困~兰~花拦栏蓝~色零~钱宁~愿 [21]览展~揽包~榄橄~ [55]滥烂难遭~浪波~、~费 |
| ts | [35]争睁~开 [21]斩盏灯~ [55]站车~蘸~酱油赞称~栈客~ |
| tsʰ | [35]参掺~到(掺着) [13]蚕馋残 [21]铲产惨椠~子 |
| s | [35]珊~瑚三山生~死甥外~ [21]散~了 [55]伞散分~ |
| k | [35]甘~草柑~子间中~肩~头尴~尬羹粥、 |

| | | |
|---|---|---|
| | 调~ [13] □这么 [21] 感~恩敢橄~榄减竿杆擀~面笕~子(竹制通水用)□这样 [55] 监间一~房干~事□那样 | |
| kʰ | [21] 砍坎田~ [55] 勘~察 | |
| ŋ | [13] 岩~洞颜 [21] 眼~睛、~枯(窟窿) [55] 案硬 | |
| x | [35] 憨~里~气(傻) 坑□溪 [13] 含函咸盐~、~丰衔~枚寒韩降~伏 [55] 喊撼震~憾遗汉限~时笕~菜陷~下去旱罕稀~焊锡项~目巷~口 | |
| ø | [35] □~头(坛子) [55] 暗黑~岸~上按~紧 | |

**iaŋ**

| | |
|---|---|
| p | [21] 饼 [55] □收藏 |
| pʰ | [13] 平~路坪~子 [55] 病 |
| m | [13] 明~年名 [55] 命一条~ |
| l | [35] 领衣~岭 |
| tɕ | [35] 精~肉正~月征~服惊~醒 [21] 井整~桶颈~筋(脖子) [55] 镜 |
| tɕʰ | [35] 清~水轻青 [13] 晴天~ [21] 请~客 [55] 净干~ |
| ɕ | [35] 声星腥 [21] 醒惊~ [55] 性命姓 |
| ø | [13] 赢输~ [21] 影~子 |

**uaŋ**

| | |
|---|---|
| ts | [55] □戳 |
| k | [21] 梗榨~(甘蔗) |
| kʰ | [35] 关~门 |
| ø | [13] 横一~ |

**oŋ**

| | |
|---|---|
| p | [35] 帮邦联~ [21] 绑~带 [55] 棒冰 |
| pʰ | [13] 旁庞~大棚蜂~子、糖~(蜜蜂)朋 [21] 捧吹~ [55] 胖~壮 |
| m | [35] 蒙~到(蒙住) [13] 忙芒~种 [21] 网猛 [55] 梦 |
| f | [35] 方防脂~风枫~树疯~子丰封一~信峰 [13] 房~间防篷帐~逢相~缝红洪鸿虹彩~妨~碍冯姓 [21] 纺仿模~哄~人讽~刺 [55] 放~牛凤缝一条~奉~献俸~禄哄起~ |
| t | [35] 当~面东冬 [21] 董古~懂 [55] 冻~手栋一~动 |
| tʰ | [35] 汤通 [13] 堂~姊妹螳~螂唐姓糖塘同铜桐筒童~工瞳~仁 [21] 桶捅~破统 [55] 痛洞田~ |
| n | [13] 农脓隆~重 [21] 瓢冬瓜~ |
| l | [35] 聋笼拢~坐 [13] 龙隆 [55] 弄~懂 |
| ts | [35] 桩木~终棕~树鬃猪~茎化~宗踪钟打~、闹~ [21] 总~是 [55] 壮猪长得~粽~粑仲杜~纵~横 |
| tsʰ | [35] 仓疮聪~明葱窗 [21] 闯~鬼重~复 [13] 床松~树 [55] 撞~一下 |
| s | [35] 霜松~紧双 [21] 爽凉~ [13] □丑 [55] 送宋姓颂歌~诵朗~讼诉 |
| k | [35] 刚岗山~钢名词光~线江~边缸~豆公蚣蜈~工功攻宫~殿恭弓供~饭 [21] 讲~故事拱~手巩~固 [55] 降霜~贡~献 |
| kʰ | [35] 空~的 [21] 孔~明灯 [55] 共~同控空有~ |
| x | [35] 糠荒慌 [13] 黄姓簧弹~皇蝗~虫 [21] 谎 [55] 巷~子□~床(起床) |
| ø | [35] 翁白头~ [13] 王姓黄~瓜亡灭 [55] 旺兴~忘妄~想望看~ |

**ioŋ**

| | |
|---|---|
| tʰ | [35] □~晡日(明天) |
| n | [13] 娘~爷(母亲) 浓~茶 [55] 酿 |
| l | [35] 两二~ [13] 良~心凉吹~量大~粮梁梁 [21] 两~个 [55] 亮辆车~谅原~量数~□~门子(怎样、为什么) |
| tɕ | [35] 浆豆~将~来张姓庄~家装~进章印樟姜生~、姓中~间忠江~湖□~晡日(今天)疆僵 [21] 蒋姓桨奖长~辈涨种~子肿掌巴~ [55] 酱将~帅中射~种~树众~堂屋(祠堂)降~落伞虹一条~仗打~障 |
| tɕʰ | [35] 枪腔开~充重轻~冲丈~老(岳父)昌~盛匡姓 [13] 长~短肠场虫一条~穷墙强大 [21] 抢厂强勉~宠~物 [55] 像~他 |

匠木~唱倡提~铳鸟~

ɕ [35]相箱厢~房湘~江商伤上~山镶~牙香乡兄弟~胸~脯凶 [13]尝裳衣~降投~熊狗~雄 [21]想赏欣~昫~午 [55]象像画~相~貌向朝~嗅~香气

Ø [35]秧~苗 [13]羊洋~油杨姓阳养荣营容~易蓉芙~镕~化萤~火虫茸鹿~ [21]勇涌仰信~ [55]让样~子用壤土~融

ŋ

Ø [13]鱼鲤~不~来 [21]五~十伍午端~

# 简析客家方言特殊词

罗美珍

(中国社会科学院人类学与民族学所)

【提　要】本文分析客家方言的特殊词有两大类。一类是和普通话的概念一致但说法不同的词，分4种情况。另一类是必须加以解释的特殊词，也有几种情况：有些是表示语法的词，有些是特殊的工具、物件、饮食、习俗等的名称。

【关键词】客家方言　方言词　特殊词

在划分一个语言内的方言时，除了看某地的语音结构和音变规律与全民标准语的不同外，该地的特殊词汇也是划分方言的重要依据。这种特殊词汇反映了该地的特有文化风貌。客家方言特殊词汇多数在客家地区普遍使用，少数在局部客家地区使用。从造词，用词，给事物、行为等命名的心理意识可以看出他们特有的思维方式、认知理念和所传承的汉族古文化遗迹以及所处的生态人文环境。

这种特殊词汇有两大类（下面举福建长汀话为例）。

## （一）甲类：和普通话的概念一致但说法不同的词

这类词有以下几种。

（1）传承古汉语词但普通话口语已不使用的。有上古、中古和近古（元以后）的古汉语词（这些古语词其他汉语南方方言也有继承的）。如[①]：

满 $maŋ^1$——五代后晋指"幼小"，客家话指"排行最末的"，如"满子""满姑""满舅"。

鲜 $siŋ^1$——古意为"少，不多"，《诗·大雅·荡》："靡之有初，鲜克有终。"客家话表示"稀"，如"粥鲜"。

漉 $lu^6$——原意为"炼、熬"。《大唐传》载，"有士平常好食漉牛头"。客家话表示用开水烫，如"漉鸡"。

嫽 $liau^6$——《广韵》注："相嫽戏也。"客家话表示"玩耍"。

---

[①]　长汀话的连读变调比较复杂。本文只标出本调。变调规律可参见罗美珍的《福建长汀话二字、三字组的连读变调》（载《语言研究》1982年总第3期）和《福建长汀话变调规律补遗》（载《语言研究》2002年第4期）。长汀话没有阳上和入声。调类和调值对比如下：

|  | 阴平 | 阳平 | 阴上 | 阴去 | 阳去 |
|---|---|---|---|---|---|
| 数码代号 | 1 | 2 | 3 | 5 | 6 |
| 调值 | 33 | 24 | 43 | 55 | 21 |

唱揖 tʂʰoŋ⁵ ia¹——作揖，见面时表示礼貌的举动。边举手合十，边喏喏出声。类似今日的握手见面或告别时说的"你好""再见！拜拜"。《水浒传》里有"唱喏"。

客家话把同姓氏住的乡村叫作"坊"pioŋ¹，如长汀有涂坊、童坊、谢坊，连城有罗坊等地名。《唐六典》三户部尚书说，"两京及州县之郭内分为坊，郊外为村"。可见这些姓氏是来自古时京都。北京和西安现在都还有一些带"坊"的街道和乡村名。洛阳古都，武则天登基、执政时的定鼎门遗址后面的一片荒草地原是"坊"的居民。

又如，"馃"hə²（馋，极想吃）："馃食肉"（馋肉）、"面"miŋ⁵（脸）、"目"mu²（眼）、"光"kɔŋ¹（亮）："月光"（月亮）、"天光"（天亮、明天）、"落"lo⁶（下）："落雨"（下雨）、"落山"（下山）、"食"ʂi⁶（吃）；"走"tsə³（行）、"系"he⁶（是）、"著"tʂo²（穿）、"疾"tsʰi⁶（痛）、"衫"saŋ¹（衣服）、"姊"tsi³（姐姐）、"岭"tiaŋ¹（山）、"斗"teu⁵（拼合）、"旧年"tɕʰi⁶ niŋ²（去年）、"吃饭配菜"的"配"用"傍"poŋ³、"渠"ke¹（他）、"乌"vu¹（黑）等。

（2）受迁徙沿途其他汉族支系和土著语言影响的，如"野好"（很好），福州话也说；"解多"（那么多），上海话也说；"烈舌"le⁶ ʃe⁶（伸舌头），傣语 le²（伸舌舔）；梅县 lut⁷（裤子往下脱落），傣语 lut⁷；"来去"lai¹ he⁵（准备去做某事），黔东苗语 ta² meŋ⁴ 来去（准备、打算做某事）；"＊凳转来（转回来）"，黔东苗语 tiaŋ¹ lo⁴（转回来）；"畲"tsʰia¹，福安畲族自称 tɕʰia¹；"不"说成"＊唔"（自称音节的m），"没有"说成"无"mɔ²，汉语南方方言和百越语言都这么说。

古汉语的修饰成分多置于中心成分之后，孟蓬生的《上古汉语的大名冠小名语序》一文，详细介绍了上古汉语国名、地名、日名、人名、星名、动物名、植物名、水土名等的语序。如"有夏"（《左传·襄公四年》）、"有苗"（《尚书·皋陶谟》），其中，"有"是"国"之意（即为夏国、苗国）；"虫螟"（即冥虫）（《礼记·郊》）；"草茅"（即茅草）（《楚辞·卜居》）；匠石（即石匠）（《庄子·人间世》）等。此外，除大名冠小名以外，还有单词或词组做修饰语的。如："施于中谷"（即谷中）（《诗经·葛覃》）；"国君之富"（即富有的国君）（《礼记·曲礼下》）；"大人之忠俭者"（即忠俭的大人）（《左传·襄公三十年》）。现代汉语可能是受到北方少数民族的影响，修饰成分多前置了。客家话也是如此，如"红花""绿叶"。但南方百越民族的语言其修饰成分多为后置，说成"花红""叶绿"。客家话受百越语言的影响，有些词也是修饰成分后置。如"人客"（客人）、"欢喜某物"（喜欢某物）、"鸡公"（公鸡）。又如"食滴子添"（再吃一点），傣语为"吃添点一"kin¹ tʰiam¹ it⁷ nəŋ⁶。

（3）有一些是还找不出来源的特殊词，如"＊能"neŋ⁵（奶）、"＊菉棘"lu¹tɕi¹（一种做燃料的蕨草）、"徕子"（男孩）。

（4）认知理念和思维方式的不同造成对概念命名的不同。如"做家"tso⁵ ka¹（节俭）、"演文"iŋ⁶ veŋ²（客气）、"跌苦"te² kʰu³（丢脸）、"扫帚星"sɔ⁵ tʂə³ seŋ¹（彗星）、"热头"ne⁶ tʰə²（太阳）、"星宿泄屎"seŋ¹ siə² sia⁵ ʂʅ³（流星）、"鳄鱼转侧"ŋ² ŋe² tʂuŋ³ tse²（地震）、"河溪"hɔ² hai¹（银河）、"天时"tiŋ¹ ʂi²（天气）、"上昼"ʂoŋ⁶ tʂo⁵（上午）、"暗哺"oŋ⁵ pu¹（晚上）、"挨暗哩"ai¹ oŋ⁵ le⁵（傍晚）、"老伯"lɔ³

349

pa² (哥哥)、"徕子" lai⁵ tsi³ (男孩)、"子嫂" tsi³ sɔ³ (妯娌)、"外家" ŋue⁶ ka¹ (娘家)、"家官" ka¹ kuɴ¹ (公公)、"屋下" vu² ha¹ (家)、"灶下" tsɔ⁵ ha¹ (厨房)、"锅毛" ko¹ mɔ¹ (倒霉)、"地" tʰi⁶ (坟墓)、"窿" ləŋ⁵ (洞)、"攘" ioŋ⁶ (热闹)、"无人工" mɔ² neŋ² kən¹ (不得闲、没空)。

**(二) 乙类：必须加以解释的特殊词**

1. 实词的虚化和后缀的不同，表现出客家语言的特殊语法功能

(1) 实词的虚化。如普通话的"的"字结构，客家话和汉语南方言都用"个" ke⁵ 字结构。笔者通过和傣语、苗语的比较，曾经撰文探讨"的""个"字结构的来源过程："的"字实际是"只"字的音变。"的"和"个"最初是名词的性状标志。傣语和苗语的名词现在都还冠有性状标志，表示通称。汉语的性状标志成分则后置，如："马匹""布匹""船只""车辆""枪支""纸张""书本""人口""草垛""粪堆""房间""楼层""银两""花朵""饭碗""石块""豆粒"等，也表示通称。广州话现在还有一些词将性状成分前置，如"架单车"（车辆）、"条绳"（绳子）。北京话则把性状成分儿化构成名词，如"块儿""粒儿"。后来这些性状标志成分都发展为计量词。发展为计量词后，傣语和苗语的名词性状标志有些还保留（可说"棵树一棵"），汉语中则不见，不能说"三匹马匹"。在数词不出现的情况下，单个计量词表示"一"的量，如"吃碗饭""喝口水""盖栋房"。计量词具有独立性，可以单独受其他词的修饰，即与其性状相关的物体名称可不出现，如"这个（包）不行""来三辆（车）就可""嫩棵（菜）留，老棵（菜）丢""上间（房）窄，下间（房）宽"。最后在泛量词（即多个性状物体的计量词）的基础上产生了"的""个"字结构，可做各种句子成分，经历了从形象到抽象的过程。如主语："成堆的（个）垃圾要打扫干净""打铁的（个）唔（不）来"；宾语："我要红的（红个）""唔要（别）坏的（个）"；谓语："肉，香的（个）""饭，馊的（个）"；定语："香的（个）花""乱七八糟的（个）账"。

"得" te² 的实词意义是"获得、得到"。这个词在不同的位置有不同的意思。用在名词前面，在被动式里引进主动者，有"让、容许""受、被"的意思，如"得车先过去"（让车先过去）、"猪肉得狗食撇黎"（猪肉被狗吃掉了）、"细人哩野乖，得人惜"（小孩很乖，让人疼爱）；用在动词和直接宾语之间起介词的作用，表示"给"，如"送得渠一只鸡"（送给他一只鸡）；用在动词之后组成可能的动补结构，表示"能、可能"，如"买得倒茄子"（买得着茄子）、"对得你起"（对得起你）。

"打" ta³ 的实词意义是"十二个"。客家话把它虚化以后放在连用的单音形容词或集合量词之间，强调性质程度加深或足量增多。如"实打实学你知"（实实在在告诉你）、"明打明系你做个"（明明是你做的）、"蚊子阵打阵飞来"（蚊子成群地飞来）、"有千打千个人"（有成千的人）。

"特打特事" te² ta³ te² si⁶ 表示"特地、故意"，如"特打特事来"（特地来）。

"紧……紧……" tʂeŋ³……tʂeŋ³……前字"紧"加动词，后字"紧"加形容词，表示"越……越……"，如"人紧等紧多"（人越等越多），"雨紧落紧大"（雨越下越大）。

"偏……偏……" pʰiŋ¹……pʰiŋ¹……表示"越是……越是……"，如"偏寒偏吹风"

（越冷越刮风）。

"……过……绝"……ko¹……tsʰe⁶ 分别用在同一形容词的后面，表示性质程度极深（带有贬义）。如"咸过咸绝"（咸极了），"笨过笨绝"（笨极了）。

"……生……死"……saŋ¹……si³ 分别用在同一动词的后面，表示连续反复地做某一动作。如"唔要闹生闹死"（别闹得死去活来）。

"倒"tɔ³ 的实词意义有3种：①"使倒下"，如"倒树"（砍树）、"旗子打倒来放"（旗子横放下）、"倒手指"（扒拉手指）；②（将金属溶液倒入模具）铸造，如"倒锡壶"（铸造锡壶）；③（用金银）兑换（现金），如"倒金子"（以金子兑换钱）。

"倒"字虚化以后：①放在动词或动宾结构后面成为助动词，表示动作达到目的或获得结果，如"摸倒两只鱼"（摸着两条鱼）、"买得解多东西倒"（买的着那么多东西）。②附着在动词之后也成为助动词，表示动作要持续，多用于祈使语气，如"坐倒！唔要动！"（坐着！别动！）、"企倒！唔要走！"（站着！别跑！）。如果"倒"和"来"连用，则表示动作持续的方式，如"挨倒来坐"（挨着坐）、"牵倒来行"（牵着走）。

"搭"ta² 字虚化以后表示介词和连词，如"过来！搭你话事"（过来！和你说话）、"渠睡得搭死猪般哩"（他睡得跟死猪一样）、"老弟搭你一下去"（弟弟和你一起去）。

"撇"pʰe² 的实词意义是"抛弃"，虚化以后放在形容词和动词后面表示消失态，相当于普通话的"掉"，如"叶哩黄撇＊嘞"（叶子黄了）、"钱冇撇＊嘞"（钱不见了）、"饭食撇＊嘞"（饭吃掉了）。

"过"ko⁵ 虚化后放在动词后面表示动作重来，如"衫唔曾洗净，洗过"（衣服没有洗干净，重洗）、"尔盘棋唔算，来过"（这盘棋不算，重下）。

（2）后缀。如：

长汀话"－哩"－le⁵，梅州话－e——名词的后缀，相当于普通话的"－子"，如"猴哩"（猴子）、"细人哩"（小孩子）。

"－嫲"－ma²——雌性家畜、家禽的后缀，如"猪嫲"（母猪）、"鸡嫲"（母鸡）。用作人的后缀带有贬义，如"学舌嫲"（长舌妇）、"懒尸嫲"（懒婆娘）。

"－牯"－ku³——雄性家畜的后缀，如"猪牯"（公猪）、"狗牯"（公狗）。用作人的后缀带有贬义，如"贼牯"（男性盗贼）、"矮牯"（矮子）。

长汀话"－＊嘞"－le²，梅州话－e——了，用在动词后面表示动作完成，如"食＊嘞饭再走"（吃了饭再走）。

2. 特殊的饮食、习俗、物件等名称反映了客家人的生态人文环境

（1）饮食。客家人用山区作物代替北方的面粉，依照中原汉人的烹饪习惯做出不少有特色的美食并赋予美称。如：

芋子饺——芋头煮烂后去皮，和上白薯粉，代替面粉做皮包成的饺子。

梭哩蛋——鸡蛋做皮包馅儿的蛋饺，外形像梭子。

肉丸——实际是白薯粉放水调和后，掺上萝卜丝、葱丝，用手搓成丸状放入开水里煮

成的丸子，美其名曰"肉丸"。炒着吃的叫"焙肉丸"，油炸的叫"炰肉丸"。逢年过节和喜事时，长汀人常将肉丸送亲朋好友以示"结缘"（长汀话"丸""缘"同音）。

鱼丸——将豆腐磨成浓液体状，掺上肥肉末（考究的还有鱼肉末）、白薯粉蒸成的豆腐糕，美其名曰"鱼丸"。

药薯*平——山药在擂钵上擦搓成浓液体，放上葱、盐等在锅里煎成的饼。类似北方的煎饼。

豆哩*平——上有黄豆或花生的油煎或炸的米粉片。类似北方的煎饼，长汀客家话都叫"*平"。

山药羹——山药切成碎粒在骨头汤里煮成的汤，类似北方的面疙瘩汤。

米果——一种祭祖时的供品。将糯米年糕搓成细长条形，盘绕在盘里像蛇一样上供。祭祖礼毕，族人共享此供品（但只有男性才能分享）。象征族人要像糯米的黏性那样紧密团结。

擂茶——这是客家待客的一种特色饮料。将炒香的米和豆，用木棍在擂钵上擦搓成粉末状，然后掺上白薯和香料等熬制成的粥（擂钵是一种内有直条裂纹、底部有漏口的钵子）。最初是一种从当地土著学来的充饥食品（苗族、畲族有此习俗），后来经过客家人加工，巧制成了待客饮料。

覆菜——一种腌制的咸菜。芥菜洗干净、晾干，放上盐揉搓，然后放入缸内，将缸倒置，故名曰"覆菜"。

灯盏糕——面粉、黄豆粉加水调和成浓液状，加盐后用汤勺舀在锅铲里放入油锅里炸成的食品。形状像过去点的油灯（油内有可点燃的灯芯）放油的灯盘，故名曰"灯盏糕"。

酿豆腐——在切成片的豆腐里夹肉，略煎一下，放入调料和酱油煮成的食品。

苦斋梗炆豆腐——用一种中药"苦斋"的梗熬煮豆腐，起清凉作用的饮食。

仙人冻——山上一种唇形科草本植物熬水，掺上薯粉制成像豆腐那样的黑色食品。夏天可作为祛暑饮料。此仙人草制成的粉末，畅销东南亚。

烧肝花——猪肝切成丁，放盐等调料后卷入豆腐皮里，切成段油炸制成的食品。

兜汤哩——将瘦肉切成片，拌上薯粉、酱油，氽入滚开的鱿鱼干丝的汤里煮成。一般多作为夜宵食品。由挑担的小商贩串街叫卖。

砻床粞——将米掺水磨成液体，放进笼屉里蒸成一片一片，然后卷肉和蔬菜的食品，类似春卷。

（2）习俗。如：

做社（也叫"撑社"）——祭祀土地神、五谷神的一种活动。农村至今还有做春社（立春后第五个戊日）和秋社（立秋后第五个戊日）的活动。在社日里迎土地公公在田间游行，祈求保佑来年风调雨顺、五谷丰登。祭祀完后，全村人相聚在一起食粥，共享供品。据说乾隆下江南时，曾和长汀村民一起共喝过粥。《说文解字》解释为，"社字，从示、土，地主也"；《春秋传》说，"共工之子句龙为社神"。由此可见，"社公"为乡土之

神,是开发当地的首领,后人敬仰他的开发之功尊为神。

捡金——"二次骨葬"。人死后6～12年,要将遗骨装进一种叫"金*罂子"的陶罐里另择地埋葬。把遗骨尊称为"金",或是因为人死时有金银财宝陪葬,待二次骨葬时挖出,后人平分,故名曰"捡金"。

金*罂子——二次骨葬时装遗骨的陶罐。

冲菩萨——元月十五前后的晚上,几名壮汉在乐鼓声中轮流抬着巨大的"五通公王"(掌管东西南北中的菩萨)使劲蹦跳、颠簸菩萨游街。一路上有百姓烧香、点蜡烛跪拜迎接,以此祈求万事顺当、如意。也为一种娱乐活动。电影《红高粱》有迎新娘颠轿子的场面。冲菩萨可能是传承北方习俗的一种娱乐活动。

*捞银会——这是经济上互帮互助,避免借高利贷的一种方式。某家急需用钱时,宴请亲朋好友来出份子钱救急。以后各位亲朋好友每月轮流做东收取份子钱(即收回付出的份子钱)。苏州也有此习俗,叫"会子"。

打斗五——大家凑钱聚餐,类似今日的AA制。

打合同——男女双方在婚前约定头胎生下的孩子归男方,二胎归女方。以后依此类推。这种协商叫"打合同"。畲族也有此习俗。

捡窖——"窖"一般是富人埋藏金银财宝的地下库。"捡窖"就是挖到藏财宝的地下库。有俗话说:"发梦(做梦)捡窖,越想越倒灶(倒霉)。"

跌*窖哩——丢下两个可分正反面的、蚌壳似的占卜工具,预测吉凶的举动。"跌"是掉落之意。

送挂颈——过年时给小孩送压岁钱的举动。旧时送的是铜钱,把它用绳子串起来挂在脖子上,故名之。

送莲花灯——元宵节女方家长要送莲花灯给已出嫁、尚未生孩子的女儿,以示"添丁"。长汀话"灯""丁"同音。

俯花园——八月中秋晚上请仙姑到家里来。让她伏在有月饼、香烛上供的桌上到阴间去看花园里妇女们的花盆开什么颜色的花的活动。当地迷信地认为每个妇女在阴间都有一盆花,开红色花的生女孩,开白色花的生男孩。

做欢喜头——大病痊愈后或大难过后宴请亲朋好友赴宴,以示消灾的举动。

摆伴食——小孩玩的一种过家家游戏。小孩们在一起用小型炊具玩请客做饭或办婚宴的活动。

摆庄子——摆摊子。

等郎妹——从幼时抱来抚养,长大后与自己生的儿子做配偶的女孩。

(3)物件。如:

盛(土字旁)——木、竹做成的盛礼品或祭品的斗狀盒。

锡角——一种锡制成的长喇叭。道教进行叫魂活动时常吹此喇叭。

鸭屎泥——一种有黏性的泥,可以用来做泥塑人物、动物等。

铲钵子——烧柴火的大灶上,前锅和后锅之间置放的小锅。有童谣说:"前锅煮粥,

后锅蒸饭，铲钵子里煱番薯。"

擂钵——一种内有直条裂纹、底部有漏口的钵子。做擂茶的一种工具。

饭箪或饭箮哩——一种草编成的饭袋。将洗干净的米放进此米袋，系上口子，放进锅里煮。有一种草香味。便于携带上山劳动时食用（"箪"还可用作量词，如"一箪饭"）。

饭甑——木制圆筒形，有两层的蒸饭工具。

砻——磨去谷壳的工具。将泥土用竹或草编的席子围成圆筒形，面上镶有一块块竹片形成阻力。两个此种圆筒上下放置，转动上个圆筒时即将谷壳磨去。

＊恰里——一种用竹筒破成竹条的刷子。竹条之间张开有距离，因此脚张开叫"＊恰开"。刷锅的动作也叫"＊恰"。

骑楼——街边楼房为便于行人遮阳、挡雨向外伸出的一部分。

围拢屋——四周围拢的客家特色房屋。每个天井连上一个厅。大户人家的围拢屋从大门直到后门有多厅多井。厅的两侧是厢房。厅室是供祖、待客之用，厢房是卧室和厨房。每个厅住一房人。

晒棚——屋顶上晾晒东西的地方，类似凉台。

京果店——经营糕点、果品、海味、山货的店铺。

鸡公车——木制单轮推动车。旧时是山区运载货物的主要工具。因推动时发出的响声像公鸡叫，故得名。

### 3. 特殊的动词、状动词、状形词体现出客家话的语言艺术手法

（1）动词。如：

嫁老公——姑娘嫁配丈夫。
讨新娝——娶媳妇。
过房——过继。将这房儿子转给另一房当儿子。
合房——领养的女孩成年后与自己成年的儿子结婚。
锅毛倒灶——骂人语（锅长毛，灶倒塌）。穷困潦倒之意。
打净食——光吃菜、肉，不吃饭的举动。
打帮——依靠支持和帮助，结伙。如"打帮做生意"。
歇钱——存钱。
掇货——《玉篇》：都活切。《诗经》曰：薄言掇之。掇，拾。倒腾买卖。
＊晃（逻）——巡逻、看望。如"晃菜园""晃亲戚"。
罗人——女人偷汉子，寻外遇。
罗食——寻食谋生。

（2）状动词。如：

目搭搭哩——眼睛眨巴眨巴的。　　　目摄摄哩——眼睛又开又闭的。
目＊难难哩——睁大眼睛的样子。　　眼精精哩——眼睛盯住某物的样子。

头傲傲哩——昂头的样子。　　头觑觑哩——低头的样子。
嘴孹孹哩——张大嘴巴的样子。　　牙獠獠哩——暴牙露齿的样子。
心劳劳哩——心里有事记挂着的样子。　背拱拱哩——驼背的样子。
汗*抹抹哩——汗滋滋不断渗出的样子。　*匡匡襟——发抖的样子。
*辛辛襟——打寒噤的样子。　　　泡泡滚——水开后翻滚之状。
蠕蠕动——像虫蠕动的样子。　　　赴赴赞——匆忙赶赴的样子。
*多多跌——东西不断滴落的样子。　汎汎浮——天空中漂浮着东西的样子。
拂答拂答——伤口化脓一阵阵疼痛的感觉。

（3）状形词。如：

白*洒洒哩——食物没有放酱油的样子。　乌佗佗哩——黑黝黝的。
圆滴滴哩——圆滚滚的。　　　　　红*携携哩——像赤黄色的样子。
薄*协协哩——薄薄的。　　　　　短屈屈哩——很短的样子。
矮侎侎哩——矮戳戳的。　　　　　壮蠕蠕哩——胖乎乎的。
重*剎剎哩——沉甸甸地。　　　　　冷袭袭哩——冷飕飕的。
饿煞煞哩——饥饿难熬的样子。　　光华华哩——光华耀眼的。
光朗荡哩——光溜溜的。　　　　　藻藻轻——藻轻的样子。
强强蛮——蛮横的样子。　　　　　冥冥暗——黑漆漆的。
簇簇齐——整整齐齐。　　　　　　*嚧嚧烂——熟烂，破烂的样子。
挨摸挨觅——磨磨蹭蹭，慢吞吞的。　高拦擎哩——瘦高的样子。
瘦骨*腊洽——瘦得皮包骨的样子。　斜斜斜$^5$斜$^5$——走路踉跄的样子。
荷荷荷$^5$荷$^5$——车水马龙运货繁忙的样子。　塘塘塘$^5$塘$^5$——水流满之状。
絮絮絮$^5$絮$^5$——耳边细声说话的样子。　*哇哇哇$^5$哇$^5$——婴儿大声哭的样子。
*借借借$^5$借$^5$——声音尖利、嘈杂的。　哆哆哆$^5$哆$^5$——唠里唠叨的。
嚧嚧嚧$^5$嚧$^5$——话多，说话没完没了的。

# "厨房"在连城县及邻县乡镇的说法与地理分布[①]

严修鸿

(广东外语外贸大学中文学院)

**【提　要】** 福建省西部的连城县，地处闽江、九龙江、汀江的源头，位于闽客方言的交接带上。县境及周边相关的方言复杂多变，世所闻名。本文通过实地调查的第一手材料，排比有关"厨房"的多种方言词在连城县及邻县乡镇的地理分布，探讨各类方言词的来源以及之间的联系，并分析语音协同与变化所导致的方言词分化。

**【关键词】** 客家方言　连城方言　"厨房"　方言词

## 一、引　言

民以食为天，做出一日三餐的"厨房"乃煮食养命之处，是阳宅三要之一（与大门、主人房并列）。其名称是见于汉语各个方言的常用词，它的命名理据值得分析，其名称的地理分布则在很大程度上反映了方言的类别以及接触关系。

图1　连城县农村家庭的厨房

---

① 国家社会科学基金重大项目"城镇化进程中农村方言文化的困境与出路研究"（项目编号：2016ZDA205）的阶段性成果。

福建省西部的连城县地处闽江、九龙江、汀江的源头，位于闽客方言的交接带上。县境及周边相关的方言复杂多变，世所闻名。

笔者在1996—1998年间，曾调查过连城县及周边邻乡共计20个方言点。以此为基础，从2014年起开始进行乡镇下位的村级调查，该调查是国家社科基金项目"闽客接触带上的语言地理——以连城方言为例"课题的内容。本文通过"厨房"在该县107个方言分布点，加上相关的邻县上杭南阳、古田、蛟洋、步云4个乡镇，龙岩市万安、江山、大池等乡镇，永安市罗坊乡，清流县的长校、李家、灵地、赖坊等乡镇的村落的31处，一共138个地点，以"厨房"的说法为例，对词语进行说解，并进行初步的地理展现。

## 二、命名的分类

1. 主要说法

根据138个地点的资料（参见附录），有七大类。

其一是"灶下"类，包括衍生的"灶下底""灶头下"。

其二是"厨下"，其通名也是方位词"下"。

其三是"灶前"类，包括衍生的"灶下前""灶窟前""灶腹前""灶骨前""灶屋前""灶前堂"。

其四是"灶头间""办食间"，特点是有一个"间"。"间"就是指"房间"。因此，这类与共同语的"厨房"是出于相同的角度的，仅仅是选择了不同语素"间"。

其五是"尾"类，包括"灶劳尾""灶头尾"。命名的着眼点是厨房位于边角上，具有"尾"的特征。集中分布于赖源、万安、莒溪三镇交界处，九龙江的源头。

其六是"家里""屋底"。"家里"分布于连城北部的四堡镇，共3处。四堡社会是一个内部向心内敛而与外围有明显界限的区域，"家里"这个词语也显示了独特性。历史上长期归属长汀县，其方言口音，连城其他乡镇的人多有模仿讥讽。"屋底"命名的角度与"家里"一样。但是两地相距比较远，缺乏地缘接触，分布于龙岩市万安镇的两处。

其七是少见的。"灶头""灶炉膛"各见一处。

"厨房"在这片区域的说法，主要是名词+方位词构成的。有"～下"（47处）、"～前"（51处）、"～里（底）"（5处）、"～尾"（5处）、"～间"（13处）。混合的有"～下前"（4处）、"～下底"（6处）。总体上是"～下"与"～前"的对峙分布。"间""底""里""尾"则多数是偏安一隅的说法。

名词部分多数与"灶"有关系，毕竟厨房的核心区就是"灶"。民间十分重视灶的建造，要请风水先生择日择时来设立，厨房的神灵就是"灶君"，厨房涉及"灶"字的地点有130处。不用"灶"的只有"厨下""屋底""家里""办食间"这几种，地点只有8处。

2. 历史渊源

（1）"灶下"多来自客赣区域。根据李如龙、张双庆主编（1992），客家地区把"厨

房"叫作"灶下"是比较普遍的，如梅县、翁源、连南、河源、清溪、揭西、秀篆、武平、长汀、宁都、三都、西河、陆川、香港等地；赣语区也有不少方言点这么说，如安义、吉水、醴陵、新余、都昌、宿松、建宁、邵武。

本区域"灶下"者有 41 处，分布于北、西、南、东部区域。这个说法应该是来自西部客家地区的。除了中部比较少之外，东西南北各块都能见到其分布。

（2）"厨下"也是来自客赣区域，见于修水、南城。粤东客家话平远县也有此说，有个俗语叫"朝里无人莫望官，厨下无人莫乱钻"，不过这词听起来比较文气。

另外，"厨下"一说古已有之，如《晋书·卫恒传》："恒还经厨下，收入正食，因而遇害。"唐代王建《新嫁娘》诗："三日入厨下，洗手作羹汤。"

"灶下"与"厨下"的区域，以南部为主，但是在北部、东部、西部都有渗入。

（3）"灶前"类来自闽东的可能性比较大。客赣有几个地方有此说，即宁化、赣县、大余。考虑到连城方言早期的历史联系，更有可能是来自闽东一带的（据中国六省区及东南亚闽方言调查计划资料）。如：

| | | |
|---|---|---|
| 福州 | 灶前 | tsau$^{212-44}$（s-）lɛiŋ$^{52}$ |
| 寿宁 | 灶前 | tsau$^{24-55}$seŋ$^{11}$ |
| 福安 | 灶前 | tsau$^{35-55}$（ts-）ʒɛiŋ$^{21}$ |
| 莆田 | 灶前 | tsau$^{42}$（ɬ）le$^{13}$ |
| 海康 | 灶前 | tsiu$^{21-55}$tsai$^{11}$ |
| 海口 | 灶前 | tau$^{35}$tai$^{21}$ |

连城北部"灶前"有几个地点，但更多的是"灶窟前"，名词部分有所创新。

3. 一地多名与命名的糅合

这块区域是闽客交界处，一是方言词汇在一个地点可能兼用；二是因为方言的接触，两种说法可能出现糅合。

（1）两种说法都有。如：

| | | |
|---|---|---|
| 倒湖 | tso$^{13}$ha$^{33}$，tʃʰy$^{31}$ha$^{33}$ | 灶下、厨下 |
| 迪坑 | tsao$^{21}$ho$^{55}$，tsao$^{21}$kʰuae$^{42}$tsie$^{22}$ | 灶下、灶窟前 |
| 有福 | tsaoʔ$^{53-31}$pu$^{242-55}$tsʰe$^{22}$，tsaoʔ$^{53-31}$ho$^{42}$ | 灶下、灶腹前 |
| 天马 | tsaoʔ$^{53}$huɔ$^{44}$，tsao$^{53}$kuae$^{24}$tsʰie$^{22}$ | 灶下、灶骨前 |
| 西康 | tsɒʔ$^{53-31}$piɛ$^{35-55}$tsʰe$^{22}$，tsʰiɛ$^{22}$ho$^{42}$ | 厨下、灶腹前 |
| 吕屋 | tsɒʔ$^{53-31}$viɛ$^{242-44}$tsʰe$^{22}$，tʃʰiɛ$^{22}$ho$^{42}$ | 厨下、灶屋前 |
| 下曹 | tsʌu$^{13}$kʰuae$^{55}$tsʰiʔ$^{21}$，tsʌu$^{13}$ho$^{41}$tɛi$^{31}$ | 灶窟前、灶下底 |

（2）糅合、混合的。"灶下前"，应该是互相竞争着的"灶下""灶前"这两种说法混合所产生的新说法。一共 4 个地点，分布于连城县北部的塘前以及清流县南部的灵地与邓家。

| 灵地 | tsao‽²¹ho⁵⁵tsɿ²² | 灶下前 |
| 邓家 | tsao‽²¹hou⁵⁵tsɿ²² | 灶下前 |
| 罗地 | tsɑo²¹³⁻²¹ho⁵⁵tsi²² | 灶下前 |
| 张地 | tsɔ‽²¹ho⁵⁵tsi²² | 灶下前 |

## 三、"厨房"名称的分布

### 1. 分布特征

总体上来说,在南北两大核心区域"厨房"的说法以"~下"(灶下、厨下)与"~前"(灶前、窟前等)对立;在接合部的交锋区域,"下""前"交错、糅合;在边缘区域有一些独特的内部一致、与外区不同的说法,如四堡"家里"、赖源"灶头间"、万安"屋底""灶头间"等。(见图2)

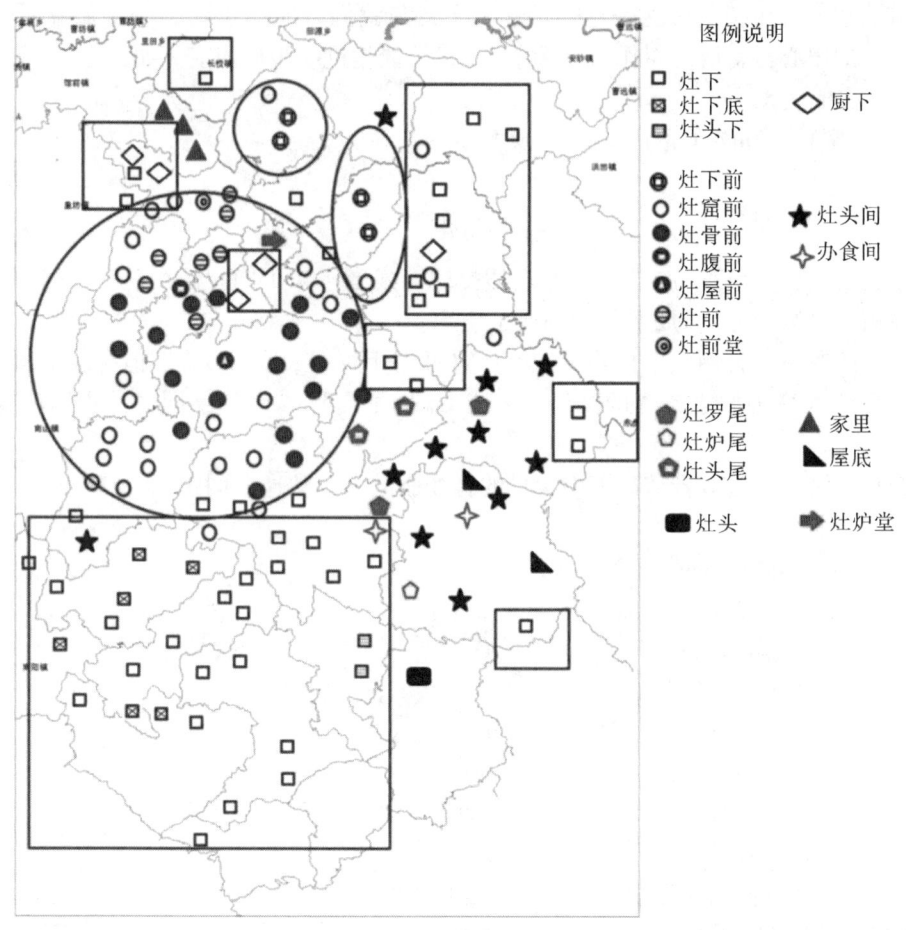

图2 连城县及邻县乡镇"厨房"的说法分布

## 四、语音协同与变化

词汇形成后，因为一个概念整体，容易发生词内环境所触发的音变。这种音变是属于典型的创新，而内部创新又是内部认同而与其他外围区域互相区别的一个特征。

本词条观察到的音变有 3 则。

1. "灶窟前"演变为"灶骨前"

灶子本身有一个大窟窿，灶前也有一个收集火灰的窟窿，因此厨房叫作"灶窟前"是可以理解的。在连城的中北部，这个说法很常见，有 27 处。

在文亨镇为中心的区域，有 17 个地点却变成了"灶骨前"（图例为实心圆饼表示），显得不好理解。但如果联系到 27 处仍为"灶窟前"，不难推出第二个音节可能发生了音变，"窟"变成不送气，就成了"骨"。"窟"作为第二个音节，在语流中弱化，失去送气成分是很可能的。

"灶骨前"还有进一步往前发展的情况，就是变为"灶腹前"，在县城的西康村以及林坊的城关话方言岛有福村就是这样。这个音变与我们以前观察到 kw > p 唇化的情形一致。在文亨的田心村，厨房叫作"灶屋前"，极可能是进一步的演变。如：

$k^h$uae（窟）> kuae（骨）> pae（腹）> ae（屋）

2. "灶下"变为"诈下"——叠韵化

"灶"是效摄一等字，与"下"来自假摄二等发音本来不同。但在连南片的新泉、庙前两个乡镇的多数地方，"灶下"就构成了叠韵。

以庙前的芷溪镇为例，来自效摄一等号韵的"灶"本来读 tsao$ʔ^{21}$，但在表示厨房的词语"灶下"中就变为假摄二等的读音，变成 tsɤʔ$^{21}$ 了，与"诈"字同音。我们调查的 10 个地点有这个表现。

叠韵化是汉语方言双音节词汇中常见的音变驱动力，从这个词语，我们得到了验证。

| 新泉 | tsou$^{12}$hou$^{22}$ | 灶下 |
| 乐江 | tsoʔ$^{31-13}$ho$^{11}$tae$^{41}$ | 灶下底 |
| 畲部 | tso$^{31}$ho$^{22}$tae$^{43}$ | 灶下底 |
| 儒畲 | tsoɤʔ$^{31}$hoɤ$^{11}$tae$^{42}$ | 灶下底 |
| 林国 | tsuo$^{13}$huo$^{22}$ | 灶下 |
| 芷溪 | tsɤʔ$^{21-13}$hɤ$^{22}$ | 灶下 |
| 珠地 | tsoɤʔ$^{21}$hoɤ$^{12}$ | 灶下 |
| 吕坊 | tsoɤʔ$^{21}$hoɤ$^{12}$ | 灶下 |
| 丰图 | tsɤʔ$^{21}$hɤ$^{22}$tae$^{31}$ | 灶下底 |
| 内罗屋 | tsoɤʔ$^{21}$hoɤ$^{11}$ | 灶下 |

### 3. "灶炉"变为"灶劳"

连城揭乐乡以及龙岩市万安镇西源村，厨房有"灶炉"两个语素作为专名。

| | | |
|---|---|---|
| 乐太平 | tsɑoʔ²¹y²²tɔŋ²² | 灶炉堂 |
| 西源 | tsɯ¹³lu²²mɪeʔ²¹ | 灶炉尾 |

但是，连城县赖源乡的黄地村却是"灶劳尾"，意义上不好理解，应该也是第二个音节"炉"因为叠韵化驱动，变成"劳"的结果。

| | | |
|---|---|---|
| 黄地 | tsəɯ²¹²⁻¹²ləɯ⁴¹⁻²²me²¹⁴ | 灶劳尾 |
| 宗罗地 | tsɤɯ¹³lɤɯ²²mɪeʔ²¹ | 灶劳尾 |

图形是一种视觉分类，图形的设定要以地理语言学的分析结论相关。在本文中，颜色是辅助的，用于强化图形分类的结果，即同样图形的，加上同样的颜色。而打印出来文档无法以颜色区别的时候，图形仍然足以构成不同语言差异之间的对立。本文涉及的图形有7种。(见图3)

（1）空心的四方形，包括正方形与菱形。这类对应的是有"～下"的词语，包括"灶下""厨下"。

（2）圆形，包括实心与空心。这类对应的是有"～前"的词语，包括"灶前""灶窟前""灶屋前""灶骨前""灶腹前"等。

（3）星形有五角星、四角星，分别指"灶头间""办食间"，共同特点是以"～间"收尾。

（4）五角形，包括实心与空心，表示以"～尾"的词语，包括"灶劳尾""灶炉尾""灶头尾"。

（5）三角形，表示与"家里""屋底"的部分地区。

（6）"灶头"，最简单，以长方形实心来表示。

（7）"灶炉堂"，特别罕见的，以箭头来表示。

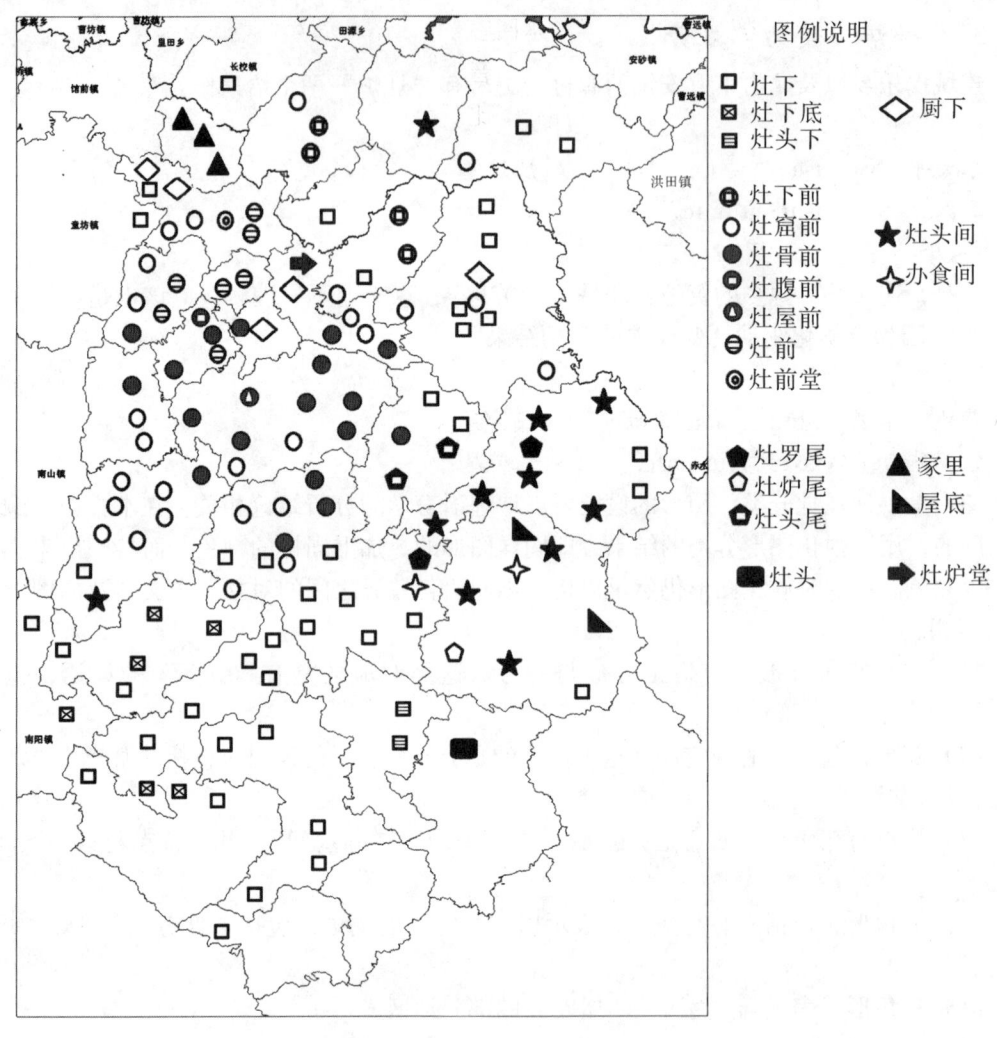

图3 "厨房"说法的整体分布

## 五、余 论

地理语言学就其比较的范围可以分为宏观、中观与微观3个层次。大致来看,桥本万太郎的《语言地理类型学》以及曹志耘主编的《汉语方言地图集》属于宏观这一类。甘于恩教授目前正在进行的"广东粤方言地图集"及"粤闽客地理信息系统平台建设"所做的,大致是属于中观层次。

德国、日本等发达国家的语言地理学早已精细化,达到了全国范围内的密集布点调查。中国这么大的区域,编制出全国性的密集分布地图还是遥遥无期,但是选择一些极复杂地区进行试点调查是极其迫切而有意义的,在人力上也不难实现,可作为全国密集布点调查的先声。

乡村语言地理若得到重视,这门针对一时一地所做的方言知识说解有望得到更多民众

的支持，因为这是最接地气的学问，目标是回答乡镇内部的差异这种问题。这种细腻布点与翔实记录的材料累计多了，还可以为普遍的音变理论提供材料基础与生动案例。因为地理上密切接近区域的音变，音变存在时间先后比较容易判断，音理上存在的因果关系比较好阐释。

## 参考文献

李如龙，张双庆. 客赣方言调查报告 [M]. 厦门：厦门大学出版社，1992.

### 附录1　连城县及邻县乡镇"厨房"的说法

| 罗坊 | tsɑ⁵⁵haʔ⁴² | 灶下 | 永安市罗坊中 |
|---|---|---|---|
| 左拔 | tsou⁴⁴hɔ⁴² | 灶下 | 永安市罗坊东 |
| 盘兰 | tso³⁵kʰueʔ²²tsʰe²² | 灶窟前 | 永安市罗坊南 |
| 李家 | tsaoʔ²¹hu⁴⁵ | 灶下 | 清流县南 |
| 灵地 | tsaoʔ²¹ho⁵⁵tsɿ²² | 灶下前 | 清流县南 |
| 邓家 | tsaoʔ²¹hou⁵⁵tsɿ²² | 灶下前 | 清流县南 |
| 下芜 | tsaoʔ²¹kʰuaeʔ⁴²tsiɪ²² | 灶窟前 | 清流县南 |
| 赖安 | tsao²⁴ɬao²²ke³³ | 灶头间 | 清流县东 |
| 长校 | tso³⁵hŋ³³ | 灶下 | 清流县西南 |
| 上枧 | kɑ²³li²⁴ | 家里 | 四堡南 |
| 马屋 | kɔ²²³li²⁴ | 家里 | 四堡中 |
| 雾阁 | kɑ²³li³⁵ | 家里 | 四堡南 |
| 马罗 | tso⁴⁴hɑ⁴² | 灶下 | 长汀县童坊东 |
| 倒湖 | tʃʰy³¹hɑ³³，tso¹³hɑ³³ | 厨下、灶下 | 北团北 |
| 大张 | tso¹³hɑ³³ | 灶下 | 北团西北 |
| 张地井 | tso¹³kʰuae⁵⁵tsʰãe³¹ | 灶窟前 | 北团西南 |
| 卓家演 | tsɔʔ²¹kʰuɐ³⁵tsʰe²² | 灶窟前 | 北团西 |
| 赖屋坝 | tsao⁵⁵tsʰi¹¹ | 灶前 | 北团东 |
| 蕉坑 | kʰiɛ²²ho⁴³ | 厨下 | 北团北 |
| 罗王 | tsaʌʔ²¹tsi²² | 灶前 | 北团东 |
| 溪尾 | tsaoʔ²¹tse²²toŋ²² | 灶前堂 | 北团中 |
| 罗地 | tsao²¹³⁻²¹ho⁵⁵tsi²² | 灶下前 | 塘前北 |
| 张地 | tsɔʔ²¹ho⁵⁵tsi²² | 灶下前 | 塘前东 |
| 水源 | tsaoʔ²¹hʊʔ⁵ | 灶下 | 塘前中 |
| 迪坑 | tsao²¹ho⁵⁵，tsao²¹kʰuaeʔ⁴²tsie²² | 灶下、灶窟前 | 塘前南 |
| 隔川 | tsaoʔ²¹tse²² | 灶前 | 隔川东北 |
| 隔田 | tsɐi²¹tsʰe²²，tsaoʔ²¹tʰɐe²²tsʰe²² | 灶前 | 隔川西南 |
| 下罗 | tsəɯ²¹tsʰie¹¹ | 灶前 | 罗坊中 |
| 萧坑 | tsɯ²¹²⁻²¹tsʰie²² | 灶前 | 罗坊中 |
| 坪上 | tsɔɤ²¹kʰuae³⁵tsʰiɛ²¹ | 灶窟前 | 罗坊西 |
| 富地 | tsəɯ²¹kuaeʔ⁵³tsʰiɛ²² | 灶骨前 | 罗坊南 |

| 长坑 | tsɯ⁴² kʰua³⁵ tsʰæ̃i²¹ | 灶窟前 | 罗坊北 |
| 西康 | tʃʰiɛ²² ho⁴², tsɒʔ⁵³⁻³¹ piɛ³⁵⁻⁵⁵ tsʰe²² | 厨下、灶腹前 | 莲峰西 |
| 张坑 | tsaʔ²¹ kuae²⁴⁻⁵⁵ tsʰɛ²² | 灶骨前 | 莲峰西 |
| 吕屋 | tʃʰiɛ²² ho⁴², tsɒʔ⁵³⁻³¹ viɛ²⁴²⁻⁴⁴ tsʰe²² | 厨下、灶屋前 | 揭乐中 |
| 漈下 | tsao²¹ kʰuae²⁴²⁻²⁴ tsi²² | 灶窟前 | 揭乐西 |
| 雷鸣地 | tsɐo²¹ kuae²⁴ tsʰɪe²² | 灶骨前 | 揭乐东南 |
| 乐太平 | tsaoʔ²¹ y²² tɔŋ²² | 灶炉堂 | 揭乐北 |
| 小朱地 | tsɒ¹² kʰuae²⁴⁻⁴⁴ tae²² | 灶窟前 | 揭乐中 |
| 布地 | tsɐuʔ²¹ kuʁi⁴⁵ tsʰie²² | 灶骨前 | 揭乐西 |
| 林坊 | tsɤo³¹ tsʰie²² | 灶前 | 林坊东 |
| 张坊 | tsao²¹³⁻²¹ kua³⁵ tsʰe²² | 灶骨前 | 林坊北 |
| 有福 | tsaoʔ⁵³⁻³¹ pu²⁴²⁻⁴⁴ tsʰe²², tsaoʔ⁵³⁻³¹ ho⁴² | 灶腹前、灶下 | 林坊北 |
| 五漈 | tsɐʔ²¹ kuae⁴⁴ tsʰɪ²² | 灶前 | 林坊西南 |
| 文保 | tsɐo³¹ kuae³⁵ tsʰɪɛ²² | 灶前 | 文亨东 |
| 福地 | tsao³¹ kuae⁴⁵ tsʰɪɛ²² | 灶前 | 文亨北 |
| 田心 | tsɯ³¹ ɐe³⁵ tsʰiɛ³³ | 灶屋前 | 文亨西 |
| 湖峰 | tsao²¹ kʰuae⁴⁴ tsʰie²² | 灶窟前 | 文亨东南 |
| 南坑 | tsɔʔ²¹ kuæ³⁵ tsʰiɛ²² | 灶骨前 | 文亨南 |
| 园鱼坝 | tsaoʔ²¹ kʰuae²⁴ tsʰie²² | 灶窟前 | 文亨南 |
| 富塘 | tsəo¹³ kuae⁵⁵ tsʰie³¹ | 灶骨前 | 文亨西南 |
| 李屋 | tsəɯ²¹ kuae²⁴ tsʰɪɛ²² | 灶前 | 文亨东 |
| 南坂 | tsaoʔ²¹ kuae²⁴ tsʰɪɛ²² | 灶前 | 文亨东 |
| 培田 | tsɐɯ²¹³ hoʔ⁴², tsɐɯ²¹³ kuae⁵³ tsʰɛ²¹ | 灶骨前 | 宣和北 |
| 中曹 | tsɤo²¹³ kʰuae⁵⁵ tsʰɪ²¹ | 灶窟前 | 宣和中 |
| 下曹 | tsʌu¹³ kʰuae⁵⁵ tsʰiʔ²¹, tsʌu¹³ ho⁴¹ tɛi³¹ | 灶窟前、灶下底 | 宣和南 |
| 张家营 | tsəu³¹ kʰuae⁴⁴ tsʰae²² | 灶窟前 | 朋口北 |
| 朋口 | tsɯʔ²¹ kʰuɐe³⁵ tsʰɐe²² | 灶窟前 | 朋口中 |
| 文坊 | tso¹³ kʰuae⁵⁵ tsʰae³¹ | 灶窟前 | 朋口西 |
| 上莒 | tsoʔ³¹ kʰuɛ⁵⁵ tsʰɪɛ²² | 灶窟前 | 朋口西 |
| 文地-1 | tsoʔ²¹ kʰuae²⁴ tsʰae²² | 灶窟前 | 朋口西 |
| 黄岗 | tsoʔ²¹ ho³³ | 灶下 | 朋口西 |
| 李庄 | tsɯʔ²¹ kʰuae³⁵ tsʰiɛ²² | 灶窟前 | 朋口中 |
| 池溪 | tsaoʔ²¹ tʰie⁵³ ka²² | 灶头间 | 朋口南 |
| 天马 | tsao⁵³ kuae²⁴ tsʰie²², tsaoʔ⁵³ huɔ⁴⁴ | 灶骨前、灶下 | 朋口东北 |
| 沈屋 | tsɐɤʔ⁵³ kuae⁵⁵ tsʰie²² | 灶骨前 | 莒溪中 |
| 莒市 | tsɐɤʔ³¹ kʰua⁵⁵ tsʰɪɛ²² | 灶窟前 | 莒溪中 |
| 壁洲 | tsɐɤʔ²¹ huɔ³³ | 灶下 | 莒溪西 |
| 吴坑 | tsɐɯʔ²¹ kʰua⁴⁴ tsʰiɛ²² | 灶窟前 | 莒溪西 |

▶ "厨房"在连城县及邻县乡镇的说法与地理分布

| 地点 | 读音 | 说法 | 地理位置 |
|---|---|---|---|
| 小莒 | tsɐoʔ²¹ kʰuɐe³⁵ tsʰɪe⁴⁴ | 灶窟前 | 莒溪南 |
| 溪源 | tsɑoʔ²¹ kuae⁴⁴ tsʰiɜ²² | 灶骨前 | 莒溪北 |
| 乐地 | tsɔuʔ³¹ kuʌɯ⁴⁵ tsʰiɜ²² | 灶骨前 | 莒溪北 |
| 后埔 | tsaoʔ²¹ kʰuæ⁴⁴ tsʰɪe²² | 灶窟前 | 莒溪中 |
| 墩坑 | tsɐoʔ²¹ɕoɘ³³ | 灶下 | 莒溪中 |
| 铁罗 | tsoʔ²¹ɕɔ³³ | 灶下 | 莒溪东南 |
| 高地 | tsouʔ²¹ɕoɘ³³ | 灶下 | 莒溪东 |
| 詹屋 | tsɔuʔ²¹ɕuɔ³³ | 灶下 | 莒溪东 |
| 陈地 | tsɘuʔ²¹ɕoɘ³³ | 灶下 | 莒溪东 |
| 坪坑 | tsʌu¹²ho³³ | 灶下 | 莒溪东南 |
| 定光 | pʰɪe⁴⁵ ʂɛɪʔ⁴¹ kɪe³³ | 办食间 | 莒溪东北 |
| 宗罗地 | tsɤɯ¹³lɤɯ²²mɪeʔ²¹ | 灶劳尾 | 莒溪东北 |
| 太平寮 | tsou¹¹ hoɤ³³ | 灶下 | 莒溪东南 |
| 新泉 | tsou¹² hou²² | 灶下 | 新泉南 |
| 乐江 | tsoʔ³¹⁻¹³ ho¹¹ tae⁴¹ | 灶下底 | 新泉中 |
| 畲部 | tso³¹ ho²² tae⁴³ | 灶下底 | 新泉西 |
| 儒畲 | tsoɤʔ³¹ hoɤ¹¹ tae⁴² | 灶下底 | 新泉东 |
| 林国 | tsuo¹³ huo²² | 灶下 | 新泉西 |
| 芷溪 | tsɤʔ²¹⁻¹³ hɤ²² | 灶下 | 庙前中 |
| 珠地 | tsoɤʔ²¹ hoɤ¹² | 灶下 | 庙前东 |
| 吕坊 | tsoɤʔ²¹ hoɤ¹² | 灶下 | 庙前中 |
| 丰图 | tsɤʔ²¹ hɤ²² tae³¹ | 灶下底 | 庙前南 |
| 内罗屋 | tsoɤʔ²¹ hoɤ¹¹ | 灶下 | 庙前中 |
| 岩背 | tsɔuʔ²¹ɕuɔ³³ | 灶下 | 庙前北 |
| 中堡 | tsao¹¹hɔʔ⁵³ | 灶下 | 姑田中 |
| 周屋 | tsɤu¹¹ kʰuae²⁴⁻⁴⁴ tsʰɨɜ⁴¹ | 灶窟前 | 姑田中 |
| 大洋地 | tsɘu¹² kʰuae²⁴⁻⁴⁴ tsɨɜ²² | 灶窟前 | 姑田西 |
| 郭坑 | kʰy⁴¹⁻³³ ho⁴⁴ | 厨下 | 姑田东 |
| 上东坑 | tsaoʔ⁵³⁻³¹ fae²⁴⁻⁴⁴ tsʰɪe²² | 灶窟前 | 姑田南 |
| 俞屋 | tsɘu¹¹hɔʔ⁵³ | 灶下 | 姑田中 |
| 上余 | tsao¹³ hoʔ⁵³ | 灶下 | 姑田北 |
| 蒋屋 | tsɤu¹¹ hoʔ⁵³ | 灶下 | 姑田中 |
| 河畲 | tsɑo²¹ hoʔ⁵³ | 灶下 | 姑田中 |
| 郭地 | tsɤu¹³ tʰiɑo²² kɜ̃²⁴ | 灶头间 | 赖源北 |
| 黄地 | tsɒɯ²¹²⁻¹² lɘɯ⁴¹⁻²² me²¹⁴ | 灶劳尾 | 赖源北 |

| 下村 | tsɤ¹³tʰia²²kɛ̃⁴⁴ | 灶头间 | 赖源中 |
| 李八坑 | tsʌ¹³⁻²²tʰiao⁴²⁻²²kẽ³⁵ | 灶头间 | 赖源东 |
| 陈家村 | tsɤ¹³tʰiou³¹kẽ³³ | 灶头间 | 赖源西 |
| 黄宗 | tsɔɯ¹³tʰiɔ³¹kɛi³³ | 灶头间 | 赖源西 |
| 河祠 | tsɤ¹³tʰia³¹⁻²²ke³³ | 灶头间 | 赖源东南 |
| 芹菜洋 | tsɛ¹³aʔ⁵³ | 灶下 | 赖源东南 |
| 张公垅 | tsɯ¹⁴aʔ⁵³ | 灶下 | 赖源东南 |
| 罗胜 | tsɤ¹³tʰa²²miaʔ²¹ | 灶头尾 | 曲溪东 |
| 黄胜 | tsəɯ¹²kuae²⁴tsʰeɛ²² | 灶骨前 | 曲溪西 |
| 蒲溪 | tsʌɯ¹³tʰæe²²mia³¹ | 灶头尾 | 曲溪南 |
| 军山 | tsʌɯ¹³hoɔʔ⁵³ | 灶下 | 曲溪东北 |
| 新和 | tsao²¹huoʔ⁵³ | 灶下 | 曲溪东 |
| 赖坊 | tsuʔ²¹⁻¹³huʌ³³ | 灶下 | 古田中 |
| 苎园背 | tsouʔ³¹⁻¹³huʌ³³ | 灶下 | 古田北 |
| 洋稠 | tsouʔ³¹⁻¹³huo¹² | 灶下 | 古田北 |
| 模坑 | tsou³¹⁻¹³hɑ³³ | 灶下 | 古田东 |
| 苏家陂 | tsou³¹⁻¹³huɔ³³ | 灶下 | 古田南 |
| 达理 | tsouʔ³¹⁻¹¹huʌ³³ | 灶下 | 蛟洋北 |
| 再嘉 | tsao⁵³⁻¹³hoʌ³¹ | 灶下 | 蛟洋西北 |
| 文地-2 | tsouʔ³¹⁻¹³huʌ²²tʌiʔ⁵⁴ | 灶下底 | 蛟洋北 |
| 涂坑 | tsiɜ³²⁻²⁴hɤɯ²²taeʔ⁴² | 灶下底 | 南阳东北 |
| 南岭 | tsɑoʔ²¹hɤ³³ | 灶下 | 南阳东北 |
| 梨岭 | tsu²¹tʰiuo²²huo⁴⁴ | 灶头下 | 步云北 |
| 马坊 | tsu²¹⁻¹³tʰiɤ⁴²huʌ³³ | 灶头下 | 步云南 |
| 赤高坪 | tsaoʔ²¹huo³³ | 灶下 | 万安东南 |
| 松洋 | tsuo¹³tʰuo³¹kiɛ³³ | 灶头间 | 万安北 |
| 浮竹 | pʰɪɛ³⁵⁻⁵⁵ʃʅʔ⁵³kɪɛ³³ | 办食间 | 万安北 |
| 好坑 | ɑo⁵⁵tiʔ²¹ | 屋底 | 万安北 |
| 梧宅 | tsɜ¹³tʰio³¹keŋ³³ | 灶头间 | 万安西 |
| 高坑 | ɤ⁵⁵tiʔ²¹ | 屋底 | 万安东南 |
| 西源 | tsɯ¹³lu²²mɪeʔ²¹ | 灶炉尾 | 万安西 |
| 涂潭 | tsɤ¹³tʰio²²kɪẽ³³ | 灶头间 | 万安西 |
| 下车 | tsɤ¹³tʰio²¹ | 灶头 | 江山北 |
| 黄美 | tsou²¹huo³³ | 灶下 | 大池西 |

## 附录2 连城及周边相关方言调查点的分布

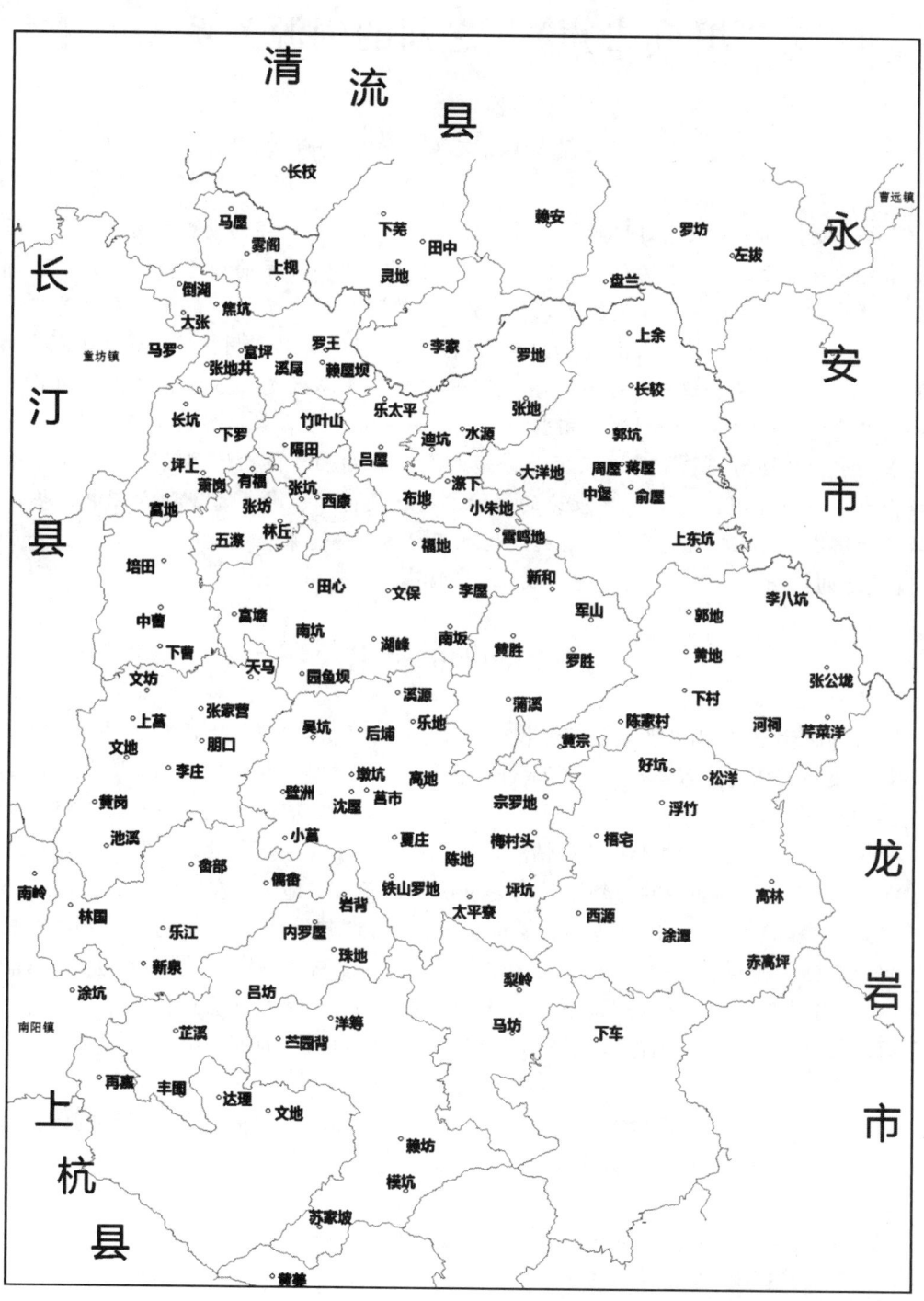

# 从方言比较看"垫""簟""填(去声)"之间的词源关系

钱奠香

(厦门大学人文学院中文系)

**【提　要】** 本文主要通过比较闽、粤、客3种方言"垫"字的读音和用法,在汉语词汇发展史的背景分析下,认为闽、粤、客3种方言中,"垫"字的读音和用法基本上都不是继承《广韵》"垫"字的音义用法。《广韵》"垫"字的音义宋元以前一直都是非常用的,明代以后,由于"填"字读音和意义用法比较复杂,并且常用,其中读去声的"填"字假借"垫"字来代替使用。去声"填"字被"垫"字取代是北方方言发生的同音借用现象,但类似词汇的词义和用法,相当一部分的闽语和部分客家话粤语却来源于《广韵》上声忝韵中徒玷切的"簟"字,而不是桥韵都念切和帖韵徒协切的"垫"字,加上近代汉语去声"填"字假借"垫"字表达的影响,这就使得闽、粤、客3种方言中"垫"字的读音和用法显得比较乱,和中古音的反切也不容易对应起来。

**【关键词】** 闽方言　粤方言　客家方言　词汇

## 一、问题的提出

《方言调查字表》山开四霰韵定母收有"垫"字,后有"填"字用圆括号括起来,并有小字"垫钱"作为注解。按《方言调查字表》说明,"垫"是今通行写法,相对应的字在《广韵》《集韵》中应是"填"。显然,这是一个比较特殊的汉字,需要认真辨析一番。

"垫"字在《广韵》收于桥韵和帖韵。桥韵中的"垫"读音是都念切,义为"下也。又垫江,在巴陵"。帖韵中的"垫"读音是徒协切,义为"地名,在巴中"。《广韵》霰韵并无"垫"字。《集韵》同《广韵》,霰韵也无此字。"垫"字在《集韵》分别收在栝韵和帖韵中。栝韵中的"垫"字读音是都念切,义引《说文解字》为"下也"。帖韵中"垫"字读音是的协切,义为"地下"。《洪武正韵》"垫"字收在去声艳韵中,读音还是都念切,义为"下也。又溺也"。显然,"垫"字一直到明代前期,都没有"垫子""坐垫"或"垫钱"的意思。

可是在闽语和相当一部分客家话中,"垫"字又有和山开四霰韵定母对应的读音和用法。如《闽南方言大词典》有以下词条:

【垫】〈厦漳〉$t^hun^6$〈泉〉$t^hun^5$(往空的或不足的地方等)填塞东西:~涂、~石、涂骸凹[naʔ⁷]1窟,运1车沙涂~互伊平、~井把井填塞起来、~钱。‖《集韵·霰韵》堂练切:"填,塞也。"

【垫本(钱)】〈厦漳〉$t^hun^{6\text{-}5} pun^{3\text{-}1} tsĩ^2$〈泉〉$t^hun^{5\text{-}4} pŋ^{3\text{-}2} tsĩ^2$下本钱:要做生理着

先~。

【垫腹（肚）】〈厦〉$t^hun^{6-5} pak^{7-8} tɔ^3$ 〈泉〉$t^hun^{5-4} pak^{7-8} tɔ^3$ 〈漳〉$t^hun^{6-5} pak^{7-9} tɔ^3$（在正餐前）先吃点东西充饥，也指拿东西吞咽充饥。

又比如客赣方言：

宁都　垫 $t^hian^6$/电 $t^hian^6$　　　三都　垫 $t^hiɛn^{56}$/电 $t^hiɛn^{56}$

还有粤语：

香港（新界锦田）　垫 $tiŋ^{32}$/电 $tiŋ^{32}$　　澳门（市区）　垫 $tin^{22}$/电 $tin^{22}$

以上字音、字义不合现象需要仔细斟酌一番。

## 二、"垫"字取代"填（去声）"的历史过程

"填"字收在《广韵》平声先韵和真韵中。先韵中的"填"是徒年切，义为"塞也，加也，满也"。真韵中的"填"是陟陈切，义为"压也"，并没有去声的读音。

"填"在《集韵》中也收在先韵和真韵中。先韵中的"填"是亭年切，和"镇"字一起作为"窴"字的别体出现，义引《说文解字》为"塞也"。真韵中的"填"是地邻切，义为"久也"，也并没有去声的读音。

《洪武正韵》中，"填"字是个多音多义字，分别收在真、先、震、铣、霰 5 个韵中。

真韵中的"填"读音为之人切，没有直接的注解，小注为："又〔下〕〔先〕〔铣〕〔震〕〔霰〕。案《汉书》'填抚'字无音，宜于真震二韵通押。"

震韵中的"填"读音为之刃切，注解为："定也，抚也。《汉书》'镇抚'字多作'填'。又'镇星'，土星也，《晋书·天文志》作'填星'。又压也。"

铣韵中的"填"读音为徒典切，义为"苦也。《诗》'哀我填寡'"。

以上 3 个"填"字和我们这里要探讨的"垫"字音义没有直接关系，可以忽略。和本文讨论有关的主要是先、霰二韵中的"填"字。

先韵中的"填"字，是作为"窴"字的别体出现在"窴"字后面的，都是亭年切。"窴"字注解为："塞也，亦作填、嗔"。"填"字注解为："同上。又鼓声。《孟子》'填然鼓之'。又〔真〕①〔真〕〔铣〕〔震〕〔霰〕。"

霰韵中的"填"读音为荡练切，义为"塞也"。

从词义发展来看，"填塞"义引申到"垫支""所垫之物"等义只是义域方面的改变，从"真"得声的"窴""填"二字的核心义"充实"贯穿其中，并没有改变。至于"所

---

① 此处两个"真"字，第一个"真"字疑为"上"字之误，是说明下面一个真韵所在的卷数是"上卷"这个意思。真韵中的"填"字小注是"〔下〕""〔先〕"，其中意思显而易见。

垫之物"，除了精细的竹席之外，还有各种质料的席垫，用例如下面《金瓶梅》中的几个例子。而去声"塡"字最后被"垫"字取代，是因为明代后期，北方方言中已经和"垫"同音，此时借用字义较少的非常用字"垫"字来分担去声"塡"字所负担的字义，显然是个合理的选择。

元代和明代"垫"字用例如下：

①里头床儿不稳，将碎砖块来，垫的稳着。(《朴通事》)
②后次他小叔武松东京回来告状，误打死了皂隶李外传，被大官人垫发充军去了。(《金瓶梅》第十五回)
③来旺儿悉把西门庆初时令某人将蓝段子，怎的调戏他媳妇儿宋氏成奸；如今故入此罪，要垫害图霸妻子一节，诉说一遍。(《金瓶梅》第二十六回)
④妇人呼道："达达，我只怕你蹲的腿酸，挐过枕头来，你垫著坐，等我淫妇自家动罢！"(《金瓶梅》第三十八回)
⑤叫迎春替他铺垫了身底下草纸，捎他朝里，盖被停当，睡了，众人都熬了一夜，没曾睡。/奶子与迎春正与李瓶儿垫草纸在身底下，只见冯妈妈来到，向前道了万福。(《金瓶梅》第六十二回)

## 三、粤、客、赣方言的"垫"字和"簟"字

成书于乾隆年间、咸丰乙卯年（1855）原序、同治甲子年（1864）镌印的《江湖尺牍分韵撮要合集》（羊城古经阁藏版），在"第一先薛线屑"线韵中，收有"殿""奠""佃""甸""电""靛""簟"这些同音字，"簟"注解为"竹席"。"第二十兼检剑劫"剑韵中，收有"玷""坫""店""垫""阽"这些同音字，"垫"注解为"下也"。

显然，此时的粤语，"簟"字读音已经改变为收 - n 韵尾，但字义还是"竹席"。而"垫"则依然收 - m 韵尾，字义也还没有改变，依然是"下也"。1855 年，香港英华书院活版印刷的《初学粤音切要》土部"执"字下收有"垫"字，音注是丁欠切，韵尾显然还是 - m。

可是，咸丰丙辰年（1856）镌印、卫三畏编译的《英华分韵撮要》T'im 音节却收有"簟"字，标"下上"调，即今天一般所说的阳上调。英语注释是："A fine slender sort of bamboo; fine bamboo mats, elegantly woven with flowers." 而"垫"字则收在音节 Tin 中，标调是"下去"调，即今天一般所说的阳去调。英语注释是（括号中汉字为笔者所加）："To lay down, to place on; to fall down, to sink into; engrossed with; merged in; to pay back money; to remunerate, as for a casualty; to place under, to wedge; $^c i\ tin^{\supset}$（椅垫）a chair cushion; $_c t'angtin^{\supset}$（藤垫）rattan table mats; $k'ong^{\subset}tin^{\supset}$（匠垫）a long sofa cushion; $tin^{\supset}chai_c$（垫债）to repay a loan; $tin^{\supset}yuk_{\supset}$（垫褥）a mattress; $kung^{\supset\subset}ngo\ tin^{\supset c}ch\ddot{u}n$（共我垫转），please pay him for me; $_c t'an\ tin^{\supset}$（摊垫）to pay the shares."

显然，清代中后期，粤语中的"簟""垫"读音已经相混。"簟"字侧重于"精细竹

席"义时，读音为 $^c$t'im，是本音本义。而"簟"字读同"殿""电"等字，以及"垫"字读为 tin²，已经不是《广韵》忝韵徒玷切和栋韵都念切的方言读法。这应该是受近代北方方言影响的结果。

白宛如编著的《广州方言词典》没有"簟"词条，但第 344 页收了有关"垫"的动词和名词两条词条。

【垫】tin³³ ①用东西支、铺或衬，使加厚：～被｜～褥｜～实佢。②暂时替人付钱：～钱｜～本钱。

【垫】tin³³⁻³⁵ 垫子：椅～｜鞋～｜拜～。

不管词性如何，广州话"垫 tin³³"字都是读阴去调，与"电 tin²²"字读阳去调并不相同。显然，今天广州话的"垫"字和清代后期的下去（阳去）调读法又不一样，这应该是"垫"字在方言中的又一次新的折合读法，是把"垫"字当成一个清声母去声字来折合读音的。

《珠江三角洲方言字音对照》和《粤西十县市粤方言调查报告》收录的 35 个粤语点中，各点都记录了"垫钱"的"垫"字，但各地读音普遍收 -n 尾，都是近代汉语假借"垫"字代替"填"字影响的结果。不过，封开（南丰）一点的"垫"字比较特殊，读音和"簟席"的读音相同，而不是和"店"或者"电"字相同。如"垫~钱" tim²¹、"电" tin²¹、"店" tim⁴³³、"簟席" tim²¹。这其实是"簟"字词义扩大的结果，所指既指"竹席、席子"，也包含"垫子"，同时还有动词"填垫"的含义。发音人把"垫"字读同"簟"字，其实是一种训读，词源其实是"簟"字。

《梅县方言词典》第 146 页有如下词条。

【垫儿】t'iam⁵³⁻⁵⁵·me 用篾片编的粗而长的席，晒粮食用：谷～。

按，"垫" tʰiam⁵³ 读去声调，与同音韵地位的"电" tʰien⁵³ 读去声调相同，但韵尾并不相同。

《梅县客家方言志》第 57 页第三章同音字汇 iɛn 韵"垫"有上声和去声两个读音。读上声调时，与"典""碘"同音，标音转写为 tiɛn³¹。去声调的"垫"只有一个字，加注用法"垫起、垫高"，标音转写为 tiɛn⁵²。这两个读音的声母都是不送气音 t-，这和定母的一般语音对应规律不同。

1905 年版的《客英大字典》(*A Chinese-English Dictionary Hakka-Dialect as spoken in Kwang-Tung Province*, Prepared by D. Maciver, M. A. By M. C. Mackenzie E. P Mission, Wu-King-Fu. Printed at the Presbyterian Mission Press Shanghai) 在音节 Thiam 中收有"簟"字，注音为 Thiàm，去声，注释为："A mat made of bamboo splints *C. Thiám.*"（竹篾编成的一种席子，潮州客家话读音为上声调的 Thiám。）

同书"簟"字下面还列有两个用例，分别是：

谷，*kwuk t*，a bamboo mat on which grain is sun-dried.（晒稻谷用的一种竹席）

房，*fông t*，splint-guard used when threshing wheat.（稻谷脱粒时用的一种防护夹板）

"垫"字收在 Tiam 音节中，注音为 Tiàm，去声，注释为 "To fill up. To make good. To Sink. Giles reads *Tièn*. Also read Thiáp—a district in Sichhon"（填上；补偿；下沉。Giles 读为 *Tièn*，也读为 Thiáp——四川省的一个地名）。

从 Giles 把"簟"读为 *Tièn* 来看，清末粤东客家话应该也是受到了近代北方官话"垫"字假借影响所致。

赣语《黎川方言词典》第118页收录含有"簟"和"垫"的词条4个，分别是：

【簟仔】hiam$^{22}$·mɛ 竹席。

【簟被】hiam$^{22}$ p$^h$i$^{22}$ 棉褥子。

【垫肩布】hiam$^{13}$ kiɛn$^{22}$ pu$^{53}$ 干活时垫在肩膀上的布 ‖ "垫"的韵母特殊。另见 hiɛn$^{13}$。

【垫脚石】hiɛn$^{13}$ kiɔʔ$^3$ sa$^5$ 比喻借以向上爬的人或事物 ‖ "垫"另见 hiam$^{13}$。

此处黎川方言的"簟"hiam$^{22}$ 读为阴平调，"垫"hiam$^{13}$ 和"垫"hiɛn$^{13}$ 俱为阳去调。"垫"hiɛn$^{13}$ 读为阳去调显然是"填（去声）"字被"垫"字代替所致，可是，"垫"字读为阳去调的 hiam$^{13}$ 这个音如何理解呢？查阅《黎川方言研究》一书，在声调部分作者明确指出，黎川方言中，古全浊声母上声字绝大部分字白读归入阴平调，文读归入阳去调。"垫"hiam$^{13}$ 其实是"簟"字的文读音，担负的是"簟"字发展出来的动词义。

《客赣方言调查报告》记录的33个点中，除了西河阙如"垫"字读音之外，各点都记录了"垫"字的读音。但和粤语各点类似，该字各地普遍收 -n 尾，此外还有收 -ŋ、-m、-p 韵尾或者韵母为鼻化韵的，情况比较复杂。这些复杂的情况中，凡是咸、山二摄韵尾依然有 -m、-n 区别的，我们还是比较容易辨认出该点"垫"字读音是否受到近代汉语假借用法的影响的。比如以下10个点［为了容易看明白，我们把与"填（去声）"字同音韵地位的"电"字以及和"垫"字都念切同反切的"店"字读音也一并列出来］：

| 梅县 | 垫 t$^h$ian$^{56}$ | 电 t$^h$ian$^{56}$ | 店 tiam$^{56}$ |
| --- | --- | --- | --- |
| 河源 | 垫 tian$^5$ | 电 t$^h$ian$^6$ | 店 tiam$^5$ |
| 清溪 | 垫 ten$^3$ | 电 t$^h$en$^3$ | 店 tiam$^5$ |
| 宁都 | 垫 t$^h$ian$^6$ | 电 t$^h$ian$^6$ | 店 tiam$^5$ |
| 香港 | 垫 t$^h$ɛn$^{56}$ | 电 t$^h$ɛn$^{56}$ | 店 tiam$^{56}$ |
| 安义 | 垫 t$^h$iɛm$^6$ | 电 t$^h$iɛn$^6$ | 店 tiɛm$^5$ |
| 建宁 | 垫 hiam$^6$ | 电 hien$^6$ | 店 tiam$^5$ |
| 揭西 | 垫 t$^h$iap$^7$ | 电 tien$^{36}$ | 店 tiam$^5$ |
| 秀篆 | 垫 t$^h$ɛp$^3$ | 电 tiɛŋ$^{36}$ | 店 tɛm$^{35}$ |
| 陆川 | 垫 t$^h$iap$^8$ | 电 t$^h$iɛn$^{56}$ | 店 tiam$^{56}$ |

以上客赣各点方言中，梅县、河源、清溪、宁都、香港5个方言点的"垫"字读音是近代汉语"垫"字假借为"填（去声）"字的读法，其中梅县、宁都、香港3点的读法依然是"填（去声）"浊声母字的读音，和"电"字读音相同，而河源和清溪两点则是清声母字的新的折合读法。而安义和建宁两点的"垫"字读音其实训读，词源是"簟"字。揭西、秀篆、陆川3点的读法是依然保留"垫"字帖韵中徒协切的读法，并不因为"垫"字被借用而改变其原来的读书音。

客赣其他各点由于相关字韵尾读音分混的情况不同，词源分析稍微复杂些，本文暂时不分析。

## 四、闽语中的"垫"字和"簟"字

《闽南方言大词典》第339页有如下词条：

【垫】〈厦〉tiam$^6$〈泉〉tiam$^5$①填放；垫支：～涂｜～钱。②一种铺垫物：椅～｜草～。③一种播种方法，往土里填放种子或幼苗：～涂豆花生｜～番薯白薯。‖①义〈泉〉用【填】[t$^h$un$^6$]①。②义〈厦〉读[tian$^6$]，〈泉〉读[tian$^5$]。

《闽南话漳腔辞典》第163页则收如下词条：

【垫】diam$^6$［白］①用东西支、铺或衬，使加高、加厚或平正，或起隔离作用：～较悬高分｜～互伊平｜下骹～片枋。②暂时替人付钱：我无带钱，汝先～一下。③垫子：椅～｜鞋～。④将种子、幼苗或地插枝种入土中：～枝｜～籽｜～番薯｜春天时规丛树仔挖起来～嘛会活。〇另见 dian$^6$，tiam$^6$，tun$^6$。

通过与中古和粤客方言历史材料比较，闽语"垫"读 t$^h$un$^6$ 显然是近代汉语"填（去声）"被"垫"取代所致，而 tian$^6$、tian$^5$ 等音则是现代汉语读音折合所致，tiam$^6$、thiam$^6$ 则是来源于"簟"字，但在闽语中又有声母送气和不送气两种读音，送气读音和客赣方言同一个层次，不送气读音则是闽语另一个层次。

查阅清代以来的闽语韵书等文献，我们也能比较清楚地看到近代汉语"垫"字在方言中的读音变化情况。

在《汇集雅俗通十五音》系列韵书中，光绪庚子中春（1900）福州集新堂刊《增注朱字十五音》（集新堂印行）卷五"兼"字母"上去声""剑字韵""地"音下收有"店""占""觇""玷""垫""窴"7个同音字，"垫"字小注是："下也，溺也。"会文堂发行的《增注朱十五音》同。

显然，此时的"垫"字在方言中还是都念切的读音，字义还是中古以前的字义。

在《八音定诀》中，"垫"字还是以都念切的身份收在"添"字母"地"音上去声中，同一语音地位收录的却是"垫子""店铺""玷辱"3个词。显然，虽然"垫"字依然和"店""玷"两个字是同音字，但通语中的"垫"字假借用法已经影响到闽语了。

粤西雷州方言中的"垫"字读音和用法，也反映了近代汉语通语的影响。《雷州方言词典》第 238 页中收有"垫钱"一词：

【垫钱】tieŋ$^{21-55}$tsi$^{11}$ 钱不够用或丢失了，自己掏腰包补足：替侬买物，做钱无见去把钱弄丢了，家己欠要～。

需要注意的是，雷州方言中的"垫"tieŋ$^{21}$字与"电"tieŋ$^{33}$字声调不一样，前者为去声（阴去），后者为阳上（去）。显然，雷州方言是把通语的读音折合成清声母字的读音来使用了。

此外，《雷州方言词典》引论部分"雷州方言单字音表之五"iam 韵母中，"垫"还在 t$^h$iam$^{33}$位置中出现，即雷州方言中，"垫"还有一个读音 t$^h$iam$^{33}$，但这一读音的具体用法词典中并没有体现出来。

至于"簟"字，《雷州方言词典》第 222 页收有"簟""簟仔""簟草"3 个条目：

【簟】tiam$^{33}$ 蒲包，旧时的一种包装材料，用蒲草编成。
【簟仔】tiam$^{33}$ kia$^{31}$ 小块的蒲包：长草做席，短草做～。
【簟草】tiam$^{33}$ ts$^h$au$^{31}$ 蒲草。

这里的"簟"字读音为阳上（去）调，声母不送气，是闽语定母字的正常读音，对应《广韵》忝韵徒玷切的读音和用法。

《海口方言词典》正文中不收"垫"或"簟"词条，但在前面引论部分"海口方言单字音表之五"iam 韵母中，"垫"字出现在 ʔdiam$^{33}$和 hiam$^{33}$两个位置中，即海口方言"垫"有两个读音，分别是 ʔdiam$^{33}$和 hiam$^{33}$，对应本土闽南话 tiam$^6$和 t$^h$iam$^6$这两个读音，都是"簟"字徒玷切在方言中的正常读音和用法，和"垫"字都念切的读音没有关系。

## 五、结　语

总而言之，方言词义根源于方言，但方言用字却受到通语习惯的影响。通语习惯源于北方方言，北方方言的发展过程与南方方言的发展过程并不完全一致，仅凭书面用字有时候是会迷惑我们正确认识方言词源的方向的。

就"垫"字来说，从方言古今语音对应规律和词义继承发展的角度上看，闽、粤、客 3 种方言中的"垫"字，其读音和用法基本上都不是继承《广韵》"垫"字的读音和意义用法。《广韵》"垫"字的读音和意义宋元以前一直都是非常用的，明代以后，由于"填"字读音和意义用法比较复杂，并且常用，其中读去声的"填"字假借"垫"字来代替使用。去声"填"字被"垫"字取代是北方方言发生的同音借用现象，但类似词汇的词义和用法，相当一部分的闽语和部分客家话、粤语却来源于《广韵》上声忝韵中徒玷切的"簟"字，而不是栋韵都念切和帖韵徒协切的"垫"字，加上近代汉语去声"填"字假借"垫"字表达的影响，就使得闽、粤、客 3 种方言中"垫"字的读音和用法显得比较乱，

和中古音的反切也不容易对应起来。也因此，我们在用《方言调查字表》进行方言调查时，对山开四定母去声栏中的"垫（填）~钱"字要稍微留心一下，看看该字读音的韵尾和声调有没有跟《广韵》上声忝韵中的徒玷切对应。如果对应，则该字的本字很有可能是"簟"字而不是"垫（填）"字。

## 参考文献

[1] 白宛如．广州方言词典［M］．南京：江苏教育出版社，1998．
[2] 陈鸿迈．海口方言词典［M］．南京：江苏教育出版社，1996．
[3] 陈正统．闽南话漳腔辞典［M］．北京：中华书局，2007．
[4] 冯爱珍．福州方言词典［M］．南京：江苏教育出版社，1998．
[5] 黄雪贞．梅县方言词典［M］．南京：江苏教育出版社，1995．
[6] 李荣．汉字演变的几个趋势［C］//语文论衡．北京：商务印书馆，1985．
[7] 李如龙．论汉语方言的词汇差异［J］．语文研究，1982（2）．
[8] 李如龙．论方言特征词［J］．中国语言学报，2001（10）．
[9] 李如龙，张双庆．客赣方言调查报告［M］．厦门：厦门大学出版社，1992．
[10] 麦耘，谭步云．实用广州话分类词典［M］．广州：广东人民出版社，1997．
[11] 谢永昌．梅县客家方言志［M］．广州：暨南大学出版社，1994．
[12] 颜森．黎川方言研究［M］．北京：社会科学文献出版社，1993．
[13] 颜森．黎川方言词典［M］．南京：江苏教育出版社，1995．
[14] 詹伯慧，张日昇．珠江三角洲方言字音对照［M］．广州：广东人民出版社，1987．
[15] 詹伯慧，张日昇．粤西十县市粤方言调查报告［M］．广州：暨南大学出版社，1998．
[16] 张振兴，蔡叶青．雷州方言词典［M］．南京：江苏教育出版社，1998．
[17] 钟奇．字族层面的方言本字考［J］．学术研究，2001（3）．
[18] 周长楫．厦门方言词典［M］．南京：江苏教育出版社，1993．
[19] 周长楫．闽南方言大词典［M］．福州：福建人民出版社，2006．

# 略论赣南客家话"上"义类方位词

肖九根[1]　卢小芳[2]

(1. 江西师范大学语言与语言生活研究中心；2. 中山市东区中学)

【提　要】赣南客话方位词极为丰富，形成了不少义类系列，而其研究成果至今却极为少见。在实地调查的基础上，我们从赣南客话表方位的系列义类中甄选出具有典型性"上"义类的部分方位词，通过多种方法对其表义功能进行分析，并对其形成动因做了一定的阐释，认为地理环境、文化习俗以及语言内部规律的交互作用是其新义产生的基本动因。

【关键词】赣南　客家话　方位词　"上"义类　表义功能　形成动因

## 一、引　言

赣南位于赣江上游、江西省南部，因其历史上曾置巡赣南道和赣南道而称名。隋唐名之虔州，南宋奉诏易为赣州，系取章、贡二水合流之义。从此，赣州成了江西省地市政区的一个专名，而赣南则为江西省南部区域的一个地理简称。

赣南政区设置，历史十分悠久。从汉高祖六年（前201）设立县治以来，这里历代均为郡、州、路、道、府等政区治所地。宋、元、明、清时期，赣南出现过"商贾如云，货物如雨"的繁华景象，曾成为全国44个经济中心区之一。

赣南具有重要的战略地位，它"南抚百越，北望中州"，"据五岭之要会，扼赣闽粤湘之咽喉"（罗勇、龚文瑞，2007：19）。赣南是"中华苏维埃共和国临时中央政府"诞生地，中央红军就是从这里迈出了两万五千里长征的第一步。如今，赣南不仅是江西省的"脐橙之乡"，还是我国东南沿海最发达的经济区——珠三角区和海西区的腹地，同时享有"世界钨都和稀土王国"之誉。

赣南、粤东、闽西是客家人的大本营，而赣南又是客家人的最大聚居地之一，人们誉之为客家文化的摇篮。赣南的政治、经济、商业、文化、科教中心为赣州市。赣州市辖1市2区15县，面积3.94万平方千米，人口928.5万，其土地面积、居民人口分别占全省的四分之一和五分之一，是江西省区域面积最大、人口最多的一个省直市。其中，客家人又占90%以上。在赣南，客家人世代保持着客家的文化生活习俗，如每个姓氏都有本族族谱，存有上千座独特的围屋，贡水之滨建有文化城供人们怀远追思……客家人本着"宁卖祖宗田，不忘祖宗言"的祖训，世代传承着祖言宗语——客家话。

关于客家话，从其分区到语音、词汇以及语法特点等方面，前辈时贤都做了深入的研究，取得了骄人的成果。这些研究成果不仅具有重要的学术意义，而且还有不可低估的实际应用价值，为客家话的进一步深入研究准备了条件，奠定了基础。

当然，不可否认，客家话的研究还存有不少薄弱环节，有待进一步加强。例如，客话区方位词研究成果很少，而赣南客话中这类成果就更是见所未见。鉴于这一点，本文准备讨论赣南客话中的"上"义类方位词问题。

## 二、"上"义类方位词的表义功能

赣南客家话"上"义类方位词，形式多样，表义丰富，具有深厚的文化内涵。

赣南客家话中，"上"的读音主要有两种：一是 sɔŋ，二是 hɔŋ[①]。为方便起见，本文将第一种记为"上$_1$"，第二种记为"上$_2$"。除语音差异外，其使用方式有一定的规律可循。其一，从位置上看，"上$_1$"一般置于其他方位词或方位词缀之前，记为"上$_1$ + X"[②]；而"上$_2$"一般置于名词之后。其二，从语法上看，"上$_1$"组合成词时，其表义功能很丰富，有动词、形容词、名词和介宾结构等，如"上药""上白（食物等发霉，长了白色的毛）""上坑""上坝子""上向"；"上$_2$"则表义功能较为单一，一般仅做名词，构成方位词。

下面就对"上"义类方位词的表义功能做一粗浅的分析。

### 1. 上$_1$

赣南各地话语中，"上$_1$"存在一些语音变体，如于都读 hɔŋ$^{42}$、南康和上犹读 sɔŋ$^{24}$。赣南地名里，"上$_1$"的表义非常丰富。之所以选择"地名"作为语料，原因有二。一是语言中的地名表现地域精神文化特征。赣南各县市地名，尤其自然村、自然镇的命名非常丰富，反映了当地人的认知水平。二是以方位词做地名的很多。李如龙（1998：34）统计了4部地名索引[③]，得出这样的结论：7个方位词领头的地名大约占5%。赣南境内绵延着武夷山、九连山和罗霄山的余脉，群山环绕，江河流经，这给人们的认识也打下了地理形态的烙印，人们往往不用"东""西""南""北"表示四方，而用"前""后""左""右""上""下"，地势高的为上方，地势低的为下方；靠近河流的地方也往往根据水的流向来确定方向（陈瑶，2007）。本文统计分析赣南地区的一些地名，发现"上$_1$"的主要义项有3个。

（1）表示地势绝对高。绝对和相对是对立统一的，没有永远的绝对也没有永远的相对。这里取绝对高是指在当地一定范围内地势高的地方，在表示方向和位置时往往会用"上$_1$"。如赣县沙地的"上庄"，位居高山峡谷，与万安为邻，因辖境所处地势高而得名。

（2）表示地势相对较高。多山地形，必然会有高处和低处之分。地势高的地方称为"上"，地势较低称为"下"。这种相对高度在当地有两种情况：一是一个地方面积较大，人们在这定居，为了方便管理，往往把它一分为二或一分为三，如"上坑"和"下坑"、"上

---

① 此处两个方音没有标调值，这是各地声调调值不同之故，下文类似情况均如此处理。

② 除个别地方如南康容江镇和龙南，"X + 上"中的"上"也读作 sɔŋ$^{42}$，本文认为这是受"上$_1$"影响所产生的误读。

③ 4部地名索引分别是《中国地名词典》（上海辞书出版社1990年版）、《中国古今地名大辞典》（商务印书馆1931年版）、《中华人民共和国分省地图集》（地图出版社1974年版）和《中国地名录》（中国地图出版社1994年版）。

屋""中屋"和"下屋";二是一个地方以另一个地方为参照点①,取其参照点的方向和位置而命名,如"上坝"这个地方是茅店贡水西岸的冲积小平地,处于洋塘坝的上方,故取"上坝"为名。同时,也有另外一种情况,以某地为参照点,但又以所在地地形为命名理据,如"上山背"是赣县大田的一个地名,因为地处高山窝里、湖田崇背而得名。

(3) 表示处于河流上游的位置。地势高的地方有时也会成为溪流的上游。赣南是个"八山半水一分田,半分道路和庄园"的丘陵山区,境内赣江源头主要有两条支流——章江和贡江,各地有大大小小的河流汇入或流出。丘地山区易形成溪流,崇山密集的赣南地区几乎每个县境内都拥有一条河流,如赣县章江、赣江、桃江,信丰桃江,会昌湘江,瑞金西江,宁都梅江,石城湘江。人们习惯把河流的上游看作上方,河流的下游视为下方,于是就产生与"上"相关的处所地名词。

《太平寰宇记》中把赣州西部的上犹县称为"上游"。当地有座山——犹山,犹山旁边形成一条河流,称为犹水,因为上犹居于犹水的上侧,故命之为"上犹",谐音为"力争上游"的"上游"。

于都有"上城""下城"之说。贡江从于都流经县城内,处于贡江上游的名之"上城",处于贡江下游的城区则称"下城"。再如,宁都县内,梅江流经此处,当地百姓习惯称梅江上游流经的小布、东韶等地为"上三片",流经县城郊的为"中城",下游的固厚、对坊、长胜等地为"下三片"。这显然跟河流的走势有关,因为梅江的流向是自北向南的。同样,石城县方言分区有上水、中城和下水之分,其中上水位于当地琴江的上游,相应地下水则位于下游(谢留文,1998:179)。

根据地名的来源,我们对赣县地名进行了统计,"上₁+X"有 177 个,其中 135 个地名中"上"有较明确的义项。② 这 135 个"上₁+X"的表义见表1。

表1 135 个"上₁+X"地名的表义

| 义项<br>数据 | 地势高 | | | | 河流<br>上游 |
|---|---|---|---|---|---|
| | 地势<br>绝对高 | 地势相对高 | | | |
| | | 两地或以上的地方同属一个地方,互为参照点 | 两地不同,其中一个以另一个为参照点 | | |
| | | | 直接以标记做中心语 | 不以标记做中心语 | |
| 上 | 15 | 66 | 22 | 26 | 6 |
| 百分比(%) | 11.11 | 48.89 | 16.3 | 19.26 | 4.44 |

---

① 廖秋忠(1983)引进参照点的概念,储泽祥(2003)认为是依据点、基准,齐沪扬(1998)和方经民(1987、1993)对廖秋忠的观点有所发展。方经民认为,叙述者选择观察点,利用方位词跟相关方向参照点、位置参照点的关系确定空间或时间的方位辖域。

② "两地或以上的地方同属一个地方,互为参照点"意即一个大地方中的两地,相互以对方为参照物,如"上城"和"下城"。"两地不同,其中一个以另一个为参照点"意为两地不属同一个大地方,相互之间作为参照点有两种情况:一是其中一地直接以参照物为中心语,如"上坝"就是以地势高的"坝地"为参照点;二是不直接以参照物为中心语,"上坪"地处"坝地"的上方,且其地形平坦,便名之为"上坪"。

从表1的统计数据看，在地名中，"上₁"表示地势的占绝大多数，表示河流上游的比例较小，仅占4.44%。需要指出的是，地势较高不能说都是河流的上游，但易形成溪流，只是部分表示河流上游的意思。

除上述表义功能外，"上₁"还用于其他方面。

(4) 表示时间更早。赣南表示时间，上午用"上昼""晏 ŋan 昼"，下午用"下昼""下晡"。定南、龙南、全南、安远和寻乌都用"上昼"。类似的表义，客家话还有很多，如"上半日""上半工""上半夜""上半月""上半年""上春（早春、春初）""春上"。这些"上₁"表达时间的方式，往往表现为"上+数量短语"。

赣南客家话还有一些常见的时间表义法，如：

上年（去年） ｜ 上春（去年春天）　　上个礼拜 ｜ 下个礼拜
上个（只）月 ｜ 下个（只）月　　　　上□□tʰɔ³¹ tsɿ⁴²（前些天）

上例以"年""月"为单位，时间就像被分割成一段一段似的，以现在时为参照点，"上"是往前推的一个标志词，"下"则是往后推的一个标志词，而且还有"上上个月""上上个礼拜""下下个月""下下个礼拜"的说法①。（见图1）

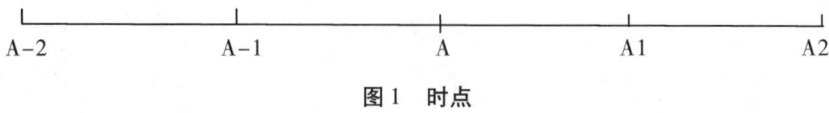

图1　时点

图1中，A为现在时点，A-1、A-2为过去时点，A1、A2为将来时点。如果A为这个月，那么A-1就是上个月，A-2则为上上个月；同理，A1为下个月，A2则为下下个月。另外，宁都县还有"上前日""上前年"（刘纶鑫，1999：342～345）表示大前天、大前年的用法。

(5) 表示"……时候或时节"。"春上"，有的地方读 hoŋ⁵⁴，有的地方读 soŋ⁴²，表示"春天"义。此处的"上"与其他表示时间的不同，它相当于"……的时候或时间"。这种用法普通话没有，赣南客家话较少，北方个别地区有此用法（陈瑶，2001：25）②。

(6) 表示社会地位尊贵、等级高。人们根据世俗观念，对地位尊贵、等级高的人或物，常常用"上"来表示。如：

上席　　　上位　　　上人　　　上厅　　　无上无下

赣南客家人举办婚宴、庙会、会议等活动时，最重要、最尊贵的地位往往以桌的"上

---

① 这种说法使用频率较低，仅出现于少数新派之中。
② 陈瑶（2001）调研发现，牟平、洛阳等地能用方位词"上"表示"……的时候"。这种用法从宋代开始，如宋代普济《五灯会元·径山杲禅师法嗣》："我十八岁上便解作活计。"今天的赣南客家话还有此类用法。

位""上席"来显示。"上人"这一称谓,就是人们对家庭中至尊长辈的一种称呼。这里的"上"同尊敬、年长紧相联系。"无上无下"中的"上""下"分别为长和幼,即不分长幼,如"见到长辈都唔问好,真係无上无下,唔懂事"。

2. 上$_2$

关于"上$_2$",有的学者如刘纶鑫(1999:279)等从音变、古音遗留的角度进行研究,认为客家话处在名词后做方位词缀的"上"读音为 hɔŋ。另外,温昌衍(2001:32)先生认为,"上"声母轻化产生,是用以区别意义的异读。从方言事实来看,赣南大多读"上$_2$"为 hɔŋ,如宁都、赣县、寻乌、定南、信丰和上犹等地;也有一些地方读作 sɔŋ$^{34}$ 或 sɔ̃$^{34}$ 的,如龙南、南康读 sɔ̃$^{34}$;而石城一些地方读 hɔŋ$^{44}$,另一些地方读 sɔŋ$^{55}$。所以,我们认为"上$_2$"(蓝小玲,1992)① 与"上$_1$"是同一词。"上$_2$"的表义项如下。

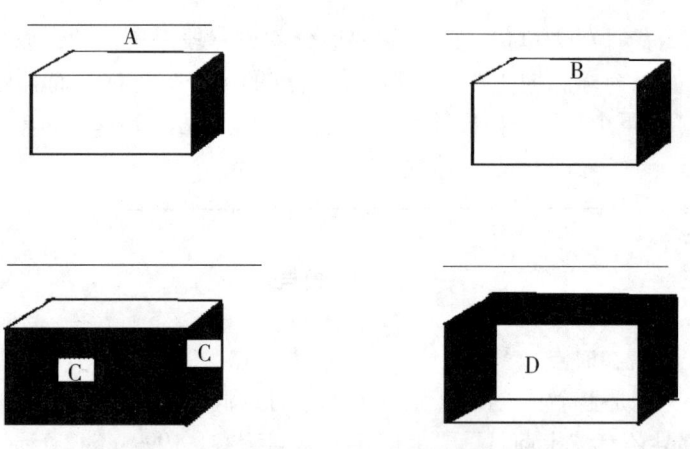

图 2 "上$_2$"表示的空间位置和方向

(1)表示具体的空间位置和方向。

图 2 中的 4 幅图,有 4 种基本意思:①表示 A 在物体的上空;②表示 B 在物体的上表面;③表示 C 黏附在物体的表面;④表示 D 在物体的里面。②

调查发现,4 种用法在赣南客家话里运用得非常普遍。

第一种,在物体的上面。其中"上"指的是前面名词 X 的广延形态(储泽祥,2003:31)③。这里"上"具有[+脱离]的义位。如:

---

① 蓝小玲(1992)认为,闽西长汀客话"床上""楼上""面上"中的"上"是匣母讲韵上声字"项",它是从人之身上引申而来的。

② 图中 A 是目标物,正方体是参照点,正方体上方的一横表示天空。

③ 储泽祥(2003)提出,"X·D"中 D 可以表示 X 的内部形态、外部形态和广延形态。如"头上长了个大包""头上戴了顶帽子""头上一架飞机飞过",就分别表示内部形态、外部形态和广延形态。

①屋顶上有鸟子在。
②你脑盖上有只蚊子嗡嗡嗡。
③河面上有只鸟子飞上飞下。
④台面上挂倒盏灯。

例①～④中,"鸟""蚊子""灯"都已脱离了"屋顶""脑盖""河面"和"台面",处于这些物体的上空。例③中的"飞上飞下"当地是"飞来飞去、来回飞"之意。

第二种,目标物 B 处于物体的上表面,含有[＋接触]的义位。这种例子非常多。如:

⑤桌子上放紧只西瓜。
⑥路上停了辆车。
⑦床上歇倒(睡着)个人。
⑧屋顶(崠)上坐倒个人。
⑨凳子上坐紧(倒)个人。
⑩年年端午节个时间,佢屋俙门上都会插几根哩蕲艾。

例⑤～⑨中,"西瓜""车""人"是放置在"桌子""路""床""屋顶"和"凳子"的表面,而且是上表面,这里的"上"区别于第一种中的"上",它具有[＋接触]的义位。例⑩,人在说话时,门是立着的,看到的"蕲艾"是位于门的侧表面,这时"上"已不纯粹表示承载物的上表面,从某种程度上说可以是侧表面。上述这些物体都不是承载体本身的,是外加的,只是人说话时它就已呈现出这一状态,这一状态是随时可以改变的。

第三种,物体 C 黏附在物体的表面,不容易脱离,具有[＋黏附]的义位。如图2,物体可以处在目标物表面的任何一点位置,而且它不易脱落,黏附在其上。如:

⑪门上贴了只"福"字。
⑫山(岭)上种了排果树。
⑬碗上印了朵花。
⑭手上生了块疤。
⑮盖子(杯子盖)上有点子遴色[lʌt⁴sɛt²](两个字均为入声字,意为垃圾),你拿去洗伶俐(洗干净)。
⑯车上刮起条心[ɕin³⁴](刮了一条痕迹)来了(哩)。

例⑪～⑯中,"花""疤""心"这些东西几乎是无法除去,只能掩盖或弥补;而"'福'字""遴色""果树"虽可除去,或揭去,或清洗,或拔掉,但总是费力的。这些东西原本黏附在承载物表面,较之第一和第二种义项来说,其泛化性(吕叔湘,1990:291～300)、虚化义更强。

第四种，表示目标物在物体的里面，这里的参照物具有［＋可容纳］的义位。

汉语里，通常用"里""内""中""间"表示物体里面，同时在某种条件下，"上"也可以替换其用法（高桥弥守彦，1992）①。赣南客家话里，"上"同样具有泛化的用法，表示物体里面，很多地区都有一个跟"上"互换的单音节方位词缀，如宁都的"□"tɛ·②、会昌的"□"he·、赣县的"□"kɔ³⁴、定南的"□"tɔŋ²²。

⑰手上拿倒本书。
⑱车上坐倒五个人。
⑲树上有五只鸟子（嘚）。
⑳书上夹倒只书签。
㉑田上种倒好多西瓜。
㉒盒子上有好多写的笔。
㉓碗上还有饭冇食了诶。
㉔公达（爹爹）在田上做事。

例⑰～㉔中，这里的承载体"手""车""树""书""田""盒子""碗""田"都具有容纳物体的功能。在普通话中，例中的"上"都可用"里"代替。而在赣南客家话中，一般情况下不能替换，替换后意思虽然差别不大，但说话人的认知方式是不一样的。用"里"是把承载体看作一个容器，如例⑲"树里"把树看成一个由树叶笼成的空间，用"上"只看到目标物所在的那块小区域。赣南客家话，各县之间的常用方位词缀语音差异较大：普遍用 hɔŋ⁴⁴，石城有些地方读 hɔŋ⁴⁴，有些可换成 tɛ·，如宁都例⑰、例㉑、例㉔可改为：

手□tɛ·拿倒本书。
田□tɛ·种了蛮多西瓜。
公达（爹爹）在田□tɛ·做事。

会昌县城则一般用 xei⁴² 表示上和里，如"手□［xei⁴²］拿倒本书"。赣县习惯并用 kɔ⁴⁴ 和 hɔŋ⁴⁴，而寻乌和三南地区（龙南、全南、定南）都用 hɔŋ⁴⁴，龙南读作 sɔŋ⁵³。如果承载体是一个封闭的空间（如"车""盒子""心"等），往往用另一个表示"里面"的双音方位词来替代。例如，龙南、全南读作 tin⁴⁴ naŋ²²，赣县、南康 tiŋ⁴⁴ nã⁵³，会昌 ni⁴² xəu³³，宁都 naŋ⁴⁴ kau⁴²，石城 li⁴² hiɔŋ²¹⁴。

---

① 高桥弥守彦（1992）认为，用"上"还是用"里"，与该句"名＋方"短语所发生联系的动词及其前面名词的词义有很大关系。
② 轻声，本文一律标作中轻声，如宁都的"□"tɛ·、会昌的"□"he·等。

(2) "X+上"中"X"是一种想法或意见,表示抽象的空间义。如:

㉕佢唔会把個件事记得心上。
㉖不知道佢脑盖上日日默点子什么,唔乃正经过。

例㉕"心上"指的是抽象的记忆里,其中"上"指代的是 X 的内部形态,在自己记忆中成为思想的一部分;例㉖"脑盖上"指的是思想加工的场所,是一种抽象的空间比喻义。

(3) 引申出范围义。如:

㉗电视上。
㉘手机上。
㉙课本上好多知识。
㉚书上有很多好靓的画。

例㉗~㉚中的"电视""手机""课本"和"书"都相当于一个承载媒介,是以文字和符号等信息为载体的。

(4) 表示某机构某部门。"乡上""县上",赣南地区用以指乡政府、县政府,还可代称乡镇领导干部和县领导班子,这相当于修辞中以机构代指机构中的人群或集体。如:

㉛乡上今日会派人下来看村上個低保户。
㉜县上有人会来检查。

(5) 一些固化成词的结构已不再指具体位置了。

第一,有些表示身体部位的词和方位词"上"已经固化成一个词语了,两个语素不能随意拆开,语义上表示处所。关于某些方位短语是词组还是词语,有学者已经讨论过(任宣知,1986;高桥弥守彦,1993)①。

㉝佢身上没钱。/佢手上没钱。(两句都是他没有钱的意思)
㉞佢身上没权。
㉟嘅件事佢唔会记得心上,佢一向好看得开。

---

① 任宣知(1986)认为,区分方位词和汉语方位词语素的名词有两个方法:一是能否替换意义相对的方位词;二是能否添加格式,如前加"以""之",后加"边""面""头"。高桥弥守彦(1993)认为,判断"单音节+方位词"是短语还是词,其语法规则是"名词A+方位词"具有名词A义,即为短语,如"楼上""楼下";"名词A+方位词"不存名词A义而变为另一义,即为词,如"路上""身上""街上"等。

例㉝～㉟中的"身上""手上""心上"都是身体部位的词加方位词"上",这些词既没有对应的形式如"身下""手下""心下",也不能加以扩展,甚至不再指身体上某个部位,而是抽象的指"人"和"人的记忆"。所以,我们认为这类形式已经固化成词了。

第二,还有一些常见的固化成词。如:

㊱佢两子爷下赣州的路上花了蛮多票子。
㊲街上比起学堂来就闹热哦。
㊳城上比起乡下来就伶俐好多哦。

例㊱"路上"也不是指具体的路面或路途,而是借指路途花销;例㊲和例㊳中"街上"和"城上"也已固化为一个抽象的处所词,分别表示城市区域。

3. 脑

"脑",《现代汉语词典》释之为"动物中枢神经的主要部分,位于头部"。又,《汉语大词典》义项3"头颅",义项5"物体的顶端、中心或边缘部分"。我们认为,"脑"从表示实在的生物头颅引申出方位用法,指代物体的某个部位。储泽祥(1997:15)认为,"介于方位标和命名标之间的是'旁、边、方、处、脚、心、腰'等方所标记形式,它们一般都不能构成专名,更靠近方位标,称作准方位标"。

方位词"脑"在赣南地区分布见表2。

表2 方位词"脑"在赣南地区的分布

| 区域<br>词条 | 上犹 | 于都 | 赣县 | 南康 | 信丰 | 瑞金 | 定南 | 龙南 | 石城 |
|---|---|---|---|---|---|---|---|---|---|
| 上面 | 上脑 | | 上脑<br>tA³¹脑 | 脑高 | 脑高 | 脑高 | 脑高 | 脑高 | 脑上 |
| 下面 | 下脑 | | | | | | | | |
| X+脑 | | 路脑 | 岭脑 | | | | 岭脑 | | 脚趾脑 |

在赣南客家话里,"脑"做方位词有的表示意义实在且单一的物体顶端,有的开始泛化表示各种方位,有的已成方位词缀,依附于其他方位词之上构成合成方位词。于都地区,"脑"的用法几乎相当于"上₂"的用法。

(1)表示物体的顶部。"脑"本指人的头颅,位于人的顶端。从人比喻引申出垂直放置物体的最高处,从而引申出物体的末端之意。如:

石城(龙岗):灶君脑|灶脑、手指脑、脚趾脑、苋脑、吕脑、菜头脑、罂罐脑、草头脑、竹头脑、水脑(涨水时水的最高部位)

赣县:岭脑、橱脑、柜脑、门脑、□[tei³²⁴]门脑(窗户的最顶端)、脚指脑、手指脑

于都：草头脑、手指脑、脚趾脑、水脑（涨水时期水位制高点）、楦脑（鞋楦靠前面的一部分）鞋脑、芋脑

（2）表示物体的尾部。如：

于都：艄脑（船的尾部）

（3）泛指船的上面，包括物体的内延、外延及广延等形态。
第一种，"X·D"中D是方位词，X是名词，其中D指示X的内部形态。如：

㊴你话子介做得到，俚心脑一本簿唞。

例㊴中，"脑"指心里面、抽象的记忆力，属于物体的内部形态，相当于普通话的"里"和赣南的"上"hɔŋ⁴⁴。
第二种，"X·D"中D指示X的外部形态，处于物体的表面。如：

路脑　街脑　地面脑　台脑　桌子脑　水面脑　椅子脑　墙头脑
屋崬脑　山脑　楼脑　地脑　嘴角脑　壁脑　墙脑

其中，从"路脑"到"屋崬脑"都是指承载体的上表面，而"山脑"不同于赣县、定南等地表示山顶的"岭脑"，而是表示普通话"山上"的意思，可以处于山上的任何一个位置，只是泛指山这个处所。"楼脑"和"地脑"跟"山脑"一样是处所词，分别表示一楼以上的位置和坟墓所在地。从于都当地人得知，"楼脑"老派用来表示以前老式一厅多房的那种楼板上的那一层，这种建筑目前已成为遗迹了。"嘴角脑"泛指上下两唇相连的位置及附近的表面。"墙脑"和"壁脑"两个词，一个是新派用，一个是老派用，指的是墙体的表面，可以是内墙也可以是外墙。"手脑"这个词比较特殊，因为使用频繁，它引申出抽象义，除表示实在的手里、手上外，还可表示某个人是否拥有某种财产、权力等。方位词的"相位"（储泽祥，2003：200）① 不只是根据前面的名词来确定，在具体的语境中不同的情貌是要改变的。排除语用的作用，"脑梳在柜子脑"这句话，于都地区既可指在柜子台面上，也可指在柜子里面。这时，"脑"表示的兼有上面的外部形态和里面的内部形态。
第三种，"X·D"中D指示X的广延形态，处于物体的上空。"天脑"指天空的上方，相互之间不接触，如"天脑一只飞机"。
（4）表示物体的中心。如"菜头脑"（曾毅平，2003）、"泥块脑"。"菜头脑"是石城龙岗的一种用法，表示萝卜。

---

① 储泽祥（2003）提出"相位"，原是从物理学引进的一个概念，指物体的空间状态，此为某个词的方所情貌。

(5) 表示物体的边缘、旁边的位置。如：

边脑　台子舷脑　船舷脑　路舷脑　塘舷脑　面盆舷脑　井脑　岸脑

(6) 引申出行政级别、机构，也可指代这个机构的领导人。这一点同"上$_2$"第（7）条，此不赘言。如"镇脑""乡脑""县脑"。

查找地名志，发现各地地名用"脑""垴（古作'脑'）"①。统计赣县、于都、上犹、会昌、全南、寻乌和宁都地名如表3。

表3　赣县、于都、上犹、会昌、全南、寻乌和宁都的地名

| 数据\地点 | 赣县 | 于都 | 上犹 | 会昌 | 全南 | 寻乌 | 宁都 |
|---|---|---|---|---|---|---|---|
| X 脑 | 78 | 232 | 20 | 80 | 4 | 7 | 55 |
| X 上 | 105 | 68 | 37 | 3 | 15 | 51 | 82 |
| 地名总数 | 4313 | 4982 | 2495 | 3585 | 1057 | 1599 | 4391 |
| "X脑"百分比（%） | 1.81 | 4.67 | 0.8 | 2.23 | 0.38 | 0.44 | 1.25 |

地名以20世纪八九十年代地名志标注的自然村和自然镇为准。

表3中内容显示：

(1) 赣南各片区地名均会以"脑"做标记，仅是多少不同而已。

(2) 其中，以于都县和会昌使用比例最大，其次为赣县和宁都县。而三南片区（龙南、定南、全南、安远和寻乌）使用比例较小。

(3) 含"脑"地名使用的多少与其平时使用的广度有关，如于都"脑"日常使用频繁，其表义就很广。

(4) 值得注意的是，虽然上犹有"上脑"和"下脑"合成方位词，但实际地名使用并不多。

(5) 会昌为何普遍使用"X+脑"的命名方式，有待进一步研究。我们认为，这也许与会昌西北脚那块区域原属于都管辖有关。

4. 崬

赣南客家话里还有一些特别的方位词表"上"义，仅限于用在特定的名词后面表示特定的方向和位置。如"崬"，或写作"㟏"，其本义为"山脊"。《集韵·去送》："崬，山脊。"赣南客家话也说"屋崬"，但常用来表示屋脊，一般是赣南老式的瓦房、棚房顶部，如"瓦崬"指瓦房的房顶，"岭崬"表示山顶，等等。

---

① 因为两者用在地名上意义相近，本文"脑"和"垴"都记作"脑"。

## 三、余 论

在赣南客话中，方位词的表义功能十分丰富。仅就"上"义类方位词的表义功能而言，除以上所论及的之外，还有诸如单纯词"高""顶"以及复合词"上背""上高""上脑""上顶""脑上""脑高""顶高""塝上""□$_{[tA^{31}]脑}$"之类，均与"上"义类方位词的表义功能相当。例如："佢屋住得在偓屋下上高"，句中的"上高"即可表他家房子在我家上游，也可表他家房子比我家地势高；"你脑盖上脑有只□［non$^{31}$］尾子在飞"（"□［non$^{31}$］尾子"指蜻蜓，各地说法不一，瑞金等地称"扬尾"），句中的"上脑"是指头顶的"上方"，不一定与之接触。又如"上底/上顶/上背的人话麻介（什么），我们就照紧来做"中的复合方位词，均有类似的表义功能，表达相同的语义。限于篇幅，就不赘述了。

总而言之，赣南客话中常用方位词一般都会出现虚化义。这个义项的出现是有动因的，这就是转喻在其中起了很大的作用。通过转喻这一媒介，人们将某一意象从一个具体可感的认知域投射到另一个虚化抽象的认知域，这就产生了词的新义。

研究表明，如"塝上"这类复合方位词，除具体的"土埂"义外，其方位义仅表达地势较高或河流上游，不存"物体表面"与"上级"等语义功能的用法。这说明，这类词的语义虚化还没有"上脑"等复合词的程度高。

**参考文献**

[1] 陈瑶. 官话方言方位词比较研究［D］. 广州：暨南大学，2001.
[2] 陈瑶. 北方官话"四方"的表达形式［J］. 汉语学报，2007（1）.
[3] 储泽祥. 现代汉语方所系统研究［M］. 武汉：华中师范大学出版社，2003.
[4] 方经民. 现代汉语方位参照聚合类型［J］. 语言研究，1987（2）.
[5] 方经民. 论方位参照的构成要素［J］. 中国语学，1993（第240号）.
[6] 高桥弥守彦. 是用"上"还是用"里"［J］. 语言教学和研究，1992（2）.
[7] 高桥弥守彦. 处所名词中的两个问题［J］. 海南师院学报，1993（3）.
[8] 蓝小玲. 长汀客话几个基本词的考释［J］. 厦门大学学报（哲学社会科学版），1992（4）.
[9] 李如龙. 汉语地名学论稿［M］. 上海：上海教育出版社，1998.
[10] 廖秋忠. 现代汉语篇章中空间和时间的参照点［J］. 中国语文，1983（4）.
[11] 刘纶鑫. 客赣方言比较研究［J］. 北京：中国社会科学出版社，1999.
[12] 罗勇，龚文瑞. 客家故园［J］. 南昌：江西人民出版社，2007.
[13] 吕叔湘. 吕叔湘文集［M］. 北京：商务印书馆，1990.
[14] 任宣知. 方位词组与含有方位语素名词的划界问题［J］. 语言教学与研究，1986（1）.
[15] 温昌衍. 客家方言特征词研究［D］. 广州：暨南大学，2001.
[16] 谢留文. 于都方言词典［M］. 南京：江苏教育出版社，1998.
[17] 曾毅平. 石城（龙岗）客话常见名词词缀［J］. 方言，2003（2）.

# 梅县客家话四字格与韵律构词法

郑秋晨

(中山大学新华学院中文系)

【提　要】本文主要以梅县方言口语中的 A#AB 与 A#Bb 两类四字格结构为研究对象，在韵律构词学框架下对它们的派生规则与重音模式进行探讨。研究发现：①A#AB 与 A#Bb 两类四字格结构看似迥异，但其实是由高度统一的构词规则派生而得的；②梅县方言四字格重音模式［０３：＋２１］（本文将之命名为"强调式"）则是以［０２＋１３］型为基础而派生出来的。

【关键词】　四字格　韵律构词　客家话　中缀　重叠

## 一、引　言

客家话以广东省境内的梅县话为代表，四字格是梅县话中一种富有表现力的表达形式，口语性与通俗性兼备，但不适宜正式庄重场合。它们往往靠口耳相传，鲜有正规的书面记载，在各种版本的客家话词典与为数不多的研究论文中，各家对四字格的文字记录迥异，对其本字的论说也是莫衷一是。四字格并不是客家话的专利，它广泛地存在于汉藏语系之中，是一种特殊的语言形式。冯胜利（1997）对四字格的定义如下：它是由 4 个字组成的一种语言格式。四字格是一种独立的语言单位，从韵律学角度而言，它在音节数量与重音分布上具有固定性；从语法学角度而言，它在构词造句中具有很强的独立性。孙艳（2005）就曾在她的博士论文中指出，四字格的形成涉及"语音"与"语法"构词。"语音"构词具体指四字格是按照特定的韵律构成的，如四字拟声词、拟状词、联绵词；"语法"构词则包括重叠、复合、派生等。

四字格在一定程度上反映了梅县客家话的构词特点，而当下学界对其研究却并不充分，且集中在对台湾客语四字格的描写上，未见有学者从韵律构词学角度对客家方言四字格进行过探究。所以本文将利用 McCarthy 和 Prince（1998）的韵律构词学理论框架，探讨梅县方言四字格的生成规则。

## 二、研究对象

本文的研究对象为梅县方言口语中的 A#AB 与 A#Bb 两类四字格，"#"表示中缀，A#AB 指的是"糊里糊涂""啰里啰唆"等与普通话非常相似的四字格结构；A#Bb 则类似普通话中"花里胡哨"，在梅县话中体现为"花里 pik pok""謷里 fei fa"等。它们的共同特点是，不适合于端庄持重的场合，有几分诙谐，富含贬义色彩，而且均非拟声词。就外部

结构而言，以上两类四字格结构差别很大，但本文根据 McCarthy 和 Prince（1998）的韵律构词学框架，认为这两类四字格是经过高度统一的路径派生而得的。

本文语料主要采用内省式收集法，无法确定本字的则采用 19 世纪传教士 Lepsius 拼音标注，由于这一套拼音的声调符号复杂，所以我们改用数字 1～6，分别表示阴平、阳平、上声、去声、阴入和阳入 6 个声调。需要指出的是，梅县话的中缀"里"在以下四字格中语音形式变化多端，如在"糊里糊涂""牙里牙射"等词中，"里"符合惯常的客家话连读变调规则，从阴平（调值为 44）的本调变成调值为 35 的新声调；在"落里落脱""糊其 ma ka""謷里 fei fa""pik lik pat lat"等四字格中，中缀则根据它前面的音节变调，如"落里落脱"中的"落"为阴入调，中缀也随之变为阴入，发音是 lik[5]。这个中缀看似语音形式多变，但实际上意义相类，插入的位置也类似，所以我们把这些中缀统称为"里"中缀，用符号"#"表示。表 1 和表 2 是语料的分类呈现。

表 1　A#AB 式

| 底层结构 | 表层结构 | 完全重叠 | 释义 |
| --- | --- | --- | --- |
| 糊涂 | 糊里糊涂 | 糊糊涂涂 | 内容混乱、模糊不清的状态 |
| 啰唆 | 啰里啰唆 | 啰啰唆唆 | 比喻说话絮絮叨叨 |
| 射牙 | 牙里牙射 | *牙牙射射 | 形容不整齐的样子 |
| 燋烮 | 燋尾燋烮 | 燋燋烮烮 | 东西被晒得过于干燥的样子 |
| 落脱 | 落里落脱 | 落落脱脱 | 器物零件不稳固，活动的样子 |

表 2　A#Bb 式

| 底层结构 | 表层结构 | 释义 |
| --- | --- | --- |
| *花 | 花里 $pik^6pok^6$ | 类似"花里胡哨"，指纷杂斑驳的样子 |
| *謷 | 謷里 $fei^3fa^1$ | 歪歪扭扭的样子 |
| *糊 | 糊其 $ma^2ka^1$ | 黏糊糊的样子 |
| *pik | $pik^6lik^6put^6lut^6$ | 凹凸不平的样子 |
| *pik | $pik^6lik^6pat^6lat^6$ | 形容人做事或穿衣不利索 |

# 三、四字格的派生过程

## 1. 重叠与加缀

重叠与加缀是汉语重要的构词手段。其中，形容词的重叠可以给基底形容词带来生动、强调的效果（如普通话的"邋遢"——"邋邋遢遢"），重叠又可以分为完全重叠（如客家话的"落脱"——"落落脱脱"）、部分重叠（"落脱"——"落里落脱"）。与普通话一样，梅县方言带"里"中缀的四字格往往有贬义；而与之不同的是，梅县话中的

"里"中缀并没有轻读、央化，反而可以重读、拉长，甚至可以变成曲折调，以达到强调的效果。所以，两者有着迥然不同的重音格式。

2. 派生规则

简而言之，我们认为以上四字格的派生过程包括双音节模块作用、界分、重叠、加缀、中缀实现、声韵调整这几个步骤，操作方向是从左到右的。推导过程如下。

（1）重叠＋其他操作：A#AB式。关于A#AB四字格的派生过程，我们有两种可能的解决方案。

a. 完全重叠法。

| 输入： | A  B          |           |
|--------|---------------|-----------|
|        | A  B  A  B    |           |
|        | A  B  A  B    | （完全重叠） |
|        |       li      | （谐律重置） |
| 输出： | A  li  A  B   |           |

b. 部分重叠法。

| 底层： | A  B              | （左起界取［μμ］音步）① |
|--------|-------------------|-------------------------|
|        | A      B          |                         |
|        | A  A   B          | （部分重叠）            |
|        | (A    )(A   B)    | （左起界取［μμ］音步）  |
|        |       #           | （加中缀）              |
| 表层： | (A  #')(A   B)    | （中缀实现）            |
|        | A   #'   A   B    |                         |

完全重叠法是Chiang（1993）的博士论文中对汉语形容词重叠式派生过程提出的一种分析，综合了梅县话A#Bb四字格语料分析后，本文认为界分、重叠、加缀、缀的实现这一系列步骤对梅县话四字格有更强的解释力。

（2）韵律词作用＋重叠＋其他操作：A#Bb式。A#Bb式四字格的基底形式是单音节的A，由于单音节形式不足以构成独立的音步（冯胜利，1998），所以进入构词操作之前，A需要以延长的方式先构成独立音步，即A——Aσ，再对Aσ进行界分、重叠、加缀、缀的实现等一系列操作，具体的派生规则如下。

---

① Duanmu（1990）曾指出，粤语音节是双韵素的，即重音节。本文认为，这一论断同样适用于梅县客家话，与粤语一样，梅县话也不存在短的开音节。也就是说，在梅县话的闭音节中，如果元音后有韵尾，这个元音可长可短；开音节中，元音必然是长音节。如"牙里牙射"中的"牙"（$\eta a^2$）是开音节，那么元音a的长度可以被预测，一定是长元音。

c. 当基底形式尚未构成一个韵律词时：

| 底层： | A | | | | |
|---|---|---|---|---|---|
| | A | σ | | | （延长式构成独立音步） |
| | A | | σ | | （左起界取 [μμ] 音步） |
| | A | | | σσ | （部分重叠） |
| | （A | ） | （σσ） | | （加中缀） |
| | | # | | | |
| | （A | #'） | （σσ） | | （中缀实现） |
| | A | #' | σ' | σ | （声韵调整） |
| 表层： | A | #' | σ' | σ | |

## 3. 范例

根据上文"派生规则"部分的构拟，有 3 个公式备选，a 完全重叠法虽然步骤简单，但根据手头的语料而言，它的解释力不如 b 和 c。首先以"落里落脱"为例，看看公式 b 具体如何操作：

b. 落里落脱 lok⁵lik⁵lok⁵tʰok⁵。

| 底层： | 落脱 | |
|---|---|---|
| | 落　　脱 | （左起界取 [μμ] 音步） |
| | 落落　脱 | （部分重叠） |
| | （落）（落脱） | （左起界取 [μμ] 音步） |
| | 　# | （加中缀） |
| | （落 lik⁵）（落脱） | （中缀实现） |
| 表层： | 落里落脱 | |

当基式不足以构成韵律词时，则需要进入 c 流程的一系列操作，我们现在以"花里 pik⁶pok⁶"为例：

c. 花里 pik⁶pok⁶。

| | | |
|---|---|---|
| 底层： | 花 | |
| | 花 σ | （延长式构成独立音步） |
| | 花 σ | （左起界取 [μμ] 音步） |
| | 花 σσ | （部分重叠） |
| | （花）（σσ） | （左起界取 [μμ] 音步） |
| | # | （加中缀） |
| | （花里）（σσ） | （中缀实现） |
| | 花里　σ'　σ | （声韵调整①） |
| | 花里　pik⁶pok⁶ | |
| 表层： | 花里 pik⁶pok⁶ | |

### 4. 公式 b、c 的改良与整合

通过以上范例可知，b 与 c 本质上是同一种公式，只不过当基底形式已经满足双音节时（如"落脱"），它本身已形成独立音步，所以"延长式构成独立音步"步骤对其无效；同样地，A#AB 的基底形式 AB 天生已经叠韵，所以经过"声韵调整"这一步骤作用后，AB 不变。公式 b、c 的第三个差别在于，在进行"部分重叠"时，A#AB 式四字格是在积极界分之后，对界出的部分重叠，而对 A#Bb 式则使用的是消极的界分，即是界分后对剩余部分进行重叠。在 McCarthy 和 Prince（1998：292）的公式体系中，X：φ 表示对 X 进行 φ 界分操作，"："代表这个界分操作是积极的。消极的界分操作则写作 X/φ。

另外，"RED"表示重叠，"INF"表示加中缀，"＊"表示缝合。利用这一套公式体系，我们可将以上派生过程写作：

A#AB 式
输入：落里落脱
RED：φ [落脱] ＝ INFRED [落脱：φ] ＊ 落脱 \ φ
　　　　　　　＝ INFRED [落] 　　　　＊ 脱
　　　　　　　＝ 落 – σ ＊ 脱
　　　　　　　＝ 落 – 落 ＊ 脱
　　　　　　　＝ 落落脱　　　　　　　　　（缝合）
INFli：φ [落落脱] ＝ INFli [落落脱：φ] ＊ 落落脱 \ φ
　　　　　　　　＝ INFli [落] 　　　　＊ 落脱

---

① 在 A#Bb 式的四字格中，Bb 部分音节不同，譬如有 pik⁶pok⁶、put⁶lut⁶、fei³fa¹、ma²ka¹ 等，它们之间并无明显联系；而且它们并非拟声，就一个词内部而言，这些双声叠韵音节在音义结合上显示了更大的临时性与任意性，本人尚无法解释为何形成了"花里 pik⁶pok⁶"却无法形成"花里 ma²ka¹"。参考 McCarthy 和 Prince（1998）对阿拉伯语复数的派生规则的描写，他们将复杂的元音变化笼统地写作"谐律重置"（change melody），然后对其出现频率进行描写。所以，本文也效法前人，只简单把派生规则写作"重叠"，然后进行"声韵调整"这样的两步操作。

```
            = 落 – li              * 落脱
            = 落 lik⁵              * 落脱          （中缀实现）
            = 落里落脱                              （缝合）
```

A#Bb 式
花里 pik⁶pok⁶
输入：花            （基底形式）
花 – σ             （延长式构成独立音步）
INFRED：φ［花 – σ］ = 花 – σ：φ * INFRED［花 – σ \ φ］
                  = 花              * INFRED［σ］
                  = 花              * σ – σ
                  = 花 – li         * σ – σ
                  = 花 – li1        * σ – σ        （中缀实现）
                  = 花里 * pik⁶pok⁶                （声韵调整）
                  = 花里 pik⁶pok⁶                  （缝合）

## 5. 小结

综上，我们可以将梅县话四字格的派生规则整合为：界分操作方向是由左到右的；单音节形式不足以构成独立的音步；部分重叠；加入中缀；中缀实现；声韵调整。

# 四、重音形式的推导

## 1. 加长与变调

上文提到，我们认为，梅县方言与粤语一样，音节都是双韵素的，即默认为重音节，这里所说的轻重是韵律学角度的轻重，即是以韵素的数量来衡量的轻重。从重音系统的角度来看，这两种方言则均无类似普通话中的轻声现象，如"叔叔"这一称呼，客、粤方言都不会将第二个"叔"字轻读。

非常特别的是，为了达到夸张、强调的语气，龙岩客家话在语用层面可以借助元音拉长以及变调的手段达到这种效果（林丽芳，1997），梅县客家话亦是如此。由于没有实验语音学的一手数据，当下仅可以确定的是，经过这类夸张的变调后，梅县话会形成一个曲折调。本文根据笔者的母语者语感，并参考龙岩话相关实验数据，将这个曲折调调值记作2153。也就是说，梅县方言的音节是重音节，在语用层面，还可以通过重读、加长、变调形成超重音节。下面以"糊涂"一词为例：

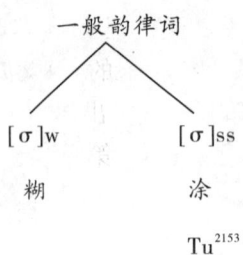

与共同语一致,梅县客家话的标准音步也是双音节。双音节是汉语的最小词(冯胜利,2009),这一论断是具有一定预测性的,将梅县方言也涵盖其中。另外,除"诶"词缀派生的一系列名词外,梅县方言的音步同样是右重结构。

## 2. 四字格的重音格式

就可查的文献来看,普通话有两种重音格式[0213](轻中轻重)和[2013](重轻中重),前者用于端庄持重的场合,如"气壮山河""毛里求斯",而后者多带戏谑意味,如"糊里糊涂""噼里啪啦"等。冯胜利(1997)将梅县话四字格语料套入这两种重音格式后发现,[0213]格式在梅县话中各种四字格中均十分适用,所以我们把它命名为"一般式"。甚至梅县话的"糊里糊涂""啰里啰唆"也往往用[0213]的重音格式在口语中说出来,这在普通话中是无法接受的,如表3所示,同一排表示同一种重音格式。整个音节大写表示主重,只大写首字母表示次重。

表3 客家话与普通话四字格重音格式

| 例子 | 普通话 | 客家话 | 重音格式 |
|---|---|---|---|
| 毛里求斯 | mao Li qiu SI<br>*Mao li qiu SI | mao Li kiu SI<br>*Mao li kiu SI | [0213]<br>[2013] |
| 糊里糊涂 | *hu Li huTU<br>Hu li huTU | fu Li fuTU<br>*Fu li fuTU | [0213]<br>[2013] |

那么,在"糊里糊涂"一组四字格中,普通话与客家话的重音格式呈互补分布的态势,而且[2013]格在梅县客家话中其实并不存在,这或许与梅县话无轻声有关。以"叔叔"为例,第二个"叔"在梅县话中无法轻声,这个词在客家话中仍然遵守"右重"的结构。然而,客家话并非仅存在单一的四字格重音结构,另有强调式[0 3:+ 2 1]存在,它是以"一般式"为基础派生而来的。

## 3. 强调式的重音推导

在上文"加长与变调"部分中我们已经提到,客家话在语用层面可以将音节加重、加长、变为曲折调,而强调式的派生还需要以5点为前提:①四字格是汉语构词法中的一个构词单位;②"强调式"的重音操作方向是从左到右的;③在一个韵律词内,音节须符合轻重相对原则;④客家话音步是右重结构;⑤四字格是"两个标准韵律词"的复合体(冯胜利,1997)。

因为一般式［0213］在共同语中已经被证明是遵守"重其重，轻其轻"的原则推导出来的，我们在这个理论基础上探讨梅县话的"强调式"的推导过程。此处以"糊其 ma²ka¹"为例，当这个四字格从"重音车间"出来后，已经具备了［0213］的重音格式，当我们说话有特殊的语用需要时，它还将进入第二个"重音车间"，经历以下的重音调整过程：

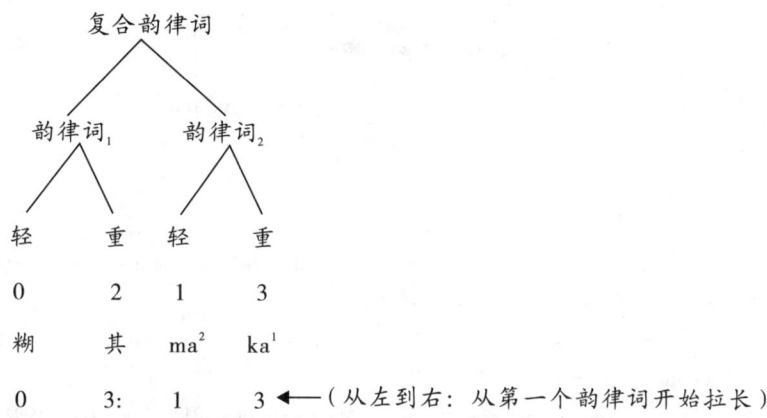

此时遵守的仍然是"重其重"的原则，所以"其"从一个重音节变成了一个超重音节。由于人类的发声器官的限制，语言是以线性呈现的，所以这个音节的能量从"其"延伸到与之相邻的第二个音节，即"ma²"上。最后一个步骤则是由"轻重相对原则"主导，使音节"ka¹"必须与之处于同一个韵律词中的"ma²"形成级差，最后两个步骤如下所示：

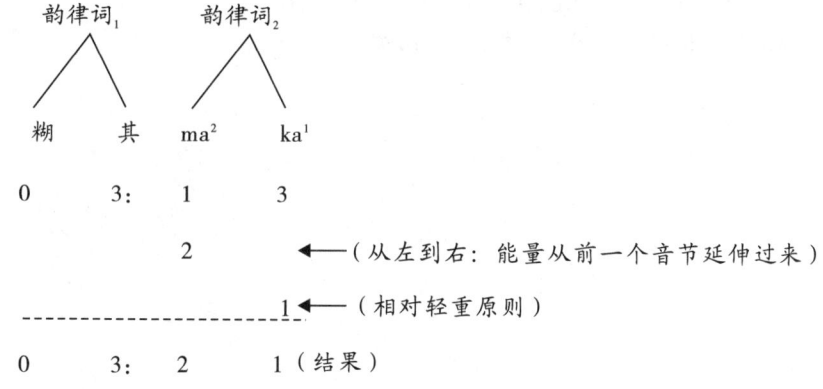

## 五、结 论

本文研究的梅县话两类四字格是由"界分、重叠、加缀、中缀实现"这一高度统一的生成规则派生出来的，从以上"韵律构词车间"出来后，它们又被送入"重音指派车

间",派生出[0213]这样整齐划一的重音格式。进入语用层面后,在有需要的时候,它们还会被送入第二个"重音指派车间",最终达到夸张、强调的语用交际目的。

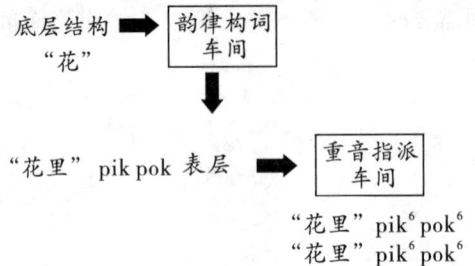

## 参考文献

[1] CHIANG, W. Y. The prosodic morphology and phonology of affixation in Taiwanese and other Chinese languages [D], Wilmington: University of Delaware, 1993.
[2] DUANMU, S. A formal study of syllable, tone, stress and domain in Chinese languages [D]. Cambridge: Massachusetts Institute of Technology, 1990.
[3] KENSTOWICZ, M. J. Phonology in generative grammar [M]. Cambridge, MA: Blackwell, 1994.
[4] MCCARTHY, J. J., PRINCE, A., Foot and word in prosodic morphology: The Arabic broken plural [J]. Natural Language and Linguistic Theory, 1990 (8).
[5] MCCARTHY, J. J., PRINCE, A.. Prosodic morphology [C] //Handbook of Morphology. Oxford: Blackwell, 1998.
[6] 冯胜利. 汉语的韵律、句法与词法 [M]. 北京:北京大学出版社, 1997.
[7] 冯胜利. 论汉语的"自然音步" [J]. 中国语文, 1998 (1).
[8] 冯胜利. 汉语的韵律、词法与句法 [M]. 北京:北京大学出版社, 2009.
[9] 林丽芳. 龙岩话单音形容词自叠式 [J]. 龙岩师专学报, 1997 (2).
[10] 孙艳. 汉藏语四字格词研究 [D]. 北京:中央民族大学, 2005.

# 曼谷的梅县客家话"在地化"词汇

梁荻香

(台湾"中央"大学客家语文暨社会科学学系)

**【提 要】** 本文探讨从广东梅县移民到泰国曼谷后,与原乡时空长期阻隔背景下,客家话在词汇方面的差异表现。泰国曼谷除了来自梅县、丰顺、兴宁、大埔等地的客家话,还有更早(17世纪)进入曼谷的潮州话。他们共同的交际语言是泰语。这些语言频繁接触后,产生了各种有趣的变化,梅县客家话词汇的"在地化"就是重要的一种表现,包括生活环境改变而消失的词汇、生活环境改变而新增或改变的词汇、合璧词以及借词等。

**【关键词】** 曼谷 梅县客家话 语言接触 借词 词汇比较

## 一、引 言

台湾地区的客家人大约占台湾总人口的18%。近几年来,由于客家语言、客家文化以及客家研究渐渐被重视,社会上许多人对客家感兴趣,台湾也于2003年成立了客家电视台。同一年,台湾"中央"大学成立台湾地区最早的客家学院,从大学部、硕士班、博士班,从基础客家语言文化和社会科学能力训练,到培养具备客家研究的专业能力,完整建立高等教育机构客家人才培育的一贯体系。2013年5月,泰国曼谷的"客家学研究会"受泰国最古老的高等教育机构——玛希隆大学东南亚少数民族语言及文化研究院院长梭帕娜博士委托,组织考察团到台湾"中央"大学访问。梭帕娜博士表示已在规划进行泰国客家语言文化研究,在研究经验与研究人力方面,希望台湾"中央"大学客家学院能予以协助。笔者曾经不止一次到泰国度假,从未在泰国听过有人以客家话交谈,也从未想过泰国首都曼谷会有这么多的客家人。泰国来的考察团让笔者好奇,教授们要用英语还是普通话和他们沟通?而且还要讨论到客家语的语音及词汇问题。这让笔者下定决心从台湾飞到约2500千米外的曼谷进行田野调查。从广东梅县移民到泰国曼谷后,虽然与原乡时空长期阻隔,但泰国曼谷的梅县客家话与原乡并无太大的差异,相较于曼谷梅县客家话的语音演变,曼谷梅县客家话的词汇变化要大得多。

## 二、因生活环境改变而消失的词汇

泰国的气候很炎热,四季如夏,且曼谷台风非常罕见,也没有遇过地震,大多数人都已不会讲客家话有关"台风"的词汇了。地理环境的改变,整个生活环境、气候与曼谷移民们原籍地区的不同影响了一些词汇的用法以及使用频率。也因泰国农田没有冬作收割,

可三期稻作,比广东梅县的稻作①、台湾两期稻作②还多一期。一整年连续耕作的稻田不需要放水抑制杂草生长,自然没机会种植茭白笋,当地也就没机会见到茭白笋了,于是客家话中的这类词汇渐渐消失。一连串生活环境的改变,就像是连锁反应般,让曼谷的梅县客家话在多种族群语言包围下,消失得更快。消失的词汇见表1。

表1 曼谷的梅县客家话因生活环境改变而消失的词汇

| 词汇 | 曼谷梅县 | 广东梅县 | 台湾四县 |
| --- | --- | --- | --- |
| 台风 | — | 大风/打风台 | 风搓 |
| 地震 | —/天转侧 | 地震/天地转侧③ | 地动/地牛翻身 |
| 山崖 | — | 山磡 | 崖/壁 |
| 岸边沙地 | — | 沙坝 | 沙坝/沙滩 |
| 施肥 | — | 落肥/加肥 | 落肥/入肥 |
| 积肥 | — | 沤肥/沤粪 | 堆肥 |
| 冬作收割 | — | 收冬 | 收冬 |
| 浸泡水的农田 | — | 水田 | 浸冬田 |
| 查看田水工作 | — | 看田水/掌田水 | 巡田水/掌田水 |
| 茭白笋 | — | 禾笋 | 禾笋 |
| 九层塔 | —/金不换 | 金不换 | 七层塔/七缘塔 |
| 蟋蟀 | — | 土狗仔 | 土狗仔 |
| 小蜥蜴 | — | 狗嫲蛇 | 狗嫲蛇 |
| 粗皮蜥蜴 | — | 山狗大 | 山狗大 |

从表1的天文、地理、时间节令、农业、植物、动物方面词汇来比较,可明显发现这些词汇在曼谷几乎快消失了(除了曼谷梅县客家话,曼谷丰顺客家话、曼谷兴宁客家话也几乎没有这些词汇了),如"台风",大多数发音人不知道怎么说,因为在曼谷近50年来台风罕见,随着岁月流逝,也慢慢地遗忘了词汇。

"地震"和"台风"情形类似,多数人印象中没遇过地震,没机会讲"地震"而渐渐遗忘这词汇。受访发音人也只有一位会说"天转侧" $t^h ien^{33}$ $tson^{31}$ $tset^{21}$,形容它是个很大的翻身动作,与广东梅县"地震/天地转侧"说法雷同。很妙的是,广东五华客家话"地

---

① 根据梅县地方志编纂委员会主编《梅县志》(1994:257~264)第五篇《农业》的水稻说明与介绍,水稻是梅县主要粮食作物,全县能种两季水稻的耕地面积占五分之四,其余耕地只能种一季或仅可种杂粮。
② 根据台湾林务主管部门《台湾的自然资源与生态数据库"农林渔牧"》(2006:9),台湾介于热带及亚热带地区之间,雨量充沛且气温较高,一年中适合水稻生长季节有10个月以上,故每年可种植两期水稻。
③ 根据黄雪贞《梅县方言词典》(1995:180),地震的俗称为"天地转侧"。

转侧"① 说法也很类似，只是一个讲天，一个讲地。

泰国中部是平原，可算得上是鱼米之乡，泰国中部最有名的都市是曼谷②，曼谷附近的稻田也是整年三期稻作，年年丰收，没有原乡的"收冬""水田"，因此没机会种植茭白笋这种适合水田环境的美味蔬菜。"茭白笋"客家话说"禾笋"。民间说"禾笋不是笋，禾之真兄弟"，一语道破虽然外形似笋，实质上与"禾"（水稻）才有密切亲属关系，是两个语素组合的复合词。

在台湾地区九层塔是许多料理不可或缺的食材之一，像外酥内嫩的咸酥鸡、三杯田鸡或中卷（山珍或海味）、塔香茄子等，少了这一味，食物就像走味一般。在曼谷曾经有人把"打抛"kaʔ¹¹ pʰau⁵⁵ 误当成九层塔，所以有华人将"打抛叶"说成"九层塔"，其实不是。"打抛叶"是一种泰国香草"圣罗勒"（Holy Basil），是罗勒（Basil）的一种。在曼谷常见"打抛叶"加上蒜泥、辣椒丁、姜末，一起过油炒香，再加猪肉末热锅翻炒，淋在热乎乎的白饭上面，香气逼人。许多华人吃过九层塔后，发现九层塔香气较特别，觉得略带苦味的打抛叶不如九层塔，改由九层塔取代打抛叶。

以上说明从"天文、地理"到"农业、植物"，就像连锁效应般，环环相扣。因泰国中部平原优势比原乡广东梅县的地形更佳，能够看到的辛勤种稻过程变少，踩水灌溉农田的水车也不需要了。生活环境改变，致使曼谷的梅县客家话词汇自然消失。同样地，环境与时代变迁，现代人从食、衣、住、行改善到育、乐内容异动，高科技产品层出不穷，孩子们鲜少在稻田、菜园、竹林等地玩耍，没机会捕捉及逗弄昆虫，因而淡忘"蟋蟀""蜥蜴"等词汇。

## 三、生活环境改变而新增或改变的词汇

到泰国采集曼谷的梅县客家话语音前，笔者已经准备好1500条词汇，希望加快采集语音工作速度，减少不必要的时间浪费。但笔者在语音采集工作快结束时，就发现多数词汇变化不大，于是拜托发音人协助笔者走访市场，看能否收集更多词汇，让词汇调查更丰富、更完整一些。讨论之后决定到安帕瓦水上市场（Amphawa Floating Market）察看实际商品及蔬果、食物，找寻补充词汇的机会。

这个安帕瓦水上市场是以当地泰国人为主的消费市集，因此，各商店、摊贩的招牌大多是泰文，很少看到英文。水上市场河道两岸都是有数十年历史之久的木造连体屋，商品琳琅满目，种类五花八门。笔者紧跟发音人身后录音、做笔记，偶尔会听到似懂非懂的词汇，惊喜地发现因为生活环境改变而新增或改变的词汇。（见表2，方言词中写不出汉字的用"□"表示，并随后注音）

---

① 根据徐泛平《广东五华客家话比较研究》（2010）附录二《广东五华话词汇》"地震"，水寨、棉洋说"地震"，华城、长布说"地转侧"，是以地壳翻转的状态来形容之。

② 泰国首都曼谷（Bangkok），地理位置在泰国中部，也是泰国最大的城市，位于湄南河三角洲，为泰国政治、经济、贸易、交通、文化、科技、教育各方面的中心，相当繁荣。"曼谷"被誉为佛教之都，"曼谷"在泰文的意思，就是天使之城。市内繁忙的水上交通让曼谷有了"东方威尼斯"的美称。

表2 曼谷的梅县客家话因生活环境改变而新增或改变的词汇

| 词汇 | 曼谷梅县 | 广东梅县 | 台湾四县 |
| --- | --- | --- | --- |
| 虾酱 | 虾酱 kap²¹ pit⁵ | — | — |
| 鱼酱 | 鱼酱 pʰa¹¹ la⁵⁵ | — | — |
| 芒果糯米饭 | 樣仔糯米饭 | — | — |
| 榴梿糯米饭 | 榴梿糯米饭 | — | — |
| 椰浆 | 椰浆 | — | — |
| 甜甜圈面包 | □□ [lo¹¹ ti⁵⁵] /面包 | □□ [lo¹¹ ti⁵⁵] /面包 | 面包 |
| 温泉 | 热水泉 | 温泉 | 温泉 |
| 行李箱 | 匣□ pit⁵ | 甲□ [pit⁵] 儿①/甲必② | 皮箱 |
| 塑料袋 | 化学袋 | 塑料袋 | 油纸袋 |
| 皮包 | 匣包 | 皮包 | 皮包 |
| 拐杖 | 短□ [kat⁵] | 短梏③ | 拐杖/杖仔 |
| 下大雨 | 天河洗甲 | 落大雨 | 落大雨/落大水 |
| 华人 | 唐人 | 中国人 | 大陆人 |
| 重阳节 | 九皇斋 | 重阳节/登高 | 重阳节/登高 |
| 续弦（再娶） | 德配 | 再娶/驳脚 | 接脚 |

从表2可清楚看出，有些食物在原乡梅县和台湾地区都没有吃，如虾酱、鱼酱、椰浆，就变成了曼谷的梅县客家话。例如，虾酱是泰国种类繁多的酱料之一，将幼虾加盐使其发酵，再研磨成黏稠状的调味料。曼谷虾酱可依虾的品种、部位及辣度不同，变成多种类的虾酱，在泰国当地是相当出名的食品，当地人经常吃。发音人说"虾酱□□" ha¹¹ tsioŋ⁵⁵ kap²¹ pit⁵，其实词汇前面两个音是客语，后面两个音是泰语，前后说法都指虾酱，已属于合璧词了。

还有"鱼酱"一词，发音人长年住在泰国，似乎遗忘原乡并没有吃这种食物，曼谷梅县客家话"鱼酱□□" ŋ¹¹ tsioŋ⁵⁵ pa¹¹ la⁵⁵，是一种幼鱼发酵而成的调味料，利用小鱼肠子、内脏的细菌使其发酵，完成后有一股臭味，要加入料理才会变美味，所以有人称它"臭鱼酱"。泰国到处可买得到鱼酱，料理任何食物都可加入鱼酱煎、煮、炒、炸或是凉拌，泰国有名的"凉拌青木瓜丝"就会加入鱼酱，不喜欢者会形容它是臭鱼酱，类似知名豆制品

---

① 根据黄雪贞《梅县方言词典》（1995：249），"甲□儿" kap²¹ pit⁵·te：手提箱；皮箱、藤箱。
② 根据谢永昌《梅县客家方言志》（1994：144），"皮箱"说"甲必" kap¹ pit⁵（由华侨传入的词）。
③ 根据谢永昌《梅县客家方言志》（1994：144），"手杖"说"短梏" ton³¹ kat⁵（由华侨传入的词）。陈秀琪、罗肇锦《"梅县化"的槟城客家话》（《客家研究》2014年第2期，第15页）：槟城客家话中有完全从马来话借来的外来词，受客家话6个声调的导引，使借进来的马来语变成结构上单音节，然后加上客家话声调，如"拐杖" toŋ¹¹ kap⁵。黄耀宝《客家方言字典》（2005：150），"梏" kat⁵，短梏＝手杖。

小吃臭豆腐发酵后味道浓烈，有人觉得恶心，喜食者将臭豆腐放入口后，却觉得齿颊留香。

曼谷到处可见芒果椰浆饭，泰国人可以天天吃，发音人异口同声说"□仔糯米饭"$sai^{11} e^{31} no^{55} mi^{31} fan^{55}$。曼谷的潮州话将芒果说成"樣仔"，台湾地区的闽南语也说"樣仔"①。这种新增词汇，芒果说成"樣仔"无疑是受了潮州话的影响。椰浆在东南亚国家也是一种重要调味品，可入菜、入汤，具有消暑解渴的功效，如椰浆饭、泰式酸辣汤。椰浆和虾酱一样不属于客家食物，纵使现在到处可买到椰浆，仍不算客家生活必需品，但在泰国则是家家户户不可缺少的调味品，改变生活习惯的曼谷梅县客家人也就自然而然地新增"椰浆"$iai^{11} tsioŋ^{33}$这个词汇。

曼谷的梅县客家人习惯称中国人为"唐人"，中国农历的日期为唐人日子，在泰国的华人还维持华人传统文化节日，如春节、端午节、中秋节、九皇斋节②。九皇斋节代替了重阳节，必须从九月一日开始"吃斋"，足足9天，九月十日中午祭拜祖先后，才可以脱斋。这些日子不只是泰国客家人过节，华人都过节，连泰国人也跟着华人这么做，根本就是全民活动，足见华人对泰国人影响之深。

## 四、合璧词

泰国曼谷的梅县客家话合璧词保有客家话固有词汇词形，及兼具泰语或英语成分的组合式词汇。以下列举出几个词汇，从中可以看出曼谷的梅县客家话合璧词情形。（见表3）

表3　曼谷的梅县客家话合璧词

| 词汇 | 曼谷梅县 | 广东梅县 | 台湾四县 | 泰语、英语 | 附注说明 |
|---|---|---|---|---|---|
| 虾酱 | 虾酱□□ [$kap^{21} pit^{5}$] | — | — | [$kap^{21} pit^{5}$] | 客语与泰语组合 |
| 鱼酱 | 鱼酱□□ [$p^ha^{11} la^{55}$] | — | — | [$p^ha^{11} la^{55}$] | 客语与泰语组合 |
| 小芭蕉 | □□ [$naŋ^{33} wa^{33}$] 蕉 | 细芭蕉 | 细芭蕉 | [$kue^{31} naŋ^{33} wa^{33}$] | 客语与泰语组合 |
| 凉拌青木瓜丝 | 凉拌□□ [$soŋ^{31} tam^{35}$] | — | — | [$soŋ^{31} tam^{35}$] | 客语与泰语组合 |
| 鸡汤 | 鸡汤□ [$sun^{55}$] | 鸡汤 | 鸡汤 | [$soup^{5} kai^{11}$] | 客、泰、英语组合 |

从表3可看出词汇比较特别，明显与原乡说法不同，属于客家话新增的词汇，也是客

---

① 《台湾闽南语常用词辞典》"芒果"说"樣仔"，尚未成熟的青芒果说"樣仔青"。
② 根据陈瑞珠《台湾客家族群的跨国认同与文化建构：以泰国台湾客家同乡会为例》（2011：11），泰国华人的大众传统文化，从宗教信仰到传统文化方面，还维持华人传统习俗，如元旦节（春节）、清明节、端午节、中元节（与春节一样祭拜）、中秋节、九皇斋节，或是华人农历的每月初一、十五的祭拜仪式。在这些传统节日，有些泰国人也会跟着华人祭祀或庆祝，呈现出泰国人和华人密切的文化互动。

语与泰语合璧词，如"虾酱□□［kap²¹ pit⁵］""鱼酱□□［pʰa¹¹ la⁵⁵］"，在表2中已有说明，在此不重复描述。

在安帕瓦水上市场调查与采集语音时，看到烤得金黄焦香的迷你蕉摊贩，排放整齐的迷你蕉，有整只烤，有切片后一串串蘸酱再烤，烤过后香味四溢，金黄色的色泽相当诱人。询问后才知道这不是香蕉，是曼谷到处可见的平民食物小芭蕉。曼谷的梅县客家话说"□□蕉"naŋ³³ wa³³ tsiau³³。似普通话"男娃蕉"，最后面是客家话"蕉"，词汇"□□"naŋ³³ wa³³是小芭蕉的一种品种名，泰语说"蕉□□"kue³¹ naŋ³³ wa³³，普通话将"蕉"字放最后，泰语则先说"蕉"kue³¹。后来这种小芭蕉在泰国打开知名度，大量种植之后喊它"□□蕉"naŋ³³ wa³³ tsiau³³。发音人习惯说泰国曼谷梅县客家话，也都知道小芭蕉说"细芭蕉"se⁵⁵ pa³³ tsiau³³，但大家很一致地说"□□蕉"naŋ³³ wa³³ tsiau³³①。这新增的客家话词汇似乎给了"细芭蕉"词汇新衣裳。

泰国曼谷的华人也都拜神、拜土地公，这是他们受到潮州人影响，每月的初一、十五除了拜祖先、拜土地公，还要拜老爷。祭品与台湾一样准备水果及三牲，煮整只鸡后的鸡汤，与特地熬煮的鸡汤料理，都同样说"鸡汤□［sun⁵⁵］"，多出一个sun⁵⁵音，让笔者相当疑惑，因为原乡梅县客家话与台湾的四县客家话，都只会说"鸡汤"。泰国话的"鸡汤"要说sup⁵ kai¹¹②，"鸡"读kai¹¹，"汤"读sup⁵，这个泰语"汤"的读音是从英语的"汤"soup单字来的。这个词汇变化还挺有趣的，明显是中西合璧。就连近一二十年才移居曼谷的梅县客家人，也入境随俗将"鸡汤"读为"鸡汤［sun⁵⁵］"。

## 五、借 词

泰国曼谷的梅县客家话几位发音人，生活在曼谷有50～70年之久，朝夕与泰国的人、事、物接触，天天使用泰语的情形之下，自己的母语和泰语相互接触影响，产生语言改变是很自然的事情。以下列举词形完全移借与部分移借的词汇，从中可看出客家话"在地化"的情形。（见表4、表5）

---

① 泰语"小芭蕉"的说法，发音人说明，无论什么"蕉"，泰语都是说"蕉"kue³¹，小芭蕉则是说"蕉□□"kue³¹ naŋ³³ wa³³，显然发音人说"□□蕉"naŋ³³ wa³³ tsiau³³的最后一个音，是大家习惯说的曼谷梅县客家话。

② 泰语的说法："鸡"kai¹¹、"鸡汤"sup⁵ kai¹¹、"虾"kuŋ⁵³、"虾汤"sup⁵ kuŋ⁵³。泰语都是先念汤的音，再念肉类的音。

表4　曼谷的梅县客家话完全移借词

| 词汇 | 曼谷梅县 | 广东梅县 | 台湾四县 | 泰语、英语 | 附注说明 |
| --- | --- | --- | --- | --- | --- |
| 酸辣虾汤 | 酸辣虾肉汤／□□［tuŋ⁵³ iam¹¹］虾 | — | — | tuŋ⁵³ iam¹¹ kuŋ⁵³ | 虾肉泰语 kuŋ⁵³<br>酸辣汤泰语 tuŋ⁵³ iam¹¹ |
| 酸辣鸡汤 | 酸辣鸡肉汤／□□［tuŋ⁵³ iam¹¹］鸡 | — | — | tuŋ⁵³ iam¹¹ kai¹¹ | 鸡肉泰语 kai¹¹<br>酸辣汤泰语 tuŋ⁵³ iam¹¹ |
| 青江菜 | 台湾菜 | 汤匙白 | 汤匙白 | pʰat²¹ tai³¹ wan³⁵ | 青江菜泰语 pʰat²¹ tai³¹ wan³⁵ |
| 面包 | □□［lo¹¹ ti⁵⁵］ | 面包 | 面包 | lo¹¹ ti⁵⁵ 马来语 | |
| 壁虎 | □□［tuk⁵kie³¹］ | 檐蛇 | 壁蛇 | tuk⁵kie³¹ | 借自泰语的状声词 |
| 起乩 | 落神 | 起乩 | 跳童 | 落神 曼谷丰顺客家话 | 原乡丰顺也说落神 |
| 水泥 | 水泥／红毛泥／洋灰／□□□［sam³³ a⁵⁵ pu³¹］／□□［sam³³ a⁵⁵］泥 | 红毛泥／红毛灰／士敏泥① | 红毛泥／洋灰／水泥 | slab 英语 | — |

在曼谷热闹的街上，偶尔可看到中文招牌，如冬荫功汤（有的写"东炎汤"），"冬荫功"中文名称最早是港澳华人根据泰语音译，泰语是"酸辣虾汤"之意，"酸辣虾汤"泰语说 tuŋ⁵³ iam¹¹ kuŋ⁵³，直接用泰语说 kuŋ⁵³ 即指虾肉，泰语说 tuŋ⁵³ iam¹¹ 指酸辣汤。酸辣汤的肉类可以换，若换成鸡肉就是"酸辣鸡汤"，泰语 tuŋ⁵³ iam¹¹ kai¹¹。来自泰国皇室的"冬荫功汤"，以前民间是喝不到的，后来虽然大街小巷都买得到，平民百姓仍然觉得它名贵，泰国华人认为求取功名时可以喝，谈大笔生意时可以喝，贵客临门时可以喝，喜庆宴客时可以喝，可见大家觉得这泰式汤品如琼浆玉液，足以代表泰国的山珍海味。曼谷的梅县客家话说"酸辣虾肉汤／□□虾［tuŋ⁵³ iam¹¹ kuŋ⁵³］"或"酸辣鸡肉汤／□□鸡［tuŋ⁵³ iam¹¹ kai¹¹］"，似乎这汤品完全进入泰国客家人生活中了。

青江菜又称"青梗白菜""江门白菜"等，原产于大陆，是小白菜的耐热品种之一，在大陆某些地区或台湾地区全年皆可栽种，是四季蔬菜。但青江菜在泰国还是不容易生长的，因为泰国实在太热了。泰语称"青江菜"pʰat²¹ tai³¹ wan³⁵，直接翻译成中文就是"台湾菜"，曼谷梅县客家话说"台湾菜"tʰoi¹¹ van¹¹ tsʰoi⁵⁵。曼谷原本没有青江菜，近年来才从台湾地区引进水耕蔬菜大量种植，餐厅或市场现在才可以常常见到青江菜。在泰国是泰语先为这种菜命名，取自"台湾"的英语 Taiwan，对泰国来说算外来语影响。

在曼谷买水泥材料，光是曼谷的梅县客家话就有好几种说法，比较年轻的客家人会说"水泥"sui³¹ nai¹¹，中年、老年人大多会说出"红毛泥"fuŋ¹¹ mau³³ nai¹¹、"洋灰"ioŋ¹¹ foi³³、"□□□"sam³³ a⁵⁵ pu³¹、"□□泥"sam³³ a⁵⁵ nai¹¹ 4种词汇。这种建筑材料初由西洋传入，早期人们称西洋人为"红毛"，后人便将水泥命名为"红毛灰""红毛土"，客家话大

---

① 根据黄雪贞《梅县方言词典》（1995：103），"水泥"sui³¹ nai¹¹：一种重要的建筑材料。"水泥"是近年的新叫法，过去称"士敏泥"sɿ⁵³ men⁴⁴ nai¹¹。

多说"红毛泥"。曼谷的梅县客家话将干性水泥称"红毛泥",将胶凝料、骨料和水搅拌成的"湿混凝土"也视为水泥,故曼谷的梅县客家话说"□□□" sam$^{33}$ a$^{55}$ pu$^{31}$,属于完全移借词。"混凝土板"英语"concrete slab","slab"指湿黏的混凝土(不可数名词)。后来日子久了,slab 变"s-la-b",再变"s-a-b",l-音脱落了,再经过变音,变成曼谷梅县客家话"□□□" sam$^{33}$ a$^{55}$ pu$^{31}$,尚有一些梅县客家人会说"□□泥" sam$^{33}$ a$^{55}$ nai$^{11}$,应该是"□□□" sam$^{33}$ a$^{55}$ pu$^{31}$ 与"红毛泥"组合而成,属部分移借词,曼谷客家人借了"slab"这一英语的音。(见表 5)

表 5　曼谷的梅县客家话部分移借词

| 词汇 | 曼谷梅县 | 广东梅县 | 台湾四县 | 泰语、潮语 | 附注说明 |
| --- | --- | --- | --- | --- | --- |
| 客家粄条 | □□ [tsin$^{55}$ k$^h$iet$^{21}$] 粿①条 | 粄条 | 粄条 | tsin$^{55}$ k$^h$iet$^{21}$ / kue$^{55}$ t$^h$iau$^{35}$ | 借自泰语 tsin$^{55}$ k$^h$iet$^{21}$ / 借自潮语 kue$^{55}$ |
| 一元 | 一□ [it$^{21}$ p$^h$at$^{21}$] | 一块钱 | 一个银/一箍 | nən$^{11}$ p$^h$at$^{21}$ | 借自泰语 p$^h$at$^{21}$ |
| 一平方米 | 一□□□ [it$^{21}$ da-laŋ$^{11}$ met$^5$] | 一平方米 | 一平方公尺 | nən$^{11}$ da-laŋ$^{11}$ met$^5$ | 借自泰语 da-laŋ$^{11}$ met$^5$/met$^5$ 借英语 meter(米) |
| 四平方米 | 四□□□ [si$^{11}$ da-laŋ$^{11}$ met$^{21}$] | 四平方米 | 四平方公尺 | si$^{11}$ da-laŋ$^{11}$ met$^5$ | 借自泰语 da-laŋ$^{11}$ met$^5$/met$^5$ 借英语 meter(米) |
| 一平方瓦 | 一□□□ [it$^{21}$ da-laŋ$^{11}$ wa$^{31}$] | — | — | nən$^{11}$ da-laŋ$^{11}$ wa$^{31}$ | 借自泰语 da-laŋ$^{11}$ wa$^{31}$ |
| 斛桶 | □ [k$^h$am$^{35}$] 仔 | 斛桶 | 斛桶 | k$^h$am$^{35}$ naŋ$^{35}$ | 借自泰语 k$^h$am$^{35}$ |
| 拜神 | 拜拜/拜老爷 | 拜佛/拜神 | 拜佛/拜神明 | 拜拜/拜老爷 曼谷潮州话 | |

---

① 根据《台湾闽南语常用词辞典》与《潮州音字典》,"粿"是糕的总称,指用糯米或粳米等做成的食品;用米舂成粉末和水搓捏为块,包进甜馅或其他食材,蒸熟而成的食品。

(续表5)

| 词汇 | 曼谷梅县 | 广东梅县 | 台湾四县 | 泰语、潮语 | 附注说明 |
|---|---|---|---|---|---|
| 婆婆 | 家婆① | 家娘 | 家娘 | 家婆<sub>曼谷的丰顺客家话</sub> | 原乡丰顺也说家婆 |
| 乩童 | 神童 | 乩童 | 乩童 | 神童<sub>曼谷的丰顺客家话</sub> | 原乡丰顺也说神童 |
| 拐杖 | 短□ [kat⁵] | 短栳 | 拐杖/杖仔 | ton³¹ kat⁵<sub>马来语</sub> | 原乡就已借入马来语 |

在泰国安帕瓦水上市场看到华人脸孔在卖客家粄条，倍觉亲切，可惜老板只会讲泰语，发音人从旁协助翻译，熟悉的"客家粄条"，无论是煮汤粄条或炒粄条，都与笔者台湾家乡味几乎相同，但听到粄条介绍"□□ [tsin⁵⁵ kʰiet²¹] 粿条"，疑惑怎么只有"粿条"两个字听得懂。"□□ [tsin⁵⁵ kʰiet²¹] 粿条"是受潮州话②"□□ [tsin⁵⁵ kʰiet²¹] 粿条"影响。"客家粄条"不需要加"客家"两个字，客家人都知道粄条是客家传统米食之一，但是，在曼谷的"粄"是从潮州话"粿"借字后转换而来，泰文"Chin Kea 粿条"的"Chin Kea"两字，其实，是泰国人唯一认知泰国有客家人存在的依据，前字"Chin"（音近似华语"金"音）是泰国人对中国人的称呼，后字"Kea"则是泰国人根据潮州话的"客"字所标出的音。③ 这"□□ [tsin⁵⁵ kʰiet²¹] 粿条"的词汇比较特别，很明显是因为生活环境改变，族群大融合而产生的词汇，不但词形移借，也把潮州语音借进来了。

询问发音人金钱的"一元"怎么说，发音人直接说 it²¹ pʰat²¹，泰语中似乎夹杂熟悉的客家话数字说法。发音人无论是否在泰国土生土长，居住曼谷时间都不算短，居住曼谷时间最短者也已超过50年了，天天生活在泰语环境中，日常生活柴、米、油、盐、酱、醋、茶，样样无法脱离钱，说"泰铢"（符号฿，泰国官方货币）与算钱的次数根本多到无法计算了，可以像反射动作般说出"一□" it²¹ pʰat²¹（指泰铢的一铢），一点也不奇怪，但这些熟悉泰语的人，笔者请问数字0、1、2、3、4、5、6、7、8、9、10泰语该怎么说，发音人也都像教学般说"0 sun³⁵""1 nən¹¹""2 soŋ³⁵""3 sam³⁵""4 si¹¹""5 ha³¹""6

---

① 根据苏轩正《大埔、丰顺客家话的比较研究》（2010：105），"婆婆"在广东大埔桃源说"家婆"，在大埔高陂说"家婆"，在丰顺潘田说"家婆"。

② 根据陈晓锦、陈滔《泰国曼谷广府话的语音特点》（2006），泰国的官方语言是泰语，英语也在城市与旅游点流通，华人除了会说祖籍地带来的汉语方言，绝大多数都会说潮州话，因为来自广东潮汕地区的华人占了华人总数的绝大多数，因此闽方言潮州话成为泰国华人小区的第一强势汉语方言，有的华人甚至不会讲自己祖籍地方言，只会说潮州话。

③ 根据陈瑞珠《台湾客家族群的跨国认同与文化建构：以泰国台湾客家同乡会为例》（2011），在研究动机里也有提到客家粄条，"客家粄条"的泰文是"Chin Kea 粿条"，"Chin Kea"两个字，是泰国人唯一认知泰国有客家人存在的依据，前字"Chin"（音"金"，声音拉长，像英文字母"J"的发音）是泰国人对中国人的称呼，后字是泰国人根据潮州话的"客"字发音所标出的音。

hoʔ²¹" "7 tsiet²¹" "8 pet²¹" "9 kau³¹" "10 sip²¹"，但是再次请问金钱的一元到十元该怎么说时，发音人自然地说出 "1 pʰat²¹" "2 pʰat²¹" "3 pʰat²¹" "4 pʰat²¹" "5 pʰat²¹" "6 pʰat²¹" "7 pʰat²¹" "8 pʰat²¹" "9 pʰat²¹" "10 pʰat²¹"。很明显，数字皆客家话说法，数字以外是说泰铢。① 泰语一泰铢的说法 "一□" it²¹ pat²¹（泰语与潮州话的声母发音很相近，潮州话 pat²¹ 的 p 声元音比泰语再浊一些、再略轻一点，近似潮州话或闽南话的 "肉"音②，又比 pʰat²¹ 的 pʰ 轻唇声元音重一些），泰国人说的音都比客家人重，在泰国只有客家人会说 "铢 pʰat²¹"，声元音 p 变送气音 pʰ，客家乡亲都是这样讲。

询问买土地 "一坪"③ 应该怎么说，发音人告诉笔者没听过这种单位。他们说在曼谷买房或土地，要说 "一平方米" it²¹ da - laŋ¹¹ met⁵、"四平方米" si¹¹ da - laŋ¹¹ met²¹。"米"是借自英语 "meter"，泰语说 "米" met⁵，在曼谷语言接触下，曼谷的梅县客家话再从泰语借进来用。从表5可看出曼谷梅县客家话明显与原乡不同，在广东梅县，"坪" pʰiaŋ¹¹ 指小块平地，曼谷没听过买房子使用 "坪" 为面积单位。笔者在台湾习惯买房以坪数来计算（1 平方米 = 0.3025 坪，1 坪约等于 3.3 平方米），曼谷发音人介绍买房或土地的面积单位，像反射动作般，很直接说出词汇 "一□□" it²¹ da-laŋ¹¹ met⁵（普通话为一平方米），情况有点像 "一元" 的语音采集过程，大多数曼谷的梅县客家人已经习惯说 "it²¹ da-laŋ¹¹ met⁵"（前面 "一" it²¹ 是客语的数字说法，后面 "□□" da-laŋ¹¹ met⁵ 是泰语平方米说法），指一平方米。若是泰国人，一定会说 "□□□" nən¹¹ da - laŋ¹¹ met⁵。泰国四平方米，泰语说 "□□□" si¹¹ da - laŋ¹¹ met²¹，还有另外一种说法 "□□□" nən¹¹ da - laŋ¹¹ wa³¹，因为二米乘上二米等于四平方米（直接翻译成泰语会说 soŋ³⁵ met⁵ kʰun⁵⁵ soŋ³⁵ met⁵）。曼谷的梅县客家人会两种说法任选，因为 "四平方米" 与 "一平方佤" 面积一样大，即 "□□□" si¹¹ da - laŋ¹¹ met²¹（4 平方米）= "□□□" nən¹¹ da - laŋ¹¹ wa³¹（1 平方佤）。曼谷的梅县客家人已经习惯说 "it²¹ da - laŋ¹¹ wa³¹" 或是说 "一佤" it²¹ wa³¹，数字 0、1、2、3、4、5、6、7、8、9、10 讲客家话，与上面泰币一元（一泰铢）的情形相同。

发音人在笔者采集 "斛桶" 词汇时，再三地确认容器形状与外观，很肯定地告诉笔者这容器在曼谷已经看不到了，在曼谷周边地区农田可能还有，泰语称 "kʰam³⁵ naŋ³⁵"，广义为 "这个容器" 的意思。曼谷的梅县客家话尚有很多词汇会习惯性加上 "仔" 尾词，曼谷的发音人也很自然地将斛桶说成 "□仔" kʰam³⁵ e³¹，被泰语影响却又组合了客家话习惯使用的 "仔" 尾词。

用普通话 "拜神" 一词询问发音人客家话说法，发音人说 "拜拜" 或 "拜老爷"，不会读如普通话 "拜神"，也不会说 "拜佛"。"拜老爷" 是广东省潮汕地区一种汉族民俗活动，就是潮州人一种对神的祭祀活动，每月初一、十五为固定祭祀时间，这两天可在家里举行，主要祭祀天公（玉皇大帝）和地主爷（地基主），和台湾地区初一、十五拜土地公

---

① 到曼谷的银行兑换泰铢，其实泰铢只有 5、10、20、50、60、100、500、1000 铢。以上文章说的一铢到十铢，是采集词汇当时笔者询问发音人的模拟问题。

② 根据《台湾闽南语常用词辞典》，"肉" 音读 bah。

③ 根据《台湾客家语常用词辞典》词目 "坪" 的释义：坪，量词，日本计算土地面积的单位，源于与其等值的面积单位 "步"，是中国古代单位。周代时，成年男子两个步幅距离之长度单位。中国台湾地区、日本、韩国使用的 "坪" 单位则是源于日本，主要用于计算房屋、建筑用地的面积。

很像，摆上香炉、烛台、三牲（猪、鸡、鱼）、潮汕粿食（发糕、红粿桃）、老爷饼（有咸有甜，饼形像渔船的锚）。老爷饼是"蓬州老爷饼"，蓬州古港是潮汕商埠发源地之一，蓬州老一辈人就是从这里漂洋过海发迹的，所以当地人每月初一、十五还要到"老爷庙"（天后宫）祭拜，祈求观音娘娘保佑。这种习俗，连曼谷的梅县客家人也被深深影响。

表5中的"婆婆""乩童"二词，曼谷梅县客家话说"家婆""神童"，与曼谷丰顺客家话说法完全相同，无论曼谷的丰顺客家话还是原乡的丰顺客家话都这么说。

## 六、结　语

经由实际地调查与比较，发现曼谷的梅县客家话不如原乡强势，在泰国这多民族的语言环境，移民的梅县人不如想象的多，从实际调查数据记录可发现，曼谷的梅县客家人与其他客家人合计，在1909—1998年的记录，只占泰国华人总数的6.7%～16%，语言接触后被影响的词汇不少，但"在地化"后，发展出创新的客家话新面貌。

**参考文献**

[1] 陈瑞珠. 台湾客家族群的跨国认同与文化建构：以泰国台湾客家同乡会为例[D]. 桃园：台湾"中央"大学，2011.
[2] 陈晓锦，陈滔. 泰国曼谷广府话的语音特点[J]. 方言，2006（4）.
[3] 陈秀琪，罗肇锦. "梅县化"的槟城客家话[J]. 客家研究，2014（2）.
[4] 黄雪贞. 梅县方言词典[M]. 南京：江苏教育出版社，1995.
[5] 黄耀宝. 客家方言字典[M]. 香港：天马出版有限公司，2005.
[6] 梅县地方志编纂委员会. 梅县志[M]. 广州：广东人民出版社，1994.
[7] 苏轩正. 大埔、丰顺客家话的比较研究[D]. 桃园：台湾"中央"大学，2010.
[8] 台湾林务主管部门. 台湾的自然资源与生态数据库[DB]. 台北：农业委员会林务局出版社，2006.
[9] 谢永昌. 梅县客家方言志[M]. 广州：暨南大学出版社，1994.
[10] 徐泛平. 广东五华客家话比较研究[D]. 桃园：台湾"中央"大学，2010.

# 客家谚语的修辞特点

钟舟海 陈 芳

(江西理工大学华文教育研究中心)

**【提 要】** 客家谚语是客家人生活经验的深刻总结,内容上包罗万象,有农事气象谚语、社会生活谚语、讽刺劝谏谚语等;在语言形式上,它灵活地运用了比喻、比拟、押韵、对偶、借代等手法,使客家谚语形象生动、深入人心。本文采用语料分析法,主要选取赣南客家的经典谚语,从修辞的角度分析客家谚语的语言特征及其所传达的文化内涵。研究表明,客家谚语在语言形式上非常重视修辞格的使用,提高了客家谚语的教育性、趣味性及实用性,因此,对客家谚语修辞特点的研究不仅加深了我们对客家谚语的理解,还对研究客家文化的其他方面有所启发。

**【关键词】** 客家方言 谚语 修辞

谚语是一种表达人们智慧的简短格言,它语言凝练,常具有鲜明的形象和一定的韵律,便于记忆;它以简短的语言形式凝聚着广大劳动人民丰富的智慧。客家谚语根植于历史悠久的中原农耕文化,农业的生产和生活一直以来都是客家文化乃至整个汉民族文化的形成和发展的物质基础,在长期的社会生产实践中,客家人凭借自己的智慧,总结出了适合本地区的生产、生活经验。

客家谚语有3个特点:第一,多讲究对仗工整,音韵和谐,比喻、排比、比拟等修辞手法使用灵活,句式简单紧凑,通俗易懂;第二,带有明显的客家口音,口语化,形象生动;第三,风格多样且风趣俏皮。有些谚语表达的则是客家特有的意蕴,富有浓厚的家乡气息。

学界对客家谚语的研究主要集中于客家谚语的语音、词汇、文化价值等方面,对客家谚语的修辞情况缺少系统全面的分析。在现有的资料中,笔者所能找到与客家谚语修辞有关的论文主要有两篇:周美玲的《客家农业气象类谚语中的修辞特点》(2013)和张玉婷的硕士论文《客家谚语文化透视》(2012)。正因为这方面的研究有所欠缺,本文希望能对客家谚语的修辞情况做一个初步的梳理。本文主要采用语料分析法,所选语料主要来自邱冰珍编著的《我系客家人——客家方言趣谈》和钟舟海、黄萌编著的《崇义客家方言俗语汇编》以及其他论文,修辞方面的研究适当参考了相关的论文。在此基础上,结合具体实例分析客家谚语的修辞情况以及文化内涵,力求更好地传承和保护客家文化。

---

① 基金项目:教育部人文社会科学基金项目(项目编号:12YJC740154)。

## 一、客家谚语的语言特色：音韵和谐，用词精当

1. 讲究押韵

押韵，又作"压韵"，是指在韵文的创作中，在某些句子的最后一个字，都使用韵母相同或相近的字，使朗诵或咏唱时，产生铿锵和谐感。袁枚《随园诗话补遗》中"佳诗者，其言动心，其色夺目，其味适口，其音悦耳"，说的正是音韵和谐的魅力。客家谚语也是非常讲究押韵的。如：

①食得咸，打得蛮。

"咸""蛮"在一些客家方言均念 an 韵，两字押韵。客家人的日常饮食以咸辣为主要特征。一般认为，一个人越是能吃饭，也就越能干苦力，所以有"食得咸，打得蛮"的说法。

②男人好呔，女人好摆。

呔，念 ai 韵，意思是吃；摆，也念 ai 韵，意思是显摆。这句话揭示了男女对物质享受的不同侧重点：男人讲究口腹之欲，吃喝最实在；女人讲究衣着光鲜，打扮最重要。

③出门冇老大，各人背来各人挎。

大，读如"太"；挎，读如"快"。两字押韵。意思是，在家的时候，父母兄弟姐妹可能会帮衬你，但出门在外了，可就别有依赖思想了。要知道，出门没有谁是老大，自己的背包行囊都要自己背、自己挎。

④一百岁咯命，都要自己做。

在客家方言中，"命"与"做"押韵。意思是，要想高寿，必须自己爱护、保养好自己的身体。

⑤光棍怕打，丝茅怕扯。

在客家方言中，"打"与"扯"押韵。丝茅即茅草。茅草怕被拉拉扯扯，人则怕打光棍。

2. 大量使用方言词

方言词是地区之间区别的重要表现，方言词往往能描绘出独特的地方性事物。客家谚

语就大量地采用了客家方言词汇，有些词是普通话中没有的，正是因为方言词的使用才增强了客家谚语的趣味性和表意的准确性。例如，在客家方言中，"鸡公"（公鸡）、"闹热"（热闹）、"衫裤"（衣服）等都是极具特色的客家方言词。客家谚语中的方言词也是广泛使用的。如：

⑥冬至一过，叫花子起跛。

跛，意思是跳。在客家方言中，有些地区讲"跳"是说"跛"，还有些地区说"飙"。

⑦水打草子秆，年年又一转。

草子，指早稻。草子秆，指被收割、脱粒之后的早稻秸秆。水打，表示早稻秆被水冲走。一般来说，每年早稻收割的时候都会遇到下雨天。

⑧着蓑衣。

着蓑衣，指当看客。这是一个稍有典故的客家段子，说某个人喜欢打牌，即便没机会亲自打，也要在一旁观战。有一次老婆问他做什么去了，他说看了一晚上别人打牌，老婆不信，说昨天那么冷，还下雨，他怎么能熬一个通宵呢？他说，他当时穿着蓑衣呢。后来，该谚语就一直沿用下来了。

⑨地理先生指一指，蛮牯累才死。

地理先生，指看风水的师傅；"蛮牯"，又称"蛮牯佬"，指头脑简单、一味蛮干的人；累才死，意思是累到死。指聪明人动嘴，老实人跑腿。

⑩擎遮子唔曾撞到亲家，戴笠麻撞到亲家。

客家人把雨伞叫作"遮子"，即能遮风挡雨的东西。笠麻，即斗笠，是一种用竹子编成的雨具。

3. 灵活使用反义词

修辞格上的对比和映衬常会使用反义词，利用某事物的相反的特性，强调其中的某一方面，具有极强的说服力和感染力。如：

⑪有钱三十当尊长，冇钱八十是闲人。

尊长，在客家地区指有身份、有地位的人，一般是德高望重的老年人才有资格担当。但如果你是一个有钱人，即便是年纪轻轻，也有人将你奉为上宾；反之，如果你是穷人，

即便你过八十大寿，在别人眼里你也只是无足轻重的闲人。"有"与"冇"、"尊长"与"闲人"两对反义词形成鲜明的对比。

⑫起龙头，煞蛇尾。

"起"与"煞"、"龙"与"蛇"有相对立的意味，即"虎头蛇尾"的意思。起龙头，说明有一个非常华丽的开端；煞蛇尾，说明结尾不是完美的龙尾，而是蛇尾，让人大跌眼镜。

⑬进门看脸色，出门看天色。

"进"与"出"这对反义词告诫人们无论何时都要察言观色，见机行事。

⑭多求安乐少求财。

在同一句中使用了"多"和"少"这对反义词，反映了客家人积极乐观、知足常乐的生活态度——多追求快乐而不是钱财。

⑮日里洒浪子，夜铺盖帐子。

前后对比鲜活地表现出一个实际很穷却又爱装富贵的人。

## 二、客家谚语的修辞特色：辞格丰富，灵活生动

1. 比喻生动

刘勰《文心雕龙》中有"比兴"的说法，其中的"比"其实就是比喻。比喻即打比方，是一种常用的修辞手法。在客家谚语中，灵活而广泛地使用比喻能使其更形象生动、语义豁达、通俗易懂。比喻又可分为明喻、暗喻、借喻、博喻等。

（1）明喻。本体、喻体和比喻词（"像""若""似""如""有如""如同""一样"等）都出现，有时还可以顺势写出两者的相似之处，在语义关系上与其他辞格相比更为显豁。如：

⑯三代唔读书，蠢如一只猪。

本体是"不读书的人"，喻体是"猪"，喻词是"如"。这句话意思是一个不读书的人像猪一样蠢。

⑰人生好比三节草，唔晓哪节好唔好。

本体是"人生",喻体是"三节草",喻词是"好比"。意思是人生无常,在不同的阶段会有各种意想不到的遭遇,教育后人要乐观地面对人生。

⑱赚钱如针头挑刺,使钱像大水冲沙。

此谚语中的前后两个分句分别是两个比喻句,前一分句的本体是"赚钱",喻体是"针头挑刺",喻词是"如";后一分句的本体是"使钱",喻体是"大水冲沙",喻词是"像"。这句谚语反映了客家人节俭的生活态度,意思是花钱容易赚钱难。

⑲要人出钱,恰似戽水上天。

戽(hù)水,"泼水"的意思,把出钱比作泼水上天,形容吝啬。

⑳邻居搭得好,如同捡到宝。

把好邻居比作宝。
(2)暗喻。暗喻又称隐喻,是本体、喻体同时出现但比喻词不出现的比喻。常见的句式有"A 是 B""A,B"等。如:

㉑长兄当爷,长嫂当嗳。

本体是"长兄"和"长嫂",喻体是"父"和"嗳"。意思与"长兄如父,长嫂如母"是一样的。在农村家庭父亲或母亲不在的情况下,都是以家庭中年长的为尊。

㉒捡粪就是捡粮,造林就是造福。

此谚语由前后分句组成,前一分句本体是"捡粪",喻体是"捡粮";后一分句本体是"造林",喻体是"造福"。在农村,粪便往往是宝,是最有营养的肥料,是种粮食最好的养料;树木是农村的根,客家人亦把树林看作宝。

㉓外甥狗,吃了一溜就走。

这句谚语描述了外孙和姥姥、姥爷家的关系。这里的"外甥"其实是"外孙"。对此种情形有所不满,但贬义又不算特别明显,调侃之中透露出一分别样的亲情。"外甥狗"中的"狗"字,略带贬损,有轻贱之义。

㉔黄竹箧子软柔柔,公婆吵架不记仇。

意思是，夫妻难免吵架，但就像黄竹柔软富有弹性那样，双方应保持和睦，不要记仇。

㉕笑面虎肚上一把刀。

笑面虎，一般形容那些貌似和蔼实则阴险毒辣的人。

2. 比拟有方

比拟即打比方，就是把甲物当作乙物来描述、说明。使用比拟的修辞手法能抒发强烈的感情，并增强话语的形象性和生动性。拟人或拟物在客家谚语中都是常见的。如：

㉖老虎嫲再恶唔会食老虎仔。

正所谓"虎毒不食子"就是此谚语的意思，把"老虎嫲"比作性格暴躁或不好的人，体现出客家人重视血缘亲情的心理。

㉗老鼠爬墙，家贼难防。

"老鼠过街人人喊打"，老鼠在农村是十分惹人讨厌的。它住在家里，专门偷粮食，让人防不胜防，所以客家人才会把"老鼠"比作"家贼"。

㉘老虎进村要拜社官。

社官是客家民间信仰中村里的保护神，也称"土地公公"。通常，人们把社官神灵附在村外的某棵古树或大树上，并将它神圣化。据说老虎非常凶猛，但进村偷吃村民的家禽家畜之前，也不得不向社官叩拜，否则未必能得逞。有点"强龙难压地头蛇"的意思。

㉙老鼠精，猫公还较精。

精，即精明；较，更加。老鼠和猫都是非常聪明的动物。

㉚猫洗面，雨出现。

把猫掌擦脸的动作比拟成"洗面"，十分形象。

3. 对仗工整

张斌先生在《新编现代汉语》中说："对偶就是把一对结构相同或者相似、字数相等的词组或句子连接一起来表达相关或相对的意思……运用对偶，既要注意上下句结构上的均衡和语音上的协调，也要注意内容上的对称。对偶又分为正对、反对和串对。"对偶使

得谚语在结构上整齐统一,朗朗上口,具有极强的感染力。作为口语,谚语在对偶方面主要做到了语义相对,但在避免使用重复性字眼方面则不是特别讲究。如:

㉛亲戚嗯得亲戚发,家庭嗯得家庭死。

此句说的是家族、亲戚间的微妙关系。前一个"嗯得"意思是"看不得",即不能容忍的意思;后一个"嗯得"意思是"巴不得"。这句谚语是为了告诫后人,不要觉得自己的亲戚就一定是友善的,防人之心不可无。

㉜癞痢怕剃脑,秀才怕过考。

癞痢,一种头部皮肤病,患者会因此秃头或者头发极少。生癞痢之人自然很怕去理发店,因为这会暴露他的缺陷;秀才,作为科举考试中中下层次的读书人,对考试也是非常担心的,因为怕考不好,暴露了自己的才疏学浅。

㉝日日添客嗯穷,夜夜做贼嗯富。

这句话反映了客家人的朋友观、财富观。对朋友、客人要慷慨大方,家里即使天天有客人来也不会将你吃穷。也就是说,要想致富,只能靠自己的双手去劳动。

㉞话事人命短,记事人命长。

话,"言说"的意思。话事人命短,意思是经常抱怨这、抱怨那的人命不会太长;反之,不搬弄是非、不计较得失,只默默记住别人的好处的人,命会长久一些。究其原因是,想要长寿,关键是心态要好。

㉟人冇良心,寸步难行。

此谚语前后分句形成了因果关系,告诫人们做人一定要有良心,否则将会在社会上四处碰壁,寸步难行。

4. 排比周密

陈望道先生在《修辞学发凡》中说:"同范围同性质的事象用了组织相似的句法逐一表出来的,名叫排比。"客家谚语对排比手法的使用是非常灵活的。如:

㊱雨打秋,加倍收;雷打秋,对半收;风打秋,会无收。

采用排比的修辞手法,表达出比较完整而周全的语义内容,有很强的关联性。排比手法能把气象和农事很紧密地联系起来,具有很强的节奏感,音韵和谐。

㊲春返东风雨绵绵，夏返东风水绝源，秋返东风禾白死，冬返东风雪漫天。

使用排比的手法描写了春、夏、秋、冬4个季节不同的气象特征，朗朗上口，浅显易懂。

㊳三个先生讲本书，三个屠夫讲只猪，三个农夫讲功夫。

使用了"三个……三个……三个……"的排比句式，说明了"物以类聚，人以群分"的道理。

㊴掌牛有聊，掌马有骑，掌羊跌烂膝头皮。

掌，意思是看守、放牧。这句话揭示了放牧不同的家畜的不同情况：放牛很轻松，让牛自己吃草就行了，放牧人还可以一边闲聊；放马也很轻松，还能一边骑马；最不好的就是放羊，羊会到处乱跑，时时要盯住驱赶，这往往导致放牧人摔跤擦伤。

㊵头发粗大老粗，头发嫩当先生，头发黄读书郎。

这句谚语运用了排比的手法，依据发质来判定一个人的命运。（当然，这完全是建立在偶然性上的概括，没有科学依据）

5. 夸张生动

夸张，即刻意"言过其实"，对事物的形象、特性、性能、数量等方面有意夸大或缩小的修辞方式。在客家谚语中常用夸张的手法来强调某种道理，虽然时常有言过其实之嫌，但是能突出事物的本质特征，往往让人产生丰富的联想，留下深刻的印象。如：

㊶村里鸭子都咳偏嘴。

这是夸张的说法，描述一个人咳嗽咳得厉害，咳个不停，连最爱聒噪的鸭子都把嘴偏向一边了。

㊷三斤的狐狸，四斤的尾巴。

狐狸尾巴比较大，但也不至于体重3斤，尾巴却有4斤。这样夸张地说，主要是形容一个人很骄傲，有点地位或成绩就骄傲得不得了。

㊸老狗记得千年屎。

这句谚语带有贬义，说一个人对陈年旧事会记得一清二楚，哪怕这是件没意义的糗事、坏事。常用来形容一个人很记仇。

㊹老虎食乌蝇，唔够塞牙缝。

这里用不够老虎塞牙缝来夸张苍蝇身形之小。

㊺芒种夏至天，上埂要人撑，下埂要人牵，牵哩还要撑，撑的人要牵，牵的人要食鸦片烟。

埂，意思是山岭、山坡。此句较为夸张地表现出夏至时节上山下山的困难程度。

6. 摹状鲜活

摹状即描写，描绘，是人的身体器官对事物的一种强烈的直觉感受，照事物原样描摹。客家谚语使用摹状手法既能形象地描绘出事物的状态、气味、颜色等，又能渲染气氛，让人轻松地理解其中的寓意。如：

㊻豆腐花，雨哗哗。

豆腐花，此处指的是云彩的某种形态——其纹理类似于豆腐花。天空中出现这种云团，接下来很可能是大雨滂沱。

㊼天上鲤鱼斑，地下晒谷不用翻。

鲤鱼斑，又叫"鱼鳞斑"或"瓦块云"，是指气象学上的透光的积云，是由许多灰白色的小云块有规律地排列而成，各个云块相互分离，又相互合并，在云块的空隙，可以看见蓝天；一明一暗宛如鱼鳞，云块排列整齐，又像屋顶上的瓦片。

㊽开水有响，响水有开。

客家人以听水壶的声音来鉴别水是否烧开的一种简易方法：如果水壶还发出明显的声响，里头的水肯定还没烧开；反之，如果已烧开，里头的水并不会发出太大的声响。这句谚语也可用来比喻说理：一个真正有才华的人往往是低调谦逊的，那些咋咋呼呼的人往往没什么真本事。

㊾正月松，二月杉，三月种竹条条生。

此处"条条生"形容竹子快速生长的样子，一条接着一条拔地而起。

(50)甜瓜惹黄蜂，臭肉惹乌蝇。

甜瓜和臭肉分别会招惹不同的昆虫前来，暗指人如果有明显的缺点是会招来是非的。

7. 综合运用，变化多端

以上对客家谚语修辞手法是从不同的角度来进行归纳整理的，但是在实际的运用中是非常复杂的，每种修辞手法截然分开的还是占少数，综合运用的居多。如：

(51)黄蜂的针，妇人的心。

俗话说，“最毒妇人心”，客家相对应的说法即“黄蜂的针，妇人的心”。在这句谚语中，“针”字与“心”字是押韵的，且前后分句字数一样、结构相似，所以是个对偶句。同时也运用了暗喻的手法，把“妇人心”比作“黄蜂针”。

(52)嗯怕嫁个老公公，就怕屋里饭甑空。

在这句谚语中，“公”和“空”押韵，且前后分句字数相同、对仗工整，是对偶句。同时，“嗯怕”和“只怕”又使前后形成了鲜明的对比，是对照。一般来说，女子嫁人会尽可能找一个年龄略大一点的。但在女子没有经济地位的旧社会，很多女子嫁人可以说是为了谋求一张长期饭票，所以不怕嫁给一个年纪较大的老男人，只要他家饭甑不空、衣食无忧就可以了。

(53)旱风树上叫，水风地下扫。

在这句谚语中，“叫”和“扫”使用了拟人的手法。同时，前后分句字数相同、句式整齐，又形成了对偶。这句谚语揭示了刮风与下雨之间的关系。如果风在高处刮（也就是“树上叫”），那么这是“旱风”，也就是只刮风不下雨；反之，如果风在低处刮（即所谓“地下扫”，秋风扫落叶一般），那么这是下雨的征兆，叫作“水风”（雨风）。

(54)嘛咯藤结嘛咯瓜，嘛咯人讲嘛咯话。

此谚语既运用了反复的修辞手法，又运用了对偶的手法，与“种瓜得瓜，种豆得豆”意思相似。

(55)毋食咸鱼嘴毋腥，毋曾做贼心毋惊。

首先，“腥”和“惊”构成押韵；其次，这两句对仗工整，又形成了对偶。

语言学中的修辞格远不止笔者所举的这些，还有顶真、双关、层递、拈连等，本文篇幅有限，不便在此一一列举。但不得不说，客家谚语之博大精深又再一次得到了完美的体

现,即便是如此平凡的语言,也能体现出客家人的文化修养,将各种修辞运用得恰到好处,符合客家人的生活实际和语言风格。

## 三、客家谚语的修辞效果:既华且实,影响深远

客家方言谚语的创作明显地体现了一种地域文化在语言艺术上的成熟与个性。成熟主要体现在排比、比喻、对比、比拟等修辞手法的使用上;而个性方面则主要表现为浓郁的地方特色,语音中的押韵、入声词,语句中的方言口语词、古语词,修辞格中的摹状、比拟等蕴含着浓厚的地域特色。综观客家方言谚语的修辞表现和修辞效果,可以得出下面一些结论。

1. 语言朴实,寓意深远

客家谚语是客家劳动人民世代总结流传下来的口头文学,劳动人民的语言总是最朴实无华的,但其寓意无比深远。就像高尔基说的:"谚语和歌曲经常是简短的,其中包含的思想和感情可以写出整部的书来。"客家谚语中使用的方言词汇以及其他词汇都是客家劳动人民平常生活中使用最普遍的,但正是这些平凡的语句教育了世世代代的客家人。如"家有千金,旁人有秤砣""深山树木有高低,十只手指撇唔齐""墙上一兜草,风吹两边倒""挖蕨烧炭,越舞越屑(意思是错误经营,越搞越穷)"等,使用的是最朴实的语言,却能将道理直指人心。

2. 句式紧凑,简明扼要

谚语是劳动人民创造的,因此,为了更好地理解和传承,往往使用的是很简单有效的句式,言简意赅。如"叫花子讨米冇路行""食人饭做鬼事""行时人弄鬼,背时鬼弄人"等。

3. 节奏井然,韵律优美

入声词是古语词的重要组成部分,客家谚语收入了部分入声词做韵尾,使客家谚语充满了节奏感,又保留和传承了客家方言。如"穷人养娇子,富人养鸟子""不受不受,且进衫袖(意思是嘴上说不要,手却伸过来取)""慢慢行(读 hǎn),先到城(读 sǎn)"等都是客家谚语韵律和谐的表现。

4. 客家风情,民族心理

客家人民勤劳朴实、兢兢业业的性格特点在客家谚语中同样有充分的体现。各种修辞手段的灵活使用,在对语言美感追求的同时,或热烈,或含蓄地表现了客家人民思考问题的方式、观察事物的角度等极其独特的民族心理特征。这在字里行间随处可见。如,"食唔穷,着唔穷,冇有打算一世穷"强调了客家人精打细算、勤俭节约的生活品质;"千错万错,来人不错;千差万差,来人不差"说明了客家人重视待客之道,热情好客;"东聊西聊得人恼,东做西做得来宝"教育年轻人应该勤劳上进;等等。

总之,客家谚语具有语言朴实,寓意深远;句式紧凑,简明扼要;节奏井然,韵律优美;客家风情,民族心理的特点。客家俗谚博大精深,底蕴深厚。客家人艰苦朴素的生活品质、团结协作的群体观念、安土重迁的伦理观念等均在客家谚语中有着充分的演绎。本

文仅仅对客家方言谚语的修辞艺术进行了初步的研究分析，希望能抛砖引玉，为传承和保护客家文化略尽绵力。

## 参考文献

[1] 陈望道. 修辞学发凡 [M]. 上海：上海文艺出版社，1962.
[2] 高尔基. 论文学 [M]. 南宁：广西人民出版社，1980.
[3] 黄诗结. 崇义县志 [M]. 海口：海南人民出版社，1989.
[4] 邱冰珍. 我系客家人：客家方言趣谈 [M]. 南昌：江西人民出版社，2013.
[5] 王勤. 汉语熟语论 [M]. 济南：山东教育出版社，2006.
[6] 张斌. 新编现代汉语 [M]. 上海：复旦大学出版社，2008.
[7] 张玉婷. 客家谚语文化透视 [D]. 赣州：赣南师范学院，2012.
[8] 钟舟海，黄萌. 崇义客家方言俗语汇编 [M]. 西安：陕西科学技术出版社，2014.
[9] 钟舟海，赖日婷. 客家歇后语浅探 [J]. 前沿，2014（ZA）.
[10] 周美玲. 客家农业气象类谚语中的修辞特点 [J]. 忻州师范学院学报，2013（5）.

# 台湾客语语法差异举隅

江敏华

("中研院"语言学研究所)

**【提　要】** 本文略举台湾客家话几个重要的形态、虚词及句式差异，以语法呈现的词形或类型分布，说明各大腔调的大致情形。本文也尝试探讨这些差异形成的原因，其中大部分差异反映原乡的差异，或其形式可于台湾地区以外见到；有部分差异是由于语音变异及语法化演变路径不同所产生；此外也有少数受闽语影响而产生的差异。

**【关键词】** 语法差异　虚词　体标记　受事者标记　状态补语标记　方位词尾　差比句

## 一、引　言

台湾客语过去的研究多集中在语音、音韵和词汇的差异上，对于语法差异的探讨较少。依据语音与音韵系统的差异，目前台湾客语主要分为北四县、南四县、海陆、东势[①]、饶平与诏安等几大腔调。在这些主要腔调中，如四县话、海陆话与东势话内部，除了语音差异外，事实上还存在若干语法差异，甚至北部四县话与南部四县话之间，其差异也有不少是表现在语法上的。因此，本文根据过去从事田野调查和建立语料库收集到的语料，针对四县、海陆和东势客家话的语法差异做翔实的描述，使大家在音韵系统差异之外，也能认识到各主要腔调中所存在的语法差异。

本文将台湾客家话的语法差异分为形态变化差异、虚词差异和句式差异等类型，分别于第二、第三、第四部分内容中讨论，其中又以虚词差异为主。形态变化差异主要描述各地人称代词和小称词尾的表现；虚词差异分体标记、受事者标记、状态或程度补语标记、表"在"意的介词、方位词尾等几个具有明显差异的虚词，描述各方言的用法差异；句式差异则描述与"到"有关的句式及差比句。本文虽以描述为主，但也将适时探讨这些语法差异的成因，或由于原乡来源不同，或由于语音变异，或由于语法化演变路径不同及迟速有别，共同造就了台湾客语语法现象的多样性。

---

[①] 东势客语又称"大埔客语"，为台湾地区"四海大平安"之五大腔调之一。东势客语并不完全等同于广东省大埔县的大埔客家话，而是"以大埔话为主干，却混合四县、丰顺、饶平和海陆等次方言成分"的具混合性质的台湾客家话次方言（吴中杰，2010）。故本文称之为"东势客语"。

## 二、形态变化差异

形态变化是指利用附加、重叠或变音、变调等改变词根音韵形式的方式来表达特定的语法功能。古汉语的形态变化往往表现为四声别义及清浊别义，客家话也保存不少古汉语四声别义及清浊别义的现象，不过这种现象大多固着在特定词汇中，形成一字多音的现象。本文所指语法上形态变化的差异，是指利用附加词根或合音、变调的方式形成某种特定的语法功能，本文将以较典型的人称代词及小称词为例。

### （一）人称代词复数形式

台湾客家话三身人称单数代词分别为 $\eta ai^2$、$ni^2/n^2$、$ki^2$，表现还算一致，但复数形式便表现出形态差异，可以概分为词尾型及合音型。词尾型如北四县、海陆及部分南四县（万峦、佳冬、内埔①等）的 $teu^1$、$li^2$、$ten^1/nen^1$②等，合音型如东势及南四县（美浓）（钟荣富，2004）等。（见表1）

**表1　台湾客家话三身代词复数形式**

| 形态 | 方言点 | 第一人称 | 第二人称 | 第三人称 |
|---|---|---|---|---|
| 词尾型 | 北四县 | 单数 + $teu^1$ | | |
| | 海陆 | 单数 + $teu^1/li^2$ | | |
| | 南四县（万峦、佳冬、内埔） | 单数 + $ten^1/nen^1/len^1$ | | |
| 合音型 | 东势 | 单数 + $nen^1$ | | |
| | | $\eta an^1$ | $nien^1$ | $kien^1$ |
| | 南四县（美浓） | $\eta an^1$ | $nen^1$ | $ken^1$ |

如表1所示，除了复数词尾显示出的多样性之外，由单数词根加上词尾 $ten^1/nen^1$ 所产生的合音形式，则使人称代词复数形式产生一种新的类型，在共时上可视为一种形态变化，而非单纯的词尾附加。

### （二）小称词

小称用来表现事物的小与少、动作或形容程度的轻微、时间的短暂，以及带感情色彩的亲昵或蔑称等，是汉语中少数以附着词位的方式出现而能使词根产生形态音位变化的语言单位之一。台湾客家话小称词的语音形式不算太复杂，但也呈现出不同的形态变化。最

---

① 分别见钟荣富（2004）、赖淑芬（2004）及笔者田野调查。
② 尽管 $ten^1/nen^1$ 的语源还不完全清楚，但我们有理由相信 $ten^1$ 与 $nen^1$ 应为同源。客家话持续体标记与处所方位后缀均有 ten 与 nen 的交替，nen 由 ten 弱化而来。

常见的为词尾附加,见于四县的 $e^3$ 与海陆的 $ə^2$,词尾形式的小称还有南四县的高树、新埤、佳冬等地的 $i^3$（钟荣富,2005）,以及花莲、台东海陆的 $e^2$,音段形式同四县,声调却同新竹海陆为高平调55。

桃园新屋海陆客家话的小称表现为词根的韵母或部分韵母成分展延,并以高调（阳平）表现。（见表2）[转引自赖文英（2015）,并改为国际音标]

表2　新屋海陆客家话小称词

| 车仔 | $tʃ^ha^1a^2$ | 钉仔 | $taŋ^1aŋ^2$ / $taŋ^1ŋ^2$ |
|---|---|---|---|
| 布仔 | $pu^5u^2$ | 豆仔 | $t^heu^6u^2$ |
| 俫仔 | $lai^5ai^2$ | 日仔 | $ŋit^7it^7$ |
| 凳仔 | $ten^5en^2$ / $ten^5n^2$ | 药仔 | $ʒok^8ok^7$ |

新屋海陆的小称应为原有的 $ə^2$ 词尾失落,但仍保留词尾的高调与音节长度,而由前字词根的韵母或部分韵母成分展延的结果。新屋海陆的小称可以视为一个只具声调形式而无音段内涵的附加形式,已初具小称变调的雏形了。

东势客家话过去一度被认为没有小称词,然而东势客家话一些表面上不符合连读变调规则的35调字,事实上就是表示小称的标志,并且它们应该是原来的连读变调形式因小称词尾的弱化、消失而遗留下来的。（江敏华,1998；曹逢甫、李一芬,2005）

# 三、虚词差异

台湾客家话的语法差异以虚词的差异为主,下面依体标记、受事者标记、状态或程度补语标记、表"在"意的介词、方位词尾等具有明显差异的语法范畴依序举例。

## （一）体标记

台湾客家话体标记中具有明显差异的有持续体标记及介于体标记和动相补语之间、相当于现代汉语共同语"掉"或"完"的成分。

持续体标记为动词后表示状态持续或动作进行,约相当于共同语的"着"。如：

①路唇插＿一支支个旗仔。
②戴＿目镜寻目镜。
③佢看＿书,毋好去吵佢。

就词形而言,台湾客家话的持续体可以分为三大系统,其中最大的便是以梅县为代表

的"等"① ten³系，北四县便是以 ten³ 为持续体标记，海陆客家话和南部四县客家话（内埔）也属这个系统，但语音形式由 ten³ 弱化为 nen³。

持续体标记中的第二大系统为"紧" kin³ 系持续体标记，以东势客家话为代表，屏东长治②的 nin³ 也属这个系统。屏东长治有一定数量的潮州府移民（吴中杰，2016：28），其持续体标记的 nin³ 应与东势客家话的"紧" kin³ 同源，为其弱化形式。"紧" kin³ 系持续体标记在台湾客家话中虽非分布最广，但在台湾以外的客家话分布相当广，广东省翁源、连南、清溪、揭西、西河、新丰、海丰西坑，江西省石城（龙岗）、于都、大余、龙南，湖南炎陵县等，以及海外的陆丰方言（Schaank，1897）也用"紧"。

东势客家话除了"紧"外还可以使用 het⁸，为持续体标记中的第三大系统。het⁸ 的本字不明③，但在客家话中有"紧"及"固定"意，常作为动词补语使用，如"咬□" ŋau¹ het⁸（咬紧）、"扭□来" neu³ het⁸ loi²（将东西转紧）。汉语方言持续体标记的来源中，有一类来自稳、紧义形容词，如吴语苏州和温州话的"牢"，香港粤语的"实"与广东信宜、怀集粤语的"紧"（杨永龙，2005）。东势客家话的"紧"与 het⁸ 的语法化途径也属于由稳、紧义形容词在结果补语的位置上演变而来的。客家话另有一个不见于台湾但闽西与赣南常见④的持续体标记"稳"或"稳定"，也是循这个语法化途径演变而来。持续体标记由稳、紧义形容词演变而来在类型上的意义为此标记同时具有"有界"（telic）的完结义与"无界"（atelic）的持续义。

南部四县客家话中，美浓用 nun³，万峦用 nun³、tun³ 作为持续体标记，其语源是否与"等"系或"稳"有关，还有待进一步考证。

上述例①～②属状态持续，例③为动作持续，故例③还可以使用动词前相当于"在这儿""在那儿"的时体助词来表达，或是动词前时体助词与动词后持续体标记共现的形式。由于台湾客家话相当于"在"的词形有较大的方言差异（详下），因此动词前的时体助词也表现出相应的分歧。

介于体标记和动相补语之间、相当于现代汉语共同语"掉"或"完"的成分主要用于表达动作的变化、完成或事物的脱离、脱落或消失。如：

④较便宜个货，昨晡日就卖__了。

此形式客家话有两大系统，北四县和海陆客家话用 tʰet⁷，通常写为"忒"，但本字可能是"脱"（房子钦，2015）。东势客家话则用与梅县客家话同源的 pʰet⁷，是为第二大系统。南部四县客家话用 het⁷，虽为原乡平远读音（吴中杰，2016），但究其来源，应为 tʰet⁷ 或 pʰet⁷ 进一步弱化所致。

---

① "等"非本字，江敏华（2016）认为可能来源于处所词组的合音。
② 屏东长治、万峦及高雄美浓的语料承吴中杰教授告知，特此致谢。
③ het⁸ 文献中有写为训读的"住"或同音的"核"，徐兆泉（2009）写为"阁"，但都应非本字。
④ 如福建的连城、长汀、武平，江西的全南、定南、铜鼓、上犹、于都、修水、赣县、三都，广东的河源、陆川、新丰、连平等。

## （二）受事者标记

带受事者标记的句式约略相当于现代汉语共同语的"把"字句，也常称为"处置式"。然而，不论是"把"字句还是处置式，其定义和句式功能都较复杂，超出客家话受事者标记的范围，因此，本文称之为"受事者标记"，意指标记后面的名词组表示谓语动词的受事，因话题功能或句法结构因素而将原在宾语位置的名词组以标记所组成的介词组提前于谓语动词之前。如：

⑤佢__该只杯仔打烂了。

就词形而言，客家话受事者标记可以概分为"摎" $lau^1$、"同" $t^hu\eta^2$ 与"将" $tsio\eta^1$ /"将把" $tsio\eta^1\ pa^3$ 三大系统，以及零星的" $kan^3$ "等形式。

"同"用于南、北四县及东势客家话，海陆客家话基本上不用"同"，在发音人的语感中，"同"具有男女婚外情的负面意义，相当不雅而避免使用。"摎" $lau^1$ 原为海陆客语所用，现北四县客语也用"摎"，与"同"并用。许多北四县的使用者仍能明确指出"摎"非原本四县用法，为从海陆借来；吴中杰（2016）则指出，"摎"为北四县客家话中的惠州客家话成分，非嘉应州固有讲法。[①] 不过，即使"摎"非四县客家话固有用法，在现今北四县的使用已相当普遍，并有超越"同"的趋势。叶瑞娟（2016）分析北四县得奖文学作品中"摎"与"同"的整体出现频率及个别用法的出现频率，"摎"皆已超越"同"。

无论是"摎"还是"同"，除了受事者标记外，它们都同时具有伴随者（comitative）、来源（source）、受益者（benefactive）及对象（goal）标记的功能（Lai，2003、2004；江敏华，2006）。吴中杰（2016）指出，北四县客语"与同标记"（即本文的伴随者标记）用"同"，而处置式标记用"摎"，此应为北四县从外来的系统引进"摎"词形后率先用于受事者标记，且系统内部自行与固有的"同"有所分工的结果。然而，根据我们的调查，这种分工并不具北四县客语的普遍性。

"将"或"将把"用于南四县客语，与"同"并用。"将"或"把"皆为共同语中有所使用的词形，但共同语用"将"时带有一种文言色彩，在南四县客语中则为相当口语的用法，而"将把"又比"将"更强调处置的意味。据林立芳（1997）指出，梅县客家话的处置句即用"将/将把"及"同"来提前宾语，因此，"将/将把"与"同"皆为原乡既有的形式。"将"与"把"来源于持拿义动词，在类型上与"摎""同"来源于伴随义动词不同。因此，"将"只用于受事者标记而没有伴随者及由此发展而来的来源、受益者

---

[①] 一般四县使用者所认知的"摎"原为海陆用法与吴中杰所指"摎"为惠州话成分，这两种看法同中有异、异中有同。相同的地方在于两者皆认为"摎"并非一般认知的以嘉应州为主的"四县客家话"的固有用法；相异的地方在于前者将四县与海陆视为两个单一的、内部均质的语言变体，四县从海陆借进了"摎"，而吴中杰（2016）则主张北四县本身就是来源多元的语言变体，以嘉应州方言为主并加入潮、惠客家话而形成。

及对象标记的功能。

在句式上,"摎"与"同"后面都必须加名词组,其中最常出现的便是人称代词,也因此,"摎"与"同"都各有一些与人称代词合音的形式。四县的"摎"偶见读为 lun¹ 的形式,此为与第二人称代词 ni² 的合音;屏东竹田的"同"可以读为 tʰin²,可能也是与第二人称代词的合音。东势的"同"则有与第三人称代词"佢" ki² 合音为 tʰi² 的形式,此合音的 tʰi² 还可以再后接一个新的第三人称代词,如:

⑥an³ ok⁷ kai³ ŋin² min², po³ kiam⁵ oi⁵ tʰi² ki² kʰam³ pʰet⁷ hi⁵.
　[如此]恶 的 人 民　 宝 剑　爱 同 佢 砍　 掉 去。
如此大胆的刁民,要拿宝剑把他(的头)砍掉。(七,6)(江敏华,2006:359)

则"同佢"的合音 tʰi² 俨然形成一个新的受事者标记。不过,东势的 tʰi² 只能后接第三人称代词,尚不能接其他人称代词或普通名词(江敏华,2006:360),因此,它与"同"的功能还并非完全相同,只能视为一个尚未发展成熟的标记。

在闽、客语频繁互动的地区,还有一个特殊的介词 kan³ 用法与"同"相同,主要见于南四县的美浓、里港(武洛)、杉林、六龟等地,以及苗栗县卓兰镇。(田中智子、吴中杰,2014)田中智子、吴中杰(2014)指出,美浓客家话60岁以下的语者并不太使用"同",却会用"kan⁴²/³¹"。他们认为,"KAN"是受闽南语影响,由闽南语介词"kaʔ⁵⁵"加上客语第二人称代词"n¹¹"经由音节合并(syllable contraction)而来。若果如此,则"KAN"的语法化程度比前述东势客家话的 tʰi² 又更进一步:"KAN"虽内含第二人称代词,但它已经可以自由当一个标记来使用,后面可接任何人称代词或普通名词,因此是一个发展成熟的伴随者、来源、受益者、对象、受事者标记了。

关于受事者标记,除了标记形式也就是虚词形式的差异外,还有一个与句式有关的差异,即在"摎/同/将 + NP + VP"格式中,VP 是否可以允许光杆动词的形式(如"佢摎/同/将老弟打")?根据我们的调查,东势客家话可以接受 VP 为光杆动词,但其他腔调的接受度则相当低。一般认为处置式中的谓语动词可为光杆动词是闽南语的特色,则东势客家话在这个句式上或许受了闽南语的影响。

### (三) 状态或程度补语标记

状态或程度补语标记的用法相当于共同语的"得",如"唱得非常好""累得气都喘不过来"等。共同语偶尔也用"到",如"有些生物小到连眼睛都看不见",后者往往具有某种趋向义,意即趋向某种程度的极限(终点),也可以归类为趋向补语的一种(吴福祥,2002)。客语的状态或程度补语标记以下列句子为例:

⑦名讲煮分佢食,煮__恁样无味无绪,喊佢仰般食?
⑧听着雷公响,佢惊__遽遽囥到被肚。
⑨佢写字写__尽/已正板。

台湾客家话所呈现的方言差异为：四县客语一律用"到"to$^5$，海陆客语"到"与上声的to$^3$（本字也可能是"到"，以下to$^5$与to$^3$分别写为"到$^5$"与"到$^3$"）两可，至于东势客语的to$^1$读为中平调，相当于该方言的阴平调，应为"到"的弱化。① 至于南四县，则几乎不使用"到"，而用由动量词"下"弱化而来的"a$^5$"作为状态补语标记。（江敏华，2013）

众所周知，粤语中引进状态或程度补语的标记有"得"与"到"两种。两者有所分工，一般的说法为"得"表状态，而"到"表程度，彭小川（2010：148～154）将前者具体描述为"表示对动作行为或性状的一种评价和判断"，称为"评断性补语"的标记，后者则为"表示状态或动作程度很高"的"高程度补语"的标记。上述例句中，例⑦属前者，例⑧属后者，而南、北四县与东势客家话都用相同标记，可见并不具这种区别，然而，海陆客家话的内部分歧相当大，在"到$^5$"与"到$^3$"皆可的发音人（新竹海陆、桃园杨梅海陆）中，前者倾向用"到$^3$"而后者倾向用"到$^5$"。我们曾检视代表新竹海陆客家话的《海陆客语故事选集》，其中"到$^3$"与"到$^5$"的数量几乎平分秋色，而两者的区别也并非泾渭分明。此外，也有部分发音人只使用一种标记，如花莲海陆发音人全部用"到$^5$"，新屋海陆发音人一律用"到$^3$"。综合以上的观察，我们合理怀疑部分海陆客家话曾具有如粤语"状态/程度"的区别，但目前这种区别已逐渐消失了。

例⑨这种补语为形容词短语的句式，东势客家话还可以用平声、中平调的hi$^1$，或完全不加任何标记的零形式。hi$^1$为"去"的弱化形式，以"去"作为状态/程度补语在广东大埔也可见到（何耿镛，1993），属于原乡即有的形式。

### （四）表"在"意的介词

台湾客家话相当于汉语共同语"在"的介词有许多不同的说法，其中还包括一些台湾客家话独有且来源尚不清楚的用法。以下分别说明。

#### 1. 动词前的"在"

台湾客家话中，相当于汉语共同语"在"的字读为ts$^h$oi$^1$或ts$^h$ai$^5$，前者为"在"字的白读音，后者则为文读音。不过，ts$^h$oi$^1$或ts$^h$ai$^5$并不是台湾客家话最常用来表示存在的动词，或是最常用来引介处所的介词。以下列句子为例：

⑩响雷公个天，毋好＿大树下寄雨。

例⑩中的空格处虽然可以用本字为"在"的ts$^h$oi$^1$，但除东势外，各地都有其他更常见的形式，形式相当分歧、语源不完全清晰且各形式在台湾的分布范围也尚不明朗。以各次方言可以使用的形式而言，台湾客家话在动词前相当于"在"意的介词所呈现方言差异为：

（1）四县为主。①"到"to$^5$：北部四县话常见。②"□"t$^h$o$^1$、t$^h$e$^1$：北部四县话也

---

① 江敏华（2007）根据原为去声的"去"也弱化为阴平，推论"to$^1$"应原为去声。但事实上无法完全排除由上声的"到"弱化而来的可能性。

常见 $t^ho^1$，$t^he^1$ 则常见于南部四县话。$t^he^1$ 应与 $t^ho^1$ 同源，它可能是 $t^ho^1$ 的变体，因声母偏前而元音前化，也可能是 $t^ho^1$ 与远指代词（k）$e^5$ 的合音。此外还有 $t^hi^1$、$ts^hi^1$、$ke^1$ 等不同的形式①，本字不明。

（2）海陆为主。①"着" $tu^5$：新竹海陆客家话，有时还弱化（促化）为 $tut^8$②。②"坐" $ts^ho^1$：见于新竹新埔。③"着" $ts^hok^7/tʃ^hok^7$：零星见于新竹湖口等地。

（3）分布不明："$ti^5$"。桃园或新竹以外的海陆客家话常见 $ti^5$，部分北部四县客家话也用，但 $ti^5$ 在北四县客语的分布仍不十分明朗，部分的发音人表示从未使用这个词，部分发音人则认为很常用。据笔者的片面了解，使用 $ti^5$ 为主要引介处所的介词的发音人多在居住地或原乡来源上有海陆语言背景。

2. 动词后的"在"

动词后的"在"，以下列句子为例：

⑪衫裤收落来，毋好放__外背打露。

台湾客家话所呈现的方言差异为：

（1）四县为主。①"到" $to^5$：北部四县动词前与动词后都可用"到"。②"下" $a^5$：主要见于南四县，与前面的动词结合紧密，可视为动后终点标记，故不可出现于动词前。③"□" $e^5$：见于北四县，与前面的动词结合紧密，可视为动后终点标记，故不可出现于动词前。④"在" $ts^hai^5$。

（2）海陆为主："着" $tu^5$。

（3）东势为主："在" $ts^hoi^1$。

（4）分布不明："□" $ti^5$。

必须注意的是，可以出现在动词前的"□" $t^ho^1$、$t^he^1$，并不能出现在例⑪这种动词后的位置。

## （五）方位词尾

方位词用来表示事物的相对位置或方向。"项" $hoŋ^5$ 是四县和东势客家话能产性最高的方位词之一。"项"所指方位主要为物体的上面，然而，与"项"结合的名词表示一个空间或较大范围的处所时，"项"也具有"里面""这个地方"或"范围中某处"的意思，如"园项""学校项""水窟项""禾仔项"<sub>稻丛中</sub>"禾头田项"<sub>稻田里</sub>"间项（间肚、间肚项）<sub>房间里</sub>"。"项"表示里面或范围中某处的用法中，在海陆或东势客家话中也用"肚"来表示，如"水窟项"海陆作"水窟肚"，"禾仔项"东势作"禾肚"。

---

① $t^hi^1$、$ts^hi^1$、$ke^1$ 等形式见徐兆泉（2009：272），但均未独立成词条。

② $tut^8$ 只有在语流很快的时候才会出现，促化是虚词常见的弱化现象。客语类似的现象还有表疑问的"几" $ki^3$ 经常促化为 $kit^7$，否定情态词"毋使" $m^2 sii^3$（不必）经常促化为 $m^2 siit^7$，以及人称代词"自家" $ts^hi^6 ka^1$（自己）促化成 $ts^hit^8 ka^1$，等等。

汉语的方位词有一个很重要的功能，即具有将普通名词转换成处所词的功能，如共同语"报纸""商店"是一般普通名词，必须改成"报纸上""商店里"等加上方位词的说法，才能成为处所词，作为处所介词"在"的宾语。当普通名词所表达的方位不太明确，只是为了形成处所词、满足"在+处所词"形式上的条件而加上方位词时，四县、东势客家话便使用"项"这个能产性最高的方位词，使得"项"实际上表达的方位十分广泛，超出其本意"上"，可视为具有"泛向"概念的方位词。

海陆客家话的"项"相对于四县、东势客家话而言较不发达，除了用"肚"或"头"取代四县、东势带"项"的方位词之外，海陆客家话还有一个非常发达的方位词 $ten^1$ 或 $nen^1$（以下写作"TEN"）①，用来将普通名词转成处所词，作为泛向方位词使用。此外，海陆客家话的"TEN"还具有一些四县或东势客家话的"项"所没有的用法，以《海陆短篇客语故事选集》中所观察到的"TEN"②为例。如：

1. 地名 + TEN

地名大至国家，如"土耳其 TEN"，小至地方上的小地名，如"九芎林 TEN"都有，均作为"到"或处所介词"$tu^5$"的宾语。四县客家话的地名后一般不会带方位词"项"。

2. [名词+方位词]<sub>地方名词</sub> + TEN

客家话有些地方名词本身就带有方位词，以"下"为多，如"厅下<sub>客厅</sub>""屋下<sub>家里</sub>""灶下<sub>厨房</sub>""伯公下<sub>土地公</sub>""地泥下<sub>地上</sub>""秆棚下<sub>稻草堆边</sub>"等。这些地方名词四县话一般不再加"项"，但海陆客家话还是经常在这类名词后加"TEN"以组成处所词语，如"厅下 TEN""屋下 TEN""地泥下 TEN"等。

3. 名词 + 单纯方位词 + TEN

这类例子如"眠床顶 TEN""禾埕尾 TEN""屋肚 TEN""河坝唇 TEN""深山肚 TEN"。其中，"单纯方位词+TEN"的组合大略相当于四县客家话的"单纯方位词+项"，属于合成方位词"X项"。但是像"湖边 TEN""街路个中央 TEN""眼前 TEN"等处的"TEN"，四县和东势客家话一般不会用"项"。

4. 合成方位词 + TEN

海陆客家话的合成方位词后还可以再加"TEN"，如"后背 TEN""头前 TEN""唇头 TEN""唇边 TEN""对面 TEN""包尾 TEN""前面 TEN""外位 TEN""北部 TEN""海外 TEN""顶高 TEN"。这种现象在四县客家话中一般不会用"项"。

5. 指示/疑问代名词 + TEN

这一类如"这 TEN""那 TEN""哪 TEN"，以及"这位 TEN""那位 TEN""那片 TEN""哪位 TEN"等。四县客家话基本上不用"这项""那项"，但东势客家话可以用"这项""那项"与"哪项"。

---

① 新竹海陆客语几乎一律读为 $nen^1$，$ten^1$ 我们只在台东县关山镇的刘姓海陆客家人口中调查到。这个词的本音应为 $ten^1$，海陆 $ten^1 > nen^1$ 与其持续体标记 $ten^3 > nen^3$ 的现象平行。

② 《海陆短篇客语故事选集》中此成分汉字作"宁"，标音为 $nen^1$。

海陆客语的"TEN"在 19 世纪的巴色会文献如《启蒙浅学》《圣经书节择要》与《使徒行传》中也可见到，写作"噔"，读音为 ten[1]，只不过传教士文献中的"噔"的用法较为有限，主要用于名词及代名词后，意为"……那里""……处"，并非作为方位词尾。"TEN"的本义应为表示"那里"的名词后处所成分，而在海陆客家话中发展成泛向方位词尾。

"TEN"在其他客家话中虽少见报道，但根据有限的语料，台湾饶平客家话也用"TEN"对应于四县客家话的"项"，"客委会"客语能力认证的语料中写作"丁"，如"运动坪丁"（运动场上）、"饭团肚丁"（饭团里）、"门丁"（门口）、"田丁"（田里）、"酒桌丁"（酒桌上）等。

## 四、句式差异

### （一）与"到"有关的句式

四县客家话"到"的动词后用法"V 到 L"具有两种意义，一为有界（telic）的事件，表示一种动态位移事件，如：

⑫这位行到台北车头爱几多点钟？
⑬发瘆个人，爱煞煞将佢徙到阴凉个地方。

另一种意义则是表示无界的（atelic）、均质（homogeneous）的状态，如：

⑭落雨时节，待到树下寄雨异危险。
⑮吾姐婆歇到花莲县。

"到"的两种用法，与前文所提到的客家话表"在"意的介词有关。四县客家话"到"可以作为表"在"意的处所介词，故"到"在动词后具有静态意义。海陆客家话的"到"不做处所介词用，故"到"在动词后只有动态意义。例⑭~⑮的句子基本上海陆不说，其中的"到"必须替换为 $tu^5$ 或 $ti^5$。

由于"到"本身语意不同所造成的句式差异，也反映在表达动态位移事件时，四县、海陆所用的句式不同。海陆客家话的"到"只做动词用法，故可以使用"到＋L＋来/去（＋VP）"和"来/去＋到＋L（＋VP）"两种句式，四县客家话"到"在动词前做介词使用，"到＋L＋来/去（＋VP）"会产生"从……来/去（＋VP）"的语意，因此表达动态位移事件多以"来/去＋到＋L（＋VP）"来表达。以下列句子为例：

⑯a. 四县：因为我好搞，就变成细阿妹仔来到人间寮。
⑰b. 海陆：因为我好搞，就变成细阿妹仔到人间来寮/来到人间寮。

## （二）差比句

差比句式具有 5 个相关参项：比较主体（SJ）、比较基准（ST）、比较标记（CM）、比较结果/述语（P）和比较程度标记（DM）。根据这 5 个相关参项的语序以及标记的类型，客家话的句式类型见表 3：

表 3　台湾客家话差比句句式类型

| | 丙式（无标记） | | 甲式（比字式） | | 乙式（过字式） | |
|---|---|---|---|---|---|---|
| | 丙 2 式 | 甲 1 式 | 甲 2 式 | 乙 1 式 | 乙 2 式 | 丙 1 式 |
| 结构格式 | SJ + CM + ST + DM + P（+Q） | SJ + CM + ST + P + Q | SJ + DM + P + CM + ST | SJ + P + CM + ST | SJ + P(+DM) + ST + Q | SJ(+DM) + P + ST |
| 例句 | 佢比你较高（五公分） | 佢比你高五公分 | 佢较高过你 | 佢高过你 | 佢高你五公分 | 佢较赢你 |

台湾客家话在这些类型上的差异，兼具虚词差异与句式差异。虚词差异主要表现在比较程度标记（DM）。（见表 4）

表 4　台湾客家话差比句中的比较程度标记（DM）

| 北四县 | "较" $k^ha^{5[55]}$／"□" $hat^{7[32]}$① |
|---|---|
| 南四县 | "过" $ko^{5[55]}$／$k^ha^{5[55]}$ |
| 海陆 | "较" $ha^{5[21]}$／$hau^{5[21]}$／"过" $ko^{3[13]}$ |
| 东势 | "较" $k^ha^{5[55]}$②／"过" $ko^{5[55]}$ |

句式差异方面，各地都以甲 1 式为最优势句型，甲 2 式的可接受度相当低。乙式有较大的限制，比较对象虽不限名词，但述语仅限单音节性质形容词，且不可带差量成分，但海陆客家话的乙式并没有上述的限制。又以"过"为程度比较副词的南部四县客语，并没有乙 1 式的句型，也就是不能在述语前、后都用"过"。此外，南部四县客语的"过"字有许多因程度比较副词语法化而来的其他用法，如相当于副词"太""很""更"的用法、相当于副词"再""又"的用法，以及让步条件句的用法等。其他腔调的客家话是否有这些用法，以及这些用法是否受闽南语影响，有待未来进一步的研究。

---

① "$hat^{32}$"的用法据中坜四县客语语者提供，本字不明，但不排除是"较"字促化而来的读音。

② 东势客家话去声本调为 53，但 DM 总是出现在前字，故"较"总是以去声的连读变调的形式（55）出现。

## 五、结 论

　　本文略举台湾客家话几个重要的形态、虚词及句式差异,以语法呈现的词形或类型分布,说明各大腔调的大致情形。本文的目的不在根据这些语法差异为台湾客家话重新分类,而是在现有的语种分类上,提供目前所观察到的语法差异。本文也尝试探讨这些差异形成的原因,其中大部分差异反映原乡的差异,或其形式可于台湾地区以外见到;有部分差异是由于语音变异及语法化演变路径不同所产生;此外,也有少数受闽语影响而产生的差异;等等。台湾客家话的语法差异还有许多值得发掘的现象,如给予类双宾句式有"分佢一支笔"与"分一支笔佢"两种说法,但它们在各腔调中的分布情形目前还不完全清楚,又如海陆客语有较多以变调区别不同语意的现象,都是有待进一步深入探究的议题。

**参考文献**

[1] 江敏华. 台中东势客家话35调的性质与来源 [J]. 中国文学研究, 1998 (12).
[2] 江敏华. 东势客家话"同"与"分"的语法特征及二者之间的关系 [J]. 语言暨语言学, 2006 (2).
[3] 江敏华. 东势客家话的动补结构初探 [J]. 中国语言学报, 2007 (2).
[4] 江敏华. 台湾客家话的短时貌"下":从动量词到状态/程度补语标记 [J]. 台大中文学报, 2013 (43).
[5] 江敏华. 台湾海陆客家话处所介词"TU5"的用法及来源:兼论持续体标记"TEN3"的来源[J]. Bulletin of Chinese Linguistics, 2016 (9).
[6] 钟荣富. 台湾客家语音导论 [M]. 台中:五南图书, 2004.
[7] 钟荣富. 湖广地区汉语方言鼻音尾/鼻化小称语法化 [M]. 高雄:高雄师范大学台湾语言及教学研究所, 2005.
[8] 房子钦. 台湾客家语动后体标记语法化研究 [D]. 新竹:新竹教育大学, 2015.
[9] 何耿镛. 客家方言语法研究 [M]. 厦门:厦门大学出版社, 1993.
[10] 赖淑芬. 屏东佳冬客话研究 [D]. 高雄:高雄师范大学, 2004.
[11] 赖文英. 台湾客语语法导论 [M]. 台北:台大出版中心, 2015.
[12] 林立芳. 梅县方言的"同"字句 [J]. 方言, 1997 (3).
[13] 彭小川. 广州话助词研究 [M]. 广州:暨南大学出版社, 2010.
[14] 田中智子,吴中杰. 试探究台湾美浓客家话介词"KAN"的来源 [C]. 日本中国语学会第64回全国大会, 2014.
[15] 吴中杰. 台中东势客家话的起源和形成 [C]//罗肇锦,陈秀琪. 客语千秋:第八届国际客方言学术研讨会论文集. 桃园:台湾"中央"大学客家语文研究所, 2010.
[16] 吴中杰. 台湾南、北四县音韵及其词汇比较 [R]. 田中智子. 台湾客家语南部四县话と北部四县话の比较研究报告书. 神户市:樱商会, 2016.
[17] 吴福祥. 南方方言里虚词"到(倒)"的用法及其来源 [J]. 中国语文研究, 2002 (2).
[18] 徐兆泉. 台湾四县腔海陆腔客家话辞典 [M]. 台北:南天书局, 2009.
[19] 杨永龙. 从稳紧义形容词到持续体助词:试说"定""稳定""实""牢""稳""紧"的语法化 [J]. 中国语文, 2005 (5).

[20] 叶瑞娟. 台湾南北四县客家话的语法差异：以"摎、同、将"为例［R］//田中智子、台湾客家語南部四県話と北部四県話の比較研究報告書. 神户：樱商会，2016.

[21] EVANGELISCHE MISSIONSGESELLSCHAFT IN BASEL HAK‐KA, su, khi'mun tshen'hok: first book of reading in the romanised colloquial of the Hakka‐Chinese in the province of Canton（《客家书启蒙浅学》）［Z］. Ev. Missionary Society, 1897.

[22] Evangelische Missionsgesellschaft in Basel. The new testament in the colloquial of the Hakka dialect（《新约圣书·使徒行传》）［Z］. British and Foreign Bible Society, 1883.

[23] Evangelische Missionsgesellschaft in Basel. Selected chapters from new testament（《圣经书节择要》汉字与罗马拼音对照的客语圣经节录（光绪十年新刻，香港和盛印字馆活版）［Z］. Hesheng Publishing.

[24] LAI, HUEI‐LING. A HAKKA LAU constructions: A constructional approach［J］. Language and Linguistics, 2003, 4（2）.

[25] LAI, HUEI‐LING. The semantic extension of Hakka LAU［J］. Language and Linguistics, 2003, 4（3）.

[26] LAI, HUEI‐LING. The syntactic grounding and conceptualization of Hakka BUN and LAU［J］. Concentric: Studies in Linguistics, 2004, 30（1）.

[27] SCHAANK, SIMON HARTWICH. Het Loeh‐Foeng Dialect［M］. Leiden: E. J. Brill, 1897.

# 台湾海陆客家话差比句的类型分析[①]

谢职全[1]  郑萦[2]

(1. 台湾清华大学语言研究与教学研究所;2. 台湾联合大学台湾语文与传播学系)

**【提　要】** 本文探讨台湾海陆客家话的差比句及其变式,包含无标记、"比"字句与双标记的差比句。本文语料主要来自《客语能力认证基本词汇——中级、中高级暨语料选粹》(2014),出现3种句式:"X+比+Y+较+W""X+W+过+Y"与"X+比+Y+W",其中双标记的"X+比+Y+较+W"句式的使用频率最高,双标记差比句除"比、较"之外,还有"较、过""比、过"等。此外,田野调查的语料中出现"X+W+Y"(我高他)的句式,是由"我高他一公分"省略了结果项而成,与闽南语的来源不同。

**【关键词】** 海陆客家话　差比句　类型　双标记　无标记　递比句

# 一、引　言

## 1. 研究背景及动机

新竹地区是台湾海陆客家话的大本营,我们在进行田野调查时,老人们提到比较句的说法为"我高过你",但现在大多使用"我比你高"的说法,甚至有"我较高过你"或"我比你较高"的说法,与"我比你高"相同。老人们不经意说出,"现在的人比较少这么说了,我的祖辈是这么说的",引起我们对差比句的关注。

差比句,就是两个(或多个)比较对象在程度、数量或性状等方面有差别的句子(李蓝,2003:216)。就语义层面来说,比较关系指的是两个或两个以上的比项在程度、数量或性状方面,有高低、多寡、优劣等关系。

徐建芳、赖文英(2014)指出,在比较句的用法中,台湾海陆客家话比较句虽有用"过",但较常以"比"或"较"来表示程度,而台湾四县客家话则常使用"过"的比较句;罗肇锦(1984)提到"较"及"比"和"较"同时搭配使用,不见"过"为比较标记的差比句。搜寻《客语能力认证基本词汇——中级、中高级暨语料选粹》[②]海陆腔(2014)(下文简称《语料选粹》)的比较句,出现以"过"为比较标记的例句。

田野调查语料出现"我较高过你"或"我比你较高"的双标记例句,在《语料选粹》中却没有发现带"过"字标记的例句,显见田野调查与语料间仍有差异存在,仍有进一步

---

[①] 本文写作获得"闽南语语法分级研究Ⅱ"(MOST 105-2410-H-134-024-)计划的补助,谨在此致以谢意。

[②] 《客语能力认证基本词汇——中级、中高级暨语料选粹》共有四县、海陆、大埔、饶平、诏安等次方言版本。("客委会",2015)

讨论的空间。

2. 研究目的

李蓝（2003）整理现代汉语差比句语序类型，发现在现代汉语中 8 种差比句的类型，客家话的差比句类型有 6 种之多，客家话的差比语序类型最复杂，在台湾地区却未见详细的讨论。在大陆客家话拥有最多的句式来表达差比的概念，那么，台湾的海陆客家话呢？本文探讨台湾海陆客家话的差比句及其变式，包含无标记的差比句，并讨论双标记差比句。在台湾的海陆客家话的差比句具有哪些类型？哪种类型使用具有优势？哪种类型的使用相对弱势？以上问题将在文中逐一进行讨论。

3. 研究方法与步骤

本文主要采用语料库语言学的研究方法，使用的语料来源为《客委会语料》海陆腔（2014），如有不足再以台湾海陆客家话文献的例句及田野调查的语料作为分析对象。

以《语料选粹》作为研究主体，通过关键词"比""较""过"的搜寻，整理出相关的差比句的例句，再以人工的方式依序判定是否符合研究主题所需，再对照黄婷婷（2009）对差比句式归纳的类型分析，整理出台湾海陆客家话的差比句类型。

4. 研究架构

本文内容除第一部分引言与第五部分结语外，第二部分简介以往研究差比句的一些议题及成果，第三部分分析台湾海陆客家话的差比句，第四部分讨论双标记差比句和无标记差比句的使用。

## 二、文献回顾

探讨汉语语法比较句的鼻祖首推《马氏文通》（1898、2004），马建忠根据印欧语中形容词的原级、比较级、最高级形式，将比较句分为平比句、差比句和极比句，开创比较句研究的先河。学者专家相继在比较句的研究上投注心力，研究的数量多且内容深入。有的学者从语言类型学的观点切入探讨，如李蓝（2003）、魏培泉（2007）、吴福祥（2010）、邓凤民（2012）、郑慧仁（2013）；有的学者从语义角度研究，如张和友（2002）、赵金铭（2002）、施其生（2012）；有的学者从句法角度研究，如熊仲儒（2007）、黄婷婷（2009）；也有学者综合句法学、语义学、语用学及认知语言学的角度论述，如史银姈（2003）。

相较大陆对比较句的研究，台湾地区对比较句的研究则相对较少，洪伟美（1987）、李佳纯（1993）、邢仁杰（2002）、赵君萍（2004）、钟绣如（2005）、张嘉绫（2012）等，分别就普通话、闽南语做过讨论。至于针对台湾客家话差比句的研究与探讨，罗肇锦（1984）、廖伟成（2010）、赖文英（2015）稍有触及，但皆止于列举例子加上简单说明，未对客家话差比句做单篇探讨。远藤雅裕（2015）对海陆客家话差比句做专文讨论，江敏华（2016）则对台湾客家话的差比句做全面性系统性的研究。下面回顾罗肇锦（1984）、李蓝（2003）、黄婷婷（2009）、石佩璇和李炜（2014）、江敏华（2016）的研究成果。

## 1. 罗肇锦（1984）

对台湾客家话的比较句的讨论并不多见，罗肇锦（1984）在特殊的句式时提及，且仅有"X+比+Y+（较）+W"[①]的句式，未见"X+W+过+Y"的句式讨论。

罗肇锦（1984：282）认为，比较句是把两件或两件以上事物加以比较叙述。客家话的比较法是"X+比+Y+（较）+W"。如：

①猪仔比狗仔（较）快大。（猪比狗快长大。）
②今年比旧年（较）冷。（今年比去年冷。）
③他做事比我（较）细心。（他做事比我细心。）

然而，何耿镛（1993）、林立芳（1997）、高然（1999）、黄婷婷（2009）在讨论客语的差比句时，都提及"X+W+过+Y"的句式。是台湾客家话没有这种句式，还是另有因素而忽略，值得我们进一步探讨与研究。

## 2. 李蓝（2003）

李蓝对比较句和差比句下了定义：比较句就是表示比较关系，且由相关的比较参项构成一定格式的句子；差比句就是两个（或多个）比较对象在程度、数量或性状等方面有差别的句子。就语义层面来说，比较关系指的是两个或两个以上的比项目在程度、数量或性状方面，有高低、多寡、优劣等关系。

李蓝以"张三比李四高"为例，"张三"是比较主体（SJ），"比"是比较标记（M），"李四"是基准（ST），"高"是比较结果（A）。以"我比他高"为例，以上列语序类型参项构成的比较句式为"SJ+M+ST+A"，本文为讨论之便改写成"X+比+Y+W"。

李蓝（2003）整理现代汉语差比句语序类型，归纳现代汉语中有8种差比句的类型，客家话差比句类型多达6种，可见客家话差比句的语序类型最复杂。（见表1、表2）

表1 现代汉语差比句的类型

| 类型 | 语序 | 例句 | 方言点 |
| --- | --- | --- | --- |
| Ⅰ | X+比+Y+W | 他比你高。 | 北京 |
| Ⅱ | X+W+过+Y | 佢大过你。（他比你大。）（韩霁，2008：56） | 广西博白 |
| Ⅲ | X+较+W+Y | 伊较好我。（他比我好。）（周长楫，1998） | 福建厦门 |

---

[①] 原文本作"甲+比+乙+（较）+性状词"，本文统一改作"X+比+Y+（较）+W"。

(续表1)

| 类型 | 语序 | 例句 | 方言点 |
|---|---|---|---|
| Ⅳ | X + 较 + W + 过 + Y | 梅县较冷过汤坑。（梅县比汤坑冷。）（高然，1999） | 广东丰顺 |
| Ⅴ | X + 比 + Y + 较 + W | 梅县比汤坑较冷。（梅县比汤坑冷。）（高然，1999） | 广东丰顺 |
| Ⅵ | X + W + 0 + Y | 我矮伊。（我比他矮。）（周长楫，1998） | 福建厦门 |
| Ⅶ | X + 是 + Y + W | 小王是小李长。（小李比小王高。）（戴昭铭，1999） | 浙江天台 |
| Ⅷ | X + Y + 哈 + W 着 | 我你哈高着。（我比你高）（贾烯儒，1994） | 青海 |

表2　8种差比句在现代汉语方言中的使用情形（李蓝，2003：220）

| 方言 | Ⅰ型 我比你高 | Ⅱ型 我高过你 | Ⅲ型 我较高你 | Ⅳ型 我较高过你 | Ⅴ型 我比你较高 | Ⅵ型 我高你（一头） | Ⅶ型 我是你高 | Ⅷ型 我你哈高着 |
|---|---|---|---|---|---|---|---|---|
| 北京官话 | + | − | − | − | − | + | − | − |
| 东北官话 | + | − | − | − | − | − | − | − |
| 胶辽官话 | + | + | − | − | − | − | − | − |
| 冀鲁官话 | + | + | − | − | − | − | − | − |
| 兰银官话 | + | − | − | − | − | − | − | + |
| 中原官话 | + | − | − | − | − | − | − | − |
| 江淮官话 | + | − | − | − | − | − | − | − |
| 西南官话 | + | − | − | − | − | + | − | − |
| 晋语 | + | − | − | − | − | − | − | − |
| 吴语 | + | + | − | − | − | − | + | − |
| 闽语 | + | + | + | − | + | + | − | − |
| 粤语 | + | + | − | − | − | − | − | − |
| 客家话 | + | + | + | + | + | + | − | − |
| 赣语 | + | + | + | − | − | − | − | − |
| 湘语 | + | + | + | − | − | + | − | − |
| 徽语 | + | − | − | − | − | − | + | − |
| 桂南平话 | + | + | − | − | − | − | − | − |
| 湘粤土话 | + | + | − | − | − | + | − | − |
| 沅陵乡话 | + | − | − | − | − | − | − | − |

徐建芳、赖文英（2014）指出，在《客语陆丰方言》（海陆客家话）出现"比"字句和"过"字句合用的例子，如"佢比我过有钱"（他比我有钱），但在李蓝（2003）整理的差比句中，并没有出现"比"字句和"过"字句合用的混合体。《客语陆丰方言》"比"字句和"过"字句合用虽仅有一例，值得我们关注，且联想台湾海陆客家话有没有这样的使用组合。

3. 黄婷婷（2009）

黄婷婷（2009）比对李蓝（2003）现代汉语存在8类差比句型，丰顺客家方言有"X + 比 + Y + W""X + 比 + Y + 较 + W""X + W + 过 + Y""X + 较 + W + 过 + Y"4类。黄婷婷以"他比你高"及"今天做什么事都比平时动作快"为例，说明就一般情形而言，这4种差比句式在表达语义上并无差别，可自由变换。

(1) X + 比 + Y + W。如：

佢比你高。（他比你高。）
今日做包个事都比成日手脚猛。（今天做什么事都比平时动作快。）

(2) X + 比 + Y + 较 + W。如：

佢比你较高。（他比你高。）
今日做包个事都比成日手脚较猛。（今天做什么事都比平时动作快。）

(3) X + W + 过 + Y。如：

佢高过你。（他比你高。）
今日做包个事都手脚猛过成日。（今天做什么事都比平时动作快。）

(4) X + 较 + W + 过 + Y。如：

佢较高过你。（他比你高。）
今日做包个事都手脚较猛过成日。（今天做什么事都比平时动作快。）

丰顺客家方言有4种差比句式，一共有3个比较标记，分别是"比"pi、"过"kuo、"较"$k^h$au，从标记的对象来看，"比""过"标记比较基准为"Y"，而"较"标记比较项目"W"。

4. 石佩璇、李炜（2014）

石佩璇、李炜（2014）指出，早期客话文献《客话读本》（1936）主要的差比句类型是双标式差比句"X + 比 + Y + 过 + W"，两个比较标记"比""过"必须同时出现。在反映广东中、东部客家方言早期面貌的《客话读本》中出现下面的差比句：

阿来比四妹过会。（阿来比四妹懂事。）
中国比日本过大。（中国比日本大。）

"X + 比 + Y + 过 + W"差比句比较结果在基准之后，句中同时采用两个比较标记"比"和"过"，作者将句中强制出现两个比较标记（比较标记可以是动词、介词、副词或其他成分）的差比句称为双标式差比句。差比句中左边的比较标记称为"前标"，右边的比较标记成为"后标"。

作者认为，双标式差比句广泛存在于不同地区的客话，是客家方言固有句式，并非"W过式"向"比W式"发展的过渡句式。"比W式"的表达范围广于双标式，在普通话的影响下，客话地区的双标式差比句有被"比W式"取代的倾向。

作者整理广东、福建、广西、四川、台湾等不同地区的客家方言，差比句在后标"过""较"的具体选择上虽有不同，但都是同时采用了前标"比"和后标"过""较"两个比较标记，双标式差比句是客家方言的常见句式。

5. 江敏华（2016）

江敏华（2016）依据李蓝（2003）整理出在台湾客家话的差比句，常见的类型有4种。

(1) X + 比 + Y + W。如：他比你高。
(2) X + W + 过 + Y。如：他高过你。
(3) X + 较 + W + 过 + Y。如：他较高过你。
(4) X + 比 + Y + 较/过 + W。如：他比你较高。/他比你过高。

至于没有出现的语序类型则包括4种。

(1) X + 较 + W + Y。如厦门：他较高我。
(2) X + W + Y。如厦门：我矮伊。（我比他矮。）
(3) Y + 是 + X + W。如浙江天台：小王是小李长。（小李比小王高。）
(4) X + Y + 哈 + W。如青海：我你哈高着。（我比你高。）

作者综合考察客家话的差比句，范围包括台湾客家话田野调查及书面语料、目前可见之各地现代客家方言材料，以及早期传教士文献。客家话差比句的共同表现为汉语史上曾出现的两种语序类型并存，一为"过"字式，另一为谓语在基准之后的"比"字式，其内部差异则表现为"过"字式的谓语类型及补语限制，以及"比"字式中必要出现的程度比较标记的词形。

6. 小结

罗肇锦（1984）首开台湾客家话对比较句的研究。李蓝（2003）从类型学角度切入，探讨现代汉语方言中差比句的使用情形，客家话的差比句式是所有汉语方言中最多者，有6种的差比句用以表达比较的概念。目前所见，黄婷婷（2009）、石佩璇和李炜（2014）等讨论了大陆的客家方言比较句，本文则以台湾海陆客家话作为对照，检视台湾海陆客家话的差比句的使用情形，并以黄婷婷（2009）对差比句归纳的句式，作为讨论句式类型的参考。

石佩璇、李炜（2014）提出的双标式差比句的概念，让我们在检视海陆客家话的双标记时有可供参考的依据。江敏华（2016）提供台湾客家话的差比句类型，我们将再检视台湾海陆客家话的类型分布。

## 三、台湾客家话差比句

罗肇锦（1984）、廖伟成（2010）分别对四县客家话及诏安客家话的比较句略做描写，远藤雅裕（2015）对海陆客家话差比句做专文讨论，江敏华（2016）则对台湾客家话的差比句做全面系统的研究。下面讨论台湾海陆客家话的差比句。

### 1. 台湾海陆客家话差比句

《语料选粹》包括词汇与语料选粹两部分，其中词汇适用于中级、中高级的用语共4962条，本文使用的语料库检索以词汇部分为主。本文以"比""较"及"过"字检索语料库，共检索出816条词汇。其中，以"比"字查询，出现63条词汇，差比句6例；以"较"字查询，出现306条词汇，差比句0例；以"过"字查询，出现423条词汇，差比句11例；再以人工操作方式，查询出"比~较"共24条词汇，差比句24例；与差比句有关的例句共有42条，差比句占语料库的0.846%。查询结果见表3。

表3　海陆客家话差比句类型的分布

| 检索项 | 差比句式 | 出现数 | 百分比 |
| --- | --- | --- | --- |
| 比~较 | X + 比 + Y + 较 + W | 24 | 0.484% |
| 过 | X + W + 过 + Y | 11 | 0.222% |
| 比 | X + 比 + Y + W | 6 | 0.121% |

从表3可以看出，《语料选粹》中"'比'字式、'较'字式混合式"的差比句使用最多，占0.484%，是使用频率最高的句式，是台湾海陆客家话的差比句的主要用法，远超过"比"字句的0.121%。

"比"字式差比句对汉语方言的影响和渗透，李蓝（2003）认为，远因是明清以来的白话文献和早期的京腔官话造成，近因则是教育的普及程度提高、传媒对社会的影响扩大、普通话的普及等因素，促使"比"字式的用法扩展。至于台湾海陆客家话"比"字式是否受到标准语影响，则有待进一步讨论。

### 2. 台湾海陆客家话差比句类型

参照黄婷婷（2009）差比句式的类型，从《客委会语料》得到台湾海陆客家话差比句类型有4类。下面依出现频率高低顺序讨论。

(1)"比"字式、"较"字式混合式：X+比+Y+较+W。如：

①固定上班比做零工较好，月月都有钱好落袋。(2-129)①
(固定上班比打零工好，每个月都有钱可入袋。)
②对细人仔来讲，药水比药粉较好势食，无像药粉恁费气。(7-137)
(对小孩子来讲，药水比药粉容易服用，不像药粉那么麻烦。)
③头摆人无爱食番薯饭，这下番薯糜比净米饭较贵食。(10-8)
(从前人不喜欢吃地瓜饭，现在地瓜稀饭比白饭卖得贵。)

"'比'字式、'较'字式混合式"的例子，《语料选粹》中出现24例，从语料库的数据分析，台湾海陆客家话的差比句以"'比'字式、'较'字式混合式"最占优势。

(2)"过"字式：X+W+过+Y。如：

④有人讲，隔夜茶毒过死蛇，敢有恁严重？(2-134)
(有人说，隔夜的茶毒性超过死蛇，真有那么严重吗？)
⑤阿舅大过天，当然爱坐上横头。(6-35)
(舅舅辈分大过天，当然要坐大位。)
⑥黄连丢苦难落嘴，胡椒细细辣过姜。(山)(10-218)
(黄连苦苦难入口，胡椒虽小辣过姜。)

"过"字式的使用，在语料库里找到11个例句。然而，仔细观察，11句里有7句是谚语或山歌词，如"隔夜茶毒过死蛇""胡椒细细辣过姜""捉鱼赢过打猎，无一盘也有一碟"属于固定用语；另外4个句子，如"收入多过支出就有盈余""支出大过收入就系亏损"，才是典型"过"字式用例。

在粤语、闽语、客家话中差比句，是以"过"为比较标记的"过"字句频繁使用(张赪，2005)，在台湾海陆客家话"过"字句的差比句，并未如大陆客家话般频繁使用。可见，在台湾海陆客家话以"过"字式表达差比的概念，处于相对弱的环节。

(3)"比"字式：X+比+Y+W。如：

⑦海路载货比陆路便宜多咧！(13-5)
(由海路载货比陆路便宜多了！)
⑧越野车个底盘比一般车仔高加尽多。(13-22)
(越野车的底盘比一般车子要高很多。)
⑨用传真机传消息比写信仔遽多咧。(13-132)
(用传真机传递消息比写信快多了。)

---

① 括号内数字，如"(2-129)"表《客语能力认证基本词汇——中级、中高级暨语料选粹》(2014)的例句编号。下同。

"比"字式在语料里出现得并不多,我们只找到6例。

3. 小结

对照李蓝(2003)的8种差比句的类型,客家话差比句类型有6种,台湾海陆客家话的差比句型一共有3种。"比"字式、"较"字式混合式是使用上最占优势的句式,语料库里有24例;"过"字式次之,有11例;"比"字式最少,只有6例。然而,"过"字式大多是固定用语,能产量低较,不具活泼性。

## 四、双标记差比句及无标记差比句

差比句里的双标记差比句及无标记差比句,前者是带有两个比较标记,后者是在句中没有出现比较标记,两者的功能一样都表达比较的概念,使用不同的句式。

1. 双标记差比句

学者如李蓝(2003)、张赪(2005)、黄婷婷(2009)、石佩璇和李炜(2014)等都讨论过双标记差比句。石佩璇、李炜(2014)综合前人研究成果,认为双标式差比句不仅是客家方言的常见句式,在同时存在多种差比句类型的客话地区,双标式差比句也是优势句式。黄婷婷(2009)考察粤东、闽西、赣南的客家方言,认为最普遍的句式是"比、较"混用的双标式差比句;石佩璇、李炜(2014)整理广东、福建、广西、四川及台湾等不同地区的客家方言差比句,在后标"过""较"的具体选择上虽有不同,但都是同时采用了前标"比"和后标"过""较"两个比较标记。

我们在《语料选粹》中搜寻出下面的例子:

⑩固定上班比做零工较好,月月都有钱好落袋。(2-129)
(固定上班比打零工好,每个月都有钱可入袋。)
⑪热天着七分裤比着长裤较凉爽。(11-80)
(夏天穿七分裤比穿长裤较凉爽。)
⑫整衫裤比做新个较费气。(11-155)
(改衣服比做新衣更费事。)

前标"比"和后标"较"双标记的差比句,在认证语料中出现24例。江敏华(2016)提到的前标"比"和后标"过"双标记的差比句,我们在田野调查的语料中也发现,如:

⑬小王比阿林过有钱。(小王比阿林还有钱。)
⑭你较高过佢。(你比他还高。)

上述例句说明,台湾海陆客家话的双标记差比句,双标可以是"比、较""比、过""较、过"等。其中,"比、过"式和《陆丰方言》"比"字句和"过"字句合用的混合

体用例一样。石佩璇、李炜（2014）双标式的前标都是"比"，后标形式有"过"和"较"标记的不同。台湾海陆客家话的"较、过"的双标记差比句是具有台湾海陆客家话特色的双标记差比句。

2. 无标记差比句

李蓝（2003）、张赪（2005）都注意到没有比较标记的差比句式。李蓝（2003）整理出汉语方言的差比句，其中没有比较标记的差比句式为"X＋W＋0＋Y"。这种差比句的特点是比较标记为零形式，可以认为是没有比较标记；另外还有递比句"一＋量词＋形容词＋一＋量词"。下面分别加以讨论。

（1）"X＋W＋0＋Y"的句式。没有比较标记的差比句，如：

⑮我悬伊。（我比他高。）（周长楫，1991）
⑯伊大汉我。（他比我高大。）（陈法今，1982）
⑰我矮伊。（我比他矮。）（周长楫，1998）
⑱我高他。（我比他高。）（李启群，2002）
⑲他大我。（他比我大。）（李启群，2002）

这些例句中，例⑮～⑰出自福建泉州、惠安及厦门，例⑱～⑲是湖南吉首话，属于西南官话。这是结果项在比较标记前的变式，比较句式应该是"比较主体＋结果项＋基准"，即"X＋W＋0＋Y"，句式中省略了比较标记。

我们在《语料选粹》中没有搜寻到类似的例句，在田野调查的语料中却有如下的对话：

⑳A：我话你撑佢差毋多平高。（我以为你和他差不多一样高。）
　B：我高佢。（我比他高。）
　B：我高佢一公分。（我比他高一厘米。）

上述的例句，是在对话的情境下产生的句子，B 在第一次答话时，回答了 A 的问话，答话的重点在说明"我比他高"，而不是"两人差不多高"的事实，在第二次答话再给出完整的句子。在语境中出现了"我高佢"，即"X＋W＋Y"的句式，但是台湾海陆客家话"我高佢"与闽南语"我悬伊"的句式相同，两者的来源却不一样。台湾海陆客家话"我＋高＋佢＋一公分"，原本的比较句式应该是"比较主体＋结果项＋基准＋差量"，改写成"X＋W＋Y＋差量"，即省略了差量"一公分"就成了"我高佢"。

（2）递比句"一＋量词＋形容词＋一＋量词"。递比句是表示程度逐渐增加或递减的比较句。（郑剑平，2012）刘丹青（2004）提出"同一主体在时间维度上的差比，可叫时间递比句"，他举普通话中"他一天比一天瘦"可转化成"一＋时间量词＋比＋一＋时间量词＋形容词"结构，而老上海话"伊一日瘦一日"则转化成"一＋量词＋形容词＋一＋量词"的结构。表示随着时间推移而逐渐增加或减少时，是把时间量词作为比较项，即采用"一＋时间量词＋比＋一＋时间量词＋形容词"的结构，而上海话则省略比较词，

直接把比较结果放在比较的两个时间量词之间，即"一＋量词＋形容词＋一＋量词"的结构。

李蓝（2003）在"X＋W＋0＋Y"差比句式中，提及这种差比句的特点是比较标记为零形式。他引下面的例子：

㉑囗个小孩日长夜大，真是一日大一日。（钱乃荣，1997）
（这个小孩日夜都在长，一天比一天大。）

我们将例子改写成通式"一＋量词＋形容词＋一＋量词"，表示程度的累进或递减，表达出差比的意思。在《语料选粹》中没有这种形式的例句出现，在田野调查时有下面的例句：

㉒五月节过，水落一摆热一摆。
（端午节过后，每下一次雨就热一次。）
㉓细人仔一日大一日，赴毋掣买衫着。
（小孩子一天比一天长大，来不及帮他买衣服穿。）
㉔老人家看一回少一回。
（老人家每看一次就减少一次见面的机会。）

这种的比较句式，表示程度差别的累进或递减，虽然没有比较标记的出现，仍能表达出比较的意思。

## 五、结　语

本文主要以《语料选粹》为本，以语料库语言学的研究方法，得出台湾海陆客家话的差比句式，有下面3种："'比'字式、'较'字式混合式""'过'字式"及"'比'字式"。其中，"'比'字式、'较'字式混合式"使用频率最高，"'过'字式"次之，"'比'字式"再次之。"'比'字式"是否受到标准语影响，则有待进一步讨论。

台湾海陆客家话的双标记差比句，双标可以是"比、较""较、过""比、过"等。其中，"较、过"的双标差比句在语料库中并未出现，而是在田野调查数据中出现，与广东丰顺使用的双标差比句相同，和其他客家地区的双标记差比句的前标不同，和其他地区前标为"比"，后标可能是"较、过"不同。前标为"较"，后标是"过"，是台湾海陆客家话特色的双标记差比句。"比"字式是否受到标准语影响的后续讨论，从而衍生出语言接触对句式的影响也是一个有待探讨议题。

厦门闽南话里的"我悬伊"是省略比较标记而形成，海陆客家话的"我高佢"是由"我高佢一公分"省略了差量而成。两者之间是词形相同，内涵不同。

最后，我们在文献上见到的"较、过"混用，即本文所称的"'较'字式、'过'字式混合式"并未出现在语料库，但在田野调查访问时耆老曾使用过，推估可能是语料库不够大所致，期望未来能搜罗更多语料再加以验证。

**参考文献**

[1] 邓凤民. 现代汉语与方言中差比句的句法结构分析 [J]. 汉语学习, 2012 (2).
[2] 何耿镛. 客家方言语法研究 [M]. 厦门: 厦门大学出版社, 1993.
[3] 何元建. 现代汉语比较句式的句法结构 [J]. 汉语学习, 2010 (5).
[4] 洪伟美. 汉语的比较句 [D]. 新竹: 台湾清华大学, 1987.
[5] 黄婷婷. 广东丰顺客家方言的差比句 [J]. 方言, 2009 (4).
[6] 赖文英. 台湾客语语法导论 [M]. 台北: 学生书局, 2015.
[7] 李蓝. 现代汉语方言差比句的语序类型 [J]. 方言, 2003 (3).
[8] 李佳纯. 闽南语比较句: 历时及类型的探讨 [D]. 新竹: 台湾清华大学, 1994.
[9] 梁心俞. 印度尼西亚西加地区海陆客语接触研究 [D]. 新北: 辅仁大学, 2007.
[10] 廖伟成. 台湾诏安客语介词研究: 以云林县仑背地区为例 [D]. 桃园: 台湾"中央"大学, 2010.
[11] 罗肇锦. 客语语法 [M]. 台北: 台湾学生书局, 1984.
[12] 吕嵩雁. 客语《陆丰方言》的百年语言演变析探 [M]. "客委会"奖助客家学术研究计划报告, 2007.
[13] 马建忠. 马氏文通 [M]. 北京: 商务印书馆, 2004.
[14] 施其生. 闽南方言的比较句 [J]. 方言, 2012 (1).
[15] 石佩璇, 李炜. 早期客家文献《客话读本》中的双标式差比句及其相关问题 [J]. 方言, 2014 (3).
[16] 史银姈. 现代汉语"差比句"研究 [D]. 北京: 中国社会科学院, 2003.
[17] 魏培泉. 关于差比句发展过程的几点想法 [J]. 语言暨语言学, 2007 (2).
[18] 吴福祥. 粤语差比式"X+A+过+Y"的类型学地位: 比较方言学和区域类型学的视角 [J]. 中国语文, 2010 (1).
[19] 邢仁杰. 汉语中带比的比较句 [D]. 新竹: 台湾清华大学, 2002.
[20] 熊仲儒. 现代汉语与方言中差比句的句法结构分析 [J]. 语言暨语言学, 2007 (4).
[21] 徐建芳, 赖文英. 客语《陆丰方言》之校译问题探析 [M]. "客委会"奖助客家学术研究计划报告, 2014.
[22] 袁海霞. 汉语方言中两种差量式差比句使用情况的考察 [J]. 湖北第二师范学院学报, 2008 (6).
[23] 张赪. 从汉语比较句看历时演变与共时地理分布的关系 [J]. 语文研究, 2005 (1).
[24] 张和友. 差比句否定形式的语义特征及其语用解释 [J]. 汉语学习, 2002 (5).
[25] 张嘉绫. 台湾闽南语比较句之类型分析 [D]. 高雄: 高雄师范大学, 2012.
[26] 张双庆, 郭必之. 香港粤语两种差比句的交替 [J]. 中国语文, 2005 (1).
[27] 赵金铭. 差比句语义指向类型比研究 [J]. 中国语文, 2002 (5).
[28] 赵君萍. 汉语词组与子句比较句之研究 [D]. 新竹: 台湾交通大学, 2004.
[29] 郑慧仁. 东北亚语言比较标记的类型学研究 [D]. 北京: 北京大学, 2013.
[30] 郑剑平. 朴学问津 [M]. 成都: 巴蜀书社, 2012.
[31] 钟绣如. 汉语比字比较句的句法 [D]. 嘉义: 台湾中正大学, 2005.

# 客家话"摎"的句型及教学排序研究

黄雯君 郑萦

（台湾联合大学台湾语文与传播学系）

**【提　要】**客家话教学是当前客家话传承的重要课题，而教学内容中又以语法的说明最为不易。"摎"字句是客家话中使用频率非常高且具有客家特色的句式，其研究成果相当丰富。综合言之，"摎"具有标示受事、受益、终点、来源、与同的功能。"摎"与普通话的"把"在标示受事上的用法相同，但是其余用法不同，故而学习者无法利用普通话、客语的对应关系迁移到客家话来，而必须重新学习。本文从教学语法的角度讨论"摎"的主要句型及其衍生句型，得出"摎"字句的架构；接着应用邓守信（2003）所提出的使用频率、语言差距、结构及语义复杂度等原则，将"摎"的主要句型及其衍生句型加以排序，以作为客家话"摎"字句教学的参考。另外，同样为受事标记的"将/同"比"摎"文雅，在语料中其搭配的词语语义复杂度较高，使用频率较低，因此，"将"字句在教学排序上应置于"摎"之后。

**【关键词】**"摎"字句　受事标记　句型　教学排序

## 一、引　言

　　客语教学与客语认证是当前推广及保存客语最重要的两条途径。然而，无论教学还是认证考试，皆应针对教材内容、教学进程和考试内容区分阶段和级别，以作为编写教材、实施教学、检验教学效果的依据。如多年汉语水平考试的做法，就语言本体而言，应分级的内容至少须包含词汇、汉字和语法等项目，才足以供教学和考试之用。对照目前客语研究的成果，客语词汇的分级方面有江俊龙先生2007—2014年进行一系列客语语料库的建置和词频研究；客语汉字方面则有"客家语书写推荐用字小组"研订之客家语常用字，以及后续订定的客语用字。可是，语法方面的分级成果却付之阙如。

　　教学内容中以语法的说明最为不易。如若想为客语语法区分阶段和级别，在语法项目中，应当先选择什么进行分类和分级呢？我们认为是句子的句型。因为句子是语法单位，同时也是说话的基本单位，而句型则是"按照句子的结构归纳出的句子类型，是语言分类的一种结果"（王明华，2001）。除此之外，也是"从众多的具体句子中抽象出来的结构模式"（张庆翔、刘焱，2005），因此，若想为客语语法进行排序和分级工作，句型的整理是首要之务。然而，回顾客语研究的发展可以知道，关于句型的分析与描述不多，而

---

① 本文写作获得"闽南语语法分级研究 II"（MOST 105 - 2410 - H - 134 - 024 - ）计划和客委会2016年度奖助客家学术研究计划"台湾新住民客语'摎'字句使用情形研究"的补助，谨在此致上谢意。

"捔"字句是客家话中使用频率非常高且具有客家特色的句式，相对来说，其研究成果也较为丰富，如林英津（1990）、赖惠玲（2003）、江敏华（2006）等主要讨论"捔"的各种语义及其用法，略及"捔"的句型。因此，本文选择"捔"字句，整理其主要句型和次类句型，以及因应教学所需之句型排序。语料来源主要有"客委会"编写的《客语能力认证基本词汇——中级、中高级暨语料选粹》（以下简称《语料选粹》）之例句、客语语法相关论文例句，以及龚万灶《阿啾箭个故乡》、詹益云《海陆客语短篇故事选集》等客家故事集。本文内容除第一和第五部分的引言与结语外，第二部分回顾以往有关"捔"句型及用法的研究，第三部分讨论客家话处置义"捔/同"字句的分类架构，第四部分尝试为"捔"字句教学加以排序。

## 二、"捔"的句型和用法回顾

客语"捔"的研究①很早便受到研究客语的语言学者的重视，如林英津（1990）、赖惠玲（2003）的一系列研究和江敏华（2006）等专篇论文皆有专门的论述，客语语法书中也多有提及，但是关于"捔"字句的上、下位句式的整理却相当少见。历来关于汉语"把"字句的研究成果丰硕，也已经在对外汉语教学的需求上建立了"把"字句的系统分类，如刘英林（1996）、陈立元（2004）等，本部分将加以回顾。

以下先整理客语"捔"的研究，再看目前普通话"把"字句的分类成果，作为客语建立"捔"字句的句型架构之用。

罗肇锦（1988）《客语语法》、何耿镛（1993）《客家方言语法研究》、项梦冰（1997）《连城客家话语法研究》、林立芳（1997）《梅县方言语法论稿》为客语研究前辈学者所著之语法专书，受限于专书的篇幅，对"捔"字句的描述不多。

对照普通话的处置式"把"字句，《客语语法》将处置式描述为"用借词'将'放入句中把宾语提到谓语前面,这种借介词的帮助把宾语提前的句式叫处置式，表示主语对某种事物的一种处置安排"（罗肇锦，1988：257）。如：

①拜托你将门打开来。（拜托你把门打开。）

《客语语法》中的处置式以"将"为标记，未有"捔"的举例。何耿镛（1993：73～74）则认为客家话用非"把"字的一般陈述方式。如：

②佢碗打烂了。（他碗打破了。）

或用被动表示。如：

③碗分佢打烂了。（碗被他打破了。）

---

① 客语研究论文中"捔"或写作"lau""nau"或"拷"，为讨论便利，以下统一为"捔"。

但是他也提到，客家话中有介词"得"相当于普通话"把"。如：

④佢得阿叔个碗打烂。（他把叔叔的碗打破了。）

项梦冰（1997：420）认为，处置句只在谓语动词前用介词引出动词支配对象的句子，处置句表示把人怎么安排、对付，把物怎么处理，其格式为：（NP1）+将+NP2+VP。

除此之外，也认为"连城方言的处置句很不发达，在日常的口语中很不容易听到……给一种文绉绉的感觉……"（项梦冰，1997：421），多用受事前置句表示。

由以上的描述可知，上述客语语法专书认为客语多用其他方式，如一般陈述或被动句表达处置义，甚至表示处置句式给人文绉绉的感觉，可以推测现代客语中常使用的处置用法在过去或某些地区并不常见。在处置式的句式部分，仅项梦冰（1997）列出"（NP1）+将+NP2+VP"的句式。

单篇文章方面，钟荣富（2003）整理41种客家话基本句型，包含简单句及复合句。处置式被列于句型24。钟荣富（2003）和何耿镛（1993）看法相同，认为客家话没有类似"把"的介词以为处置之功用。他认为，"NP1+把+NP2+VP"这样的句式移自普通话，客家话常用的处置式为"NP2，NP+VP"。林英津（1990）、赖惠玲（2003）、江敏华（2006）等主要讨论"摎"的各种语义及其用法，略及"摎"的句型。

林英津（1990）应该是第一篇专门讨论客语处置标志各种用法的文章，文中也提到方言之间处置标志有所不同，包括"lau""nau""同""将"等。林英津（1990）比较"摎"和"同"的用法。如：

⑤同佢讲下子。（跟他说一下。）
⑥这种人摎佢讲得几多。（跟他这种人，没什么好说的。）

认为"摎"和"同"两者的语法意义相同，皆为前置词，有伴随的关系意义，因此可将它们视为同义的语法词。林英津（1990）的观察，在我们的语料中也有同样的反映，因此本文也将"摎"和"同"视为同义的语法词，一并讨论。虽然林英津（1990）指出有的发音人认为"将/同"比"摎"文雅，不过就教学而言，这样的语用因素将增加学习的困难度，应列入教学排序的考虑因素。林英津（1990）认为，"摎"主要做前置词，也做连词。连词用法如：

⑦北风摎日头在该争。（北风跟太阳在那儿争吵。）

前置词用法如：

⑧这种人摎佢讲得几多。（跟他这种人，没什么好说的。）

前置词中又可以依照协同者名词组（如上句之"佢"）与动作行为或事件状态的实质关系，再分为4个次类。

第一类：引领的名词组参与活动过程，是主语名词实际的对手。这一类语句的动词多数含有需协同者参与的词汇意义。如：

⑨我毋同佢交关。（我不跟他做买卖。）
⑩我无同你相争工夫。（我不会跟你竞争。）

第二类：表示方向的意思，协同者是动作之所向。如：

⑪你爱同佢会毋着。（你得跟他道歉。）
⑫请你正同你姆讲承蒙耶。（请向您的母亲致谢。）

第三类：协同者为动作行为的处置对象，或为事件中受影响者。如：

⑬请头家同𠊎收留起来好无？（请老板您收留我好吗？）
⑭无爱㧯蚁踏死了。（别踩死蚂蚁。）

第四类：动作的结果致使事物发生变化，事情归结于协同者。如：

⑮讲爱同千金做媒人。（要给令爱做媒。）
⑯佢㧯衫洗净了。（他把衣服洗干净了。）

其中，第三小类"大致相当于标准语的'把字句'"。

赖惠玲（2003）认为，"㧯"在句中具有标示受事（patient）、受益（benefactive）、对象（goal）、来源（source）、伴随（comitative）等功能。也就是说，"㧯"的功能多样，不仅有处置一义。如（例句引自赖惠玲，2003）：

受事　佢㧯钱用净净。（他把钱用光。）
受益　阿英尽会㧯人作媒人。（阿英很会帮人做媒。）
对象　𠊎爱大声㧯别人讲客话。（我要大声和别人说客家话。）
来源　阿明㧯阿英买一坵田。（阿明向阿英买一块田。）
伴随　阿英㧯姨婆共下去街路。（阿英和姨婆一起去街上。）

上例标示受事的"㧯"为处置用法外，其余皆不是。需要注意的是，标示与伴随功能的"㧯"可分为连词和前置词两种，而它们在结构上非常相似。除此之外，赖惠玲（2003）也提出"㧯"可标示多种功能的现象。如"阿明㧯阿英买一坵田"里的"㧯"除了标示来源以外，也可解释为标示对象，这样多语义功能现象也将增加教学排序上的困难

度。赖惠玲（2003）认为，客家话的"摎"字句本身是个多义结构，要正确地理解整句话的意思，必须要整合结构中词组成分的语义，如标示对象、来源和受益者的"摎"在句型上相同，但是句型内的结构成分如谓语、"摎"所组成的短语之语义却有不同（见表1），从而造成了整句话在理解上的区别。因此，在归纳句型类别时，除了考虑句型中成分在形式上的差异外，也应将语义列入考虑。

表1 "摎"语义功能与句法成分对照

| 语义功能＼句法成分 | 谓语 | 主语 | "摎"字短语 |
| --- | --- | --- | --- |
| 目标 | 示意传递义动词 | 意愿施事 | 有意愿的有生存在 |
| 来源 | 带走义动词 | 意愿施事 | 有生存在物，不一定有意愿 |
| 受益者/受益格 | 创造义动词<br>取得义动词<br>传递动作类动词<br>服务于第三方利益 | 意愿施事 | 有生存在物，不一定有意愿 |

江敏华（2006）整理东势客家话"同"的用法。"同"可以用来标记伴随者、来源、受益者、对象，以及受事者，与赖惠玲（2003）说的"摎"的用法相近。

伴随　该一暗晡鹅同卵总下分人捧捧走。（那一天晚上，鹅连同整窝的蛋全部被人偷走了。）
来源　厥赖仔赌缴就紧同厥爸拿钱。（他的儿子好赌博，一直向他父亲拿钱。）
对象　该水鬼同佢求情。（那个水鬼向他求情。）
受益　太白星君就同佢赐两支。[太白星君就赐他两支（笋子）。]
受事　一支娘花同佢插落去。（把一支芦花插下去。）

对照林英津（1990）的4个小类，可知林英津（1990）的第一类相当于标示伴随的介词用法，第二类相当于标示对象，第三类相当于标示受事，第四类相当于标示受益。

江敏华（2006）还指出，普通话的"把"字句中的谓语结构不能是光杆动词，但是客家话没有这种限制。如：

⑰阿嫂就惊佢分财产同佢苦毒。（他的嫂嫂怕他分掉财产，就虐待他。）

文中除了分别描述"同"的用法之外，也整理了"同"字结构的谓语结构。（见表2）

表2 "同"字结构的谓语结构

| | 伴随者 | 来源 | 对象 | 受益者 | 受事者 |
|---|---|---|---|---|---|
| 同 + NP + 光杆动词 | √ | | | | √ |
| 同 + NP + 进行貌动词 | √ | | √ | | |
| 同 + NP2 + V + NP3 | √ | | √ | | |
| 同 + NP2 + V + 保留宾语 | | √ | | √ | √ |
| 同 + NP + V + 结果/趋向/数量补语 | √ | | √ | | √ |
| 同 + NP + 尝试貌或短暂貌动词 | √ | | √ | | √ |

由以上对于客语"撩""同""将"的讨论可以得知,客家话的"撩"和相关的"同",都是具有同一语法形式却有多种不同功能的多义词,客家话的"撩"不仅仅是标示受事,还标示受益者、来源、对象、伴随对象,比普通话的"把"字句更加复杂,因而增加了学习的难度。

以上讨论以林英津(1990)、赖惠玲(2003)、江敏华(2006)为基础,参考普通话既有的分类成果来建立以教学为目的的分类架构。接下来回顾普通话"把"字句的分类成果。

普通话"把"字句的分类成果丰富,且已应用于实际的教学和考试之中。以下简要说明几种分类架构。

崔希亮(1995)、吕文华(1999)、范晓(2001)归纳出15种"把"字句句型,将每一个"把"字句的结构形式描述出来,置于同一平面:

(1) S + 把 + N1 + V 在/给/到/向 + N2。如"你把书放在桌子上。/快把本子交给老师。/她把花插到花瓶里。/她把船划向湖心"。

(2) S + 把 + N1 + V 成/作/ + N2。如"我要把美元换成人民币。/她把学生当作自己的孩子"。

(3) S + 把 + N + V(一/了)V。如"请把情况谈一谈。/请你把这个句子分析分析。/他把钱数了数才放进口袋里"。

(4) S + 把 + N + V + 了/着。如"他把这件事忘了。/由于害怕,她把两眼紧闭着"。

(5) S + 把 + N1 + V + N2。如"他马上把好消息告诉了大家"。

(6) S + 把 + N + V + 时量补语。如"父亲把弟弟关了一小时"。

(7) S + 把 + N + V + 动量补语。如"他把钱数了好几遍。/请你把事情经过说一下"。

(8) S + 把 + N + V + 结果补语。如"我把衣服洗干净了"。

(9) S + 把 + N + V + 趋向补语。如"我把钱送过去了。/他已经把字典带回宿舍去了"。

(10) S + 把 + N + V + 状态补语。如"大家把教室打扫得干干净净"。

(11) S + 把 + N + V + 程度补语。如"这件事把我急死了"。

(12) S + 把 + N + 给 + V + 其他成分(多表示不如意)。如"他把我的照相机给弄坏

了"。

(13) S+把+N+一V。如"他把手一挥，站了起来"。

(14) S+把+N+AV（A=动词前修饰语）。如"他把垃圾乱扔。/他把钱往衣袋里塞"。

(15) S+把+N+V。如"我建议大会把这个提案取消"。

相对于上述的架构，刘英林（1996）的架构比较具有层次性，并将"把"字句分为甲、乙、丙、丁四级，加以排序如下：

甲级：

(1) 主+把+宾+动+一/了+动。如"你把你的意见说（一）说"。

(2) 主+把+宾+动+补$_1$。如"我把信寄走了"。

乙级：

(3) 主+把+宾$_1$+动（在/到/给）+宾$_2$。如"他把那件上衣放在床上了"。

(4) 主+把+宾+动+了/着。如"他把大衣丢了"。

丙级：

(5) 主+把+宾$_1$+动（成/作）+宾$_2$。分为两类。①主+把+宾$_1$+动+（成）+宾$_2$。如"他把试卷揉成一团了"。②主+把+宾$_1$+动+（作）+宾$_2$。如"他把老张认作父亲"。

(6) 主+把+宾+动+补$_2$。分为3类。①主+把+宾+动+时量补语。如"我们把开会的时间延长了一天"。②主+把+宾+动+动量补语。如"他爸爸把他狠狠地打了一顿"。③主+把+宾+动+介宾补语。如"我们要把这项工作推向新阶段"。④主+把+宾+动+情态补语。如"他把这马累得浑身大汗"。

(7) 主+把+宾+给+动。如"他把我的英镑给丢了"。

(8) 兼语句与"把"字句套用。如"我叫他马上派车把她送回家"。

(9) 连动句与"把"字句套用。如"我打电话让妹妹把他送回老家"。

丁级：

(10) 主+把+宾（施事）+动（不及物）+其他。如"这些天你看把大家愁成啥样了"。

(11) 主+把+宾（施事）+动+其他。如"这突发事件把我们的计划都打乱了"。

(12) ……把+宾+动+得+情态补语。如"王教授的死把他夫人哭得吃不下饭，睡不好觉"。

(13) ……把+宾+……化。如"他们决定把工厂的各项规定制度化，以加强生产管理"。

(14) ……把+宾+动+得+比……。如"我们要把自己的家乡建设得比沿海发达地区还要好"。

(15) ……把+并列宾语……。如"他把一个破旧的小包，一条脏得要命的手绢，一齐塞进口袋里"。

(16) ……把……把……把……。如"鲸鱼把人,把船,把什么都吞掉了"。

(17) 兼语句与"把"字句套用。如"你叫弟弟把这副扑克拿走吧"。

(18) "把"字句与兼语句套用。如"他把偷来的东西让人都烧了"。

(19) "把"字句与连动句套用。如"在她十六岁那年,把她给了一个姓王的工人做了媳妇"。

刘英林(1996)因对外汉语教学与考试的需求全面考察"把"字句的各种结构,还包含"把"字句与其他结构套用的复杂句。句型分类具有系统性,也已普遍地运用于对外汉语教学。关于刘英林(1996)在句型上排序的合理性已多有讨论,如邓守信(2003:312)提到"把"字句是一个极高频的句型,而刘英林(1996)的排序却倾向于学习的后阶段(丙、丁级),或是普遍认为初学者认为较难的重叠式("V—V")为排序第一的结构等,都是值得注意的原则。刘英林(1996)的分类架构具有一定的层次性,如(6)"主+把+宾+动+补$_2$"又依补语类型下分4种次类,层次分明;但是上述(6)的第④句和丁级(12)句的基本架构相同,差别只在于属于丁级的(12)句的主语较为复杂,在分类架构上应合并在一起。

陈立元(2004)将"把"字句的语义内涵概括为"A对B做了什么,使B受到影响或变化"。同时,将结构和语义列入分类原则,建立"把"字句7个基式结构、5个延伸结构,以及与其他句型并用的并用结构。如下:

Ⅰ "把"字句的基式结构

把1: S 把 OV + 时态。如"他把汽车卖了"。

把2: S 把 OV + 结果。如"他把汽车卖掉了"。

把3: S 把 OV + 趋向。如"他把汽车开出去"。

把4: S 把 OV + 重叠。如"他把汽车看了看"。

把5: S 把 OV + 范围。如"他把汽车整理了一番"。

把6: S 把 OV + 目标。如"他把汽车停在马路上""他把汽车当作好朋友"。

把7: S 把 OV + 情状。如"他把汽车洗得很干净"。

Ⅱ "把"字句的延伸结构

1.1 S 把 O(给) V (process-verb) + 时态。如"她把我的生日(给)忘了"。

1.1.1 宾语分离。如"她把橘子剥了皮"。

1.2 S 把 OV + 化。如"公司把办公室计算机化""我把做法简化"。

6.1 S 把 OAV (V=光杆动词, A=乱、到处等)。如"别把垃圾乱扔"="别把垃圾扔在每个地方"。

6.1.2 把 OV (=加以 + 双音节动词或四字格成语)。如"我们把数据加以分析"。

Ⅲ "把"字句的并用结构

"把"字句 + 一……就。如"他一回家就把电视打开""他把车子一开,就出去了"。

"把"字句 + 连"都"句。如"他把鱼连骨头都吞下去了"。

"把"字句 + "比"字句。如"他把事业看得比什么都重要"。

"把"字句+兼语句。如"你叫他把汽车开走"。
"把"字句+连动句。如"他把朋友接到家里来住"。
"把"字句+先后句。如"他先把药吃了,然后才去上班的"。
"把"字句+因果句或目的句。如"因为钱不够,所以他把房子卖了""他为了做生意把房子卖了"。
"把"字句+转折句。如"虽然他不愿意把房子卖了,可是他需要钱"。
"把"字句+条件句。如"只要他把房子卖了,就有钱做生意了"。
"把"字句+选择句。如"你还是把消息告诉他,要不然他会很担心的"。
"把"字句+被字句。如"老王被公司把他给开除了"。

陈立元(2004)将"把"字句结构延伸到与其他句型的并用,合乎语言实际的使用状况,也成为扩展客语"㧡/同"字句架构及内容时的重要参考。

相较于上述的几种分类架构,肖奚强(2009)根据吕文华(1994)和崔希亮(1995)的研究,相同结构形式的把字句往往可以概括出较为一致的语义类型。因而先排除本族人罕用的结构类型,再归纳出具有系统性的五大类,再分出几个下位句式:

Ⅰ 状动式
a. N1+把+N2+状语+V。如"暴风雨就要来了,快把羊往回赶吧"。
b. N1+把+N2+一V。如"她回到宿舍,把箱子一放,就去上课了"。
Ⅱ 动补式
a. N1+把+N2+V+在/到/给/向+N3。如:"您把枣儿放在哪儿了?"
b. N1+把+N2+V+结果补语。如"外面很冷,把围巾系好吧"。
c. N1+把+N2+V+趋向补语。如:"你把录音机带来了吗?"
d. N1+把+N2+V+情态补语。如"他把文件整理得很好"。
e. N1+把+N2+V+数量补语。如"起床后,他把小屋简单地收拾了一下"。
Ⅲ 动宾式
a. N1+把+N2+V+N3(N3为间宾)。如"我把那个盒子给空姐了"。
b. N1+把+N2+V成/作/为+N3。如"我们都把她当作家里人"。
Ⅳ 动体式
a. N1+把+N2+V(一/了)V。如"那你现在可以通通信联系联系,把我们的情况向他透露透露"。
b. N1+把+N2+V了。如"你下午把信写了"。
Ⅴ 致使式
N1+把+N2(施事)+V+其他成分。如"这些天把人愁成啥了"。

本文认为,具有系统性、层次性的分类架构有助于学习者学习客家话,也方便教材编撰者掌握整个句型架构,因而采用此种架构模式。

## 三、客家话处置义"掺/同"字句的分类架构

根据第二部分的讨论，我们可以把"掺/同"字句的基本结构定为：NP1 + 掺/同 + NP2 + VP。在这个基本结构中，又有不同的变化。下面先以标示受事的"掺"字句为例，尝试整理"掺"字句的上、下位句型。

### 1. 光杆式

NP1 + 掺/同 + NP2 + V。如"阿嫂就惊佢分财产同佢苦毒"（他的嫂嫂怕他分掉财产，就虐待他）（江敏华，2006：345）。

### 2. 状动式

NP1 + 掺/同 + NP2 + 状语 + V（来）。如"去山项系分山湖蜞巴着，毋好掺（同）佢硬挪，做得用盐刺激佢，佢会自动忒（核）"（去山上如果被蚂蟥附着到，不可硬拉，可以用盐刺激它，它会自动缩身脱落）（《语料选粹》）。

### 3. 动补式

（1）NP1 + 掺/同 + NP2 + V + 在/到/分/向 + NP3。如"有个好心人打探着，正知爱掺佢送到游民收容所"（有个好心人探听到消息，才知道要把他送到游民收容所）（《海陆客语短篇故事选集》）。

（2）NP1 + 掺/同 + NP2 + V + 结果补语（来/去/佢）。如"𠊎掺佢留下来个五分地卖忒"（我把他留下来的五分地卖掉）（《海陆客语短篇故事选集》）。

（3）NP1 + 掺/同 + NP2 + V + 趋向补语。如"佢唱个歌仔恁好听，𠊎爱用录音机掺（同）佢录起来"（他唱的歌那么好听，我要用录音机把它录起来）（《语料选粹》）。

（4）NP1 + 掺/同 + NP2 + V + 情态补语。如"四月份个禾头田掺大地打扮到当靓"（四月份的稻田将大地打扮得很美）（《语料选粹》）。

（5）NP1 + 掺/同 + NP2 + V + 数量补语。如"厥爸掺佢打一摆落去，佢就毋敢再过吵了"（自行造句）。

### 4. 动宾式

（1）NP1 + 掺/同 + NP2 + V + NP3。如"黄先生讲阿煞，又掺该印色拿分阿清"（黄先生一讲完，又把那印泥拿给阿清）（《海陆客语短篇故事选集》）。

（2）NP1 + 掺/同 + NP2 + V 做/到 + NP3。如"佢掺纸扭做一团"（他把纸扭成一团）（自行造句）。

### 5. 动体式

NP1 + 掺/同 + NP2 + VV 啊/VV 看/V 看啊/啊去。如"阿清不服，𠊎这土地有泥仔，有石牯，摸得着，踩得着，掺菜仔仁刷啊落去，佢就会生出东西来"（阿清不服，我这土地有泥土，有石头，摸得到，踩得到，把菜种子撒下去，它就会长出东西来）（《海陆客语短篇故事选集》）。

## 四、"摎"字句教学排序

目前,我们已知"摎"字句是一个具有多重语义的结构,以"摎"字句的内在排序而言,在教材中必须将几项意义的相关属性加以排序。对于非客籍人士或非以客家话为母语的学习者来说,《语料选粹》是学习客家话、准备客语认证考试的重要教材。从赖惠玲(2003)和江敏华(2006)的分析中可发现,我们可以从"NP1 + 把 + NP2 + VP"中的VP抓取可资辨别这个多义结构的信息,作为教学之用。

伴随　　VP 为 NP1 和 NP2 共同参与的行为或共有状态
来源　　VP 为取走物品的方式
对象　　VP 为非对称性的单向行为

从我们的语料中可以看到,标示受益和受事的"摎"字句,VP 的语义多元而广泛,学习者在判断"摎"字句的语义时,还应考虑"摎"所标示的名词组是 VP 之施作的受益者或处置对象。需要注意的是,从赖惠玲(2003)的成果中可知,"摎"的标示功能常有重叠的现象,因此,我们将《语料选粹》内的普通话解释作为判断标准,以排除重叠现象。我们用以上的判断方式检视《语料选粹》里共 4959 句,约 106849 字的语料,得到"摎/同"字句各种用法数量分布。(见表 3)

表 3 "摎/同"字句各种用法、数量分布

| "摎/同"字句各种用法 | 数量 | 比例 |
| --- | --- | --- |
| 标示受事者 | 21 | 9.6% |
| 标示受益者 | 31 | 14.2% |
| 标示对象 | 23 | 10.6% |
| 标示来源 | 10 | 4.6% |
| 标示伴随 | 133 | 61.0% |
| 总计 | 218 | |

从表 3 可以发现,"摎/同"的各种用法中,以伴随标记最多,比例高达 61.0%。如果以使用频率而言,相当于普通话"把"字句的处置式(标示受事)的比例不高,只有不到一成的用例。这可能与前面提及前辈学者们对于处置式的观察有关。罗肇锦(1988:257)处置式中未有以"摎"为例的句子。何耿镛(1993)认为客家话用非"把"字的一般陈述方式。项梦冰(1997:420)的研究发现,"连城方言的处置句很不发达,在日常的口语中很不容易听到……给人一种文绉绉的感觉……"。钟荣富(2003)认为,"NP1 + 把 + NP2 + VP"这样的句式移自普通话,客家话没有类似"把"的介词以为处置之功用。因为客家话也以别种表述方式,如一般表述句"番豆放到擂钵项擂末,来分老人家傍饭(把

花生放在擂钵里磨成粉状，给老人家配饭）"，因而使得处置用法在数量上不如其他用法。邓守信（2003）认为，教学排序的原则应由困难度决定，而困难度高低的特征有习得快慢、使用频率高低、是否容易化石化、病句出现频率低等。就目前所收集到的信息，仅能先就学习快慢、使用频率高低方面做一些建议。在习得快慢方面，与语言本身的结构复杂度、语义复杂度，以及来源语与目标语的距离有关。前文已提及，若我们将学习者设定为以普通话为背景的学生，客家话的"摎/同"字句除了为多义结构以外，也有客家话本身的特点（如 VP 可为光杆动词），除了标示受事的用法相近之外，其余皆无对应。所以，在教学上，"摎"字句应属困难度较高且应进行教学的项目。若从使用频率来考虑，在客家话"摎/同"的几个用法中，以伴随义的使用频率最高，因而可以优先学习。而以处置式来论，因在《语料选粹》内标示受事的用例较少，所以尚无法推论应由哪一种句式优先教学，还有待例句数量增多后再行查验。

## 五、结　语

本文尝试结合客家话"摎/同"字句的既有研究成果整理建立客家话"摎/同"字句的分类架构，定出光杆式、状动式、动补式、动宾式和动体式 5 个上位句式以及下辖之下位句式。

综合普通话及客语"把"和"摎/同"用法的讨论，可以知道，作为"受事者标记"的"摎/同"相当于普通话"把"字句中的"把"。但是其他的部分却未有对应，故而如果学习者的语言背景是以普通话作为主要语言的用户，就无法利用普通话、客语的对应关系迁移到客家话来，而必须重新学习。因此，我们从教学语法的角度建立"摎"的主要句型及其下位句型，希望得出"摎"字句的全貌及其架构。但是限于篇幅，仅能先就与普通话"把"字句对应的"摎/同"字句进行上、下位句型的分类。整体来看，在《语料选粹》的用法统计中可以知道受事用法仅占 9.6%，而"摎/同"以标示伴随义为主，这一点对于学习者来说有对应上的困难，因而也成为可否顺利迁移的难点。

除此之外，"摎"的多重用法之间具有衍生关系，词义的发展先后可能也具有难易度的差别，需待日后再行进行深入的讨论。另外，林英津（1990）提及"摎"和"同""将"并存于客家话中。如：

⑱佢摎/同/将钱用净净。（他把钱用光。）（林英津，1990）

检视《中高级语料选粹》的例句后发现，用"将"标示受事者用法的句子有 22 句，而表 3 中所统计的"摎/同"受事用法有 21 句，数量相近。对照"摎/同"字句的分类架构，"将"的受事用法则以动补式和动宾式为主。如：

⑲唐僧到西天取经，将中国个文明带到西域，又带转（归）当（盖）多佛经。（唐三藏到西天取经，将中国的文明带到西域，又带回很多佛经。）（《语料选粹》）

⑳政府为了提升国家竞争力，将国营事业转为民营化。（政府为了提升国家竞争力，

将国营事业转为民营化。)(《语料选粹》)

而林英津(1990)更指出,有的发音人认为"将/同"比"摎"文雅。这可能与"将"搭配的构句成分有关。例⑲中"唐僧到西天取经""中国个文明""西域""佛经"等,以及例句⑳中的"政府""提升国家竞争力""国营事业""民营化"等词语常用于新闻或书籍,而不常见于日常生活中。这样的词语受限于语域(register),语义精简而浓缩,因而语义复杂度和语用差异较高,使用频率相对较低,因而比"摎/同"字句更加文绉绉和文雅。这样的因素也将影响教学排序,也就是说,在教学排序上,"将"字句应排在"摎/同"字句后头。

然而,受限于语料内容的不足,以及缺乏学习者语料库可供参考,因而在教学排序的考虑上仅能就目前所知之结构复杂度、语义复杂度,以及以现有语料之频率计算提出我们的建议,这一点有待未来更多语料的验证。

## 参考文献

[1] 曹逢甫. 台湾闽南语的 ka7 字句 [C]//戴昭铭. 汉语方言语法研究和探索:首届国际汉语方言语法学术研讨会论文集. 哈尔滨:黑龙江人民出版社,2002.
[2] 陈立元. 汉语把字句教学语法 [D]. 台北:台湾师范大学,2004.
[3] 邓守信. 对外汉语教学语法:修订二版 [M]. 台北:文鹤出版社,2009.
[4] 范晓. 三个平面的语法观 [M]. 北京:北京语言文化大学出版社,1998.
[5] 龚万灶. 客话实用手册 [M]. 苗栗:龚万灶,2003.
[6] 古国顺,等. 客家语言能力认证基本词汇:初级 [M]. 新北:"客委会",2007.
[7] 古国顺,等. 客语能力认证基本词汇:中级、中高级暨语料选粹 [M]. 新北:"客委会",2008.
[8] 何耿镛. 客家方言语法研究 [M]. 厦门:厦门大学出版社,1993.
[9] 胡裕树,范晓. 试论语法研究的三个平面 [J]. 新疆师范大学学报,1985(2).
[10] 胡裕树,范晓. 有关语法研究三个平面的几个问题 [J]. 中国语文,1992(4).
[11] 黄美鸿. 台湾客家语句型教学:教材句型结构分析及教学架构之建立 [D]. 新竹:台湾新竹教育大学,2012.
[12] 江敏华. 东势客家话"同"与"分"的语法特征及二者之间的关系 [J]. 语言暨语言学,2006(2).
[13] 林英津. 论客语方言的"pun"与"lau"(/"t$^h$ung"同)[J]. C. L. A. O.,1990(1).
[14] 刘月华,潘文娱,故韡. 实用现代汉语语法:增订本 [M]. 北京:商务印书馆,2005.
[15] 刘英林. 汉语水平等级标准与语法等级大纲 [M]. 北京:高等教育出版社,1996.
[16] 罗肇锦. 客语语法 [M]. 台北:台湾学生书局,1988.
[17] 罗肇锦. 台湾的客家话 [M]. 台北:台原出版社,1990.
[18] 吕文华. 把字句的语义类型 [J]. 汉语学习,1994(4).
[19] 汪国胜. 大冶方言的"把"字句 [J]. 中国语言学报,2001(10).
[20] 肖奚强. 外国学生汉语句式学习难度及分级排序研究 [M]. 北京:高等教育出版社,2009.
[21] 项梦冰. 连城客家话语法研究 [M]. 北京:语文出版社,1997.
[22] 徐丹. 北京话中语法标记词"给"[J]. 方言,1992(1).
[23] 詹益云. 海陆客语短篇故事选集 [M]. 新竹:新竹县海陆客家语文协会,2005.

- [24] 张斌. 现代汉语描写语法 [M]. 北京：商务印书馆，2010.
- [25] 张丽丽. 处置式"将""把"句的历时研究 [D]. 新竹：台湾清华大学，2003.
- [26] 郑萦，曹逢甫. 华语句法新论：下 [M]. 台北：正中书局，2012.
- [27] 钟荣富. 客家话的基本句型初探 [C] //第二届客家学术研讨会论文集. 屏东：美和技术学院通识教育中心，2003.
- [28] 朱德熙. 语法讲义 [M]. 北京：商务印书馆，1982.
- [29] ANNE YUE – HASHIMOTO. Comparative Chinese Dialectal Grammar：Handbook for Investigators [M]. École des Hautes Études en Sciences Sociales, Centre de Recherches Linguistiques sur l'Asie Orientale, 1993.
- [30] LAI, HUEI – LING. Hakka LAU Constructions：A constructional Approach [J]. Language and Linguistics, 2003（2）.
- [31] LAI, HUEI – LING. The Semantic Extension of Hakka LAU [J]. Language and Linguistics, 4（3）.
- [32] LAI, HUEI – LING. The Syntactic Grounding and Conceptualization of Hakka BUN and LAU [J]. Concentric：Studies in Linguistics, 30（1）.

# 客语叠字词语调与语义关系研究
## ——以台湾四县、海陆腔客语 AA、AAA、AAAA 为例

徐贵荣

(台湾"中央"大学客家学院客家语文与社会科学系)

**【提　要】**客语有很丰富的重叠构词,在汉语方言中独树一帜,颇为特殊,但在很多汉语语法丛书中,无法述及,即使在汉语方言的语法书中,也极少详述提及者。尤其是像客语 AA、AAA、AAAA 这样的叠字词,非单纯词,亦非属合成词,在人们口语中,经常使用,可是一般客语方言词典没有收录。叠字词有其语调,若要提到其语调与语义的关系,更少人研究。本文叠字词从其变调开始谈起,到语调与语义的关系。方法从自身语感,访查耆老,到文献考察,举客语文学为例,做一较有系统的研究,说明叠字词 AA、AAA 第一字,AAAA 第二字需"牵声",可使语义程度加深、加强,更了解状态,且更有声情。

**【关键词】**叠字词　语调　声调　语义　牵声

# 一、引　言

目前,台湾客家依腔别,呈现"四海大平安"的说法,其实人口多寡也大概按如此排序。"四"即是四县,来自古广东省嘉应州;"海"即是海陆,来自古广东省惠州;"大"即是大埔,来自古广东省大埔县;"平"即是饶平,来自古广东省饶平县;"安"即是诏安,来自古福建省漳州府诏安县。其实除了这五腔以外,还有来自福建省漳州府的平和县,汀州府的永定、武平县,广东省的丰顺、揭阳,不过人口稀少,混居于上述五大腔中,如今长者已大部分凋零,后裔甚或已不会说母语了。

台湾到底有多少客家人口,目前无正式统计资料,不过从历年客语认证[①]报名人数及族群分布认定,说四县腔的为第一大族群,海陆腔为排行第二大的客家族群,其他除了大埔腔在台中市东势地区有形成社会语之外,饶平、诏安两腔都没有形成社会语,只在家族中沟通而已,年青一代也已几乎不会说母语。

客语的构词法中,有所谓的"重叠法",指的是:"由一个语位本身或其他语位重叠产生不同的意义的词。"(罗肇锦,1990)台湾客语各腔都有 AA、AAA、AAAA 叠字词的说法,但叠字词的构词属性如何,汉语的词典没有收录,一般的词汇学也没有谈及。近

---

① 台湾"客委会"为拯救客语流失与传承客语,自 2005 年开始举办客语初级认证考试,2007 年开始增加中级暨中高级客语认证,分四县、海陆、大埔、饶平、诏安五腔。通过中高级认证者,可参加由教育单位举办的 36 教育学分研习,并通过考试,可参与各级学校客语支持教师甄试及客语薪传的检定,传习客语。

年，赖文英（2015）提到"重叠构词"多表"状态"，对 AA 式说明音韵与意义之间的关系，而其他 AAA、AAAA 两类语调与语义的变化则鲜少说明。事实上，叠字词在我们的说话之中，使用非常频繁，尤其是说话时的语调，更关系语义甚巨，在一般的客家语法书中较无提及，故笔者尝试加以研究。

本文的研究方法，除了本身语感之外，还使用调查法，访查耆老之语调，也使用文献参考法，查阅字书与网络客家语词典，以求正确语义。

## 二、台湾四县、海陆腔客语的来源和分布[①]

### （一）四县

1. 来源

清初来自嘉应州府属镇平（今称蕉岭）、平远、兴宁、长乐（今称五华）4 县移民。

2. 分布

桃园市：中坜、平镇、龙潭、杨梅等区，八德区的霄里地区。

苗栗县：山线头份、三湾、南庄、造桥、头屋、苗栗、公馆、狮潭、大湖、泰安、卓兰、西湖、铜锣、三义 14 乡镇市，海线后龙、通宵、苑里 3 镇丘陵山区。

高雄市：美浓、杉林、甲仙、六龟 4 区。

屏东县：内埔、竹田、麟洛、佳冬、高树、万峦、新埤 7 乡镇。

花莲县：吉安、寿丰、凤林等乡镇为主（与海陆腔混居）。

台东县：以关山、玉里为主（与海陆腔混居）。

今台湾四县腔已不同于原嘉应州府属四县腔调，而是以蕉岭客家话为主，糅合各县后裔移民腔调而成的腔调。[②]

### （二）海陆

1. 来源

来自清初惠州府海丰、陆丰两县，其实多数是来自陆丰县的吉康都[③]。

2. 分布

桃园市：杨梅（与四县腔混居）、观音、新屋等区及平镇市之叶、谢、范、涂等姓氏聚落。

新竹市：东区关东桥一带。

新竹县：竹北、湖口、新丰、关西（与四县腔混居）、新埔、芎林、竹东、北埔、峨

---

① 资料取自罗肇锦《台湾的客家话》（台原出版社）、《台湾客家族群史——语言篇》（台湾"文建会"），邱彦贵、吴中杰《台湾客家地图》（猫头鹰出版社）。

② 参见罗肇锦《漳汀客家调查记》，收录于《客家文化研究通讯》1998 年创刊号，第 116 页。

③ 吉康都已于 1988 年分出陆河县，原属吉康都的五云、上砂等地归揭西县。

眉等乡镇市，及山地乡之尖石、五峰部分地区。

苗栗县：南庄、西湖等乡之部分地区。

花莲县：吉安、寿丰、光复、玉里、富里等乡镇（与四县腔混居）。

台东：池上、关山等乡镇（与四县腔混居）。

在台湾说海陆客语的客家人大都住于新竹县，族群人口较为集中，语音也颇为一致。不过，今台湾海陆腔已不同于原腔调[①]（彭盛星，2010；徐贵荣，2014），如第一人称"我"，台湾通用为 ngai$^{55}$（阳平），说 ngai$^{24}$（阴上）只在桃园市新屋、观音等区海边，说 ngoi$^{53}$（阴平）只存叶、范、彭等少数姓氏家族的长者。但今陆河县只有说 ngai$^{24}$（阴上）及叶、范、彭、周等姓氏说 ngoi$^{53}$（阴平）两类而已，没有说 ngai$^{55}$（阳平）的声调。这就说明台湾海陆腔的音调有些已经变异，与原乡有些差异。

古陆丰县吉康都包含了今陆河全县及揭西县的五云、上砂、下砂等乡镇。根据各姓氏族谱记载，来自惠州府海丰县（或陆丰县）吉康都。不过，在台湾，说海陆腔客家话的人，有人说是来自"海丰"，有人说是来自"陆丰"，不过现在名之说"海陆腔"的海陆客家人，回原乡探亲或寻根有人则说"转海丰"。为何如此？其实是因为在清世宗时雍正九年（1731），陆丰县是自海丰县析出石帆、坊廓、吉康三都成立的县，吉康都才属陆丰县，因此该地早期来台的客家人都说"讲海丰"。陆丰县成立后，较晚期来台的客家人自然说"讲陆丰"，至于简称"讲海陆"，至目前为止，尚无人考证起于何时。

## （三）四海腔

由于移民的混居、族群的接触，很多地方的四县腔和海陆腔混合成为四海腔或海四腔，如桃园市的平镇区、杨梅区，新竹县的关西镇，苗栗县的西湖、南庄等乡，东部的花莲、台东所有客家地区。据专家的调查研究，可分多种类型：主要发生在声母、韵母的交互影响，声调仍然不受影响（邓盛有，2000）。在声韵、词汇的使用上，与海陆关系密切的方言点，如关西、头份、杨梅说四县话者，基本上其声韵和海陆一致。像南庄、西湖说海陆者，与四县关系密切，其声韵自然和四县趋向一致，所以四海腔只是一个语言接触而形成的演变现象，不能成为一个语言腔调。

# 三、客语叠字词的类别与连读变调

## （一）叠字词的类别

客语叠字词的类别，主要有 AA、AAA、AAAA 这 3 类，其他还有 ABB、AAB、AABB 等。其中最为特别的是 AAA、AAAA 类，AAA 类是闽、客语共有，而 AAAA 类则是客语独有，这类构词在汉语方言中独树一帜。

AA、AAA 依其声调顺序，每类词例以阴平、阴上、阴去、阴入、阳平、阳去、阳入

---

[①] 参见彭盛星《台湾海陆客话与广东陆河客话之比较》（2008）、徐贵荣《古惠州府"海陆客家话"在台湾的分布及语音变化试析》（2014）。

的次序排列，AAAA 四字则为阳平—阳平—阴去—阴去的读法排列。（本文调名与调号的关系：阴平1、阴上2、阴去3、阴入4、阳平5、阳去7、阳入8）

(1) AA：轻轻、苦苦、正正、烙烙①、遽遽②、红红、顺顺、白白。

(2) AAA：轻轻轻、苦苦苦、正正正、遽遽遽③、红红红、顺顺顺、白白白。

(3) AAAA：唉唉唉唉④、洋洋洋洋⑤、汀汀汀汀⑥、哝哝哝哝⑦、嚁嚁嚁嚁⑧、杠杠杠杠⑨、流流流流⑩。

### (二) 叠字词的连读变调

叠字词的连读，第一字常依各方言腔调而有不同变化，有时依其方言连读变调规则而改变，有时为因应语义的需要，产生特殊的声调变化。如海陆腔客语在阴平连读时不产生前字变调，但在叠字词时，经常产生前字上扬读成上声。分述如下。

#### 1. AA

四县腔只有阴平在阴平、去声、阳入三调前产生前字连读变调，变成阳平的低平调11。海陆腔阴上、阴入两调在任何声调前，产生阳去的中平调33，以及阳入的低降短调2，可是在 AA 的叠字词时，第一字一律变成上扬的上声24，阴入及阳入都产生新调，变成上升的新短调24。

四县：轻轻（$k^h iaŋ^{24→11} k^h iaŋ^{24}$）、苦苦（$fu^{31} fu^{31}$）、正正（$tsaŋ^{55} tsaŋ^{55}$）、烙烙（$lok^2 lok^2$）、红红（$fuŋ^{11} fuŋ^{11}$）、顺顺（$sun^{55} sun^{55}$）、白白（$p^h ak^5 p^h ak^5$）。

海陆：轻轻（$k^h iaŋ^{53→24} k^h iaŋ^{53}$）、苦苦（$fu^{24} fu^{24}$）、正正（$tʃaŋ^{11→24} tʃaŋ^{11}$）、烙烙（$lok^{5→24} lok^5$）、红红（$fuŋ^{55→24} fuŋ^{55}$）、顺顺（$ʃun^{33→24} ʃun^{33}$）、白白（$p^h ak^{2→24} p^h ak^2$）。

#### 2. AAA

(1) 阴平：四县腔第二字依规则产生前字变调，海陆腔则不会产生前字变调，但在此第一字一律变成上扬的上声24。

四县：光光光（$koŋ^{24} koŋ^{24→11} koŋ^{24}$）、乌乌乌（$vu^{24} vu^{24→11} vu^{24}$）、酸酸酸（$son^{24} son^{24→11} son^{24}$）。

海陆：光光光（$koŋ^{53→24} koŋ^{53} koŋ^{53}$）、乌乌乌（$vu^{53→24} vu^{53} vu^{53}$）、酸酸酸（$son^{53→24} son^{53} son^{53}$）。

---

① 烙烙：东西炖得很烂。烙，音 $lok^2/lok^5$。（四县腔/海陆腔）
② 遽遽：快点。遽，音 $kiak^2/kiak^5$。
③ 遽遽遽：非常快。
④ 唉唉唉唉：痛苦呻吟的样子。
⑤ 洋洋洋洋：水流满地的样子。
⑥ 汀汀汀汀：水滴不停的样子。
⑦ 哝哝哝哝：唠叨不停的样子。
⑧ 嚁嚁嚁嚁：小孩连续要求的样子。
⑨ 杠杠杠杠：摇晃不停的样子。
⑩ 流流流流：水流不停的样子。

(2) 上声：四县腔的第一字可变与不变，若强调语气或强调语气时，则变成上扬的阴平调24；海陆腔的第一字不变，第二字依变调规则成为中平的阳去调33。

四县：苦苦苦（$fu^{31 \to 24} fu^{31} fu^{31}$）、扁扁扁（$pien^{31 \to 24} pien^{31} pien^{31}$）、死死死（$si^{31 \to 24} si^{31} si^{31}$）。

海陆：苦苦苦（$fu^{24} fu^{24 \to 33} fu^{24}$）、扁扁扁（$pien^{24} pien^{24 \to 33} pien^{24}$）、死死死（$si^{24} si^{24 \to 33} si^{24}$）。

(3) 阴去：四县腔三字都不变，海陆腔的第一字则变为上扬的上声调24。

四县：瘦瘦瘦（$ts^h eu^{55} ts^h eu^{55} ts^h eu^{55}$）、正正正（$tsaŋ^{55} tsaŋ^{55} tsaŋ^{55}$）、怪怪怪（$kuai^{55} kuai^{55} kuai^{55}$）。

海陆：瘦瘦瘦（$seu^{11 \to 24} seu^{11} seu^{11}$）、正正正（$tʃaŋ^{11 \to 24} tʃaŋ^{11} tʃaŋ^{11}$）、怪怪怪（$kuai^{11 \to 24} kuai^{11} kuai^{11}$）。

(4) 阴入：第一字可不变，但通常都变为上扬的新短调24。

四县：烙烙烙①（$log^{2 \to 24} log^2 log^2$）、遽遽遽（$kiak^{2 \to 24} kiak^2 kiak^2$）、贴贴贴②（$tab^{2 \to 24} tab^2 tab^2$）。

海陆：烙烙烙（$log^{5 \to 24} log^5 log^5$）、遽遽遽（$kiak^{5 \to 24} kiak^5 kiak^5$）、贴贴贴（$tab^{5 \to 24} tab^5 tab^5$）。

(5) 阳平：第一字四县腔变为上扬的阴平调24；海陆腔通常不变，但在加强语气时也会变成上扬的上声调24。

四县：甜甜甜（$t^h iam^{11 \to 24} t^h iam^{11} t^h iam^{11}$）、绵绵绵③（$mien^{11 \to 24} mien^{11} mien^{11}$）、蹬蹬蹬④（$ten^{11 \to 24} ten^{11} ten^{11}$）。

海陆：甜甜甜（$t^h iam^{55 \to 24} t^h iam^{55} t^h iam^{55}$）、绵绵绵（$mien^{55 \to 24} mien^{55} mien^{55}$）、蹬蹬蹬（$ten^{55 \to 24} ten^{55} ten^{55}$）。

(6) 阳去：四县腔变为阴去，三字都不变；海陆腔第一字变成上扬的上声调24。

四县：硬硬硬（$ŋaŋ^{55} ŋaŋ^{55} ŋaŋ^{55}$）、顺顺顺（$sun^{55} sun^{55} sun^{55}$）、烂烂烂⑤（$lan^{55} lan^{55} lan^{55}$）。

海陆：硬硬硬（$ŋaŋ^{33 \to 24} ŋaŋ^{33} ŋaŋ^{33}$）、顺顺顺（$ʃun^{33 \to 24} ʃun^{33} ʃun^{33}$）、烂烂烂（$lan^{33 \to 24} lan^{33} lan^{33}$）。

(7) 阳入：四县腔三字都不变；海陆腔第一字变为上扬的新短调24，第二、第三字不变。

四县：白白白（$p^h ak^5 p^h ak^5 p^h ak^5$）、核核核⑥（$het^5 het^5 het^5$）、挅挅挅⑦（$tsat^5 tsat^5 tsat^5$）。

海陆：白白白（$p^h ak^{2 \to 24} p^h ak^2 p^h ak^2$）、核核核（$het^{2 \to 24} het^2 het^2$）、挅挅挅（$tsat^{2 \to 24}$

---

① 烙烙烙：非常烂，通常指猪脚或硬物炖煮很烂。
② 贴贴贴：平贴在地板上，比喻所剩无几。
③ 绵绵绵：非常烂，通常指饭煮太过或菜煮太烂。
④ 蹬蹬蹬：非常端正直立。
⑤ 烂烂烂：非常破、破烂不堪。
⑥ 核核核：非常固定。
⑦ 挅挅挅：非常拥挤。

tsat²tsat²）。

3. AAAA

前两字读阳平，后两字读阴去。

四县：唉唉唉唉（ai¹¹ai¹¹ai⁵⁵ai⁵⁵）、洋洋洋洋（ioŋ¹¹ioŋ¹¹ioŋ⁵⁵ioŋ⁵⁵）、汀汀汀汀（tin¹¹tin¹¹tin⁵⁵tin⁵⁵）、哝哝哝哝（ŋuŋ¹¹ŋuŋ¹¹ŋuŋ⁵⁵ŋuŋ⁵⁵）、喱喱喱喱（ŋai¹¹ŋai¹¹ŋai⁵⁵ŋai⁵⁵）、流流流流（liu¹¹liu¹¹liu⁵⁵liu⁵⁵）。

海陆：唉唉唉唉（ai⁵⁵ai⁵⁵ai¹¹ai¹¹）、洋洋洋洋（ʒioŋ⁵⁵ʒioŋ⁵⁵ʒioŋ¹¹ʒioŋ¹¹）、汀汀汀汀（tin⁵⁵tin⁵⁵tin¹¹tin¹¹）、哝哝哝哝（ŋuŋ⁵⁵ŋuŋ⁵⁵ŋuŋ¹¹ŋuŋ¹¹）、喱喱喱喱（ŋai⁵⁵ŋai⁵⁵ŋai¹¹ŋai¹¹）、流流流流（liu⁵⁵liu⁵⁵liu¹¹liu¹¹）。

AAAA式重叠词，由上列可知，四县腔与海陆腔两腔声调相反，一高一低，相当一致，语调需在第二字拉长声音，增强其语调节奏，加强其语意之程度。

## 四、客语叠字词的语调与词义

客语叠字词的语调与词义关系非常密切，如果只是照着文字读去，将平淡无奇，说话者显示不出词的真义，第一字若能先遵照特殊的变调规则，再继以牵声①或停顿，亦即拉长声音或停顿，使语调拉长，表示加深词义的程度，进而达到表达词义具有声情的境界。

### （一）语调

所谓语调（intonation），即是"句子里的声音的高低、快慢、长短、强弱的变化，其中以声音的高低变化最为显著，也最为重要。它也是一种语言单位，是任何语言都有的。同时，每一个句子都需要有一定的语调。……语调与声调是两个不同的东西，声调是一个个音节中的音高变化，语调是整个句子的音高的曲折升降的变化"②。

语调的变化也影响语句的语义。叠字词看起来虽不是句子，像是一个词组，但它除却声调的变化外，还有语调的变化，直接影响其词义。例如，在AA的叠字词中，如果声调不变，没有语调变化，其语义程度则较为轻微。四县或海陆腔若是前字声调在特殊变成上扬的声调之后在第一字像唱歌一般地牵声，若是在入声之后稍微停顿则其程度加深，使人觉得具有声情，意义更为清楚。

### （二）语调的位置

（1）A～A即比AA连读的词义程度更为加强。如"青～青"即比"青青"更青。当然，若是在AA后加"仔"e³¹（四县）/er⁵⁵（海陆），则其词义的程度就更轻微，即"青～青"最"青"，"青青"其次，"青青仔"最轻微，即A～A＞AA＞AA仔。

（2）在AAA的叠字词中，变化就更为复杂。不管是任何声调，第一字变调或不变调，但语调要牵声，即形成A～AA，其程度即更深，更能表示词义，且更具有词情。如"硬

---

① 牵声：唱歌、朗诵或说话时，将语句之中或语尾声音拉长，或有曲折的变化。
② 竺家宁等：《语言学辞典》，三民书局1989年版，第311页。

硬硬"连读没有什么意义,但把第一字拉长声音,形成曲折的语调,则表示"相当硬",即 A～AA＞AAA。

(3) AAAA 则有不一样的语调变化,若四字连读只是表明态貌,其形态若第二字牵声,则词义加深。如"洋洋洋洋"四字连读,只表明"水流四溢的样子",但若读成"洋洋～洋洋",则表明"水流四溢的非常严重的样子",词义的程度加深许多,即 AA～AA＞AAAA。

## (三) 客语文学句中的试读举隅

用客语书写的客语文学又称"客家母语文学",它有别于用普通话书写的一般客家文学。用客语书写,更能表达客语的使用,也更能表达客语的词汇、语法运用,以此来说明,更能体现客语之美。在台湾地区,客语书写越来越受重视,30 年来,已经累积不少能量及作品。下面就以曾经发表过的客语作品为例。

①相等佢睡目个样仔:目珠窟深深、鼻公垺高高高,嘴有较阔一息仔,白肉白肉、会晟着人目珠个肉脆仔。这,系𠊎做个人公仔!𠊎又偷笑了!①

文中的"深深"和"高高高",若用牵声的语调试读,其语义是否也跟着改变了?

②短窿肚项,透日水漕漕漕漕②,行路滑溜溜咘!长窿肚项,归日仔水汀汀汀汀③,暗摸叮咚。④

文中的"漕漕漕漕"和"汀汀汀汀",第二字用拉长声音的语调,是否也加深了词义的程度?

③阿姊负责起火、架樵,大姊当倚势得,火畏掌都猛猛猛,红红个火舌嫲对泥砢缝项钻出来,像爱孿食人个样,害𠊎这兜闪都远远远,无几久,泥砢斯像甜柿恁泥红啾啾咧!⑤

同样的,文中的"猛猛猛"与"远远远",其第一字语调需用牵声变调来说,如此方可表明其确切文意,使说话有节奏感及优美听觉。

---

① 彭瑞珠:《子会笑娘变猫,子会爬娘变狗嫲蛇》(第一届客语文学创作比赛第一名)。
② 漕漕漕漕:水流不停的样子。音 tso¹¹ tso¹¹ tso⁵⁵ tso⁵⁵/tso⁵⁵ tso⁵⁵ tso¹¹ tso¹¹。
③ 汀汀汀汀:水滴下不停的样子。音 tin¹¹ tin¹¹ tin⁵⁵ tin⁵⁵ / tin⁵⁵ tin⁵⁵ tin¹¹ ti¹¹。
④ 选自《恋恋十六份》,作者为本文作者,本文荣获 2009 年闽客语文学奖教师组散文类第二名,原载于 2009 年度《台湾闽客语文学奖作品集》第 48～53 页。
⑤ 刘玉蕉著:《煻窑》(大埔腔)。

## 五、结 语

经由本文的讨论研究，叠字词的语调与语义的关系非常密切，平常在说话时可能不太注意，但是说话者无心，听者有意，或是说话者有意，听者更明话中寓意，此为叠字词在话语中的特殊之处。

叠字词中的上升调，在语调与语义的关系密切，尤其在第一字，不管是四县还是海陆两腔，都有极重要的意义，甚或加重语气时，更需要上升调。

台湾客语，不管是何种腔调，叠字词 AA、AAA、AAAA 式的构词呈现，AA、AAA 第一字，AAAA 则是在第二字之后的读法，关系着语义的变化。在一般规则变调或是特殊变调之后，都需要牵声或停顿，以拉长声音，加上曲折的语调变化，则使词义程度加深，且具有声情的表现，这在汉语方言中独树一帜。

**参考文献**

[1] 邓盛有. 台湾四海话研究［D］. 新竹：台湾新竹师范学院，2000.
[2] 赖文英. 台湾客语语法导论［M］. 台北：台大出版中心，2015.
[3] 罗肇锦. 客语语法［M］. 台北：学生书局，1985.
[4] 罗肇锦. 台湾的客家话［M］. 台北：台原出版社，1990.
[5] 罗肇锦. 漳汀客家调查记［J］. 客家文化研究通讯，1998（创刊号）.
[6] 彭盛星. 台湾海陆客话和广东陆河客话之比较［J］. 台湾客家语文研究集刊，2010（1）.
[7] 邱彦贵，吴中杰. 台湾客家地图［M］. 台北：猫头鹰出版社.
[8] 台湾"教育部". 客家语常用词辞典网络［EB/OL］.［2016］http：//hakka. dict. edu. tw/hakkadict/index. htm.
[9] 徐贵荣. 古惠州府"海陆客家话"在台湾的分布及语音变化试析［C］//林清明. 第二届东江文化全国学术研讨会论文集. 广州：中山大学出版社，2014.
[10] 竺家宁，等. 语言学辞典［M］. 台北：三民书局，1989.

# 宁化客家方言动词的体貌

张 桃

（厦门大学海外教育学院）

【提　要】动词有"体"（aspect）的语法范畴，指动词所指的行为处于何种状态。宁化方言不以词的形态变化来表示动词的"体"，而是以某些助词或词语附加在动词之前或之后来表示。本文讨论的方式是：①着重分析宁化方言动词所表示的动作在过程中的情貌，也常兼及动作的时间、数量；②主要分析各种情貌在动作过程中所处的阶段，同时也讨论情貌作为整体单位与外部有关成分的关系；③所说的动词有时包括相关的形容词在内；④主要以普通话为参照系，注意从语法形式和语法意义两方面进行考察。

【关键词】宁化　客家方言　动词　"体"　"貌"

　　动词有"体"（aspect）的语法范畴，指动词所指的行为处于何种状态。印欧语的"体"表示动作的过程，即正在进行或已经完成，泛指全过程或特指开始、特指结束，多次发生或一次发生，持续不断、时断时续或瞬息即止，等等。汉语的"体"和印欧语有很大的不同，实际上已经很难用上述"体"的概念来概括。讨论汉语方言动词的体貌，主要是分析一个动作处于动作过程中的什么阶段、什么情貌以及具有什么相应的表现形式。

　　有资料显示，客家方言动词的体貌形式大同小异（见本文末表1对比），长汀、宁化两县历史上同属汀州，形式基本相同，连城县与宁化毗邻，相同之处不少，而广东梅县的变异则较多，可见地域对方言的影响是明显的。而"V+到"式和"V+到定"式，"体标记"及其与动词组合的特定关系，从一个侧面显现了宁化方言的特色。

　　宁化方言不以词的形态变化来表示动词的"体"，而是以某些助词或词语附加在动词之前或之后来表示。本文讨论的方式是：①着重分析宁化方言动词所表示的动作在过程中的情貌，也常兼及动作的时间、数量；②主要分析各种情貌在动作过程中所处的阶段，同时也讨论情貌作为整体单位与外部有关成分的关系；③所说的动词有时包括相关的形容词在内；④主要以普通话为参照系，注意从语法形式和语法意义两方面进行考察。具体讨论如下。

## 一、完成体

完成体表动作的完成、实现。常见的表达形式为"V+来""V+掉""V+到"。

1. V+来

"来"做动词时读为阳平，意义虚化后，附着在动词之后，表示动作的完成，相当于普通话的"了1"。读音也相应地发生轻音化，读为入声。如：

①你要做来作业正敢去嬉。（你要做完作业才能去玩。）
②蠢人不知好合坏，食来三碗不知荤斋。（蠢人不辨好与坏，吃了三碗还不知是荤是素。）

"来"作为体标记，紧附在动词之后，如果动词带宾语，"来"应在宾语之前，如"做来作业"。如果有后续小句时，表示前一个动作完成之后再发生另一种情况，如例①表示"做来作业"之后，才有允许"去嬉"的情况出现。

另外，普通话的"了1"加在"开""关""吃""喝"等一类动词后面，表示动作有了结果，还可以在动词前加助动词，而宁化方言同样意义的"来"不能用在祈使句和"把"字句中，也不能在动词前加助动词。如果把"来"改成"掉"，就可能成立。但这类句中的"掉"，还是实词而不是体标记。试比较：

| 普通话"了" | 宁化方言"来" | 宁化方言"掉" |
|---|---|---|
| 关了灯吧 | *关来灯罢 | 关掉灯罢 |
| 把它吃了 | *把佢食来 | 帮佢食掉 |
| 要喝了这杯 | *要啜来即杯 | 要啜掉即杯 |

"V+来"处于句末时，"来"表示动作的完成又表陈述语气。如：

③信抵写来。（信都写好了。）
④试抵考来。（考试都考完了。）

这时，"来"既是体标记也是语气助词，其作用相当于普通话的"了1+了2"。

跟普通话的"了"一样，"来"也可以放在形容词后，多表示一种变化已经完成，出现新的情况。如：

⑤不敢等到老来正来悔气。（不要等到老了才来后悔。）
⑥𠊎公公个脑毛一下子白来好多。（我外公的头发一下子白了许多。）

"V+来"没有相应的否定式，不能出现在否定句中。

此外，宁化方言的"来"还可以用于动词的前面，表示事情即将发生。下文说到已然体标记"去"亦可表将然，这时"来"和"去"可以共现。如：

⑦落掉即长个雨，天来晴开来去。（下了这么长时间的雨，天要晴了。）
⑧快滴，来下班去。（快点儿，马上要下班了。）

2. V+掉

表完成体的另一种形式是"V+掉"。体标记"掉"是由表示"完结""去除"等意

义的结果补语虚化而来的,在"食掉饭"(把饭吃了)、"话掉事"(把话说完)等语句中的"掉",意义较实在,这些句子都可转换成可能式:"食得掉——食不掉""话得掉——话不掉",因此"掉"在这类句子中,仍看作实词。但在例⑨"话掉半工人事"中,"掉"已虚化为完成体标记。

体结构"V+掉"的后面必须带有宾语。所带的宾语有3类:
(1) 受时量词或动量词修饰的名词宾语。如:

⑨话掉半工人事。(说了半天的话。)
⑩转掉两转商店。(逛了两回商店。)

(2) 由时量词或动量词构成的数量词宾语。如:

⑪即件衫着掉三四年去。(这件衣服穿了三四年了。)
⑫偓寻掉五六转抵盲寻到佢。(我找了他五六趟都没有找着。)

(3) 代词"佢"做宾语。如:

⑬不顺心个事早滴荡掉佢。(不顺心的事情早点儿忘了它。)
⑭湿鞋脱掉佢。(把湿鞋脱了。)

"掉"也可以放在形容词以及一部分可以充当结果补语的动词之后,还可以放在由这些形容词、动词组成的述补结构之后,所表达的多是令人遗憾的不好的结果。如:

⑮即多菜一下抵馊掉。(这么多的菜全都馊了。)
⑯可惜掉一个格好个人。(可惜了一个那么好的人。)
⑰箱子忒重,索抵断掉。(箱子太重,绳子都断了。)
⑱火烧屋帮佢个家底一下抵烧尽掉。(火灾把他的家当都烧光了。)

3. V+到

"到"在宁化方言里用作动词,表示达到某一点,如"火车到站"。用在动词后面时,意义发生虚化,表示动作的实现、完成。"到"做动词时读为去声,意义虚化后读音发生轻音化,读为入声。如:

⑲偓今朝一工写到五千字。(我今天写了五千字。)
⑳佢供到好多细猪仔。(她养了很多小猪。)

综上所述,"V+来""V+掉""V+到"虽然都表示动作的完成与实现,但3种形式并非都可以互换,即使可以互换,意思也可能有所变化。一般说来,"V+来"表示"动

态",比较通用;"V+掉"侧重于表示"不期待的",相对客观;"V+到"表示"期望达到的",带有主观色彩。所以,选用哪种形式应根据内容和语境而定。试比较:

| 体形式 | 秀秀去了厦门一年,高了许多。 | 表达的意义 |
| --- | --- | --- |
| V+来 | 秀秀去来厦门一年,高来好多去。 | 表示动态 |
| V+掉 | 秀秀去掉厦门一年,高掉好多去。 | 客观介绍 |
| V+到 | 秀秀去到厦门一年,高到好多去。 | 期望达到 |

## 二、进行体

进行体表示动作行为正在进行或动作造成的状态的持续。常见的表达形式有"V+到定""在+V"。

### 1. V+到定

这是固有的说法,老派多说。"到定"附着在动词之后宾语之前,表示动作正在进行,相当于普通话"V+着"。"V+到定"后面往往有别的事情发生。如:

㉑佢打即映到定书包,僆人两个去买滴东西。(他在这看着书包,我们俩去买点东西。)
㉒一帮打担人挨到定白米去长汀。(一群挑夫挑着大米去长汀。)
㉓外头落到定雨,等一下再去。(外边下着雨,等一会儿再去。)

### 2. 在+V

这是后起的说法,受普通话的影响,年轻人多说。把"在"放在动词之前,表示动作正在进行。如:

㉔爹在映书,子在做作业。(父亲在看书,儿子在做作业。)
㉕佢在做事,等一下会过来。(他在干活,等一下会过来。)
㉖人家在开会去,不敢耶耶啾。(他们在开会,不要吵吵闹闹。)

有时也可以把"在V"和"V到定"糅合成"在V到定"。如:

㉗大姊在洗到定衫,无法去嬉。(大姐正洗着衣服,没办法去玩。)
㉘公公一个人在坐到定,一下瘫也转去就不会开声去。(外公一个人坐着,突然倒下去就没声没息了。)

这种同时使用副词和助词的情形并不常见,其作用是特别强调动作正在进行中。

## 三、持续体

持续体表示动作持续进行，常见的表达方式有"紧+V""V+倒""V+倒来"。

1. 紧+V

"紧"用在动词前面，表示动作的持续。如：

㉙紧映电视时眼珠会坏掉。（一直看电视眼睛会坏的。）
㉚你紧食即个方便面样哩做得咧？（你老是吃这些方便面怎么能行呢？）

"紧V"可以重叠为"紧V紧V"，格外强调动作的持续。如：

㉛佢撞到打游戏机就要紧打紧打，人抵会畀佢急死掉。（他一打起游戏机来就没完没了，人都要被他气死了。）
㉜佢一个人在间里头紧写紧写。（他一个人在房间里不停地写啊写。）

"紧V"还可以组成"紧V抵V不C"的惯用式，表示无论如何持续地"V"，都不能达到目的。如：

㉝紧学抵学不会。（再学也学不会。）
㉞紧喊抵喊不知。（再叫也听不见。）

"紧"可以跟进行体标记"到定"在句子中共现。如：

㉟雨紧落到定，无法出去。（雨在不停地下着，无法出去。）
㊱细人哩样法紧吼到定，映下有事无。（小孩怎么不停地哭，看看有没有什么事。）

2. V+倒

"倒"用在动词后面，表示持续，相当于普通话连动式前项动词所带的助词"着"。如：

㊲大门口坐倒好几个乞食。（大门口坐着好几个要饭的。）
㊳壁上挂倒一面镜子。（墙上挂着一面镜子。）

这一结构后面必须紧接着数量结构，否则，显得更不顺溜、不现成，一般不说"＊大门口坐倒乞食""＊壁上挂倒镜子"。

3. V+倒来

"倒来"放在连动式前项动词之后，组成"V1+倒来+V2"格式，表示动作的持续方

式。如：

㊴捉倒来笞。（抓着打。）
㊵坐倒来写。（坐着写。）
㊶布娃娃抱倒来嬉。（布娃娃抱着玩儿。）
㊷地图爱放倒来睇。（地图要平放着看。）

这些例子都属于连谓结构，前项"V倒来"都表示后项的方式。如果去掉"倒来"就都不能成立，例如不能说"*捉笞""*坐写"。但是这些例子都可以去掉后项，这样一来这些句子就都变成了祈使句：捉倒来（站着）、坐倒来（坐着）、抱倒来（抱着）、放倒来（挂着）。前项动词后应连"起来"义的连动式，不宜使用"V1 + 倒来 + V2"格式，比如不能说"*挂倒来睇"。

"V + 倒来"也可以充当主语、宾语和定语。如：

㊸坐倒来较自在。（坐着更舒服。）［主语］
㊹不自在就歇倒来。（不舒服就躺着。）［宾语］
㊺拦倒来个鱼子很好捉。（拦着的小鱼很好捉。）［定语］

"倒来"还有一些情况是在特殊语境下使用的，比如穷困潦倒的人遇到盛宴，常有人半开玩笑叫他要"食倒来"，意思是尽可能地多吃。

"倒"和"来"之间还可以插入宾语，如例㊶也可说"抱倒布娃娃来嬉（抱着布娃娃玩儿）"。

## 四、经历体

经历体表示动作行为曾经发生，其表达形式为"V + 过"。如：

㊻即个水果𠊎食过，无几好食。（这种水果我吃过，不太好吃。）
㊼上个月寒过一回。（上个月冷了一阵子。）

经历体标记"过"可以跟完成体标记"来"连用，以加强该经历已经完成的意味。如：

㊽凳子早就拭过来，不会龌龊。（凳子早就擦过了，不脏。）
㊾到过来格多大城市就听来宁化滴滴细。（到过那么多大城市就觉得宁化很小。）

## 五、起始体

起始体表示动作行为的开始，体标记"起来"放在动词之后，组成"V + 起来"，表

示动作开始进行的意义。如：

㊿𠊎人一起唱起来，跳起来。（我们一起唱起来，跳起来。）
�生意做起来，一屋人就要齐心一滴。（生意做起来了，一家人就要齐心点。）

宾语 O 用于"起"和"来"之间，组成嵌宾式"V＋起＋O＋来"。如：

㊾客抵还盲来，佢自家就食起酒来来。（客人还没有来，他自己就先喝酒了。）
㊿佢好本事，还正二十岁就做起屋来去。（他真有本事，才二十岁就盖起房子来。）

嵌宾式单用时大都带表示动作完成的"来"或表示出现新情况的"去"；如果不带，往往用于"以起为承"的偏正复句前一分句，表示"提起某事件"的意义。如：

㊿求起人来，无格么好话事。（真要求人，就没有那么简单。）
㊿老王话起事来，锯抵锯不断。（老王说起话来，没完没了的。）

例㊿"求起人来"除了充当复句前分句外，还起承接"先行话语"的关联作用；例㊿"话起事来"有的学者看作"插入成分"。
"起来"之后也可加表完成的"来"和"去"。如：

㊿仔女大来，乖起来来。（孩子长大了，开始变乖了。）
㊿天气寒起来去，要加着件衫。（天气冷起来了，要多穿件衣服。）

宁化方言有时也和普通话一样，用"V＋起"表示起始貌，动词前往往有"从"引导的介词结构。如：

㊿你就从第四行写起。
㊿一切从今朝做起。

## 六、继续体

继续体表示动作行为继续进行，宁化方言体标记为"落去"，相当于普通话的"下去"，接在动词和形容词后表示事态的继续。如：

⑥⓪得佢讲落去，不要插嘴。（由他说下去，不要插嘴。）
⑥①业＊要禾栽落去来，就会有饭食。（只要秧种下去，就会有饭吃。）

继续体标记"落去"的前边也可以是形容词。如：

㉒天气恐怕还要寒落去。（天气可能还要冷下去。）

"落去"可以跟持续体标记"紧"一同出现。如：

㉓佢病得一工工紧瘦落去。（他病得一天天不断地瘦下去。）

## 七、已然体

已然体表示动作产生的状况已经成为现实，常用体标记"去"放在句子末尾来表示，相当于普通话的体标记"了2"所表达的语法意义。"去"字由趋向动词虚化而来，原本读为去声，在这里由于轻音化，读为入声。

体标记"去"表示已然时，一般都放在句子的最末尾。如：

㉔佢去掉一个多月去，到即下还盲转。（他去了一个多月了，到现在还没有回来。）
㉕还有一滴滴钱偃无畀你去。（还有一点儿钱我不给你了。）
㉖冬至过来日昼就较长去。（冬至过了，白天慢慢变得更长了。）
㉗昨日买个东西你放打何角去？——在桌上。（昨天买的东西你搁哪儿了？——在桌子上。）

如果在疑问句中，则可以在"去"后加疑问词"无"或疑问语气词。如：

㉘你认出佢系何人去无？（你认出他是谁了吗？）
㉙你先头去何角去啊？（你刚才到哪里去了？）

我们可以看到，宁化方言的"来""去""到"一经虚化便读入声，这是语音的弱化（促化），是语法虚化的伴随现象。例㉙中前后两个"去"，一个念去声，一个念入声，一实一虚，不同的声调起到不同的语法作用。

就句子所表述的事态来说，"去"可以表示已然的，也可以是将然的，表示情状即将发生变化。20世纪40年代吕叔湘著《释〈景德传灯录〉中在、著二助词》，用了两条宋儒语录的材料，指出"去"字"表事象之将然，不复可循去字本义为解"，对这种用法已经有过揭示。宁化方言中"去"字表将然的句子常有副词、能愿动词作为时间指示。如：

㉚脑毛就快白掉去。（头发就快变白了。）
㉛偃想歇去，你多人嬉下子添。（我想睡了，你们再玩一会儿吧）。

根据前文所述，"去"可以跟以下体标记在句子中一同出现："在"，如例㉖；"起

来",如例㉝、例㊲;"掉",如例㉤、例⑩;"落去",如例㉑。

"去"还可以跟进行体标记"到定"在句中共现。如:

㉒新个药早在店里卖到定去。(新的药早就在店里卖着了。)

也可以出现在单音节动词的增音重叠式后面。如:

㉓佢也日日爬起在街上乄啊乄去。(他也每天在街上转悠上了。)

在带有"紧V到定"体结构的句子末尾也可以用"去"。如:

㉔格条细猪子又在紧行到定去。(那只小猪又在不停地走着了。)

## 八、短时貌

短时貌表动作行为的短暂。宁化方言用"V+一下"和"V+一刻"来表示,"一刻"也可以说成"一刻刻""一刻刻哩""一刻刻子",强调动作量小、时短。如:

㉕不要唠唠吵吵,佢想歇一下。(不要吵吵闹闹,我想睡一会儿。)
㉖佢出去行动一下就转来。(我出去走走就回来。)
㉗你等一刻哩,佢入去换一下衫裤。(你等一会儿,我进去换一下衣服。)
㉘入屋下来坐一刻啰。(进家里来坐坐吧。)

另外,宁化方言还可以用体标记"啊"来表示时间的短暂,"啊"插在动补式中间,补语一般表趋向或结果,构成"V+啊+C趋/结"的格式,而且一般还有后续的动作行为。如:

㉙佢一映啊到英语就脑壳疾。(他一看到英语就头疼。)
㉚新屋做啊正来佢多人就搬入去来。(新房子刚做好我们就搬进去了。)
㉛东东放啊掉书包又出去嬉去。(东东一放下书包就出去玩了。)
㉜新人哩行啊入屋就端茶倒水。(新娘子一走进家门就端茶送水。)

体标记"啊"强调整个动补结构时间短暂,"映啊到""做啊正""放啊掉""行啊入"都是强调"映到""做正""放掉""行入"的行为已经实现而且实现的时间短暂,紧接着就发生另一动作或情况。这些例句中的"啊"去掉以后,动作行为的基本意义没有变,而时间短暂的意义也就消失了。"啊"在这里产生的连读音变也是一种语音的弱化现象,用来表示语义的抽象化。

## 九、尝试貌

尝试貌表示试着做一做。宁化方言以"下子"或"一下"为体标记。它们是同义变体，放在动词之后，构成"V＋下子/一下"格式。如：

㊷ 偓带偓姆来去北京嬉下子。（我带我妈去北京玩一玩。）
㊸ 偓来去田边映一下有水无。（我到地里看看有水没有。）
㊹ 你做下子即个几何题，难得要死。（你做一做这道几何题，难得要命。）
㊺ 偓来着一下香港买转来个新衫子。（我来穿穿香港买回来的新衣服。）

## 十、反复貌

反复貌表示一种动作行为反复进行到中途，逐渐转变为另一种动作行为或发生另一件事情。其常用格式为：V 啊 V 哩，VP；VVV，VP。

### 1. V 啊 V 哩，VP

体标记"啊"和"哩"放在紧缩承接复句前一分句里，组成"V 啊 V 哩，VP"格式，表示动作反复进行时，出现了情况。"啊"和"哩"的作用相当于普通话的助词"着"，句意相当于"V 着 V 着，VP"。如：

㊻ 挖啊挖哩，挖到一个花边。（挖着挖着，挖到一个银圆。）
㊼ 剁啊剁哩，搂手指公剁着。（剁着剁着，把大拇指剁伤了。）
㊽ 讲啊讲哩，声抵讲哑掉。（讲着讲着，嗓子都哑了。）

### 2. VVV，VP

以同一个单音动词重叠 3 次的方式，用在紧缩承接复句前一分句，组成"VVV，VP"格式，表示该动作反复进行时，又发生了另一个动作。如：

㊾ 话话话，两个人打起来来。（说着说着，两个人打起来了。）
㊿ 噍噍噍，噍着自家舌嘴。（嚼着嚼着，咬到了自己舌头。）
㊿ 两个细鬼子搞搞搞，一下子就吼起来来。（两个小孩儿玩着玩着，一下子就哭起来了。）

反复貌是两种动作的转化，这种转化是在第一种动作反复进行后完成的，所以有称"转变貌"，也有称"反复貌"。

值得一提的是，分门别类是为了讨论的方便，以上的分类并非是绝对的，各类之间偶

尔也有交叉的现象。体标记不同及其与动词的组合关系不同，造成了宁化方言不同的体貌形式。

近二十几年来，客家方言有关论著中对动词体貌的探讨和研究已相当深入、细致，笔者接触到的较为详细的材料有梅县方言（林立芳）、长汀方言（饶长溶）、连城方言（项梦冰），现将这些方言动词的体貌形式与宁化方言列表对比如下。（见表1）

表1 梅县、长汀、连城、宁化方言动词的体貌形式

| 种类 | 意义 | 梅县方言 | 长汀方言 | 连城方言 | 宁化方言 |
|---|---|---|---|---|---|
| 完成体 | 完成实现 | V+欸<br>V+撒 | V+黎 | V+了<br>V+撒 | V+来<br>V+掉<br>V+到 |
| 进行体 | 正在进行 | V+撑地 | 在+V<br>正+V<br>V+定黎<br>V+稳黎 | 着+V<br>打+V<br>正是着+V<br>正是打+V<br>V+泡 | V+到定<br>在+V |
| 持续体 | 持续进行 | V+等<br>V+等欸<br>V+等来 | V+起来<br>V+倒<br>V+倒来<br>V+啊+V去 | 紧+V<br>V+倒<br>V+倒来<br>V+到得<br>V+稳定 | 紧+V<br>V+倒<br>V+倒来 |
| 经历体 | 曾经发生 | V+过 | V+过 | V+过 | V+过 |
| 起始体 | 开始 | V+起事<br>V+起+O+来 | V+起来<br>V+起 | V+起来 | V+起来<br>V+起<br>V+起+O+来 |
| 继续体 | 继续 | V+落去 | V+下去<br>V+落去 | V+落去 | V+落去 |
| 已然体 | 已成事实 | 句子+意欸<br>句子+欸 | 句子+咧 | 句子+呃 | 句子+去 |
| 短时貌 | 短时 | V+阿欸 | V+啊打+C结<br>一+V+啊打+C结 | V+一下<br>V+一刻 | V+一下<br>V+一刻<br>V+啊+C趋<br>V+啊+C结 |

(续表1)

| 种类 | 意义 | 梅县方言 | 长汀方言 | 连城方言 | 宁化方言 |
|---|---|---|---|---|---|
| 尝试貌 | 尝试 | V+阿胜欸 | V+下子 | V+看<br>V+一下+看<br>V+看+一下 | V+下子<br>V+一下 |
| 反复貌 | 反复转变 | V1+阿+V1+欸<br>+V2紧+V+等紧<br>+V+等欸 | V+啊+V，VPV-VV，VP | | V+啊+V+哩，VP<br>VVV，VP |

通过对比我们可以看到，同一体貌结构在不同方言中不仅语法形式可能不同，语法意义可能有出入，适用范围也不尽相同。不同的体貌结构在不同的方言中也不是一一对应的，有可能有空缺，也可能有交叉。同源的某个助词由于语音变异，很可能在不同的方言中写成不同的汉字，因而失去了应有的联系，被误认为是不同的体标志或体结构；反之，来源不同的几个助词由于语音变异，也可能在不同的方言中或者在同一方言中写成同一个汉字，因而有可能把不同的体貌结构不恰当地归并为一类。因此，一些助词本字的考求以及从汉语源流深入追溯一些实词虚化的轨迹等研究工作显得尤为重要。

**参考文献**

［1］陈慧英．广州方言表示动态的方式［J］．中国语文，1990（2）．
［2］陈泽平．试论完成貌助词"去"［J］．中国语文，1992（2）．
［3］胡明扬．汉语方言体貌论文集［M］．南京：江苏教育出版社，1996．
［4］林立芳．梅县方言语法论稿［M］．北京：中华工商联合出版社，1997．
［5］石毓智．论现代汉语的"体"范畴［J］．中国社会科学，1992（6）．
［6］项梦冰．连城客家话语法研究［M］．北京：语文出版社，1997．
［7］张双庆．动词的体［M］．香港：香港中文大学，1996．

# 龙川客家话的"F-(neg)-VP"型问句

黄年丰

(肇庆学院文学院)

**【提 要】** 龙川客家话正反问句常见的有两种类型：一种是"阿(neg)VP"型，另一种是"neg-VP-(PRT)"，特点是发问词中由"阿"和否定词"唔"构成，麻布岗等镇保留了"阿"和否定词"唔"作为发问词，回龙、龙母、老隆等镇两者合音，通衢等镇合音后脱落韵尾，但在部分常用发问词中依然保留。"F-(neg)-VP"的句子结构和语法功能与广受学术界关注的吴方言"阿VP"问句相同，但龙川话的"阿唔VP"与选择问句"VP啊唔VP"关系密切，有可能是选择问句删去前面的动词而成的。吴语、闽语、山东牟平话的正反问和少数民族语中也有类似的报道。所以，我们认为，"F-(neg)-VP"是属于否定词前置构成的正反问句，是汉语方言正反问句的一种新类型。总之，汉语方言中的"VP-neg-VP""VP-neg?"和"F-VP"3种常见的正反问句类型其实是同一功能范围内的3种不同的语法形式，是否定词位于不同的位置而形成的。由于句法位置、词义变化和语境等因素的影响，否定词在正反问句中都有不同程度的语法化，逐渐形成不同形式的语法形式来表达中性询问。

**【关键词】** 龙川 客家话 正反问 "F-(neg)-VP"

"F-VP"问句是汉语方言里的一种特殊的疑问句式，其结构一般是在陈述句的谓语前，或者在补语、状语等谓词性成分之前插入表疑问的副词"F"，构成以"F-VP"短语为疑问焦点的问句。吴方言、北方方言(主要集中于江淮官话、中原官话、西南官话等)、闽方言等方言中的"F-VP"问句引起了广泛关注，但客赣方言的有关成果鲜见报道。李小华(2014)考察了广东、福建、江西三省部分点的客家方言，认为客家话反复问句系统中都没有"F-VP"型，只有"VP-neg-VP"型及其简式"VP-neg"。其实这一说法并不全面，张敏(1990)、刘纶鑫(1999)、黄小平等(2013)、邬明燕(2009)、邓丽君(2006)的调查显示赣南地区如全南、定南、万安、南康、兴国、大余、上犹、安远、崇义等地和广东龙川县的客家话存在"F-VP"问句。本文着重探讨的是龙川地区的"阿(唔)VP"问句，从这种问句的"F"的发音入手，尝试探讨这种句式的性质和来源。

龙川县位于广东省东北部，在东江和韩江上游，东连兴宁、五华，南邻河源，西接和平，北界江西定南、寻乌。龙川县一直被明确地定义为纯客县。谢留文、黄雪贞(2007)在新编《中国语言地图集》中将龙川归入客家话粤台片的龙华小片中。本文探讨时主要以笔者的母语县城老隆话为代表，同时也调查了其他镇的这一句式。

# 一、老隆客家话正反问句的类型

老隆客家话正反问句常见的有两种类型：一种是"阿（neg）VP"型，另一种是"neg–VP–（PRT）"。这两种类型的问句在老隆话整个疑问系统中有着重要的作用，一方面对应普通话是非问中表中性询问的"VP 吗$_1$"，另一方面对应普通话中的正反问"VP–neg–VP"等。

## 1. "阿（neg）VP"型

老隆话中的"F"有两种读音，一种是 $a^{44}$，另一种是 $am^{31}$，使用时没有什么区别。对于第二种读音，笔者曾向许多发音人反复求证，要求他们放慢速度发 am 时，所发出的音就是 $a^{44}+m^{31}$。我们猜测，老隆话中的 $am^{31}$ 是"阿"和"唔"的合音。"唔"是客家话的主要否定词，用于动词性成分的前面，表示对动作行为的否定；用于形容词前，表示对性质状态的否定。"唔"大多读自成音节的 m̩，阳平调。老隆话的阳平调的调值是 52，做前字时一般变调为 31，"唔"一般不能独立使用，通常放在其他音节前面表否定，读为 $m^{31}$。仅凭老隆镇的发音我们也不足以认定 $am^{31}$ 是"阿"和"唔"的合音，但结合龙川其他乡镇同类句式中发问词"F"的发音，我们认为这一猜测是合理的。（见表 1）

表 1　龙川正反问发问词"F"的发音类型

| 类型 | 读音 | 例句 | 代表区域 |
|---|---|---|---|
| A. 阿唔 | $a^{44}m^{31}$ | 你阿唔来？ | 麻布岗、岩镇、贝岭、细坳、上坪 |
|  | $am^{31}$ | 你 $am^{31}$ 来？ | 佗城、老隆 |
| B. 暗 | $aŋ^{31}$ | 你 $aŋ^{31}$ 来？ | 车田 |
|  | $εn^{31}$ | 你 $εn^{31}$ 来？ | 新田、赤光、龙母、回龙 |
| C. 阿 | $a^{44}$ | 你阿来？ | 老隆、四都（新派）、通衢、丰稔、鹤市、登云、锦归 |
| D. 阿不 | $a^{44}put^{3}$ | 你阿不来？ | 四都、义都、黄石（老派） |
| E. 唔 | $m^{31}$ | 你唔来（啊）？ | 上坪、车田、老隆、附城 |

在龙川上半县（北部）麻布岗镇虎头街调查时，笔者向当地人询问普通话中"你来不来？"和"你来吗？"在当地的说法，他们告诉笔者，当地一般用"你阿唔来？"同时表达普通话中的两种说法。中间的"唔"就是"不"的意思，"阿"和"唔"是各自独立的音节，每一个问句当中的"唔"都是不可缺少的。龙川北部的麻布岗、细坳、贝岭等镇情况都是如此。我们将麻布岗和老隆的"F"称为 A 型"阿唔 VP"问句，其中"阿"和"唔"分别是独立音节的为 $A_1$，老隆的合音形式 $am^{31}$ 的称为 $A_2$。

龙川北部车田有些村的"F"发音为 $aŋ^{31}$，龙川中部的回龙、田心、龙母等镇的"F"一般发音为 $εn^{31}$，我们都记为"暗"，定义为 B 型，前者是 $B_1$，后者是 $B_2$，如"你暗去？"这两种发音都是 $am^{31}$ 的语音变体，$B_1$ 的韵尾靠后，如李如龙、张双庆（1992）所言，客家话

否定词 m̥ 本字是"毋"，各点都发 m̥ 或 ŋ（阳平调）。aŋ³¹ 其实是 am³¹ 的语音变体；B₂ 是双唇音韵尾变为前鼻音，开口度也变小。黎咀镇的"唔"已经几近脱落，必须要非常留神才能听到 n 的发音。但如果请发音人放慢语速说的话，后面的辅音韵尾又接近 m，这也说明"阿"后面的韵尾 n 是由 m 发展而来的。表示否定的副词"唔"的发音在这些镇弱化，甚至开始脱落。而通衢镇 F 发音为 a⁴⁴，韵尾已经完全脱落。一般说来，发 a⁴⁴m³¹ 和 aŋ³¹ 的多见于上半县（即龙川北部），发 am³¹ 的多见于县西南地区，发 a⁴⁴ 的多见于县东南地区，发 ɛn³¹ 多见于中半县，不少镇是两种发音形式并存。北部各镇是完整的"阿唔 VP"形式，而从中部到南部各镇的发问词中的否定词则慢慢弱化甚至脱落，大概经历了这样的一个阶段：

（a）"阿唔 VP"型，否定副词"唔"是一个独立音节（鼻化声母）→（b）"唔"与前面的"阿"合音，鼻辅音 m 向 n 过渡，发音为"暗"ɛn→（c）鼻音 n 弱化→（d）完全脱落，形成"阿 VP"型。

对于这一推测，d 类"阿不 VP"问句应该是一个很好的旁证。"阿不 VP"型存在于黄石、四都和义都这 3 个镇，龙川其他镇的人也觉得这种说法比较独特，所以将这几个镇的人戏称为"阿不咿"（说"阿不"的人）。如：

①你阿不去？（你走不走？）——走。/不走。/唔走。
②渠阿不靓？（她漂亮不漂亮？）——靓。/不靓。/唔靓。
③你阿不曾食饭？（你吃不吃饭？）——食欸噜。/唔曾/不曾。

黄石、四都、义都这 3 个镇的否定词的使用独具特色，在使用"唔"的同时也使用"不"。而这 3 个镇的"F-VP"句式中的"F"也确实包含否定词"不"。目前笔者所调查到的与龙川这 3 个镇情况相同的还有和平县东水镇。这几个镇都处在东江边缘，地理位置接近，移民也同起一源①，龙川四都和和平东水都属于"老客家"，受江西话影响较大，而江西话常用的否定词是"不"，四都等镇的"不"可能来自江西。此外，在调查中我们发现，当地老一辈的人说"阿不"的频率远高于年轻人，这说明这里的"阿不 VP"型问句中的否定词也处在脱落的过程之中，现在年轻人说"阿不 VP"的已经越来越少了。四都等镇的"阿不 VP"问句的使用印证了龙川各镇发问词从"阿唔 VP"到"阿 VP"的发展。

---

① 据邵宜教授介绍，江西省北部有些地区的否定词同时使用"唔"和"不"。庄初升教授曾将龙川等地的客家话认定为老客家，受江西话影响较大，所以四都、黄石等地的"不"有可能是受江西话的影响而产生的。龙川县四都镇黄氏家谱记载："四都黄姓均属虎公裔孙，由虎公曾孙希礼公由和平迁至龙川田心洋冈头立业后，经过十代由建养公从田心上寨迁至四都壮背立业，迄今已有四百余年。"

另外，龙川各镇普遍存在如下句子：

④你阿冇笔？（你有没有笔？）
⑤你阿枚笔？（你要不要笔？）
⑥你阿眛龙川人？（你是不是龙川人？）

即使是发问词只使用 $a^{44}$，没有 $am^{31}$ 形式的通衢镇在提问时都是如此，而不会发成"*你阿爱笔？""*你阿爱笔？"表示对"有"否定的"冇"$mau^{31}$，在龙川话里只做动词，表示对领有、存在的否定，或表示没有达到某一量度。龙川话的"要"一般发音为"爱"$ɔi^{24}$，"唔"和"爱"一起容易发生合音；龙川话的"是"一般读为"系"$hɛi^{31}$，"系"在客家话里发的是一个喉塞音 h，"唔"和"系"也容易发生合音。具体表现为：

唔 $m^{33}$ + 爱 $ɔi^{24}$ ——枚 $mɔi^{24}$
唔 $m^{33}$ + 系 $hɛi^{31}$ ——眛 $mɛi^{31}$

"唔"常常与其相邻的成分发生合音，否定词与其后相邻成分发生合音，构成句法词，两个语素并为一个语素，这无论在汉语早期还是在其他语言中，都曾出现过。一般来说，如果"唔"后面是零声母单音节词或者是以 h 为声母的音节，词的使用频率比较高，在语用上属于常用词汇的，容易发生合音现象。如：

唔 $m^{33}$ + 肯 $hɛn^{24}$ ——□$mɛn^{24}$
唔 $m^{33}$ + 好 $hau^{24}$ ——孬 $mau^{24}$

这些用法普遍存在于各镇。当"阿唔 VP"型问句中其他音节前面的"唔"逐渐脱落成为"阿 VP"形式时，各镇的"阿枚"和"阿眛"都保留了"阿唔 VP"的形式。而"冇"本身就是"有"的否定形式，各镇提问都是用"阿冇"而不是"阿有"正说明了"阿"后面隐含有否定的形式。

2. "neg – VP – PRT" 型

表 1 中 E 类正反问我们可以称之为"neg – VP –（PRT）"式。老隆话中的这种问句是在谓词的前面加上否定词"唔"$m^{33}$、"盟"$mɛn^{52}$ 或"能"$nɛn^{52}$（"盟"是"唔曾"$m^{33}tsʰɛn^{52}$ 的合音，用于已然的语境，"能"是"盟"的语音变体），后面一般要加上语气词"啊"或者"哦"。如：

⑦小明今晚唔来哦？（小明今晚来不来？）
⑧你唔曾食饭啊？（你有没有吃饭？）
⑨细老哥唔咳啦？（小孩还咳嗽不咳嗽？）
⑩渠盟走欸啦？（他走了没有？）

这种句式有可能是"阿唔VP"型问句在发音较快的情况下"阿"脱落而成的,由于汉语中否定句一般的语序都是否定副词位于谓词的前面,形成"(S)－neg－VP"句式,普通话也有用"neg－VP?"进行提问的,但一般是用于反问或者求证性的偏向问,而不是中性疑问,一般读为升调,但由于脱落了"啊"的"neg－VP"在形式上与否定句相同,所以句末必须加上"啊""哦"或"啦"等语气词,形成"neg－VP－(PRT)"这样的框架结构来表示疑问。整个句子读为平调,整个框架结构表示疑问的语气,如果删去前面的否定词和后面的疑问词都不能表示中性的疑问语气。如:

⑪a. 渠唔食粥。　　　→　　(陈述句:他不喝粥?)
　b. 渠唔食粥啊/哦?　→　　(中性疑问:他喝不喝粥?)
　c. 渠唔食粥?　　↗　(求证性是非问:他不喝粥吗?)
　d. 渠食粥啊?　　→　(求证性是非问:他喝粥吗?)

所以,我们认为,这个句式中性疑问的语气是借助"neg－VP－PRT"这一结构来达成的。四都同样也有这种句式。如:

⑫你明早日不去啊?(你明天去不去?)
⑬你不曾食欸饭啦?(你吃饭了没有?)

从表义上来说,"阿(neg)VP"正反问和"neg－VP－PRT"型正反问两种类型没有区别,都是表示中性的询问,"neg－VP－PRT"比"阿(neg)VP"更依赖句末语气词,通常与句末语气词共现,读为平调。

用于询问过去已经发生的动作或事件,或某一性状是否产生变化。"阿(neg)VP"式是用"阿曾 a$^{44}$ts$^h$ɛn$^{52}$VP""阿盟 a$^{44}$mɛn$^{52}$VP"或"阿能 a$^{44}$nɛn$^{52}$VP"来提问,句末可带语气词"啦"(语气词"噜"和"啊"的合音),也可不带。"neg－VP－PRT"型正反问已然体的否定词是"唔曾"m$^{33}$ts$^h$ɛn$^{52}$、"盟"mɛn$^{52}$和"能"nɛn$^{52}$,句末一定要带语气词"啦"或"咯"("噜"和"哦"的合音)。

⑭a. 水阿曾/阿盟/阿能沸欸啦?(水开了没有?)
　b. 水唔曾/盟/能沸欸咯?
　c. *水曾沸欸啦?
　d. *水阿沸欸啦?

有时,已然体也包括行为实现的延续性的询问,即问"是否已经并且正在发生某事",VP指眼前发生的行为,如:

⑮a. 睇下渠阿曾/阿盟/阿能过来(哦)?(看看他过来了没有?)
　b. 睇下渠唔曾/盟/能过来哦?

c. *睇下渠曾过来？
d. *睇下渠阿过来？

由上可见，对于已然体进行提问，一般不能直接用"阿"来进行提问，而是"阿"加上"唔曾"来进行提问，两者常发生合音，发为"阿盟"或"阿能"，有时中间的否定词脱落，发为"阿曾"，但是不能直接用"曾"来发问。可见，发问词"阿"的作用还是很大的。

## 二、"F－（neg）－VP"的句法功能

将龙川老隆话的"阿 VP"型问句和朱德熙（1985）、刘丹青（1991）、李小凡（1990）、游汝杰（1993）、徐烈炯和邵敬敏（1999）等人文章所引用的吴语材料中的"阿 VP"句进行比较，从内部结构和语法功能来看，两者都非常相似。汉语方言中的"F－VP"格式一般都处于谓语位置，但由于"阿 VP"格式在龙川方言问句系统中的势力十分强大，基于类推作用，很容易影响到其他位置，如补语位置、宾语位置等。但"阿 VP"组合一般不能充当主语。

### （一）"阿（唔）VP"组合的功能

1. 对谓语进行提问

龙川话的"阿 VP"问句中，充当句子的谓语是"阿 VP"组合最常用的功能，VP 可以是动词性的，也可以是形容词性的。

"阿 VP"问句中的 VP 可以是单个动词，一般可以单独做谓语的动词都可以在"阿"后构成"阿 VP"问句，多是对未然体的提问。

⑯你阿（唔）食？——食。/唔食。（你吃不吃？你吃吗？——吃。/不吃。）
⑰你阿（唔）去广州？（你去不去广州？你去广州不去？）
⑱渠阿枚伊本书？（你要不要这本书？）
⑲你类阿（唔）来偓屋下食饭？——来。/唔来。（你们来不来我家吃饭？——来。/不来。）
⑳阿（唔）喊你同学来偓类屋下食饭？——喊。/唔喊。（叫不叫你同学来我们家吃饭？——叫。/不叫。）

像例⑯这样的"阿 VP"问句比较单纯，多是对未然体的提问。肯定性回答用动词的肯定式或点头，否定性回答用"唔+动词"或摇头表达。当 VP 为连动短语时，"阿"一般要位于第一个动词之前，这时疑问重心在第一个动词，回答时也只用第一个动词回答。如果连动短语第一个动词后面带有动态助词"紧""稳""等"（着）或"欸"（了）时，不能直接用"阿"作为发问词来进行提问，但可以用"阿昧"提问。

㉑ *a. 你类阿（唔）稳偓屋下食饭？
　　b. 你类阿眜来稳偓屋下食饭？

"阿"后面的形容词性成分可以是单音节形容词、双音节形容词或形容词性短语，一般不能是形容词生动形式和非谓形容词前。能在"阿VP"问句里出现的形容词多是性质形容词，状态形容词、形容词的生动形式和非谓形容词不能这么使用，在这些成分前出现的多是"阿眜"$a^{44}mei^{31}$（"眜"是"唔系"的合音，相当于"不是"）。如：

㉒a. 偓个面阿（唔）红？（我的脸红不红？）
　*b. 偓个面阿（唔）□［$fan^{31}$］红？
　 c. 偓个面阿眜□［$fan^{31}$］红？（我的脸是不是很红？）
㉓a. 伊类蕹菜阿（唔）嫩啊？（这些蕹菜嫩不嫩？）
　*b. 伊类蕹菜阿（唔）嫩嫩咿啊？
　 c. 伊类蕹菜阿眜嫩嫩咿啊？（这些蕹菜是不是嫩嫩的？）
㉔a. 渠个仔阿（唔）嘈？（他的儿子调不调皮？）
　*b. 渠个仔阿好嘈？
　 c. 渠个仔阿眜好嘈？（他的儿子是不是很调皮？）
㉕*a. 伊只戒指阿（唔）银哪？
　 b. 伊只戒指阿眜银哪？（这只戒指是不是银的？）

"阿"的后面一般不加小句和体词性成分，如果所要提问焦点的是体词性成分，也是用"阿眜"来进行提问，如：

㉖阿眜你买菜？（是你买菜吗？）
㉗你买个阿眜牛肉？（你买的是牛肉吗？）

## 2. 对状语进行提问

谓词性成分由偏正短语构成，通常是状中结构的，前面的状语可以由副词或能愿动词来充当，也可以由介宾短语来充当。

㉘渠阿（唔）常转屋下？（他是不是经常回家？）
㉙渠阿（唔）肯摎你一齐去？（他愿意不愿意和你一起去？）
㉚你个间阿（唔）够大？（你的房间够不够大？）
㉛你阿（唔）曾捉灶前个灯熄嗷？（你有没有把厨房的灯关了？）
㉜伊件事阿（唔）摎渠讲？（这件事对不对他说？）

如果是在副词的前面，如例㉘"阿"在"常"的前面，是对频率提问；在"肯"前面，是对意愿进行提问，如例㉙。如果"阿"是在介词短语前面，通常是对所介引的对象

或处所进行提问，如例㉜。

### 3. 对补语部分进行提问

"阿（唔）VP"型也可以对句子的补语部分进行提问，一般来说，只有性质形容词充当的补语才能进入这一结构，大多是问结果、状态或可能性。老隆话中表示可能的述补结构和表示状态的述补结构的反复问句形式不同。如"阿（唔）+V+得+补"形式既可以用于表示可能，也可以表示状态的述补结构的提问。"V+得/倒+阿（唔）+补"形式一般只用于表示状态的述补结构的提问。如：

㉝a. 渠写个字你阿（唔）认得出？（他写的字你认得出认不出？）
　b. 渠写个字你认阿（唔）得出？（他写的字你认不认得出？）
㉞a. 伊件衫阿（唔）洗得净？（这件衣服洗得干净洗不干净？）
　b. 伊件衫洗倒阿（唔）净？（这件衣服洗得干不干净？）

有时，"阿（唔）+V+得+补"格式后面的补语可以不出现，直接用"阿（唔）+V+得"格式，一般是询问主客观条件是否容许实现某种动作。如：

㉟伊系奈只个笔，偃阿（唔）用得？（这是谁的笔，我可以用吗？）
㊱改种药你阿（唔）食得？（那种药你能吃吗？）
㊲禾阿（唔）割得啦？（稻子能不能割了？）

这些例句在龙川话里都可以转换成"阿（唔）可以 VP"式，但这样的说法不如"阿+V+得"那么口语化。

龙川话中一般不使用"VP-neg-VP"式疑问句，但是存在"VP-neg-VP"短语，这一短语形式可充当主语或宾语。如：

㊳*阿去爱得你。　　去唔去爱得你。（去不去由得你决定。）
㊴*阿洗都可以。　　洗唔洗都可以。（洗不洗都可以。）
㊵偃唔知渠阿去。　　偃唔知渠去唔去。（我不知道他去不去。）

## （二）"F-（neg）-VP"的疑问程度

一般来说，正反问句表示的是中性询问，提问时信疑各占一半。但由于发问词不同，疑问程度也会不同。造成疑问程度不同的发问词通常是"阿（唔）系"。

老隆话中有两种表示判断性的疑问句：一种是"阿眛"引导的，比较常用；另一种是"阿系"引导的。"阿"单独提问相比，一般只对谓词（包括动词和形容词）进行提问。而"阿（唔）系"或"阿眛"除了谓词之外，还能对体词性成分（名词、数量词、代词）、区别词、副词（包括否定副词）和介词等进行提问。如：

㊶前头行个改只阿昧/（唔）系渠？（代词）
㊷今日阿昧/（唔）系星期一？（时间名词）
㊸桌咿哩书阿昧/（唔）系一共九本？（数量词）
㊹你食低阿昧/（唔）系桃咿？（名词）
㊺你屋下阿昧/（唔）系在东□［$sak^{3}$］？（方位词）
㊻俚个面阿昧/（唔）系□［$faŋ^{31}$］红啊？（形容词生动式）
㊼渠细妹咿阿昧/系亲生个？（区别词）
㊽教室里阿昧/（唔）系冇电哪？（否定词）
㊾昨晡夜你阿昧/（唔）系唔曾来？（否定副词）
㊿渠阿昧/（唔）系摎你借钱？（介词）

表示不能自我控制的动作这类非自主动词①不能直接跟着“阿”的后面，而必须用“阿昧”或“阿（唔）系”，这类动词有“死”“鼓起”“缩”“淹没”“漏（丢失）”“扁（瘪）”“破”“漂”“跌”“崩”等。如：

(51)渠阿昧病咿？（她是不是病了？她病了吗？）
(52)气球阿昧爆嗷？（气球是不是破了？气球破了吗？）

“阿昧”“阿（唔）系”相当于普通话中的“是不是……”，但两者也存在一些差异。首先，从读音上来说，“阿昧”读起来语速较快，两者有合音的趋势，“阿（唔）系”发音时偏重于后面的“系”。其次，从所表达的语义和疑问程度来说，“阿昧”更倾向于中性提问，而“阿（唔）系”则着重于对某个事情的求证或确认。如：

(53)a. 你阿（唔）中意渠？
b. 你阿昧中意渠？
c. 你阿系中意渠？
(54)a. ＊你阿（唔）明早来？（中性疑问）
b. 你阿昧明早来？（中性疑问）
c. 你阿系明早来？（求证、确认询问）

a是中性的询问，从疑惑程度来看，一般是信和疑各为一半，与普通话中的正反问相当，通常也与普通话里的典型的是非问相对应。问话人是真正的有疑而问，要求对方作答。在这种问句中，问话人问话之前对结果没有什么预设，疑的程度略微大些，其信

① 马庆株（1988）将汉语动词分为自主动词和非自主动词。从语义上讲，自主动词表示有意识或有心的动作行为，即能由动作发出者主观决定、自由支配的动作行为；非自主动词表示无意识或无心的动作行为，即动作行为发出者不能自由支配的动作和行为。自主动词既能用“不”否定，又能用“没”否定；非自主变化动词一般用“没”否定。

疑度可定为"中性偏疑"。"阿（唔）VP"问句通常以肯定形式出现，是纯粹的"有疑而问"。b 也是一般询问，但是疑问程度中相信的部分比 a 要多一点，如例�53可能是曾经听别人说过听话者"中意渠"，有想要确认一下的目的，但发问时并没有事先想要获得肯定或否定答案的倾向；例�54说话者事先知道"你"有可能来，提问的目的是向"你"确认该事，但对于答案也没有预先的期待。c "阿系 VP"的疑问程度一般是信多于疑，语义倾向于肯定。当发话人对某一情况完全没有把握时，一般不用"阿系 VP"疑问句发问。

可见，老隆话中的"F-（neg）-VP"疑问句，发问词是决定问句疑问程度的重要因素。就其具体表现形式而言，可分为两类：一类是单纯的"阿（neg）VP"句和"阿眛 VP"，信疑各半，是典型的中性疑问句；另一类是"阿（neg）系 VP"句，着重于求证或确认，通常是信多于疑，属于求证性是非问。但是，如果这种问句以否定形式出现时，"阿眛 VP"和"阿（唔）系 VP"发问就都变成一种证实性的发问了。如：

�55你阿眛/（唔）系唔中意？（你是不是不喜欢？）
�56伊本书阿眛/（唔）系唔好睇？（这本书是不是不好看？）
�57你阿眛/（唔）系唔去睇电影？（你是不是不去看电影？）

## 三、龙川"阿-neg-VP"问句的来源

梅祖麟（1978）曾经指出反复问句是从选择问句演变出来的，朱德熙先生认为其说大体可信。游汝杰（1993）认为，所谓反复问句是选择问句的特殊形式。我们认为，龙川县的"阿-neg-VP"问句与选择问句关系密切。龙川的选择问句和客家话其他点一样，有两种基本类型，一种是"X 啊 Y?"，另一种是"X 还系 Y?"。其中，第一种类型的使用频率很高，如果 X 和 Y 选项的关系是正反并列的话，由动词的肯定形式和否定形式构成的选择问句的结构如下：

�58你走啊唔走（啊）？（你走还是不走呢？）
�59你食饭啊唔食饭哦？（你吃饭还是不吃饭呢？）

我们推测，龙川的"阿（唔）VP"型问句和其他方言一样，也是来自选择问句，路径见图 1：

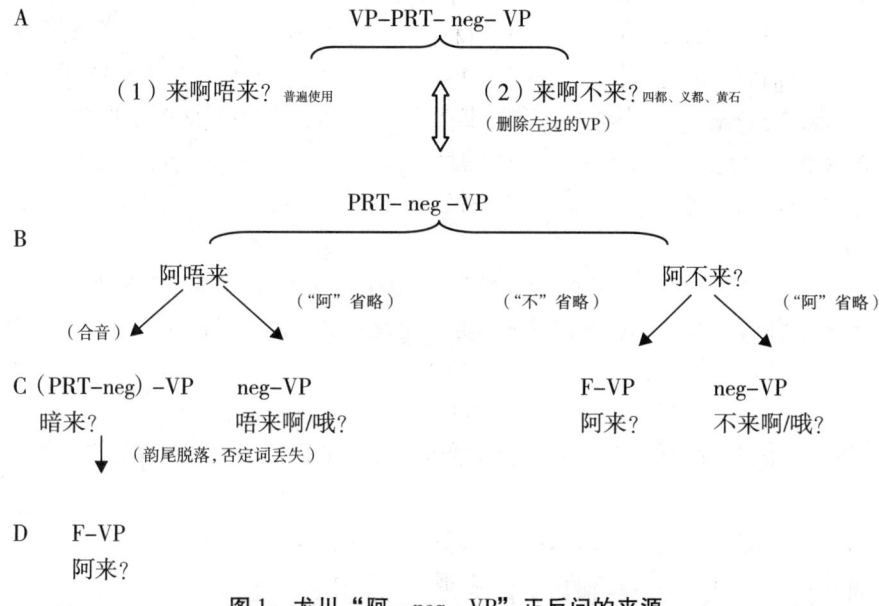

图1 龙川"阿-neg-VP"正反问的来源

我们认为,龙川的"阿-neg-VP"问句应该是由选择问句删去前面的谓词而形成的。

首先,"阿-neg-VP"问句的发问词"阿"和选择问句的标记"啊"发音相同。客家话中的选择标记"啊"使用频率很高,后面可以不加逗号。如果将前面的动词的肯定形式删除的话,得到的句子就是:"你啊唔走呢?""啊"和"阿"的发音其实是一样的,只是因为"啊"是作为语气词使用,"阿"经常放在动词前面,我们认为这是副词,所以使用不同的书写形式而已。曾毅平(2010)认为,客家话中的"啊"是一个具有关联作用的疑问语气词,或者说是一个正在向选择连词过渡的疑问语气词。在龙川话中,删减了选择问句中前面的动词肯定形式后,这个"啊"慢慢地发展为疑问副词"阿",起到提示询问人的疑问焦点所在的作用。从形式看,"阿-neg-VP"问句应该是由选择问句删去前面的谓词而来的。

其次,"阿-neg-VP"问句的回答方式和选择问句相同。如:

⑥⓪a. 你今晚阿(唔)走?——唔走。(正反问)
　b. 你今晚走啊唔走啊?——唔走。(选择问)

再次,"阿-neg-VP"问句和选择问句的后面可以加"啊""呢""哦"等语气词,但不能加"咩""哇"等表示测度的疑问语气词。如:

⑥① 你输啊赢啊/哦/呢?
⑥② 你去啊唔去啊/哦/呢?

“阿－neg－VP”问句和选择问句的后面都可以带语气词“啊”“呢”“哦”，但不能加“咩”“哇”。如：

(63)你阿（唔）曾输啊/哦/呢？
(64)你阿去啊/哦/呢？
(65)＊你阿去咩？

可见，“阿－（neg）－VP”问句和选择问句在句子结构和功能方面都有着密切的关系。我们认为，“阿－（neg）－VP”是由正反选择问“VP啊－neg－VP”删除前面的谓词而形成的正反问句。

## 四、龙川客家话“F－（neg）－VP”型问句的性质

### 1.“F－（neg）－VP”问句属于否定词前置型正反问

正反问句从意义来看，是让说话者让听者从肯定和否定两个选项中做出选择。从形式上来看，普通话和方言的正反问一般都带有某个否定标记，如普通话正反问的常见的形式有“VP不/没VP”“VP不/没（有）”和“有没有VP”3种。其中，否定词“不”一般用于询问未然事实，“没”用于询问已然事实，否定词可以中置，如第一种；也可以后置，如第二种；还可以像第三种类型一样将“有”和“没有”正反叠加置于谓词前面进行提问。可见，普通话正反问的构成与否定词有着密切的关系。客家话正反问句的构成与否定词有密切的关系。按照否定词所处的位置可以分成3种不同的类型：

（1）否定词后置型——“VP－neg”，如客家话使用最广泛的“VP无”和“VP唔曾”。

（2）否定词中置型——“VP－neg－VP”，如韶关等地客家话中的“VP唔VP”。

（3）否定词前置型——“F－（neg）－VP”，如龙川客家话中的“阿（唔）VP”和“唔VP（啊）”。

否定词后置构成正反问句不管是共时层面还是历时层面都是一个普遍现象，客家话中“VP无”和“VP唔曾”属于正反问中的“VP－neg”还是属于是非问“VP－PRT”至今存在争议。据笔者对各地客家话正反问的调查来看，各地“VP－neg”中的否定词均存在不同程度的虚化，有朝“VP－PRT”发展的趋势。句末的否定词语法化为语气词也是常见的现象。黄国营（1986）、吴福祥（1997）、遇笑容和曹广顺（2003）、杨永龙（2003）等人都曾讨论过“VP－neg”朝“VP－PRT”发展的现象。

否定词中置型“VP唔VP”中的否定词夹在两个谓词之间，一般读为轻声，据项梦冰（1990）、谢留文（1995），连城、于都和长汀的“VP唔VP”经由合音加置换声调，形成“VP－VP”重叠式正反问句，中间的“唔”脱落。可见，“VP－neg－VP”中的否定词也已经开始虚化，失去否定义，甚至脱落。

前文我们论述了龙川的“阿（唔）VP”问句的形成，在“阿唔VP”型中，否定副词“唔”是一个独立音节，在有些镇“唔”与前面的“阿”合音，发生音变，甚至完全脱

落,形成"阿VP"型,只有与"唔"发生合音的常用的零声母音节保留了"阿唔VP"形式。我们可以在各镇中找到"唔"虚化的各个阶段和类型。同样,"neg – VP – PRT?"式中的否定词也发虚化,这一句式将否定词前置,与否定句的语序相同,容易混淆,而且客家话中有表示偏向问的"neg – VP?↗",所以表示中性询问的"neg – VP?"一般要借助其他的语法手段来形成疑问,我们以老隆镇和上坪镇的这一句式来观察一下:

| 否定句 | 偏向问 | 老隆话正反问 | 上坪话正反问 |
| --- | --- | --- | --- |
| 渠唔$_1$去。 | 渠唔$_1$去?↗ | 渠唔$_1$去啊?→ | 渠唔$_2$去?→("唔"轻读) |
| 渠唔曾$_1$去。 | 渠唔曾$_1$去?↗ | 渠唔曾$_1$去啊?→ | 渠唔曾$_2$去?→("唔曾"轻读) |

老隆话正反问中的否定词"唔""唔曾"发音与否定句、偏向问中的发音相同,但是没有否定义,而且通常要在句末添加语气词,形成"neg – VP – PRT?"结构来表达中性询问,如前所述,如果将语气词"啊"或否定词删掉,语义都会发生改变。上坪镇则通过前置"neg"的变音形式来表达疑问。上坪话的"neg – VP?"正反问中的否定词"唔$_2$""唔曾$_2$"同样没有否定义,而且与否定句中的"唔$_1$""唔曾$_1$"相比,音长较短,音强较轻,语音轻化了。可见,上坪话中的"neg – VP?"正反问中的否定词的虚化程度比老隆话要高。

综上所述,正反问句中的否定词不管是在句末还是在谓词的前面,都有可能与其他的语法成分合并,然后语法化为新的表示疑问的标记。一般来说,在语言中可以省略的通常是那些信息小的、可有可无的次要语法成分。否定句中的否定词是语义的焦点,而正反问句中的否定词已经弱化或虚化,成为前置的疑问副词。所以,龙川话中的"F – (neg) – VP"是否定词前置而后语法化形成的正反问句,属于一种新的类型。

2. 汉语方言中的旁证

袁毓林(1993)认为,吴语中发问词的"阿"可能含有否定性的语义成分,原因一是苏州话的"阿"和"勿"都可用在"曾"的前面,构成复合词"阿曾"和"勿曾",如"俚勿曾上过学堂"(他没上过学)、"俚阿曾上过学堂?"(他上过学吗?);二是苏州话有两个常用的表时态的语气词"勒"和"哉"的分布基本互补:"勒"只用在"勿曾""曾阿"的否定句和疑问句中,"哉"只用在其他句子(肯定句)中。也就是说,"阿"和"勿"在同现限制方面有高度的一致性。而且,在用"阿"的真性问句中,紧接着"阿"后面的谓词性成分不能是否定性,"阿"与"勿"之间只有加进谓语"是"以后才能同现,如:"*a. 小王阿勿走?""b. 小王阿是勿走?"据此,袁文推测,疑问副词"阿"含有否定性的语义成分,整个词的意义相当于"是否",它用在谓词性成分前,构成"阿VP"型正反问句,整个句子的语义为"是否VP"。如果这种推测是正确的,说明吴语中的"阿VP"型反复问句也有可能和龙川话中的"阿 – neg – VP"类型相同。徐烈炯、邵敬敏(1999)和汪平(1984)也有类似的论述。

据罗福腾(1981),如山东牟平话"是不""可不""是没""可没"可作为正反问句的发问词,同时牟平话中"是"和"可"和普通话一样有强调的作用,可以放在否定句的前面表示强调,下面的句子虽然用字相同,但是有两种不同的意义。

| 正反问 | 否定句 |
|---|---|
| 他是不｜爱吃米饭？ | 他是｜不爱吃米饭。 |
| （他爱不爱吃米饭？） | （他确实不爱吃米饭。） |
| 他可没｜跑步？ | 他可｜没跑步。 |
| （他有没有跑步？） | （他确实没有跑步。） |

表示正反问时，句中的"是不""可不""是没""可没"连读，句末升调；如果表示否定的意义，句中"是""可"就重读，而且与后面的否定词连接松散，句末用陈述语调。胶东半岛上的这种特殊的"是不/没 VP""可不/没 VP"句式中的"F"包含了否定词"不""没"但没有否定义，从侧面印证了我们对"F－neg－VP"句式的猜测。

余霭芹[①]认为，现代闽南话的"ADV－VP"问句（具体指"敢 VP""岂 VP"）来源于"古代口语层次"（premodern colloquial stratum）的"可/岂＋VP＋neg"问句。由于否定词 neg 的位置发生前移，导致"可/岂＋ neg ＋VP"格式的产生，而"可/岂"和 neg 的合音又产生了现代闽南话的"敢/岂"，于是便有了现代的"敢/岂 VP"。不过余霭芹声明，这种演变的过程只是一种推想，至于是什么原因引起"neg"的位置发生前移，她表示还有待进一步的研究。结合前面对客家话的调查和对吴语的推测，我们认为余霭芹的这一推想是合理的。

据宋金兰（1995），汉藏语诸语言中是非问句的疑问式黏附成分都与否定词或否定式黏附成分音同或音近。汉藏语中的否定词按其基本的语音形式可分为三系。（见表2）

表2 古汉语、藏缅语否定词与藏缅语疑问式黏附成分比较

| 否定词 | 古汉语 | 藏缅语疑问式黏附成分 |
|---|---|---|
| p－系 | "不" *pw | 苏龙珞巴语的 ba，大理白语的（ȵo$^{44}$）puɯ$^{31}$ |
| m－系 | "毋" *ma | 藏文的 ma，独龙语的 mɯ$^{31}$ |
| k－系 |  | 景颇语的 hkum，麻窝羌语的 tɕi，木雅语的 tɕɯ（tɕ＜*k） |

宋金兰（1995）认为，某些语音或方言零声母的否定词当是 p－、m－、k－等声母脱落后的形式，如彝语的否定词，北部方言是 a$^{21}$，而西部方言是 ma$^{21}$；剑川白语的否定词有 ja$^{35}$ 和 a$^{21}$ 两种读音。汉藏语的疑问式黏附成分恰好也具有这几种语音形式。汉语与藏缅语疑问式黏附成分与否定词之间的这种相似性，恐怕很难解释为偶然的巧合。

前面众人所提的方言中的句式与龙川话的"F－(neg)－VP"的性质是否相同，而目前汉语方言中的"F－VP"句式与古藏缅语的疑问句是否存在联系，目前的材料无法给我们更多的支持，但是我们觉得两者的生成机制存在联系，"F"有可能是由否定词（至少包含否定成分）发展而来，或者说，否定词前置也是构成正反问的一种语法形式。

---

① Anne Yue－hashimoto. Stratification in comparative dialectal grammar: A case in southern Min. *Journal of Chinese linguisics*. 1991, 19 (2): 172－201.

## 五、小　结

老隆话的"F-（neg）-VP"问句在老隆话整个疑问系统中有着重要的作用：一方面对应普通话是非问中表中性询问的"VP吗$_1$"，另一方面对应普通话中的正反问"VP-neg-VP"等。龙川全县都使用"阿眛""阿枚""阿有"作为发问词进行提问，说明发问词"F"保留了否定词m的语音形式，而北部麻布岗等镇的"F"的读音是"阿唔"，四都、黄石、义都等镇的"F"的读音是"阿不"，是两个独立的音节。而其他镇的"F"都应该是"阿唔"的合音形式及其语音变体。所以，龙川的"阿VP"实际应该是"阿-neg-VP"问句。这一句式与龙川话中普遍存在的正反选择问"VP啊唔VP"在形式、回答方式和语气词的使用方面都有密切的联系。据此，我们认为龙川话的这一种"F-VP"问句是由选择问句经过删除而来的。吴语、闽语、山东牟平话的正反问和少数民族语中也有类似的报道。所以，我们认为"F-（neg）-VP"是属于否定词前置构成的正反问句，是汉语方言正反问句的一种新类型。总之，汉语方言中的"VP-neg-VP""VP-neg?"和"F-VP"3种常见的正反问句类型其实是同一功能范围内的3种不同的语法形式，是否定词位于不同的位置而形成的。由于句法位置、词义变化和语境等因素的影响，否定词在正反问句中都有不同程度的语法化，逐渐形成不同的语法形式来表达中性询问。

**参考文献**

[1] 邓丽君. 龙川县客家话的［K-VP］问句：兼论粤赣地区该句型的分布与历史来源［D］. 北京：北京师范大学，2006.
[2] 黄国营. "吗"字句用法初探［J］. 语言研究，1986（2）.
[3] 黄小平，王利民. 宁都客家话疑问语气系统略述［J］. 赣南师范学院学报，2013（5）.
[4] 李如龙，张双庆. 客赣方言调查报告［M］. 厦门：厦门大学出版社，1992.
[5] 李小凡. 也谈反复问句［M］//胡盛仑. 语言学和汉语教学. 北京：北京语言学院出版社，1990.
[6] 李小华. 客家方言的反复问句及其句末语气助词［J］. 龙岩学院学报，2014（3）.
[7] 刘丹青. 苏州方言的发问词与"可VP"句式［J］. 中国语文，1991（1）.
[8] 刘纶鑫. 客赣方言比较研究［M］. 北京：中国社会科学出版社，1999.
[9] 罗福腾，牟平. 方言的比较句和反复问句［J］. 方言，1981（4）.
[10] 马庆株. 自主动词和非自主动词［J］. 中国语言学报，1988（3）.
[11] 梅祖麟. 现代汉语选择问句法的来源［M］//历史语言研究所集刊：第四十九本第一分. 台北："中研院"历史语言研究所，1978.
[12] 邵敬敏. 现代汉语疑问句研究［M］. 上海：华东师范大学出版社，1996.
[13] 宋金兰. 汉藏语是非问句语法形式的历史演变［J］. 民族语文，1995（1）.
[14] 汪平. 苏州话里表疑问的"阿、曾阿、啊"［J］. 中国语文，1984（5）.
[15] 徐烈炯，邵敬敏. "阿V"及其相关疑问句式比较研究［J］. 中国语文，1999（3）.
[16] 邬明燕. 龙川话的反复问句［M］. 李如龙，邓晓华. 客家方言研究. 福州：福建人民出版社，2009.
[17] 项梦冰. 连城（新泉）话的反复问句［J］. 方言，1990（2）.
[18] 谢留文，黄雪贞. 客家方言的分区（稿）［J］. 方言，2007（3）.

[19] 谢留文. 客家方言的一种反复问句 [J]. 方言, 1995 (3).
[20] 杨永龙. 句尾语气词"吗"的语法化过程 [J]. 语言科学, 2003 (1).
[21] 游汝杰. 吴语里的反复问句 [J]. 中国语文, 1993 (2).
[22] 遇笑容, 曹广顺. 中古汉语中的"VP 不"式疑问句 [C] //《纪念王力先生百年诞辰学术论文集》编辑委员会. 纪念王力先生百年诞辰学术论文集. 北京: 商务印书馆, 2002.
[23] 袁毓林. 正反问句及相关的类型学参项 [J]. 中国语文, 1993 (2).
[24] 曾毅平. 石城客家话的疑问系统 [M] //邵敬敏, 等. 汉语方言疑问范畴比较研究. 广州: 暨南大学出版社, 2010.
[25] 张敏. 汉语方言反复问句的类型学研究 [D]. 北京: 北京大学, 1990.
[26] 朱德熙. 汉语方言里的两种反复问句 [J]. 中国语文, 1985 (1).
[27] 朱德熙. 朱德熙文集 [M]. 北京: 商务印书馆, 1999.

# 五华华城客家方言的几个范围副词

温 冰

(中国客家博物馆)

**【提 要】** 文章选取3组五华华城客家方言中比较常用的统括性范围副词"甲本""冚唪吟""捞总/捞聚/捞等/捞恩",通过对其语义特征、语义指向、语用功能等方面的分析和比较,认为这3组词在日常交际中是同大于异的,这在一定层面上也反映了五华华城客家方言词汇、语用的丰富性。

**【关键词】** 五华 客家方言 范围副词 语义特征 语义指向 语用功能

范围副词指表示动作行为、性质状态的范围大小或数量多少的副词,在句子中一般做状语。与其他类副词相比,范围副词数量较少,但是其句法、语义、语用功能相对比较复杂,因此,学术界对其进行再分类时还没有一个完全统一的表述。本文参照张谊生(2001)的再分类方法,根据概括范围的大小和类别,将华城客家方言的范围副词分为统括性、唯一性、限制性3类。大概列举如下(包括与普通话相同的)。

统括性范围副词:冚唪吟、甲本、捞总、捞聚、捞恩、捞等、一下、满打满算、交、一天一地、光、净、都。

限制性范围副词:不单、不止、另起、顶多、最多、起码、最少、大约数哩、约摸数哩、大多数。

唯一性范围副词:净、单净、单、单单、唯有。

这些范围副词中有些与共同语的语义和用法基本一致,如"都""起码"等;有的虽然词性一致,意义和用法却不完全一样,如"净";有的则只有客家方言中有而普通话没有的,如"甲本"等。本文选取华城客家方言中的几个统括性范围副词作为研究对象,对其语义特征、语义指向、语用功能等进行考察分析。根据表义方式和语义特征,统括性范围副词又可细分为表数量和表范围两种。本文选取的多为统括数量的范围副词。标音根据《五华客家话研究》中的音系,所记相关例句,凡本字难以确定的,就用同音字代替。

## 一、甲本 kap$^5$pun$^{31}$

### 1. 语义特征

"甲本"是限制性和总括性副词,其准确的意思是"(数量上)本来就只有",表示数量上的总和。它与普通话"总共"的意思较为接近,但与"总共"比起来,"甲本"除了

陈述总数外，还多了一层说话人的主观感情色彩。它常用来表示说话人认为总数不够多，后面常有一个因为数量少而推论出的否定性结论（一般用反问或否定词表示）。如：

①甲本正/齐欻几啊只，大家都想爱，样蛮哩分？（本来就只有几个，大家都想要，怎么来分？）

可以对人、时间、事物等的数量范围进行总括：

②甲本正/齐欻来嗷两只人，肯定做唔完个。（总共才来了两个人，肯定做不完的。）
③甲本都冇两日时间，赖哩去哩倒吂多地方？（总共都没有两天，哪里去得了这么多地方？）
④渠甲本正/齐欻买嗷两只包哩，俇就唔食嗷。（他总共才买了两个包子，我就不吃了。）

从上述例句可以看出，"甲本"在语义上所概括范围的大小主要与数量有关，重点在于具体描述所修饰成分的数量特征，即数量的多少。通过分析认为，"甲本"常和数量词或数量短语共现，也只有和数量结构同时出现，一个句子才能够成立。省略数量结构，则句子不成立。如：

⑤今日煲个饭，甲本都冇两碗，样蛮哩够三只人吃？（今天煲的饭，总共都没有两碗，怎么够三个人吃？）
＊今日煲个饭，甲本都冇，样蛮哩够三只人吃？

这里的数量成分一般是指明范围的，如"两日""两碗"，但有时候也可以是不指明范围的。如：

⑥甲本正/齐欻滴滴哩水嗷，唔爱浪费核哩。（总共就这一点点水了，不要浪费了。）

2. 语义指向

从所指对象的位置及其在句中的句法成分来看，"甲本"只能指向后面的宾语。如：

⑦剩下个时间甲本正/齐欻一日嗷，唔爱再出去嫽嗷。（剩下的时间总共才一天了，不要再出去玩了。）
⑧俇甲本正/齐欻两块钱，齐欻买哩倒两罐水。（我总共就两块钱，只能买到两瓶水。）

从所指对象的隐现方式来看，"甲本"可以实指，也可以虚指。所谓实指，就是所指的对象都在句法结构的表层中明确出现的，如例②～⑧。所谓虚指，就是所指的对象或前面有过交代而省略，或蕴含于语义深层而隐含，但是在句子的表层结构中是不存在的，如

例①。

### 3. 语用功能

多用于陈述句和反问句，如上述例句。"甲本"还可用于感叹句。如：

⑨𠊎甲本都食有两块！（我总共都没吃两块！）

"甲本"可以用在谓语动词前，也可以用在数量词语前。如：

⑩剩下个时间甲本正/齐欸一日噉，唔爱再出去嫽噉。（剩下的时间总共只有一天了，不要再出去玩了。）
⑪甲本正/齐欸剩下一日个时间噉，唔爱再出去嫽噉。（总共只剩下一天时间了，不要再出去玩了。）
⑫买个包哩甲本正/齐欸两只，𠊎就唔食噉。（买的包子总共就两个，我就不吃了。）
⑬甲本正/齐欸买噉两只包哩，𠊎就唔食噉。（总共才买了两个包子，我就不吃了。）

"甲本"一般在句中做状语。一是用在名词或名词性短语前做状语，修饰宾语，如例①、例⑥、例⑦、例⑧；二是用在动词前做状语，修饰谓语，如例②~⑤。

此外，"甲本"不能单用，必须与唯一性范围副词"正$_才$""齐欸$_就$"连用，构成"甲本+正/齐欸"格式，突出了"才"的意思；表示否定时，后加"冇"，也可再加上表示加强语气的副词"都"连用，构成"甲本+（都）冇"格式。两者都强调说话人对总数不满意的感情色彩。

## 二、冚唪唥 ham$^{31}$pa$^{31}$laŋ$^{31}$

### 1. 语义特征

"冚唪唥"为粤语借词，因此其意义、用法等都与粤语的"冚唪唥"类似。语义上与普通话的"统统""所有""总共"意思最为接近。既能总括所指对象的全体，又能总括所指对象的数量，强调最大量化、无一遗漏。总括全体时，表示所指对象中的全部成员都具备说话人所表达的行为动作或状态；总括数量时，表示说话人说的数目是所指对象中的所有成员加起来的数量，因此数量词也是不可少的，且在大多数情况下，是指明范围的数量词。如：

⑭列兜乱七八糟个鞋啊、衫啊，冚唪唥都系渠唔爱个。（这些乱七八糟的鞋子啊、衣服啊，统统都是他不要的。）（总括全体）
⑮渠有三姐妹，冚唪唥都读到大学毕业。（她有三姐妹，统统都读到大学毕业。）（总括全体）
⑯欸个钱冚唪唥都买水果去哩。（那个钱统统都拿去买水果了。）（总括全体）
⑰冚唪唥有八只人参加拔河比赛。（总共有八个人参加拔河比赛。）（总括指明范围的

数量)

⑱冚唪呤正咹多哩米。（总共就这么点米。）（总括不指明范围的数量）

2. 语义指向

从所指对象的位置来看，当总括全体时，"冚唪呤"可以前指，也可以后指；当"冚唪呤"总括数量时，只能后指。如：

⑲桌上个苹果、香蕉冚唪呤都奔渠拿走哩。（桌子上的苹果、香蕉统统都被他拿走了。）（前指全体）
⑳冚唪呤番豆都奔你嗷。（花生统统都给你好了。）（后指全体）
㉑列只学校冚唪呤有两千人。（这个学校总共有两千人。）（后指数量）

从所指对象在句中的句法充分来看，当总括全体时，"冚唪呤"在句中指向的成分可充当主语和宾语；当总括数量时，"冚唪呤"在句中指向的成分一般充当宾语。如：

㉒列家店个蛋糕冚唪呤都系进口个。（这家店的蛋糕统统都是进口的。）（充当主语）
㉓老板出差去哩，公司个事，冚唪呤都爱偓来做。（老板出差去了，公司的事统统都要我来做。）（充当主语）
㉔冚唪呤都系渠食过个。（统统都是他吃过的。）（充当宾语）
㉕列只学校冚唪呤有两千人。（这个学校总共有两千人。）（充当宾语）
㉖冚唪呤有几多只春？（总共有几个鸡蛋？）（充当宾语）

从所指对象的隐现方式来看，"冚唪呤"既可以实指，也可以虚指。在虚指情况下，尽管指向成分在本句中并没有出现，但是从整个对话中可以推断出来。如：

㉗前日渠带转一托春来哩。——冚唪呤几多只？总共几个？——十只。（前天他带回来一盘鸡蛋。——总共几个？——十个。）

3. 句法功能

由于"冚唪呤"语用功能内容较多，因此将其句法功能单列一个小节来讲。
当"冚唪呤"总括数量时，其用法较单一，即用在动词"有"或数量词前，在句中做状语。动词"有"在大多数情况下可省略。如：

㉘冚唪呤（有）十只春。（总共有十个鸡蛋。）

当"冚唪呤"总括全体时,也做状语,但其修饰的成分较为复杂。
(1) 用在动词或动词性短语之前,修饰动词性成分。
A. 冚唪呤 + 动宾短语。如:

㉙从列边到欸边,冚唪呤都用来建房哩。(从这边到那边,统统都是用来建房子的)。

B. 冚唪呤 + 动补短语。如:

㉚前日买个东西,冚唪呤都食完哩嗷。(前天买的东西,统统都吃完了。)

C. 冚唪呤 + 兼语短语。如:

㉛冚唪呤都系渠食过个。(统统都是他吃过的。)

(2) 用在名词或名词性短语等体词性成分之前,修饰体词性成分。如:

㉜冚唪呤番豆都奔你嗷。(花生统统都给你好了。)

4. 语用分析

从上述例句可见,"冚唪呤"多用于一般问句和陈述句,也可用于反问句、祈使句和感叹句。如:

㉝冚唪呤正一只春,样欸哩做欸倒蛋糕?(总共就一个鸡蛋,怎么做得了蛋糕?)
㉞冚唪呤拿嗷食核渠。(把这些统统吃掉。)
㉟冚唪呤都唔爱嗷!(统统都不要了!)

总括全体时,宾语可前置,如例㊱可改成例㊲。

㊱渠搬家当时,偓拿嗷欸兜毛用个东西冚唪呤拂啊核。(他搬家的时候,我把那些没用的东西统统都扔了。)
㊲渠搬家当时,欸兜毛用个东西冚唪呤偓都拿嗷拂啊核。(他搬家的时候,那些没用的东西统统都被我拿去扔了。)

粤语中的"冚唪呤"不能单用。① 但华城客家话的"冚唪呤"可以单说,单说时,一般是作为答句出现在特定语境中,且说话人和听话人都清楚指的是什么。如:

---

① 参见陈艳妍(2014)《粤方言全称量词"冚唪呤"的多角度研究》。

㊳你话几多脉个系奔𠊎个？——冚唪唥。（你说哪一些是给我的？——所有。）

表示总括全体时，"冚唪唥"可与具有相同概括功能的范围副词"都"连用，"都"后可再加"唔"或"冇"，表示否定，用于突出和强调整个范围内的全体成员没有一个例外。如：

㊴冚唪唥都奔你嗷。（统统都给你好了。）
㊵冚唪唥都唔/冇奔你。（统统都不给你。）

表示总括数量时，可与唯一性范围副词"正ₐ""都冇"连用，强调的是说话人嫌总数太少。试比较下面两个例句的答句：

㊶你有几多钱？——冚唪唥十块钱。（你有多少钱？——总共十块钱。）
㊷你有几多钱？——冚唪唥正/都冇十块钱。（你有多少钱？——总共才/都没十块钱。）

前者表示客观陈述总共有十块钱，而后者强调钱太少了。

# 三、捞总/捞聚/捞等/捞恩 lau$^{55}$tsuŋ$^{31}$ / lau$^{55}$ts$^{h}$iu$^{55}$ / lau$^{55}$ten$^{31}$ / lau$^{55}$em$^{51}$

1. 语义特征

"捞总/捞聚/捞等/捞恩"相当于普通话的"总共""一共"，总括所指对象的数量多少，表示说话人说的数目是所指对象中的所有成员加起来的数量。其重点在于统计所修饰成分的数量特征，因此，它们只有和数量结构同时出现，一个句子才能够成立。

"捞总/捞聚/捞等/捞恩"都可以对时间、事物的种类、重量、人数等的数量范围进行总括。如：

㊸隔高考个时间捞总/捞聚/捞等/捞恩正20日嗷，你兜爱抓紧复习。（距离高考的时间总共才20天了，你们要抓紧复习。）
㊹捞总/捞聚/捞等/捞恩有几多种口味个蛋糕？（一共有几种口味的蛋糕？）
㊺捞总/捞聚/捞等/捞恩有四本书。（一共有四本书。）
㊻捞总/捞聚/捞等/捞恩有几重哩？（总共有多重？）
㊼你算啊哩，捞总/捞聚/捞等/捞恩有几多只人爱去？（你算一下，一共有几个人要去？）
㊽报名参加拔河比赛的人，两只班捞总/捞聚/捞等/捞恩有20人。（报名参加拔河比赛的人，两个班一共有20人。）

在陈述句中"捞聚"比"捞总/捞等/捞恩"多了一层感情色彩，表示说话人认为总

数不够多,在某种程度上,"捞聚"相当于"捞总/捞等/捞恩 + 正/都"。如:

㊾捞聚四本书。(一共四本书。)(嫌不够多)
㊿捞总/捞等/捞恩四本书。(一共四本书。)(客观表述)
㉛捞总/捞等/捞恩正四本书。(一共才四本书。)(嫌不够多)

2. 语义指向

从所指对象的位置来看,"捞总/捞聚/捞等/捞恩"只能后指。因其在语义上只能指向数量成分,所以它一定要求数量成分与它共现。这个数量成分可以是指明范围的数量成分,也可以是不指明范围的。如:

㉜俺买个咹多苹果、香蕉、梨哩捞总/捞聚/捞等/捞恩正五斤。(我买的这么多苹果、香蕉、梨子一共才五斤。)(指明范围)
㉝你捞总/捞聚/捞等/捞恩都冇十块钱。(你总共都没有十块钱。)(指明范围)
㉞捞总/捞聚/捞等/捞恩正滴滴哩,你自家留恩食噉。(总共才一点点,你自己留着吃吧。)(不指明范围)

从所指对象在句中的句法成分来看,"甲本"在句中后指宾语,如上述例句。
从所指对象的隐现方式来看,"捞总/捞聚/捞等/捞恩"可以实指,也可以虚指,例句中的"书"可以省略。如:

㉟捞总/捞聚/捞等/捞恩有四本(书)。(一共有四本书。)
㊱(书)捞总/捞聚/捞等/捞恩有四本。(书一共有四本。)

其指向的对象在某些特定的场景中可以省略或隐含,这些省略或隐含的成分可以通过上下文或句式变换补充出来。在面对面的交谈中,这种省略的用法很常见,符合语言的经济性原则。

3. 语用分析

多用于陈述句、一般问句和反问句;也可以用于感叹句,即在陈述句后面加上感叹号,表示强调。如:

㊲捞总/捞聚/捞等/捞恩正来噉十只人!(一共才来了十个人!)

一般用在名词或动词的前面,在句子中做状语。

㊳捞总/捞聚/捞等/捞恩正30只人。(一共才30人。)
㊴你捞总/捞聚/捞等/捞恩去倒冇五次,就想学晓来,赖哩有咹容易?(你总共都没去

五次,就想学会,哪里有这么容易?)

如果动词为"有",可省略。上述例句中的"有"可有可无,不过从华城客家话的语言实际来说,省略"有"的情况更加常见。

⑥捞总/捞聚/捞等/捞恩四本(书)。(一共四本书。)

可与表示强调的"都"和表示否定的"冇"连用,也可与唯一性范围副词"正"连用,构成"捞总/捞聚/捞等/捞恩+都冇"或"捞总/捞聚/捞等/捞恩+正"格式,强调的是说话人嫌总数太少,后面也常有否定性结论。如:

⑥捞总/捞聚/捞等/捞恩正十只,你好意思爱渠个么?(一共才十个,你好意思要他的么?)
⑥一年捞总/捞聚/捞等/捞恩正打倒两千过斤谷,都唔够一家人食。(一年总共才结了两千多斤稻谷,都不够一家人吃。)

## 四、结 语

在日常交际中,"冚唪唥""甲本""捞总/捞聚/捞等/捞恩"3 组词都是华城客家方言中比较常用的范围副词。它们之间同中有异,总的来说是同大于异的。这在一定层面上也反映了华城客家方言词汇、语用的丰富性。

在语义特征上,都可以对数量进行总括,但"冚唪唥"还可以总括全体。在感情色彩上也有些微差异,"甲本""捞聚"比"冚唪唥""捞总""捞等""捞恩"多了一层说话人的主观感情色彩,表示说话人认为总数不够多,有不满之义。此外,"甲本"指向的对象可表单数和复数,而"冚唪唥""捞总/捞聚/捞等/捞恩"只能指向表复数的对象。因此,在指向对象表复数时,3 组词可互换。

在语义指向上,3 组词在总括数量时都只能后指宾语,且必须和数量词共现,这个数量成分大多数情况下是指明范围的。但"冚唪唥""捞总/捞聚/捞等/捞恩"可直接跟数量词,而"甲本"不能。

在副词连用方面,3 组词都可以与"正才""都冇"连用,但"冚唪唥"能单独与"都"连用,另外两组则不可以。

在句式上,3 组词都可以用于陈述句、反问句、感叹句;"冚唪唥""捞总/捞聚/捞等/捞恩"可以用于一般问句,而"甲本"不能;"冚唪唥"还可用于祈使句,而另外两组词不能。因此,用于反问句和陈述句时 3 组词可互换。

**参考文献**
[1] 陈艳妍. 粤方言全称量词"冚唪唥"的多角度研究[D]. 广州:暨南大学,2014.

[2] 陆俭明. 关于语义指向分析 [M] //黄正德. 中国语言学论丛：第 1 辑. 北京：北京语言文化大学出版社，1997.
[3] 朱炳玉. 五华客家话研究 [M]. 广州：华南理工大学出版社，2010.
[4] 张谊生. 论现代汉语的范围副词 [J]. 上海师范大学学报（社会科学版），2001（1）.

## 附录　台东四海话的词汇比较

| 词义 | 发音人1 汤天麟 | 发音人2 韩笔锋 | 发音人3 刘源利 | 发音人4 吴锦惠 | 发音人5 宋菊珍 | 发音人6 吴阿焕 |
|---|---|---|---|---|---|---|
| 筷子 | 筷仔 k$^h$uai$^3$e$^2$ | 筷仔 k$^h$uai$^3$e$^2$ | 箸 ts$^h$u$^7$<br>筷仔 k$^h$uai$^3$e$^2$ | 筷仔 k$^h$uai$^3$e$^2$ | 筷仔 kuai$^3$e$^2$ | 箸 ts$^h$u$^7$ |
| 筷篮 | 筷筒 k$^h$uai$^3$t$^h$uŋ$^5$ | 筷筒 k$^h$uai$^3$t$^h$uŋ$^5$ | 箸篓 ts$^h$u$^7$lui$^2$ | 筷筒 k$^h$uai$^3$t$^h$uŋ$^5$ | — | 箸篓 ts$^h$u$^7$lui$^2$ |
| 刷子 | 搓仔 ts$^h$o$^3$e$^2$ | 搓仔 ts$^h$o$^3$e$^5$ | 搓仔 ts$^h$o$^3$e$^5$ | 搓仔 ts$^h$o$^3$e$^5$ | 搓仔 ts$^h$o$^3$e$^2$ | 搓仔 ts$^h$o$^3$e$^5$ |
| 刨地瓜丝器具 | □仔 sot$^4$e$^2$ | □仔 ts$^h$at$^4$e$^2$ | □仔 ts$^h$at$^4$e$^5$ | □仔 sot$^4$e$^2$ | □仔 sot$^4$le$^2$ | □仔 ts$^h$at$^4$lə$^5$ |
| 捞具 | 笊捞 tsau$^3$leu$^5$ | — | 饭捞 p$^h$on$^3$leu$^5$ | — | 笊捞 tsau$^3$leu$^5$ | 饭捞 p$^h$on$^7$leu$^5$ |
| 汤匙 | 调羹仔 t$^h$eu$^5$kaŋ$^1$e$^2$ | 汤匙 t$^h$oŋ$^1$ʃi$^5$ | 汤匙 t$^h$oŋ$^1$ʃi$^5$ | 汤匙 t$^h$oŋ$^2$ʃi$^5$ | 调羹仔 t$^h$eu$^5$kaŋ$^1$e$^2$ | 汤匙 t$^h$oŋ$^1$ʃi$^5$ |
| 味素 | 味素 mi$^3$su$^3$ | 味素 mi$^3$su$^3$ | 味素 mi$^3$su$^3$ | 味素 mi$^3$su$^3$ | 味素 mi$^3$su$^3$ | 甜粉 t$^h$iam$^5$fun$^2$ |
| 叉子 | □仔 ts$^h$iam$^2$me$^5$ | 叉仔 ts$^h$ap$^4$pe$^5$ | 叉仔 ts$^h$ap$^4$e$^5$ | 叉仔 ts$^h$ap$^4$e$^5$ | 叉仔 ts$^h$ap$^4$e$^5$ | 叉仔 ts$^h$ap$^4$e$^5$ |
| 火柴 | 自来火 ts$^h$ut$^8$loi$^5$fo$^2$ | 番仔火 fan$^1$ne$^2$fo$^2$ | 番仔火 fan$^1$ne$^2$fo$^2$ | 番仔火 fan$^1$ne$^2$fo$^2$ | 番仔火 fan$^1$ne$^2$fo$^2$ | 番仔火 fan$^1$ne$^2$fo$^2$ |
| 一块（田） | 坵 k$^h$iu$^1$ | 坵 k$^h$iu$^1$ | 坵 k$^h$iu$^1$ | 坵 k$^h$iu$^1$ | 坵 k$^h$iu$^1$ | □fu$^1$ |
| 一片（橘子） | □lim$^3$ | □lim$^3$ | □niam$^3$ | □niam$^3$ | — | □niam$^3$ |
| 含羞草 | 见笑花 kien$^3$seu$^3$fa$^1$ | — | 见笑草 kien$^3$siau$^3$ts$^h$o$^1$ | 见笑草 kien$^3$seu$^3$ts$^h$o$^2$ | 见笑花 kien$^3$seu$^3$fa$^1$ | 诈死草 tsa$^3$si$^2$ts$^h$o$^2$ |

# 后 记

1993年9月,首届客家方言学术研讨会在福建龙岩召开。会后,由闽西客家学研究会编印了《乡音传真情——首届客家方言学术研讨会专集》一书,作为《客家纵横》的增刊出版。我当时是福建师范大学中文系的硕士生,承蒙李逢蕊、饶长溶、罗美珍等先生的厚爱,有幸应邀出席这次会议,并宣读了与同窗严修鸿合作的论文《闽南四县客家话的语音特点》,见证了这个学术会议的历史性开端。这是我第一次正式参加学术会议,由此结识了客家方言学界的一批前辈学者和年轻朋友,激励我走上了调查研究客家方言的道路,一发而不可收。因此,这次会议在我的学术生涯中意义重大,现在回想起来都还历历在目,倍感温暖。1993年龙岩会议之后,在多位前辈学者以及海峡两岸暨香港、澳门同道朋友的共同努力下,客家方言学术研讨会差不多每隔两年召开一届,至今已经成功召开了12届。特别值得称道的是,每一届会议之后都出版了论文集,这已经成为客家方言调查研究事业一个不可或缺的例会,也已经成为汉语方言学界的一个学术品牌。下面我特意将历届会议的地点和时间列举出来:龙岩(1993)、增城(1996)、韶关(1998)、梅州(2000)、南昌(2002)、厦门(2004)、香港(2007)、台湾桃园(2008)、北京(2010)、成都(2012)、南昌(2014)、广州(2016),为了难忘的纪念,也是为了开创客家方言学术更加美好的明天!

第十二届客家方言学术研讨会于2016年12月3日、4日在广州中山大学中文堂举行,来自海峡两岸暨香港、澳门,以及日本的90余位学者聚集一堂,一共宣读了73篇论文,数量为历届之冠。此次会议既继承历届客家方言学术研讨会求真务实的传统,又在客家方言比较研究的深度和广度上有所拓展。特别值得一提的是,此次会议在以往研究相对薄弱的客家方言语法、客家边界方言点、海内外客家方言文献、客家方言有声数据库建设等方面有所作为,丰富了客家方言研究的内涵,为新形势下客家方言的调查研究开辟了新路。此外,不少以客家方言作为学位论文选题的研究生也加入此次研讨会中,为客家方言与文化研究增添了新鲜的后备力量。

此次会议由教育部人文社会科学重点研究基地中山大学中国非物质文化遗产研究中心、中山大学中文系和嘉应学院文学院、客家学院联合主办,由广东省人文社会科学重点研究基地暨南大学汉语方言研究中心协办,我和嘉应学院温昌衍教授担任召集人。按照惯例,会议之后应该由召集人主编出版论文集。经过与温昌衍教授商议,我们从会议论文中选取了大部分的作品,经由作者的修改和我们的审稿,编成《客家方言调查研究——第十二届客家方言学术研讨会论文集》一书,交由中山大学出版社出版。我们要衷心感谢论文集的各位作者对这项工作的大力支持,也衷心感谢中山大学出版社的嵇春霞、高淘等几位

## 后记

编审、编辑为这样一本符号、图表繁多的书的出版所付出的艰辛劳动。我们还要衷心感谢中山大学中文系博士后余鹏，副研究员钟蔚苹，博士生温东芳、蔡芳、张坚，硕士生莫嘉琪等，以及暨南大学华文学院讲师张倩、李宁，他们为会议的顺利召开及本书的编辑、校对也付出了不少劳动。中山大学中文系资助会议的召开，嘉应学院文学院、客家学院和国家社科基金重大项目"海内外客家方言的语料库建设和综合比较研究"（项目编号：14ZDB103）资助该论文集的出版，在此一并致谢。

第十三届客家方言学术研讨会即将再一次在台湾"中央"大学客家学院召开，谨以此书作为礼物献给这次继往开来的会议，并祝愿这次会议圆满成功！

庄初升

2018 年 9 月 30 日于广州